KB203701

# 잠언 강해

# AN EXPOSITION ON THE PROVERBS

〔3판〕

김효성
Hyosung Kim
Th.M., Ph.D.

옛신앙
oldfaith
2022

# 머리말

주 예수 그리스도(마 5:18; 요 10:35)와 사도 바울(갈 3:6; 딤후 3:16)의 증거대로, 성경은 하나님의 말씀이다. 성경이 하나님의 말씀이며 우리의 신앙과 행위에 있어서 정확무오한 유일의 법칙이라는 고백은 우리의 신앙생활에 있어서 매우 기본적이고 중요하다.

웨스트민스터 신앙고백에 진술된 대로(1:8), 우리는 성경의 원본이 하나님의 감동으로 오류가 없이 기록되었고 그 본문이 "그의 독특한 배려와 섭리로 모든 시대에 순수하게 보존되었다"고 믿는다. 이것은 교회의 전통적 견해이다. 그러므로 구약성경에서 전통적 히브리어 마소라 본문을 가장 중요하게 여기며 야곱 벤 카임에 의해 편집한 제2 랍비 성경(봄버그판)을 표준적 본문으로 간주해야 한다고 본다.

성경은 성도 개개인의 신앙생활뿐 아니라, 교회의 모든 활동들에도 유일한 규범이다. 오늘날처럼 다양한 풍조와 운동이 많은 영적 혼란의 시대에, 우리는 성경으로 돌아가 성경이 무엇을 말하는지 묵상하기를 원하며 성경에 계시된 하나님의 모든 뜻을 알기를 원한다.

성경책을 가지고 설교할지라도 그것을 바르게 해석하고 적용하지 않으면, 하나님의 말씀의 기근이 올 것이다(암 8:11). 오늘날 하나님의 말씀의 기근이 오고 있다. 많은 설교들과 성경강해들이 있지만, 순수한 기독교 신앙 지식과 입장은 더 흐려지고 있기 때문이다.

그러므로 오늘날 요구되는 성경 해석과 강해는 복잡하고 화려한 말 잔치보다 성경 본문의 바른 뜻을 간단 명료히 해석하고 적절히 적용하는 것일 것이다. 사실상, 우리는 성경책 한 권으로 충분하다. 성경주석이나 강해는 성경 본문의 바른 이해를 위한 작은 참고서에 불과하다. 성도는 각자 성령의 도우심을 구하며 성경을 읽어야 하고, 성경주석과 강해는 오직 참고서로만 사용해야 할 것이다.

# 내용 목차

# 서론

잠언의 히브리어 **명칭**(미슐레 쉘로모 מִשְׁלֵי שְׁלֹמֹה)은 '솔로몬의 잠언들'이다. '잠언'이라는 원어(마샬 מָשָׁל)는 '비교, 비유'라는 뜻으로 '진리의 간결한 교훈'을 가리킨다.

잠언의 대부분의 **저자**는 솔로몬이다. 잠언 1:1-9:18과 10:1-22:16과 25:1-29:27은 "솔로몬의 잠언"이라는 말로 시작된다. 솔로몬은 잠언을 3천개 이상 썼으나(왕상 4:32), 이 책에는 800절만 나온다. 솔로몬이 썼으나 후에 히스기야 시대에 편집된 것들도 있다(잠 25-29장). 그 외에는, 야게의 아들 아굴이 쓴 것(30장)과 르무엘 왕이 쓴 것(31장)이 있고, 24:23-34의 내용은 "지혜로운 자들(하카밈 חֲכָמִים)"에게 돌려지는 것 같다. 아굴이나 르무엘이 누구이었는지는 알려져 있지 않다.

잠언의 **정경성(正經性)**은 그것이 구약성경에 포함되었다는 사실 자체에서 증거되고, 디모데후서 3:16 같은 말씀에서 증거되지만, 또한 예수 그리스도와 그의 사도들이 암시하거나 증거 혹은 인용하신 데서도 확증된다. 예를 들면 다음과 같다: 마 6:11(잠 30:8), 눅 7:35(잠 8장), 눅 14:7-9(잠 25:6-7), 롬 12:20(잠 25:21-22), 히 12:5-6(잠 3:11-12), 약 4:6(잠 3:34), 벧전 2:17(잠 24:21), 벧전 4:8(잠 10:12), 벧전 4:18(잠 11:31), 벧후 2:22(잠 26:11).[1)]

잠언의 **특징적 주제**는 지혜이다. 지혜는 진주나 은이나 금보다 더 귀하다(3, 8장). 여호와를 경외함이 지혜의 시작과 근본이다(1, 9장). 의로움, 거룩함, 겸손함, 자비함, 구제, 화목함, 근면, 말의 절제, 자녀 징계, 좋은 아내 등이 지혜의 예들이다. 지혜의 결과는 생명이다(3장).

잠언의 교훈들은 주로 이 세상에서의 실제적 지혜에 관한 것들이지

---

1) 박윤선, 구약주석: 잠언 (상) (서울: 영음사, 1985), 12-13쪽.

만, **내세와 영생에 대한 진리**도 있다. 예를 들면, 잠언 12:28, “의로운 길에 생명이 있나니 그 길에는 사망이 없느니라.” 잠언 14:32, “악인은 그 환난에 엎드러져도 의인은 그 죽음에도 소망이 있느니라.” 잠언 15:24, “지혜로운 자는 위로 향한 생명길로 말미암음으로 그 아래 있는 음부[지옥]를 떠나게 되느니라.”[2)]

## 본문 혹은 각주에 자주 사용된 약어

| | |
|---|---|
| KJV | 영어 King James Version |
| NASB | 영어 New American Standard Version |
| NIV | 영어 New International Version |
| LXX | 고대 헬라어 70인역 |
| Syr | 고대 수리아어역 |
| It | 고대 라틴어역 |
| Vg | 고대 라틴어 Vulgate역 |
| BDB | Brown-Driver-Briggs, *Hebrew Lexicon of the O. T.* |
| KB | Koehler-Baumgartner, *Lexicon in Veteris Testamenti Libros* |
| Langenscheidt | *Langenscheidt Pocket Hebrew Dictionary.* |
| NBD | *The New Bible Dictionary.* IVP. |
| Poole | Matthew Poole, *A Commentary on the Holy Bible* |
| JFB | Jamieson, Faussett, Brown 주석 |
| NBC | *The New Bible Commentary.* IVP. |

2) 위의 책, 13-14쪽.

# 1장: 미련한 자는 지혜를 멸시함

## 1-9절, 여호와를 경외함

**〔1절〕 다윗의 아들 이스라엘 왕 솔로몬의 잠언이라.**

잠언의 저자는 솔로몬이다. 그러나 잠언을 포함하여 모든 구약성경은 하나님의 감동으로 된 하나님의 말씀이며(딤후 3:16) "다 한 목자의 주신 바"(전 12:11)이다. 신약성경도 동일한 권위로 인쳐진 말씀이다(살후 2:15; 계 22:19-20). 모든 성경의 참 저자는 하나님이시다.

**〔2-6절〕 이는 지혜와 훈계**(무사르 מוּסָר)[교훈, 훈계, 징계]**를 알게 하며 명철의 말씀을 깨닫게 하며 지혜롭게, 의롭게, 공평**[공정]**하게, 정직하게 행할 일에 대하여 훈계를 받게 하며 어리석은 자로 슬기롭게 하며 젊은 자에게 지식과 근신함**(메짐마 מְזִמָּה 사려 깊음, 분별력)**을 주기 위한 것이니 지혜 있는 자는 듣고 학식이 더할 것이요 명철한 자는 모략을 얻을 것이라. 잠언과 비유와 지혜 있는 자의 말과 그 오묘한 말을 깨달으리라.**

잠언은 사람들에게 지혜와 훈계를 알게 하며 명철의 말씀을 깨닫게 하며 지혜롭게, 의롭게, 공정하게, 정직하게 행할 일에 대해 훈계를 받게 하며 어리석은 자로 슬기롭게 하며 젊은 자에게 지식과 분별력을 주기 위한 것이다. 잠언의 지혜는 우리의 실생활의 지혜이다. 그 특징은 경건과 도덕성이다. 지혜와 경건과 도덕성은 함께 간다. 지혜로운 자는 경건하고 의롭게 살며, 경건하고 의롭게 사는 자는 지혜자이다. 지혜롭고 경건하고 의롭게 사는 자는 이 세상에서 평안과 건강과 물질적 여유의 복을 받고 장차 영생에 이를 것이다. 그러나 어리석은 자는 불경건하고 불의하며, 불경건하고 불의한 자는 어리석은 자이다. 어리석고 불경건하고 불의한 자는 이 세상에서도 평안이 없고 몸의 질병과 경제적 궁핍의 불행을 경험하고 장차 영원한 멸망에 이를 것이다.

**〔7절〕 여호와를 경외하는 것이 지식의 근본이어늘 미련한 자는 지혜와**

**훈계**(무사르 מוּסָר)[교훈, 훈계, 징계]**를 멸시하느니라.**

여호와를 경외하는 것이 지식의 근본이다. '근본'이라는 원어(레쉬스 רֵאשִׁית)는 '시작, 첫 번째의 것'이라는 뜻이다. 여호와를 경외하는 것이 사람이 첫 번째로 가져야 할 그리고 가장 중요한 지식이다. 여호와를 경외한다는 것은, 여호와께서 영원히 스스로 계신 참 하나님이시며 온 세상의 창조자이시며 섭리자이심을 알고 그 전지전능하시고 거룩하신 위엄 앞에 두려운 마음을 가지고 엎드려 경배하는 태도를 말한다. 하나님을 알고 그를 두려워하는 것이 모든 지식의 시작이며 근본, 즉 가장 첫째로 알아야 할 지식이며 가장 중요한 지식이다. 왜냐하면 하나님께서 온 세상을 홀로 창조하셨고 또 통치하시기 때문이다.

솔로몬은 또 "[그러나] 미련한 자는 지혜와 훈계를 멸시하느니라"고 말한다. 지혜로운 사람은 하나님을 경외하고 참된 지혜를 존중하고 그 지혜를 사모하지만, 미련한 사람은 지혜와 훈계를 멸시한다. 지혜와 훈계를 멸시하는 자는 하나님을 경외할 리가 없고 또 부도덕한 데에 떨어질 것이다. 지혜는 사람으로 의와 선을 행하게 하고 이 세상에서 복을 얻고 장차 영생에 이르게 하지만, 미련함은 사람으로 죄를 범하게 만들고 이 세상에서의 불행과 영원한 멸망에 이르게 한다.

**〔8-9절〕 내 아들아, 네 아비의 훈계**[교훈, 징계]**를 들으며 네 어미의 법을 떠나지 말라. 이는** [그것들이] **네 머리의 아름다운 관이요 네 목의 금사슬이니라.**

본문은 바른 자녀 교육에 대해 말한다. 첫째로, 자녀 교육의 주체는 누구인가? 자녀 교육의 주체는 부모이다. '네 아비의 훈계' '네 어미의 법'이라는 말씀은 가정에서 아버지와 어머니가 자녀들을 바르게 교훈하고 교육해야 함을 보인다. 신명기 6:7, "네 자녀에게 부지런히 가르치라." 에베소서 6:4, "아비들아, 너희 자녀를 . . . 주의 교양과 훈계로 양육하라." 자녀 교육은 국가에게 맡겨진 일이 아니고 심지어 교회에 맡겨진 일도 아니다. 그것은 일차적으로 부모에게 맡겨진 일이다.

둘째로, 자녀 교육의 내용은 무엇인가? '네 아비의 징계'와 '네 어미의 법'은 무엇을 가리키는가? 그것은 앞절에 말한 '여호와를 경외함'을 가리킨다. 그것은 넓게는 잠언의 모든 내용과 성경 전체를 가리킨다. 성경말씀 즉 하나님의 말씀은 자녀 교육의 바른 내용이다.

셋째로, 자녀 교육의 목표는 무엇인가? 그것은 하나님 말씀을 듣고 지키게 하는 것이다. "내 아들아, 네 아비의 훈계를 들으며 네 어미의 법을 떠나지 말라." 부모는 자녀들이 하나님의 말씀을 듣고 배우며 그것을 지키도록 교훈하고 징계해야 한다. 물론 부모가 먼저 경건하고 의롭게 살면서 그렇게 해야 할 것이다. 하나님께서는 우리가 다 하나님의 말씀을 듣고 배워 그대로 믿고 그대로 행하기를 원하신다.

넷째로, 자녀 교육의 가치는 무엇인가? 솔로몬은, "이는 네 머리의 아름다운 관이요 네 목의 금사슬이니라"고 말한다. 하나님의 말씀을 지킨 것은 지킨 자의 머리에 아름다운 관과 같고 그의 목의 금사슬과 같다. 하나님의 말씀은 이 세상에서 가장 귀한 보화이다. 그것은 천천 금은보다 더 낫다(시 119:72). 그러므로 그 말씀을 지키는 자는 가장 큰복과 영광을 누릴 것이다. 경건 교육의 가치는 참으로 크다.

본문의 교훈을 정리해보자. 첫째로, 우리는 잠언을 통해 또 성경을 통해 지혜를 얻어야 한다. 모든 성경이 그렇지만, 잠언은 지혜를 주는 책이다. 사람은 죄로 인해 무지해졌으나, 성경말씀을 통해 참 지혜를 얻는다.

둘째로, 참된 지혜는 경건과 도덕성에 있다. 하나님을 경외함이 지혜의 시작이며 가장 중요한 부분이다. 지혜로운 자들은 하나님을 경외하고 그의 계명들을 지키지만, 미련한 자들은 하나님과 그 계명들을 멸시한다.

셋째로, 부모들은 이 지혜를 자녀들에게 가르쳐야 한다. 자녀 교육은 부모 책임이며 그 내용은 성경이다. 그 목표는 하나님 경외하고 그 계명을 지키게 하는 것이다. 그 가치는 매우 크다. 하나님 경외하고 그 계명들을 지키는 자들은 이 세상에서와 내세에서 큰복과 영광을 누릴 것이다.

## 10-23절, 불의의 이익을 취하지 말라

**〔10-19절〕 내 아들아, 악한 자**(캇타임 חַטָּאִים)[죄인들]**가 너를 꾈지라도 좇지 말라**(알 토베 אַל־תֹּבֵא)[찬동하지 말라](NASB). **그들이 네게 말하기를 우리와 함께 가자. 우리가 가만히 엎드렸다가** 사람의 **피를 흘리자. 죄 없는 자를 까닭 없이 숨어 기다리다가 음부**[무덤]**같이 그들을 산 채로 삼키며 무덤에 내려가는 자 같게 통으로 삼키자. 우리가 온갖 보화를 얻으며 빼앗은 것으로 우리 집에 채우리니 너는 우리와 함께 제비를 뽑고 우리가 함께 전대 하나만 두자 할지라도 내 아들아, 그들과 함께 길에 다니지 말라. 네 발을 금하여 그 길을 밟지 말라. 대저 그 발은 악으로 달려가며 피를 흘리는 데 빠름이니라. 무릇 새가 그물 치는 것을 보면 헛일이겠거늘 그들의 가만히 엎드림은 자기의 피를 흘릴 뿐이요 숨어 기다림은 자기의 생명을 해할 뿐이니 무릇 이(利)를 탐하는 자**(보체아 바차 בֹּצֵעַ בָּצַע)[폭력으로 이익을 얻는 자(BDB), 불의의 이익을 취하는 자(Langenscheidt)]**의 길은 다 이러하여 자기의 생명을 잃게 하느니라.**

우리는 죄인들이 우리를 꾈지라도 찬동하지 말아야 한다. 시편 1:1은 복 있는 사람은 악인의 꾀를 좇지 아니하며 죄인의 길에 서지 아니하며 오만한 자의 자리에 앉지 아니한다고 말하였다. 본문은 죄인들의 특징을 묘사한다. 그들은 은밀히 남을 해치는 자이다(11-12절). 또 그들은 남의 피를 흘리며 남을 죽이는 자이다(16절). 또 그들은 불의의 재물을 취하는 자들이다(13-14, 19절). 그들은 정정당당히 돈을 벌려 하지 않고 불의한 방법으로 돈을 벌려 하고, 폭력으로 남의 것을 빼앗으려 한다. 또 본문은 죄인들의 마지막도 증거한다(18-19절). 죄인들은 결국 생명을 잃고 죽고 만다. 그것은 공의의 심판자이신 하나님께서 살아계시고 그가 죄인들을 공의로 심판하시고 벌하시기 때문이다. 시편 1:6의 말씀대로, 악인들의 길은 망할 것이다.

**〔20-23절〕 지혜가 길거리에서 부르며 광장에서 소리를 높이며 훤화하는 길 머리에서 소리를 지르며 성문 어귀와 성중에서 그 소리를 발하여 가로되 너희 어리석은 자들은 어리석음을 좋아하며 거만한 자들은 거만을 기뻐하며**

**미련한 자들은 지식을 미워하니 어느 때까지 하겠느냐? 나의 책망을 듣고 돌이키라. 보라, 내가 나의 신[영]을 너희에게 부어주며 나의 말을 너희에게 보이리라.**

하나님께서는 지혜의 하나님이시며 또 예수 그리스도께서는 지혜의 주님이시다. 골로새서 2:2-3, "하나님의 비밀인 그리스도를 깨닫게 하려 함이라. 그 안에는 지혜와 지식의 모든 보화가 감취어 있느니라." 하나님의 지혜의 말씀은 오늘날 신구약성경에 기록되어 있다. 또 그 지혜의 말씀은 모든 시대에 전도와 바른 설교를 통해 증거되고 있다.

하나님의 지혜의 말씀은 공개적이다. 악인들은 비밀이 많고 그들은 이웃을 속이고 거짓되고 이중적이고 위선적인 말을 잘 하지만, 하나님의 말씀은 거짓되거나 이중적이지 않고 솔직하고 진실하며 공개적이다. 주 예수께서는 제자들에게 "내가 너희에게 어두운 데서 이르는 것을 광명한 데서 말하며 너희가 귓속으로 듣는 것을 집 위에서 전파하라"고 말씀하셨고(마 10:27), 또 "내가 드러내어 놓고 세상에 말하였노라. 모든 유대인들의 모이는 회당과 성전에서 항상 가르쳤고 은밀히는 아무것도 말하지 아니하였노라"고 하셨다(요 18:20). 사도 바울은 데살로니가전서 2:3에서 "우리의 권면은 간사에서나 부정(不淨)에서 난 것도 아니요 궤계[속임]에 있는 것도 아니라"고 말하였다.

본문은 어리석은 자들에게 말하기를, "너희 어리석은 자들은 어리석음을 좋아하며 거만한 자들은 거만을 기뻐하며 미련한 자들은 지식을 미워하니 어느 때까지 하겠느냐? 나의 책망을 듣고 돌이키라"고 한다. '어리석다'는 원어(페시 פְּתִי)는 본래 '단순하다'는 뜻이다. 단순한 자들이 어리석어서 악한 꾀임에 잘 빠진다. 어리석은 자들, 거만한 자들, 미련한 자들은 다 돌이켜야 한다. 모든 죄인들은 다 회개하여야 한다. 하나님께서는 우리가 모든 죄악에서 온전히 회개하기를 원하신다.

하나님께서는 또 "보라, 내가 나의 신을 너희에게 부어주며 나의 말을 너희에게 보이리라"고 말씀하신다. '나의 신'은 '하나님의 영' 성령을 가리키든지, 혹은 '지혜의 영' 곧 지혜의 정신(NASB) 또는 지혜의 심령(NIV)을 가리키는 것 같다. 지혜의 하나님께서는 회개하는 자들에게 성령과 지혜의 정신을 주시며 또 하나님의 지혜의 말씀을 깨닫게 하신다. 에베소서 1:17-19에 보면, 사도 바울은, "우리 주 예수 그리스도의 하나님, 영광의 아버지께서 지혜와 계시의 정신을 너희에게 주사 하나님을 알게 하시고 너희 마음 눈을 밝히사 그의 부르심의 소망이 무엇이며 성도 안에서 그 기업의 영광의 풍성이 무엇이며 그의 힘의 강력으로 역사하심을 따라 믿는 우리에게 베푸신 능력의 지극히 크심이 어떤 것을 너희로 알게 하시기를 구하노라"고 기도하였다.

본문의 교훈을 정리해보자. 첫째로, 우리는 악한 자가 되지 말고 죄인들을 좇지 말아야 한다. 그들의 생각에 찬동하지도 말며 그들에게 굴복하지도 말아야 한다. 우리가 하나님을 사랑하고 서로 사랑한다면, 우리는 악한 것을 생각하지 말고 불의를 기뻐하지 말아야 한다(고전 13:5-6).

둘째로, 우리는 불의의 이익을 취하지 말아야 한다. 속여서 취한 이익은 자기의 생명을 잃게 할 뿐이다. 우리는 자기의 수고의 대가인 정당한 이익만 취해야 한다. 우리는 범사에 깨끗해야 하며 특히 돈에 대해 그래야 한다. 그렇지 않으면, 그것은 죄 짓는 일이며 결국 자기 생명을 잃게 한다. 돈을 사랑하며 부하려 하는 자들은 침륜과 멸망에 빠진다(딤전 6:9). 우리는 불의의 이익을 구하는 모든 탐심을 버려야 한다(약 1:14-15).

셋째로, 우리는 신구약 66권의 성경책에 기록된 하나님의 지혜의 말씀을 거절하지 말고 사모하고 규칙적으로 읽고 듣고 믿고 실천해야 한다. 우리는 거만함과 미련함을 버리고 지혜의 교훈과 책망을 듣고 깨달아지는 죄가 있으면 겸손히, 철저히 회개해야 한다. 그러면 하나님께서는 우리에게 성령과 지혜의 정신을 주시고 지혜의 말씀을 깨닫게 하셔서 지혜자가 되게 하실 것이다. 성경은 우리에게 예수 그리스도를 믿음으로 구원에 이르는 지혜가 있게 하고(딤후 3:15), 또 모든 경건한 성도는 원수보다, 스승보다, 또 노인보다 더 지혜롭고 명철하게 할 것이다(시 119:98-100).

## 24-33절, 나를 듣는 자

**〔24-28절〕 내가 부를지라도 너희가 듣기 싫어하였고 내가 손을 펼지라도 돌아보는 자가 없었고 도리어 나의 모든 교훈을 멸시하며 나의 책망을 받지 아니하였은즉 너희가 재앙을 만날 때에 내가 웃을 것이며 너희에게 두려움이 임할 때에 내가 비웃으리라. 너희의 두려움이 광풍같이 임하겠고 너희의 재앙이 폭풍같이 이르겠고 너희에게 근심과 슬픔이 임하리니 그때에 너희가 나를 부르리라. 그래도 내가 대답지 아니하겠고 부지런히 나를 찾으리라. 그래도 나를 만나지 못하리니.**

어리석은 자들은 평소에, 평안할 때에 지혜의 말 듣기를 거절했다. 지혜는 '하나님을 경외하고 죄를 떠나고 의롭고 선하게 살라'고 하나님의 종들을 통해 말하지만, 그들은 그런 말을 듣기 싫어했다. 그들은 하나님의 음성에 대해 무관심하였고 그것을 무시했다. 그들은 하나님의 모든 교훈을 멸시하였고 하나님의 책망받기를 거절했다. 그것은 그들의 어리석음이었다.

그러나 어리석은 자들에게 재앙의 때, 심각한 재앙의 때가 올 것이다. 그것은 무서운 질병이나 경제적 재난일 수 있고 화재 등의 사고일 수 있고 홍수나 지진 등의 자연재해나 전쟁 등일 수도 있다. 그것은 하나님께서 보내신 것, 즉 공의의 하나님께서 내리신 재앙이다. 하나님께서는 어리석은 자들의 행위에 대해 공의로 보응하시며 그들에게 두려운 재앙을 광풍같이, 폭풍같이 내리실 것이다. 그러나 그때 그들이 하나님께 부르짖어도 그가 대답지 않으시고 부지런히 그를 찾아도 그를 만나지 못할 것이다. 그러므로 우리는 하나님을 만날 만한 때에 그를 찾고 우리의 모든 죄를 깨닫고 회개해야 한다(사 55:6).

**〔29-33절〕 대저 너희가 지식을 미워하며 여호와 경외하기를 즐거워하지 아니하며 나의 교훈을 받지 아니하고 나의 모든 책망을 업신여겼음이라. 그러므로 자기 행위의 열매를 먹으며 자기 꾀에 배부르리라. 어리석은 자의 퇴보**(메슈바 מְשׁוּבָה)[변절]**는 자기를 죽이며 미련한 자의 안일**(솰와 שַׁלְוָה)[안

이함]은 **자기를 멸망시키려니와 오직 나를 듣는 자는 안연히**[안전하게] **살며 재앙의 두려움이 없이 평안하리라.**

하나님께서 그들의 기도를 듣지 않으신 까닭은 그들이 그의 말씀을 무시하고 받지 않았기 때문이다. 어리석은 자들은 신앙의 변절자들이며 하나님의 말씀에 대한 두려움이나 진지함이 없는 안이한 자들이다. 어리석은 자들은 불경건하고 인본주의적이고 자기 중심적이고 세상 중심적이고 물질적 유여함과 육신의 쾌락만 구하는 자들이다. 그러나 그들의 결말은 장망성 같은 세상과 함께 허무하게 불타고 멸망하는 것이다. 그들은 결국 자신을 죽이고 자신을 멸망시킬 것이다.

하나님께서는 율법에서 밝히 경고하셨었다. 신명기 28:15-24, "네가 만일 네 하나님 여호와의 말씀을 순종하지 아니하여 내가 오늘날 네게 명하는 그 모든 명령과 규례를 지켜 행하지 아니하면 이 모든 저주가 네게 임하고 네게 미칠 것이니 네가 성읍에서도 저주를 받으며 들에서도 저주를 받을 것이요 또 네 광주리와 떡반죽 그릇이 저주를 받을 것이요 네 몸의 소생과 네 토지의 소산과 네 우양의 새끼가 저주를 받을 것이며 네가 들어와도 저주를 받고 나가도 저주를 받으리라. 네가 악을 행하여 그를 잊으므로 네 손으로 하는 모든 일에 여호와께서 저주와 공구(恐懼)[소요, 혼란]와 견책을 내리사 망하며 속히 파멸케 하실 것이며 여호와께서 네 몸에 염병이 들게 하사 네가 들어가 얻을 땅에서 필경 너를 멸하실 것이며 여호와께서 폐병과 열병과 상한과 학질과 한재와 풍재와 썩는 재앙으로 너를 치시리니 이 재앙들이 너를 따라서 너를 진멸케 할 것이라. 네 머리 위의 하늘은 놋이 되고 네 아래의 땅은 철이 될 것이며 여호와께서 비 대신에 티끌과 모래를 네 땅에 내리시리니 그것들이 하늘에서 네 위에 내려서 필경 너를 멸하리라."

그러나 반대로 지혜로운 자들은 어떤 자들인가? 그들은 하나님의 음성을 듣고 순종하는 자들이다. 지혜와 어리석음의 경계선은 하나님의 말씀을 듣고 순종하는 여부이다. 하나님의 말씀은 지혜의 말씀이다.

하나님의 말씀을 듣고 순종하는 지혜로운 자들은 안전하게 살며 재앙의 두려움이 없이 평안할 것이다. 어리석은 자들에게는 안전함이 없지만, 지혜자들에게는 안전함이 있다. 또 지혜자들은 재앙의 두려움 없이 평안할 것이다. 왜냐하면 재앙은 하나님께서 악인들에게 내리시는 것이요 의인들에게 주시는 것이 아니기 때문이다.

이러한 진리도 율법에서 이미 밝히 증거하신 바이다. 신명기 28:1-7, "네가 네 하나님 여호와의 말씀을 삼가 듣고 내가 오늘날 네게 명하는 그 모든 명령을 지켜 행하면 네 하나님 여호와께서 너를 세계 모든 민족 위에 뛰어나게 하실 것이라. 네가 네 하나님 여호와의 말씀을 순종하면 이 모든 복이 네게 임하며 네게 미치리니 성읍에서도 복을 받고 들에서도 복을 받을 것이며 네 몸의 소생과 네 토지의 소산과 네 짐승의 새끼와 우양의 새끼가 복을 받을 것이며 네 광주리와 떡반죽 그릇이 복을 받을 것이며 네가 들어와도 복을 받고 나가도 복을 받을 것이니라. 네 대적들이 일어나 너를 치려하면 여호와께서 그들을 네 앞에서 패하게 하시리니 그들이 한 길로 너를 치러 들어왔으나 네 앞에서 일곱 길로 도망하리라." 이사야 48:18, "슬프다 네가 나의 명령을 듣지 아니하였도다. 만일 들었더면 네 평강이 강과 같았겠고."

본문의 교훈을 정리해보자. 첫째로, 어리석은 자들은 하나님의 말씀을 무시하고 받아들이지 않는다. 그러나 하나님께서 내리시는 재앙이 있을 것이며 그 날에 그들이 하나님께 부르짖으나 하나님께서 그들의 기도에 응답지 않으실 것이다. 그들 앞에는 죽음과 멸망만 있을 것이다. 그러므로 우리는 하나님의 말씀을 무시하고 거절하는 자가 되지 말아야 한다.

둘째로, 지혜로운 자들은 하나님의 말씀을 듣고 순종하는 자들이다. 그들은 재앙의 두려움이 없이 평안할 것이며 그들 앞에는 영원한 생명이 있다. 그러므로 우리는 평소에 성경말씀을 진지하게 읽고 듣고 하나님의 교훈을 잘 받고 책망을 달게 받고 그 말씀을 지키며 힘써 순종해야 한다.

# 2장: 지혜가 우리를 악에서 지킴

**〔1-5절〕 내 아들아, 네가 만일 나의 말을 받으며 나의 계명을 네게 간직하며 네 귀를 지혜에 기울이며 네 마음을 명철에 두며 지식을 불러 구하며 명철을 얻으려고 소리를 높이며 은을 구하는 것같이 그것을 구하며 감추인 보배를 찾는 것같이 그것을 찾으면 여호와 경외하기를 깨달으며 하나님을 알게 되리니.**

본문은 지혜를 얻는 길을 증거한다. 우리가 참된 지혜를 얻으려면 하나님의 말씀과 계명에 귀를 기울여야 한다. 하나님의 모든 말씀은 지혜의 말씀이기 때문이다. 하나님의 말씀을 가까이 하는 자가 지혜를 얻을 것이다. 또 사람은 지혜와 지식을 간절히 사모하며 원해야 그것을 얻을 수 있다. 사람은 돈을 벌기 위해서는 부지런하고 열심을 낸다. 만일 그런 부지런함과 열심으로 지혜를 구한다면 그는 지혜를 얻을 수 있을 것이다. 주께서는 "구하라, 주실 것이요"라고 말씀하셨다(마 7:7). 하나님께서는 구하고 사모하는 자에게 좋은 것을 주신다. 본문은 사람이 하나님께 간절히 지혜를 구하면 "여호와 경외하기를 깨달으며 하나님을 알게 되리라"고 말한다. 그것은, 하나님께서 곧 지혜이시며, 그를 아는 것이 지혜요 그를 경외하는 것이 지혜이기 때문이다.

**〔6-7절〕 대저 여호와는 지혜를 주시며 지식과 명철을 그 입에서** 내심이며 **그는 정직한 자를 위하여 완전한 지혜**(투쉬야 תּוּשִׁיָּה)[건전하고 유능한 지혜, 영속적 성공](BDB)**를 예비하시며 행실이 온전한 자에게 방패가 되시나니.**

하나님께서는 사람에게 지혜를 주시는 자이시다. 그는 그의 충만한 지혜와 능력으로 천지만물을 창조하셨다. 사람의 지혜는 하나님께로부터 온 것이다. 그는 지혜를 구하는 죄인들에게 지혜의 근본이 되는 하나님을 아는 지혜를 주실 것이다. 의로운 자들은 하나님의 완전한 지혜를 얻을 것이며 하나님께서는 행실이 온전한 자들에게 방패가 되실 것이다. 그들은 이 세상 사는 동안 사탄과 악령들이 주는 재앙들이나 원수들의 공격으로부터 보호함을 얻을 것이다.

**〔8-9절〕 대저 그는 공평의 길을 보호하시며 그 성도들의 길을 보전하려 하심이니라**[보전하심이니라]. **그런즉**(아즈 אָז)[그때에] **네가 공의와 공평과 정직 곧 모든 선한 길을 깨달을 것이라.**

성도들은 의와 공평의 길을 걸어야 한다. 하나님께서는 공평의 길을 보호하시며 성도들의 길을 보전하신다. 하나님을 경외하였던 요셉은 보디발의 아내의 유혹을 물리침으로 행실의 의를 지켰다. 비록 그가 감옥에 얼마 동안 갇혔으나, 그는 하나님의 보호하심을 입었고 그의 기이한 섭리로 말미암아 마침내 애굽의 총리가 되었다.

성도들은 정직하게 행하여 완전한 지혜를 얻고 하나님의 보호하심을 체험할 때 공의와 공평과 정직 곧 모든 선한 길을 깨닫는다. '모든 선한 길'이란 하나님께 영광이 되고 남에게 유익을 주고 자신에게 복이 되는 길을 말한다. 본문의 요점은, 사람이 정직하게 살면 지혜를 얻으며 또 그는 의와 선을 더욱 깨닫게 된다는 것이다. 예수께서는 "무릇 있는 자는 받아 넉넉하게 되되 무릇 없는 자는 그 있는 것도 빼앗기리라"고 말씀하셨다(마 13:12).

**〔10-12절〕 곧 지혜가 네 마음에 들어가며 지식이 네 영혼에 즐겁게 될 것이요 근신**(메짐마 מְזִמָּה)[분별력]**이 너를 지키며 명철이 너를 보호하여 악한 자의 길과 패역을 말하는 자에게서 건져내리라.**

사람이 의롭게 살려 힘쓰면 하나님께서 주시는 완전한 지혜를 얻고 그럴 때 의와 선을 더욱 깨달으며 지혜가 그의 마음에 들어가며 지식이 그의 영혼에 즐거움이 된다. 여기에 지혜의 유익이 있다. 하나님의 말씀은 지혜와 지식의 말씀이며 우리가 그 말씀을 읽거나 들을 때 그 말씀은 우리의 영혼에 기쁨과 즐거움이 되며 생활에 힘이 된다.

또 지혜와 명철은 우리를 보호해 우리를 악한 자들의 길로부터 지키며 구원한다. 사람이 지혜와 명철과 분별력을 얻으면 악한 자들의 길로부터 보호와 구원을 얻는다. 그는 악한 자들의 길에 떨어지지 않고 악한 자가 되지 않고 악하게 행하지 않을 것이다. 그는 하나님과 그의 뜻을 거스르지 않을 것이다. 이것도 지혜의 유익이다.

**〔13-15절〕 이 무리는 정직한 길을 떠나 어두운 길로 행하며 행악하기를 기뻐하며 악인의 패역을 즐거워하나니 그 길은 구부러지고 그 행위는 패역하니라.**

악한 자들은 다르다. 그들은 정직한 길을 떠나 어두운 길로 행한다. 하나님의 말씀이 인생의 바른 길이며 복된 길이지만, 그들은 하나님께서 가르치신 길을 저버리고 무지와 거짓, 양심의 거리낌과 불행의 길로 행한다. 또 그들은 악을 행하기를 기뻐하며 악인의 패역을 즐거워한다. 성도는 자신의 악을 통회함과 동시에 다른 이들의 악을 탄식한다(사 66:2; 겔 9:4). 참 사랑은 악한 것을 생각지 않고 불의를 기뻐하지 않는다(고전 13:6). 그러나 악인들은 그렇지 않다. 그들의 길은 구부러지고 그들의 행위는 패역하다. 즉 그들은 불순종적이며 반항적이다.

**〔16-19절〕** 지혜가 **또 너를 음녀**(잇솨 자라 אִשָּׁה זָרָה)[이상한 여자, 낯선 여자](NASB)**에게서, 말로 호리는 이방 계집에게서 구원하리니 그는 소시(少時)의 짝을 버리며 그 하나님의 언약을 잊어버린 자라. 그 집은 사망으로, 그 길은 음부(陰府)**(레파임 רְפָאִים)**로**[죽은 자들에게로] 기울어졌나니 **누구든지 그에게로 가는 자는 돌아오지 못하며 또 생명길을 얻지 못하느니라.**

지혜는 또 우리를 이상한 여자에게서, 말로 호리는 이방 계집에게서 구원한다. 정상적인 여자는 단정하고 순결을 지키며 남편과 자기 자녀들에 대한 의무를 다하지만, 이상한 여자는 단정치 않고 다른 이에게 마음과 눈길을 두며 가정에 대한 자기의 의무를 다하지 않는다. 그는 젊은 때의 배우자를 버리며 하나님의 언약을 잊어버린 자이다. 남편과 결혼할 때 하나님 앞에서 엄숙히 결혼 서약을 하였을 것이지만, 그는 그 언약을 잊어버리고 그것을 저버렸다. 그는 이제 남자들의 마음을 말로 유혹하는 이상한 여자가 되었다.

하나님을 경외하는 성도는 이 세상의 음란 풍조를 멀리해야 한다.

음란 풍조는 보는 것과 듣는 것을 통해 퍼져나간다. 텔레비젼의 드라마들은 불륜의 주제로 넘쳐나고 젊은 가수들의 노래들과 춤들까지도 음란성이 많다. 젊은 세대들이 좋아하는 인터넷은 음란의 바다이다. 성경은 음란하는 자나 간음하는 자가 천국을 유업으로 받지 못한다고 말했다(고전 6:9-10). 성도는 음행을 피해야 한다(고전 6:18).

이상한 여자의 집은 사망으로, 그 길은 죽은 자들에게로 기울어졌다. 이상한 여자의 집은 잠시 동안 육신적 즐거움이 있겠지만, 사망과 멸망으로 향한다. 누구든지 그에게로 가는 자는 돌아오지 못하며 또 생명길을 얻지 못한다. 음행은 마약같이 중독성을 가져서, 남녀 노소, 초신자, 직분자 할 것 없이 누구든지 거기에 빠지면 돌아오지 못하며 생명길을 잃고 말 것이다. 행음자들은 지옥에 던지울 것이다(계 21:8). 그러므로 성도는 음행을 극히 조심하고 멀리해야 한다.

**〔20절〕** 지혜가 **너로 선한 자의 길로 행하게 하며 또 의인의 길을 지키게 하리니.**

선한 자의 길은 남에게 악을 행하지 않고 선을 베풀며 유익을 주는 길이다. 지혜는 선한 길을 알게 할 뿐만 아니라 선한 길을 걷게 한다. 또 지혜는 의인의 길 즉 인생의 정로를 지키게 한다. 지킨다는 말은 보수(保守)한다는 뜻이다. 신앙적, 신학적 보수주의라는 말은 좋은 말이다. 배교와 타협의 시대에 시대의 풍조에 따라 속화되지 않고 옛 길, 바른 길, 의의 길을 지키는 입장은 바른 입장이며 좋은 입장이다.

**〔21-22절〕 대저 정직한 자는 땅에 거하며 완전한 자는 땅에 남아 있으리라. 그러나 악인은 땅에서 끊어지겠고 궤휼한 자는 땅에서 뽑히리라.**

본문은 지혜가 선한 길, 의로운 길을 지키게 하는 이유를 보인다. 그 이유는, 의롭고 정직한 자가 땅에 거하고 악인이 땅에서 끊어질 것이기 때문이다. '완전한 자'는 흠이 없고 책망할 것이 없는 자를 가리키는 말이다. 정직하고 완전한 자들은 땅에 거하고 땅에 남아 있을 것이다. 의인들은 땅을 기업으로 얻을 것이다. 그러나 악인들은 땅에서 끊어질 것이다. 땅은 하나님께서 지으신 곳이다. 땅의 주인은 하나님이시다. 땅은 본래 죄 없는 자들이 살도록 창조된 곳이다. 그러나 사람이 범죄함으로 악인들이 땅에 가득하게 거주하게 되었다. 그들은 땅에서 일시적 평안과 번영을 누리고 의인들은 일시적으로 고난을 당한다. 그러나 악인들은 다 하나님의 심판을 받아 땅에서 제거될 것이다. 악인들의 일시적 평안과 번영은 결국 갑작스런 멸망으로 끝날 것이다. 이 땅은 새 하늘과 새 땅 곧 천국으로 이어질 것이다. 천국에는 악인들이 전혀 없고 의인들만 영원히 거할 것이다.

본장의 교훈을 정리해보자. 첫째로, 우리는 하나님의 말씀에 귀를 기울이며 금은보화를 구하듯이 지혜를 간절히 사모해야 한다. 2-4절, "네 귀를 지혜에 기울이며 네 마음을 명철에 두며 지식을 불러 구하며 명철을 얻으려고 소리를 높이며 은을 구하는 것같이 그것을 구하며 감추인 보배를 찾는 것같이 그것을 찾으면." 그러면 우리는 하나님을 알게 되고 그를 경외하게 되며 그가 주시는 지혜를 풍성하게 얻게 될 것이다. 그러므로 우리는 지혜의 말씀인 성경을 사모함으로 읽고 듣고 묵상해야 한다.

둘째로, 우리가 의롭고 정직하게 살면 더욱 지혜로운 자가 되며 더욱 의와 선을 깨닫고 의롭고 선한 자가 될 것이다. 7절, "그는 정직한 자를 위하여 완전한 지혜를 예비하시며 행실이 온전한 자에게 방패가 되시나니." 마태복음 13:12, "무릇 있는 자는 받아 넉넉하게 되되 무릇 없는 자는 그 있는 것도 빼앗기리라." 하나님의 말씀 즉 성경말씀의 순종은 우리로 더욱 지혜롭게 하며 더욱 의롭고 선한 자가 되게 할 것이다.

셋째로, 지혜는 우리에게 많은 유익을 준다. 지혜는 우리로 정직하고 선하고 완전한 길을 걷게 하며(8-9절) 우리 영혼에 기쁨과 즐거움을 준다(10절). 또 지혜는 우리를 악한 자들의 길로부터 건져주며 특히 음란으로부터 우리를 지켜주며 건져준다(11-12, 16절). 또 지혜는 우리로 하나님의 주신 땅에 영원히 거하게 한다. 즉 우리로 세상의 삶도 복되게 하고 천국을 영원한 기업으로 받게 한다. 그러므로 우리는 지혜를 얻어야 한다.

# 3장: 지혜가 복됨

## 1-6절, 명령 지킴, 인자와 진실, 의뢰하고 인정함

**〔1-2절〕 내 아들아, 나의 법을 잊어버리지 말고 네 마음으로 나의 명령을 지키라. 그리하면**(키 כִּי)[왜냐하면] **그것이 너로 장수하여 많은 해를 누리게 하며 평강을 더하게 하리라**[함이니라].

자녀들은 경건한 부모의 법을 잊어버리지 말고 그들의 명령을 진심으로 지켜야 한다. 이 교훈은 성령의 감동으로 주신 하나님의 음성이다. '나의 법'과 '나의 명령'은 결국 성경말씀 곧 하나님의 말씀을 가리킨다. 사람이 성경말씀, 곧 하나님의 말씀을 잊어버리면 육신의 본성의 죄악성을 따라, 욕심을 따라, 세상의 풍조에 따라 행하기 쉽고 마귀의 시험에 떨어져 범죄하기 쉽다. 그러므로 우리는 성경말씀 곧 하나님의 말씀을 기억하며 하나님의 법을 지켜야 한다.

성도는 하나님의 법을 지킴으로 장수(長壽)를 누린다. 장수는 모든 사람이 원하는 바이다. 사람들은 단명(短命)을 재앙이라고 보고 그것을 다 싫어한다. 사람들은 장수를 위해 보약을 먹고 운동을 하며 병원을 찾는다. 그런데 사람의 건강과 장수의 비결은 하나님의 법을 지키는 데 있다. 그것은 이 세상에서의 장수뿐 아니라, 영생에 이르게 한다.

성도는 또 하나님의 법을 지킴으로 평안을 누린다. 평안이라는 말 속에는 마음의 평안뿐 아니라, 몸의 건강과 경제적, 환경적 평안까지 들어 있다. "안녕하십니까?"라는 문안 인사 속에는 이런 포괄적 의미가 들어 있다. 그 '안녕'의 비결도 하나님의 법을 지키는 데 있다.

**〔3-4절〕 인자(仁慈)와 진리로 네게서 떠나지 않게 하고 그것을 네 목에 매며 네 마음판에 새기라.** 그리하면 **네가 하나님과 사람 앞에서 은총과 귀중히 여김을 받으리라.**

'인자(仁慈)'는 선한 마음을 가리킨다. 악은 마귀의 속성이다. 마귀는 살인자이다(요 8:44). 그러나 하나님께서는 인자와 긍휼과 사랑이 풍성하시다. 인자는 실상 하나님의 계명의 내용이다. '진리'(에메스 אֱמֶת)는 진실을 가리킨다. 진실은 하나님의 속성이며 거짓은 마귀의 속성이다(요 8:44). 우리는 인자와 진실을 우리에게서 떠나지 않도록 하고 그것들을 우리의 목에 매고 우리의 마음판에 새겨야 한다.

하나님께서는 우리가 인자(仁慈)한 사람이 되기를 원하신다. 미가 6:8, "사람아, 주께서 선한 것이 무엇임을 네게 보이셨나니 여호와께서 네게 구하시는 것이 오직 공의를 행하며 인자(仁慈)를 사랑하며 겸손히 네 하나님과 함께 행하는 것이 아니냐?" 에베소서 4:32, "서로 인자하게 하며 불쌍히 여기며 서로 용서하기를 하나님이 그리스도 안에서 너희를 용서하심과 같이 하라." 또 하나님께서는 우리가 진실한 사람이 되기를 원하신다. 에베소서 4:25, "거짓을 버리고 각각 그 이웃으로 더불어 참된 것을 말하라."

우리가 인자하고 진실한 사람이 되면 우리는 하나님과 사람 앞에서 은총과 귀중히 여김을 받을 것이다. '귀중히 여김'이라는 원어(세켈 토브 שֵׂכֶל טוֹב)는 '좋은 이해'라는 뜻으로 '좋은 평판, 좋은 인정'을 가리키는 것 같다(NASB, NIV). 사람이 악하고 거짓되면, 하나님께서 그를 물리치시고 사람들도 그를 멀리하고 배척할 것이다. 그렇지만 사람이 인자하고 진실하면, 그는 하나님께 더욱 더 사랑을 받고 사람들에게도 좋은 이해와 좋은 평판과 좋은 인정을 받을 것이다.

**[5-6절] 너는 마음을 다하여 여호와를 의뢰하고 네 명철을 의지하지 말라. 너는 범사에 그를 인정하라. 그리하면 네 길을 지도하시리라.**

우리는 하나님을 의지하되 반쪽 마음으로가 아니고 전심(全心)으로 해야 한다. 반쪽 마음으로 하나님을 의지하는 것은 사실상 그를 의지하는 것이 아니다. 사람들은 자신의 지혜와 명철, 지식과 실력, 건강과 재산을 의지하려는 마음이 많은 것 같다. 그러나 하나님께서는 우리가 전능하신 창조자 섭리자 하나님을 전적으로 믿고 의지하기를 원하신다. 역대하 16:9, “여호와의 눈은 온 땅을 두루 감찰하사 전심으로 자기에게 향하는 자를 위하여 능력을 베푸시나니.”

우리는 범사에 하나님을 인정해야 한다. 하나님을 인정한다는 말은 하나님을 주권적 섭리자로 인정하는 것을 말한다. 하나님께서는 주권적 섭리자이시다. 우리는 범사에 그 사실을 인정해야 한다. 큰일이나 작은 일이나, 영적인 일이나 육적인 일이나, 개인적 일이나 가정이나 교회나 국가의 일이나, 이 세상의 모든 일들은 하나님의 섭리 가운데 일어난다. 이런 믿음이 있을 때 우리는 범사에 감사할 수 있다.

우리가 범사에 주권적 섭리자 하나님을 인정하면, 하나님께서는 우리의 길을 지도하실 것이다. 사람이 하나님을 믿고 의지하지 않으면 어떻게 하나님의 선한 지도하심을 기대할 수 있겠는가? 그러나 우리가 그를 믿고 인정할 때 하나님께서는 우리로 하여금 우리의 길 앞의 장애물을 피하게 하시고 선하고 유익한 길로 인도하실 것이다. 그러므로 잠언 16:3은, “너의 행사를 여호와께 맡기라. 그리하면 너의 경영하는 것이 이루리라”고 말하였고, 로마서 8:28은, “우리가 알거니와 하나님을 사랑하는 자 곧 그 뜻대로 부르심을 입은 자들에게는 모든 것이 합력하여 선을 이루느니라”고 말했다.

본문의 교훈을 정리해보자. 첫째로, 우리는 하나님의 말씀을 잊지 말고 지켜야 한다. 왜냐하면 그것이 우리의 몸의 장수와 평안의 길이기 때문이다. 우리가 장수와 평안을 원한다면 성경말씀을 읽고 듣고 지켜야 한다.

둘째로, 우리는 인자와 진실을 간직해야 한다. 그리하면 우리는 하나님과 사람들에게 더욱 사랑과 인정을 받을 것이다. 우리는 모든 사람에게 선과 사랑과 자비를 베풀어야 하고 범사에 진실하게 살아야 한다.

셋째로, 우리는 자신의 명철을 의지하지 말고 마음을 다해 하나님을 의지하며 범사에 하나님께서 주권적 섭리자이심을 인정해야 한다. 그리하면 우리는 하나님께서 우리의 길을 선하게 인도하심을 경험할 것이다.

## 7-12절, 건강, 물질적 복, 징계

〔7-8절〕 **스스로 지혜롭게 여기지 말지어다. 여호와를 경외하며 악을 떠날지어다. 이것이 네 몸에 양약**(리프우스 רִפְאוּת)[치료(BDB, KB, NASB), 건강(KJV, NIV)]**이 되어 네 골수로**[뼈속까지] **윤택하게 하리라.**

우리는 스스로 지혜롭게 여기지 말아야 한다. 잠언 26:12는 스스로 지혜롭게 여기는 자보다 미련한 자에게 오히려 바랄 것이 있다고 말했다. 또 우리는 여호와를 경외하며 악을 떠나야 한다. 사람이 여호와를 경외하고 악을 떠나는 것이 참 지혜이다. 실상 이것이 성경의 요점이며 하나님의 뜻이다. 사람은 하나님을 경외함으로 악을 떠날 수 있다. 잠언 16:6, "여호와를 경외함으로 인하여 악에서 떠나게 되느니라."

우리가 여호와를 경외하며 악을 떠나면, 이것은 우리의 몸에 양약, 치료, 건강이 되어 우리 뼈속까지 윤택하게 할 것이다. 사람이 하나님을 두려워하며 섬기고 그의 계명대로 의와 선을 행하면 건강을 누릴 것이다. 그들은 뼈속까지도 건강할 것이다. 출애굽기 15:26, "가라사대 너희가 너희 하나님 나 여호와의 말을 청종하고 나의 보기에 의를 행하며 내 계명에 귀를 기울이며 내 모든 규례를 지키면, 내가 애굽 사람에게 내린 모든 질병의 하나도 너희에게 내리지 아니하리니 나는 너희를 치료하는 여호와(예호와 로프에카 יְהוָה רֹפְאֶךָ)임이니라."

사람의 건강은 단지 영양식을 하고 보약을 먹고 충분한 잠을 자고 규칙적 운동을 함으로써만 유지되는 것이 아니다. 원치 않는 질병과 사고가 생길 수 있다. 하나님께서는 섭리자이시다. 사람이 하나님을 무시하고 죄를 지으면 건강을 잃어버릴 수도 있다. 그러므로 성경적인 건강 비결은 하나님을 경외하고 악을 떠나는 것이다.

〔9-10절〕 **네 재물과 네** [모든] **소산물**(테부아 תְּבוּאָה)[소산(product), 수입(income)]**의 처음 익은 열매로 여호와를 공경하라. 그리하면 네 창고가 가득히 차고 네 즙틀에 새 포도즙이 넘치리라.**

우리는 우리의 재물로 또 우리의 소득의 처음 익은 열매로 여호와를 공경해야 한다. 우리가 하나님을 섬길 때 우리는 우리 몸과 우리 마음뿐 아니라, 우리의 재물, 즉 우리의 돈과 재산으로 하나님을 섬겨야 한다. 왜냐하면 우리의 모든 것이 실상 그의 소유이기 때문이다. 우리는 그가 주신 모든 좋은 것들을 관리하며 누리며 살고 있다. 우리는 소득과 수입의 첫열매, 즉 가장 좋은 부분을 하나님께 드려야 한다. 정성으로 구별한 십일조와 감사헌금이 바로 그런 것이다.

우리가 모든 수입의 첫열매를 하나님께 드리면 우리의 창고는 가득히 차고 우리의 즙틀에는 새 포도즙이 넘칠 것이다. 물질로 하나님을 공경치 않는 것은 죄 짓는 일이며 그럴 때 궁핍이 찾아올 것이다. 하나님께서는 선지자 학개를 통해 이스라엘 백성이 성전 건축에 무관심하고 자기들의 호화로운 집에 거주하는 것을 정죄하시며 그들에게 경제적 어려움을 주셨다고 말씀하셨다(학 1:4-6). 또 그는 선지자 말라기를 통해 십일조와 헌물이 하나님의 것이며 이스라엘 온 나라가 하나님의 것을 도적질하였으므로 저주를 받았다고 말씀하셨다(말 3:8-9). 그러나 우리가 물질로 하나님을 섬길 때, 즉 전도와 구제를 위해 헌금할 때, 하나님께서는 우리에게 물질적 유여함, 즉 양식의 풍족함과 은행 잔고의 넉넉함을 주실 것이다. 하나님께서는 십일조에 대해 풍성한 복을 약속하셨다(말 3:10). 하나님의 종 엘리야에게 먹을 것을 드린 사르밧 과부는 기근 동안에도 양식이 떨어지지 않았다(왕상 17:12-16).

**〔11-12절〕 내 아들아, 여호와의 징계를 경히 여기지 말라. 그 꾸지람을 싫어하지 말라. 대저 여호와께서 그 사랑하시는 자를 징계하시기를 마치 아비가 그 기뻐하는 아들을 징계함같이 하시느니라.**

우리는 하나님의 징계를 가볍게 여기지 말고 그 꾸지람을 싫어하지 말아야 한다. 하나님의 징계와 꾸지람은 때때로 성경말씀을 읽을 때 오고(딤후 3:16) 하나님의 종들이 전하는 성경적 설교를 들을 때 온다(딤후 4:2). 또 그것은 때때로 몸의 병으로나 경제적 어려움으로 또는 환경적 어려움으로 온다. ‘경히 여기고 싫어한다’는 말은 그것을 무시하고 불평하고 원망하는 것을 말한다. 애굽에서 나왔던 이스라엘 백성은 광야에서 하나님의 징계를 받았을 때마다 불평하고 원망했었다.

징계와 저주는 다르다. 하나님의 징계는 사랑의 표이다. 하나님께서는 아버지가 그 기뻐하는 아들을 징계함같이 그의 사랑하시는 자녀를 징계하신다. 하나님께서는 자기 백성들의 죄를 미워하시지만 그들의 영혼들을 사랑하신다. 히브리서 12:6-8, “주께서 그 사랑하시는 자를 징계하시고 그의 받으시는 아들마다 채찍질하심이니라 하였으니 너희가 참음은 징계를 받기 위함이라. 하나님이 아들과 같이 너희를 대우하시나니 어찌 아비가 징계하지 않는 아들이 있으리요. 징계는 다 받는 것이거늘 너희에게 없으면 사생자요 참 아들이 아니니라.”

자녀는 부모의 징계를 잘 받으면 좋은 인격자가 되며 학생은 선생의 징계를 잘 받으면 좋은 학생이 된다. 이와 같이 하나님의 징계를 잘 받는 사람은 좋은 성도가 되고 더욱 거룩해지고 온전케 될 것이다. 히브리서 12:10-11, “저희는 잠시 자기의 뜻대로 우리를 징계하였거니와 오직 하나님은 우리의 유익을 위하여 그의 거룩하심에 참여케 하시느니라. 무릇 징계가 당시에는 즐거워 보이지 않고 슬퍼 보이나 후에 그로 말미암아 연달한 자에게는 의의 평강한[평안한] 열매를 맺나니.”

본문의 교훈을 정리해보자. 첫째로, 우리는 여호와 하나님을 경외하며 악을 떠나야 한다. 그리하면 우리는 하나님께서 주시는 건강과 병의 치료를 경험할 것이다. 하나님을 경외하고 악을 떠나는 것이 건강의 길이다.

둘째로, 우리는 소득의 첫열매와 십일조로 하나님을 섬겨야 한다. 그리하면 우리는 하나님께서 주시는 경제적 안정과 여유를 경험할 것이다.

셋째로, 우리는 하나님의 징계를 가볍게 여기지 말고 싫어하지 말고 달게 받아야 한다. 하나님께서는 사랑하시는 자를 징계하신다. 그러므로 우리는 하나님께서 징계하실 때 달게 받고 즉시 회개하고 고쳐야 한다.

## 13-20절, 지혜의 유익, 하나님의 지혜

**〔13-15절〕 지혜를 얻은 자와 명철을 얻은 자는 복이 있나니 이는 지혜를 얻는 것이 은을 얻는 것보다 낫고 그 이익이 정금보다 나음이니라. 지혜는 진주보다 귀하니 너의 사모하는 모든 것으로 이에 비교할 수 없도다.**

지혜자는 행복자이다. 그러나 미련한 자는 그의 일생이 결국 불행으로 끝날 것이다. 지혜를 얻은 자가 복된 이유는 지혜가 금이나 은보다 더 낫기 때문이다. 금이나 은, 즉 돈과 물질적 여유가 행복의 한 요소이기는 하다. 돈이 없으면 먹고 싶은 것을 살 수 없고 입고 싶은 옷도 을 살 수 없고 가지고 싶은 것들도 살 수 없다. 사람이 세상에 살아가는 데 있어서 돈이 필요하고 중요한 요소인 것은 맞다.

그러나 지혜는 돈보다 더 중요한 요소이다. 세상에는 돈만 가지고는 살 수 없고 가질 수 없는 것이 많이 있다. 사람은 돈만 가지고는 사고의 예방이나 질병의 예방이나 치료를 얻지 못한다. 더욱이, 사람은 돈만 가지고는 우주의 근본과 하나님을 알지 못하고 인생의 의미와 목적을 알지 못하고, 또 죄씻음과 하나님의 보호하심과 평안을 얻지 못하고, 경건과 도덕성 즉 의와 선과 사랑과 진실을 얻지 못하고, 영생과 부활과 천국을 알지 못하고 얻지 못한다. 그러나 지혜는 이 모든 것들을 알게 하고 얻게 한다. 그것들이 다 구원의 복에 포함되어 있다.

그러므로 지혜는 금은보다, 진주보다, 아니 우리의 사모하는 모든 것들보다 낫다. 그 이유는 16절 이하에 나온다. 여인들은 금은패물과 진주목걸이를 좋아하는 것 같다. 그것은 여성을 아름답게 보이게 하는 장식품이다. 또 사람들은 자기 나름대로 가장 좋아하고 사모하는 것들이 있다. 그러나 지혜는 그 모든 것들보다 귀하고 가치 있는 것이다.

**〔16-18절〕 그 우편 손에는 장수(長壽)가 있고 그 좌편 손에는 부귀(富貴)**[부요와 존귀]**가 있나니 그 길은 즐거운 길이요 그 첩경**[행로]**은 다 평강이니라.** 지혜는 **그 얻은 자에게 생명나무라. 지혜를 가진 자는 복되도다.**

지혜가 금은과 진주보다 더 귀하고 가치 있고 복된 이유는 그 오른손에 장수(長壽)가 있기 때문이다. 잠언 3:2는 우리가 하나님 계명에 순종하면 장수한다고 말하였다. 본문 18절은 "지혜는 그 얻은 자에게 생명나무라. 지혜를 가진 자는 복되도다"라고 말한다. 하나님의 계명을 순종하는 것이 지혜이며 지혜는 장수의 길이며 영생의 길이다.

또 지혜의 왼손에는 부귀(富貴) 즉 부요와 존귀가 있다. 지혜는 물질적 부요를 준다. 가난과 궁핍은 복이 아니다. 잠언 3:9-10도 이미 우리가 물질로 하나님을 섬기면 우리의 창고가 가득 찰 것이라고 말했다. 의인 욥은 부자였다(욥 1:3). 경건한 이삭도 하나님의 복을 받아 창대하고 왕성하여 부자가 되었다(창 26:12-13). 율법은 사람이 하나님의 말씀을 순종하면 토지 소산과 우양과 떡 반죽 그릇의 복을 받으며 다른 이들에게 꾸어주는 자가 될 것이라고 말한다(신 28:2-6, 11-12).

지혜는 또 존귀함도 준다. 지혜자는 사람들에게 사랑과 존경을 얻을 것이다. 다니엘은 고난의 위기도 있었지만, 하나님의 도우심으로 그것을 잘 극복했고 더욱 높임과 존귀함을 얻었다(단 2:48; 3:30; 5:29). 또 지혜는 즐거움과 평안을 준다. 하나님을 경외하고 그의 명령을 지키는 자들은 기쁨과 평안을 얻을 것이다(사 48:18). 하나님의 자녀는 하나님의 계명을 순종하는 가운데 항상 기쁨과 평안을 누릴 것이다. 그러나 악인에게는 참된 기쁨과 평안이 없을 것이다(사 48:22).

**〔19-20절〕 여호와께서는 지혜로 땅을 세우셨으며 명철로 하늘을 굳게 펴셨고 그 지식으로 해양이 갈라지게 하셨으며 공중에서 이슬이 내리게 하셨느니라.**

하나님께서는 지혜로 땅[지구]을 세우셨다. 지구는 공중에 떠 있는 거대한 공이며 그 무게는 약 6섹스틸리온 톤이다(1섹스틸리온은 10의 21제곱이다). 이 공이 하루에 한 번씩 자기 스스로 돌며 1년에 한 번씩 태양 주위를 돈다. 지구에는 그 중심으로 끌어당기는 힘[중력]이 있고, 지구의 중심에는 약 5,000도의 불이 있다고 추정된다고 한다. 또 지구

표면에는 35만종 이상의 식물들이 있고 약 4,000종의 동물들과 약 6,000종의 파충류(기는 짐승들), 약 80만종의 벌레들이 있다고 한다. 참으로 신기한 땅이다. 하나님께서는 그의 크신 지혜로 땅을 만드셨다.

하나님께서는 명철로 하늘을 굳게 펴셨다. 하늘은 해와 달과 별들의 세계이다. 그것들은 규칙적이게 하늘에서 움직인다. 지구가 속한 은하수는 약 1,000억개 이상의 별들로 구성되었고 우주에는 이런 은하수들이 약 1,000억개 있다고 한다. 또 창공에는 약 8,600가지의 새들이 있다고 한다. 하늘은 참으로 광대하고 신기하다.

하나님께서는 그 지식으로 해양이 갈라지게 하셨다. 지구가 가진 물의 총량은 약 1억 3,600만 입방킬로미터이며 그것은 지구 전체를 약 2.7킬로미터 깊이로 덮을 수 있는 양이며, 이런 물들은 5대양 6대주, 및 작은 바다들과 호수들을 이룬다. 또 바다 속에는 약 21,700가지의 바다 생물들과 물고기들이 살고 있다고 한다.

또 하나님께서는 공중에서 이슬이 내리게 하셨다. 그는 공기 중의 수증기들과 바람의 이동을 주관하신다. 기상대는 우리나라의 고기압과 저기압 전선의 이동을 예측해 알려주지만, 그것의 원인을 다 알지 못한다. 그러나 하나님께서는 그의 지혜와 지식으로 비와 눈, 구름의 이동, 기압과 바람을 주관하신다.

본문의 교훈을 정리해보자. 첫째로, 지혜는 참으로 복되다. 지혜는 금은과 진주보다 귀하다. 그것은 장수와 부귀[부요와 존귀], 즐거움과 평안의 길이며 또 영생의 길이다. 우리는 이 세상의 그 무엇보다 복된 지혜를 사모해야 하며 소유해야 한다. 그 지혜는 하나님께서 주실 것이며, 사람이 하나님을 경외하고 그의 모든 말씀에 순종함으로써 얻을 것이다.

둘째로, 하나님께서는 지혜의 하나님이시다. 그는 지혜로 땅을 세우셨고 하늘을 펴셨고 해양을 나누셨다. 우리는 하나님을 경외하고 그의 명령을 순종함으로써 지혜를 얻어 현세와 내세에 복된 삶을 누려야 한다.

## 21-35절, 지혜자의 삶

**〔21-26절〕 내 아들아, 완전한 지혜**(투쉬야 תּוּשִׁיָּה)[건전하고 효력 있는 지혜]**와 근신**[분별력]**을 지키고 이것들로 네 눈 앞에서 떠나지 않게 하라. 그리하면 그것이 네 영혼의 생명이 되며 네 목에 장식이 되리니 네가 네 길을 안연히**(라베타크 לָבֶטַח)[안전하게] **행하겠고 네 발이 거치지 아니하겠으며 네가 누울 때에 두려워하지 아니하겠고 네가 누운즉 네 잠이 달리로다. 너는 창졸간의**[갑작스런] **두려움이나 악인의 멸망이 임할 때나 두려워하지 말라. 대저 여호와는 너의 의지할 자이시라. 네 발을 지켜 걸리지 않게 하시리라.**

우리는 완전한 지혜 즉 건전하고 효력 있는 지혜와 분별력을 항상 소유하기를 원한다. 지혜는 유익이 많다. 지혜는 우리의 영혼에 생명이 된다. 하나님을 경외하고 믿고 의지하며 그의 계명대로 의를 행하는 자마다 영생에 이를 것이다. 또 지혜는 우리의 목에 장식이 된다. 그것은 사람의 인격을 아름답고 고상하게 만든다.

우리가 지혜를 소유하고 산다면 아무리 위험하고 두려운 일이 많은 세상일지라도 안전하게 살고 두려워하지 않을 수 있고 또 누워 잘 때 단잠을 잘 수 있다. 그것은 귀한 복이다. 성도는 갑작스런 두려운 일들과 악인이 당하는 재앙을 두려워해서는 안 된다. 섭리자 하나님께서 우리의 발을 지켜 넘어지지 않게 하실 것이기 때문이다.

**〔27-28절〕 네 손이 선을 베풀 힘이 있거든 마땅히 받을 자에게 베풀기를 아끼지 말며 네게 있거든 이웃에게 이르기를 갔다가 다시 오라. 내일 주겠노라 하지 말며.**

우리는 이웃에게 선을 베풀어야 한다. 이웃 사랑은 이웃에게 선을 베푸는 것이다. 선을 베푸는 것은 주로 구제하는 것을 가리킨다. '베풀 힘이 있거든'이라는 말은 '경제적 여유가 있거든'이라는 뜻이다. '마땅히 받을 자'는 의식주에 어려움을 당한 가난한 자들을 가리킨다. 구제는 하나님의 명령이기 때문에, 또 우리는 우리가 가진 하나님의 소유물을 하나님의 뜻대로 써야 하기 때문에, '마땅히 받을 자'라는 표현을

썼다고 본다. 구제할 여유가 있고 구제해야 할 대상이 있으면, 우리는 구제하기를 아끼지 말아야 하며, “갔다가 다시 와라. 내일 주겠다”고 말하지 말아야 한다. 잠언 19:17은 구제를 하나님께 꾸어드리는 것이라고 표현했다. 그러므로 우리는 손을 움켜쥐고 아끼는 마음을 품지 말고 손을 펴서 가난한 자들에게 넉넉히 구제해야 한다(신 15:7-11).

**〔29-31절〕 네 이웃이 네 곁에서 안연히**[편안히] **살거든 그를 모해(謀害)하지 말며 사람이 네게 악을 행하지 아니하였거든 까닭 없이 더불어 다투지 말며 포학한 자를 부러워하지 말며 그 아무 행위든지 좇지 말라.**

우리는 이웃에게 악을 행치 말아야 하고 특히 모해하지 말아야 한다. ‘모해(謀害)’는 은밀히 계획하여 남을 해치는 것이다. 이웃을 사랑함은 이웃에게 악을 행하지 않는 것이다. 또 사람이 내게 악을 행하지 않았으면 까닭 없이 그와 다투지 말아야 한다. 나에게 악을 행한 자를 책망할 수는 있으나 나에게 악을 행하지 않은 자와 정당한 이유 없이 다투는 것은 좋지 않다. 그것은 이웃 사랑과 반대된다. 우리는 또 포학한 자를 부러워하지 말고 그의 행위를 좇지 말아야 한다.

**〔32-35절〕 대저 패역한 자는 여호와의 미워하심을 입거니와 정직한 자에게는 그의 교통하심**(소드 סוֹד)[함께 앉아 이야기함, 친밀한 교제]**이 있으며 악인의 집에는 여호와의 저주가 있거니와 의인의 집에는 복이 있느니라. 진실로 그는 거만한 자를 비웃으시며 겸손한 자에게 은혜를 베푸시나니 지혜로운 자는 영광을 기업으로 받거니와 미련한 자의 현달함은 욕이 되느니라**[미련한 자는 수치를 일으키느니라](NASB)**.**

우리가 의롭고 선해야 하며 악하지 말아야 하는 이유는 하나님께서 악인을 미워하시고 복 대신에 저주를 주실 것이기 때문이다. 의인과 악인은 분명하게 대조된다. 패역한 자는 여호와의 미워하심을 입으나, 정직한 자에게는 그의 교제하심이 있다. 하나님께서는 마음이 비뚤어진 자를 미워하시지만, 정직한 자와는 친밀한 교제를 나누신다.

악인의 집에는 하나님의 저주가 있을 것이나 의인의 집에는 복이 있을 것이다. 악인의 가정은 하나님의 저주를 받고 의인의 가정은 하나님의 복을 받을 것이다. 그러므로 사람은 자기 가정과 자기 자녀들의 행복을 위해서라도 악을 버리고 의롭고 바르고 선하게 살아야 한다.

하나님께서는 거만한 자를 비웃으시며 겸손한 자에게 은혜를 베푸신다. 그는 교만함과 거만함을 미워하신다. 피조물인 인생, 특히 범죄의 경험이 있고 죄성을 가진 인생이 하나님 앞에서 자기 부족을 깨닫고 겸손히 처신하는 것은 너무나 당연한 일이다. 하나님께서는 그런 자들에게 은혜를 베푸실 것이다. 우리는 결코 교만해서는 안 된다.

또 지혜로운 자들은 영광을 기업으로 받지만, 미련한 자들은 수치를 일으킬 것이다. 의인은 지혜로운 자로 표현된다. 하나님을 경외하고 그의 계명을 지키는 자가 의인이며 지혜자이다. 그는 영광의 천국을 기업으로 받을 자이다. 그러나 하나님을 경외치 않고 그의 계명을 지키지 않는 자는 악인이며 미련한 자이고 마침내 수치를 당할 것이다.

본문의 교훈을 정리해보자. 첫째로, 우리는 완전한 지혜[건전하고 효력 있는 지혜]와 분별력을 늘 소유한 자가 되어야 한다. 그러면 그것이 우리의 영혼에 생명이 되고 우리의 목에 장식이 되고 우리의 길을 안전하게 걷게 하고 우리로 범죄치 않게 하고 재앙을 두려워하지 않게 할 것이다.

둘째로, 우리는 이웃에게 선을 베풀 힘이 있으면 마땅히 받을 자에게 아낌없이 베풀어야 한다. 우리는 구제하고 선을 베풀기를 힘써야 한다.

셋째로, 우리는 우리 곁에서 편안히 사는 이웃을 은밀히 해치려 하지 말아야 하고 우리에게 악을 행하지 않은 자와 까닭 없이 다투지 말아야 한다. 그것은 이웃 사랑과 반대되는 갑절로 악한 행위이기 때문이다.

넷째로, 하나님께서는 패역한 자, 악인, 거만한 자를 미워하시고 물리치시며 그의 가족들에게 저주를 내리실 것이나, 정직한 자, 의인, 겸손한 자에게 더욱 은혜를 주시며 그와 친밀한 교제를 나누시며 그의 가족들에게 복을 주시고 영광의 기업인 천국을 그와 그 가족들에게 주실 것이다.

# 4장: 지혜를 얻으라

## 1-13절, 경건한 교훈, 지혜의 가치와 유익

〔1-5절〕 **아들들아, 아비의 훈계를 들으며 명철을 얻기에 주의하라.** [이는] **내가 선한 도리를 너희에게 전하노니**[전함이니] **내 법을 떠나지 말라. 나도 내 아버지에게 아들이었었으며 내 어머니 보기에 유약한 외아들이었었노라. 아버지가 내게 가르쳐 이르기를 내 말을 네 마음에 두라. 내 명령을 지키라. 그리하면 살리라. 지혜를 얻으며 명철을 얻으라. 내 입의 말을 잊지 말며 어기지 말라.**

본문은 솔로몬이 자기 아들들에게 말하는 내용으로 표현되어 있다. 그러나 그것은 하나님의 영감으로 된 하나님의 말씀이다(딤후 3:16). 자녀 교육의 일차적 책임은 부모에게 있다. 모세는 "오늘날 내가 네게 명하는 이 말씀을 너는 마음에 새기고 네 자녀에게 부지런히 가르치라"고 말했고(신 6:6-7), 또 사도 바울은 "아비들아, 너희 자녀를 노엽게 하지 말고 오직 주의 교양과 훈계로 양육하라"고 말했다(엡 6:4).

경건한 부모의 교훈은 유익한 가르침이며 지혜와 명철을 주는 말씀이다. 솔로몬은 자신도 그의 아버지에게 아들이었고 그의 어머니 보기에는 유약한 외아들이었다고 말한다. 역대상 3:5는 솔로몬이 밧세바가 낳은 네 아들 중 네 번째 아들이었다고 증거하는 것 같다. 그렇다면, 다른 셋은 밧세바가 데리고 들어와 다윗의 아들로 입양된 아들들이고 솔로몬은 그가 다윗에게서 낳은 외아들이라는 뜻일 것이다.

솔로몬은 그 부친 다윗의 가르침을 소개한다. 그는 그에게 "내 말을 네 마음에 두라. 내 명령을 지키며 살라(원문, KJV, NASB). 지혜를 얻으며 명철을 얻으라. 내 입의 말을 잊지 말며 피하지 말라(원문)"고 말했었다. 자녀의 의무는 경건한 부모의 교훈을 듣고 그것을 마음에 두고 그 명령을 지키며 사는 것이다. 그 명령이 지혜와 명철이다. 그 지혜와 명철을 얻어야 한다. 그 입의 말을 잊지 말고 피하지 말아야 한다.

**〔6-9절〕 지혜를 버리지 말라. 그가 너를 보호하리라. 그를 사랑하라. 그가 너를 지키리라. 지혜가 제일이니 지혜를 얻으라. 무릇 너의 얻은 것을 가져 명철을 얻을지니라. 그를 높이라. 그리하면 그가 너를 높이 들리라. 만일 그를 품으면 그가 너를 영화롭게 하리라. 그가 아름다운 관을 네 머리에 두겠고 영화로운 면류관을 네게 주리라 하였느니라.**

지혜가 중요하다. 우리는 지혜를 버리지 말고 사랑하고 얻고 높이고 품어야 한다. 지혜가 제일이다. 지혜는 하나님을 알고 그를 경외하고 그의 뜻과 계명대로 사는 것인데, 그것보다 더 중요한 것은 이 세상에 아무것도 없다. 지혜가 없으면 그 외의 모든 것은 다 헛되지만, 지혜가 있으면 그 외의 모든 것을 다 얻을 수 있다(잠 3:13-18).

우리는 지혜를 얻기 위하여 최선을 다해야 한다. 우리는 이미 얻은 모든 것, 곧 건강과 시간과 돈 등을 가지고 지혜를 얻어야 한다. 지혜가 가장 귀한 것임을 안다면, 우리는 지혜를 얻기 위하여 힘과 시간을 쓰고 돈과 물질을 아끼지 않을 수 있을 것이다.

지혜는 유익하다. 지혜는 우리를 보호하고 지켜준다. 무엇으로부터 보호하고 지켜주는가? 그것은 죄로부터, 위험으로부터, 불행으로부터 우리를 보호하고 지켜준다. 만일 우리가 지혜를 높이면 지혜는 우리를 높일 것이다. 만일 우리가 지혜를 품으면 지혜는 우리를 영화롭게 할 것이다. 지혜는 내세의 천국 영광을 줄 뿐 아니라, 또한 현세에서 부요와 존귀와 영광도 줄 것이다. 그것은 솔로몬에게 그대로 이루어졌다.

**〔10-13절〕 내 아들아, 들으라. 내 말을 받으라. 그리하면 네 생명의 해가 길리라. 내가 지혜로운 길로 네게 가르쳤으며 정직한 첩경으로 너를 인도하였은즉 다닐 때에 네 걸음이 곤란하지 아니하겠고 달려갈 때에 실족하지 아니하리라. 훈계를 굳게 잡아 놓치지 말고 지키라. 이것이 네 생명이니라.**

경건한 부모가 하나님의 말씀에 입각하여 주는 교훈은 지혜로운 길이며 정직한 길이다. 길은 삶을 가리킨다. 하나님의 말씀대로 정직하게 사는 것이 지혜의 길이다. 우리는 지혜의 교훈을 받으며 붙잡아야 한다. 그것은 율법에 나타난 하나님의 뜻이다. 신명기 10:12-13, “이스라엘아, 네 하나님 여호와께서 네게 요구하시는 것이 무엇이냐? 곧 네 하나님 여호와를 경외하여 그 모든 도를 행하고 그를 사랑하며 마음을 다하고 성품을 다하여 네 하나님 여호와를 섬기고 내가 오늘날 네 행복을 위하여 네게 명하는 여호와의 명령과 규례를 지킬 것이 아니냐?” 신명기 11:22, “너희가 만일 내가 너희에게 명하는 이 모든 명령을 잘 지켜 행하여 너희 하나님 여호와를 사랑하고 그 모든 도를 행하여 그에게 부종(附從)하면[그를 꼭 붙잡으면].”

지혜의 길은 복되다. 거기에는 장수(長壽)가 있다. 병이나 자연재해나 사고로 인해 단명(短命)한 것은 재앙이지만, 장수(長壽)는 복이다. 또 거기에는 다닐 때에 걸음이 곤란치 않고 달려갈 때에 실족지 않음이 있다. 지혜는 우리가 여러 문제들로 믿음을 잃고 방황하고 곁길로 가 범죄하지 않도록 우리를 보호할 것이다. 안전과 평안의 약속이다. 또 지혜의 결과는 영생이다. 영생은 복 중에 가장 귀한 복이다.

본문의 교훈을 정리해보자. 첫째로, 우리는 우리 자녀들에게 하나님을 경외하고 그의 계명을 지키도록 교훈해야 한다. 우리가 하나님을 경외하는 부모라면 우리는 가정에서 자녀들에 대한 경건 교육의 의무를 다해야 할 것이다. 경건 교육이 우리가 자녀들을 참으로 사랑하는 일이다.

둘째로, 우리는 지혜가 가장 가치 있는 덕임을 알고 그것을 사랑하고 그것을 얻기를 힘써야 한다. 우리는 지혜를 얻기 위해 힘과 시간과 물질을 아끼지 말아야 한다. 우리는 특히 지혜를 주는 성경말씀을 사랑하고 이 책을 주야로 읽고 듣고 묵상하고 그 모든 말씀을 믿고 지켜야 한다.

셋째로, 우리는 지혜의 유익을 깨달아야 한다. 지혜는 우리에게 현세와 내세에 복이 된다. 지혜는 우리를 죄와 재앙으로부터 지키며 보호하고 우리에게 장수와 평안, 그리고 부귀와 영광을 주며, 또 영생의 복을 준다.

## 14-27절, 악인의 길, 의인의 길, 마음, 입, 눈, 발을 지킴

**〔14-17절〕 사특한 자의 첩경에 들어가지 말며 악인의 길로 다니지 말지어다. 그 길을 피하고 지나가지 말며 돌이켜 떠나갈지어다.** [이는] **그들은 악을 행하지 못하면 자지 못하며 사람을 넘어뜨리지 못하면 잠이 오지 아니하며 불의의 떡을 먹으며 강포의 술을 마심이니라.**

우리는 악인의 길에 들어가지 말고 그 길로 다니지 말고 그 길을 피하고 그 길로 지나가지도 말고 그 길로부터 돌이키고 그 길을 떠나야 한다. 악인들은 항상, 날마다 악을 행하며 불의와 강포를 밥먹듯이 하기 때문에, 우리는 악인의 길을 멀리해야 한다. 성도가 악인들과 함께 있으면 악에 물들기 쉽고 악의 영향을 받기 쉽고 또 악에 동참하기 쉽다. 사람은 약하기 때문에 외부의 영향을 받기 쉽다. 그러므로 시편 1:1은, "복 있는 사람은 악인의 꾀를 좇지 아니하며 죄인의 길에 서지 아니하며 오만한 자의 자리에 앉지 아니한다"고 말했다.

**〔18-19절〕 의인의 길은 돋는 햇볕 같아서 점점 빛나서 원만한 광명에 이르거니와 악인의 길은 어둠 같아서 그가 거쳐 넘어져도 그것이 무엇인지 깨닫지 못하느니라.**

의인의 길은 돋는 햇볕 같아서 점점 빛나서 원만한 광명에 이른다. 길은 삶을 가리킨다. 돋는 햇볕은 새벽빛을 말한다. 그것은 처음부터 밝지 않다. 그것은 서서히 밝아져 마침내 정오의 밝은 빛이 된다. 성경에서 빛은 지식, 의, 진실, 기쁨, 행복 등을 상징한다. 의인의 빛은 이 모든 상징들에 다 적용될 수 있다. 의인의 지식과 의와 진실, 또 의인의 기쁨과 행복은 비록 처음에는 작은 것일지라도 점차 커지고 마침내 충만해질 것이다. 그는 책망할 것이 없는 온전함에 이를 것이며 그의 기쁨과 행복은 마침내 천국에서 완전히 이루어질 것이다.

그러나 악인의 길은 어둠 같아서 그가 걸려 넘어져도 그것이 무엇인지 깨닫지 못한다. 어둠은 무지, 불의, 거짓, 슬픔, 불행 등을 상징한다.

어두운 길은 걸려 넘어지기 쉽다. 그래서 빛이 필요한 것이다. 밤길에 가로등이 없다면, 밤길에 자동차에 전조등이 없다면, 얼마나 불편하고 위험할까? 악인의 길이 바로 그러하다. 악인은 실제로 그들의 길에서 걸려 넘어진다. 그들은 여러 가지 죄와 재앙에 떨어진다. 그러나 그들은 눈이 어둡기 때문에 그들이 얼마나 큰 죄를 지었는지, 또 그 죄의 결과로 어떤 재앙이 그에게 임했는지 잘 알지 못한다. 그들의 이성과 양심은 어두워져서 하나님의 노하신 얼굴을 느끼지 못한다.

**〔20-23절〕 내 아들아, 내 말에 주의하며 나의 이르는 것에 네 귀를 기울이라. 그것을 네 눈에서 떠나게 말며 네 마음 속에 지키라. 그것은 얻는 자에게 생명이 되며 그 온 육체의 건강이 됨이니라. 무릇 지킬 만한 것보다 더욱 네 마음을 지키라. 생명의 근원**(토츠오스 תּוֹצְאוֹת)[나오는 것들]**이 이에서 남이니라.**

솔로몬의 교훈은 하나님을 경외하고 그의 계명을 지키라는 것이다. 우리는 하나님께서 주신 성경말씀을 주의하고 귀를 기울이고 주목하고 마음에 지켜야 한다. 그것은 얻는 자에게 생명이 되며 그 온 육체의 건강이 된다. 하나님께서는 영생의 하나님이시며 그의 말씀은 영생의 말씀이며 또 그것을 얻는 자에게 몸의 건강이 되고 영생이 된다.

우리는 생명, 건강, 가정, 자녀들, 재산 등 세상에서 지켜야 할 것들이 많다. 그러나 우리는 무엇보다 우리 마음을 지켜야 한다. 그 까닭은 생명의 '나오는 것들'이 거기에서 나기 때문이다. '나오는 것들'은 '행위들'을 가리키는 것 같다(Poole). 사람의 행위는 마음에서 나온다. 악한 마음에서 악한 행위들이 나오고 선한 마음에서 선한 행위들이 나온다. 우리가 중생한 새 생명을 가진 자라면 우리는 거룩하고 선한 마음을 지켜서 거룩하고 선한 행실의 열매들을 맺어야 할 것이다.

**〔24-27절〕 궤휼을 네 입에서 버리며 사곡을 네 입술에서 멀리하라. 네 눈은 바로 보며 네 눈꺼풀은 네 앞을 곧게 살펴 네 발의 행할 첩경을 평탄케 하며**[주목하며] **네 모든 길을 든든히 하라. 우편으로나 좌편으로나 치우치지**

**말고 네 발을 악에서 떠나게 하라.**

본문은 우리가 세 가지를 조심해야 한다고 교훈한다. 첫째로, 우리는 입을 조심해야 한다. 그것은 말을 조심하라는 뜻이다. 성도는 거짓된 말이나 잘못된 말을 매우 조심하고 진실하고 바른 말만 해야 한다.

둘째로, 우리는 눈을 조심해야 한다. 눈을 조심하라는 말은 생각과 행동의 목표와 방향을 바르게 가지도록 조심하라는 뜻이다. 우리는 죄에 걸려 넘어지지 않도록, 즉 실수하거나 실족하지 않도록, 잘못된 길에 한눈 팔지 말아야 하며 하나님만 바라보고 그의 진리만 생각해야 한다. 히브리서 12:1-2는, "모든 무거운 것과 얽매이기 쉬운 죄를 벗어버리고 인내로써 우리 앞에 당한 경주를 경주하며 믿음의 주[시작자]요 또 온전케 하시는 이[완성자]인 예수를 바라보자"라고 말했다.

셋째로, 우리는 발을 조심해야 한다. '평탄케 한다'는 원어(팔라스 פָּלַס)는 '주목한다'(KB, NASB), '(길을) 평평케 한다'(BDB, NIV)는 뜻을 가진다. 발을 조심하라는 것은 우리의 행동을 조심하라는 뜻이다. 우리는 경솔하거나 조급하게 행동하지 말아야 하며 또 좌우로 치우쳐 잘못을 범하지 말아야 하고 또 악에서 떠나야 한다.

본문의 교훈을 정리해보자. 첫째로, 우리는 악인의 길을 멀리해야 한다. 성도가 악인들과 함께 있으면 악에 물들고 악의 영향을 받기 쉽고 또 악에 동참하기 쉽다. 우리는 악인과 멀리하고 교제하지 말아야 한다.

둘째로, 우리는 의인의 길을 걸어야 한다. 우리는 구주 예수님을 믿고 구원 얻어 빛의 길, 곧 지식과 의와 진실, 기쁨과 행복의 길에 들어왔다.

셋째로, 우리는 하나님의 말씀을 우리 마음에 지켜야 한다. 하나님의 말씀은 우리의 몸에 건강과 평안이 되고 우리에게 영원한 생명이 된다.

넷째로, 우리는 입과 눈과 발을 조심해야 한다. 우리는 우리의 입으로 바른 말만 하고 우리의 눈으로 하나님과 진리만 바라보고 우리의 발로 바른 길만 걷고 바른 행동만 해야 한다. 그것이 지혜와 복이 될 것이다.

# 5장: 음녀를 피하라

**[1-6절] 내 아들아, 내 지혜에 주의하며 내 명철에 네 귀를 기울여서 근신을 지키며 네 입술로 지식을 지키도록 하라. 대저 음녀의 입술은 꿀을 떨어뜨리며 그 입은 기름보다 미끄러우나 나중은 쑥같이 쓰고 두 날 가진 칼같이 날카로우며 그 발은 사지(死地)로 내려가며 그 걸음은 음부(陰府)**[무덤, 지옥]**로 나아가나니 그는 생명의 평탄한 길을 찾지 못하며 자기 길이 든든치 못하여도 그것을 깨닫지 못하느니라**[이는 너로 생명의 길을 주목하지 못하게 함이라. 그의 길은 안정이 없어서 네가 그것을 알지 못하느니라](KJV).

'내 지혜'와 '내 명철'은 솔로몬이 하나님의 은혜로 전하는 하나님의 교훈을 말한다. 하나님의 말씀은 우리에게 지혜와 명철의 말씀이며 분별력과 지식을 주는 말씀이다. 우리는 그 말씀에 주목하고 귀를 기울여야 하고 그 교훈을 지켜야 한다. 그것이 우리의 지혜이다.

솔로몬은 그의 아들이 그의 지혜의 교훈을 지킴으로 음녀의 미혹에 빠지지 않게 하라고 가르친다. 잠언 6:23-24에서도 그는 훈계가 사람을 음녀의 호리는 말에서 지킨다고 말한다. 이것은 모든 사람이, 그리고 특별히 남자들과 청년들이 유념해야 할 교훈이다. 음녀의 미혹은 처음에는 즐거워 보인다. 음녀의 말들은 꿀처럼 달콤하게 들리고 기름보다 부드러워 보인다. 그러나 그 결말은 불행과 비극이다. 음녀에게 미혹된 사람은 결국 죽음에 이른다. 잠언 7:25-27에서도 그는 음녀가 많은 사람을 죽게 하였고 그의 집은 지옥의 길이라고 말한다.

**[7-14절] 그런즉 아들들아, 나를 들으며 내 입의 말을 버리지 말고 네 길을 그에게서 멀리하라. 그 집 문에도 가까이 가지 말라. 두렵건대 네 존영이 남에게 잃어버리게 되며 네 수한(壽限)이 잔포자(殘暴者)에게 빼앗기게 될까 하노라. 두렵건대 타인이 네 재물로 충족하게 되며 네 수고한 것이 외인의 집에 있게 될까 하노라. 두렵건대 마지막에 이르러 네 몸, 네 육체가 쇠패할 때에 네가 한탄하여 말하기를 내가 어찌하여 훈계를 싫어하며 내 마음이 꾸지람을 가벼이 여기고 내 선생의 목소리를 청종치 아니하며 나를 가**

**르치는 이에게 귀를 기울이지 아니하였던고. 많은 무리들이 모인 중에서 모든 악에 거의 빠지게 되었었노라 하게 될까 하노라.**

솔로몬은 아들들에게 음녀를 멀리하라고 교훈한다. 성도는 하나님의 말씀을 들음으로써 음녀를 멀리해야 한다. 음란한 환경에서는 음행에 떨어지기 쉬우므로 성도는 보는 것이나 듣는 것을 조심해야 한다. 그는 음녀를 멀리하며 그 집 문에도 가까이 가지 말아야 한다.

솔로몬은 음녀를 멀리해야 할 이유 네 가지를 말한다. 첫째로, 존영을 빼앗기게 되므로 멀리해야 한다. 사람의 가치는 경건과 도덕성에 있고 사람은 도덕성을 잃으면 존영을 잃고 수치를 당하게 된다.

둘째로, 수명을 빼앗기게 되므로 멀리해야 한다. 장수(長壽)도 복이다. 그러나 사람이 음녀에게 빠지면 수명을 다하지 못하고 죽는다.

셋째로, 재물을 빼앗기게 되므로 멀리해야 한다. 사람이 자기 손으로 수고한 대가를 받아 누리는 것이 복이다(시 128:2). 그러나 사람이 음행에 빠지면 그가 젊을 때 수고하여 얻은 재물을 다 탕진하며 저축도 못하고 도리어 빚만 지게 될 것이다.

넷째로, 몸이 쇠패할 때 후회하게 될 것이므로 멀리해야 한다. 이 말은 사람이 몸에 병이 들거나 늙어 쇠약해지는 것을 가리킨다. 사람은 건강할 때는 잘 모르나 병들어 몸이 심히 쇠약해지면 자신의 지난 날들의 부도덕한 행위들에 대해 후회하게 될 것이다.

**〔15-17절〕 너는 네 우물에서 물을 마시며 네 샘에서 흐르는 물을 마시라. 어찌하여 네 샘물을 집 밖으로 넘치게 하겠으며 네 도랑물을 거리로 흘러가게 하겠느냐? 그 물로 네게만 있게 하고 타인으로 더불어 그것을 나누지 말라.**

물이 귀한 시대나 지역에서는 우물을 파서 물을 쓴다. '네 우물'이나 '네 샘'은 '네 아내'를 가리킨다. '네 우물에서 물을 마시라'는 말은 외도하지 말고 정당한 부부관계를 지키라는 교훈이다.

16절에 "어찌하여 네 샘물을 집 밖으로 넘치게 하겠으며 네 도랑물을 거리로 흘러가게 하겠느냐?"는 말씀은 두 가지로 번역되고 해석된다. 원문을 의문문으로 보면, 고대 헬라어역과 한글개역이나 대부분의 영어성경(NASB, NIV)처럼 번역되지만, '네 샘물들'과 '네 물들의 도랑들'(원문)이 무엇을 가리키는지는 분명치 않다. 아마 대략적인 의미는 외도하지 말라는 뜻이라고 볼 수 있을 것이다.

그러나 원문을 보통 문장으로 보면, 옛날 영어성경(KJV)처럼, "네 샘물들을 밖으로 넘치게 하며 네 물들의 도랑들을 거리에 흘러가게 하라"고 번역되며, 이 경우에 '네 샘물들'과 '네 물들의 도랑들'은 주석가들의 해석대로 '네 자녀들'을 가리킬 것이다(Poole, JFB). 부모는 샘의 근원이며 그 자녀들은 작은 샘물들과 여러 줄기의 도랑물들과 같다. 그들은 장차 부모가 될 것이다. 그러면 이 구절은 정상적인 결혼생활에서는 많은 자녀들이 출산되며 그들이 사회에 진출하게 된다는 뜻일 것이다. 많은 자녀들이 사회에 진출하는 것은 확실히 큰 복이다.

또 17절, "그 물로 네게만 있게 하고 타인으로 더불어 그것을 나누지 말라"는 말씀도, "그것들[네 자녀들]로 오직 네 것이 되게 하고 타인들이 너와 함께 소유하지 못하게 하라"고 고쳐 번역할 수 있다. 그러면 이 구절은, 우리의 많은 자녀들로 하여금 여러 명의 아버지들을 가지게 하지 말고 한 부모의 자녀들이 되게 하라는 뜻일 것이다.

**〔18-23절〕 네 샘으로 복되게 하라. 네가 젊어서** 취한 **아내를 즐거워하라. 그는 사랑스러운 암사슴 같고 아름다운 암노루 같으니 너는 그 품을 항상 족하게 여기며 그 사랑을 항상 연모하라. 내 아들아, 어찌하여 음녀를 연모하겠으며 어찌하여 이방 계집의 가슴을 안겠느냐? 대저 사람의 길은 여호와의 눈 앞에 있나니 그가 그 모든 길을 평탄케 하시느니라**(팔라스 פַּלֵּס)[주목하시느니라, 살피시느니라](KB, KJV, NASB). **악인은 자기의 악에 걸리며 그 죄의 줄에 매이나니 그는 훈계를** 받지 아니함을 **인하여 죽겠고 미련함이 많음을 인하여 혼미하게 되느니라.**

솔로몬은 우리에게 "네 샘으로 복되게 하라"고 교훈한다. '샘'(마코르 מָקוֹר)이라는 말은 15절의 '우물'(보르 בּוֹר)과 '샘'(베에르 בְּאֵר)과 함께 '아내'를 가리키는 말로 쓰였다. 아내를 우물과 샘으로 표현한 것은 자녀 출산의 근원이 됨을 뜻할 것이다. 남편은 아내를 복되게 해야 한다. 그것은 그를 사랑하고 즐거워하고 만족함으로써이다.

남편은 아내를 사랑스러운 암사슴, 아름다운 암노루같이 여기고 그를 즐거워하고 그 품을 항상 족하게 여기며 그 사랑을 항상 연모해야 한다. '연모한다'는 원어(솨가 שָׁגָה)는 '취하여 비틀거리다'는 뜻이다(BDB, KB). 남편은 아내의 사랑에 취한 자처럼 살아야 한다는 뜻이라고 본다. 그는 아내를 학대하지 말고 그에 대한 관심과 존중하는 고운 말씨와 물질적 공급과 함께 다정한 사랑을 나눠야 한다.

솔로몬은 또 남편들에게 음녀를 사랑하지 말라고 말한다. '연모한다'는 말은 역시 '취해 비틀거리다'는 뜻이다. 성도가 음녀를 사랑하지 말아야 할 이유는, 하나님께서 보시고 판단하시고 징벌하실 것이기 때문이다. 또 악인은 자기의 악에 걸린다. 그는 미련함이 많고 마음이 어둡고 바른 훈계를 받지 않다가 결국 그의 악으로 인해 패망할 것이다.

본문의 교훈을 정리해보자. 첫째로, 성도는 음녀의 미혹을 주의해야 한다. 음녀와의 잘못된 교제는 처음에는 즐거워 보이나 끝에는 죽음에 이르게 한다. 음녀와 교제하는 자는 하나님의 복을 잃고 결국 후회하게 될 것이다. 그러므로 우리는 음란을 멀리해야 한다. 우리는 보는 것과 듣는 것을 조심하고, 오직 지혜의 말씀 곧 하나님의 말씀을 가까이해야 한다.

둘째로, 우리는 결혼과 부부의 관계를 귀히 여겨야 한다. 우리는 결혼의 순결함을 지켜야 하고 하나님께서 짝지어 주신 부부의 관계와 부부의 사랑을 만족하게 여겨야 한다. 또 우리는 하나님께서 결혼한 자에게 선물로 주신 자녀들의 출산과 건강한 양육과 사회의 진출을 복으로 누려야 한다. 우리는 부부의 관계를 귀히 여기고 결코 음녀를 사랑하지 말아야 하고 육신의 정욕에 이끌려 더러운 음행의 죄를 짓지 말아야 한다.

# 6장: 근면, 교만, 거짓, 간음에 대해

## 1-19절, 재정 보증, 게으름, 악함, 교만과 거짓

**〔1-5절〕 내 아들아, 네가 만일 이웃을 위하여 담보하며 타인을 위하여 보증하였으면 네 입의 말로 네가 얽혔으며 네 입의 말로 인하여 잡히게 되었느니라. 내 아들아, 네가 네 이웃의 손에 빠졌은즉 이같이 하라. 너는 곧 가서 겸손히 네 이웃에게 간구하여 스스로 구원하되 네 눈으로 잠들게 하지 말며 눈꺼풀로 감기게 하지 말고 노루가** 사냥군의 **손에서 벗어나는 것같이, 새가 그물 치는 자의 손에서 벗어나는 것같이 스스로 구원하라.**

우리는 이웃을 위하여 재정 보증을 서지 말아야 한다. 이웃을 위해 재정 보증을 하는 것은 상대방에게 우리의 재산을 빌려주는 것과 같다. 그것은 큰 위험을 안게 되는 것이다. 우리는 경제적 능력을 점검함이 없이 신용카드를 발급함으로 큰 사회적 문제를 일으켰던 일을 기억하며, 비우량 주택담보대출 때문에 세계적 경제 위기가 발생한 것도 보았다. 성경은 우리가 남을 위해 재정 보증을 서지 말라고 가르친다. 잠언 11:15, "타인을 위해 보증이 되는 자는 손해를 당하여도 보증이 되기를 싫어하는 자는 평안하니라." 잠언 17:18, "지혜 없는 자는 남의 손을 잡고 그 이웃 앞에서 보증이 되느니라." 잠언 20:16, "외인들의 보증이 된 자는 그 몸을 볼모잡힐지니라." 잠언 22:26, "[너는] 남의 빚에 보증이 되지 말라." 또 우리는 남을 위해 보증했을 때 빨리 가서 겸손히 간구하여 자신을 구해야 한다. 그것이 그나마 최선의 대책이다.

**〔6-11절〕 게으른 자여, 개미에게로 가서 그 하는 것을 보고 지혜를 얻으라. 개미는 두령**[우두머리]**도 없고 간역자**[감독]**도 없고 주권자**[왕]**도 없으되 먹을 것을 여름 동안에 예비하며 추수 때에 양식을 모으느니라. 게으른 자여, 네가 어느 때까지 눕겠느냐? 네가 어느 때에 잠이 깨어 일어나겠느냐? 좀더 자자, 좀더 졸자, 손을 모으고 좀더 눕자 하면 네 빈궁이 강도같이 오며 네 곤핍이 군사같이** 이르리라.

게으른 자는 개미에게 배워야 한다. 개미는 우두머리나 감독이나 왕이 없이도 자기 할 일을 열심히 한다. 우리는 스스로 자신을 통제하며 시간표를 짜고 계획을 세워 부지런하게 살아야 한다. 또 개미는 여름 동안에 양식을 모은다. 여름은 덥고 일하기 싫은, 어려운 계절이지만 땀 흘려 일하면 양식을 많이 얻을 수 있는 계절이다.

단잠은 하나님께서 주시는 복이지만(시 127:2), 너무 많이 자는 것은 게으름이다. 사람은 하루 보통 7~8시간 자는 것이 정상적이며 건강에 좋다고 한다. 건강 상태에 따라 다르겠지만, 그 이상 자는 것은 게으름일 것이다. 게으름의 결과는 궁핍이다. 사람이 부지런하면 돈도 벌 수 있으나 게으르면 가난해질 것이다. 잠언 10:4, "손을 게으르게 놀리는 자는 가난하게 되고 손이 부지런한 자는 부하게 되느니라." 잠언 21:5, "부지런한 자의 경영은 풍부함에 이를 것이나 조급한 자는 궁핍함에 이를 따름이니라." 부지런한 자는 물질적 유여함을 얻을 것이다.

신약성경도 우리에게 게으르지 말고 부지런히 일하라고 교훈한다. 사도 바울은 데살로니가 교인들에게 "종용[조용]하여 자기 일을 하고 너희 손으로 일하기를 힘쓰라"고 교훈하였고(살전 4:11), 또 "누구든지 일하기 싫어하거든 먹지도 말게 하라"고 말하였다(살후 3:10).

〔12-15절〕 **불량하고**(벨리야알 בְּלִיַּעַל)[무가치하고] **악한 자는 그 행동에 궤휼한 입을 벌리며**[입의 사곡(邪曲)함으로 행하며] **눈짓을 하며 발로 뜻을 보이며 손가락질로 알게 하며 그 마음에 패역을 품으며 항상 악을 꾀하여 다툼을 일으키는 자라. 그러므로 그 재앙이 갑자기 임한즉 도움을 얻지 못하고 당장에 패망하리라.**

본문은 '무가치하고 악한 자'에 대해 증거한다. 악한 것은 무가치한 것이다. 본문은 무가치하고 악한 자의 특징을 몇 가지 말한다. 첫째, 그는 입의 사곡함을 가지고 행하는 자이다. 사람의 말은 그 인격을 나타내는데, 악인은 말이 바르지 못하고 비뚤어져 있고 남의 말을 오해하고 곡해하기를 잘한다. 둘째, 그는 악한 표정과 몸짓을 한다. 그는 눈짓을 한다. 아마 불쾌한 눈짓을 말할 것이다. 또 그는 발로 뜻을 보인다. 그것은 발로 물건을 차거나 땅바닥을 세게 밟는 것을 가리킬 것이다. 또 그는 손가락질로 알게 한다. 그것은 손가락으로 남을 멸시하거나 대적하는 행위를 가리킬 것이다. 이와 같이, 악인은 표정과 몸짓에서 자신의 악함을 나타낸다. 셋째, 그는 마음에 악을 품는다. 악인은 항상 마음에 악하고 패역한 일을 계획한다. 넷째, 그는 다툼을 일으킨다. 사람이 선하고 겸손하면, 그는 다른 사람을 사랑하고 그의 허물을 용서하고 자기의 마음도 평안하고 다른 사람들과 화목할 것이다. 그러나 사람이 교만하고 악하면, 그는 형제간이라도 다투고 분열할 것이다.

본문은 악인의 결말에 대해서도 증거한다. 악인은 일시적으로 번영할지 모르지만, 재앙이 갑자기 그에게 임할 것이며 그때 그는 하나님의 도우심이나 다른 사람의 도움을 얻지 못하고 즉시 패망할 것이다.

**〔16-19절〕 여호와의 미워하시는 것 곧 그 마음에 싫어하시는 것이 6, 7가지니 곧 교만한 눈과 거짓된 혀와 무죄한 자의 피를 흘리는 손과 악한 계교를 꾀하는 마음과 빨리 악으로 달려가는 발과 거짓을 말하는 망령된 증인과 및 형제 사이를 이간하는 자니라.**

본문은 여호와의 미워하시는 것 곧 그의 마음에 싫어하시는 것 6, 7가지를 증거한다. 첫째는 교만한 눈이다. 교만은 자신을 높이 평가하고 남을 낮게 여기는 것이다. 교만한 눈이라는 말은 교만이 눈빛에서 나타남을 보인다. 교만은 마귀의 죄이다. 우리에게 있는 좋은 것들이 다 하나님의 은혜임을 아는 자는 결코 교만할 수 없을 것이다.

둘째는 거짓된 혀와 거짓을 말하는 망령된 증인이다. 거짓은 사실이 아닌 것을 말한다. 하나님께서는 거짓 증거하지 말라고 말씀하셨다. 마귀는 거짓말쟁이이며 거짓의 아비다(요 8:44). 거짓말하는 자는 천국에 들어가지 못하며(계 21:27; 22:15) 지옥에 들어갈 것이다(계 21:8).

셋째는 무죄한 자의 피를 흘리는 손과 악한 계교를 꾀하는 마음과 빨리 악으로 달려가는 발이다. 무죄한 자를 미워하고 죽이는 것은 큰 악이다. 다른 사람을 해치려는 악한 계획을 꾸미는 것도 큰 악이다. 그것은 요셉의 형들이나 다니엘의 동료들이나 예수님 당시 유대 지도자들의 죄악이었다. 빨리 악으로 달려가는 발도 큰 악이다. 유대 지도자들은 예수님을 죽이려고 한밤중에도 모였고 새벽에도 모였었다.

넷째는 형제 사이를 이간하는 자 즉 형제들 간에 불화(不和)를 심고 싸움을 일으키는 자이다. 분쟁은 오해와 거짓말, 미움과 시기와 욕심 때문에 생긴다. 야고보는 교인들 간의 다툼이 욕심에서 나는 것이라고 말했다(약 4:1). 성도의 특징은 그것들과 정반대이다. 화평케 하는 자가 복이 있다(마 5:9). 예수님의 제자들의 특징은 서로 사랑하는 것이다. 요한복음 13:35, "너희가 서로 사랑하면 이로써 모든 사람이 너희가 내 제자인 줄 알리라." 사랑은 이기적이지 않다(고전 13:5). 성령의 열매는 화평을 포함한다(갈 5:22). '위로부터 난 지혜'는 첫째 성결하고 그 다음에 화평하고 관용하고 양순하다(약 3:17).

본문의 교훈을 정리해보자. 첫째로, 우리는 남의 재정 보증을 서지 말아야 한다. 우리는 각자 자기 능력과 신용 정도로 살고 자기 분수를 넘지 말고, 수입에 비해 과도하게 돈을 씀으로 빚을 져서는 안 되며, 또 상대를 위해 손해를 보아도 될 경우 외에는 재정 보증을 서지 말아야 한다.

둘째로, 우리는 게으르지 말아야 한다. 게으른 자는 개미에게 지혜를 배워야 한다. 우리는 스스로 자신을 통제하고 시간표를 짜고 생활 계획을 세워서 게으르게 살지 말고 부지런하게, 열심히 살아야 한다(롬 12:11).

셋째로, 우리는 악한 자가 되지 말아야 한다. 우리는 우리의 입, 눈, 발, 손가락, 마음이 악하지 않도록 조심해야 한다. 우리는 할 수 있는 대로 서로 화목해야 한다. 물론, 우리는 진리의 선한 싸움은 힘써 싸워야 한다.

넷째로, 하나님께서 미워하시는 6, 7가지는 교만한 눈, 거짓된 혀, 무죄한 자의 피를 흘리는 손, 악한 계교를 꾀하는 마음, 빨리 악으로 달려가는 발, 거짓을 말하는 망령된 증인, 형제 사이를 이간하는 자 등이다.

## 20-35절, 음란과 간음

**〔20-24절〕 내 아들아, 네 아비의 명령을 지키며 네 어미의 법을 떠나지 말고 그것을 항상 네 마음에 새기며 네 목에 매라. 그것이 너의 다닐 때에 너를 인도하며 너의 잘 때에 너를 보호하며 너의 깰 때에 너로 더불어 말하리니 대저 명령은 등불이요 법은 빛이요 훈계의 책망은 곧 생명의 길이라. 이것이 너를 지켜서 악한 계집에게, 이방 계집의 혀로 호리는 말**(켈캇 라숀 חֶלְקַת לָשׁוֹן)[아첨하는 말(KJV), 부드러운 말(NASB, NIV)](BDB)**에** 빠지지 않게 하리라.

'네 아비의 명령'과 '네 어미의 법'은 성경말씀을 가리킨다. 우리는 반지를 손가락에 끼고 다니듯이, 열쇠나 스마트폰을 주머니에나 손에 가지고 다니듯이, 성경을 가까이하고 성경말씀을 규칙적으로, 시간 나는 대로, 또 시간을 내어 읽고 듣고 배우고 복습하고 묵상하고 마음에 새겨야 하며, 그 말씀을 잊지 말고 기억하고 떠나지 말아야 한다. 하나님의 말씀을 주야로 묵상하는 자가 복되다(시 1:2-3).

하나님의 말씀은 유익하다. 그것은 우리가 길 갈 때 우리를 바른 길, 의의 길, 복된 길, 평안의 길, 영생의 길로 인도한다. 또 하나님의 말씀은 우리가 잘 때 우리를 보호한다. 그것은 도둑이나 위험한 사고로부터 우리를 보호한다. 또 그것은 우리가 자고 깰 때 우리 속에 기억이 나게 하여 우리를 교훈한다. 우리는 새벽예배 때에 성경말씀이 더 잘 깨달아지고 기억됨을 경험한다. 이것은 다 하나님의 은혜이다.

하나님의 말씀은 우리를 특히 음녀의 호리는 말 즉 아첨하는 말이나 부드러운 말에 빠지지 않게 도와준다. 성도는 하나님의 말씀을 마음에 두고 붙듦으로써 음란의 유혹에 빠지지 않고 자신의 거룩함을 지킨다.

**〔25-29절〕 네 마음에 그 아름다운 색을 탐하지 말며 그 눈꺼풀에 홀리지 말라.** [이는] **음녀로 인하여 사람이 한 조각 떡만** 남게 됨이며 **음란한 계집은 귀한 생명을 사냥함이니라. 사람이 불을 품에 품고야 어찌 그 옷이 타지 아니하겠으며 사람이 숯불을 밟고야 어찌 그 발이 데지 아니하겠느냐? 남의**

**아내와 통간하는 자도 이와 같을 것이라. 무릇 그를 만지기만 하는 자도 죄 없게 되지 아니하리라.**

성도는 음녀의 아름다운 색을 탐하지 말며 그 눈꺼풀에 홀리지 말아야 한다. '그 아름다운 색'이란 여자의 외적 아름다움을 가리키며 '그 눈꺼풀에 홀리지 말라'는 말씀은 그의 눈웃음과 눈짓에 홀리지 말라는 뜻이다. 성도는 사람의 외적, 육체적 아름다움을 추구하지 말아야 한다. 세상 사람들은 외적인 아름다움을 최고 가치로 여기겠지만, 실상 사람의 외적인 아름다움의 가치는 그렇게 큰 것이 아니다. 그러므로 잠언 31:30은 "고운 것도 거짓되고 아름다운 것도 헛되나 오직 여호와를 경외하는 여자는 칭찬을 받을 것이라"고 말한다.

음녀를 조심해야 할 이유는 무엇인가? 첫째로, 그것은 경제적 궁핍을 가져오기 때문이다. 한 조각 떡만 남는다는 말은 궁핍을 의미한다. 음녀가 원하는 것은 사랑이 아니고 돈이며, 음녀를 가까이 하면 결국 돈을 탕진하게 될 것이다. 둘째로, 그것은 귀한 생명의 상실을 가져오기 때문이다. 음녀를 가까이 하면 병을 얻고 건강을 상실하며 육신의 생명을 잃고 영적 생명 즉 구원과 영생도 잃어버리게 될 것이다.

본문은 간음죄를 불에다 비유한다. 그것은 불을 품는 것과 같고 불을 밟는 것과 같다. 남의 아내를 만지기만 해도 죄가 없지 않을 것이다. 간음은 순간적 열정과 쾌락이 있을지 모르나 그 불은 큰 화상을 입을 불, 즉 건강의 상실, 가정의 파탄, 경제의 파탄, 영혼의 파멸을 가져올 불과 같다. 남의 아내와 간음하는 자는 정죄를 받을 것이다.

**〔30-35절〕 도적이 만일 주릴 때에 배를 채우려고 도적질하면 사람이 그를 멸시치는 아니하려니와 들키면 7배를 갚아야 하리니 심지어 자기 집에 있는 것을 다 내어 주게 되리라.** [그러나](KJV) **부녀와 간음하는 자는 무지한 자**(카사르 레브 חֲסַר לֵב)[생각이 없는 자][3]**라. 이것을 행하는 자는 자기의**

---

3) '지혜 없는 자'로 8번(7:7; 9:4, 16; 10:13; 11:12; 12:11; 17:18; 24:30), '무지한 자'로 2번(6:32; 15:21), '지식이 없으므로'라고 1회(10:21) 번역되었다.

**영혼을 망하게 하며 상함과 능욕을 받고 부끄러움을 씻을 수 없게 되나니** [이는] **그 남편이 투기함으로 분노하여 원수를 갚는 날에 용서하지 아니하고 아무 벌금도 돌아보지 아니하며 많은 선물을 줄지라도 듣지 아니하리라.**

도둑은 잡힐 것이며 그가 훔친 것을 갚아야 할 것이다. 도둑이 너무 배가 고파서 무엇을 도둑질하면 사람들은 그를 멸시하지 못하고 그의 사정을 동정할 것이다. 그러나 도둑도 그의 도둑질이 드러나면 훔친 것을 충분히 배상해야 한다. 만일 그가 갚을 것이 없다면, 그는 자기 몸을 종으로 팔아야 한다. 그러나 부녀와 간음하는 자는 도둑보다 더 큰 해를 받을 것이다. 그는 '무지한 자' 곧 마음이 없는 자, 생각과 지혜가 없는 자이다. 부녀와 간음하는 자는 큰 해를 받으니 과연 무지하고 생각이 없고 지혜 없는 자이다. 음행의 대가는 크고 무섭다. 우리는 그것을 피하는 지혜를 얻어야 한다.

남의 아내와 간음하는 사람이 어리석은 이유는 그의 남편이 투기함으로 분노하여 원수를 갚으려 할 것이기 때문이다. 그 날에 그 남편은 아무도 용서하려 하지 않을 것이며 아무 벌금도 돌아보지 않고 많은 선물을 줄지라도 듣지 않을 것이다. 부부의 관계에서 자기 배우자의 외도보다 마음에 더 큰 상처를 주는 일은 없을 것이다.

본문의 교훈을 정리해보자. 첫째로, 하나님의 말씀은 우리에게 등불과 빛이며 생명의 길이다. 23절, "대저 명령은 등불이요 법은 빛이요 훈계의 책망은 곧 생명의 길이라." 우리는 성경말씀을 떠나지 말고 가까이하며 그 교훈을 힘써 지켜야 한다. 그러면 우리는 이 세상에 사는 동안에 음란의 죄를 피하며 의를 행하고 평안을 얻을 것이며 영생에 이를 것이다.

둘째로, 성도는 사람의 외모의 아름다움에 끌리지 말고 그의 인격성과 도덕성을 중시해야 한다. 우리는 특히 음녀를 조심해야 한다. 간음의 죄는 사람의 경제의 파탄, 건강의 상실, 영혼의 파멸을 가져온다. 간음죄를 짓는 자는 무지하다. 그 대가는 매우 크다. 그것은 가정과 부부관계에 큰 파탄을 가져올 것이다. 그 관계를 회복하는 것은 매우 어려울 것이다.

# 7장: 음녀의 길은 사망임

**〔1-5절〕 내 아들아, 내 말을 지키며 내 명령을 네게 간직하라. 내 명령을 지켜서 살며 내 법을 네 눈동자처럼** 지키라. **이것을 네 손가락에 매며 이것을 네 마음판에 새기라. 지혜에게 너는 내 누이라 하며 명철에게 너는 내 친족이라 하라. 그리하면 이것이 너를 지켜서 음녀에게, 말로 호리는 이방 계집에게** 빠지지 않게 하리라.

솔로몬은 자신의 말과 명령과 법을 지혜나 명철과 동일시한다. 그가 말한 '내 말' '내 명령' '내 법'은 하나님의 말씀, 하나님의 계명과 법, 곧 성경말씀을 가리킨다. 하나님의 말씀은 우리에게 지혜와 명철이 된다. 우리가 하나님께서 명령하신 대로 조심스럽게 행하여 좌로나 우로나 치우치지 않는 것이 우리의 지혜와 명철이다(신 5:32).

솔로몬은 그의 아들이 그의 말과 명령과 법을 친근히 하라고 교훈한다. 그는 아들에게 그의 말을 지키며 그의 명령을 간직하라고 말한다. 또 그는 그의 명령을 지켜 살며 그의 법을 그의 눈동자처럼 지키라고 말하며 그것을 기념 반지처럼 그의 손가락에 매며 그의 마음판에 새기라고 말한다. 또 그는 지혜와 명철을 '내 누이' '내 친족'이라고 부르라고 말한다. 우리는 하나님의 말씀을 친근히 해야 한다.

본문은 "그리하면 이것이 너를 지켜서 음녀에게, 말로 호리는 이방 계집에게 빠지지 않게 하리라"고 말한다. 잠언 2:16도 "지혜가 또 너를 음녀에게서, 말로 호리는 이방 계집에게서 구원하리니"라고 말했고, 또 6:24도 "이것이 너를 지켜서 악한 계집에게, 이방 계집의 혀로 호리는 말에 빠지지 않게 하리라"고 했다. 하나님의 말씀은 우리로 범죄치 않게 지켜준다. 그러므로 시편 119편 저자는 "내가 주께 범죄치 아니하려 하여 주의 말씀을 내 마음에 두었나이다"라고 고백했다(119:11). 사람이 죄 짓지 않는 것이 지혜요 복인데, 죄 짓지 않는 길은 성경말씀 곧 하나님의 말씀을 우리 마음에 두는 것이다.

**〔6-23절〕 내가 내 집 들창으로, 살창으로 내어다보다가 어리석은 자 중에, 소년 중에 한 지혜**[생각](mind) **없는 자를 보았노라. 그가 거리를 지나 음녀의 골목 모퉁이로 가까이하여 그 집으로 들어가는데 저물 때, 황혼 때, 깊은 밤 흑암 중에라. 그때에 기생의 옷을 입은 간교한 계집이 그를 맞으니 이 계집은 떠들며 완패하며**[억세며] **그 발이 집에 머물지 아니하여 어떤 때에는 거리, 어떤 때에는 광장 모퉁이, 모퉁이에 서서** 사람을 **기다리는 자라. 그 계집이 그를 붙잡고 입을 맞추며 부끄러움을 모르는 얼굴로 말하되 내가 화목제를 드려서 서원한 것을 오늘날 갚았노라. 이러므로 내가 너를 맞으려고 나와서 네 얼굴을 찾다가 너를 만났도다. 내 침상에는 화문**[꽃무늬] **요와 애굽의 문채**[무늬] **있는 이불을 폈고 몰약과 침향과 계피를 뿌렸노라. 오라, 우리가 아침까지 흡족하게 서로 사랑하며 사랑함으로 희락하자. 남편은 집을 떠나 먼 길을 갔는데 은 주머니를 가졌은즉 보름에나 집에 돌아오리라 하여 여러 가지 고운 말로 혹하게 하며 입술의 호리는 말로 꾀므로 소년이 곧 그를 따랐으니 소가 푸주로 가는 것 같고 미련한 자가 벌을 받으려고 쇠사슬에 매이러 가는 것과 일반이라. 필경은 살이 그 간을 뚫기까지에 이를 것이라. 새가 빨리 그물로 들어가되 그 생명을 잃어버릴 줄을 알지 못함과 일반이니라.**

솔로몬은 그의 집 들창으로, 살창으로 내어다보다가 어리석은 자들 중에, 소년들 중에 한 지혜 없는 자를 보았다. 그 소년은 거리를 지나 음녀의 골목 모퉁이로 가까이하여 그 집으로 가는데 저물 때, 황혼 때, 깊은 밤 흑암 중이었다. 부부관계 외의 남녀관계는 가까이하면 사고가 나기 쉽다. 특히 음녀의 집은 멀리하는 것이 지혜인데, 그 소년은 그렇지 못하였다. 그때 창녀의 옷을 입은 간교한 여자가 그를 맞았다. 음녀는 단정치 못한 옷을 입고 간교하다. 그는 수다스럽고 억세다. 또 그의 발은 집에 머물지 아니한다. 그는 가정에 충실한 주부가 아니다. 그는 때마다 거리나 광장 모퉁이, 모퉁이에 서서 사람을 기다렸다. 그는 그 소년을 붙잡고 입을 맞추며 부끄러움을 모르는 얼굴로 말했다. 그 여자는 육신적 쾌락과 사랑을 사모했고 그 상대를 찾았다. 그는 부드럽고 아첨하는 말로 그 어리석은 소년을 유혹했고, 그 소년은 곧 그를 따라

갔다. 그 소년이 그를 따라간 것은 마치 소가 도살장에 가는 것 같고 미련한 자가 벌을 받기 위해 쇠사슬에 매이러 가는 것 같았다. 음녀를 따르는 자는 결국 죽게 되고 멸망케 될 것이다.

**〔24-27절〕 아들들아, 나를 듣고 내 입의 말에 주의하라. 네 마음이 음녀의 길로 치우치지 말며 그 길에 미혹지 말지어다. 대저 그가 많은 사람을 상하여 엎드러지게 하였나니 그에게 죽은 자가 허다하니라. 그 집은 음부[지옥]의 길이라. 사망의 방으로 내려가느니라.**

솔로몬은 우리에게 지혜의 말에 주의하고 우리의 마음이 음녀의 길로 치우치지 말고 그 길에 미혹지 말라고 말한다. 이것은 잠언에 여러 번 나온 교훈이다. 잠언 5:8, "네 길을 그에게서 멀리하라 그 집 문에도 가까이 가지 말라." 잠언 5:20, "내 아들아, 어찌하여 음녀를 연모하겠으며 어찌하여 이방 계집의 가슴을 안겠느냐?" 잠언 6:25, "네 마음에 그 아름다운 색을 탐하지 말며 그 눈꺼풀에 홀리지 말라."

솔로몬은 많은 사람들이 음녀로 인하여 상하여 엎드러졌고 죽음을 맛보았다고 말한다. 옛날 삼손의 실패는 대표적인 한 예이다. 삼손이 블레셋 가사의 한 여자에게 들어가고 소렉 골짜기의 들릴라라는 여자에게 들어간 것이 실패와 죽음의 원인이 되었다(삿 16장). 세상 사람들은 물론이거니와, 때때로 성도들도, 심지어 목사들도 음녀로 인하여 실수하고 실패할 수 있음을 명심해야 하고 항상 조심해야 한다. 음행의 죄는 항상 조심하고 피하고 멀리하는 것밖에 다른 방법이 없다.

솔로몬은 음행의 결과가 죽음이요 지옥 형벌이라고 말한다. "그 집은 음부의 길이라. 사망의 방으로 내려가느니라." 구약성경에서 '음부'라는 말(쉐올 שְׁאוֹל)은 '무덤' 혹은 '지옥'을 가리킨다. 본문은 '지옥'이라는 뜻으로 볼 수 있다(KJV). 잠언 2:18도 "그[음녀의] 집은 사망으로, 그 길은 음부(레파임 רְפָאִים '죽은 자들')로 기울어졌다"고 말하고, 또 잠언 5:3-5도 "음녀의 입술은 꿀을 떨어뜨리며 그 입은 기름보다 미끄러우나 나중은 쑥같이 쓰고 두 날 가진 칼같이 날카로우며 그 발은 사지(死地)로 내려가며 그 걸음은 음부[지옥]로 나아간다"고 말한다.

본장의 교훈을 정리해보자. 첫째로, 우리는 음란에 빠지지 않도록 하나님의 말씀을 우리 마음에 간직해야 한다(1-5절). 우리는 하나님의 말씀을 우리의 눈동자같이, 우리의 손가락의 반지같이 여기고 우리의 마음판에 새기고 우리의 누나같이 친근히 여겨야 한다. 우리는 하나님의 말씀 곧 성경말씀을 주야로 읽고 묵상하고 마음 속에 간직해야 한다. 성경말씀을 친근히 하고 마음에 두는 것이 거룩의 길이다. 시편 119:9, 11, "청년이 무엇으로 그 행실을 깨끗케 하리이까? 주의 말씀을 따라 삼갈 것이니이다," "내가 주께 범죄치 아니하려 하여 주의 말씀을 내 마음에 두었나이다."

둘째로, 우리는 음녀를 조심해야 한다. 25절, "네 마음이 음녀의 길로 치우치지 말며 그 길에 미혹지 말지어다." 본문은 음녀의 특징들을 열거한다. 첫째, 음녀는 특유의 옷을 입는다. 그것은 단정하지 못하고 음란한 옷이 분명하다. 둘째, 음녀는 수다스럽다. 셋째, 음녀는 억세고 반항적이다. 넷째, 음녀는 집안 살림에 충실하지 않다. 다섯째, 음녀는 염치가 없고 부끄러움을 모른다. 여섯째, 음녀는 부드럽고 아첨하는 말을 잘한다. 일곱째 음녀는 육체적 사랑을 구한다. 성도는 이러한 음녀를 조심해야 한다. 그는 음녀에게 미혹된 어리석은 자같이 되지 말아야 한다. 또 성도는 마음과 말과 몸가짐을 단정히 해야 한다. 여성도는 단정한 옷을 입어야 한다. 사도 바울은 디모데전서 2:9에서 "이와 같이 여자들도 아담한[단정한] 옷을 입으며 염치와 정절로 자기를 단장하라"고 교훈하였다.

셋째로, 우리는 음녀에게 미혹되는 것이 곧 지옥에 들어가는 길임을 알아야 한다. 음란은 사람의 죄성의 중요한 요소이다. 사도 바울은 고린도전서 6:9에서 음란하는 자나 간음하는 자나 탐색하는 자나 남색하는 자는 하나님의 나라를 유업으로 받지 못한다고 말했고, 사도 요한은 요한계시록 22:15에서 행음자들이 새 예루살렘 성 곧 천국 밖에 있을 것이라고 말했고, 요한계시록 21:8에서는 행음자들이 지옥불에 던지운다고 말했다. 성도는 모든 죄를 멀리하되 특히 음행의 죄를 조심하고 멀리해야 한다.

# 8장: 지혜가 부른다

**〔1-11절〕 지혜가 부르지 아니하느냐? 명철이 소리를 높이지 아니하느냐? 그가 길가의 높은 곳과 사거리에 서며 성문 곁과 문 어귀와 여러 출입하는 문에서 불러 가로되 사람들아, 내가 너희를 부르며 내가 인자들에게 소리를 높이노라. 어리석은 자들**(페사임 פְּתָיִם)[단순한 자들]**아, 너희는 명철할지니라. 미련한 자들아, 너희는 마음이 밝을지니라. 너희는 들을지어다. 내가 가장 선한 것**(네기딤 נְגִידִים)[고상한 것들, 귀한 것들]**을 말하리라. 내 입술을 열어 정직을 내리라. 내 입은 진리를 말하며 내 입술은 악을 미워하느니라. 내 입의 말은 다 의로운즉 그 가운데 굽은 것과 패역한 것이 없나니 이는 다 총명 있는 자의 밝히 아는 바요 지식 얻은 자의 정직히 여기는 바니라. 너희가 은을 받지 말고 나의 훈계를 받으며 정금보다 지식을 얻으라. 대저 지혜는 진주**(페니님 פְּנִינִים)[산호들(BDB), 홍보석(KJV, NIV), 보석(NASB)]**보다 나으므로 무릇 원하는 것을 이에 비교할 수 없음이니라.**

솔로몬은 지혜를 사람처럼 표현한다. 지혜는 길가 높은 곳과 사거리에 서며 성문 곁과 여러 출입하는 문에서 사람들을 소리 높여 부르며 단순하여 어리석고 미련한 자들에게 외친다. 어리석고 미련한 자들은 지혜의 음성을 들어야 한다. 하나님의 지혜의 내용은 고상하고 선한 것이며 정직하고 의롭고 진실한 것이다. 지혜의 훈계와 지식은 은이나 정금보다, 진주보다 낫고 사람이 원하는 그 어떤 것보다도 낫다.

**〔12-13절〕 나 지혜는 명철**(오르마 עָרְמָה)[사려 깊음, 신중함](KJV, NASB, NIV)**로 주소를 삼으며 지식과 근신**(메짐마 מְזִמָּה)[분별력](NASB, NIV)**을 찾아 얻나니 여호와를 경외하는 것은 악을 미워하는 것이라. 나는 교만과 거만과 악한 행실과 패역한 입을 미워하느니라.**

지혜와 지식과 분별력은 거의 같은 뜻으로 쓰인다. 지혜는 사려 깊음 속에 있다. 지혜는 사려 깊게, 신중하게 생각하는 것이며, 불의와 악과 거짓을 분별하고 의와 선과 진실을 택하는 것이다. 교만과 거만과 악한 행실과 패역한 입이 악이다. 지혜는 여호와를 경외하는 것이며 그것은 또 악을 미워하는 것이다. 교만은 대표적 악이다. 잠언 6:16-17은 여호와의 미워하시는 악 중 첫째가 '교만한 눈'이라고 말한다. 하나님의 뜻과 계명의 내용은 선과 사랑이며, 그것을 거슬러 행하는 것이 죄와 악이다. 또 패역한 입의 말도 악이다. 그것은 하나님의 계명을 거역하고 의와 선을 거절하며 자기 고집대로 말하는 것이다.

**〔14-17절〕 내게는 도략**(에차 עֵצָה)[계획]**과 참 지식이 있으며 나는 명철**(비나 בִּינָה)[이해력]**이라. 내게 능력이 있으므로 나로 말미암아 왕들이 치리하며 방백들이 공의를 세우며 나로 말미암아 재상과 존귀한 자 곧 세상의 모든 재판관들이 다스리느니라. 나를 사랑하는 자들이 나의 사랑을 입으며 나를 간절히 찾는 자가 나를 만날 것이니라.**

'참 지식'이라는 원어(투쉬야 תּוּשִׁיָּה)는 '완전한 지혜'라고도 번역된 말로서(잠 2:7; 3:21) '건전하고 유능한 지혜'라는 뜻이다. 그것은 어떤 일의 배경과 건전한 진로를 내다보는 통찰력을 가리킨다. 지혜 안에는 도략 즉 계획하는 머리와 참 지식이 있고, 또 명철이 있다. 지혜에는 어떤 일을 수행하는 힘이 있다. 왕들은 지혜를 가지고 나라를 다스리며 방백들은 공의를 세우며 재상(宰相)과 존귀한 자 곧 세상의 모든 재판관들도 지혜로 모든 일을 처리한다. 특히 지혜는 의와 선을 분별하게 하고 그것을 택할 힘과 용기를 준다.

사람은 지혜를 어떻게 얻을 수 있는가? 지혜는 그것을 사랑하는 자들을 사랑하지만, 그것을 무시하거나 미워하는 자들은 지혜를 알지 못하며, 그것을 간절히 찾는 자가 만나지만, 그것을 간절히 찾지 않는 자는 만나지 못할 것이다. 우리가 하나님과 의(義)와 영생을 간절히 구하면, 하나님의 은혜로 하나님을 만나며 의(義)와 영생을 얻듯이, 우리가 지혜를 간절히 찾으면, 지혜를 만나며 지혜를 얻을 것이다.

**〔18-21절〕 부귀**[부와 영광]**가 내게 있고 장구한 재물과 의도 그러하니라. 내 열매는 금이나 정금**[순금]**보다 나으며 내 소득은 천은**[순은]**보다 나으니라. 나는 의로운 길로 행하며 공평한 길 가운데로 다니나니 이는 나를 사**

**랑하는 자로 재물을 얻어서 그 곳간에 채우게 하려 함이니라.**

지혜의 유익과 가치는 크다. 첫째로, 지혜는 부요를 준다. 지혜는 물질적 부요를 가져오고, '장구한 재물'(KJV, NASB, NIV) 혹은 '물려줄 재물'(KB)을 가져온다. 둘째로, 지혜는 영예를 가져온다. '부귀'는 부(富)와 존귀 혹은 영예라는 말이다. 다니엘은 지혜로웠고(단 1:17, 20) 존귀와 영예를 얻었다(단 2:48; 5:29). 셋째로, 지혜는 의(義)를 가져온다. 지혜는 사람들로 예수 그리스도를 믿어 의롭다 하심을 얻게 하며(딤후 3:15), 또 의로운 인격으로 자라게 한다. 그러므로 지혜는 정금[순금]과 천은[순은]보다 낫다. 잠언 3:14-15, "이는 지혜를 얻는 것이 은을 얻는 것보다 낫고 그 이익이 정금보다 나음이니라. 지혜는 진주보다 귀하니 너의 사모하는 모든 것으로 이에 비교할 수 없도다."

**〔22-31절〕 여호와께서 그 조화의 시작 곧 태초에 일하시기 전에 나를 가지셨으며 만세 전부터, 상고부터, 땅이 생기기 전부터 내가 세움을 입었나니 아직 바다가 생기지 아니하였고 큰 샘들이 있기 전에 내가 이미 났으며 산이 세우심을 입기 전에, 언덕이 생기기 전에 내가 이미 났으니 하나님이 아직 땅도, 들도, 세상 진토의 근원도 짓지 아니하셨을 때에라. 그가 하늘을 지으시며 궁창으로 해면에 두르실 때에 내가 거기 있었고 그가 위로 구름 하늘을 견고하게 하시며 바다의 샘들을 힘있게 하시며 바다의 한계를 정하여 물로 명령을 거스리지**[거스르지] **못하게 하시며 또 땅의 기초를 정하실 때에 내가 그 곁에 있어서 창조자**(아몬 אָמוֹן)[기술자, 명인, 장인][4]**가 되어 날마다 그 기뻐하신 바가 되었으며 항상 그 앞에서 즐거워하였으며** 사람이 **거처할 땅에서 즐거워하며 인자들을 기뻐하였었느니라.**

솔로몬은 지혜를 사람처럼 묘사하며 하나님께서 태초에 지혜를 가지셨고, 창세 전에 지혜가 세움을 입었다고 말한다. 그가 말한 지혜는 그리스도를 가리켰다고 보인다. 예수께서는 자신에 대해 "지혜는 자기의 모든 자녀로 인하여 옳다 함을 얻느니라"고 말씀하셨다(눅 7:35).

---

4) artificer(기술자, 장인)(BDB), master workman(명인)(NASB, LXX, Syr, Vg), craftsman(장인)(NIV).

창세 전, 즉 아직 바다가 생기지 않았고 큰 샘들이 있기 전, 산이 세움을 입기 전, 언덕이 생기기 전, 땅도, 들도, 세상의 흙의 근원도 아직 지어지지 않았을 때, 지혜가 이미 났었고 또 하나님께서 하늘을 지으시며 궁창으로 해면에 두르실 때 지혜가 거기에 있었다. 예수께서는 마지막 유월절 식사 후 "아버지여, 창세 전에 내가 아버지와 함께 가졌던 영화로써 지금도 아버지와 함께 나를 영화롭게 하옵소서"라고 기도하셨었다(요 17:5). 사도 바울은 예수께서 "모든 창조물보다 먼저 나신 자"라고 말하였다(골 1:15). 예수 그리스도께서는 창세 전부터 계셨다.

솔로몬은 또 하나님께서 구름 하늘을 견고케 하시고 바다의 샘들을 힘있게 하시고 바다의 한계와 땅의 기초를 정하실 때 지혜가 하나님 곁에 있어 명인과 장인이 되어 날마다 그 기뻐하신 바가 되었고 항상 그 앞에서 즐거워하였고 사람이 거처할 땅에서 즐거워하며 인자들을 기뻐하였다고 말한다. 요한복음 1:3, "만물이 그로 말미암아 지은 바 되었으니 지은 것이 하나도 그가 없이는 된 것이 없느니라." 골로새서 1:16, "만물이 그에게[그에 의해] 창조되되 하늘과 땅에서 보이는 것들과 보이지 않는 것들과 혹은 보좌들이나 주관들이나 정사들이나 권세들이나 만물이 다 그로 말미암고 그를 위하여 창조되었고."

**〔32-36절〕 아들들아, 이제 내게 들으라. 내 도를 지키는 자가 복이 있느니라. 훈계를 들어서 지혜를 얻으라. 그것을 버리지 말라. 누구든지 내게 들으며 날마다 내 문 곁에서 기다리며 문설주 옆에서 기다리는 자는 복이 있나니 대저 나를 얻는 자는 생명을 얻고 여호와께 은총을 얻을 것임이니라. 그러나 나를 잃는 자**(코트이 חֹטְאִי)[나를 잃는 자(BDB, NIV), 내게 범죄하는 자(KJV, NASB)]**는 자기의 영혼을 해하는 자라. 무릇 나를 미워하는 자는 사망을 사랑하느니라.**

솔로몬은 자녀들에게 날마다 지혜를 듣고 지키고 기다리라고 교훈하며 또 지혜를 얻는 자가 복되며 지혜를 버린 자가 화가 있다고 말한다. 36절, "나를 잃는 자는 자기의 영혼을 해하는 자라. 무릇 나를 미워하는 자는 사망을 사랑하느니라." 사람이 하나님을 거절하고 예수 그리스도 믿기를 거절하면, 그는 하나님과 예수 그리스도께 범죄하는 자요 지혜를 잃는 것이다. 그는 하나님 앞에서 죄사함을 얻지 못한 죄인 그대로이며 지옥 형벌을 피할 수 없다.

본장의 교훈을 정리해보자. 첫째로, 지혜는 하나님을 경외하며 정직하고 선하고 진실한 것이다. 지혜는 가장 선한 것이며 정직한 것이며 의이며 진실 혹은 진리이다. 또 지혜는 곧 명철이며 지식이고 근신 곧 분별력이다. 하나님을 경외함이 지혜의 시작이며 가장 중요한 내용인데, 그것은 곧 악을 미워하는 것으로 나타난다. 악 중에 첫 번째 악은 교만이다. 그러므로 지혜는 악을 미워하는 것이며 교만과 패역을 버리는 것이다.

둘째로, 지혜의 가치는 지극히 크다. 지혜는 은이나 정금보다 더 가치있고 진주나 산호보다 더 가치 있다. 지혜는 왕들과 재상들이 그것으로 나라를 다스리고 많은 일들을 처리한다. 또 지혜는 물질적 부요와 존귀와 영광을 가져오고, 우리에게 의를 알게 하고 예수 그리스도를 깨닫고 믿어 의롭다 하심을 얻게 하고 또 구원 얻은 자들이 날마다 하나님의 말씀의 지혜를 통해 거룩해지고 의로운 인격자가 되게 한다. 실상, 지혜는 하나님께서 천지만물을 창조하실 때에 가지고 사용하셨던 것이다. 그 지혜는 바로 하나님의 아들 예수 그리스도이시다. 하나님의 지혜이신 예수 그리스도께서는 창조자이셨다. 그는 태초에 계셨던 말씀이시며 그로 말미암아 천지만물이 창조되었다(요 1:1, 3). 이 지혜는 우리에게 영생이 된다.

셋째로, 우리는 지혜를 사랑하고 간절히 찾아야 얻을 수 있다. 하나님께서는 간절히 구하는 자에게 좋은 것을 주신다. 좋은 것 중에 좋은 것은 바로 지혜이다. 그러므로 우리는 물질적 부요를 구하지 말고 지혜를 구해야 하며, 모든 교만과 악을 버리고 지극히 선한 것을 분별하고 정직하고 의롭고 선하고 진실한 것을 사모하고 구하여 얻어야 한다. 그러므로 우리는 하나님을 알고 경외하고 그의 말씀인 성경을 사랑하고 주야로 읽고 묵상하고 그 말씀을 믿고 행함으로써 지혜로운 성도가 되어야 한다.

# 9장: 참된 지혜

**〔1-6절〕 지혜가 그 집을 짓고 일곱 기둥을 다듬고 짐승을 잡으며 포도주를 혼합하여 상을 갖추고 그 여종[여종들]을 보내어 성중 높은 곳에서 불러 이르기를 무릇 어리석은 자는 이리로 돌이키라. 또 지혜 없는 자에게 이르기를 너는 와서 내 식물을 먹으며 내 혼합한 포도주를 마시고 어리석음을 버리고 생명을 얻으라. 명철의 길을 행하라 하느니라.**

지혜가 집을 짓는 것은 교회의 건립을 상징한다. 교회는 하나님의 집이다(고전 3:9). 일곱 기둥을 다듬는 것은 견고하게 집을 짓는 것을 가리킨다. 교회는 주 예수 그리스도께서 친히 세우시는 견고한 집이다(마 16:18). 지혜는 또 잔치를 준비한다. 바른 교회는 풍성한 잔칫상을 준비한다. 소나 양을 잡아 고기를 굽고 맛있는 포도주를 음료로 준비하듯이, 바른 교회는 하나님의 풍성한 말씀을 준비한다. 이사야 55:1, "너희 목마른 자들아, 물로 나아 오라. 돈 없는 자도 오라. 너희는 와서 사 먹되 돈 없이, 값없이 와서 포도주와 젖을 사라."

지혜는 여종들을 보내어 성중 높은 곳에서 사람들, 특히 어리석은 사람들을 부른다. 여종들은 구원의 복음을 전하는 하나님의 일꾼들, 곧 전도자들을 가리킨다. 그들은 사람들이 많은 곳에서 구원의 복음을 전한다. 그들이 전하는 내용은, "이리로 돌이키라"는 것이다. 그것은 회개하라는 말씀이다. 또 "너는 와서 내 식물을 먹으며 내 혼합한 포도주를 마시라"고 한다. 지혜의 말씀을 먹고 마신다는 것(요 6:54-56)은 그 말씀을 믿는 것을 말한다. 또 "어리석음을 버리고 생명을 얻으라"고 말한다. 지혜의 말씀을 믿는 것이 곧 영생의 길이다. 또 "명철의 길을 행하라"고 말한다. 참된 믿음은 지혜의 삶으로 나타나야 한다.

**〔7-12절〕 거만한 자를 징계하는 자는 도리어 능욕을 받고 악인을 책망하는 자는 도리어 흠을 잡히느니라. 거만한 자를 책망하지 말라. 그가 너를 미워할까 두려우니라. 지혜 있는 자를 책망하라. 그가 너를 사랑하리라. 지혜**

**있는 자에게 교훈을 더하라. 그가 더욱 지혜로워질 것이요 의로운 사람을 가르치라. 그의 학식이 더하리라. 여호와를 경외하는 것이 지혜의 근본**(테킬라 תְּחִלָּה)[시작]**이요 거룩하신 자**(케도쉼 קְדֹשִׁים—강조의 복수형)**를 아는 것이 명철이니라. 나** 지혜로 **말미암아 네 날이 많아질 것이요 네 생명의 해가 더하리라. 네가 만일 지혜로우면 그 지혜가 네게 유익할 것이나 네가 만일 거만하면 너 홀로** 해를 **당하리라.**

우리는 거만한 자를 책망하지 말아야 한다. 왜냐하면 거만한 자를 징계하는 자는 도리어 미워함과 모욕을 받고 흠을 잡힐 것이기 때문이다. 거만한 자는 자신을 높이고 남을 무시하고 멸시한다. 그는 마음이 높기 때문에 남의 교훈이나 충고와 조언을 받으려 하지 않는다.

그러나 우리가 지혜 있는 자를 책망하면, 그는 우리를 사랑할 것이다. 지혜 있는 자는 책망을 들으면 잘 받고 자신의 부족을 깨닫고 고치기 때문에 자기를 책망한 자를 사랑하게 된다. 또 우리가 지혜 있는 자에게 교훈을 더하면, 그가 더욱 지혜로워져서 의로운 사람을 가르칠 것이며 또 그의 학식도 더할 것이다. 지혜 있는 자나 의로운 자는 교훈을 받아 더 지혜로워지고 더 지식이 있는 자가 될 것이다.

여호와를 경외하는 것이 지혜의 근본이요 시작이며 거룩하신 자를 아는 것이 명철이다. 참된 지혜는 하나님을 알고 그를 경외하는 데서 시작되며 그의 계명을 지키는 데서 자라간다. 경건과 도덕성이 없는 곳에는 참 지혜가 없다. 하나님을 알지 못하는 무지와 불경건, 또 하나님의 계명을 어기는 죄와 부도덕이 가장 큰 어리석음이다. 또 지혜는 유익하다. 지혜는 장수(長壽)의 복을 주며 영생의 복을 준다. 지혜는 지혜자에게 유익을 줄 것이나 거만한 자는 홀로 해를 당할 것이다.

**〔13-18절〕 미련한 계집이 떠들며 어리석어서 아무것도 알지 못하고 자기 집 문에 앉으며 성읍 높은 곳에 있는 자리에 앉아서 자기 길을 바로 가는 행객을 불러 이르되 무릇 어리석은 자는 이리로 돌이키라. 또 지혜 없는 자에게 이르기를 도적질한 물이 달고 몰래 먹는 떡이 맛이 있다 하는도다. 오직 그 어리석은 자는 죽은 자가 그의 곳에 있는 것과 그의 객들이 음부**[지옥]

**깊은 곳에 있는 것을 알지 못하느니라.**

지혜가 사거리에서 어리석은 자들을 부르듯이(잠 8:1-5), 그 여종들을 보내어 그들을 생명의 길로 초청하듯이(잠 9:1-6), 미련한 여자도 사람들을 부른다. 미련한 여자는 떠들며 말이 많다. 빈수레가 요란하듯이 어리석은 자는 말이 많다. 그러나 여성의 아름다움은 온유함과 조용함에 있다(벧전 3:3-4). 어리석은 여자는 진리의 지식이 없고 참으로 의롭고 선한 것을 알지 못하는 자이다.

미련한 여자는 사람들을 부른다. 마귀의 시험과 죄의 유혹은 자기 길을 바르게 가는 자들에게도 있다. 그러므로 선 줄로 생각하는 자는 넘어질까 조심해야 한다(고전 10:12). 우리는 시험에 들지 않기를 기도해야 한다(마 6:13). 그 여자는 어리석고 지혜 없는 자를 부르며 유혹한다. 누구든지 지혜를 소유하여 깨어 있지 않으면 마귀의 시험과 죄의 유혹에 넘어갈 것이다.

그 여자는 도적질한 물이 달고 몰래 먹는 떡이 맛이 있다고 말한다. 그것은 은밀한 음행을 권유하는 말이다. 은밀한 음행은 순간적으로는 즐거움이 있을지 모르나, 심히 죄악되며 양심에도 거리끼는 것이다. 성도는 은밀한 악을 버리고 양심에 거리낌 없이 살아야 한다.

미혹받은 자의 결말은 불행이다. 음행의 죄의 결과는 죽음이요 지옥 형벌이다. 행음자들은 지옥에 던지울 것이다(계 21:8).

본장의 교훈을 정리해보자. 첫째로, 우리는 하나님의 참된 종들과 성도들을 통해 전해지는 지혜의 말씀을 믿고 생명을 얻어야 한다.

둘째로, 우리는 거만함을 버려야 한다. 거만한 자는 지혜가 없다.

셋째로, 사람이 여호와 하나님을 경외하는 것이 참 지혜의 시작이다. 신약시대에는 예수님 믿고 구원 얻고 계명 순종하는 것이 참 지혜이다.

넷째로, 지혜자는 특히 음행을 조심해야 한다. 우리는 행음하는 자들이 천국에 들어가지 못하고 영원한 지옥의 불못에 던지움을 알아야 한다.

# 10장: 지혜, 근면, 사랑, 입술 제어

## 1-5절, 효도, 의, 근면

**〔1절〕 솔로몬의 잠언이라 지혜로운 아들은 아비로 기쁘게 하거니와 미련한 아들은 어미의 근심이니라.**

지혜로운 아들은 아버지로 기쁘게 한다. 그는 하나님을 경외하고 그의 계명을 지키는 자, 곧 의와 선을 행하는 자이며 하나님의 계명대로 부모를 공경하며 그들의 교훈에 순종하는 자이다. 그는 아버지를 기쁘게 한다. 아버지를 기쁘게 한다는 말은 어머니를 기쁘게 한다는 말도 포함할 것이다. 자녀가 경건하고 도덕적이게 바르게 살 때 부모에게는 기쁨이 된다. 부모를 기쁘게 하는 것이 실상 참된 효도이다.

물론, 진리의 싸움이 있는 경우가 있다. 부모가 불경건과 부도덕한 일을 요구할 때 자녀와 부모의 싸움과 충돌이 불가피할 것이다. 이런 의미에서 예수께서는 "사람의 원수가 자기 집안 식구리라"고 말씀하셨다(마 10:36). 그런 경우에 우리는 하나님께 순종해야 하고, 부모에게 순종할 수 없다. 그러나 이런 진리의 싸움 외에는, 자녀들은 골로새서 3:20의 말씀대로 모든 일에서 부모에게 순종해야 한다.

그러나 미련한 아들은 어머니의 근심이다. 물론 아버지의 근심이기도 할 것이다. 미련한 아들은 하나님을 경외치 않고 죄를 짓고 악을 행하는 자이다. 자녀가 범죄하면 부모에게 슬픔과 근심이 된다. 그것은 불효이다. 자녀가 부모를 기쁘게 하는 것이 효도요 부모를 근심시키는 것이 불효이다. 자녀가 범죄하면 그 부모에게 슬픔과 근심이 되는 까닭은, 죄악 자체가 나쁘기 때문이기도 하지만, 하나님의 징벌이 있을 것이기 때문이다. 죄악은 남에게 해를 끼치고 자기 자신과 가정을 망친다. 또 하나님께서 그에게 내리시는 징벌은 큰 불행이 된다.

**〔2절〕 불의의 재물은 무익하여도 의리[의]는 죽음에서 건지느니라.**

불의의 재물은 무익하다. 불의의 재물이란 불의하게 번 돈을 가리킨다. 불의의 재물은 불의의 결과이며 돈에만 가치를 두고 의에 가치를 두지 않은 결과이다. 불의의 재물이 무익하다는 말은 그 재물이 얼마간 기쁨과 유익을 줄지 모르지만, 결과적으로 마음의 참 평안과 기쁨이나 자기에게 유익이 되지 못하고 도리어 해가 된다는 뜻이다.

성경에는 그런 예가 많다. 아간은 여리고 성 점령 시 하나님의 명령을 어기고 시날 산 외투 한 벌, 은 200세겔, 50세겔 중 금덩이 한 개를 취하였다가 온 가족과 더불어 죽임을 당하였다. 유다 왕 아합은 나봇을 죽이고 그의 포도원을 빼앗았으나 자신도 결국 죽고 말았다. 엘리사의 시종 게핫시는 거짓말로 은 두 달란트와 옷 두 벌을 취하였다가 나병에 걸렸다. 가룟 유다는 은 30개를 위해 주님을 배신했다가 자살하여 창자가 터져 죽었다. 이와 같이, 불의의 재물은 무익하며 그것을 취한 자는 하나님의 징벌을 받을 것이며 그 마지막이 비참할 것이다.

그러나 의는 죽음에서 건진다. '의리'라는 원어(체다카 צְדָקָה)는 '의'라는 뜻이다. 의(義)는 하나님의 계명대로 행하는 것을 말한다. 의는 선하고 진실한 것이다. 그것은 돈을 많이 벌든 적게 벌든 간에 양심에 거리끼는 일을 하지 않으며 돈을 버는 것을 말한다. '죽음에서 건진다'는 말은 의롭게 돈을 벌므로 굶는 일이 없고 또 남을 구제하는 의로운 행위로 가난한 자들과 굶주린 자들을 살린다는 뜻도 될 수 있겠지만, 더 깊고 완전한 의미에서 의는 구원이 된다. 예수 그리스도를 믿음으로 얻은 의는 우리를 사망과 지옥 형벌에서 구원하였다. 로마서 1:17, "복음에는 하나님의 의가 나타나서 믿음으로 믿음에 이르게 하나니 기록된 바 오직 의인은 믿음으로 말미암아 살리라 함과 같으니라."

**〔3절〕 여호와께서 의인의 영혼은 주리지 않게 하시나 악인의 소욕은 물리치시느니라.**

하나님께서는 모든 사람을 다스리시는 주권적 섭리자이시며 공의의 판단자이시며 보응자이시다. 그는 의인의 영혼을 주리지 않게 하신다. 그는 의인에게 육신의 양식을 주신다. 다윗은 "내가 어려서부터 늙기까지 의인이 버림을 당하거나 그 자손이 걸식함을 보지 못하였도다"라고 증거했다(시 37:25). 하나님께서는 기근의 때에 엘리야에게 까마귀를 보내어 먹을 것을 공급해주셨다. 예수께서는 하늘에 계신 하나님 아버지께서 먼저 하나님의 나라와 그의 의를 구하는 자들에게 먹을 것과 입을 것을 채워주실 것이라고 말씀하셨다(마 6:33).

하나님께서는 의인의 심령도 주리지 않게 하신다. 세상에는 하나님의 말씀을 듣지 못하는 기근과 기갈의 때가 있을 것이지만(암 8:11), 의인들에게는 그렇지 않을 것이다. 악인에게는 말씀의 기근과 기갈이 올지라도 의인에게는 오지 않을 것이다. 예수 그리스도께서는 우리의 참 양식이며 참 음료이시다(요 6:55). 하나님께서는 우리 속에 영원한 생수의 샘물이 되는 성령을 부어주셨다(요 4:14; 7:38-39).

그러나 하나님께서는 악인의 소욕은 물리치신다. 악인에게는 물욕, 정욕, 명예욕, 권세욕 등 세상적인 욕심이 가득하다. 욕심은 죄의 원인이 된다(약 1:15). 악인들은 여러 가지 욕심을 마음에 품지만, 그것들은 그들에게 복이 되지 못하고 오히려 화가 된다. 왜냐하면 하나님께서 그것들을 미워하시고 징벌하시고 물리치시기 때문이다.

**〔4절〕 손을 게으르게 놀리는 자는 가난하게 되고 손이 부지런한 자는 부하게 되느니라.**

손을 게으르게 놀리는 자는 가난하게 된다. 사람의 게으름 여부는 그의 손의 움직임 정도에서 나타난다. 게으른 자는 손놀림이 느리다. 잠언 26:15는, "게으른 자는 그 손을 그릇에 넣고도 입으로 올리기를 괴로워하느니라"고 말했다. 손이 게으른 자는 가난하게 된다. 가난은 일차적으로 게으름에서 온다. 그러므로 잠언 24:30-34는, "내가 증왕에 [이전에] 게으른 자의 밭과 지혜 없는 자의 포도원을 지나며 본즉 가시덤불이 퍼졌으며 거친 풀이 지면에 덮였고 돌담이 무너졌기로 내가 보고 생각이 깊었고 내가 보고 훈계를 받았었노라. 네가 좀더 자자, 좀더 졸자, 손을 모으고 좀더 눕자 하니 네 빈궁이 강도같이 오며 네 곤핍이 군사같이 이르리라"고 교훈하였다.

그러나 손이 부지런한 자는 부하게 된다. 근면한 자는 손이 부지런하다. 우리는 손이 부지런한 자가 되어야 한다. 우리는 할 일이 있으면 뒤로 미루지 말고 빨리 하는 습관을 가져야 한다. 잠언 31장에 묘사된 현숙한 여인은 부지런한 여자다. 13절, "그는 양털과 삼을 구하여 부지런히 손으로 일하며." 15절, "밤이 새기 전에 일어나서 그 집 사람에게 식물을 나눠주며 여종에게 일을 정하여 맡기며." 22절, "그는 자기를 위하여 아름다운 방석을 지으며 세마포와 자색 옷을 입으며." 24절, "그는 베로 옷을 지어 팔며 띠를 만들어 상고에게 맡기며." 27절, "그 집안 일을 보살피고 게을리 얻은 양식을 먹지 아니하나니." 손이 부지런한 자는 지혜로운 자이며 부지런함의 열매는 물질적 유여함이다. 잠언 13:4, "게으른 자는 마음으로 원하여도 얻지 못하나 부지런한 자의 마음은 풍족함을 얻느니라." 잠언 21:5, "부지런한 자의 경영은 풍부함에 이를 것이나 조급한 자는 궁핍함에 이를 따름이니라."

**〔5절〕 여름에 거두는 자는 지혜로운 아들이나 추수 때에 자는 자는 부끄러움을 끼치는 아들이니라.**

유대 땅에서 봄에는 보리 추수가 있다. 그것은 무교절 기간이다. 또 여름이 시작될 때에는 밀 추수를 한다. 그것은 맥추절 때이다. 여름은 곡식 추수가 본격적으로 시작되는 계절이다. 그때는 포도와 올리브 등 '여름 실과'(삼하 16:1; 암 8:1; 미 7:1; 렘 40:10)도 수확한다. 물론 산지 지역은 곡식 추수가 늦가을까지 계속된다고 한다.

여름에 거두는 자 즉 추수하는 자는 지혜로운 아들이다. 여름에 일하는 것은 힘든 일이다. 여름은 덥고 땀나는 계절이다. 그러나 여름은 일해야 할 때이다. 그것은 추수할 때이다. 이 말씀은 비유적인 의미도 가질 것이다. 어린 때와 청소년 때가 심는 때라면 청년의 때는 일하는 때이며 장년의 때는 거두는 때이다. 또 사람이 몸이 건강할 때는 부지런히 일할 때이다. 몸이 쇠약해지고 아플 때가 올 것이다. 시력이 떨어지고 청력도 떨어지고 손발의 근력도 떨어지는 때가 올 것이다. 사람이 연로해지고 체력이 쇠해지면 많은 일을 할 수 없다. 그러므로 우리는 일할 만한 때에, 더운 여름에라도 일하는 자가 되어야 한다. 영적으로도, 육적으로도, 문자적으로도, 비유적으로도 그러하다.

여름에 거두는 자는 지혜로운 아들이요 부모를 기쁘게 할 것이지만, 추수 때에 잠이나 자는 자는 어리석은 아들이요 부모의 근심거리이며 수치이다. 여름에 일하며 추수하는 자는 물질적 유여함도 누리고 부모님을 물질적으로 잘 섬길 수 있을 것이다. 그러나 추수 때에도 일하지 않고 잠이나 자는 아들은 물질적으로 궁핍할 것이며 부모님을 물질적으로 섬길 수도 없을 것이다. 사람이 부지런하게 자기 일을 하며 사는 것은 미덕이지만, 자기 일을 하지 않고 게으른 것은 수치스런 악이다.

본문의 교훈을 정리해보자. 첫째로, 지혜로운 자녀는 부모를 기쁘시게 하지만, 미련한 자녀는 부모에게 근심이 된다. 부모를 기쁘게 하는 것이 효도이다. 우리는 우리의 자녀들이 효도하도록 지혜롭게 키워야 한다.

둘째로, 의는 사람을 죽음에서 건지고 그 영혼을 주리지 않게 한다. 우리는 우리를 위해 죽으신 예수님을 믿음으로 의롭다 하심과 영생의 구원을 얻었다. 이제 우리는 성령을 따라 행해 죄악된 몸의 원하는 바를 버리고(갈 5:16) 성경말씀에 순종함으로 실제로도 의롭게 살아야 한다.

셋째로, 우리는 게으르지 말고 부지런한 자가 되어야 한다. 데살로니가전서 4:11, "조용하여 자기 일을 하고 너희 손으로 일하기를 힘쓰라." 또 우리는 일할 만한 때에 힘써 일해야 한다. 우리는 건강이 있을 때, 시력, 청력이 있고 손과 발에 힘이 있을 때, 성경도 부지런히 읽고 기도와 전도와 봉사도 많이 하고 가정의 일과 자기 직업의 일에도 근면해야 한다.

## 6-11절, 의인과 악인

**〔6절〕 의인의 머리에는 복이 임하거늘 악인의 입은 독을 머금었느니라.**

의인의 머리에는 복이 임한다. 의인은 의로운 생각을 하는 자이며 거기에서 의로운 말과 행위가 나온다. 하나님께서는 그의 머리에 복을 주시고 사람들도 그를 축복할 것이다. 그는 영적인 구원의 복을 받을 것이며 또 육적인 복, 곧 건강과 물질과 자녀들의 복도 받을 것이다. 하나님께서는 신명기 28장에서 그의 명령을 지켜 행하는 의인들에게 모든 복을 주실 것을 약속하셨다(1-6절). 그는 예수 그리스도 안에서 하늘에 속한 모든 영적인 복들을 우리에게 주셨다.

그러나 악인의 입은 독을 머금었다. '독'이라는 원어(카마스 חָמָס)는 '난폭함, 폭력'(KJV, NASB, NIV)이라는 뜻이며, '머금다'라는 원어(카사 כָּסָה)는 '감추다, 뒤덮다'는 뜻을 가진다. 악인은 항상 거칠고 난폭한 말을 잘 한다는 뜻일 것이다. 말은 사람의 인품을 나타낸다. 악인의 악함은 그의 악한 말에서 드러난다. 주께서는 바리새인들에게 "독사의 자식들아, 너희는 악하니 어떻게 선한 말을 할 수 있느냐? 이는 마음에 가득한 것을 입으로 말함이라. 선한 사람은 그 쌓은 선에서 선한 것을 내고 악한 사람은 그 쌓은 악에서 악한 것을 내느니라"고 말씀하셨다(마 12:34-35). 사도 바울은 사람의 악함을 증거하기를, "저희 목구멍은 열린 무덤이요 그 혀로는 속임을 베풀며 그 입술에는 독사의 독이 있고 그 입에는 저주와 악독이 가득하다"고 말했다(롬 3:13-14).

**〔7절〕 의인을 기념할 때에는 칭찬하거니와 악인의 이름은 썩으리라.**

"의인을 기념할 때에는 칭찬한다"는 원어(제케르 찻디크 리베라카 זֵכֶר צַדִּיק לִבְרָכָה)는 "의인에 대한 기억은 복되다"는 뜻이다(KJV, NASB). 의인은 죽은 후에도 그에 대한 기억이 복되다. 하나님과 동행하다가 하늘나라로 올린 에녹, 홍수 심판에서 구원받았던 노아, 하나님의 벗이라고 불린 아브라함, 고난 중에도 하나님과 동행하며 형통했던 요셉, 하나님의 사람 모세, 믿음과 순종의 사람인 여호수아와 갈렙, 후대의 모든 왕들의 모범이었던 다윗, 불의 선지자 엘리야, 모범적이었던 유다 왕 히스기야, 죽음의 위험을 무릅썼던 경건한 다니엘과 세 친구들, 예수 그리스도의 충성된 사도인 바울, 최초의 순교자 스데반 집사 등, 그들에 대한 기억은 성도들에게 교훈과 본과 위로가 된다.

그러나 악인의 이름은 썩을 것이다. 처음 살인자 가인, 불신앙적인 보고를 했던 열 정탐꾼, 모세를 대적했던 고라와 250명 족장들, 의로운 다윗을 죽이려 했던 사울, 바알 숭배자 아합 왕, 많은 우상숭배를 했고 의인들의 피를 많이 흘렸던 므낫세 왕, 하나님의 아들 예수님을 죽인 대제사장들과 장로들, 주님을 배신했던 가룟 유다 등, 그들의 이름은 기억하기도 싫은 부끄러운 이름으로 기억될 뿐이다.

**〔8절〕 마음이 지혜로운 자는 명령을 받거니와 입이 미련한 자는 패망하리라.**

마음이 지혜로운 자는 명령을 받는다. '마음'은 영혼의 활동과 표현이며 지정의 곧 지식과 감정과 의지의 총체이다. '마음이 지혜로운 자'는 하나님을 경외하는 자이다. '명령들'은 하나님의 계명들과 명령들과 교훈들을 가리킨다. '명령들을 받는다'는 말은 명령들을 즐거이 듣고 인정하고 순종하는 것을 말한다. 마음이 지혜로운 자는 하나님의 계명들을 순종한다. 즉 그들은 의와 선을 실천하는 것이다. 노아는 방주를 지으라는 하나님의 명령에 온전히 순종했다(창 6:22). 아브라함은 독자 이삭을 번제로 드리라는 하나님의 명령에 순종했다(창 22:3).

그러나 입이 미련한 자는 패망한다. '입이 미련한 자'라는 원어(에윌 세파사임 אֱוִיל שְׂפָתַיִם)는 '수다스러운 미련한 자'(KJV, NASB)라는 뜻이다. 미련한 자는 말들로 자신의 미련함을 나타낸다. 미련한 자는 말이 많은 편이다. 또 미련한 자는 하나님의 말씀에 묵묵히 순종치 않고 입으로 그것을 부정하고 반대하고 대적하고 비판하고 심지어 조롱한다. 그러나 이렇게 입이 미련한 자는 패망할 것이다.

**〔9절〕 바른 길로 행하는 자는 걸음이 평안하려니와 굽은 길로 행하는 자는 드러나리라.**

바른 길로 행하는 자는 걸음이 평안하다. '바른 길로 행하는 자'라는 원어(<u>홀레크 밧톰</u> הוֹלֵךְ בַּתֹּם)는 '온전하게 행하는 자'라는 뜻이다(NASB). '온전하게 행한다'는 말은 하나님의 계명대로 바르고 정직하게 행하는 것을 말한다. 그것이 도덕적 온전함이다. '걸음이 평안하다'는 원어(<u>옐레크 베타크</u> יֵלֵךְ בֶּטַח)는 '안전하게 행한다'는 뜻이다. 이 세상에는 죄와 마귀의 시험과 재앙이 많고 장차 어떤 어려움을 당할지 아무도 모른다. 그러나 하나님의 말씀을 지키며 온전하게 행하는 자는 이 세상에서 안전함을 얻을 것이다. 왜냐하면 하나님께서 그를 세상의 악과 사탄의 시험과 질병과 재난으로부터 건지실 것이기 때문이다.

그러나 굽은 길로 행하는 자는 드러날 것이다. '굽은 길'은 하나님의 말씀의 정로를 이탈하여 사람의 죄성을 따라가는 길이다. 그러면서도 악인은 그 길을 숨긴다. 그는 소박하거나 솔직하지 못하고 거짓되이 자기 행위를 숨긴다. 그러나 굽은 길로 행하는 자는 드러날 것이다. 우선, 그의 죄가 드러날 것이다. 하나님께서는 그가 얼마나 죄악된지 그 자신에게 또 다른 사람들에게 알게 하실 것이다. 또 그를 향하신 하나님의 징벌도 드러날 것이다. 굽은 길로 행하는 악인은 패망할 것이다. 그는 각종 질병으로 고통을 당할 것이며 경제적 파탄을 경험할 것이다. 굽은 길로 행하는 자는 많은 사람들 앞에서 그런 일들이 드러나 수치를 당할 것이며 마침내 불행하게 죽을 것이다.

**〔10절〕 눈짓하는 자는 근심을 끼치고 입이 미련한 자는 패망하느니라.**

'눈짓하는 자'라는 원어(<u>코레츠 아인</u> קֹרֵץ עַיִן)는 '눈을 찡그리는 자'라는 뜻이다. '눈을 찡그리는 것'은 남에 대한 미움과 멸시의 마음을 나타낼 것이다. 사람의 눈은 마음의 거울이다. 사랑과 동정의 마음은 그 눈빛에 반영되며, 교만한 마음과 남을 미워하고 멸시하는 마음도 그 눈에 나타날 것이다. 악한 자는 남을 향해 눈을 찡그린다. 그것은 이웃을 멸시하는 마음을 나타낸다.

그의 눈을 찡그리는 사람은 근심을 끼친다. '근심'이라는 원어(앗체벳 עַצֶּבֶת)는 '상함, 고통'이라는 뜻이다(BDB). 이웃을 향해 눈을 찡그리는 것은 이웃의 마음에 상함과 고통을 준다. 개도 주인이나 주인집 손님이 자기를 좋아하는지 싫어하는지 안다. 하물며 사람이겠는가. 우리의 눈빛이나 표정은 상대방에게 상함과 고통을 줄 수 있다. 그래서 시편 35:19에 보면, 다윗은 기도하기를, "무리하게 나의 원수된 자로 나를 인하여 기뻐하지 못하게 하시며 무고히 나를 미워하는 자로 눈짓하지[눈을 찡그리지] 못하게 하소서"라고 말하였다.

또 입이[수다스러운] 미련한 자는 패망한다. 같은 말씀이 8절에도 있다. 말은 사람의 인격을 나타낸다. 말에 온전한 사람이 온전한 사람이다(약 3:2). 미련한 자의 미련함은 그의 말로 나타난다. 미련한 자는 대체로 듣기보다 말이 빠르고, 미움의 말, 남에 대한 비난의 말, 조롱과 멸시의 말을 서슴없이 내뱉는다. 그러나 미련한 자는 그 입의 미련함으로 패망할 것이다. 사람이 남을 향해 눈을 찡그리는 것은 그의 마음을 상하게 하는 정도이지만, 악한 말은 자신을 패망케 한다.

**〔11절〕 의인의 입은 생명의 샘이라도 악인의 입은 독을 머금었느니라.**

의인의 입은 생명의 샘이라고 표현된다. 성경에서 '의인'은 하나님을 경외하고 의지하며 그의 계명을 순종하는 자를 가리킨다. 오늘날 예수님을 믿고 그의 교훈대로 행하는 자들은 의인이라 불린다. '의인의 입' 곧 의인들의 말하는 입은 하나님을 증거하고 오늘날 예수 그리스도의 복음을 증거하고 구원을 증거한다. 그의 입은 회개와 믿음을 전하며 의를 전하고 순종과 선행을 권한다. '생명의 샘'이라는 말은 생명수를 내는 샘, 곧 목마른 자에게 생수를 주는 샘이라는 뜻이다. 주 예수께서는, "내가 주는 물을 먹는 자는 영원히 목마르지 아니하리니 나의 주는 물은 그 속에서 영생하도록 솟아나는 샘물이 되리라"고 말씀하셨다(요 4:14). 의인의 말은 사람을 살리는 말 곧 죄사함과 의롭다 하심을 얻는 구원의 길로 인도하는 말이다.

그러나 악인의 입은 독을 머금었다고 표현된다. 이것은 이미 6절에서도 나온 말씀이다. '머금다'는 원어(카사 כָּסָה)는 '감추다, 뒤덮다'는 뜻을 가진다. '독'이라는 원어(카마스 חָמָס)는 '난폭함, 폭력'이라는 뜻이다. 악인은 독하고 난폭한 말을 마구 내뱉는다는 뜻일 것이다. 악인의 악함은 그의 입의 말에서 드러난다. 그는 남을 상하게 하고 해치고 죽이는 독한 말, 곧 욕설과 독설과 비방의 말을 마구 내뱉는다. 그는 사람을 살리기는커녕 산 사람을 죽이는 자이다.

본문의 교훈을 정리해보자. 첫째로, 우리는 결코 악인이 되지 말아야 한다. 본문은 악인에 대하여 증거한다. 악인의 입은 거칠고 강포한 말로 가득하다. 또 그는 수다스럽고 미련한 자이다. 그는 성경말씀을 묵묵히 순종하는 대신 말만 많다. 또 그는 이웃을 향해 눈을 찡그리는 자이다. 그것은 남을 미워하고 멸시하는 마음을 나타낸다. 그러나 악인들은 패망할 것이다. 우리는 결코 악인이 되어서는 안 된다. 그들의 이름은 사람들이 기억하기도 싫은 이름이며 단지 부끄러운 이름으로 기억될 뿐이다.

둘째로, 우리는 의인이 되고 의인으로 살다가 가야 한다. 의인은 마음이 지혜로워 하나님을 경외하고 그의 명령을 다 믿고 받아들이고 지키고 행하려는 자이며 비록 완전하지는 않아도 상당히 바른 길을 걷는 자이다. 또 그의 입은 생명의 샘과 같아서 그는 말을 통해 다른 사람들을 살리기도 한다. 오늘날에는, 구주 예수 그리스도를 믿고 서로 사랑하며 하나님의 계명을 지키는 자들이 의인이다. 의인은 복되다. 여러 가지 어려운 일과 각종 재앙과 마귀의 시험이 많은 이 세상에서 의인의 삶은 안전할 것이다. 하나님께서는 의인이 이 세상 사는 동안 필요한 영육의 필요들을 채워주시고 또 각양의 위험한 일들로부터 그를 보호해주실 것이다. 믿음으로 산 의인들은 죽은 후에도 사람들에게 복된 기억으로 남을 것이다.

## 12-16절, 사랑, 지혜, 의

**〔12절〕 미움은 다툼을 일으켜도 사랑은 모든 허물을 가리우느니라.**

미움은 다툼을 일으킨다. 미움은 교만과 시기와 욕심에서 나온다. 사람은 교만할 때, 시기할 때, 욕심 부릴 때 남을 미워하고 또 다툰다. 잠언 13:10, "교만에서는 다툼만 일어날 뿐이라." 고린도교회의 시기와 분쟁과 다툼은 교인들이 죄성을 따라 행하였기 때문에 생겼었다(고전 3:3). 야고보는 교인들 중에 있었던 다툼은 그들 속에 있는 욕심에서 난 것이라고 지적하였었다(약 4:1-2). 사람의 교만과 시기와 욕심에서 상대에 대한 미움이 나오고 미움이 있는 곳에 다툼이 일어난다.

그러나 사랑은 모든 허물을 가리운다. 사도 베드로도 "무엇보다도 열심으로 서로 사랑할지니 사랑은 허다한 죄를 덮느니라"고 말했다(벧전 4:8). 하나님의 은혜로 성품이 비교적 착한 자도 있지만, 사람은 구원 얻을 때 겸손과 착한 마음과 긍휼의 마음과 사랑을 가지게 된다. 사도 바울이 증거한 대로, 사랑은 온유하고 투기하지 않고 교만하지 않고 자기의 유익을 구하지 않는다(고전 13:4-7).

사랑은 하나님의 명령이며 예수 그리스도께서 주신 새 계명이며(마 22:37-40; 요 13:34), 또 하나님과 예수 그리스도께서 보이신 모범이다(요일 4:10). 하나님께서는 사랑으로 우리의 크고 많은 죄들을 용서하셨다. 그것은 주님의 말씀대로 1만 달란트 빚을 탕감 받은 것과 같다(마 18:21-35). 흠과 부족이 없는 사람은 없지만, 사람이 사랑이 있으면 다툴 것이 없고 미움이 있을 때 싸우며 다투게 된다. 그러므로 우리는 서로 긍휼히 여기고 용서하고 사랑하며 단합해야 한다(엡 4:32).

**〔13절〕 명철한 자의 입술에는 지혜가 있어도 지혜 없는 자의 등을 위하여는 채찍이 있느니라.**

명철한 자의 입술에 지혜가 있다. 지혜는 심령과 인격의 문제이며 그것은 말로 표현된다. 어리석은 자는 입이 미련하고 악인의 입은 독을 머금었다. 그러나 지혜로운 자는 지혜의 말, 곧 경건하고 의롭고 선하고 남에게 유익을 주는 말을 한다. 잠언 10:11, "의인의 입은 생명의 샘이라도 악인의 입은 독을 머금었느니라." 잠언 10:21, "의인의 입술은 여러 사람을 교육하나 미련한 자는 지식이 없으므로 죽느니라."

본문은 지혜 없는 자에 대해 말한다. '지혜 없는'이라는 원어(카사르 레브 חֲסַר־לֵב)는 '마음이 없는'이라는 말로서 '생각이 없는, 깨달음이 없는, 양심이 없는, 지혜가 없는'이라는 뜻을 가진다(BDB). 한글개역에서는 주로 '지혜 없는'이라고 번역하였다. 바른 생각이 없고 선한 양심이 없고 바른 깨달음이 없는 자가 지혜 없는 자이다.

지혜 없는 자의 등을 위하여는 채찍이 있다. 채찍은 하나님의 징계와 징벌을 가리킨다. 그것은 질병이나 경제적 손실과 궁핍이나 환경적 어려움 등을 가리킨다. 성경은 어린아이를 채찍으로 징계함으로 교육하라고 가르친다. 잠언 22:15, "아이의 마음에는 미련한 것이 얽혔으나 징계하는 채찍이 이를 멀리 쫓아내리라." 어른도 마찬가지이다. 지혜 없는 자는 하나님의 징계를 통하여 비로소 자신의 잘못을 깨닫고 그것을 고치고 징계의 연약에서 회복된다. 욥기 5:18-20, "하나님은 아프게 하시다가 싸매시며 상하게 하시다가 그 손으로 고치시나니 여섯 가지 환난에서 너를 구원하시며 일곱 가지 환난이라도 그 재앙이 네게 미치지 않게 하시며 기근 때에 죽음에서, 전쟁 때에 칼 권세에서 너를 구속(救贖)하실 터인즉." 시편 119:67, "고난 당하기 전에는 내가 그릇 행하였더니 이제는 주의 말씀을 지키나이다."

**〔14절〕 지혜로운 자는 지식을 간직하거니와 미련한 자의 입은 멸망에 가까우니라.**

지혜로운 자는 지식을 간직한다. 지식은 하나님과 사람과 사물들에 대한 바른 생각을 말한다. 지식은 경건과 의와 선의 길을 보이며 사람이 그 길로 가면 영생에 이른다. 지혜와 지식은 거의 동의어로 쓰인다. 그것들은 세상의 금이나 은이나 그 어떤 보석보다도 더 가치가 있다

(잠 3:13-18).

'간직한다'는 원어(<u>차판</u> צָפַן)는 '쌓는다, 저장한다, 저축한다'는 뜻이다. 지혜로운 자는 지식을 마음 속에 저축하였다가 필요한 때 사용한다. 예수께서는 "선한 사람은 그 쌓은 선에서 선한 것을 내고 악한 사람은 그 쌓은 악에서 악한 것을 내느니라"고 말씀하셨다(마 12:35). 사람들은 세상에서 돈을 저축하는 것을 크게 여기지만, 실상 지혜와 지식을 저축하는 것이 훨씬 더 중요하다. 잠언 8:10-11, "너희가 은을 받지 말고 나의 훈계를 받으며 정금보다 지식을 얻으라. 대저 지혜는 진주보다 나으므로 무릇 원하는 것을 이에 비교할 수 없음이니라."

본문은 미련한 자의 입과 말에 대해 말한다. 미련한 자는 무지하고 불경건한 말, 불평하고 원망하는 말, 순종치 않는 말, 덕스럽지 않은 말, 파괴적인 말을 잘 한다. 잠언 12:18은, "혹은 칼로 찌름같이 함부로 말하거니와 지혜로운 자의 혀는 양약 같으니라"고 말한다. 미련한 자의 말은 한마디로 죄악된 말이며, 그 자체가 죄이다.

그러나 미련한 자의 말은 멸망에 가깝다. 미련한 자의 말은 죄악되며, 만일 그가 그 죄를 회개치 않으면 멸망할 것이다. 예수께서는 바리새인들과 서기관들의 악한 말을 지적하시며 말씀하시기를, "내가 너희에게 이르노니 사람이 무슨 무익한 말을 하든지 심판날에 이에 대하여 심문을 받으리니 네 말로 의롭다 함을 받고 네 말로 정죄함을 받으리라"고 하셨다(마 12:36-37). 우리는 미련한 자가 되지 말아야 한다.

**〔15절〕 부자의 재물은 그의 견고한 성이요 가난한 자의 궁핍은 그의 패망이니라.**

본문은 부자의 재물이 그의 견고한 성이라고 말한다. 견고한 성은 원수들이 공격하기 어렵고 상당히 안전한 곳이다. 부자는 돈이 많기 때문에, 오늘날 말로 하면, 집에 경비장치를 설치하고 경호원과 경비견까지 두므로 상당히 안전한 생활을 할 것이다.

그러나 부자는 자기나 돈을 의지하고 교만하고 방탕하기 쉽다. 주께서는 부자가 천국에 들어가기가 어렵다고 하시면서, "약대가 바늘귀로 들어가는 것이 부자가 하나님의 나라에 들어가는 것보다 쉬우니라"고 말씀하셨다(마 19:24). 사도 바울도, "부하려 하는 자들은 시험과 올무와 여러 가지 어리석고 해로운 정욕에 떨어지나니 곧 사람으로 침륜과 멸망에 빠지게 하는 것이라. 돈을 사랑함이 일만 악의 뿌리가 되나니 이것을 사모하는 자들이 미혹을 받아 믿음에서 떠나 많은 근심으로써 자기를 찔렀도다"라고 말했다(딤전 6:9-10).

본문은 가난한 자의 궁핍은 그의 패망이라고 말한다. 원문을 다시 번역하면, "가난한 자들의 멸망은 그들의 궁핍이니라"이다(BDB, KJV, NASB). 사람이 궁핍하면 남에게 구걸하게 되고 남의 종이 되고 심하면 굶어죽고 낭패를 당한다. 가난을 참는 것은 미덕이지만, 가난 자체가 복은 아니다. 재물이 넉넉함은 확실히 복이며 궁핍은 화이다.

그러나 복과 화는 다 하나님께 달려 있다. 신명기 28장에 보면, 하나님께서는 토지 소산의 복, 짐승 새끼의 복, 광주리와 떡반죽 그릇의 복, 자녀의 복, 건강의 복, 사회적 평안의 복을 주기도 하시고 거두시도 하신다. 오늘날 말로 하면, 하나님께서는 직장과 사업의 복, 은행 잔고의 복, 시장 바구니와 냉장고의 복, 자녀의 사회 진출과 행복의 복, 건강의 복, 사회적 평안의 복을 주기도 하시고 거두기도 하신다.

**〔16절〕 의인의 수고는 생명에 이르고 악인의 소득은 죄에 이르느니라.**

본문은 의인의 수고가 생명에 이른다고 말한다. 구약시대에 '의인'은 하나님을 경외하고 그의 계명을 지키고 제사로 의롭다 하심을 얻은 자이다. 구약시대의 제사는 예수 그리스도의 십자가 대속 사역을 예표한다. '수고'라는 원어(페울라 פְּעֻלָּה)는 '행위, 수고, 품삯'이라는 뜻이다. 의인의 수고는 믿음으로 행하는 것, 순종으로 행하는 것, 의롭고 선하고 진실하게 행하는 것, 정당하게 수고하여 받은 품삯 등을 말한다.

사도 바울은 "[하나님께서] 참고 선을 행하여 영광과 존귀와 썩지 아니함을 구하는 자에게는 영생으로 [보응]하신다"고 말했고(롬 2:7), 또 "이제는 너희가 죄에게서 해방되고 하나님께 종이 되어 거룩함에 이르는 열매를 얻었으니 이 마지막은 영생이라"고 말했다(롬 6:33). 또 그는 고린도 교인들에게, "내 사랑하는 형제들아, 견고하며 흔들리지 말며 항상 주의 일에 더욱 힘쓰는 자들이 되라. 이는 너희 수고가 주 안에서 헛되지 않은 줄을 앎이니라"고 말했다(고전 15:58). 주께서는 서머나 교회의 사자에게 말씀하시기를, "네가 죽도록 충성하라. 그리하면 내가 생명의 면류관을 네게 주리라"고 하셨다(계 2:10).

본문은 또 악인의 소득이 죄에 이른다고 말한다. '소득'이라는 원어(테부아 תְּבוּאָה)는 '열매, 소산, 소득'이라는 뜻이다. 악인의 소득이란 불경건하게 번 돈, 불의하게 번 돈, 거짓되게 번 돈을 가리킨다고 본다. '죄에 이른다'는 말은, 그렇게 번 돈이 죄악되며 자신에게 복이 되지 않고 도리어 화가 된다는 뜻이다. 잠언 16:8, "적은 소득이 의를 겸하면 많은 소득이 불의를 겸한 것보다 나으니라." 잠언 20:17, "속이고 취한 식물은 맛이 좋은 듯하나 후에는 그 입에 모래[자갈]가 가득하게 되리라." 로마서 6:23, "죄의 삯은 사망이요."

본문의 교훈을 정리해보자. 첫째로, 미움은 다툼을 일으키지만 사랑은 모든 허물을 가리운다. 우리는 하나님의 은혜로 교만, 시기, 욕심, 미움을 버리고, 서로 사랑하며 상대의 허물을 덮어 주는 자가 되어야 한다.

둘째로, 우리는 하나님의 은혜로 지혜와 지식과 명철을 간직하고 저축하여 필요한 때에 지혜롭고 지식 있는 말을 하는 자가 되어야 한다.

셋째로, 우리는 탐심을 가지고 부자 되기를 원해서는 안 되나 하나님께서 주시는 물질적 여유의 복을 누리며 살기를 원한다. 가난과 궁핍은 복이 아니다. 하나님께서는 의인들에게 물질적 여유를 주실 것이다.

넷째로, 의인의 수고는 생명에 이른다. 하나님을 경외하고 예수 그리스도를 믿고 의지하며 그의 계명대로 사는 자들은 영생에 이를 것이다.

## 17-21절, 의인의 입

**〔17절〕 훈계를 지키는 자는 생명길로 행하여도 징계를 버리는 자는 그릇 가느니라.**

'훈계'라는 원어(무사르 מוּסָר)는 '훈계'라는 뜻과 함께 '징계'라는 뜻도 가진다(BDB). 하나님의 말씀은 믿음의 교리 뿐만 아니라, 또한 생활 교훈도 포함한다. '훈계를 지킨다'는 말은 훈계와 징계를 달게 받아서 인격과 삶이 거룩하고 선하고 진실해지는 것을 말한다.

훈계를 지키는 자는 생명길로 행한다. 훈계를 지키는 것은 의(義)이며 의(義)의 결과는 생명이기 때문이다. 의롭다 하심을 얻은 성도들은 의롭게 살다가 영생에 이를 것이다. 로마서 6:13, "너희 지체를 불의의 병기로 죄에게 드리지 말고 오직 너희 자신을 죽은 자 가운데서 다시 산 자같이 하나님께 드리며 너희 지체를 의의 병기로 하나님께 드리라." 로마서 6:22, "이제는 너희가 죄에게서 해방되고 하나님께 종이 되어 거룩함에 이르는 열매를 얻었으니 이 마지막은 영생이라."

그러나 징계를 버리는 자는 그릇 가는 것이다. '징계'라는 원어(토카캇 תּוֹכַחַת)는 '책망, 징계'라는 뜻이다(BDB). 이 단어는 '훈계'라는 말(무사르 מוּסָר)과 거의 동의어이다. 책망과 징계는 성경말씀을 통해서나 어려운 환경, 곧 질병이나 궁핍이나 사회적 곤란 등을 통해서 온다. '버린다'는 말은 하나님의 책망이나 징계를 달게 받지 않고 무시하고 싫어하고 거절하는 것을 말한다. 책망과 징계를 버리는 자는 어려운 일을 당할 때 하나님과 이웃에 대해 불평하고 원망한다. 그러나 책망과 징계를 버리는 자는 그릇 가고 있다. 그는 인생의 정로(正路)를 벗어나 패역의 길로 가고 있고 마침내 실패와 멸망에 이를 것이다.

**〔18절〕 미워함을 감추는 자는 거짓의 입술을 가진 자요 참소하는 자는 미련한 자니라.**

정당한 미움이 있다. 우리는 죄를 미워하고 악을 미워해야 한다. 그러나 우리는 죄인을 불쌍히 여기고 그의 허물을 용서하고 모든 일을 다 하나님께 맡겨야 한다. 그러나 정당하지 않은 미움이 있다. 가인이 아벨을 미워한 것이나, 요셉의 형들이 요셉을 미워한 것이나, 유대인들이 예수님을 미워한 것 등은 부당하고 악한 미움이다. 형제에 대한 미움은 하나님 앞에서 큰 죄악이다. 형제에 대한 미움은 살인이며 그것은 아직도 그가 어둠과 사망에 있다는 증거이다(요일 2:9; 3:14-15).

미워함을 감추는 자는 거짓의 입술을 가진 자이다. 속으로 미워하면서 겉으로 사랑하는 척하거나 아첨하는 것은 거짓일 뿐이다. 그것은 미움에 거짓의 악을 더하는 것이다. 우리는 언제나 진실한 말을 해야 하고 거짓말을 하거나 마음에 없는 아첨의 말을 해서는 안 된다.

참소하는 자는 미련한 자이다. 참소(讒訴)는 거짓말로 남을 비방하는 것이다. 그것은 이웃의 명예를 훼손시키는 악한 행위이다. 그것은 악하고 미련한 일이다. 왜 그런가? 첫째로, 하나님께서는 이웃에 대한 비방을 금하셨기 때문이다. 레위기 19:16, "너는 네 백성 중으로 돌아다니며 사람을 논단하지 말라." 우리는 이웃보다 더 큰 결함을 가진 자일 수 있다. 우리는 자신의 눈의 들보를 깨닫지 못하고 남의 눈의 티를 빼려 해서는 안 된다(마 7:1-5). 선한 인격은 남을 함부로 비난하지 않는다. 둘째로, 거짓된 비방은 거짓말하는 죄이기 때문이다. 거짓말하는 것은 지옥 갈 큰 죄악이다(계 21:8). 그러므로 참소하는 것은 거짓말로 남을 해치는 이중적인 큰 죄이다. 셋째로, 하나님께서 진노하시기 때문이다. 하나님의 뜻에 대항하는 자는 하나님의 두려운 진노를 피할 수 없다.

**〔19절〕 말이 많으면 허물을 면키 어려우나 그 입술을 제어하는 자는 지혜가 있느니라.**

사람의 마음의 생각은 그 인격을 나타낸다. 잠언 23:7, "그 마음의 생각이 어떠하면 그 위인[사람의 됨됨이]도 그러한즉." 또 사람의 말은 그의 마음과 인격의 표현이다. 주께서는 말씀하시기를, "너희는 악하니 어떻게 선한 말을 할 수 있느냐? 이는 마음에 가득한 것을 입으로 말함이라. 선한 사람은 그 쌓은 선에서 선한 것을 내고 악한 사람은 그 쌓은 악에서 악한 것을 내느니라"고 하셨다(마 12:34-35). 사람의 인격적 성숙의 정도는 그의 말로 알 수 있다. 야고보서 3:2는, 우리가 다 실수가 많으니, 만일 말에 실수가 없는 자면 곧 온전한 사람이라고 말했다. 온전한 사람은 정직하고 선하고 진실한 말을 한다.

말이 많으면 허물을 면키 어렵고 실수하기 쉽다. 말을 많이 하다 보면, 정확하지 않은 말, 경솔한 말, 감정적인 말, 덕스럽지 못한 말을 하기 쉽다. 말의 실수는 죄이다. 그러므로 성경은 입술을 크게 벌린 자에게 멸망이 온다고 말하며 또 그런 자를 사귀지 말라고 말한다(잠 13:3; 20:19). 주께서는, "내가 너희에게 이르노니 사람이 무슨 무익한 말을 하든지 심판날에 이에 대하여 심문을 받으리니 네 말로 의롭다 함을 받고 네 말로 정죄함을 받으리라"고 말씀하셨다(마 12:36-37).

그러나 그 입술을 제어하는 자는 지혜가 있다. 생각이 말로 표현되기 때문에 마음을 지키고 입술을 제어하면 말 실수가 없을 것이다. 그러므로 잠언 4:23은 "무릇 지킬 만한 것보다 더욱 네 마음을 지키라"고 말했고, 잠언 17:27은 "말을 아끼는 자는 지식이 있고 성품이 안존한 자는 명철하니라"고 했다. 또 야고보는, "내 사랑하는 형제들아, 너희가 알거니와 사람마다 듣기는 속히 하고 말하기는 더디하며 성내기도 더디하라"고 말했다(약 1:19). 우리는 말을 아끼는 자가 되어야 한다.

**〔20절〕 의인의 혀는 천은(天銀)과 같거니와 악인의 마음은 가치가 적으니라.**

의인은 하나님을 경외하며 의롭고 선하고 진실하게 사는 자를 가리킨다. '천은'(天銀)은 품질이 가장 좋은 은을 말한다. 의인의 혀는 천은(天銀)과 같다. 의인은 경건하고 의롭고 선하고 진실한 말을 할 것이다. 그의 말은 가치 있는 말이다. 의롭고 선한 말이 가치 있는 말이다.

그러나 악인의 마음은 가치가 적다. 악인은 하나님을 경외함이 없고 부도덕하게 사는 자이다. 그에게서는 악하고 강포한 말, 자신을 높이며 자랑하는 말, 남을 비방하는 말, 또 거짓된 말이 나올 것이다. 그의 마음은 가치가 적다. 사람의 가치는 경건과 도덕성에 있다. 경건하고 정직하고 선한 사람이 가치 있고 훌륭한 사람이다.

**〔21절〕 의인의 입술은 여러 사람을 교육하나 미련한 자는 지식이 없으므로 죽느니라.**

의인의 입술은 여러 사람을 교육한다. '교육한다'는 원어(라아 רָעָה)는 '[양을] 먹인다, 인도한다'는 뜻이다. 경건하고 의롭고 선한 사람은 여러 사람들 곧 가족과 친구와 이웃을 가르치고 그들을 진리의 지식으로 먹이고 선한 길로 인도한다. 그가 주일학교 교사가 되면, 아이들을 하나님의 말씀으로 잘 가르치고 잘 인도할 것이다.

그러나 미련한 자는 지식이 없으므로 죽는다. 미련한 사람은 불경건하고 부도덕한 자이며 지식이 없다. '지식이 없다'는 원어(카사르 레브 חֲסַר־לֵב)는 '마음이 없다, 생각이 없다'는 뜻이다. 미련한 자는 세상적 지혜와 지식은 있을지 모르나 하나님의 지혜와 지식이 없는 자다. 그러므로 그들에게서는 불경건하고 부도덕한 언행(言行)이 나온다. 그런 언행은 죄악되며 그들은 마침내 죽음과 영원한 지옥 형벌을 피할 수 없다. 미련한 자는 다른 사람을 살리고 유익케 하기커녕 자기 자신 하나도 살리지 못한다. 그는 영생의 길을 알지 못하는 자이다.

본문의 교훈을 정리해보자. 첫째로, 우리는 하나님의 훈계와 징계를 잘 받고 지켜야 하고 버리지 말아야 한다. 그것이 바른 길이며 생명 길이다.

둘째로, 우리는 거짓으로 남을 사랑하거나 아첨하지 말고 또 거짓으로 남을 비방하지도 말아야 한다. 우리는 참으로 이웃을 사랑해야 한다.

셋째로, 우리는 입술을 제어하고 말을 많이 하지 말아야 한다. 우리는 말 실수를 하지 않기 위해 가급적 말수를 줄여야 한다. 그것이 지혜이다.

넷째로, 의인의 혀는 천은과 같고 여러 사람을 교육한다. 우리는 남에게 유익을 끼치고 선한 길로 인도하는 말을 하는 자가 되어야 한다.

## 22-26절, 하나님의 복, 의인의 삶, 게으름

**[22절] 여호와께서 복을 주시므로** 사람으로 **부하게 하시고 근심을 겸하여 주지 아니하시느니라.**

여호와께서는 복을 주신다. 그의 복은 일차적으로 영적인 복이다. 그는 예수 그리스도를 통해 이미 구원과 영생의 큰 복을 주셨다. 에베소서 1:3-4, "찬송하리로다. 하나님 곧 우리 주 예수 그리스도의 아버지께서 그리스도 안에서 하늘에 속한 모든 신령한 복으로 우리에게 복 주시되 곧 창세 전에 그리스도 안에서 우리를 택하사 우리로 사랑 안에서 그 앞에 거룩하고 흠이 없게 하시려고."

그러나 하나님의 복은 또한 물질적 부요도 포함한다. 그는 아브라함에게 큰 복을 주셔서 창성케 하셨고 우양과 은금과 가축떼를 많이 주셨다(창 24:35). 그는 이삭에게도 복을 주셔서 창대하고 왕성하고 거부가 되게 하셨고 양과 소가 많은 떼를 이루게 하셨다(창 26:12-14). 그는 모세를 통해 신명기 28장에서 토지소산의 복, 우양의 새끼의 복, 떡 반죽 그릇의 복 등을 약속하셨다. 잠언 3장도, 지혜를 얻는 자가 복되며 그 오른편에 장수(長壽)가, 그 왼편에는 부귀 즉 부요와 존귀가 있다고 말했다(16절). 물질적 복도 하나님의 복이다.

또 하나님의 복은 근심이 없는 복이다. 근심은 죄 때문에 왔다. 그러므로 죄사함 받고 의롭게 사는 자에게는 근심이 사라지고 평안이 넘친다. 시편 119:165, "주의 법을 사랑하는 자에게는 큰 평안이 있으니 저희에게 장애물이 없으리이다." 요한복음 14:27, "나의 평안을 너희에게 주노라. 내가 너희에게 주는 것은 세상이 주는 것 같지 아니하니라. 너희는 마음에 근심도 말고 두려워하지도 말라."

**[23절] 미련한 자는 행악으로 낙을 삼는 것같이 명철한 자는 지혜로** 낙을 삼느니라.

미련한 자는 행악으로 낙을 삼는다. '낙을 삼는 것'(<u>세코크 שְׂחוֹק</u>)이라는 원어는 '웃음, 조롱거리, 장난' 등의 뜻이다(BDB). 미련한 자는 악을 행하는 것을 장난으로 여긴다. 그는 악한 일을 심각한 잘못으로 여기지 않고 장난거리로 생각하며 행한다. 그러나 그것은 미련한 일이다. 왜냐하면 악행은 하나님 앞에서 죄이며 하나님께서 악행을 미워하시고 악을 행하는 자에게 진노하시고 징벌하실 것이기 때문이다.

그러나 명철한 자는 지혜로 기쁨을 삼는다. 지혜자는 자신의 악이나 남의 악까지도 두려워하고 부끄러워하고 슬퍼하고 멀리한다. 하나님께서는 선지자 이사야를 통해 "무릇 마음이 가난하고 심령에 통회하며 나의 말을 인하여 떠는 자 그 사람은 내가 권고하리라[돌아보리라]"고 말씀하셨고(사 66:2), 선지자 에스겔을 통해서는 "너는 예루살렘 성읍 중에 순행하여 그 가운데서 행하는 모든 가증한 일로 인하여 탄식하며 우는 자의 이마에 표하라"고 말씀하셨다(겔 9:4).

지혜자는 하나님을 즐거워하고 하나님의 말씀을 즐거워하고 의와 선을 즐거워하고 내세를 즐거워하고 하나님의 일을 즐거워하고 하나님의 백성을 즐거워한다. 시편 119편 저자는, "주의 증거는 나의 즐거움"이라고 말했다(시 119:24). 사도 바울은 빌립보서에서, "만일 너희 믿음의 제물과 봉사 위에 내가 나를 관제[붓는 제물]로 드릴지라도 나는 기뻐하고 너희 무리와 함께 기뻐하리라"고 말했다(빌 2:17).  사도 요한은, "형제들이 와서 네게 있는 진리를 증거하되 네가 진리 안에서 행한다 하니 내가 심히 기뻐하노라. 내가 내 자녀들이 진리 안에서 행한다 함을 듣는 것보다 더 즐거움이 없도다"라고 말했다(요삼 3-4).

**〔24절〕 악인에게는 그의 두려워하는 것이 임하거니와 의인은 그 원하는 것이 이루어지느니라.**

악인에게는 그의 두려워하는 것이 임한다. 악인은 무엇을 두려워하는가? 그는 하나님의 심판과 징벌을 두려워한다. 그것은 질병과 궁핍과 사고 등으로 나타난다. 왜 두려워하는가? 양심 때문에 그렇다. 에스더서에 나오는 악한 하만은 아내 세레스와 모든 친구의 제안대로 집

뜰에 50규빗(약 25미터) 되는 높은 나무를 세우고 다음날 왕에게 유대인 모르드개를 그 나무에 달기를 구하려 계획하였다. 그러나 그는 왕의 명으로 오히려 모르드개에게 왕복을 입히고 왕관을 씌우고 그를 왕의 말에 태워 성 중 거리로 다니며 왕이 존귀케 하기를 기뻐하시는 자에게 이렇게 할 것이라고 외치게 되었다. 그는 마음이 상하여 집으로 급히 돌아와 친구들에게 그 일을 고했다. 그때 그들 중에 지혜로운 자와 아내 세레스는, "모르드개가 과연 유다 족속이면 당신이 그 앞에서 굴복을 당하기 시작하였으니 능히 저를 이기지 못하고 분명히 그 앞에 엎드러지리이다"고 말했다(에 5:14-6:13). 그런데 그들이 두려워한 그 일이 그대로 하만에게 닥쳐왔다.

그러나 의인은 그 원하는 것이 이루어진다. 의인은 하나님의 뜻에 합한 의롭고 선한 것을 원할 것이며 그의 소원은 다 이루어질 것이다. 시편 103:5는, 하나님께서 "좋은 것으로 네 소원을 만족케" 하신다고 말한다. 또 잠언 16:3은 "너의 행사를 여호와께 맡기라. 그리하면 너의 경영하는 것이 이루리라"고 말하였다. 주께서는 "구하라 그러면 너희에게 주실 것이요, 찾으라 그러면 찾을 것이요, 문을 두드리라 그러면 너희에게 열릴 것이니"라고 말씀하셨다(마 7:7). 사도 바울은 빌립보서 2:13에서 "너희 안에서 행하시는 이는 하나님이시니 자기의 기쁘신 뜻을 위하여 너희로 소원을 두고 행하게 하시나니"라고 말했다.

**〔25절〕 회리바람이 지나가면 악인은 없어져도 의인은 영원한 기초 같으니라.**

회리바람이 지나가면 악인은 없어진다. 회리바람은 세상에서 만나는 큰 환난을 가리킨다. 토네이도 같은 회리바람은 한 마을을 황폐케 하기도 한다. 세상에는 때때로 전쟁이 있고 지진과 기근이 있고 전염병이 있다. 그것이 회리바람처럼 한 지역을 지나가면 많은 인명피해가 생긴다. 세계적 전염병이나 경제 파탄은 회리바람이다. 그런 것들은 악인을 징책하시는 하나님의 방법이다. 악인은 그 회리바람으로 멸망한다. 시편 1:5는 악인이 하나님의 심판을 견디지 못한다고 말한다.

그러나 의인은 영원한 기초와 같다. 사람은 집을 지을 때 먼저 기초를 튼튼히 만든다. '영원한 기초'라는 표현은 '흔들리지 않고 없어지지 않는 기초'라는 뜻이다. 시편 125:1은 "여호와를 의뢰하는 자는 시온산이 요동치 아니하고 영원히 있음 같도다"라고 말하였다. 의인에게도 고난은 있으나 그는 낙망치 않고 요동치 않고 망하지 않는다.

하나님께서는 의인을 보호하시고 구원하실 것이다. 시편 91:3, 5-7, "이는 저가 너를 새 사냥꾼의 올무에서와 극한 염병에서 건지실 것임이로다," "너는 밤에 놀램과 낮에 흐르는 살과 흑암 중에 행하는 염병과 백주에 황폐케 하는 파멸을 두려워 아니하리로다. 천인이 네 곁에서, 만인이 네 우편에서 엎드러지나 이 재앙이 네게 가까이 못하리로다." 하나님께서는 의인에게 피할 길을 주신다(고전 10:13). 그러므로 사도 바울은 극심한 고난 중에도 구원을 체험했고(고후 1:8-10) 낙심치 않는다고 고백했다(고후 4:8-9). 또 고난은 성도에게 유익이 된다. 그것은 거룩하고 믿음 있는 인격으로 단련시킨다(롬 5:3-4).

**〔26절〕 게으른 자는 그 부리는 사람에게 마치 이에 초 같고 눈에 연기 같으니라.**

식초가 이에 닿으면 이가 시리고 아플 것이며, 연기가 눈에 들어가면 눈이 따갑고 아파서 견딜 수가 없을 것이다. 게으른 자는 그를 부리는 사람, 즉 그를 보내고 그에게 일을 시키는 사람에게 그러할 것이다. 그를 보낸 사람은 그 게으른 자로 인해 몹시 불편하고 그 사람을 생각하고 싶지 않고 보기도 싫을 것이다. 그는 그 게으른 자에게 칭찬이나 위로 격려의 좋은 말을 할 수 없을 것이다.

성도는 하나님 앞에서 날마다 게으르지 말고 부지런하게 살아야 한다. 남자는 남자로서 자기의 일, 자기의 직장, 자기의 사업에 충실하고 근면해야 한다. 여자는 여자로서 집안의 일, 가족들의 건강을 생각한 식사 준비, 위생적 청결을 위한 청소와 빨래, 자녀 출산과 양육 등을 포함하여 자기의 일에 충실하고 근면해야 한다. 자녀들은 공부할 때 열심히 공부하고 몸의 건강을 위해서 적절히 운동도 해야 한다.

또 성도는 성경 읽기, 기도, 성수 주일과 기타 집회참석, 사랑, 전도, 봉사 등의 일에도 부지런해야 한다. 또 직분자는 각자 맡은 직무를 따라 하나님 앞에서 부지런하게 살고 또 충성해야 한다. 로마서 12:11은, "부지런하여 게으르지 말고 열심을 품고 주를 섬기라"고 교훈한다.

물론, 정서적 존재인 사람에게 어느 정도 휴식과 기분 전환이 필요하며, 음악, 독서, 운동, 원예 등의 취미생활도 가능하다고 본다. 마가복음 6:31에 보면, 예수께서는 제자들에게 "너희는 따로 한적한 곳에 와서 잠깐 쉬어라"고 말씀하셨다. 그러나 사람의 휴식이나 기분 전환 또는 취미생활이 너무 지나치면 게으른 일이 될 것이다. 성경은 게으른 생활을 책망하고 부지런한 생활을 교훈하고 권장한다.

본문의 교훈을 정리해보자. 첫째로, 우리는 만복의 근원 되신 하나님의 복을 사모해야 한다. 하나님께서는 우리에게 모든 영적인 복뿐 아니라, 육신적인 복, 물질적인 복, 환경적인 복도 주신다. 우리는 하나님의 영육의 복을 항상 감사하고 사모하며 그 복과 평안 가운데 살기를 원한다.

둘째로, 우리는 악하게 살지 말고 의인으로만 살아야 한다. 우리는 악을 행하는 것을 장난으로 여기지 말고 그것을 두려워하고 멀리해야 한다. 우리는 의인으로만 살고 지혜로 즐거움을 삼는 명철한 자가 되어야 한다. 지혜는 하나님을 경외하고 그의 말씀을 사랑하고 하나님을 위해 사는 것이다. 우리는 범사에 하나님을 인정하고 믿고 섬기며, 또 그의 계명대로 바르고 선하고 진실하게 살아야 한다. 그러면 하나님께서는 우리의 선한 소원을 들어주실 것이며 우리는 환난을 두려워하지 않을 것이다.

셋째로, 우리는 게으른 자가 되지 말고 범사에 부지런한 자가 되어야 한다. 게으른 자는 일을 시키는 사람에게 이에 초 같고 눈에 연기 같다. 근면은 하나님의 뜻이다. 에베소서 5:16, "세월을 아끼라. 때가 악하니라." 로마서 12:11, "부지런하여 게으르지 말고 열심을 품고 주를 섬기라."

## 27-32절, 의인의 복된 삶, 의인의 입

**〔27절〕 여호와를 경외하면 장수(長壽)하느니라. 그러나 악인의 연세는 짧아지느니라.**

사람이 여호와를 경외하면 장수한다. 사람들은 젊을 때 죽는 것보다 오래 사는 것을 복이라고 생각한다. 생에 대한 애착은 본능적인 것 같다. 사람들은 장수의 비결로 맑은 공기, 소식(小食), 적당한 노동, 평안한 마음 등을 꼽는다. 그러나 성경이 가르치는 장수의 비결은 하나님을 경외하는 것이다. 하나님을 경외한다는 것은 하나님을 알고 두려워하고 그를 믿고 의지하며 하나님의 법을 어기지 않고 순종하는 것이다. 성경은 율법을 순종하는 자들에게 장수를 약속한다.

신명기 4:40, "오늘 내가 네게 명하는 여호와의 규례와 명령을 지키라. 너와 네 후손이 복을 받아 네 하나님 여호와께서 네게 주시는 땅에서 한없이 오래 살리라." 신명기 5:33, "너희 하나님 여호와께서 너희에게 명하신 모든 도를 행하라. 그리하면 너희가 삶을 얻고 복을 얻어서 너희의 얻은 땅에서 너희의 날이 장구하리라." 신명기 11:8-9, "그러므로 너희는 내가 오늘날 너희에게 명하는 모든 명령을 지키라. 그리하면 너희가 강성할 것이요 너희가 건너가서 얻을 땅에 들어가서 그것을 얻을 것이며 또 여호와께서 너희의 열조에게 맹세하사 그와 그 후손에게 주리라고 하신 땅 곧 젖과 꿀이 흐르는 땅에서 너희의 날이 장구하리라." 장수는 심령의 평안, 몸의 건강, 경제적 안정, 또한 환경적 평안을 포함한다. 장수의 복은 결국 영생을 포함한다.

그러나 악인의 수명은 짧아진다. 악인은 병으로 일찍 죽거나 전쟁, 기근, 사고 등의 재앙으로 일찍 죽는다. 에스더서의 하만은 모르드개와 유다 민족을 죽이려 하다가 자기가 죽었다. 가룟 유다는 예수님을 은 30개에 팔았다가 자살해서 죽었다. 아나니아와 삽비라는 자기의 땅을 팔아 그 값의 일부를 감추고 거짓말했다가 즉사(卽死)하였다.

**〔28절〕 의인의 소망은 즐거움을 이루어도 악인의 소망은 끊어지느니라.**

의인의 소망은 즐거움을 이룬다. 의인은 하나님을 경외하며 그 계명을 순종하는 자이다. 의인의 소망은 이루어지며 그것은 즐거움이 된다. 잠언 10:24는, "악인에게는 그의 두려워하는 것이 임하거니와 의인은 그 원하는 것이 이루어지느니라"고 말했다. 그러므로 로마서 12:12에서 사도 바울은 "소망 중에 즐거워하라"고 말하였다.

성도의 소망은 주의 재림과 몸의 부활, 천국과 영생이다. 베드로전서 1:3-4, "찬송하리로다. 우리 주 예수 그리스도의 아버지 하나님이 그 많으신 긍휼대로 예수 그리스도의 죽은 자 가운데서 부활하심으로 말미암아 우리를 거듭나게 하사 산 소망이 있게 하시며 썩지 않고 더럽지 않고 쇠하지 아니하는 기업을 잇게 하시나니 곧 너희를 위하여 하늘에 간직하신 것이라." 그러므로 성도는 환난 중에서도 소망을 가지고 기뻐한다. 로마서 5:3-4, "우리가 환난 중에도 즐거워하나니 이는 환난은 인내를, 인내는 연단을, 연단은 소망을 이루는 줄 앎이로다."

그러나 악인의 소망은 끊어진다. 악인은 하나님을 무시하고 그 계명을 어기며 악하게 사는 자이다. 악인의 소망은 아무리 좋아 보여도 이루어지지 않을 헛된 꿈이다. 그것은 주께서 말씀하신 어리석은 부자의 비유에서 어리석은 부자의 헛된 소망과 같다. 그 부자는 큰 풍년을 맞아 그의 곡간을 헐고 더 크게 짓고 그의 모든 곡식과 물건을 거기 쌓아 두리라고 계획했고 또 "내 영혼아, 여러 해 쓸 물건을 많이 쌓아 두었으니 평안히 쉬고 먹고 마시고 즐거워하자"고 스스로 말하리라고 하였다. 그러나 그때 하나님께서는, "어리석은 자여, 오늘밤에 네 영혼을 도로 찾으리니 그러면 네 예비한 것이 뉘 것이 되겠느냐?"고 말씀하셨다(눅 12:16-21). 그의 소망은 헛된 꿈에 불과했다.

**〔29절〕 여호와의 도가 정직한**[온전한] **자에게는 산성**[요새]**이요 행악하는 자에게는 멸망이니라.**

여호와의 도는 정직한 자에게 산성이다. '여호와의 도'는 하나님께서 교훈하신 생활 규범을 가리킨다. '정직한 자'라는 원어(톰 תֹּם)는 '온전한 자'라는 뜻으로 하나님의 계명을 순종하며 행하는 자를 가리킨다. '산성'(마오즈 מָעוֹז)은 '요새, 피난처'라는 뜻이다. 그것은 환난으로부터, 원수 마귀의 시험으로부터, 죄로부터, 죽음으로부터 지키는 요새와 피난처를 가리킨다. 하나님의 말씀은 그것을 지키며 순종하는 정직한 자에게는 요새와 피난처 같다. 사람이 이 세상을 사는 동안 하나님의 말씀을 순종하는 것은 안전의 비결이다.

주께서는 산상설교의 결론에서도 주의 말씀을 지켜 행하는 자에 대해 말씀하시기를, "그러므로 누구든지 나의 이 말을 듣고 행하는 자는 그 집을 반석 위에 지은 지혜로운 사람 같으리니 비가 내리고 창수가 나고 바람이 불어 그 집에 부딪히되 무너지지 아니하나니 이는 주초를 반석 위에 놓은 연고요"라고 하셨다(마 7:24-25). 홍수와 같은 환난이 닥쳐와도, 하나님의 말씀을 행하는 자는 망하지 않는다.

그러나 여호와의 도는 행악하는 자에게는 멸망이다. 악은 하나님의 계명을 어기는 것이다. 그것은 남을 해치는 것이다. 이웃을 미워하는 마음에서 나오는 모든 행동이 악이다. 하나님께서 주신 생활 규범은 행악하는 자에게는 멸망이 된다. 왜냐하면 그 말씀은 악을 정죄하기 때문이다. 하나님의 말씀은 그것을 지키는 자에게는 안전을 보장하지만, 그 말씀을 어기는 자에게는 멸망의 신호인 것이다. 행악자는 결국 망할 것이다. 그는 이 세상에서도 질병이나 기근이나 전쟁 같은 재앙으로 인해 망할 것이지만, 죽은 후에 지옥의 고통을 당할 것이며, 마지막 심판 날에 영원한 지옥 불못에 던지울 것이다.

**〔30절〕 의인은 영영히 이동되지**(무트 מוט)[요동하지] **아니하여도 악인은 땅에 거하지 못하게 되느니라.**

의인은 영영히 이동되지 않는다. 의인은 하나님을 경외하고 그의 뜻대로 사는 자를 가리킨다. 신약 성도는 주 안에서 의롭다 하심을 얻은 의인이다. '이동하다'는 원어(무트 מוט)는 '요동하다'는 뜻이다. 세상에는 여러 가지 시험과 환난이 있지만, 의인은 영영히 요동하지 않는다. 본장 25절도, "회리바람이 지나가면 악인은 없어져도 의인은 영원한 기초 같으니라"고 말하였다.

성경은 여러 곳에서 의인의 요동치 않음을 증거했다. 시편 125편의 저자는 "여호와를 의뢰하는 자는 시온산이 요동치 아니하고 영원히 있음 같도다"라고 고백했다(시 125:1). 사도 바울은 고린도 교인들에게 "주께서 너희를 우리 주 예수 그리스도의 날에 책망할 것이 없는 자로 끝까지 견고케 하시리라"고 말했다(고전 1:8). 또 그는 빌립보 교인들에게는 "너희 속에 착한 일을 시작하신 이가 그리스도 예수의 날까지 이루실 줄을 우리가 확신하노라"고 말했다(빌 1:6). 사도 요한은 그의 첫 번째 편지에서 "하나님께로서 난 자마다 세상을 이기느니라. 세상을 이긴 이김은 이것이니 우리의 믿음이니라"고 말했다(요일 5:4).

그러나 악인은 땅에 거하지 못하게 된다. 땅은 하나님의 창조 세계이며 원래 의인들의 거주지로 창조되었다. 악인들이 현재 살고 있지만 그들은 땅에 거주할 자격이 없는 자들이며 어느 날 땅에서 제거될 자들이다. 그러므로 다윗은 시편 37편에서 성령의 감동 가운데 "주의 복을 받은 자는 땅을 차지하고 주의 저주를 받은 자는 끊어지리로다"고 말했다(시 37:22). 솔로몬도 잠언 2:21-22에서 "대저 정직한 자는 땅에 거하며 완전한 자는 땅에 남아 있으리라. 그러나 악인은 땅에서 끊어지겠고 궤휼한 자는 땅에서 뽑히리라"고 말했다.

**[31절] 의인의 입은 지혜를 내어도 패역한 혀는 베임을 당할 것이니라.**

의인의 입은 지혜를 낸다. 하나님을 경외하고 그의 계명대로 의롭게 사는 자의 입에서는 지혜의 말이 나온다. 그것은 그 영혼이 새로워졌기 때문이다. 특히 신약 성도는 거룩하게 변화된 새 성향을 가진 자이다. 에스겔 36:26에서, 하나님께서는 "새 영을 너희 속에 두고 새 마음을 너희에게 주되 너희 육신에서 굳은 마음을 제하고 부드러운 마음을 줄 것이라"고 약속하셨는데, 과연 하나님의 약속은 예수 그리스도께서 오신 신약시대에 성취되었다. 디도서 3:4-6, "우리 구주 하나님의 자비와 사람 사랑하심을 나타내실 때에 우리를 구원하시되 우리의 행한 바 의로운 행위로 말미암지 아니하고 오직 그의 긍휼하심을 좇아 중생의 씻음과 성령의 새롭게 하심으로 하셨나니 성령을 우리 구주 예수 그리스도로 말미암아 우리에게 풍성히 부어주사."

사람은 마음에 가득한 것을 입으로 말한다(마 12:34). 샘은 한 구멍으로 단물과 쓴물을 낼 수 없다(약 3:11). 성도의 변화된 마음은 지혜의 말, 곧 하나님과 예수 그리스도를 증거하는 말을 하고 다른 사람에게 유익을 주는 말을 하고 다른 사람을 구원하는 말을 말한다.

그러나 패역한 혀는 베임을 당할 것이다. 패역한 혀는 창조주 하나님을 거스르는 혀, 하나님의 계명을 대적하고 그의 교훈을 비방하는 혀, 이웃을 욕하고 비방하는 혀이다. 그것은 어리석은 혀이며 사람을 멸망에 이르게 하는 혀이다. 주께서는 "나는 너희에게 이르노니 형제에게 노하는 자마다 심판을 받게 되고 형제를 대하여 라가라 하는 자는 공회에 잡히게 되고 미련한 놈이라 하는 자는 지옥 불에 들어가게 되리라"고 말씀하셨다(마 5:22). 그는 또 "내가 너희에게 이르노니 사람이 무슨 무익한 말을 하든지 심판날에 이에 대하여 심문을 받으리니 네 말로 의롭다 함을 받고 네 말로 정죄함을 받으리라"고 말씀하셨다(마 12:36-37). 패역한 혀는 정죄를 당할 것이다.

**〔32절〕 의인의 입술은 기쁘게 할 것을 알거늘 악인의 입은 패역을** 말하느니라.

의인의 입술은 기쁘게 할 것을 안다. '기쁘게 할 것'이라는 원어(라촌 רָצוֹן)는 '선의(善意), 호의, 기쁨'이라는 뜻이다. 하나님을 경외하고 그의 말씀에 순종하며 사는 의인은 다른 사람에게 선하고 호의적이고 기쁨을 주는 말을 할 줄 안다는 뜻이다. 선하고 호의적인 말은 아침의 말이 아니고 온유하고 겸손함에서 나오는 선한 말, 너그럽고 관용하는 말, 긍휼히 여기며 용서하는 말, 또 위로하고 격려하는 말을 가리킨다. 사도 바울은 에베소 교인들에게 "무릇 더러운 말은 너희 입 밖에도 내지 말고 오직 덕을 세우는 데 소용되는 대로 선한 말을 하여 듣는 자들에게 은혜를 끼치게 하라"고 교훈하였다(엡 4:29). 우리는 남에게 선하고 호의적인 말을 하는 입술을 가져야 한다.

그러나 악인의 입은 패역을 말한다. 악인은 하나님을 알지 못하고 무시하고 불순종하고 교만한 자이다. 그는 하나님을 믿지 않고 감사하지 않으며 불평 원망하고 반항적인 말을 한다. 또 그는 다른 사람을 향해서도 거칠고 난폭한 말을 한다. 그는 다른 사람을 미워하며 시기하고 욕하며 비방하고 정죄하며 저주하기까지 한다. 로마서 3:13-14, "저희 목구멍은 열린 무덤이요 그 혀로는 속임을 베풀며 그 입술에는 독사의 독이 있고 그 입에는 저주와 악독이 가득하고."

본문의 교훈을 정리해보자. 첫째로, 의인은 장수하며 소망을 이룬다. 사람이 하나님을 경외하면 장수하지만 악인은 단명(短命)한다. 하나님을 경외하고 예수님 믿고 말씀에 순종하는 의인들은 마침내 영생에 이른다. 또 의인의 소망은 즐거움을 이루어도 악인의 소망은 끊어진다. 의인들은 주의 재림과 천국과 영생을 소망하며 현세와 내세에서 즐거움을 누린다.

둘째로, 온전한 자는 요동치 않는다. 하나님의 도가 온전한 자에게는 산성이지만, 행악하는 자에게는 멸망이다. 온전하게 사는 것이 세상에서 여러 가지 환난을 피하는 길이다. 그런 의인은 영원히 요동하지 않지만 악인은 땅에 거하지 못한다. 천국은 의인들의 영원한 거주처이다.

셋째로, 우리는 의인의 입을 가져야 한다. 의인의 입은 지혜를 내어도 패역한 혀는 정죄를 당할 것이며 의인의 입술은 남을 기쁘게 할 것을 알아도 악인의 입은 패역을 말한다. 우리는 지혜롭고 선하고 덕스러운 말만 하고 또 형제에게 위로와 격려의 말을 할 줄 아는 의인이 되어야 한다.

# 11장: 겸손, 의, 신중, 구제

## 1-5절, 정직, 겸손, 온전함

**〔1절〕 속이는 저울은 여호와께서 미워하셔도 공평한 추는 그가 기뻐하시느니라.**

공평한 추는 율법에 명령된 바이다. 하나님께서는 레위기 19:35-36에서 “[너희는] 공평한 저울과 공평한 추와 공평한 에바와 공평한 힌을 사용하라”고 명하셨고, 모세는 신명기 25:13-15에서, “너는 주머니에 같지 않은 저울추 곧 큰 것과 작은 것을 넣지 말 것이며 네 집에 같지 않은 되 곧 큰 것과 작은 것을 두지 말 것이요 오직 십분 공정한 저울추를 두며 십분 공정한 되를 둘 것이라”고 명하였다.

그러나 이스라엘 백성은 속이는 저울을 사용하였다. 선지자 아모스는 그들이 “에바를 작게 하여[하고] 세겔을 크게 하며 거짓 저울로 속이자”라고 말한다고 지적했다(암 8:5). 선지자 미가는 악인의 집에 있는 ‘축소시킨 가증한 에바’와 ‘부정한 저울’ ‘거짓 저울추’에 대해 언급하였다(미 6:10-11). 오늘날도 세상에는 불량 재료 사용, 원산지 속임, 가짜 상표, 허위 과장 광고 등 속여서 돈을 버는 죄악된 행위가 많다.

하나님께서는 속이는 저울을 미워하시고 공평한 추를 기뻐하신다. 잠언 20:10, “한결 같지 않은 저울추와 말(measures)(KJV, NASB)은 다 여호와께서 미워하시느니라.” 우리는 속이는 저울을 버리고 공평한 추를 사용해야 한다. 공평한 추는 정직하게 돈을 버는 것을 의미한다. 많은 소득도 하나님께서 미워하시면 복이 되지 못하지만, 적은 소득도 하나님께서 기뻐하시면 복이 된다. 그러므로 잠언 16:8은 “적은 소득이 의를 겸하면 많은 소득이 불의를 겸한 것보다 나으니라”고 말한다.

**〔2절〕 교만이 오면 욕도 오거니와 겸손한 자에게는 지혜가 있느니라.**

교만이 오면 욕도 온다. 교만은 하나님을 무시하고 자신을 높이는 것이다. 그것은 자신이 피조물이요 죄인임을 잊었거나 깨닫지 못하는 것이며 자기 위치를 벗어난 것이다. 교만은 마귀의 죄이며(딤전 3:6) 하나님께서 미워하시는 6, 7가지 죄악 중 첫째이다(잠 6:16-17). 그것은 사람의 대표적인 큰 죄악이다. '욕'은 치욕을 가리킨다. 사람이 교만하면 치욕이 온다. 왜냐하면 하나님께서 그를 버리시기 때문이며 사람들도 그를 버리거나 따돌리기 때문이다. 그래서 그는 영광보다는 수치를, 칭찬보다는 욕을 당한다.

마귀는 교만한 천사이었다(딤전 3:6). 그는 하나님의 원수이며 성도의 대적자이다(마 13:25, 39; 눅 22:31; 벧전 5:8). 그는 '마귀' '사탄' '온 천하를 꾀는 자' 등의 이름을 가졌고 마침내 지옥불에 던지울 것이다(계 12:9; 20:10). 이스라엘 백성이 애굽에서 나와 광야를 통과할 때에, 교만한 고라와 다단과 아비람과 온 등은 당을 짓고 모세를 대적하였었다. 그때 하나님께서는 땅이 입을 열어 그들과 그 가족들을 다 삼키게 하셨다. 그들은 산 채로 땅 속에 묻히었다(민 16:1-3, 32-35).

본문은 그러나 겸손한 자에게는 지혜가 있다고 말한다. 겸손한 자는 하나님을 인정하고 두려워하며 높이며 자기 자신이 피조물이요 부족과 죄성을 가진 자임을 알고 자신을 낮추는 자이다. 그는 자기 위치를 지키는 자이다. 겸손한 자는 지혜로운 자이다. 그는 하나님과 사람들의 사랑을 받고 칭찬과 높임을 받을 것이기 때문이다. 잠언 15:33은 "여호와를 경외하는 것은 지혜의 훈계라. 겸손은 존귀의 앞잡이니라"고 말하고, 잠언 18:12도 "겸손은 존귀의 앞잡이니라"고 말한다. 겸손한 자는 지혜자이다. 그는 결코 실패치 않고 언제나 승리할 것이다.

**〔3절〕 정직한 자의 성실**(툼마 תֻּמָּה)[온전함]**은 자기를 인도하거니와 사특한 자**(보그딤 בֹּגְדִים)[배신자]**의 패역**(셀렙 סֶלֶף)[비뚤어짐]**은 자기를 망케 하느니라.**

정직한 자의 온전함은 자기를 인도한다. 정직한 자는 하나님의 말씀대로 바르게 사는 자이다. 인도한다는 말은 평안의 길로, 생명의 길로, 천국으로 인도한다는 뜻이라고 본다. 정직과 의는 복된 길이다. 그것은 평안과 생명과 천국의 길이다. 시편 119:1, "행위 완전하여 여호와의 법에 행하는 자가 복이 있음이여." 이사야 48:17-18, "여호와께서 가라사대 나는 네게 유익하도록 가르치고 너를 마땅히 행할 길로 인도하는 너희 하나님 여호와라. 슬프다. 네가 나의 명령을 듣지 아니하였도다. 만일 들었더면 네 평강이 강과 같았겠고 네 의가 바다 물결 같았을 것이며." 로마서 6:22, "그러나 이제는 너희가 죄에게서 해방되고 하나님께 종이 되어 거룩함에 이르는 열매를 얻었으니 이 마지막은 영생이라." 옛날에 에녹은 하나님과 동행하다가 승천하였고(창 5:24) 또 노아는 의롭고 온전한 삶을 살다가 홍수 심판 전에 방주를 지었고 그 안에 들어가 구원을 얻었다(창 6:8-9; 7:1).

그러나 배신자의 비뚤어짐은 자기를 망케 한다. 배신자는 양심을 거스르고 하나님의 법에서 벗어난 일을 행하는 자이다. 그는 결국 자신을 망케 하고 만다. 예컨대, 다윗의 아들 압살롬은 아버지를 배신하고 일시적으로 왕권을 탈취하였으나 결국 아버지와의 전쟁에서 죽었고(삼하 15장, 18장), 그의 최측근 참모로 그를 도왔던 아히도벨도 결국 목매어 죽었다(삼하 17:23). 주님의 열두 제자들 중 하나인 가룟 유다는 주를 배신한 후 자살하여 창자가 터져 죽었다(마 27:5; 행 1:18).

**〔4절〕 재물은 진노하시는 날에 무익하나 의리(<u>체다카</u> צְדָקָה)[의(義)]는 죽음을 면케 하느니라.**

재물은 진노하시는 날에 무익하다. 돈이 평소에 유익이 많기는 하다. 돈이 있어야 좋은 옷도 사고 좋은 집도 사고 좋은 차도 사고 문화적인 혜택도 누릴 수 있다. 그러나 돈은 하나님께서 진노하시는 날 곧 재앙의 날에 무익하다. 돈은, 치료하기 어려운 질병에 걸렸거나 전쟁, 지진, 기근 등이 발생했을 때, 우리를 죽음에서 건져주지 못하고 또 우리를 지옥 형벌로부터도 건져주지 못한다. 그러므로 에스겔 7:19에서 하나님께서는, "여호와 내가 진노를 베푸는 날에 그 은과 금이 능히 그들을 건지지 못하며 능히 그 심령을 족하게 하거나 그 창자를 채우지 못하고 오직 죄악에 빠치는 것이 됨이로다"라고 말씀하셨다.

그러나 의는 죽음을 면케 한다. 의는 하나님의 법을 지키는 것이며 그것은 죽음을 면하게 한다. 죽음은 죄의 결과이며 사람에게 가장 큰 불행이다. 사람은 질병이나 기근이나 전쟁으로 죽는다. 그러나 의는 사람에게 영육의 죽음과 둘째 사망으로부터의 구원을 준다.

예수 그리스도의 의는 우리를 죽음과 지옥 형벌로부터 구원하였다. 성도는 예수 그리스도를 믿음으로 죄사함과 의롭다 하심을 얻었다. 이것은 주 예수 그리스도께서 십자가에 죽으심으로 이루신 의에 근거한 것이다. 로마서 3:23-24, "모든 사람이 죄를 범하였으매 하나님의 영광에 이르지 못하더니 그리스도 예수 안에 있는 구속(救贖)으로 말미암아 하나님의 은혜로 값없이 의롭다 하심을 얻은 자 되었느니라."

**〔5절〕 완전한 자는 그 의로 인하여 그 길이 곧게 되려니와 악한 자는 그 악을 인하여 넘어지리라.**

완전한 자의 의는 그의 길을 곧게 한다. '완전한 자'(타밈 תָּמִים)라는 말은 책망할 것이 없는 자를 가리킨다. 이 세상에서 절대 완전한 사람은 없지만, 우리의 성화의 일차적 목표는 책망할 것이 없는 자가 되는 것이다. '의'는 하나님의 계명대로 행하는 것을 말한다. 하나님께서는 우리에게 의와 완전함, 즉 책망할 것이 없는 삶을 요구하신다.

노아는 의인이요 완전한 자이었다. 창세기 6:9, "노아는 의인이요 당세에 완전한 자라." 욥도 그러했다. 욥기 1:1, "우스 땅에 욥이라 이름하는 사람이 있었는데 그 사람은 순전[완전]하고 정직하여 하나님을 경외하며 악에서 떠난 자더라." 감독 혹은 장로의 자격자는 책망할 것이 없는 자이어야 한다. 디모데전서 3:2, "감독은 책망할 것이 없으며." 디도서 1:7, "감독은 하나님의 청지기로서 책망할 것이 없고." 우리는 재림하시는 주 앞에서 점도 없고 흠도 없이 나타나기를 힘써야 한다.

베드로후서 3:14, “그러므로 사랑하는 자들아, 너희가 이것을 바라보나니 주 앞에서 점도 없고 흠도 없이 평강 가운데서 나타나기를 힘쓰라.”

‘(그의 길을) 곧게 한다’는 원어(테얏쉐르 תְּיַשֵּׁר)는 ‘곧게 한다’는 뜻(NIV) 외에 ‘평탄케 한다’는 뜻이 있다(BDB, NASB). 그것은 장애물이 없이 평안한 방향으로 인도한다는 뜻이라고 본다. 완전한 자, 의로운 자는 그의 앞길이 평탄하며 평안한 방향으로 나아간다.

그러나 악한 자는 그 악을 인해 넘어질 것이다. 악한 자는 하나님의 계명을 거스르는 자이다. 하나님의 계명을 거스르는 모든 말과 행동이 악이다. 그것은 하나님의 계명의 근본 내용인 사랑에 반대되는 것이다. 악한 자는 그의 악을 인해 결국 넘어지고 만다. 넘어진다는 말은 실패하고 재앙과 불행을 당하고 마침내 죽는다는 것을 말한다. 죽은 후에는 하나님의 최종적 심판과 지옥 형벌이 그를 기다린다(히 9:27).

본문의 교훈을 정리해보자. 첫째로, 속이는 저울은 여호와께서 미워하셔도 공평한 추는 그가 기뻐하신다. 하나님의 백성은 정직하게 살아야 한다. 하나님께서는 우리가 특히 장사나 상거래를 할 때 정직하기를 원하신다. 우리는 남을 속이거나 불법한 방법으로 돈을 많이 벌려 하지 말고, 적은 소득이라도 정당하게 벌어야 하고 그것이 우리에게 복이 된다.

둘째로, 교만이 오면 욕도 오지만 겸손한 자에게는 지혜가 있다. 교만은 마귀의 죄이며 하나님께서 매우 미워하시는 죄악이다. 사람이 교만하면 멸망한다. 그러나 겸손한 자는 지혜가 있고 승리할 것이다. 하나님을 알고 그를 경외하는 자들에게 가장 중요한 덕이 있다면 그것은 겸손이다.

셋째로, 정직한 자의 온전함은 그를 평안과 영생으로 인도하나 배신자의 비뚤어짐은 자기를 망케 한다. 재물은 진노하시는 날에 무익하지만 의는 죽음을 면케 한다. 또 완전한 자는 그 의로 인해 길이 평안케 되지만, 악인은 그 악을 인해 넘어진다. 우리는 예수님 믿음으로 의롭다 하심을 얻었으므로 오직 정직하고 의롭게 살고 흠과 점이 없이 온전한 자가 되기를 힘써야 한다. 의롭고 완전한 길은 평안과 안전과 영생의 길이다.

## 6-10절, 의인은 구원을 얻음

〔6절〕 **정직한 자는 그 의로 인하여 구원을 얻으려니와 사특한 자**(보그딤 בֹּגְדִים)[배신자](BDB, NASB)**는 자기의 악**(하우와 הַוָּה)[(악한) 욕망](BDB, NASB, NIV)**에 잡히리라.**

정직한 자는 그 의로 인해 구원을 얻는다. 정직한 자는 하나님 앞에서 올바르게 사는 자이다. '의'는 하나님의 계명대로 사는 것이다. 예수님 믿고 의롭다 하심을 얻은 성도는 실제로 의롭게 살아야 한다. 구원은 이 세상의 각가지 어려움들, 즉 마귀의 시험과 죄, 몸의 병과 죽음, 그리고 내세의 지옥 형벌로부터의 구원을 다 포함한다. 하나님께서는 예수 그리스도를 믿고 의롭다 하심을 얻고 의롭게 사는 의인들을 보호하시고 영혼과 몸의 불행과, 현세와 내세의 불행에서 건져주신다.

하나님께서는 끝까지 의롭게 행하려 했던 다윗을 사울의 칼로부터 구원해주셨다(사무엘상). 의인은 그의 하는 일들이 다 형통할 것이다(시 1:3). 성도가 사망의 음침한 골짜기를 다닐지라도 해를 두려워하지 않을 것은 하나님의 지팡이와 막대기가 그를 안위하실 것을 믿기 때문이다(시 23:4). 하나님께서는 "참고 선을 행하여 영광과 존귀와 썩지 아니함을 구하는 자에게 영생으로" 인도하실 것이다(롬 2:7).

그러나 배신자는 자기의 악한 욕망에 사로잡힐 것이다. 배신자는 돈이나 세상 권세나 명예 등 세상 것에 대한 탐욕 때문에 배신한다. 그는 그의 악한 욕망에 사로잡힌다. 예수님의 택함을 받고 3년 동안이나 그를 따라다니며 재정 관리의 책임까지 맡았던 제자 가룟 유다는 은 30개에 주님을 배신하고 악한 무리에게 그를 넘겨주었다. 그는 돈 욕심에 사로잡혔다. 배신자들은 자신의 욕심에 사로잡히며 마침내 영육의 멸망과 현세와 내세의 멸망에 이를 것이다.

〔7절〕 **악인은 죽을 때에 그 소망이 끊어지나니 불의의 소망이 없어지느니라.**

악인은 죽을 때에 그 소망이 끊어진다. 하나님을 무시하고 계명을 어기며 사는 악한 자는 아무리 좋은 소망을 품어도 그 소망이 헛되게 된다. 사실상, 악인의 소망이란 물질적인 것, 육신적인 것이다. 그것은 물질적 부요, 세상적 권세와 영광, 육신적 쾌락 등이다. 그러나 그것들은 다 헛되다. 그것은 일시적이고 지나가는 것이다. 하나님께서는 이 세상의 모든 것이 헛되다는 것을 전도서에서 교훈하셨다. 사도 요한도 이 세상이나 세상에 있는 것을 사랑치 말라고 교훈하면서 이 세상도, 그 정욕도 다 지나간다고 증거하였다(요일 2:15-17). 우리는 악인들이 죽을 때 그들의 소망이 끊어진다는 것을 안다. 인생은 짧고 유한하다. 사람은 죽을 때 그의 세상적 소망도 함께 끝난다. 더욱이, 악인이 하나님의 징벌로 갑자기 죽을 때 우리는 그의 소망이 끊어짐을 실감한다.

또 불의의 소망은 없어진다. '불의'라는 원어(오님 אוֹנִים)는 '사악한 자들' 혹은 '힘'(BDB)이라는 뜻 같다. 그것이 '힘'이라는 뜻이라면, 그것은 악인이 육신의 힘이나 세상 권세를 의지하고 소망한다는 뜻일 것이다. 사악한 자들의 소망, 혹은 그들이 의지하는 육신의 힘과 세상 권세는 없어질 것이다. 하나님께서 그들을 치시면 그렇게 건강하던 그들은 병상에 눕게 될 것이며 그들이 누리던 세상의 부귀와 권세는 하루아침에 사라질 것이다. 악인의 소망은 참으로 헛되다.

그러나 의인의 소망은 반드시 이루어진다. 의인들은 예수 그리스도의 재림, 부활, 천국, 영생을 소망하며, 또 땅 위에서도 하나님의 영광을 위한 선한 일들을 소원한다. 의인의 그 소원들은 다 이루어질 것이다(잠 10:24). 하나님께서 그와 함께하시며 이루실 것이기 때문이다.

**[8절] 의인은 환난에서 구원을 얻고 악인은 와서 그를 대신하느니라.**

의인은 환난에서 구원을 얻을 것이다. 의인은 하나님을 경외하고 그 계명을 지키는 자, 곧 신약시대에는 예수 그리스도를 믿고 성경 교훈에 순종하는 자를 가리킨다. 의인이 환난에서 구원을 얻는다는 말은,

의인도 이 세상에서 환난을 당함을 전제한 말이다. 이 세상에는 환난이 많고 의인도 이 세상에 사는 동안 환난을 당한다. 그는 때때로 병에 걸리고 경제적 어려움을 당하며 사람들의 미움과 핍박을 당하고 죽음의 위험도 당한다. 이 모든 일 배후에는 마귀의 활동도 있다(욥 1, 2장).

그러나 의인은 환난에서 구원을 얻는다. 하나님께서 그를 지키시고 건지시기 때문이다. 잠언 11:6, "정직한 자는 그 의로 인하여 구원을 얻으려니와." 시편 34:19, "의인은 고난이 많으나 여호와께서 그 모든 고난에서 건지시는도다." 욥기 5:18-20, "하나님은 아프게 하시다가 싸매시며 상하게 하시다가 그 손으로 고치시나니 여섯 가지 환난에서 너를 구원하시며 일곱 가지 환난이라도 그 재앙이 네게 미치지 않게 하시며 기근 때에 죽음에서, 전쟁 때에 칼 권세에서 너를 구속(救贖)하실 터인즉." 사도 바울은 아시아에서 사형 선고를 받은 것 같은 심한 고생을 했지만, 하나님께서 그를 건지셨음을 간증했었다(고후 1:8-10).

본문은 악인이 와서 그를 대신한다고 말한다. 악인은 의인을 해치려고 음모를 꾸미지만, 하나님께서는 의인을 그 음모로부터 건져내시고 도리어 악인이 그 함정에 빠지게 하시는 것이다. 시편 7:15, "저가 웅덩이를 파 만듦이여, 제가 만든 함정에 빠졌도다." 모르드개를 나무에 달아 죽이려 계획했던 악한 하만은 도리어 자신이 그 나무에 달려 죽었고(에 7:9-10), 다니엘을 참소하여 사자굴에 던져 넣게 했던 자들도 그 처자들과 함께 사자굴에 던지워 죽임을 당하였다(단 6:24).

**〔9절〕 사특한 자는 입으로 그 이웃을 망하게 하여도 의인은 그 지식으로 말미암아 구원을 얻느니라.**

사특한 자는 입으로 그 이웃을 망하게 한다. '사특한 자'라는 원어(카네프 חָנֵף)는 3절과 6절의 '사특한 자'라는 말(보그딤 בֹּגְדִים)(배신자)과는 다른 말로서 '불경건한 자'라는 뜻이다(BDB, KB, NASB, NIV). 불경건한 자는 입으로 이웃을 망하게 하고 파괴시킨다. 그는 악하고 거짓되게 이웃을 비난하고 중상모략함으로 이웃의 명예를 훼손시키고 신임성을 떨어뜨리고 그를 사회에서 매장시키며 파괴시킨다. 오늘날 인터넷 '악플들'(악하고 거짓된 댓글들)은 이런 유의 것이다.

출애굽기 23:1, "너는 허망한 풍설을 전파하지 말며 악인과 연합하여 무함[모함]하는 증인이 되지 말라." 잠언 20:19, "두루 다니며 한담하는 자는 남의 비밀을 누설하나니 입술을 벌린 자를 사귀지 말지니라." 디도서 1:10-11, "복종치 아니하고 헛된 말을 하며 속이는 자가 많은 중 특별히 할례당 가운데 심하니 저희의 입을 막을 것이라. 이런 자들이 더러운 이를 취하려고 마땅치 아니한 것을 가르쳐 집들을 온통 엎드러치는도다." 사람의 모든 말은 심판날에 보응을 받는다(마 12:36).

그러나 의인은 그 지식으로 말미암아 구원을 얻는다. 의인은 하나님을 경외하고 계명에 순종하여 의롭게 사는 자이다. 의인은 하나님과 사람에 대해, 구원과 내세에 대해 바른 지식을 가진다. 믿음은 지식을 포함한다. 의인은 그 믿음의 지식으로 구원을 얻을 것이다. 느헤미야는, 산발랏과 도비야와 게셈이 그를 비난하며 느헤미야가 왕을 배반하고자 한다는 헛소문을 냈지만, 그들에게 대꾸하지 않았고 오직 하나님만 의지하고 자기의 할 일에 힘썼다. 하나님께서는 그를 그 원수들의 음모로부터 구원해주셨다.

**〔10절〕 의인이 형통하면 성읍이 즐거워하고 악인이 패망하면 기뻐 외치느니라.**

의인이 형통하면 성읍이 즐거워한다. 형통하다는 말은 몸의 건강, 사업의 번영, 직장에서의 승진 등 일이 잘되는 것을 말한다. 하나님을 경외하고 올바르게 사는 자들이 잘되면 성읍 사람들이 즐거워하는 것은 사람의 양심이 공의와 선과 진실을 다 원하기 때문일 것이다. 의인들이 잘되면 양심적인 무리들은 동감하여 기뻐하는 것이다. 또 의인이 사회의 지도자가 되면 그 사회는 공의와 공평이 시행되는 좋은 사회가 될 것이니 사람들은 더욱 기뻐할 것이다.

열왕기하 11:20에 보면, 유다 왕국에서 왕자들을 죽이고 불법하게 왕권을 취한 악한 여자 아달랴가 6년간 통치하던 중 경건한 대제사장 여호야다의 충성된 주선으로 정통 왕자 요아스가 왕위에 올랐을 때, 온 국민은 즐거워하였고 예루살렘 성이 평온했다. 또 에스더 8:15에 보면, 에스더 시대에 악한 신하 하만이 죽임을 당하고 모르드개가 왕 앞에 높임을 받았을 때도 수산성은 즐거이 부르며 기뻐하였다.

또 악인이 패망하면 기뻐 외친다. 악인들은 하나님을 경외치 않고 남을 해롭게 하는 자들이다. 그들은 의인들을 핍박한다. 패망한다는 것은 하나님께서 벌을 내려 무서운 병에 걸리든지, 세상에서 지위나 신분상에 큰 어려움을 당하고 마침내 죽는 것을 말할 것이다. 사람들은 악인들의 패망을 기뻐한다. 그들은 약자들이 무시당함과 핍박당함에서 놓여나고 억울한 일들이 갚음을 받고 사회에서 공의가 시행됨을 인해 기뻐하는 것이다. 사람들의 양심은 악인의 패망을 기뻐한다.

본문의 교훈을 정리해보자. <u>첫째로, 우리는 하나님 앞에서 정직한 자가 되고 배신자가 되지 말아야 한다.</u> 우리는 예수 그리스도를 믿고 의롭다 하심을 얻은 자로서 과거의 모든 악을 버리고 하나님의 계명 즉 성경의 교훈대로 순종하여 바르고 선하고 진실하게만 살아야 한다. 그것이 현세에서도 환난으로부터의 구원과 평안을 얻는 길이며 영생의 길이다.

<u>둘째로, 우리는 악인의 소망, 곧 물질적, 육신적, 세상적 소망을 버려야 하고 오직 의인의 소망, 영적, 천적 소망을 가져야 한다.</u> 우리는 하나님을 소망하며 그가 약속하신 예수 그리스도의 재림과 의인의 몸의 영광스런 부활과, 복되고 영광스런 천국에서 영생을 누릴 것을 소망해야 한다.

<u>셋째로, 우리는 세상에서 환난이나 악인들의 비방과 핍박을 두려워하지 말아야 한다.</u> 하나님께서는 살아계시다. 우리는 예수 그리스도의 대속으로 말미암아 받은 의 안에서 의롭고 바르고 선하고 진실하게만 살아야 한다. 우리가 바르고 선하게만 살면, 하나님께서는 우리에게 구원과 형통의 복을 주시며 다른 사람들에게도 구원의 기쁨을 나누게 하실 것이다.

## 11-15절, 말, 조언, 빚 보증

**〔11절〕 성읍은 정직한 자의 축원을 인하여 진흥하고 악한 자의 입을 인하여 무너지느니라.**

성읍은 정직한 자의 축원을 인해 진흥한다. 정직한 자는 하나님을 경외하며 그의 계명대로 정직하게 사는 자이다. 하나님의 계명의 내용은 사랑이므로 정직한 자는 다른 사람을 사랑하고 그의 인격과 권리를 존중하는 자이다. 하나님께서는 성읍을 위해 올리는 정직한 자의 기도를 잘 들어주신다. 마음 속에 악을 품고 하는 기도는 하나님께서 들어주지 않으시지만(사 59:1-3), 정직한 자의 기도는 잘 들어주신다. 의인들의 간구는 역사하는 힘이 많다(약 5:16).

성읍이 진흥한다는 말은 여러 방면에서 발전한다는 뜻이다. 이 세상 나라에는 각종 범죄가 있고 각 분야에 불법한 일들이 많이 있고 때때로 전쟁의 위험도 있다. 그러나 우리는 우리나라가 범죄가 없고 정치적, 경제적 어려움이 없고 전쟁이 없는 평안한 사회가 되기를 원한다. 성도들의 간절한 기도는 우리나라와 사회의 개선을 가져올 것이다.

그러나 성읍은 악한 자의 입을 인해 무너진다. 악한 자는 하나님을 무시하는 불경건한 자이며 도덕성이 없는 자이다. 그의 말들은 성읍을 파괴시킨다. 불경건한 자의 입은 이웃을 망케 한다(잠 11:9). 예컨대, 북한의 거짓 선전이 남한의 많은 사람들에게 잘못된 견해를 심어주었고 우리 사회를 혼란케 했다. 북한은 6.25전쟁을 일으켜 약 330만명의 동족을 죽게 했고 수많은 테러를 행했고 300만명의 인민을 굶어죽게 했고 자유와 인권 존중이 없는 사회임에도 불구하고, 그 사회가 이상적이며 남한이 미국의 식민지요 미국이 남북통일을 막는 자라고 선전해, 많은 사람들을 혼란시키고 남한을 공산주의화시키려 하고 있다.

**〔12절〕 그 이웃을 멸시하는 자는 지혜가 없거니와 명철한 자는 잠잠하느니라.**

'지혜가 없다'(카사르 레브 חֲסַר־לֵב)는 원어는 '마음이 없다, 생각이 없다'는 뜻이다. 이웃을 멸시하는 자는 겸손한 마음, 사랑의 마음, 지혜의 마음이 없는 자이다. 하나님께서는 죄인들을 사랑하시고 긍휼히 여기시고 오래 참으시며 용서하신다. 사람은 하나님의 마음을 본받아야 하는데, 이웃을 멸시하는 자는 그런 마음이 없는 자이다. 사람은 누구나 죄성이 있고 지식이나 의지력이 제한적이어서 부족한 언행이 많다. 그러므로 이웃을 멸시하는 자는 자신의 부족은 보지 못하고 남의 부족만 보는 자이며, 실상 교만하고 지혜가 없는 자이다.

주께서는 자기를 의롭다고 믿고 다른 사람을 멸시하는 자들을 위해 바리새인과 세리의 비유를 하셨다. 두 사람이 기도하러 성전에 올라갔다. 바리새인은 서서 자신을 세리와 구별하며 자신의 경건과 도덕성을 감사했다. 그러나 세리는 멀리 서서 가슴을 치며 "하나님이여, 불쌍히 여기옵소서. 나는 죄인이로소이다"라고 말하였다. 예수께서는 세리가 바리새인보다 의롭다 하심을 받았다고 말씀하셨다(눅 18:9-14).

본문은 그러나 명철한 자는 잠잠하다고 말한다. 그것은, 그가 이웃의 부족을 부족으로 알지 못해서가 아니고 사람이 누구나 다 부족함을 알기 때문이며, 또는 자신에게도 비슷한 부족이 있거나 더 큰 부족이 있음을 알기 때문일 것이다. 또 현재 그에게 그런 부족이 없다 할지라도, 자신도 언젠가 그런 부족과 연약에 떨어질 수 있음을 알기 때문이며, 또 시간이 지나면 그리고 하나님께서 은혜를 주시면, 그 이웃도 그 자신의 부족을 깨달을 수 있기 때문일 것이다. 또 그 명철한 자는 그 이웃을 불쌍히 여기고 동정하고 사랑하기 때문일 것이다.

**〔13절〕 두루 다니며 한담하는 자는 남의 비밀을 누설하나 마음이 신실한 자는 그런 것을 숨기느니라.**

'한담한다'는 원어(라키일 רָכִיל)는 '중상(中傷)하는 자'라는 뜻이다(BDB). '중상'(中傷)은 사실이 아닌 말로 남을 비방하는 것이다. 두루 다니며 남을 중상하고 헐뜯는 말을 하는 자는 악한 자이며 정직하지 못한 자이다. 남을 헐뜯는 말 하는 것 자체가 악한 일이다. 자기의 일에 충실한 사람은 남의 집에 두루 다닐 시간적 여유가 없을 것이다. 우리는 두루 다니며 쓸데없는 말, 거짓말, 더러운 말, 부덕한 말을 하지 않도록 조심해야 한다. 사람은 듣기는 속히 하고 말하기는 더디해야 한다(약 1:19). 또 말에 실수가 없는 자는 온전한 자이다(약 3:2).

본문은, 두루 다니며 남을 중상하는 자는 남의 비밀을 누설한다고 말한다. 사람에게는 종종 비밀이 있다. 그것은 그의 실수와 죄일 수도 있지만, 단순히 그의 약점일 수도 있다. 그것은 그에게 슬프고 고통스럽고 부끄러운 일일 수 있고, 또 그의 명예에 관계되는 일일 수도 있다. 그것은 대체로 남에게 알려지기를 원치 않는 내용일 것이다. 그러나 남을 중상하는 자는 그가 아는 남의 비밀을 감추어 두지 못한다. 그는 그것을 남을 깎아내리고 비난하는 데 사용하는 것이다.

본문은 그러나 마음이 신실한 자는 그것을 숨긴다고 말한다. 마음이 신실한 자는 믿을 만한 자, 진실한 자를 가리킨다. 마음이 신실한 자는 남의 비밀, 곧 남의 약점과 실수, 혹은 그의 개인적 은밀한 일을 숨긴다. 잠언 10:12, "미움은 다툼을 일으켜도 사랑은 모든 허물을 가리우느니라." 사랑은 허다한 허물까지도 덮는데, 하물며 남의 은밀한 일이랴. 사람이 알 권리를 주장하지만, 남의 비밀까지 다 알 권리를 가지지는 않는다. 이웃을 사랑하는 자는 남의 비밀을 숨긴다.

**〔14절〕 도략(韜略)**(타크불로스 תַּחְבֻּלוֹת)[조언](counsel)(BDB)**이 없으면 백성이 망하여도 모사가 많으면 평안을 누리느니라.**

도략은 좋은 조언을 뜻한다. 좋은 조언은 하나님의 진리에 부합하는 조언, 이성적이고 도덕적인 조언을 가리킨다. 나라가 어려울 때 좋은 조언이 없으면 백성이 망하지만, 좋은 조언자가 많으면 나라가 평안을 누릴 것이다. 우리나라의 평안을 위해서는 좋은 조언들이 필요하다.

우리나라는 도덕적 사회가 되어야 한다. 불법과 폭력, 음란과 거짓은 엄하게 처벌되어야 한다. 그것은 가정과 학교에서부터 이루어져야 한다. 학교 폭력은 근절되어야 하고 사회에서도 폭력이 용납되지 않아야 한다. 사회 각 분야에서 부정과 비리는 제거되어야 한다. 불량식품이 근절되어야 한다. 사회에 만연한 음란 풍조, 인터넷 음란물들, 공공연한 성매매업이 단속되어야 한다. 도덕성이 없는 사회는 망한다.

또 자유민주주의와 시장경제의 체제가 바르게 인식되고 강조되어야 한다. 또 자유와 인권 존중은 그 어떤 가치보다 귀한 가치이다. 우리는 북한의 사회주의, 공산주의자들의 적화(赤化)통일 계략을 경계해야 한다. 우리는 6.25전쟁의 원인과 그 처참함을 자녀들에게 바르게 가르쳐야 한다. 우리는 북한을 긍휼히 여기지만, 그 독재정권의 종교의 자유 탄압과 인권 탄압을 규탄해야 한다. 또 우리는 6.25전쟁 때 우리나라를 위해 희생하고 도왔던 미국과 자유 우방에 대해 참으로 감사해야 한다. 또 우리는 우리의 자유민주주의 체제와 종교의 자유와 경제 발전에 대해 이전 세대들에 대해 감사하는 마음을 가져야 한다.

**〔15절〕 타인을 위하여 보증이 되는 자는 손해를 당하여도 보증이 되기를 싫어하는 자는 평안하니라.**

타인을 위해 보증이 되는 자는 손해를 당한다. '타인'이라는 원어(자르 זָר)는 '낯선 자, 타인'이라는 뜻이다. 친구를 위한 재정 보증은 물어줄 만큼 가깝거나 물어줄 만큼 돈의 여유가 있다면 모르나 그렇지 않다면 낭패를 당할 각오를 해야 한다. 가족들 간의 보증도 물질적 손해와 정신적 고통을 얻는 경우가 없지 않다. 하물며 잘 모르는 사람들을 위한 보증은 말할 것도 없다.

그러므로 잠언 22:26-27은, "너는 사람으로 더불어 손을 잡지 말며 남의 빚에 보증이 되지 말라. 만일 갚을 것이 없으면 네 누운 침상도 빼앗길 것이라. 네가 어찌 그리하겠느냐?"고 말하였고, 잠언 6:1-5는, "내 아들아, 네가 만일 이웃을 위하여 담보하며 타인을 위하여 보증하였으면 네 입의 말로 네가 얽혔으며 네 입의 말로 인하여 잡히게 되었느니라. 내 아들아, 네가 네 이웃의 손에 빠졌은즉 이같이 하라. 너는 곧 가서 겸손히 네 이웃에게 간구하여 스스로 구원하되 네 눈으로 잠들게 하지 말며 눈꺼풀로 감기게 하지 말고 노루가 사냥꾼의 손에서 벗어나는 것같이, 새가 그물 치는 자의 손에서 벗어나는 것같이 스스로 구원하라"고 교훈하였다.

본문은 보증이 되기를 싫어하는 자는 평안하다고 말한다. 평안하다는 말은 안전하다는 뜻이다. 그러므로 대신 물어줄 만큼 가까운 사이이거나 돈의 여유가 있다면 보증을 서는 것이 가능하겠지만, 그렇지 않다면 재정 보증은 안 하는 것이 좋다. 재정 보증은 사랑의 행위일지는 몰라도 어리석은 행위이다. 교회 안에서는 성도들 간에는 순수한 신앙적 교제를 하고 돈 거래 같은 것은 하지 않는 것이 좋다. 성도는 자기의 경제 형편에 맞게 검소하게, 절약적이게 살아야 한다.

본문의 교훈을 정리해보자. 첫째로, 우리는 정직하게 살면서 우리나라를 위해 하나님의 긍휼과 자비를 구해야 한다. 성읍은 하나님을 경외하고 그의 계명대로 사는 성도들의 축원을 인해 발전할 것이다. 그러나 성도들은 우리나라를 허무는 악한 자들의 말들을 분별하고 배격해야 한다.

둘째로, 우리는 이웃의 실수나 부족을 볼 때 그를 멸시하지 말고 잠잠하며 그를 위해 하나님께 기도하고 우리 자신을 돌아보는 기회로 삼아야 하고, 더욱이 두루 다니며 거짓말로 남을 비방하지 말고 특히 남의 비밀을 누설하는 자가 되지 말고 도리어 그것을 숨기는 자가 되어야 한다.

셋째로, 경건하고 도덕적인 좋은 조언은 우리나라를 평안의 길로 이끈다. 우리나라뿐 아니라, 우리의 가정과 교회와 우리가 속한 단체를 위해서도 마찬가지이다. 우리는 잘못된 말을 하지 말고 바르고 선한 조언을 해야 한다. 우리는 특히 우리나라가 자유민주주의와 시장 경제의 틀 안에서 경건하고 도덕적인 나라가 되도록 전도하며 권하며 노력해야 한다.

넷째로, 우리는 가난한 이웃을 위한 구제가 선한 일이며 해야 할 일이지만, 남을 위해 재정 보증을 서거나 돈을 빌리거나 빌려주는 일을 하는 일은 피하는 것이 지혜로운 일이다. 성도의 교제는 순수해야 한다.

## 16-20절, 덕 있음, 인자, 의, 악, 온전함

**〔16절〕 유덕한 여자는 존영을 얻고 근면한 남자는 재물을 얻느니라.**

유덕한 여자는 존영을 얻는다. '유덕한'이라는 원어(켄 חֵן)는 '은혜, 덕, 아름다움'이라는 뜻이다. 이것은 단지 외적인 아름다움이 아니라, 내면적, 인격적 아름다움을 의미한다. 유덕한 여자 즉 덕 있는 여자는 하나님을 경외하고 그의 계명을 지키는 자이다. 잠언은 이런 여자를 현숙하고 덕행 있는 여자라고 부른다(잠 31:28-30). 여성도는 외모나 돈이나 옷과 집 등에 가치를 두지 말고 경건과 도덕성에 가치를 두어야 한다. 디모데전서 2:9-10, "이와 같이 여자들도 아담한[단정한] 옷을 입으며 염치와 정절로 자기를 단장하고 땋은 머리와 금이나 진주나 값진 옷으로 하지 말고 오직 선행으로 하기를 원하라. 이것이 하나님을 공경한다 하는 자들에게 마땅한 것이니라." 베드로전서 3:3-4, "너희 단장은 머리를 꾸미고 금을 차고 아름다운 옷을 입는 외모로 하지 말고 오직 마음에 숨은 사람(그의 인격성, 도덕성)을 온유하고 안정한 심령의 썩지 아니할 것으로 하라. 이는 하나님 앞에 값진 것이니라." 덕 있는 여자는 다른 사람들 앞에서, 곧 남편과 그 자녀들에게나 주위 사람들에게 존중히 여김과 칭찬과 좋은 평판을 얻을 것이다.

본문은 또 근면한 남자는 재물을 얻는다고 말한다. '근면한'이라는 원어(아리침 עָרִיצִים)는 '난폭한'(NASB), '무정한, 잔인한'(BDB, NIV)이라고 번역된다. 이것은 남자들이 돈을 벌기 위해 강한 몸과 마음을 가지고 일하는 모습을 나타내는 것 같다. 그들은 돈을 벌기 위해 때때로 무정하고 난폭한 자같이 행하기도 한다. 그러나 그런 남자가 돈은 많이 벌겠지만, 그것이 큰 가치가 되지는 못한다. 재물은 결코 마음의 평안, 몸의 건강, 삶의 행복, 특히 죄사함과 영생을 주지 못한다.

**〔17절〕 인자한 자는 자기의 영혼을 이롭게 하고 잔인한 자는 자기의 몸을 해롭게 하느니라.**

인자한 자는 자기 영혼을 이롭게 한다. 인자함은 남을 불쌍히 여기는 마음이다. 우리는 상대방의 처지를 생각할 줄 알아야 한다. 우리는 심지어 우리에게 악을 행하는 자들에게도 자비와 긍휼을 베풀어야 한다. 누가복음 6:27, "너희 듣는 자에게 내가 이르노니 너희 원수를 사랑하며 너희를 미워하는 자를 선대하라." 로마서 12:20, "네 원수가 주리거든 먹이고 목마르거든 마시우라. 그리함으로 네가 숯불을 그 머리에 쌓아 놓으리라." 인자한 자는 원수까지도 불쌍히 여긴다.

인자한 자가 자기 영혼을 이롭게 하는 것은 하나님의 긍휼과 사랑을 받고 마음에 평안과 기쁨과 힘을 얻기 때문일 것이다. 하나님께서는 인자한 자에게 복을 주신다. 시편 18:25, "자비한 자에게는 주의 자비하심을 나타내시며." 마태복음 5:7, "긍휼히 여기는 자는 복이 있나니 저희가 긍휼히 여김을 받을 것임이요." 인자한 삶은 복되다.

그러나 잔인한 자는 자기의 몸을 해롭게 한다. 잔인함은 무정하고 무자비함이다(롬 1:31). 잔인한 자는 양심의 가책으로 두려움과 불안을 가지며 마음의 평안과 기쁨을 잃어버린다. 미움과 분노의 감정이나 악한 감정은 몸에도 해가 된다. 또 그런 자에게 하나님의 심판과 징벌이 있을 것이다. 야고보서 2:13, "긍휼을 행하지 아니하는 자에게는 긍휼 없는 심판이 있으리라." 아합과 이세벨은 순진한 백성인 나봇의 포도원을 빼앗기 위해 나봇이 하나님과 왕을 저주하였다고 거짓 증거하는 거짓 증인 둘을 세워 그를 돌에 맞아 죽게 하고 그의 포도원을 빼앗았으나 그들은 마침내 비참한 죽음을 당하였다(왕상 21-22장).

**〔18절〕 악인의 삯은 허무하되 의를 뿌린 자의 상은 확실하니라.**

악인의 삯은 허무하다. '삯이 허무하다'는 원어(오세 페울랏 쇄케르 עֹשֶׂה פְּעֻלַּת שָׁקֶר)는 '거짓된 일을 한다'(KJV), '거짓된 삯을 얻는다'(NASB, NIV)는 뜻이다. 거짓된 일이란, 경건한 듯하지만 불경건하고, 기도하지만 형식적이고, 남을 축복하지만 속으로는 저주하고, 선을 행하는 듯하지만 실상 악을 행하는 것을 가리킨다. 악인의 수고는 현세적이며 육신적이며 쾌락적이며 이기적이다. 그것은 죄악되다. 그것은 의롭고 선한 일 같지만 실상 그렇지 않고 결국 자신을 속이는 일이며 헛된 일이다. 요한일서 2:16-17, "세상에 있는 모든 것이 육신의 정욕과 안목의 정욕과 이생의 자랑이니 다 아버지께로 좇아 온 것이 아니요 세상으로 좇아 온 것이라. 이 세상도, 그 정욕도 지나가되 오직 하나님의 뜻을 행하는 이는 영원히 거하느니라."

그러나 그와 반대로, 의를 뿌린 자, 즉 의를 행하는 자에게 확실한 보상이 있다. 성도의 의롭고 선한 행위는 하나님께서 기뻐하시고 칭찬하시고 그것에 대해 갚아주시며 상을 주실 것이다. 마태복음 6:3-4, "너는 구제할 때에 오른손의 하는 것을 왼손이 모르게 하여 네 구제함이 은밀하게 하라. 은밀한 중에 보시는 너의 아버지가 갚으시리라." 하나님께서는 믿고 순종하는 자에게 먹을 것과 입을 것도 주신다. 주께서는 "너희는 먼저 그의[하나님의] 나라와 그의 의를 구하라. 그리하면 이 모든 것을 너희에게 더하시리라"고 말씀하셨다(마 6:33). 심판 때에도 그러할 것이다. 요한계시록 22:12, "보라, 내가 속히 오리니 내가 줄 상이 내게 있어 각 사람에게 그의 일한 대로 갚아 주리라."

**[19절] 의를 굳게 지키는 자는 생명에 이르고 악을 따르는 자는 사망에 이르느니라.**

의를 굳게 지키는 자는 생명에 이른다. '의를 굳게 지키는 자'라는 원어(켄 체다카 כֵּן־צְדָקָה)는 '참된 의'라는 뜻이다(BDB). 본문은 "참된 의는 생명에 이른다"는 말이다. 참된 의는 거짓된 의, 외식적 의와 구별된다. 의는 하나님의 계명에 순종하는 것이다. 그것은 하나님의 말씀을 다 믿고 그의 계명대로 순종하며 행하는 것이다. 신명기 6:25, "우리가 그 명하신 대로 이 모든 명령을 우리 하나님 여호와 앞에서 삼가 지키면 그것이 곧 우리의 의로움이니라." 하나님의 계명의 요점은 사랑이다. 우리는 이웃을 사랑하고 선을 베풀 때 하나님의 계명을 지키는 것이며, 그것이 의이다.

의는 생명에 이른다. 율법의 원리가 그러하다. 사도 바울은 "하나님께서 각 사람에게 그 행한 대로 보응하시되 참고 선을 행하여 영광과 존귀와 썩지 아니함을 구하는 자에게는 영생으로 하시리라"고 말했다(롬 2:6-7). 물론, 예수 그리스도의 대속에 근거해 그를 믿는 자들에게 주신 의(義), 곧 믿음의 의는 신자를 영생으로 인도한다. 그러나 참된 믿음은 순종으로 표현된다. 성도의 삶은 하나님의 계명 즉 성경 교훈에 순종하여 거룩의 열매를 맺다가 영생에 들어가는 것이다(롬 6:22).

반면에, 악을 따르는 자는 사망에 이른다. 하나님의 계명을 어기는 모든 행위 즉 타인의 생명과 정조와 재산과 명예를 해치는 모든 행위가 악이다. 악인은 망하고 죽고 죽은 후 영원한 지옥 불못에 던지울 것이다. 요한계시록 21:8, "두려워하는 자들과 믿지 아니하는 자들과 흉악한 자들과 살인자들과 행음자들과 술객들과 우상숭배자들과 모든 거짓말 하는 자들은 불과 유황으로 타는 못에 참여하리니 이것이 둘째 사망이라." 그러므로 죄인에게 참된 회개와 믿음과 순종이 필요하다.

**〔20절〕 마음이 패려한 자는 여호와의 미움을 받아도 행위가 온전한 자는 그의 기뻐하심을 받느니라.**

마음이 패려한 자는 여호와께서 미워하신다. '패려하다'는 원어(익케쉬 עִקֵּשׁ)는 '패역하다'는 뜻이다. 그것은 성경의 교훈과 양심에 따라 바르고 선하게 행하지 않고 반항적이게 악하고 거짓되게 행하는 마음을 가리킨다. 하나님께서는 마음이 패역한 자, 곧 반항적이며 거짓된 마음을 가진 자를 미워하신다. 잠언 6:16-19는 하나님의 미워하시는 대표적 죄악 6, 7가지로 교만한 눈, 거짓된 혀, 무죄한 자의 피를 흘리는 손, 악한 계교를 꾀하는 마음, 빨리 악으로 달려가는 발, 거짓을 말하는 망령된 증인 등을 들었다. 또 잠언 8:13은, "나는 교만과 거만과 악한 행실과 패역한 입을 미워하느니라"고 말한다. 하나님께서는 사람의 반항적이고 악하고 거짓된 마음을 미워하신다.

그러나 행위가 온전한 자는 그의 기뻐하심을 받는다. 사람의 행위는 그의 마음의 표현이다. 온전함이라는 말은 흠과 점이 없고 책망할 것이 없는 상태를 말한다. 그것은 경건하고 의롭고 선하고 진실한 것을 말한다. 그것이 하나님의 형상의 모습이다. 구원의 목표인 완전 성화(完全聖化)는 하나님의 기쁘신 뜻이다. 하나님께서는 우리의 행위가 온전하기를 원하신다. 그는 우리가 모든 죄악에서 구원을 얻고 의롭고 선하고 진실한 행위의 열매로 그 구원을 증거하기를 원하신다. 경건과 도덕성, 즉 경건하고 거룩하고 정직하고 선하고 진실함은 사람의 사람다움의 중요한 내용이며 사람의 가치이다. 시편 119:1은 행위 완전하여 하나님의 법에 행하는 자가 복이 있다고 말한다.

본문의 교훈을 정리해보자. 첫째로, 유덕한 여자는 존영을 얻고 근면한 남자는 재물을 얻는다. 특히 여자들은 외모의 단장보다 자신의 인격성, 즉 자신의 경건과 의와 선에 가치를 두고 살아야 한다. 그것이 지혜롭고 능력 있고 덕 있는 자의 모습이다. 여성도는 그런 여자가 되어야 한다.

둘째로, 인자한 자는 자기 영혼을 이롭게 하고 잔인한 자는 자기 몸을 해롭게 한다. 하나님께서는 선하고 인자한 자에게 복과 평안을 주시지만, 잔인한 자를 미워하시고 벌주신다. 우리는 인자한 자가 되어야 한다.

셋째로, 악인의 삯은 허무하고 악을 따르는 자는 사망에 이를 것이지만 참된 의는 생명에 이르고 의를 뿌린 자의 상은 확실하다. 우리는 악인처럼 현세적, 육신적, 물질적 유익을 구하며 살지 말고 또 거기에 소망을 두지 말아야 한다. 그것은 다 거짓되고 헛되다. 그러므로 우리는 모든 악을 버리고 하나님의 말씀인 성경에 교훈된 대로 의와 선만 행하고 생명의 길을 붙들고 사망의 길을 버려야 한다. 우리는 하나님만 소망해야 하며 그의 계명, 곧 성경 교훈대로 정직하고 의롭고 선하게만 살아야 한다.

넷째로, 마음이 패역한 자는 하나님의 미움을 받아도 행위가 온전한 자는 그의 기뻐하심을 받는다. 우리는 하나님과 그의 계명에 대해 반항적이지 말고 그의 계명을 순종함으로 행위 온전한 자가 되어야 한다.

## 21-26절, 의인, 아름다움, 구제, 이웃 사랑

**〔21절〕 악인은 피차 손을** 잡을지라도 **벌을 면치 못할 것이나 의인의 자손은 구원을 얻으리라.**

'피차 손을 잡을지라도'라는 원문(야드 레야드 יָד לְיָד)은 '확실히'라는 뜻이라고 한다(KB, NASB, NIV). 악인은 확실히 벌을 면치 못할 것이다. 악인은 남을 해치는 자, 즉 말로나 물질로나 폭력으로 남을 해치는 자이다. 하나님께서는 살아계시며 공의로운 하나님이시며 악인의 악행을 다 보시고 아시고 판단하시고 노하셔서 악인의 악에 대해 보응하시고 벌하실 것이다. 하나님께서는 결코 악을 용납지 않으신다. 출애굽기 20:5, "나 여호와 너의 하나님은 질투하는 하나님인즉 나를 미워하는 자의 죄를 갚되 아비로부터 아들에게로 삼사대까지 이르게 하거니와." 시편 1:6, "대저 의인의 길은 여호와께서 인정하시나 악인의 길은 망하리로다."

그러나 의인의 자손은 구원을 얻을 것이다. 의인은 하나님을 경외하고 그의 계명대로 바로 살고자 하는 자이다. 의인에게도 때때로 어려운 일이 생긴다. 그것은 자신의 부족 때문에 오기도 하고 단순히 신앙 인격의 훈련을 위해 하나님께서 주시기도 한다. 그러나 하나님께서는 그 고난에서 항상 그를 건져주신다. 시편 34:19, "의인은 고난이 많으나 여호와께서 그 모든 고난에서 건지시는도다." 또한 그 고난은 그를 더욱 믿음 있게, 거룩하게, 겸손케 만든다. 의인은 자신 뿐만 아니라 그 자손들도 구원을 얻을 것이다. 하나님께서는 "나를 사랑하고 내 계명을 지키는 자에게는 천대(千代)까지 은혜를 베푸느니라"고 말씀하셨다(출 20:6). 다윗은 시편 37:25에서 "내가 어려서부터 늙기까지 의인이 버림을 당하거나 그 자손이 걸식함을 보지 못하였도다"고 말했다.

**〔22절〕 아름다운 여인이 삼가지 아니하는 것은 마치 돼지코에 금고리 같으니라.**

이것은 외적인 아름다움의 가치와 내면적 아름다움의 가치를 대조해 말한 것이다. 세상 사람들은 대체로 외적인 아름다움에 큰 가치를 둔다. 세상 사람들은 사람의 외모, 즉 아름다운 얼굴, 고운 피부, 균형 잡힌 몸매 등 외적인 아름다움을 크게 여기고 원한다. 그래서 여인들은 규칙적인 운동을 하고 먹는 것도 절제하며 다이어트를 하고 비싼 화장품을 쓰고 피부 관리를 하고 성형 수술까지 한다.

물론 외적 아름다움도 하나님께서 주신 것이다. 하나님께서 창조하신 세상은 아름다운 세상이다. 사람의 본래의 모습은 매우 아름다웠을 것이다. 아브라함이 그 아내 사라의 나이 65세 때에 그에게 "나 알기에 그대는 아리따운 여인이라"고 말한 것을 보면(창 12:11), 아브라함의 아내 사라는 아름다웠다. 야곱이 사랑하였던 아내 라헬도 곱고 아름다웠다(창 29:17). 경건한 욥의 딸들도 아름다웠고(욥 42:15), 믿음 있는 에스더도 용모가 곱고 아름다운 처녀이었다(에 2:7).

그러나 성경은 사람의 참 가치를 외적인 데 두지 않는다. "아름다운 여인이 삼가지 아니하는 것은 마치 돼지코에 금고리 같으니라"는 말은 사려 깊게 행동치 않는 여인의 외적인 아름다움이 돼지코에 단 금고리에 불과하다는 뜻이다. 사람에게 내면적, 인격적 아름다움은 외적인 아름다움보다 훨씬 크다는 뜻이다. 그러므로 잠언 31:30은 "고운 것도 거짓되고 아름다운 것도 헛되나 오직 여호와를 경외하는 여자는 칭찬을 받을 것이라"고 말한다. 사도 바울과 사도 베드로도 여자들이 외모 단장보다 염치와 정절과 선행으로 그리고 온유하고 조용함으로 자신을 단장하라고 교훈하였다(딤전 2:9; 벧전 3:3-4).

**〔23절〕 의인의 소원은 오직 선하나 악인의 소망은 진노를 이루느니라.**

의인의 소원은 오직 선하다. 의인은 하나님을 경외하고 그의 계명에 순종하여 의롭고 선하게 사는 자를 가리킨다. 의(義)는 하나님의 계명대로 사는 것이며 그의 계명의 내용은 사랑이다. 그것은 하나님을 사랑하고 이웃을 사랑하라는 것이다. "의인의 소원이 오직 선하다"는 말은 의인의 소원하는 내용이 선할 뿐 아니라, 또한 그 결과도 선하다는 뜻이라고 본다. 하나님의 계명에 순종하여 하나님을 사랑하고 이웃을 사랑하는 의인들의 소원은 선한 내용일 수밖에 없다. 그들은 하나님을 위해 살고 하나님께 영광이 되는 소원을 가진다. 또 그들은 다른 사람들에게 유익을 주는 소원을 가진다. 즉 그들은 부모를 섬기며 가족들을 돌아보기를 원하며 다른 사람들에게 선을 베풀기를 원하는 것이다.

의인의 소원은 이처럼 그 내용이 선할 뿐 아니라, 그 결과도 선하다. 왜냐하면 하나님께서 그의 소원을 기쁘게 들으시고 응답하실 것이기 때문이다. 하나님의 뜻은 우리가 선하게 사는 것이다. 선행은 신앙의 열매이다. 그러므로 우리가 선하게 살기를 소원할 때 하나님께서는 그 소원을 기쁘게 받으시고 응답하시는 것이다. 의인의 소원은 좋은 결과를 얻을 것이다. 그것은 선하게 이루어질 것이다.

그러나 악인의 소망은 진노를 이룬다. 이 말씀은 앞부분과 대조를 이룬다. 소망은 소원과 비슷한 뜻이다. 악인의 소망은 그 내용이 악할 뿐 아니라 그 결과도 나쁘다. 악인은 이기적이고 남에게 해를 끼친다. 그는 하나님의 뜻과 반대로 행하며 하나님의 영광을 가린다. 아합의 욕심은 나봇의 포도원을 빼앗는 것이었다. 가룟 유다의 소원은 돈이었다. 헤롯의 소망은 세상 권력과 명예, 또 물질적 부귀와 영광이었다. 그러나 그것들은 다 하나님의 진노를 이루었다.

**〔24-25절〕 흩어** 구제하여도 **더욱 부하게 되는 일이 있나니 과도히 아껴도 가난하게 될 뿐이니라. 구제를 좋아하는 자는 풍족하여질 것이요 남을 윤택하게 하는 자는 윤택하여지리라.**

본문은 구제를 교훈하며 권장한다. 율법은 구제를 교훈한다. 신명기 15:10-11, "너는 반드시 그에게 구제할 것이요, 구제할 때에는 아끼는 마음을 품지 말 것이니라. 이로 인하여 네 하나님 여호와께서 네 범사와 네 손으로 하는 바에 네게 복을 주시리라. 땅에는 언제든지 가난한 자가 그치지 아니하겠으므로 내가 네게 명하여 이르노니 너는 반드시 네 경내 네 형제의 곤란한 자와 궁핍한 자에게 네 손을 펼지니라."

신약성경도 구제를 강조한다. 주께서는 구제를 교훈하셨다. 누가복음 12:33, "너희 소유를 팔아 구제하여 낡아지지 아니하는 주머니를 만들라. 곧 하늘에 둔 바 다함이 없는 보물이니." 고린도후서 8:7, "오직 너희는 믿음과 말과 지식과 모든 간절함과 우리를 사랑하는 이 모든 일에 풍성한 것같이 이 은혜[구제 헌금]에도 풍성하게 할지니라." 신약성경이 말하는 헌금은 전도와 구제를 위한 것이다. 요한일서 3:17-18, "누가 이 세상 재물을 가지고 형제의 궁핍함을 보고도 도와줄 마음을 막으면 하나님의 사랑이 어찌 그 속에 거할까보냐? 자녀들아, 우리가 말과 혀로만 사랑하지 말고 오직 행함과 진실함으로 하자."

구제에 대해 풍성한 복이 약속되어 있기 때문에 성도는 구제를 많이 한다고 해서 가난해지지 않는다. 신명기 15:10, "이로 인하여 네 하나님 여호와께서 네 범사와 네 손으로 하는 바에 네게 복을 주시리라." 잠언 19:17, "가난한 자를 불쌍히 여기는 것은 여호와께 꾸이는 것이니 그 선행을 갚아 주시리라." 마태복음 6:3-4, "너는 구제할 때에 오른손의 하는 것을 왼손이 모르게 하여 네 구제함이 은밀하게 하라. 은밀한 중에 보시는 너의 아버지께서 [드러나게](전통본문) 갚으시리라."

**〔26절〕 곡식을 내지 아니하는 자는 백성에게 저주를 받을 것이나 파는 자는 그 머리에 복이 임하리라.**

곡식을 내지 아니하는 자는 백성에게 저주를 받을 것이다. 곡식을 내지 않으면 이웃이 굶게 되고 죽게 된다. 그것은 자기 배만 위하는, 즉 자기 생명, 자기 건강, 자기 행복만 추구하는 이기적인 일이다. 그것은 남을 배려하지 않는, 사랑 없는 행동이다. 먹을 것이 없는 이웃에게 구제하기는커녕 자기가 가진 것을 남에게 파는 행위도 거부하는 이기적인 사람에 대하여 사람들은 "혼자 실컷 먹고 배가 터져 죽어라"고 저주할 것이다. 그러나 자신이 저장한 곡식을 파는 자는 그 머리에 복이 임할 것이다. 사람들은 그를 기뻐하며 축복하고 하나님께서도 그에게 복을 주실 것이다.

사람은 서로 의지하며 함께 사는 사회적 존재이다. 만일 사람들이 남을 위하는 물건을 만들지 않거나 그것을 시장에 팔려고 내놓지 않으면, 우리는 당장 매우 불편한 생활을 할 것이다. 오늘날 시장이라는 것 자체가 사람이 함께 사는 존재임을 증거한다. 하나님께서는 우리가 남을 배려하는 사랑의 마음을 가지기를 원하신다. 그것이 구제의 정신이기도 하다. 우리는 자기가 넉넉히 가진 것을 서로 나누며 살아야 하고 또 어려운 이웃에게 구제하며 살아야 한다. 율법은 반드시 구제하라고 가르쳤다. 세례 요한은 옷 두 벌 있는 자는 옷 없는 자에게 나눠주고 먹을 것이 있는 자도 그렇게 하라고 말했다(눅 3:11). 사도시대의 예루살렘 교회 교인들은 모든 물건을 서로 통용하고 재산과 소유를 팔아 각 사람의 필요를 따라 나눠주었다(행 2:44-45; 4:32).

본문의 교훈을 정리해보자. 첫째로, 악인은 반드시 벌을 받으나 의인의 자손은 구원을 얻는다. 말로나 물질로나 폭력으로 남을 해치는 악한 자는 하나님의 벌을 받으나, 의로운 자의 자손은 환난에서 구원을 얻는다.

둘째로, 아름다운 여인이 삼가지 않는 것은 마치 돼지코에 금고리 같다(22절). 여성도들은 외적 단장에 마음을 쓰지 말고 내면적 인격성, 즉 경건하고 거룩하고 의롭고 선한 인격이 되기 위해 마음을 써야 한다.

셋째로, 의인의 소원은 오직 선하나 악인의 소망은 진노를 이룬다. 우리는 악인처럼 이기적인 세상적, 물질적 소원을 버리고 하나님께 영광이 되고 남에게 유익을 주고 자신에게도 복된 선한 소원을 가져야 한다.

넷째로, 흩어 구제하여도 더욱 부하게 되는 일이 있으며 과도히 아껴도 가난하게 될 뿐이다. 구제를 좋아하는 자는 풍족하여지고 남을 윤택케 하는 자는 윤택해질 것이다. 우리는 구제가 하나님의 뜻임을 알고 구제에 힘쓰고 이기적이게 살지 말고 서로 돌아보며 서로 도우며 살아야 한다.

## 27-31절, 선한 자, 의인, 지혜자

**〔27절〕 선을 간절히 구하는 자는 은총을 얻으려니와 악을 더듬어 찾는 자에게는 악이 임하리라.**

선을 간절히 구하는 자는 은총을 얻는다. 선은 남에게 유익을 주는 것, 즉 말로나 물질로나 힘으로 남을 돕는 것을 가리킨다. 선을 간절히 구하는 것은 선을 행하기 위해 시간을 들이고 돈을 쓰고 손으로 수고하는 것을 말한다. 이런 사람은 하나님께와 사람들에게 은총과 사랑을 받을 것이다. 잠언 3:3, "인자와 진리로 네게서 떠나지 않게 하고 그것을 네 목에 매며 네 마음판에 새기라. 그리하면 네가 하나님과 사람 앞에서 은총과 귀중히 여김을 받으리라." 잠언 19:17, "가난한 자를 불쌍히 여기는 것은 여호와께 꾸이는 것이니 그 선행을 갚아 주시리라." 누가복음 6:38, "주라. 그리하면 너희에게 줄 것이니 곧 후히 되어 누르고 흔들어 넘치도록 하여 너희에게 안겨 주리라."

그러나 악을 좇는 자에게는 악이 임할 것이다. 악이라는 원어(라아 רָעָה)는 도덕적 악과 물질적, 환경적 악 곧 재난을 다 의미한다. 도덕적 악은 하나님의 법을 어기고 남에게 해를 주는 일을 가리킨다. 이런 자에게는 물질적, 환경적 악 곧 재난이 임할 것이다. 잠언 13:21, "재앙은 죄인을 따르고 선한 보응은 의인에게 이르느니라." 잠언 14:32, "악인은 그 환난에 엎드러져도 의인은 그 죽음에도 소망이 있느니라." 로마서 2:9, "악을 행하는 각 사람의 영에게 환난과 곤고가 있으리라."

**〔28절〕 자기의 재물을 의지하는 자는 패망하려니와 의인은 푸른 잎사귀 같아서 번성하리라.**

자기의 재물을 의지하는 자는 패망한다. 돈은 사람의 삶에 필요하고 유용한 수단이지만 하나님을 대신할 수 없다. 돈이 있으면 좋은 음식을 먹고 좋은 옷이나 차나 집을 살 수 있지만, 돈이 할 수 없는 것들이 있다. 돈은 사람의 죽음을 막고 생명을 지켜주지 못한다. 돈은 사람에게 죄사함과 의를 줄 수 없다. 죄인들은 돈으로 천국에 들어갈 자격을 얻지 못한다. 그러므로 재물을 의지하는 자는 패망한다.

돈은 성도에게 큰 시험거리와 유혹물이 된다. 돈은 사람을 교만하게 만들고 사람을 해이하고 방탕하게 만든다. 디모데전서 6:9-10, "부하려 하는 자들은 시험과 올무와 여러 가지 어리석고 해로운 정욕에 떨어지나니 곧 사람으로 침륜과 멸망에 빠지게 하는 것이라. 돈을 사랑함이 일만 악의 뿌리가 되나니 이것을 사모하는 자들이 미혹을 받아 믿음에서 떠나 많은 근심으로써 자기를 찔렀도다." 그러므로 돈을 의지하거나 거기에 소망을 두는 것은 매우 어리석은 일이다. 디모데전서 6:17, "네가 이 세대에 부한 자들을 명하여 마음을 높이지 말고 정함이 없는 재물에 소망을 두지 말고 오직 우리에게 모든 것을 후히 주사 누리게 하시는 하나님께 두게 하라."

그러나 의인, 곧 돈을 의지하지 않고 하나님을 의지하고 그의 계명을 지키는 자는 푸른 잎사귀같이 번성할 것이다. 신명기 28장에 약속된 복은 오늘날에도 유효하다. 시편 1:3은, "저는 시냇가에 심은 나무가 시절을 좇아 과실을 맺으며 그 잎사귀가 마르지 아니함 같으니 그 행사가 다 형통하리로다"고 말했고, 또 잠언 4:18은, "의인의 길은 돋는 햇볕 같아서 점점 빛나서 원만한 광명에 이른다"고 말했다.

**〔29절〕 자기 집을 해롭게 하는 자의 소득은 바람이라. 미련한 자는 마음이 지혜로운 자의 종이 되리라.**

자기 집 곧 자기의 가정과 가족들을 해롭게 하는 자의 소득은 바람이다. '해롭게 한다'는 원어(<u>아카르</u> עָכַר)는 '소란하게 한다, 괴롭힌다, 근심과 고통을 준다'는 뜻이다. 자기 집을 소란하게 하고 괴롭힌다는 말은 가족들에게 거칠게 대하고 가족들을 미워하고 비인격적인 말이나 행동을 하고 구타하고 경제적 책임을 다하지 않는 것 등을 말할 것이다. 이것은 아버지와 어머니로서의 기본적 의무, 즉 온유하고 겸손한 마음과 사랑을 가지고 가족들을 평안케 하고 즐겁게 하고 행복하게 해야 하는 기본적 의무를 저버린 행동이다.

자기 집을 괴롭히는 자의 소득이 바람이라는 것은 남는 것이 없다는 뜻이다. 그것은 열심히 일하고 수고하여 얻은 소득을 잃어버리는 것과 같다. 가정의 행복의 요소는 부부가 사랑하면서 함께 늙고 자녀들이 효도하고 몸의 건강, 물질적 여유를 가지는 것 등이다. 그러나 가족들을 괴롭히는 자는 가정의 파탄, 곧 가족관계의 파탄을 경험할 것이며, 부부의 이혼이나 가족들의 뿔뿔이 흩어짐, 또 자녀들의 방탕과 부모 거역이 있을 것이다. 이것은 주로 남편들에게 해당하는 교훈이지만, 아내들에게나 자녀들에게도 적용될 수 있을 것이다.

그런 미련한 자는 마음이 지혜로운 자의 종이 될 것이다. 하나님을 경외함이 없고 그의 계명들에 순종함이 없고 교만하고 강포하고 자기 집을 해롭게 하는 자는 미련한 자이며 그런 미련한 자는 일시적으로 성공할지 몰라도 결국 실패하고 말 것이다. 그는 사람들의 지도자가 되지 못하고 사람들, 특히 지혜자들, 즉 하나님을 경외하고 그의 계명에 순종하며 겸손과 온유, 사랑과 의, 선과 진실을 행하는 자들의 종이 될 것이다(신 28:43-44).

**[30절] 의인의 열매는 생명나무라. 지혜로운 자는 사람을 얻느니라.**

의인의 열매는 생명나무이다. 생명나무는 생명을 주고 생명을 윤택하게 하는 것을 상징할 것이다. 하나님을 경외하고 믿고 의지하며 그의 계명대로 의와 선을 행하는 의인이 맺는 열매나 받는 보상은 생명이다. 본인이 생명을 얻고 그 생명의 강건함 즉 심령의 평안과 몸의 건강을 얻고 영생에 이를 것이다. 악인에게는 평안이 없으나 의인에게는 강물 같은 평안이 있다. 또 의인에게는 몸의 건강도 보장된다. 잠언 3:7-8, "여호와를 경외하며 악을 떠날지어다. 이것이 네 몸에 양약이 되어 네 골수로 윤택하게 하리라." 죄의 값은 죽음이다. 그것은 근심 걱정과 질병과 가난을 포함할 것이다. 그러나 의의 결과는 생명이다.

그것은 평안과 건강과 영생을 포함한다. 로마서 2:7, "참고 선을 행하여 영광과 존귀와 썩지 아니함을 구하는 자에게는 영생으로 하시고."

또 지혜로운 자는 사람을 얻는다. '사람을 얻는다'는 원어는 '영혼들을 얻는다'는 뜻이다. 하나님을 경외하고 의롭게 사는 의인이 지혜자이며, 그는 영혼들을 얻을 것이다. 물론, 지혜로운 자는 그를 사랑하고 아끼고 협력할 진실한 친구들과 동료들을 얻을 것이다. 사도 바울에게는 그리스도의 일을 구하는 디모데(빌 2:20-22)나 자기 목이라도 내어놓으려 한 브리스길라와 아굴라(롬 16:3-4)나 그를 위로한 오네시보로(딤후 1:16) 같은 동료들이 있었다. 그러나 '영혼들을 얻는다'는 말은 영혼들을 구원한다는 뜻을 가진다고 본다. 지혜자는 영혼들을 하나님께로, 의의 길로, 생명의 길로 인도할 것이다. 그는 자기 자신만 영원한 생명을 누리지 않고 다른 사람들도 영생의 길로 이끌 것이다(단 12:3). 의인은 자신도 살고 다른 사람들도 살리는 자가 될 것이다.

**〔31절〕 보라, 의인이라도 이 세상에서 보응을 받겠거든 하물며 악인과 죄인이리요.**

하나님께서는 공의의 하나님이시며 공의로 보응하신다. 즉 선한 자에게는 상을 주시고 악한 자에게는 벌을 주신다. 사람은 도덕적 존재이며 자신의 잘못에 대해 도덕적 혹은 사법적 책임을 져야 한다.

하나님의 심판은 한 순간도 놓침이 없이 진실하시다. 욥기 7:17-18, "사람이 무엇이관대 주께서 크게 여기사 그에게 마음을 두시고 아침마다 권징하시며 분초마다 시험하시나이까?" 갈라디아서 6:7, "스스로 속이지 말라. 하나님은 만홀히 여김을 받지 아니하시나니 사람이 무엇으로 심든지 그대로 거두리라." 심는 대로 거두는 것은 자연의 이치인 동시에 도덕 세계의 이치이다. 하나님의 심판은 공의로우시다.

하나님께서는 결코 자기 백성의 죄를 묵과하지 않으신다. 베드로전서 4:17, "하나님 집에서 심판을 시작할 때가 되었나니 만일 우리에게 먼저 하면 하나님의 복음을 순종치 아니하는 자들의 그 마지막이 어떠하며." 하나님을 경외했던 다윗이 간음과 살인의 큰 죄를 범하였을 때 하나님께서는 그의 집에 칼이 떠나지 않는 벌을 내리셨다. 그의 아들 암논은 이복여동생 다말을 강간하였고 그의 오빠 압살롬은 그 형 암논을 죽였고 또 후에 아버지 다윗에게 반기(叛旗)를 들었다.

징계는 하나님의 사랑의 표이며 또한 하나님의 자녀된 표이기도 하다. 히브리서 12:6, 8, "주께서 그 사랑하시는 자를 징계하시고 그의 받으시는 아들마다 채찍질하심이니라 하였으니," "징계는 다 받는 것이거늘 너희에게 없으면 사생자요 참 아들이 아니니라." 의인에게도 이런 징벌이 있다면, 하물며 악인들이 하나님께 받을 보응은 얼마나 더 엄한 것이랴! 악인의 결국은 멸망 곧 지옥 불못이다(계 21:8).

본문의 교훈을 정리해보자. 첫째로, 우리는 결코 악을 계획하는 자가 되지 말고, 선을 간절히 구하는 자가 되어야 한다. 우리는 섭리자와 심판자이신 하나님의 공의의 보응을 믿어야 한다. 공의의 하나님께서는 악을 계획하고 행하는 자들에게 반드시 그 악에 합당한 벌을 내리실 것이다.

둘째로, 우리는 멸망케 하는 허무한 돈을 의지하거나 사랑하지 말고 오직 섭리자 하나님만 의지하고 그의 뜻에 순종하여 의를 행해야 한다. 돈을 의지하고 사랑하는 자는 돈과 함께 멸망할 것이다. 그러나 하나님을 의지하고 사랑하는 자는 하나님의 나라에서 영생 복락을 누릴 것이다.

셋째로, 자기의 집을 해롭게 하는 자의 소득은 바람이며 미련한 자는 지혜로운 자의 종이 된다. 우리는 하나님을 경외함으로 지혜를 얻고 온유와 겸손, 의와 선과 진실함으로 우리 자신의 집을 평안하고 즐겁고 행복하게 해야 한다. 평안과 즐거움의 복은 오직 하나님께서 주신다.

넷째로, 의인의 열매는 생명나무이며 지혜자는 사람을 얻는다. 예수님 믿고 의롭다 하심을 얻고 의를 행하는 자는 영생에 이르는 지혜자이며 그는 죄 가운데서 멸망할 자들을 구원해 내어 영생에 이르게 한다.

다섯째로, 의인이라도 세상에서 보응을 받는다. 그러므로 우리는 죄를 짓지 말고 바르게만 살아야 한다. 그것이 평안의 길이며 영생의 길이다.

# 12장: 어진 여인, 지혜자의 혀, 근면

## 1-4절, 훈계, 선인, 의인, 어진 여인

〔1절〕 **훈계**(무사르 מוּסָר)[혹은 '징계'(discipline](BDB, NASB, NIV)**를 좋아하는 자는 지식을 좋아하나니 징계**(토카카스 תּוֹכַחַת)[책망](BDB, NASB)**를 싫어하는 자는 짐승과 같으니라.**

훈계를 좋아하는 자는 지식을 좋아한다. 훈계는 하나님의 뜻 곧 의(義)를 알게 하고 하나님의 뜻에 어긋나는 죄악을 지적하고 책망하며 하나님의 뜻대로 살라고 권면하고 인도하는 것이다. 훈계하기를 좋아하는 자는 지혜와 지식과 영혼 사랑과 용기가 있는 자이며, 훈계받기를 좋아하는 자도 훈계의 목적과 하나님의 은혜를 이해하고 하나님의 훈계를 겸손히 받고 참는 마음이 있는 자이다. 잠언 3:11-12, "내 아들아, 여호와의 징계[훈계]를 경히 여기지 말라. 그 꾸지람을 싫어하지 말라. 대저 여호와께서 그 사랑하시는 자를 징계하시기를 마치 아비가 그 기뻐하는 아들을 징계함같이 하시느니라."

그러나 책망을 싫어하는 자는 짐승과 같다. 그는 지혜가 없고 어리석다. 왜냐하면 그는 하나님의 뜻대로 바르게 사는 데 관심이 없고 죄를 버리고 멀리하는 마음이 없기 때문이다. 그는 하나님을 기쁘시게 하지 못한다. 하나님께서는 만복의 근원이시며, 죄는 불행의 원인이다. 하나님을 경외하지 않고 죄를 버리지 못한 자는 현세에서 평안을 얻지 못하고 마지막 날 하나님의 심판과 징벌을 피할 수 없다.

〔2절〕 **선인(善人)은 여호와께 은총**(라촌 רָצוֹן)[은총, 기쁨, 호의, 사랑]**을 받으려니와 악을 꾀하는 자는 정죄하심을 받으리라.**

선인(善人)은 여호와께 은총을 받는다. 선은 도덕적 이상에 맞는 것이다. 선과 의는 내용이 같다. 또 선은 다른 이에게 유익을 주며 사랑과 친절을 베푸는 것이다. 하나님의 은총을 받는다는 말은 하나님께서 기뻐하시고 더욱 사랑하시고 호의를 베푸신다는 뜻이다.

하나님께서는 우리가 선하고 착하고 좋은 사람이 되기를 원하신다. 호세아 6:6, "나는 인애를 원하고 제사를 원치 아니하며." 미가 6:8, "사람아, 주께서 선한 것이 무엇임을 네게 보이셨나니 여호와께서 네게 구하시는 것이 오직 공의를 행하며 인자(仁慈)를 사랑하며 겸손히 네 하나님과 함께 행하는 것이 아니냐?" 마태복음 5:14-16, "너희는 세상에 빛이라. 산 위에 있는 동네가 숨기우지 못할 것이요 사람이 등불을 켜서 말 아래 두지 아니하고 등경 위에 두나니 . . . . 이같이 너희 빛을 사람 앞에 비취게 하여 저희로 너희 착한 행실을 보고 하늘에 계신 너희 아버지께 영광을 돌리게 하라." 디도서 2:14, "그가 우리를 대신하여 자신을 주심은 모든 불법에서 우리를 구속(救贖)하시고 우리를 깨끗하게 하사 선한 일에 열심하는 친 백성이 되게 하려 하심이니라." 천국은 선한 사람들, 착한 사람들이 사는 곳이다(롬 2:7; 14:17).

그러나 악을 꾀하는 자는 정죄하심을 받을 것이다. 로마서 1:28-32에 보면, 추악, 악의가 가득한 자, 악독이 가득한 자, 악을 도모하는 자 등이 하나님께 정죄받을 죄악의 목록에 포함되어 있다. 하나님께서는 악과 불의를 따르는 자들에게는 이 세상에서뿐 아니라, 또한 마지막 날에도 노와 분으로 심판하실 것이다(롬 2:8).

**〔3절〕 사람이 악으로 굳게 서지 못하나니 의인의 뿌리는 움직이지 아니하느니라.**

사람은 악으로 굳게 서지 못한다. 무엇이 악인가? 불경건과 부도덕이 악이다. 무신론, 하나님께 예배드리지 않는 것, 안식일 없이 사는 것, 우상숭배 등이 악이며, 또 부모 거역, 살인, 간음, 도적질, 거짓말이 등이 악이다. '굳게 서지 못한다'는 말은 안정을 얻지 못한다, 평안하지 못하다는 뜻이다. 악인은 평안하지 못하다. 시편 1:4-5, "악인은 그렇지 않음이여, 오직 바람에 나는 겨와 같도다. 그러므로 악인이 심판을 견디지 못하며 죄인이 의인의 회중에 들지 못하리로다." 악인은 건강도, 경제도, 가정도, 사회도 평안치 못하다. 악인은 병에 걸리고 경제적 궁핍을 당하며 그 사회는 전쟁을 경험할 것이다. 악인에게는 평안이 없다. 이사야 48:22, "여호와께서 말씀하시되 악인에게는 평강이 없다 하셨느니라." 이사야 57:21, "내 하나님의 말씀에 악인에게는 평강이 없다 하셨느니라." 레위기 26장이나 신명기 28장에서 하나님께서는 그것을 경고하셨고, 이스라엘 역사는 그것을 증거하였다.

그러나 의인의 뿌리는 움직이지 않는다. 의인은 하나님을 경외하고 그의 계명을 지키며 의와 선을 행하는 자, 오늘날로 말하면 예수 그리스도를 믿고 의와 사랑을 실천하는 자를 말한다. 뿌리가 움직인다는 말은 뿌리가 뽑혀 나무가 죽는다는 뜻이고, 뿌리가 움직이지 않는다는 말은 뿌리가 깊이 박혀 있어 안전하다는 뜻이다. 의인에게는 평안이 있고 안정이 있다. 평안이라는 말 속에는 건강도, 경제적 안정과 번영도, 사회적 평안도 포함된다. 의인은 건강하고 물질적 여유도 있으며 가정적 평안과 사회적 평안도 있다.

**〔4절〕 어진 여인은 그 지아비[남편]의 면류관이나 욕을 끼치는 여인은 그 지아비[남편]로 뼈가 썩음 같게 하느니라.**

어진 여인은 남편의 면류관이다. '어질다'는 원어(<u>카일</u> חַיִל)는 '힘, 능력, 덕'이라는 뜻이다. 잠언 31:10에서는 '현숙한 [여인]'이라고 번역했다. 영어 성경들은 '덕 있는 아내'(KJV), '훌륭한 아내'(NASB) 등으로 번역했다. '어진 여인'은 덕과 능력을 가진 여인, 즉 지혜, 사리판단력, 실천 능력을 가진 여인이다. 그는 돕는 자로서 아내의 역할을 잘 감당하는 자 즉 좋은 아내, 훌륭한 아내이다. 그는 집안일뿐 아니라, 또한 자녀 관리도 잘한다. 어진 여인은 그 남편의 면류관, 즉 그는 그 남편의 자랑과 기쁨이다. 잠언 31:10에는 현숙한 여인은 진주보다 귀하다고 표현하였다. 또 현숙한 여인은 온 동네에 알려지기도 한다. 룻기에 보면, 보아스는 나오미의 며느리 룻이 현숙한 여자인 줄을 유다 베들레헴 성읍 백성이 다 안다고 증거하였다(룻 3:11).

그러나 욕을 끼치는 여인은 남편으로 뼈가 썩음 같게 한다. 욕을 끼친다는 말은 남편을 부끄럽게 한다는 뜻이다. 그것은 남편을 무시하고 그에 대해 불만하고 불평하며 남편과 다툼을 가리킬 것이다. 성경은 남편이 자기 아내의 머리라고 말하며 아내는 자기의 남편을 주님처럼 존중하라고 가르친다. 고린도전서 11:3, "여자의 머리는 남자요." 에베소서 5:22-23, "아내들이여, 자기 남편에게 복종하기를 주께 하듯하라. 이는 남편이 아내의 머리됨이 그리스도께서 교회의 머리됨과 같음이니 그가 친히 몸의 구주시니라." 욕을 끼치는 여인은 그 남편으로 뼈가 썩음 같게 한다. 남편의 마음의 고통이 매우 클 것이다. 그러므로 잠언은 "다투는 여인과 함께 큰 집에서 사는 것보다 움막에서 혼자 사는 것이 나으니라"고 말했다(잠 21:9; 25:24).

본문의 교훈을 정리해보자. 첫째로, 훈계를 좋아하는 자는 지식을 좋아하지만, 책망을 싫어하는 자는 짐승과 같다. 훈계와 책망을 좋아하는 자가 지혜와 지식이 있는 자이다. 훈계와 책망은 당장에는 슬픔과 낙망을 주지만 우리를 바른 길로 가게 하며 우리에게 결국 복과 유익이 된다.

둘째로, 선한 사람은 하나님의 기쁨과 호의를 받으나 악을 꾀하는 자는 그의 정죄하심을 받는다. 하나님의 은혜로 구원 얻은 우리는 악을 꾀하는 자가 되지 말고 선한 일을 하는 선한 사람이 되어야 한다. 하나님의 뜻은 우리가 선한 사람이 되고 선한 일을 힘쓰는 자가 되는 것이다.

셋째로, 사람은 악으로 굳게 서지 못하나 의인의 뿌리는 움직이지 않는다. 사람의 성공 여부는 그가 의롭게 사는가, 악하게 사는가에 달려 있다. 거기에 하나님의 복과 재앙이 달려 있기 때문이다. 그러므로 우리는 악하게 살지 말고 경건하고 도덕적인 사람이 되기를 힘써야 한다.

넷째로, 덕스럽고 현숙한 여인은 그 남편의 면류관이나 부끄러움을 끼치는 여인은 그로 뼈가 썩음 같게 한다. 여성도는 하나님의 은혜로 현숙한 여인, 즉 덕스럽고 사리판단력이 있는 좋은 아내가 되어야 한다. 또 그는 자기 남편이 그의 머리임을 깨닫고 그를 존중하고 순종해야 한다.

## 5-8절, 의인의 생각, 입, 집, 칭찬

〔5절〕 **의인의 생각**(마카솨바 מַחְשְׁבָה)[생각, 판단, 계획]**은 공직하여도**[올바르지만] **악인의 도모**(타크불라 תַּחְבֻּלָה)[계획, 조언]**는 궤휼**[거짓]**이니라.**

의인의 생각은 올바르다. 의인은 하나님을 경외하고 그의 계명대로 사는 자인데, 그의 생각은 올바르다. 그것은 불의하거나 악하지 않고 또 거짓되지도 않다. 그것은 십계명이나 하나님의 법에 어긋나지 않고 성경 교훈에 어긋나지 않고 양심이나 이성에도 어긋나지 않는다.

그러나 악인의 계획은 거짓이다. 악인은 하나님을 경외치 않고 그의 법을 거스르는 자이며 그는 거짓으로 악을 계획하고 악을 행한다.

사람의 생각하는 바는 그의 사람 됨됨이를 나타낸다. 잠언 23:7, "대저 그 마음의 생각이 어떠하면 그 위인[사람의 됨됨이]도 그러한즉." 사도 바울은 "육신을 좇는 자는 육신의 일을, 영[성령]을 좇는 자는 영[성령]의 일을 생각하나니 육신의 생각은 사망이요 영[성령]의 생각은 생명과 평안이니라"고 말했고(롬 8:5-6), 또 "너희는 이 세대를 본받지 말고 오직 마음[생각]을 새롭게 함으로 변화를 받아 하나님의 선하시고 기뻐하시고 온전하신 뜻이 무엇인지 분별하도록 하라"고 말했다(롬 12:2). 성도는 바르고 진실한 생각과 계획을 가져야 한다.

〔6절〕 **악인의 말은** 사람을 **엿보아 피를 흘리자 하는 것이어니와 정직한 자의 입은 사람을 구원하느니라.**

하나님을 경외치 않고 하나님의 뜻을 저버리며 남을 미워하는 악인은 사람을 엿보아 피를 흘리자고 말한다. 사람의 말은 생각과 마음의 표현이다. 악한 말은 악한 생각과 악한 마음에서 나온다. 의인은 사람을 그의 앞에서 책망할지언정 뒤에서 그를 비난하지 않는다. 그러나 악인은 은밀히 남을 해치며 그를 죽이려 한다. 그것은 자기의 행동이 사람들 앞에서 부끄러운 일임을 자기 양심도 알기 때문이다.

그러나 남의 피를 흘리는 일은 사형에 해당하는 큰 죄악이다. 창세기 9:6, "무릇 사람의 피를 흘리면 사람이 그 피를 흘릴 것이니 이는 하나님이 자기 형상대로 사람을 지었음이니라." 하나님께서는 '살인하지 말라'는 계명을 주셨고, 출애굽기 21장에서는 "사람을 쳐죽인 자는 반드시 죽일 것이라," "사람이 그 이웃을 짐짓 모살하였으면 너는 그를 내 단에서라도 잡아내려 죽일지니라"고 말씀하셨다(12, 14절).

그러나 정직한 자의 입은 사람을 구원한다. 정직한 사람은 하나님을 경외하며 양심대로 하나님의 계명에 복종하며 사는 자이다. 그가 누구를 구원한다는 뜻인가? 그는 악인에게 위험을 당한 순진한 자에게 그 위험성을 알려줌으로써 그를 구원하고 또 악인 자신에게도 하나님에 대해 알려주고 그의 죄를 지적하여 깨닫게 하며, 회개하고 하나님께로 돌아와 구원 얻는 길을 제시함으로써 그를 구원할 것이다.

**〔7절〕 악인은 엎드러져서 소멸되려니와 의인의 집은 서 있으리라.**

악인은 엎드러져서 소멸된다. 악인들의 형통은 잠시뿐이며 길어도 이 세상에서뿐이다. 악인들은 이 세상에서 엎드러질 때도 있다. 악인들은 언제, 어떻게 엎드러지는가? 그것은 하나님께서 환난과 재앙으로 치실 때 그렇게 된다. 그들은 원수들의 갑작스런 공격을 받거나 강도나 도적을 만나든지, 전쟁이나 기근을 당하든지, 화재 같은 대형사고나 부도를 당하거나 무서운 질병의 침입을 당하여 엎드러진다. 악인들은 엎드러지면 다시 일어나지 못하고 망한다.

그러나 의인의 집은 든든히 서 있을 것이다. 의인들에게도 고난은 있다. 고난은 죄와 실수에 대한 징벌 때문에 오기도 하지만, 하나님의 높으신 뜻 가운데서 오기도 한다. 그러나 그 고난은 유익이 많다. 성도는 고난을 통해 더욱 겸손하고 성결하게 되고 하나님만 의지하고 그의 뜻에 온전히 순종하게 된다. 고난은 성도로 온전한 인격이 되게 한다. 의인들은 그 고난을 다 이겨내며 거기에서 구원을 얻는다. 시편 34:19, "의인은 고난이 많으나 여호와께서 그 모든 고난에서 건지시는도다."

잠언 10:25, "회리바람이 지나가면 악인은 없어져도 의인은 영원한 기초 같으니라." 잠언 24:16, "대저 의인은 일곱 번 넘어질지라도 다시 일어나려니와 악인은 재앙으로 인하여 엎드러지느니라."

특히 '의인의 집' 즉 의인의 자녀들은 든든히 세움을 받을 것이다. 하나님께서는 가정적 복을 약속하셨다. 출애굽기 20:6, "나를 사랑하고 내 계명을 지키는 자에게는 천대까지 은혜를 베푸느니라." 하나님을 경외하고 사랑하며 그의 계명을 지키는 자의 자손들은 자자손손 복을 받을 것이다. 다윗은 시편 37:25에서 말하기를, "내가 어려서부터 늙기까지 의인이 버림을 당하거나 그 자손이 걸식함을 보지 못하였도다"라고 했다. 아브라함과 야곱과 다윗의 자손들이 오랫동안 하나님의 은혜와 복을 누린 것은 그 증거이다.

**[8절] 사람이 그 지혜대로 칭찬을 받으려니와 마음이 패려[패역]한 자는 멸시를 받으리라.**

사람은 그 지혜대로 칭찬을 받을 것이다. 지혜는 하나님을 경외하고 그의 뜻대로 행하는 것이다. 사람이 하나님을 무시하고 부정하고 거역하는 것, 하나님의 계명을 거슬러 부도덕하게 행하는 것, 남을 미워하고 이기적이고 음란한 것, 또 세상의 것, 육신의 것만 구하는 것, 그리고 게으른 것 등이 미련함이다. 예레미야 8:9에 보면, 하나님께서는 "보라, 그들이 나 여호와의 말을 버렸으니 그들에게 무슨 지혜가 있으랴!"고 말씀하셨다. 지혜는 사물을 바르게 보고 하나님의 말씀과 양심과 이성에 맞게 바르게 판단하고 시시비비를 가리고 바르게 행하는 것이다. 하나님께서는 우리에게 지혜를 주신다. 야고보서 1:5는 "너희 중에 누구든지 지혜가 부족하거든 모든 사람에게 후히 주시고 꾸짖지 아니하시는 하나님께 구하라. 그리하면 주시리라"고 말하였다.

사람이 지혜가 있으면 다른 사람들에게 칭찬을 받는다. 사람은 다 양심과 이성이 있기 때문에 이성적이게, 양심적이게 행하는 것을 옳다고 생각한다. 사람들은 비록 자신이 그렇게 온전하게 살지는 못해도 양심적이게, 이성적이게 행하는 자를 다 칭찬할 것이다.

그러나 마음이 패역한 자는 멸시를 받는다. 패역한 것은 사물을 바르게 보고 판단하지 못하고 생각과 판단력이 비뚤어진 것을 말한다. 그것은 교만한 마음에서 생긴다. 마음이 패역한 자는 잘못된 선입견이나 편견을 가지며 자기중심적이며 이기적인 생각을 하고 행동을 한다. 마음이 패역하면 말과 행동도 악하고 비뚤어지게 된다. 그것은 지혜가 없는 미련한 마음이다. 이러한 사람은 사람들의 멸시를 받을 것이다. 왜냐하면 사람들은 그의 생각과 판단, 그리고 그의 말과 행동이 양심에 맞지 않고 이성에도 어긋나는 것을 알기 때문이다.

본문의 교훈을 정리해보자. 첫째로, 의인의 생각은 올바르지만, 악인의 계획은 거짓되다. 우리는 하나님을 경외하고 성경 교훈과 양심과 이성에 어긋나지 않게 항상 올바른 생각을 가지고 올바르게 행하며 살아가야 한다. 그것이 사람의 정로이며 그것이 하나님의 복과 평안을 얻는 길이다.

둘째로, 악인의 말은 사람을 엿보아 피를 흘리자 하는 것이지만, 정직한 자의 입은 사람을 구원한다. 우리는 악한 마음을 품고 악한 말을 하며 남을 해치고 죽이는 악인이 되지 말아야 한다. 남을 해치고 죽이는 일은 사형에 해당하는 큰 죄악이다. 우리는 오직 사람들을 죄와 멸망에서 구원하는 정직한 자가 되어야 한다. 남을 구원하는 삶이 가치 있는 삶이다.

셋째로, 악인은 엎드러져서 소멸되지만, 의인의 집은 서 있다. 하나님께서 악인들의 악에 대해 재앙으로 치실 때 그들은 엎드러질 것이다. 우리는 악인의 일시적, 세상적 형통을 부러워하지 말고 오직 의롭고 정직하게 살아 우리의 집과 자손들이 영원하게 든든히 세워지게 해야 한다.

넷째로, 사람은 그 지혜대로 칭찬을 받으나 마음이 패역한 자는 멸시를 받는다. 우리는 하나님을 경외하며 그의 계명을 지키는 지혜로운 자가 되면 하나님께서도 기뻐 받으시고 또 다른 사람들에게도 칭찬을 받을 것이다. 그러나 마음이 패역한 자는 사람들도 그를 멸시할 것이다. 왜냐하면 그의 생각과 판단과 말과 행동이 양심과 이성에 맞지 않기 때문이다.

## 9-12절, 실속, 잔인, 근면, 불의의 이

**〔9절〕 비천히 여김을 받을지라도 종을 부리는 자는 스스로 높은 체하고도 음식이 핍절한 자보다 나으니라.**

비천히 여김을 받을지라도 종을 부리는 자가 있다. 그는 왜 사람들에게 비천히 여김을 받는 것인가? 그것은 그가 아마 자신을 높이지 않고 무슨 일이든지 직접하고 겸손하며 근면하고 그래서 사람들 보기에는 종들과 똑같아 보이기 때문일 것이다. 그러나 그는 종을 소유하고 있고 그에게 할 일을 지시하고 감독하고 일을 하게 하는 자이다. 그러면 그는 그가 하고자 하는 일을 이루고 좋은 결과를 얻을 것이다. 그는 농사를 짓거나 과수원을 하거나 기타 무슨 일을 하든지 소득을 얻을 것이다. 윗사람은 적절히 일을 시키는 자가 잘하는 사람이다.

그러나 스스로 높은 체하지만 음식이 핍절한 자가 있다. 그는 자신을 고상한 자라고 생각하고 궂은 일이나 땀 흘리는 일은 하지 않으려고 한다. 그는 부릴 종이 없거나 종이 있어도 부리지 않고 그에게 일을 제대로 시키거나 감독하지 않는다. 그는 아랫사람에게 싫은 소리를 하지 않는다. 그러나 그는 사람들 보기에 고상하게 보일지는 몰라도 그의 일에 아무 진전이 없고 좋은 결과가 없고 열매나 소득이 없다.

오늘날같이 어려운 시대에는 100만원도 못 버는 사장보다 100만원이라도 버는 직원이 낫고, 취직도 못하는 대학졸업자보다 취직이라도 하는 고등학교졸업자가 낫다. 또 손에 기름때 묻히며 일하지만 돈을 좀 버는 기술자가, 넥타이를 매고 사무실로 출퇴근을 하지만 일거리가 없어서 봉급을 제대로 받지 못하는 사무직보다 낫다. 겉치레나 체면을 중시하지 말고 내면과 실속을 중시하는 것이 지혜이다.

**〔10절〕 의인은 그 육축의 생명을 돌아보나 악인의 긍휼은 잔인이니라.**

의인은 그 가축의 생명을 돌아본다. 하나님을 경외하고 그의 계명을 행하는 자들은 다른 사람의 인격, 생명, 정조, 재산, 명예를 존중할 뿐만 아니라, 가축들의 생명까지도 돌아본다. 그들은 가축들에게 때를 따라 먹을 것과 마실 것을 주고 추위와 더위나 전염병이나 화재 등을 염려하고 아프면 치료해주고 그것들을 결코 학대하지 않는다.

성경은 가축을 죽이는 것을 금하지는 않는다. 하나님께서는 사람에게 본래 채소와 과일을 음식으로 주셨으나 홍수 심판 후 생물도 먹도록 허락하셨다(창 9:3). 단지, 짐승들 중 굽이 갈라지고 새김질하는 것만 먹고 물고기들 중 지느러미와 비늘 있는 것만 먹고, 또 생물을 피째 먹지 말라고 하셨다(레 11장; 17장). 물론, 신약시대에는 이런 의식법을 그대로 지키지 않고, 그것의 도덕적 의미만 교훈으로 삼는다.

가축이나 새와 짐승의 생명을 돌아보는 것은 창조주 하나님의 심정이다. 율법에는 "곡식 떠는 소의 입에 망을 씌우지 말지니라"고 말했다(신 25:4). 욥기 38:41은 하나님께서 까마귀 새끼가 그를 향해 부르짖으며 먹을 것이 없어서 오락가락할 때 그것을 위해 먹을 것을 예비하신다고 말했다. 시편 104:21, 27은 젊은 사자가 그 식물을 하나님께 구하며 바다 생물들이 주 하나님께서 때를 따라 식물 주시기를 바란다고 말했다. 예수께서는 하늘에 계신 아버지께서 공중의 새들과 들의 백합화를 먹이시고 입히신다고 말씀하셨다(마 6:26, 30).

본문은 그러나 "악인의 긍휼은 잔인이라"고 말한다. 악인은 가축들을 학대하고 먹을 것을 주지 않고 아플 때 치료도 해주지 않는다. 하나님께서는 노부모 학대, 여성이나 아동 학대, 고아와 과부 학대, 외국인 노동자나 가난한 자 학대뿐 아니라, 또한 동물 학대도 미워하신다.

**〔11절〕 자기의 토지를 경작하는 자는 먹을 것이 많거니와 방탕한 것을 따르는 자는 지혜가 없느니라.**

'자기 토지를 경작하는 자'란 직장이든지 가정이든지 자기 일터에서 부지런히 일하는 자를 가리킨다. 열심히 일하며 수고하는 자는 소득이 많을 것이다. 하나님께서 복 주시면 그러할 것이다. 그것이 정상이다. 시편 128:1-2, "여호와를 경외하며 그 도에 행하는 자마다 복이 있도다. 네가 네 손이 수고한 대로 먹을 것이라. 네가 복되고 형통하리로다.” 예를 들어, 농사를 지을 때, 열심히 일하고 하나님께서 적절한 비를 주시고 병충해를 막아주시면 많은 수확을 거둘 것이다. 또 사업을 할 때, 열심히 일하고 사회적, 경제적 여건에 갑작스런 어려운 문제들이 발생하지 않는다면 상당한 소득이 있을 것이다.

사람은 첫 사람 아담과 하와의 범죄 후 얼굴에 땀이 흘러야 식물을 먹게 되었다(창 3:19). 하나님께서는 십계명에서 “엿새 동안은 힘써 네 모든 일을 행하라”고 말씀하셨다(출 20:9). 그러므로 잠언 10:4는 “손을 게으르게 놀리는 자는 가난하게 되고 손이 부지런한 자는 부하게 되느니라”고 말했고, 사도 바울도, “종용하여[조용하여] 자기 일을 하고 너희 손으로 일하기를 힘쓰라,” “누구든지 일하기 싫어하거든 먹지도 말게 하라”고 교훈하였다(살전 4:11; 살후 3:10).

그러나 방탕한 것을 따르는 사람은 지혜가 없다. ‘방탕한 것’이라는 원어(레킴 רֵיקִים)는 ‘헛된 것들’(BDB, NASB)이라는 뜻이다. 그것은 부지런히 일하지 않고 놀기를 좋아하고 사치나 하고 시간과 돈과 힘을 낭비하며 절제치 못하는 것들을 가리킬 것이다. 그런 것들을 따르는 자들은 소득을 얻지 못할 것이다. 그들은 지혜가 없는 자들이다.

**〔12절〕 악인은 불의의 이(利)**(메초드 라임 מְצוֹד רָעִים)[악한 자들의 탈취물](NASB, NIV)**를 탐하나 의인은 그 뿌리로 말미암아 결실하느니라.**

하나님을 두려워함이 없고 하나님의 뜻을 저버리고 자기 중심적으로 사는 악인은 악한 자들의 탈취물을 탐한다. 악한 자들의 탈취물을 취한다는 것은 남에게 피해를 주거나 악한 일을 해 쉽게 돈을 벌려는 것을 가리킨다. 예를 들어, 남에게 사기를 쳐서 돈을 벌거나 도적이나 강도짓을 하여 돈을 버는 것이 그러하다. 악한 자들은 불의의 이익을 미워하거나 싫어하지 않고 도리어 그것을 원하며 그런 일을 행한다.

그러나 우리는 더러운 이익을 탐하지 말아야 한다. 더욱이, 장로나 집사 같은 교회의 직분자들은 더러운 이익을 탐하지 말아야 한다(딤

1:7; 딤전 3:8). 우리는 땀 흘려 일함으로 얻는 정당한 이익을 구해야 한다. 시편 128:2, "네가 네 손이 수고한 대로 먹을 것이라. 네가 복되고 형통하리로다." 잠언 31:27, "[현숙한 여인은] 그 집안 일을 보살피고 게을리 얻은 양식을 먹지 아니하나니." 에베소서 4:28, "도적질하는 자는 다시 도적질하지 말고 돌이켜 빈궁한 자에게 구제할 것이 있기 위하여 제 손으로 수고하여 선한 일을 하라."

하나님을 두려워하고 그를 의지하고 순종하며 그의 계명대로 살려고 애쓰는 의인들은 그 뿌리로 말미암아 결실할 것이다. '의인의 뿌리'란 그의 경건과 의를 가리킬 것이다. 경건과 의는 성도들의 생명이다. 성도들이 경건과 의 가운데서 일하며 수고한다면, 하나님께서는 그들에게 복을 주셔서 수고의 대가를 누리게 하실 것이다.

본문의 교훈을 정리해보자. 첫째로, 비록 비천히 여김을 받을지라도 종을 부리는 자는 스스로 높은 체하고도 음식이 핍절한 자보다 낫다. 우리는 겉치레나 체면을 중시하지 말고 내면과 실속을 중시해야 한다. 우리는 겸손히, 부지런히, 실속 있게 우리의 할 일을 하는 자가 되어야 한다.

둘째로, 의인은 그 가축의 생명을 돌아보나 악인의 긍휼은 잔인이다. 우리는 다른 사람의 인격과 생명을 존중하고 약하고 가난한 자들을 배려할 줄 알며 짐승까지도 돌보는 좋은 사람이 되어야 한다. 그것이 우리의 구원의 목표인 하나님의 형상이며 우리를 위한 하나님의 뜻이다.

셋째로, 자기의 토지를 경작하는 자는 먹을 것이 많으나 헛되고 방탕한 것을 따르는 자는 지혜가 없다. 우리는 사치하고 낭비하지 말고 절제있고 부지런하게 살며 자기 토지를 경작하는 자가 되어야 한다. 우리는 죄짓지 말고 일하며 하나님께서 주시는 수고의 대가의 복을 누려야 한다.

넷째로, 악인은 악한 자들의 탈취물을 탐하지만 의인은 그 뿌리로 말미암아 결실한다. 악한 자들의 탈취물은 당장 유익하게 보여도 복이 되지 못하고 결국 화가 된다. 우리는 정당하게 일함으로써 수고의 대가를 누려야 한다. 적은 소득이라도 정당하게 번 것이 성도에게 복이 된다.

## 13-16절, 언행, 조언, 분노

**〔13절〕 악인은 입술의 허물로 인하여 그물에 걸려도 의인은 환난에서 벗어나느니라.**

사람은 마음에 있는 것들을 입으로 말하며 "선한 사람은 그 쌓은 선에서 선한 것을 내고 악한 사람은 그 쌓은 악에서 악한 것을 낸다"(마 12:34-35). 악인은 말로 범죄한다. 그에게서는 독한 비난, 미움의 말, 거짓말, 이간질 등이 나온다. 악인은 그 입술의 허물로 인하여 그물에 걸린다. 그는 자기의 말 때문에 곤란을 당하고 멸망을 자초한다. 그러므로 야고보는 "너희가 알거니와 사람마다 듣기는 속히 하고 말하기는 더디하며 성내기도 더디하라"고 말했고(약 1:19), "만일 말에 실수가 없는 자면 곧 온전한 사람이라"고 했다(약 3:2).

그러나 의인은 환난에서 벗어난다. 의인의 의로움은 그의 의롭고 선하고 진실한 말로 나타난다. 의인에게도 환난은 있지만 그는 그 모든 환난에서 구원을 받는다. 시편 34:19, "의인은 고난이 많으나 여호와께서 그 모든 고난에서 건지시는도다." 잠언 10:25, "회리바람이 지나가면 악인은 없어져도 의인은 영원한 기초 같으니라." 잠언 11:8, "의인은 환난에서 구원을 얻고 악인은 와서 그를 대신하느니라." 잠언 24:16, "대저 의인은 일곱 번 넘어질지라도 다시 일어나려니와 악인은 재앙으로 인하여 엎드러지느니라." 고린도전서 10:13, "사람이 감당할 시험밖에는 너희에게 당한 것이 없나니 오직 하나님은 미쁘사 너희가 감당치 못할 시험당함을 허락지 아니하시고 시험당할 즈음에 또한 피할 길을 내사 너희로 능히 감당하게 하시느니라."

**〔14절〕 사람은 입의 열매로 인하여 복록(福祿)에 족하며 그 손의 행하는 대로 자기가 받느니라.**

복록(福祿)에 족하다는 말은 복으로 만족한다는 뜻이다. 사람의 말과 행위는 마음과 인격의 표현이다. 마태복음 12:34-35, "독사의 자식들아, 너희는 악하니 어떻게 선한 말을 할 수 있느냐? 이는 마음에 가득한 것을 입으로 말함이라. 선한 사람은 그 쌓은 선에서 선한 것을 내고 악한 사람은 그 쌓은 악에서 악한 것을 내느니라." 선한 말은 남에게 유익을 주고 자신에게 복으로 돌아온다. 시편 35:13, "나는 저희가 병들었을 때에 굵은 베옷을 입으며 금식하여 내 영혼을 괴롭게 하였더니 내 기도가 내 품으로 돌아왔도다." 마태복음 10:12-13, "그 집에 들어가면서 평안하기를 빌라. 그 집이 이에 합당하면 너희 빈 평안이 거기 임할 것이요 만일 합당치 아니하면 그 평안이 너희에게 돌아올 것이니라."

사람은 손이 행한 대로 받는다. 선한 행위는 타인에게 유익을 주고 자신에게도 복이 된다. 잠언 11:25, "구제를 좋아하는 자는 풍족하여질 것이요 남을 윤택하게 하는 자는 윤택하여지리라." 갈라디아서 6:7, "사람이 무엇으로 심든지 그대로 거두리라." 마태복음 6:4, "네 구제함이 은밀하게 하라. 은밀한 중에 보시는 너의 아버지가 [드러나게] 갚으시리라." 하나님께서는 사람의 선악간의 행위에 대해 공의로 보응하신다. 전도서 12:14, "하나님은 모든 행위와 모든 은밀한 일을 선악간에 심판하시리라." 로마서 2:6-8, "하나님께서 각 사람에게 그 행한 대로 보응하시되 참고 선을 행하여 영광과 존귀와 썩지 아니함을 구하는 자에게는 영생으로 하시고 오직 당을 지어 진리를 좇지 아니하고 불의를 좇는 자에게는 노와 분으로 하시리라."

**〔15절〕 미련한 자는 자기 행위를 바른 줄로 여기나 지혜로운 자는 권고** [권면, 조언]**를 듣느니라.**

미련한 자는 자신의 불경건하고 부도덕한 행위를 옳다고 생각한다. 그의 행위가 바르지 않지만, 그가 그것을 옳다고 생각하는 것은 무지하고 교만하고 고집스럽기 때문이다. 완고함과 확신은 다르다. 완고함은 인간적, 주관적 생각에 근거한 무지하고 교만한 고집이다. 그러나 확신은 하나님의 말씀 곧 성경말씀에 근거한 확고한 신념이다. 우리는 완고함 곧 무지하고 교만한 고집은 버려야 한다. 우리는 자신의 주관대로 생각하고 판단하고 말하는 자가 되어서는 안 된다. 그러나 우리는 하나님의 진리 곧 성경 진리에 대한 확신은 가져야 한다.

하나님의 뜻은 애매모호하지 않고 분명하다. 하나님의 뜻을 확신하고 그 뜻을 따르는 길은 좁은 길이며 외로운 길이며 사람들의 비난을 받는 길이다. 그러나 노아나 선지자 엘리야와 미가야는 그 외로운 길을 갔고 다니엘과 사도 바울도 그 고난의 길을 갔다. 옛날부터 세상은 넓은 길을 좋아했으며 오늘날 교회들 안에도 교리적, 윤리적 오류를 포용하는 무분별한 포용주의와 연합주의의 세력이 크다. 그러나 우리는 하나님의 뜻을 분별하고 확신하며 좁은 길을 가야 한다.

미련한 자는 남의 말을 듣지 않지만, 지혜로운 자는 조언을 듣는다. 조언에는 두 종류가 있다. 즉 성경적 조언과 인간적 조언이다. 성경적 조언은 유익하고 건설적이다. 그것은 의와 선을 이룬다. 그러나 인간적 조언은 사람 보기에 그럴 듯할지 모르나, 하나님의 뜻과 달리 악한 경우가 많다. 지혜로운 자가 조언을 듣는다는 것은 성경적인 조언을 듣는다는 뜻이다. 겸손하고 지혜 있는 사람은 성경적 조언을 잘 듣고 의와 선을 이루며 영육의 유익을 얻을 것이다.

**〔16절〕 미련한 자는 분노를 당장에 나타내거니와 슬기로운 자는 수욕을 참느니라.**

사람이 분노가 생기는 이유가 무엇일까? 사람은 불의한 일을 볼 때 정당한 분노가 생긴다. 또 사람은 자신이 물질적 손실이든지 부당한 비난이나 명예훼손이든지 남에게 손해를 당했을 때나 또는 자존심이 몹시 상할 때 보통 분노한다.

사람이 분노를 당장 나타내는 것은 왜 잘못인가? 그것은 상대방의 비난이 옳은 데도 자신이 잘못 판단하여 급하게 화를 낼 수 있기 때문이다. 또 자신의 분노가 지나쳐 입에서 욕이나 저주 같은 말의 실수가 나올 수 있기 때문이다. 성급한 분노나 말의 실수는 죄를 짓는 일이 된다. 그러므로 사람은 화가 날 때 좀더 시간을 두고 생각하는 것이 지혜이며 그런 훈련이 필요하다. 야고보서 1:19-20, "너희가 알거니와 사람마다 듣기는 속히 하고 말하기는 더디하며 성내기도 더디하라. 사람의 성내는 것이 하나님의 의를 이루지 못함이니라."

슬기로운 자는 수욕을 참는다. '참는다'는 원어(카사 כָּסָה)는 '감춘다'는 뜻이다. '수욕을 참는다'는 것은 상대방이 자신을 부끄럽게 하는 상황에서도 금방 그것에 대해 반응하지 않고 좀더 생각하고 판단하는 것을 말한다. 그런 후에 화를 내어도 늦지 않을 것이며 그런 후에 화를 내는 것이 실수 방지를 위해 더 안전할 것이다. 또 생각해보니 자신이 잘못해서 당한 수욕이라면 달게 받고 반성하고 고치면 될 것이고, 자신이 잘못하지 않았는데 당한 수욕이라면 조금 후에 가라앉은 감정과 마음으로 상대에게 해명하고 반박하면 될 것이다. 또 우리가 다 부족과 실수가 많으므로 상대를 불쌍히 여길 수도 있다. 여하튼 그는 지나치게 반응하여 실수하거나 범죄하지 않을 것이다.

본문의 교훈을 정리해보자. 첫째로, 악인은 입술의 허물로 인해 그물에 걸려도 의인은 환난에서 벗어난다. 우리는 악한 말을 버리고 바르고 선한 말을 해야 하며 환난을 당해도 염려치 말고 하나님께 기도해야 한다.

둘째로, 사람은 입의 열매로 인해 얻는 복으로 만족하고 그 손의 행하는 대로 받는다. 우리는 바르고 선한 말과 행위를 해야 하며 선한 말과 행위는 남에게 유익할 뿐 아니라 또한 우리 자신에게도 복이 된다.

셋째로, 미련한 자는 자기 행위를 바른 줄로 여기지만 지혜로운 자는 조언을 듣는다. 우리는 교만과 고집을 버리고 바른 조언을 들어야 한다. 그것이 하나님께서 우리에게 명하신 지혜와 평안과 생명의 길이다.

넷째로, 미련한 자는 분노를 당장에 나타내지만, 슬기로운 자는 수욕을 참는다. 우리는 미련한 자처럼 분노를 당장 내지 말고 수욕을 참고 좀더 생각하고 판단한 후에 적절하게, 지혜롭고 덕스럽게 처신해야 한다.

## 17-20절, 진실, 지혜, 화평

**〔17절〕 진리를 말하는 자는 의를 나타내어도 거짓 증인은 궤휼**[거짓]**을 말하느니라.**

하나님께서는 진리의 하나님, 진실의 하나님이시다. 그러므로 성도는 오직 진실을 말하는 자이어야 한다. 특히 우리는 주 안에서 한 몸의 지체가 되었으므로 서로에게 거짓말을 해서는 안 된다. 에베소서 4:25, "그런즉 거짓을 버리고 각각 그 이웃으로 더불어 참된 것을 말하라. 이는 우리가 서로 지체가 됨이니라."

진리를 말하는 자는 의를 나타낸다. 그는 옳은 것을 말한다. 진실과 의는 함께 간다. 옳은 것은 참된 것이며 불의한 것은 거짓된 것이다. 하나님의 법은 다 옳다. 사람이 진리를 말하면, 하나님의 법과 그것이 옳다는 것과 사람이 죄인이라는 것과 죄인들에게 의가 필요하고 오직 예수 그리스도께서 그의 의가 되심을 증거할 것이다. 사람이 진리를 말하면, 옳은 것을 증거할 것이며, 또 그뿐 아니라, 그는 하나님의 법을 실천함으로 의를 나타낼 것이다.

그러나 거짓 증인은 거짓을 말한다. 거짓말은 사실이 아닌 것이다. 거짓은 마귀의 죄악이다. 예수께서는 마귀가 거짓말쟁이이며 거짓의 아비라고 말씀하셨다(요 8:44). 성경은 거짓말하는 자는 천국에 들어갈 수 없고 지옥에 들어간다고 말했다(계 21:8, 27; 22:15). 거짓 증인은 사실을 사실이 아니라고 증거하며 사실 아닌 것을 사실이라고 증거한다. 그는 의를 불의라고 말하며 불의를 의라고 말하고, 선을 악이라고 말하며 악을 선이라고 말한다. 진실과 의는 하나님의 속성이며 하나님의 세계의 덕목이지만, 거짓과 불의는 마귀의 속성이며 특징이다. 거짓말은 큰 죄이며 하나님의 자녀들에게 합당치 않다.

**〔18절〕 혹은 칼로 찌름같이 함부로 말하거니와 지혜로운 자의 혀는 양약 같으니라.**

말은 사람의 생각과 인격의 표현이다. 주께서는 사람이 마음에 가득한 것을 입으로 말한다고 말씀하셨다(마 12:34-35). 말에 실수가 없는 자는 온전한 자이다(약 3:2). 칼로 찌름같이 함부로 말하는 사람이 있다. 다윗은 자주 악인의 말을 칼에 비유하였다. 시편 55:21, "그 말은 기름보다 유하여도 실상은 뽑힌 칼이로다." 시편 57:4, "저희 혀는 날카로운 칼 같도다." 시편 64:3, "저희가 칼같이 자기 혀를 연마하며." 사람은 잘못된 판단이나 성급함 때문에 또 사랑 없음이나 미움 때문에 남의 마음을 상하게 하고 분노케 하는 말을 하기 쉽다.

사도 바울은 에베소서에서 모든 악독과 노함과 분냄과 떠드는 것과 비방하는 것을 모든 악의와 함께 버리라고 교훈했고(엡 4:31), 골로새서에서도 분과 악의와 비방과 너희 입의 부끄러운 말을 벗어버리라고 했다(골 3:8). 사도 베드로도 "모든 악독과 모든 궤휼과 외식과 시기와 모든 비방하는 말을 버리라"고 말했다(벧전 2:1).

지혜로운 자의 혀는 양약 같다. '양약'(마르페 מַרְפֵּא)이라는 원어는 '치료'라는 뜻이다(BDB, NASB, NIV). 지혜로운 자는 남에게 유익을 주는 말을 한다. 잠언 10:20-21, "의인의 혀는 천은과 같거니와 악인의 마음은 가치가 적으니라. 의인의 입술은 여러 사람을 교육하나 미련한 자는 지식이 없으므로 죽느니라." 물론 지혜자도 때로는 책망의 말을 한다. 그러나 참된 충고는 파괴적이지 않고 건설적이며, 사랑에서 나온 책망은 상대방에게 유익을 줄 것이다. 잠언 27:5-6은, "면책은 숨은 사랑보다 나으니라. 친구의 통책은 충성에서 말미암은 것이나 원수의 자주 입맞춤은 거짓에서 난 것이니라"고 말한다.

**〔19절〕 진실한 입술은 영원히 보존되거니와 거짓 혀는 눈깜짝일 동안만 있을 뿐이니라.**

진실한 입술은 영원히 보존된다. 사람들은 때때로 진리를 말하는 자, 진실을 말하는 자를 인정치 않는다. 하나님의 사람 엘리야의 경우가 그러했다. 그는 백성에게 "여호와의 선지자는 나만 홀로 남았으나 바알의 선지자는 450인이로다"라고 말했었고(왕상 18:22), 또 하나님께 아뢰기를, "이스라엘 자손이 주의 언약을 버리고 주의 단을 헐며 칼로 주의 선지자들을 죽였음이오며 오직 나만 남았거늘 저희가 내 생명을 찾아 취하려 하나이다"라고 부르짖었었다(왕상 19:10). 또 미가야의 경우도 그러했다. 그는 400명의 거짓 선지자들과 다르게 홀로 하나님의 참된 말씀을 말하였다(왕상 22:13-14). 사도 바울도 외로운 싸움을 하였었다. 그는 말하기를, "아시아에 있는 모든 사람이 나를 버렸다"고 했고(딤후 1:15), 또 "내가 처음 변명할 때에 나와 함께한 자가 하나도 없고 다 나를 버렸다"고 말했다(딤후 4:16). 그러나 오랜 세월이 지난 오늘날 우리는 엘리야, 미가야, 바울의 말들이 진실했고 그들의 말들이 남아 있음을 알고 그들의 말들과 행위들을 본받으려 한다.

그러나 거짓 혀는 눈깜짝일 동안만 있을 뿐이다. 거짓 혀는 속이는 혀, 사실을 왜곡시키는 말을 하는 혀이다. 말쟁이, 아첨꾼의 혀가 그런 혀이다. 그런 혀는 눈깜짝일 동안만 있다. 그것은 사람들이 그의 말에 속아넘어가는 동안뿐이다. 그 동안만 사람들은 그를 믿고 따를 것이다. 그러나 그의 정체가 드러나면, 즉 그의 거짓과 허풍, 속임수와 위선이 드러나면, 그는 사람들에게 버림을 받을 것이다. 사람들은 그를 사기꾼이라고 말하며 다 그를 떠나갈 것이다.

**〔20절〕 악을 꾀하는 자의 마음에는 궤휼**[거짓]**이 있고 화평을 논하는 자에게는 희락이 있느니라.**

악을 꾀하는 자의 마음에는 거짓이 있다. 사람은 양심이 있기 때문에 악을 꾀할 때 거짓말과 속임을 사용한다. 그는 악하지 않은 듯하게 악을 행하는 것이다. 그것은 에덴 동산에서 하와를 범죄케 했던 뱀의 모습이다. 그는 하와에게 "너희가 [선악과 열매를 따먹어도] 결코 죽지 아니하리라"고 말했었다(창 3:4). 아합과 이세벨은 나봇의 포도원을 빼앗으려 했을 때 나봇이 하나님과 왕을 저주했다고 말하는 거짓 증인을 세웠었다(왕상 21:10). 로마서 3:13-14는 "저희[악인의] 목구멍은 열린 무덤이요 그 혀로는 속임을 베풀며 그 입술에는 독사의 독이 있고 그 입에는 저주와 악독이 가득하다"고 말했다.

그러나 화평을 논하는 자에게는 희락이 있다. 진실과 선과 화평은 같이 간다. 또 거기에는 기쁨과 평안이 있다. 그러므로 사도 바울은 "하나님의 나라는 먹는 것과 마시는 것이 아니요 오직 성령 안에서 의와 평강과 희락이라"고 말했고(롬 14:17), 또 "성령의 열매는 사랑과 희락과 화평과 오래 참음과 자비와 양선과 충성과 온유와 절제니 이 같은 것을 금지할 법이 없느니라"고 말했다(갈 5:22-23).

그러나 남을 속이고 해치는 자에게는 불안과 두려움이 있다. 악인에게는 평안이 없다. 이사야 48:22, "여호와께서 말씀하시되 악인에게는 평강이 없다 하셨느니라." 잠언 28:1, "악인은 쫓아오는 자가 없어도 도망하나 의인은 사자같이 담대하니라."

본문의 교훈을 정리해보자. 첫째로, 진리를 말하는 자는 의를 나타내어도 거짓 증인은 거짓을 말한다. 우리는 진리를 말하고 의를 나타내는 자가 되고 결코 거짓을 말하는 거짓 증인이 되지 말아야 한다. 불의와 거짓은 구원 얻지 자들의 표요 의와 진실은 구원 얻은 성도의 표이다.

둘째로, 혹은 칼로 찌름같이 함부로 말하지만, 지혜로운 사람의 혀는 양약과 같다. 우리는 칼로 찌름같이 함부로 말하지 말고 남에게 유익을 주는 덕스러운 말을 해야 한다. 인격의 온전함은 말의 온전함으로 나타난다. 온전한 말과 온전한 인격은 구원의 목표이며 성화의 목표이다.

셋째로, 진실한 입술은 영원히 보존되지만, 거짓 혀는 눈깜짝일 동안만 있을 뿐이다. 우리는 말쟁이나 아첨꾼처럼 거짓말을 하지 말아야 한다. 또 우리는 거짓말을 듣지도 말고 현혹되지도 말아야 한다. 성경은 하나님의 진리의 말씀이다. 우리는 진리의 말씀과 진실한 말만 해야 한다.

넷째로, 악을 꾀하는 자의 마음에는 거짓이 있고 화평을 논하는 자에게는 기쁨이 있다. 우리는 악과 거짓을 버리고 선과 화평을 구해야 한다. 그것은 하나님의 자녀들의 모습이다. 또 거기에 평안과 기쁨도 있다.

## 21-24절, 의, 진실, 지혜, 근면

**〔21절〕 의인에게는 아무 재앙도 임하지 아니하려니와 악인에게는 앙화** [재앙]**가 가득하리라.**

의인은 하나님을 경외하며 그의 계명에 순종하는 자, 곧 오늘날 주 예수 그리스도를 믿고 의와 사랑을 실천하는 자이다. 그런 의인에게는 아무 재앙이 없을 것이다. 물론 의인에게도 고난은 있다. 그가 실수하면 징계의 고난이 있다. 다윗은 범죄한 이후 여러 가지 징계의 고난을 겪었다. 히브리서 12:8은 "징계는 다 받는 것이거늘 너희에게 없으면 사생자요 참 아들이 아니니라"고 말했다. 또 욥의 고난 같은 신앙인격 훈련의 고난도 있다. 의인은 고난이 많다(시 34:19).

그러나 의인의 고난은 재앙이 아니다. 의인의 고난은 멸망으로 끝나지 않는다. 하나님께서는 그 고난에서 그를 건져주신다. 시편 34:19, "의인은 고난이 많으나 여호와께서 그 모든 고난에서 건지시는도다." 시편 91:10, "화가 네게 미치지 못하며 재앙이 네 장막에 가까이 오지 못하리니." 디모데후서 4:18, "주께서 나를 모든 악한 일에서 건져내시고 또 그의 천국에 들어가도록 구원하시리라." 또 성도가 겪는 고난을 포함한 모든 일들은 합력하여 유익을 준다(롬 8:28).

순교는 가장 높은 차원의 고난이다. 그것은 하나님의 재앙이나 징벌이 아니다. 그것은 무의미한 죽음이 아니다. 그것은 하나님의 진리를 증거하다가 그 진리 때문에 죽는 영광스런 죽음이다. 주께서는 "나를 위하여 자기 목숨을 잃는 자는 얻으리라"고 말씀하셨다(마 10:39).

그러나 악인에게는 재앙이 가득할 것이다. 레위기 26장과 신명기 28장은 하나님의 법을 거역하는 악인들에게 기근과 가난, 전쟁과 열방으로의 흩어짐, 여러 가지 질병들 등의 재앙이 있을 것을 증거했다. 신약성경은 내세의 지옥 형벌을 밝히 증거한다(막 9:43-48; 계 21:8).

**〔22절〕 거짓 입술은 여호와께 미움을 받아도 진실히 행하는 자는 그의**

**기뻐하심을 받느니라.**

거짓말하는 것은 마귀의 죄이다. 마귀는 거짓의 아비이다(요 8:44). 마귀는 에덴 동산에서 하와를 속여 말하기를, "너희가 결코 죽지 아니하리라"고 하였었다. 이단들과 이방 종교의 지도자들은 결국 거짓말하는 자들이다. 열왕기상 22:23, "이제 여호와께서 거짓말하는 영을 왕의 이 모든 선지자의 입에 넣으셨고." 마태복음 24:11, (말세의 징조들 중 하나) "거짓 선지자가 많이 일어나 많은 사람을 미혹하게 하겠으며." 데살로니가후서 2:9-10, "악한 자의 임함은 사단의 역사를 따라 모든 능력과 표적과 거짓 기적과 불의의 모든 속임으로 멸망하는 자들에게 임하리니." 이단들과 이방 종교들은 다 거짓말이다.

거짓 입술은 여호와께 미움을 받는다. 하나님께서는 거짓말하는 자들을 미워하신다. 그러므로 잠언 6장은 여호와의 미워하시는 것 6, 7가지를 증거하면서 그 중에 거짓된 혀와 거짓을 말하는 망령된 증인을 들었다(잠 6:16-19). 또 성경은 모든 거짓말하는 자들은 지옥불에 던지울 것이며 새 예루살렘 성 곧 천국에 들어가지 못할 것이라고 분명하게 증거하였다(계 21:8, 27; 22:15). 거짓말은 큰 죄악이다.

그러나 진실히 행하는 자는 하나님의 기뻐하심을 받는다. 하나님께서는 진리의 하나님, 진실의 하나님이시며, 그의 모든 말씀은 진리 곧 진실한 말씀이다. 사람이 진리 안에서 행하면, 즉 진리를 믿고 진리대로 또 진실하게 행하면, 하나님께서는 그를 기뻐하실 것이다. 왜냐하면 그는 하나님의 뜻과 그의 계명을 행하기 때문이다. 그러므로 하나님께서는 스가랴를 통하여 "너희는 각기 이웃으로 더불어 진실을 말하라"고 말씀하셨고(슥 8:16), 사도 바울도 "거짓을 버리고 각각 그 이웃으로 더불어 참된 것을 말하라"고 교훈하였다(엡 4:25).

**〔23절〕 슬기로운 자는 지식을 감추어 두어도 미련한 자의 마음은 미련한 것을 전파하느니라.**

슬기로운 자는 지식을 감춘다. 슬기로운 자는 많이 알아도 아는 척 하지 않는다. 왜냐하면 그는 겸손하고 선하며 지식의 참 용도를 알고 있고, 또 사람의 지식이란 보잘것없는 것이며 작은 지식도 하나님의 은혜이기 때문일 것이다. 또 어떤 경우는 상대가 자기보다 더 잘 알 수 있거나 또는 자기 때문에 열등감을 가질 수 있기 때문일 것이다. 가르치는 경우에는 지식을 가르쳐야 하지만, 아무 때나 자신의 지식을 드러내지 않고 꼭 필요할 때 쓴다. 그러므로 지혜자는 많이 알아도 아는 척 하지 않고 그 지식을 감추어 두는 것이다. 지식은 사람을 교만하게 만드나, 사랑은 자랑하지 않고 교만하지 않는다(고전 8:1; 13:4).

그러나 미련한 자의 마음은 미련한 것을 전파한다. 미련한 것이란 잘못된 지식이나 잘못된 생각과 판단을 가리킬 것이다. 미련한 자는 미련한 것을 전파한다. 잠언의 다른 구절들도 이와 비슷한 것을 말한다. 잠언 13:16, "무릇 슬기로운 자는 지식으로 행하여도 미련한 자는 자기의 미련한 것을 나타내느니라." 잠언 15:2, "지혜 있는 자의 혀는 지식을 선히 베풀고 미련한 자의 입은 미련한 것을 쏟느니라."

미련한 자는 왜 미련한 것을 전파하는가? 왜냐하면 그는 무지하고 교만하기 때문일 것이다. 미련한 자는 옳고 그른 것, 좋고 나쁜 것을 구별하지 못한다. 그러므로 미련한 자는 자기 자신만 미련할 뿐 아니라, 미련한 것을 전파함으로 다른 사람들도 자기처럼 미련하게 만든다. 또 그는 교만하기 때문에 다른 사람들에게 무언가 자신을 자랑하고 뽐내려 한다. 그러나 그가 드러내는 것은 미련한 것에 불과할 것이다.

**[24절] 부지런한 자의 손은** 사람을 **다스리게 되어도 게으른 자는 부림을 받느니라.**

부지런한 자의 손은 사람을 다스리게 된다. 일은 보통 손으로 한다. 농사도 목축도 건축도 가사도 사무 일도 다 손으로 한다. 사람은 자기의 하는 일에 근면하고 충실해야 한다. 손이 부지런한 자는 많은 소득을 얻는다. 한 시간에 물건을 열 개 만드는 사람보다 열세 개 만드는 사람은 여덟 시간이면 스물네 개나 더 만들며 그러면 수입도 그만큼 늘 것이다. 부지런한 학생은 성적이 올라 좋은 학교에 진학할 것이며, 부지런한 직장인은 점점 승진하여 다른 사람들을 다스리는 책임 있는 위치에 오르게 될 것이다. 신앙인격도 비슷하다. 더 많은 성경 읽기와 배우기, 기도, 성도들 간의 교제, 전도와 봉사 등을 통해 부지런히 자신을 단련시킨 자는 지식과 인격이 많이 성장하여 교회의 중요한 책임을 맡을 직분자가 될 것이다.

그러나 게으른 자는 부림을 받는다. 자기 일에 게으른 자는 그 일에 좋은 성과를 얻지 못한다. 성경은 게으른 자는 가난하게 된다고 가르친다. 잠언 6:9-11, "게으른 자여, 네가 어느 때까지 눕겠느냐? 네가 어느 때에 잠이 깨어 일어나겠느냐? 좀더 자자, 좀더 졸자, 손을 모으고 좀더 눕자 하면 네 빈궁이 강도같이 오며 네 곤핍이 군사같이 이르리라." 잠언 18:9는 "자기의 일을 게을리하는 자는 패가(敗家)하는 자의 형제니라"고 말한다. 게으른 사람은 남의 밑에서 부림을 받을 것이다. 또 잠언 10:26은 게으른 자는 그 부리는 자에게 기쁨이 되지 못하고 오히려 이에 초같이 눈에 연기같이 괴로움이 될 것이라고 말한다.

본문의 교훈을 정리해보자. <u>첫째로, 의인에게는 아무 재앙도 임하지 않을 것이지만, 악인에게는 재앙이 많을 것이다.</u> 우리는 세상에서 고난을 두려워하지 말고 오직 의롭게 살며 하나님의 구원과 보호을 믿어야 한다.

<u>둘째로, 거짓 입술은 여호와께 미움을 받아도 진실히 행하는 자는 그의 기뻐하심을 받는다.</u> 우리는 모든 거짓과 거짓말을 버리고 항상 진실하게 살고 진실한 말만 함으로 하나님의 기뻐하심을 받아야 한다.

<u>셋째로, 슬기로운 자는 지식을 감추어도 미련한 자의 마음은 미련한 것을 전파한다.</u> 우리는 꼭 필요한 때 지식을 쓰는 지혜자가 되어야 한다.

<u>넷째로, 부지런한 자의 손은 사람을 다스리게 되어도 게으른 자는 부림을 받을 것이다.</u> 우리는 신앙생활에도 세상일에도 부지런해야 한다.

## 25-28절, 선한 말, 의인, 근면, 생명

**〔25절〕 근심이 사람의 마음에 있으면 그것으로 번뇌케 하나 선한 말은 그것을 즐겁게 하느니라.**

근심이 사람의 마음에 있으면 마음으로 번뇌케 한다. '번뇌케 한다'는 원어(솨카 שָׁחָה의 사역형)는 '침체시킨다. 풀이 죽게 한다'는 뜻이다. 사람의 마음에 근심이 있으면 마음이 침체되고 풀이 죽고 우울하게 된다. 이스라엘 백성을 애굽에서 이끌어낸 모세도 불평하는 백성 때문에 하나님께 자신의 곤고함을 아뢴 적이 있었고(민 11:12-15), 또 하나님의 종 엘리야도 낙심하여 하나님께 자기 생명을 취하기를 소원한 적이 있었다(왕상 19:4). 사람의 마음은 매우 연약하다.

그러므로 우리는 세상의 염려와 생활의 염려를 조심해야 한다. 예수께서는 무엇을 먹을까 무엇을 마실까 염려하지 말라고 교훈하셨고(마 6:31) 씨 뿌리는 비유에서는 세상의 염려에 말씀이 막혀 결실치 못하는 자를 가시떨기에 뿌려진 씨로 비유하셨다(마 13:22). 또 그는 우리가 깨어 그의 재림의 날을 기다려야 할 것을 교훈하시면서 방탕함과 술취함과 생활의 염려로 마음이 둔하여져서 그 날이 덫과 같이 우리에게 임하지 않도록 조심하라고 말씀하셨다(눅 21:34).

그러나 선한 말은 사람의 마음을 즐겁게 한다. 선한 말, 좋은 말은 믿음으로 하는 권면과 위로와 격려의 말이다. 그것은 열두 정탐꾼 중에 여호수아와 갈렙의 말과 같은 믿음의 말이다. 그들은 "여호와께서 우리를 기뻐하시면 우리를 그 땅으로 인도하여 들이시고 그 땅을 우리에게 주시리라"고 말했다(민 14:8). 우리는 범사에 하나님을 인정해야 하며(잠 3:6), 또 우리에게 주신 모든 현실이 결국 선한 결과를 이룰 것을 믿어야 한다(롬 8:28). 그것이 하나님의 섭리를 믿는 믿음의 태도이다. 그러므로 사도 바울은 "아무것도 염려하지 말고 오직 모든 일에 기도와 간구로, 너희 구할 것을 감사함으로 하나님께 아뢰라"고 교훈하였다(빌 4:6). 참 믿음에서 좋은 권면과 위로와 격려의 말도 나온다.

**〔26절〕 의인은 그 이웃의 인도자가 되나 악인의 소행**[길]**은 자기를**[그들을](KJV, NASB, NIV) **미혹하게 하느니라.**

의인은 하나님을 경외하고 하나님의 계명대로 사는 자, 신약적으로 말하면 예수 그리스도를 믿고 성경의 교훈대로 선하게 사는 자이다. 의인은 그 이웃의 인도자가 된다. '그 이웃의 인도자가 된다'는 원문(야세르 메레에후 יָתֵר מֵרֵעֵהוּ)은 영어성경에서 다양하게 번역되었다: '그 이웃보다 낫다'(Targum, KJV), '그 이웃의 인도자가 된다'(NASB, Langenscheidt), '그 이웃을 살핀다'(BDB, KB, NIV). 의인은 그 덕성이나 평안의 복에 있어서 이웃보다 낫다. 또 의인은 그 이웃의 인도자가 될 것이다. 또 의인은 아무 친구나 사귀지 않고 그의 이웃을 살피며 조심할 것이다. 어느 번역도 뜻은 다 좋지만, 전통본문의 읽기나 언어적으로는 두 번째나 세 번째 번역과 해석이 타당한 것 같다.

그러나 악인들의 길은 그들을 미혹케 한다. 악인들은 하나님을 경외치 않고 그의 계명대로 행치 않는 자, 곧 예수 그리스도를 믿지 않고 성경 교훈대로 살지 않고 자기 욕심과 악한 세상 풍조를 따라 사는 자들을 가리킨다. '그들을 미혹케 한다'는 말은 문맥적으로 이웃 사람들을 가리킨다고 본다. 악인들의 길은 자신들을 곁길로 가게 할 뿐 아니라, 또한 다른 사람들을 곁길로 가게 만들 것이다. 악한 사람들의 악행은 다른 많은 사람들을 악한 길로 인도할 것이다.

**〔27절〕 게으른 자는 그 잡을 것도 사냥하지 아니하나니 사람의 부귀는 부지런한 것이니라.**

게으른 자는 그 잡을 것도 사냥하지 않는다. '사냥하다'는 원어(카라크 חָרַךְ)는 ① '(사냥감을 잡기) 시작하다,' 혹은 ② 유대인의 전통이나 아람어역에 의하면, '(음식을) 굽는다'는 뜻이라고 한다(BDB). 영어성경들은 "게으른 자는 그 사냥한 것도 굽지 않는다"라고 번역했다(KJV, NASB, NIV). 게으른 자는 사냥하는 것도 힘들어하고 귀찮아하며, 또 사냥하여 잡은 짐승, 즉 이미 가지고 있는 음식 재료도 구워 먹는 일을 힘들어하고 귀찮아할 것이다. 잠언 26:15, “게으른 자는 그 손을 그릇에 넣고도 입으로 올리기를 괴로워하느니라.” 성도는 게으른 자가 되지 말아야 한다. 그는 용감히 나아가 사냥도 하고 사냥한 것을 굽기도 해야 한다. 그는 일상생활에서도 부지런해야 한다.

사람의 부귀는 부지런한 것이다. 손이 부지런한 자는 물질적 유여함을 누릴 것이다. 그것이 성경이 증거하는 바이며 우리가 경험적으로 아는 바이다. 잠언 10:4, “손을 게으르게 놀리는 자는 가난하게 되고 손이 부지런한 자는 부하게 되느니라.” 그러므로 부지런함은 물질적인 유여함보다 더 귀한 재산이다. 부지런한 사람은 재산을 모을 것이다. 또 부지런한 사람은 남을 다스리게 될 것이다. 잠언 12:24는, “부지런한 자의 손은 사람을 다스리게 되어도 게으른 자는 부림을 받느니라” 고 말한다. 성도는 집에서나 교회에서나 직장에서나 부지런해야 한다.

**〔28절〕 의로운 길에 생명이 있나니 그 길에는 사망이 없느니라.**

의로운 길에 생명이 있다. 본래, 죽음은 죄 때문에 왔다. 아담과 하와는 하나님의 명령을 어겨 죄를 범함으로 죽게 되었다. 그것은 하나님께서 경고하신 대로이었다(창 2:16-17). 죄의 값은 사망이다(롬 6:23). 영원자존(永遠自存)하신 의로우신 하나님 안에는 영원한 생명이 있다. 또 예수 그리스도께서는 우리를 위하여 의를 이루셨다. 로마서 10:4, “그리스도는 모든 믿는 자에게 의를 이루기 위하여 율법의 마침이 되시니라.” 그리스도께서 이루신 의에 근거하여 그는 우리에게 영원한 생명이 되셨다. 로마서 5:18, “그런즉 한 범죄로 많은 사람이 정죄(定罪)에 이른 것같이 의(義)의 한 행동으로 말미암아 많은 사람이 의롭다 하심을 받아 생명에 이르렀느니라.” 의의 결과는 영생이다. 요한일서 5:12, “아들이 있는 자에게는 생명이 있고 하나님의 아들이 없는 자에게는 생명이 없느니라.” 구주 예수 그리스도 안에 영생이 있다.

의의 길에는 사망이 없다. 죄는 죽음을 가져왔으나 의는 생명이기 때문이다. 그러므로 우리는 예수 그리스도를 믿음으로 사망으로부터 생명으로 구원을 얻었다. 예수께서는 "내가 진실로 진실로 너희에게 이르노니 내 말을 듣고 또 나 보내신 이를 믿는 자는 영생을 얻었고 심판에 이르지 아니하나니 사망에서 생명으로 옮겼느니라"고 말씀하셨고(요 5:24), 또 그는 "나는 부활이요 생명이니 나를 믿는 자는 죽어도 살겠고 무릇 살아서 나를 믿는 자는 영원히 죽지 아니하리라"고 하셨다(요 11:25-26). 사도 바울은 "사망아, 너의 이기는 것이 어디 있느냐? 사망아, 너의 쏘는 것이 어디 있느냐? 사망의 쏘는 것은 죄요 죄의 권능은 율법이라. 우리 주 예수 그리스도로 말미암아 우리에게 이김을 주시는 하나님께 감사하노라"고 말하였다(고전 15:55-57).

본문의 교훈을 정리해보자. 첫째로, 근심이 사람의 마음을 우울케 하나 선한 말은 그것을 즐겁게 한다. 우리는 하나님께서 주시는 평안과 기쁨을 가지고 선한 말로 남을 권면하고 위로하여 그로 즐겁게 해야 할 것이다. 데살로니가전서 5:14, "또 형제들아, 너희를 권면하노니 규모 없는 자들을 권계하며 마음이 약한 자들을 안위하고 힘이 없는 자들을 붙들어 주며."

둘째로, 의인은 그 이웃의 인도자가 되나, 악인의 길은 그들을 미혹하게 한다. 우리는 이웃을 미혹케 하지 말고 인도하는 자가 되어야 한다. 다니엘 12:3, "지혜 있는 자는 궁창의 빛과 같이 빛날 것이요 많은 사람을 옳은 데로 돌아오게 한 자는 별과 같이 영원토록 비취리라."

셋째로, 게으른 자는 그 사냥한 것도 굽지 않으나 사람의 부귀는 부지런한 것이다. 잠언 10:4, "손을 게으르게 놀리는 자는 가난하게 되고 손이 부지런한 자는 부하게 되느니라." 사도 바울은 "부지런하여 게으르지 말고 열심을 품고 주를 섬기라"고 말했다(롬 12:11). 우리는 근면해야 한다.

넷째로, 의로운 길에 생명이 있고 그 길에 사망이 없다. 예수 그리스도께서는 십자가에 죽으심으로 우리의 의를 이루셨고 그 안에 영생이 있다. 그를 믿고 성경 교훈대로 바르게 사는 자는 확실히 영생에 이를 것이다.

# 13장: 교만, 친구, 자녀 징계

## 1-4절, 지혜자, 바른 말, 근면

**〔1절〕 지혜로운 아들은 아비[아버지]의 훈계를 들으나 거만한 자는 꾸지람을 즐겨 듣지 아니하느니라.**

지혜로운 아들은 아버지의 훈계를 듣는다. '훈계'라는 원어(무사르 מוּסָר)는 '교훈, 책망, 징계'라는 뜻을 가진다. '아버지의 훈계'라는 말은 우선 자녀 교육의 책임이 아버지에게 있음을 보인다. 자녀 교육의 책임은 국가나 학교에 있지 않고 심지어 교회에 있지도 않고 부모에게, 그것도 특히 아버지에게 있다. 지혜로운 아들, 곧 하나님을 경외하고 그의 계명에 겸손히 순종하는 아들은 그의 아버지의 훈계를 듣는다. 사람은 교육과 훈련을 통해 인격의 성숙이 필요하다(잠 22:6). 특히 경험 많은 경건한 어른들의 교훈은 아이에게 유익이 많다. 어른들은 인생의 여정에서 실패와 승리의 경험을 가지고 있기 때문에 사랑하는 자녀에게 가장 좋은 교훈을 줄 수 있다. 또 잠언 22:15는 아이의 마음에 미련한 것들이 얽혀 있고 부모의 징계의 매가 이를 멀리 쫓아낸다고 말한다. 부모의 교훈과 징계는 자녀에게 매우 유익하다.

그러나 거만한 자는 꾸지람을 즐겨 듣지 아니한다. '거만한 자'라는 원어(레츠 לֵץ)는 '비웃는 자, 조롱하는 자'라는 뜻이다. 교만한 자는 남을 비웃고 조롱한다. 거만한 아들은 아버지의 꾸지람을 즐겨 듣지 않는다. 왜냐하면 그는 높은 마음을 가지고 아버지를 무시하고 조롱하고 자기 생각을 옳다고 생각하고 부모의 교훈과 책망을 적절치 않다고 생각하기 때문이다. 그는 어리석은 자이다. 물론 부모는 자녀의 잘못을 이성적으로, 성경적으로 잘 확증한 후에 책망해야 자녀를 노엽게 하거나 자녀의 반발을 가져오지 않는 유익을 줄 것이다.

**〔2절〕 사람은 입의 열매로 인하여 복록을 누리거니와 마음이 궤사한 자**(네페쉬 보게딤 נֶפֶשׁ בֹּגְדִים)[배신자들의 영혼]**는 강포를 당하느니라**[강포를 행하느니라].

사람은 입의 열매로 인하여 복을 누린다. 입의 말은 사람의 마음과 생각과 인격의 표현이다. 우선, 하나님을 경외하고 주 예수 그리스도를 믿는 믿음은 그의 입술의 고백으로 표현되며 그것은 구원 얻은 표가 된다. 로마서 10:9-10, "네가 만일 네 입으로 예수를 주로 시인하며 또 하나님께서 그를 죽은 자 가운데서 살리신 것을 네 마음에 믿으면 구원을 얻으리니 사람이 마음으로 믿어 의에 이르고 입으로 시인하여 구원에 이르느니라." 또 예수께서는 "내가 너희에게 이르노니 사람이 무슨 무익한 말을 하든지 심판날에 이에 대하여 심문을 받으리니 네 말로 의롭다 함을 받고 네 말로 정죄함을 받으리라"고 말씀하셨다(마 12:36-37). 선한 마음과 생각을 가진 선한 사람은 선한 말, 이웃을 배려하는 덕스러운 말을 할 것이며 이런 선한 말은 선한 결과를 가져올 것이다. 선한 말을 하는 자는 다른 사람들에게 좋은 평판을 얻을 것이며 하나님께서도 그를 인정하시고 더욱 사랑하실 것이다.

그러나 배신자들의 영혼은 강포를 품고 강포를 행한다. 선한 사람은 평소에 쌓은 선한 마음에서 선한 말을 하고 선한 행동을 하지만, 악한 사람은 악한 마음에서 악한 말을 하고 악한 행동을 한다. 배신자들은 악한 자들이며 강포한 일을 품고 강포를 행한다.

**〔3절〕 입을 지키는 자는 그 생명을 보전하나 입술을 크게 벌리는 자에게는 멸망이 오느니라.**

입을 지키는 자는 자신의 생명을 보전한다. 사람의 인격은 그의 말로 표현되기 때문에 입을 지키고 말을 조심하는 것은 죄를 안 짓는 길이다. 야고보는 "우리가 다 실수가 많으니 만일 말에 실수가 없는 자면 곧 온전한 사람이라. 능히 온 몸도 굴레 씌우리라"고 말하였다(약 3:2). 그러므로 사람은 자신의 입을 지켜야 악하고 죄악된 말, 거짓된 말을 하지 않고 선한 말, 깨끗한 말, 덕스러운 말, 진실한 말만 할 수 있고 선하고 거룩하고 온전한 인격자가 될 수 있다.

그러므로 사람이 입을 지키면 자기의 생명을 보전한다는 말은 사람이 입을 지키면 죄를 안 짓게 될 것이므로 자기의 생명도 보전된다는 뜻이라고 본다. 혀의 역할은 크고 그 열매의 중요성도 크다. 그러므로 잠언 18:21은 "죽고 사는 것이 혀의 권세에 달렸나니 혀를 쓰기 좋아하는 자는 그 열매를 먹으리라"고 말하였다. 또 잠언 21:23은 "입과 혀를 지키는 자는 그 영혼을 환난에서 보전하느니라"고 말하였다.

그러나 입술을 크게 벌리는 자에게는 멸망이 온다. '입술을 크게 벌리는 자'는 말이 헤픈 자, 말이 많은 자, 생각 없이, 조심 없이 말하는 자를 가리킨다고 본다. 그런 자는 말로 실수하게 되고 범죄하게 되며 그 결과 그는 결국 멸망케 되는 것이다. 그러므로 잠언 10:19는 "말이 많으면 허물을 면키 어려우나 그 입술을 제어하는 자는 지혜가 있느니라"고 말하였고, 또 잠언 12:13은 "악인은 입술의 허물로 인해 그물에 걸려도 의인은 환난에서 벗어나느니라"고 말하였다.

**[4절] 게으른 자는 마음으로 원하여도 얻지 못하나 부지런한 자의 마음은 풍족함을 얻느니라.**

게으른 자는 마음으로 원해도 얻지 못하지만 부지런한 자의 마음은 풍족함을 얻는다. 소원은 누구에게나 다 있다. 누구나 좋은 것을 갖고 싶어하고 지금의 처지보다 좀더 나아지기 원하고 평안하고 행복하기를 원한다. 육신적으로도, 영적으로도 그러하다. 육신적으로, 사람들은 가난하지 않고 경제적 안정과 여유를 누리기를 원하며 몸의 건강과, 자녀들의 평안과 건강과 출세, 또 사회적 안정을 소원한다. 영적으로도, 우리는 믿음의 성장, 성화(聖化), 성령의 충만을 원하며, 또 바르고 좋은 교회와, 바른 말씀의 교훈과, 성도들의 교제를 원한다.

그런데 게으른 자들은 이 모든 것들 중에서 아무것도 얻지 못하고 오직 부지런한 자들만 그것들을 얻을 것이다. 물질적 여유도 게으른 자는 얻지 못할 것이다. 잠언 6:9-11, "게으른 자여, 네가 어느 때까지 눕겠느냐? . . . 좀더 자자, 좀더 졸자, 손을 모으고 좀더 눕자 하면 네 빈궁이 강도같이 오며 네 곤핍이 군사같이 이르리라." 잠언 10:4, "손을 게으르게 놀리는 자는 가난하게 되고 손이 부지런한 자는 부하게 되느니라." 몸의 건강도 게으르지 말고 규칙적으로 운동하고 마음을 써서 부지런히 영양가 있는 음식을 준비하여 섭취해야 얻는다.

또 신앙의 성장도 게으른 자들에게는 기대하기 어렵고 매일 기도하고 성경 읽고 예배드리기를 힘쓰고 교제하며 봉사할 때 기대할 수 있다. 디모데전서 4:8, "육체의 연습[몸의 훈련]은 약간의 유익이 있으나 경건은 범사에 유익하니 금생과 내생에 약속이 있느니라." 디모데전서 4:15, "이 모든 일에 전심전력하여 너의 진보를 모든 사람에게 나타나게 하라." 우리는 영적 성장을 위해 힘써야 한다(벧후 1:5-11).

본문의 교훈을 정리해보자. 첫째로, 지혜로운 아들은 아버지의 훈계를 들으나 거만한 아들은 그의 꾸지람을 즐겨 듣지 않는다. 자녀는 부모의 바른 교훈과 책망과 징계를 겸손한 마음으로 듣는 지혜로운 자가 되어야 한다. 잠언 1:8, "네 아비의 훈계를 들으며 네 어미의 법을 떠나지 말라."

둘째로, 사람은 입의 열매로 인해 복을 누리지만 배신자들은 강포함을 품고 강포함을 행한다. 우리는 선한 말을 하며 복을 누리고 강포를 멀리해야 한다. 에베소서 4:31-32, "너희는 모든 악독과 노함과 분냄과 떠드는 것과 훼방하는 것을 모든 악의와 함께 버리고 서로 인자하게 하며."

셋째로, 입을 지키는 자는 자기의 생명을 보전하나 입술을 크게 벌리는 자에게는 멸망이 온다. 우리는 말할 때 조심해야 한다. 에베소서 4:29, "무릇 더러운 말은 너희 입밖에도 내지 말고 오직 덕을 세우는데 소용되는 대로 선한 말을 하여 듣는 자들에게 은혜를 끼치게 하라."

넷째로, 게으른 자는 마음으로 원해도 얻지 못하나 근면한 자의 마음은 풍족함을 얻는다. 우리는 일상생활에도 신앙생활에도 부지런해야 한다. 로마서 12:11, "부지런하여 게으르지 말고 열심을 품고 주를 섬기라."

## 5-8절, 의, 완전함, 자족

**〔5절〕 의인은 거짓말을 미워하나 악인은 행위가 흉악하여 부끄러운 데 이르느니라.**

의인은 거짓말을 미워한다. 하나님을 경외하고 그의 계명을 지키는 자가 의인이다. 신약시대에는 예수 그리스도를 믿고 성경의 모든 교훈에 순종하는 자가 의인이다. 의인이 거짓말을 미워하는 까닭은 거짓말이 하나님 앞에 큰 악이며 사람들의 좋은 관계를 하루아침에 깨뜨리는 참으로 나쁜 악이기 때문이다.

하나님께서는 진리의 하나님, 진실의 하나님이시며(출 34:6), 마귀는 거짓말쟁이이며 거짓의 아비이다(요 8:44). 하나님께서는 거짓을 미워하신다(잠 6:16-19). 거짓말은 십계명의 제9계명을 어기는 죄악이다. 주께서는 요한계시록에서 거짓말하는 자는 천국에 들어가지 못할 것이며(계 22:15) 지옥에 들어갈 것이라고 말씀하셨다(계 21:8). 그러므로 하나님을 경외하고 주 예수 그리스도를 믿고 계명대로 살기를 원하는 의인들은 거짓말하지 말아야 하고 거짓말을 미워해야 한다.

그러나 악인은 행위가 흉악하여 부끄러운 데 이른다. 악인은 하나님을 경외치 않고 그의 계명을 순종치 않는 자이다. '행위가 흉악하다'는 원어(바아쉬 בָּאַשׁ)는 '악취를 풍긴다'는 뜻이다(BDB). 악인의 악행은 사람에게 불쾌감을 주는 악취와 같다. 악인의 목구멍은 열린 무덤과 같다(롬 3:13). 그에게서는 불쾌한 말이 나온다. 또 악인은 부끄러운 데 이른다. 악인은 하나님의 징벌을 받아서 사람들에게 부끄러움을 당할 것이다. 성경은 사람이 당하는 수치에 대해 많이 말한다(보쉬 בּוֹשׁ 110회, 보쉐 בֹּשֶׁת 29회, 켈림마 כְּלִמָּה 30회, 칼론 קָלוֹן 17회). 사람은 이 세상 사는 동안 다른 사람들에게 존경과 칭찬을 받아야지 다른 사람들에게 비난과 조롱과 수치를 당해서는 안 될 것이다.

**〔6절〕 의(義)는 행실이 정직한**(탐 תָּם)[온전한] **자를 보호하고 악은 죄인**

**을 패망케 하느니라.**

의(義)는 행실이 온전한 자를 보호한다. 하나님의 계명을 지키는 것이 의이다. 의(義)는 온전한 자를 무엇으로부터 보호하는가? 그것은 세상의 여러 가지 어려운 일들, 즉 질병이나 경제적 파탄이나 그 외의 불행한 일들로부터 보호한다. 의가 보호한다는 말은 결국 하나님께서 의인을 보호하신다는 뜻이다. 시편 91:3, 10은 "이는 저가 너를 새 사냥꾼의 올무에서와 극한 염병에서 건지실 것임이로다," "화가 네게 미치지 못하며 재앙이 네 장막에 가까이 오지 못하리라"고 말했다.

행실이 온전한 자에게도 환난과 어려운 일들이 오나 그는 그 환난에서 실패치 않는다. 잠언 10:25, "회리바람이 지나가면 악인은 없어져도 의인은 영원한 기초 같으니라." 그는 반석 위에 지은 집과 같다. 마태복음 7:25, "비가 내리고 창수가 나고 바람이 불어 그 집에 부딪히되 무너지지 아니하나니 이는 주초를 반석 위에 놓은 연고요." 또 그러한 사람은 환난 중에도 결코 낙심하거나 변절치 않을 것이다. 사도 바울은 극심한 고난 중에 고백하기를, "우리가 사방으로 우겨쌈[억눌림]을 당하여도 싸이지[눌리지] 아니하며 답답한 일을 당하여도 낙심하지 아니하며 핍박을 받아도 버린 바 되지 아니하며 거꾸러뜨림을 당하여도 망하지 아니한다"고 하였다(고후 4:8-9).

그러나 악은 죄인을 패망케 한다. 악은 하나님의 뜻을 거스르고 그의 계명을 거역하는 것이다. 죄인은 이런 악을 행하는 자들이다. 죄인이 멸망하는 이유는 바로 그가 행하는 악 때문이다. 죄악이 그를 패망케 한다. 그것은 하나님의 공의로운 심판이다.

**〔7절〕 스스로 부한 체하여도 아무것도 없는 자가 있고 스스로 가난한 체하여도 재물이 많은 자가 있느니라.**

본문은 두 가지 뜻으로 번역된다. 하나는 "자신을 부하게 만들어도 아무것도 없는 자가 있고 자신을 가난하게 만들어도 크게 부요한 자가 있느니라"고 번역한다(KJV, BDB, JFB주석). 그러면 이것은 이기적이지 말고 구제에 힘쓰라는 교훈이라고 보인다. 잠언 11:24-25에도 비슷한 말씀이 있다: "흩어 구제하여도 더욱 부하게 되는 일이 있나니 과도히 아껴도 가난하게 될 뿐이니라. 구제를 좋아하는 자는 풍족하여질 것이요 남을 윤택하게 하는 자는 윤택하여지리라." 사람이 이기적이게 살면 가난하게 될 것이다. 하나님께서 가난하게 하시기 때문이다. 그러나 사람이 구제와 선행을 힘쓰면 물질적 여유를 가질 것이다. 하나님께서 복을 주시기 때문이다. 영적으로도 그러하다. 라오디게아 교회는 외적으로 부유했으나 실상 영적으로 가난했고 서머나 교회는 반대로 외적으로 가난하고 궁핍했으나 영적으로는 부유하였다(계 2-3장).

다른 하나는 한글개역과 같이 번역한다(NASB, NIV).[5] 그러면 이것은 허영과 외식을 경계한 말씀일 것이다. 사람이 아무것도 없으면서 부한 체하는 사람은 허영심과 명예심이 있는 자이다. 그러나 재물이 많이 있으면서 가난한 체하는 자는 겸손한 자일 것이다. 우리는 외식과 허영을 경계해야 한다. 주께서는 우리가 구제나 기도할 때 외식하지 말라고 교훈하셨다(마 6:1-2, 5). 사도 바울은 헛된 영광을 추구하여 서로 격동하고 서로 투기하지 말고 아무 일에든지 다툼이나 허영으로 하지 말라고 교훈하였다(갈 5:26; 빌 2:3).

**〔8절〕 사람의 재물이 그 생명을 속(贖)할 수는 있으나 가난한 자는 협박** (게아라 גְּעָרָה)[비난](BDB, KB, KJV, NASB)**을 받을 일이 없느니라.**

사람의 재물이 그의 생명을 속(贖)할 수는 있다. 재물은 유익한 점이 많다. 돈이 있으면 필요한 좋은 것들을 살 수 있고, 또 생명의 위협을 당할 때 재물을 속전(贖錢) 즉 몸값으로 사용할 수 있다. 우리는 해적들에게 납치된 자들이 몸값을 주고 풀려나는 것을 본다. 그러나 재물은 위험성도 있다. 재물이 있으면 사람은 교만하고 방탕하기 쉽다. 그

---

5) KB, Langenscheidt; Gesenius의 문법책, p. 150; Matthew Poole.

러므로 주께서는 부자가 천국에 들어가기 어렵고 약대가 바늘귀로 들어가는 것이 부자가 하나님의 나라에 들어가는 것보다 쉽다고 말씀하셨다(마 19:23-24). 또 사도 바울은, "부하려 하는 자들은 시험과 올무와 여러 가지 어리석고 해로운 정욕에 떨어지나니 곧 사람으로 침륜과 멸망에 빠지게 하는 것이라. 돈을 사랑함이 일만 악의 뿌리가 되나니 이것을 사모하는 자들이 미혹을 받아 믿음에서 떠나 많은 근심으로써 자기를 찔렀도다"라고 말했다(딤전 6:9-10).

그러나 가난한 자는 비난받을 일이 없다. 사람이 돈의 여유가 없으면 꼭 필요할 때 쓸 돈이 없어 마음의 고통을 느끼거나 환경적 어려움을 당하기도 하지만, 가난의 유익도 있다. 사람이 가난하면 교만하거나 방탕에 떨어질 가능성이 적고 도적의 위험이나 강도의 협박을 받을 일이 없고, 또 사람들에게 비난받을 일도 없을 것이다.

본문의 교훈을 정리해보자. 첫째로, 의인은 거짓말을 미워하나 악인은 악취를 풍기며 부끄러운 데 이른다. 우리는 악행으로 악취를 풍기고 부끄러움을 당하는 악인이 되지 말고 선하고 진실한 의인이 되어야 한다.

둘째로, 의는 행실이 온전한 자를 보호하고 악은 죄인을 패망케 한다. 행실이 온전한 자도 환난을 당하나 그는 그 환난에서 실패치 않는다. 우리는 예수 그리스도를 믿고 성경 교훈대로 온전히 행함으로써 세상에서도 하나님의 보호하심을 받고 실패치 않고 승리하는 삶을 살아야 한다.

셋째로, 우리는 이기적이게 살지 말고 구제에 힘쓰고 또 남에게 보이려는 외식으로나, 세상 영광을 구하는 허영으로 살지 말고 진실하고 겸손하게 살아야 한다. 우리는 선하고 진실하고 겸손한 자가 되어야 한다.

넷째로, 사람의 재물이 그 생명을 속할 수는 있으나 가난한 자는 비난을 받을 일이 없다. 탐심은 큰 죄이다. 우리는 하나님께서 우리의 선한 목자이심을 믿고 내일 일을 염려치 말고 하나님만 의지하고 먼저 하나님의 나라와 그 의만 구하며 믿음과 순종으로만 살아야 한다(마 6:31-33).

## 9-12절, 의인, 교만, 재산, 소망

**[9절] 의인의 빛은 환하게 빛나고 악인의 등불은 꺼지느니라.**

성경에서 빛 혹은 등불은, 지식과 도덕성 즉 의, 선, 진실을 가리키기도 하지만, 또한 기쁨, 평안, 형통을 가리키기도 한다. 본문은 후자의 뜻에 적절해 보이지만, 전자의 뜻에도 맞다. 의인은 지식과 도덕성에 있어서 점점 더 환하게 빛난다. 예수 그리스도를 믿은 의인은 돋는 해이신(눅 1:78-79) 그리스도의 진리와 의를 받은 자이다. 하나님께서는 빛이시며 예수님 믿고 구원 얻은 자들은 어두움에서 빛으로 나아온 자들이다(요일 1:5-7; 2:9-10). 에베소서 5:8-9, "너희가 전에는 어두움이더니 이제는 주 안에서 빛이라. 빛의 자녀들처럼 행하라. 빛의 열매는 모든 착함과 의로움과 진실함에 있느니라." 그러나 악인은 어두움에 사는 자이며 자신이 가진 양심의 등불조차도 꺼져가는 자이다.

의인은 또한 기쁨과 평안과 형통에 있어서도 환하게 빛난다. 그러나 악인은 자신이 현재 누리는 기쁨과 평안과 형통도 조만간 잃게 될 것이다. 그는 슬픔과 불안과 낭패를 당할 것이다. 잠언 4:18-19, "의인의 길은 돋는 햇볕 같아서 점점 빛나서 원만한 광명에 이르거니와 악인의 길은 어둠 같아서 그가 거쳐 넘어져도 그것이 무엇인지 깨닫지 못하느니라." 욥기 11:17, "네 생명의 날이 대낮보다 밝으리니 어두움이 있다 할지라도 아침과 같이 될 것이요." 욥기 18:5-6, "악인의 빛은 꺼지고 그 불꽃은 빛나지 않을 것이요 그 장막 안의 빛은 어두워지고 그 위의 등불은 꺼질 것이요." 잠언 20:20, "자기의 아비나 어미를 저주하는 자는 그 등불이 유암 중에 꺼짐을 당하리라." 잠언 24:20, "대저 행악자는 장래가 없겠고 악인의 등불은 꺼지리라." 의인은 점점 더 기쁨과 평안을 누릴 것이나 악인은 그것을 점점 더 잃을 것이다.

**[10절] 교만에서는 다툼만 일어날 뿐이라**[오직 교만으로 말미암아 다툼이 생기나](KJV). **권면을 듣는 자는 지혜가 있느니라.**

'교만'이라는 원어(자돈 זָדוֹן)는 '오만함, 거만함, 건방짐'이라는 뜻이다. 교만은 자신을 높이는 마음이며, 칭찬과 높임을 받으려는 욕심이다. 오직 교만에서 다툼이 일어난다. 잠언 28:25, "마음이 탐하는 자는 다툼을 일으키나." '탐한다'는 원어(레카브 רְחַב)도 '교만하다'는 뜻이다. 사람이 교만하고 명예에 대한 욕심이 있으면 다툼이 일어난다. 잠언 18:1, "무리에게서 스스로 나뉘는 자는 자기 소욕을 따르는 자라." 각종 욕심이 싸움의 원인이다. 야고보서 4:1, "너희 중에 싸움이 어디로, 다툼이 어디로 좇아 나느뇨? 너희 지체 중에서 싸우는 정욕으로 좇아 난 것이 아니냐?"

겸손한 자는 자신의 부족을 알고 상대방의 부족도 이해하려 한다. 또 그는 자신의 명예에 대한 욕심, 즉 칭찬과 높임을 받으려는 욕심을 버린다. 겸손한 자들 사이에는 다툼이 없다. 그러므로 사도 바울은, "마음을 같이하여 같은 사랑을 가지고 뜻을 합하며 한 마음을 품어 아무 일에든지 다툼이나 허영으로 하지 말고 오직 겸손한 마음으로 각각 자기보다 남을 낫게 여기라"고 교훈하였다(빌 2:2-3).

권면을 듣는 자는 지혜가 있다. 교만한 자는 바른 권면을 듣지 않지만, 겸손한 자는 바른 권면을 듣는다. 권면을 듣는 자 곧 권면을 듣고 자신의 잘못된 점을 고치려는 자는 지혜가 있다. 만일 그 권면이 자신에게 해당하면 고치면 된다. 그러나 만일 그것이 자신에게 해당되지 않으면 앞으로 참고하면 될 것이며, 또 필요하고 기회가 된다면, 정중하고 겸손하게 자신이 그렇지 않다는 것을 해명하면 될 것이다. 여하튼 바른 권면을 듣는 자가 지혜가 있는 자이다.

**〔11절〕 망령되이 얻은 재물은 줄어가고 손으로 모은 것은 늘어가느니라.**

'망령되이'라는 원어(메헤벨 מֵהֶבֶל)는 '헛되이'라는 뜻이다(KJV). 헛되이 얻은 재물이라는 말은 정직하게 수고하여 번 돈이 아니고 게으르게 혹은 부도덕하게 번 돈을 가리킬 것이다. 불법적으로나 사기나 강탈로나 땅 투기, 집 투기로 얻은 소득 등이 그런 돈이다.

헛되이 얻은 돈은 줄어간다. 왜 그런가? 그것은 하나님께서 복을 주시지 않기 때문일 것이다. 그런 돈은 그에게 복이 되지 못한다. 그런 소득은 예상치 못하는 지출이 많다. 그것은 밑 빠진 독에 물 붓는 것과 같다. 불의의 소득에 대해, 하나님께서는 "일꾼이 삯을 받아도 그것을 구멍 뚫어진 전대에 넣음이 된다"고 하셨고(학 1:6) 또 "너희가 그것을 집으로 가져갔으나 내가 불어 버렸느니라"고 말씀하셨다(학 1:9). 또 쉽게 돈을 얻은 자는 돈 귀한 줄 모르고 낭비하는 경우가 많다.

그러나 손으로 모은 것 즉 수고하여 번 돈은 늘어간다. 정직하게 일하며 노동하며 수고하여 버는 돈이 복된 돈이다. 농사를 짓든지, 장사를 하든지, 공장에서 일하든지, 사무실에서 일하든지, 어떤 일을 하여 돈을 벌든지 이치는 똑같다. 손이 부지런한 자는 부하게 되며 부지런한 자는 풍족함을 얻는다(잠 10:4; 13:4; 21:5).

손으로 모은 것이 늘어가는 까닭은 하나님께서 복 주시기 때문이다. 사람이 부지런하고 정직하게 수고하며 살고 또 조금씩 저축하여 여유를 누리는 것이 하나님의 뜻이다. 하나님께서는 그런 사람에게 복을 주신다. 또 그런 사람은 돈이 귀한 줄 알아 절약하며 살 것이다. 근검절약하는 자만 저축하며 살 수 있다.

**[12절] 소망이 더디 이루게 되면 그것이 마음을 상하게 하나니 소원이 이루는 것은 곧 생명나무니라.**

우리는 우리의 삶에서 무엇이 부족할 때 그것을 바라며 소원한다. 그러나 그것이 더디 이루게 되면 마음이 상한다. 청년들이 고시 준비나 취직 시험 준비를 하는 동안 마음이 힘들고 지친다. 한 여자를 사랑하고 결혼하기를 원하며 기다리는 젊은이의 마음도 그러하다. 우리가 이런 저런 일들을 하나님께 기도하지만, 하나님의 응답을 받기까지는 마음을 조린다. 시편 42편 저자는, "하나님이여, 사슴이 시냇물을 찾기에 갈급함같이 내 영혼이 주를 찾기에 갈급하니이다. 내 영혼이 하나님 곧 생존하시는 하나님을 갈망하나니 내가 어느 때에 나아가서 하나님 앞에 뵈올꼬? 사람들이 종일 나더러 하는 말이 네 하나님이 어디 있느뇨 하니 내 눈물이 주야로 내 음식이 되었도다"라고 고백했다(시 42:1-3). 예수 그리스도의 재림을 기다리는 성도들의 마음도 비슷하다.

그러나 소원을 이루는 것은 곧 생명나무다. 취직을 소원하는 자가 취직하면 '살 것 같다'고 말할 것이며, 결혼을 소원하는 자가 결혼하면 기뻐하고 행복해 할 것이다. 성도가 기도의 응답을 받으면 기쁨과 힘을 얻을 것이다. 우리가 고대하던 예수 그리스도의 재림을 맞이하고 우리가 사모하던 천국에 들어가면, 우리는 큰 기쁨과 위로를 얻을 것이다. 성도의 소망은 결코 헛되지 않다. 하나님께서는 우리에게 약속하신 것들을 반드시 다 이루어 주실 것이다.

본문의 교훈을 정리해보자. 첫째로, 의인의 빛은 환하게 빛나고 악인의 등불은 꺼진다. 우리는 진리의 지식이 더하고 믿음이 견고해지고 의와 선과 진실의 인격과 삶이 우리에게서 이루어지고 이 세상 사는 동안에도 기쁨과 평안과 형통의 복을 점점 많이 누리는 의인으로 살기를 원한다.

둘째로, 교만에서는 다툼만 일어날 뿐이나 지혜자는 남의 권면을 듣는다. 우리는 가정에서나 교회에서나 직장에서나 사회에서 다툼을 일으키는 교만한 자가 되지 말고 겸손한 마음으로 자신을 단장하고 경건하고 도덕적인 권면을 서로 주고 서로 듣는 지혜로운 성도가 되어야 한다.

셋째로, 망령되이 얻은 재물은 줄어가고 손으로 모은 것은 늘어간다. 우리는 쉽게 돈을 벌려는 헛된 생각을 버리고 적게 벌어도 정직하게 우리 손으로 열심히 일하여 돈을 벌고 또 근검 절약하며 저축도 해야 한다. 적은 소득이 의를 겸하면 많은 소득이 불의를 겸한 것보다 낫다.

넷째로, 소망이 더디 이루게 되면 그것이 사람의 마음을 상하게 하나 소원을 이루는 것은 곧 생명나무이다. 하나님께서는 약속하신 바를 지키시고 이루시는 신실하신 하나님이시다. 우리는 하나님의 약속 성취 보기를 원하며 또 장차 천국과 영생의 소망 성취를 보고 기뻐하기를 원한다.

## 13-16절, 말씀, 지혜, 생명, 지식

**[13절] 말씀을 멸시하는 자는 패망을 이루고 계명을 두려워하는 자는 상을 얻느니라.**

본문의 '말씀'은 하나님의 말씀, 곧 성경말씀을 가리킨다. 하나님의 말씀을 멸시하는 것은 곧 하나님을 멸시하는 것이다. 그것은 그 자체가 불경건의 죄악이며 다른 죄악들의 뿌리가 된다. 하나님의 말씀을 멸시하는 자는 성경을 읽지 않고 성경적 설교를 진지하게 듣지 않고 받지 않을 것이다. 그는 하나님과 그의 말씀 대신에 자기 자신이나 이 세상과 세상의 것들을 더 사랑할 것이다.

'패망을 이룬다'는 원어(예카벨 יְחָבֶל)는 (1) '패망한다'고 번역되기도 하지만(KJV, RV, Gesenius), (2) '[그것을 지킬] 빚(의무)이 있다'고 번역되기도 한다(BDB, KB, NASB, NIV). 하나님의 말씀은 사람이 멸시한다고 멸시할 수 있는 것이 아니다. 사람은 하나님의 말씀을 지켜야 한다. 그 도덕적 의무는 항상 그를 따라 다닌다. 그 뿐만 아니라, 하나님의 말씀을 멸시하는 것은 죄이며 죄의 값은 죽음이다. 그것은 불행과 멸망을 포함한다. 이스라엘 백성은 선지자들을 통해 전해진 하나님의 말씀을 멸시하다가 마침내 멸망하였다.

그러나 계명을 두려워하는 자는 상을 얻는다. 하나님께서 사람에게 주신 계명, 곧 십계명은 삶의 지침과 기준이다. 계명을 두려워하는 것은 하나님을 두려워하는 것이요 하나님을 하나님으로 인정하고 자신을 피조물로 인정하고, 계명 지키는 것이 사람의 의무임을 인정하는 것이다. 하나님의 계명을 두려워하는 증거는 성경 읽기와 설교 듣기를 중요하게 여기고 들은 말씀을 힘써 순종하는 것이다.

계명을 두려워하는 자는 상을 얻을 것이다. 잠언 16:20, "삼가 말씀에 주의하는 자는 좋은 것을 얻나니." 순종은 사람의 당연한 의무이지만, 하나님께서는 순종하는 자를 더욱 사랑하시고 상을 주신다. 그는 평안, 건강, 물질적 여유, 존귀, 마침내 영생 등 모든 좋은 것을 상으로 주신다. 경건했던 요셉과 다니엘은 세상에서 존귀의 상을 받았다.

**[14절] 지혜 있는 자의 교훈은 생명의 샘이라. 사람으로 사망의 그물을 벗어나게 하느니라.**

지혜 있는 자의 교훈은 생명의 샘이다. '지혜 있는 자'는 하나님을 경외하고 그의 계명에 순종하여 의롭고 선하게 사는 자이다. '지혜 있는 자의 교훈' 곧 지혜 있는 자가 가진 바른 지혜와 지식에서 나오는 교훈은 생명의 샘이다. '생명의 샘'은 생명수를 길을 수 있는 샘물, 곧 사람을 살리는 교훈이라는 뜻이다.

불경건하고 악하고 거짓된 말은 어리석은 말이며 사람을 죽이는 말이다. 에덴 동산에서 뱀의 말이 그러했다. 그것은 하와로 하여금 하나님을 거역케 만들고 죽게 하였다. 그러나 지혜자의 교훈은 경건하고 의롭고 선한 교훈이며 그것은 듣는 자로 하여금 하나님을 경외하고 죄를 버리며 의를 행케 함으로써 영생에 이르게 하는 것이다.

사람은 지혜자의 교훈을 붙들어 생명을 얻는다. 잠언 4:13, "훈계를 굳게 잡아 놓치지 말고 지키라. 이것이 네 생명이니라." 잠언 4:20-22, "내 아들아, 내 말에 주의하며 나의 이르는 것에 네 귀를 기울이라. 그것을 네 눈에서 떠나게 말며 네 마음 속에 지키라. 그것은 얻는 자에게 생명이 되며." 잠언 6:23, "대저 명령은 등불이요 법은 빛이요 훈계의 책망은 곧 생명의 길이라." 생명은 건강과 평안을 포함한다.

지혜자의 교훈은 사람으로 생명을 얻게 하고 사망의 그물을 벗어나게 한다. 죄는 사망의 그물 곧 사람이 거기에 걸려 죽게 되는 그물이다. 죄를 짓는 자마다 사망의 그물에 걸린 자이며 회개치 않으면 영원한 멸망을 당할 수밖에 없다. 그러나 지혜자의 교훈은 죄를 짓지 않게 하는 교훈이므로 사망의 그물을 벗어나게 하는 것이다.

**[15절] 선한 지혜는 은혜를 베푸나 궤사한 자의 길은 험하니라.**

'지혜'라는 원어(세켈 שֶׂכֶל)는 '깨달음'(understanding)이라는 뜻이다(KJV, NASB, NIV). 선한 깨달음은 남을 이해하고 남을 유익케 하는 마음이다. 뱀의 말과 같이 악하고 간교한 지혜는 남을 해치는 지혜이지만, 선한 지혜와 깨달음은 남에게 은혜와 호의와 사랑을 베푼다.

그러나 궤사한 자의 길은 험하다. '궤사한 자'(보게딤 בֹּגְדִים)라는 원어는 '배신자들, 속이는 자들'이라는 뜻이다. 배신자들은 남을 해치고 남의 마음을 상하게 한다. 그런 자의 길은 험하다. 그 길은 거칠고 평탄치 않고 형통치 않다. 의인에게도 고난은 있으나, 의인의 심령에는 평안이 있고 그의 길은 하나님의 섭리 안에서 좋은 결과가 있다. 또 그는 많은 고난 중에도 믿음과 거룩한 인격의 단련을 받는다. 그러나 악인들의 길에는 여러 가지 어려움만 있을 것이다.

레위기 26장에 보면, 하나님께서는 악인들을 폐병과 열병으로 치셔서 그들의 눈이 어둡고 생명이 쇠약하게 하시며, 곡식을 거두나 대적들이 와서 빼앗아 가게 하시고 대적에게 패하게 하시고, 하늘로 철과 같게 하며 땅으로 놋과 같게 하셔서 흉년이 들게 하시며, 또 들짐승이 어린 자녀들을 움켜 가게 하시고, 전쟁을 보내시고 무서운 전염병을 보내시고 그들이 의지하는 양식을 끊으셔서 열 여인이 한 화덕에서 떡을 구워 저울에 달아 줄 것이며 먹어도 배부르지 않게 하실 것이며, 그들을 온 세계에 흩으시며 전쟁으로 그 땅을 황무케 하며 그 성읍들을 황폐케 하실 것이라고 말씀하셨다(레 26:16-17, 19, 22, 25-26, 33). 참으로, 악인들의 길은 험할 것이다.

**〔16절〕 무릇 슬기로운 자는 지식으로 행하여도 미련한 자는 자기의 미련한 것을 나타내느니라.**

슬기로운 자들은 지식으로 행한다. 지혜와 지식은 같이 간다. 지혜와 지식이 같은 말은 아니지만, 그 둘은 같이 간다. 지혜 있는 자들은 참 지식이 있고 그 지식을 잘 사용한다. 참 지식은 하나님을 아는 것으로 시작된다. 하나님을 경외하는 것은 지식의 시작이요 가장 중요한 내용이다. 잠언 1:7, "여호와를 경외하는 것이 지식의 근본이어늘." 참 지식은 하나님의 뜻을 아는 것이다. 하나님의 뜻은 믿음으로 구원을 얻는 것과 그 구원의 열매인 거룩하고 선하고 의로운 삶이다.

사람이 참 지식을 가지고 행할 때 그것이 그에게 의의 열매가 되고 평안이 된다. 그것이 사람의 행복이며 생명의 길이다. 그것이 사람의 지혜이다. 모든 지혜 있는 자는 그 길, 즉 그 지식으로 행한다. 호세아 4:6, "내 백성이 지식이 없으므로 망하는도다." 호세아 6:6, "나는 인애를 원하고 제사를 원치 아니하며 번제보다 하나님을 아는 것을 원하노라." 영생은 하나님과 구주 예수 그리스도를 아는 것이다(요 17:3).

그러나 미련한 자는 자기의 미련한 것을 나타낸다. 미련한 것이란 하나님을 알지 못하거나 그의 뜻을 알지 못하는 것이다. 그것은 자기 중심적이고 세상 중심적이고 물질 중심적, 육신 중심적인 것이다. 그것은 무지와 불경건, 또 불결과 악과 거짓의 부도덕이다. 그것은 하나님의 진노를 가져오고 그런 자는 영원한 멸망에 이른다. 그러나 미련한 자는 자신의 미련한 것을 말과 행위로 나타내는 것이다.

본문의 교훈을 정리해보자. 첫째로, 말씀을 멸시하는 자는 죄의 빚을 지는 자이며 결국 멸망하지만 계명을 두려워하는 자는 상을 얻는다. 우리는 성경말씀을 두려워하고 순종해야 한다. 그것이 평안과 영생의 길이다.

둘째로, 지혜 있는 자의 교훈은 생명의 샘이며 사람으로 사망의 그물을 벗어나게 한다. 우리는 어리석은 자의 말을 듣지 말고 지혜자의 교훈을 받고 나누어 자신도 살고 다른 사람들을 살리는 자가 되어야 한다.

셋째로, 선한 깨달음은 남에게 은혜를 베푸나 배신자의 길은 험하다. 우리는 남에게 유익을 주는 자가 되고 배신자가 되지 말아야 한다.

넷째로, 무릇 슬기로운 자는 지식으로 행하여도 미련한 자는 자기의 미련한 것을 나타낸다. 우리는 하나님을 바로 알고 섬기며 그의 뜻대로 경건하고 거룩하고 의롭고 선하게만 살아야 한다. 그것이 복된 길이다.

## 17-20절, 충성, 훈계, 미련, 동행

**〔17절〕 악한 사자는 재앙에 빠져도 충성된 사신은 양약이 되느니라.**

'사자'(使者)는 '임무를 받아 파송된 자'이다. '악한 사자'는 자기 임무를 저버리거나 그 임무에 불충실한 자이다. 그는 그를 보낸 자에게 악을 행하는 자이다. 선지자 엘리사의 수종자인 게하시는 선지자 엘리사의 이름을 팔아 악을 행했다(왕하 5:20-24). 가룟 유다는 사도의 본분을 저버리고 주님을 배신하였다(마 26:14-16).

그러나 악한 사자는 재앙에 빠질 것이다. 그를 파송한 주인은 그를 벌할 것이다. 또 하나님께서도 그의 악에 대해 재앙으로 벌하실 것이다. 게하시는 몸에 나병이 들었고(왕하 5:27), 가룟 유다는 자신의 목을 매었고 몸이 곤두박질하여 배가 터져 죽었다(마 27:3-5; 행 1:18).

'충성된 사신'은 자기 임무를 완수하는 자이다. 이삭의 아내를 구하러 보냄을 받았던 아브라함의 나이든 종은 충성된 사신의 좋은 예이었다. 그는 긴 여행으로 인해 배도 고팠겠지만, "내가 내 일을 진술하기 전에는 먹지 아니하겠다"고 말하였다(창 24:33). 사도 바울도 충성된 사신이었다. 그는 주 예수의 복음을 전하기 위해 많은 고난도 견디었고 죽을 각오도 하였다(고전 4:9-13; 고후 6:4-10; 11:23-27).

충성된 사신은 양약이다. '양약'이라는 원어(마르페 מַרְפֵּא)는 '치료'라는 뜻이다(BDB, NASB, NIV). 충성된 사신은 그를 보낸 자의 마음에 기쁨과 시원함을 줄 것이며(잠 25:13), 또 많은 사람에게 치료와 위로와 유익을 줄 것이다. 또 그 자신도 칭찬과 상을 얻을 것이다.

**〔18절〕 훈계**[교훈, 징계]**를 저버리는 자에게는 궁핍과 수욕이 이르거니와 경계**[책망, 징계]**를 지키는**[주의하는](KJV, NASB) **자는 존영을 얻느니라.**

훈계를 저버리는 자에게는 궁핍과 수욕이 온다. 사람은 무지와 죄성 때문에 교훈과 징계를 저버린다. 사람은 하나님과 의의 가치를 알지 못하기 때문에 또 자신의 죄악성과 세상의 악한 풍조와 마귀의 시험 때문에 교훈과 징계를 저버리는 것이다. 땅의 모든 풍부가 하나님께서 주신 것이며 천지 만물이 다 하나님의 것이므로(신 10:14; 시 24:1), 하나님께서는 교훈과 징계를 저버리는 자에게 그 모든 좋은 것을 거두실 권리도 있고 그렇게 하실 것이다. 훈계를 저버리는 자는 가뭄이 오거나 전쟁이 오거나 경기 침체가 올 때, 그는 궁핍을 경험하며 수치와 욕도 경험할 것이다. 사람이 하나님의 복을 누릴 때는 존귀해 보이지만, 병에 걸렸거나 기근으로 굶주림이 심할 때나 전쟁이 나서 헐벗고 방황할 때에는, 부끄러운 일들을 경험할 것이다.

그러나 사람이 하나님의 징계에 주의하고 그것을 달게 받으면, 존영을 얻을 것이다. 그는 참된 회개에 이르고 의(義)에 이를 것이다. 그가 아무리 비천해졌을지라도 하나님께서 그의 존영을 회복시켜 주실 것이다. 그것은 이스라엘의 역사에서 볼 수 있는 바이다. 그러므로 하나님께서는 엘리에게 "나를 존중히 여기는 자를 내가 존중히 여기고 나를 멸시하는 자를 내가 경멸히 여기리라"고 말씀하셨다(삼상 2:30).

**〔19절〕 소원을 성취하면 마음에 달아도 미련한 자는 악에서 떠나기를 싫어하느니라.**

사람의 소원의 성취는 마음에 달다. 소원의 성취 즉 기도의 응답은 의인들에게 해당되는 것이다. 하나님께서는 악인들의 소원을 들어주지 않으신다. 시편 66:18, "내가 내 마음에 죄악을 품으면 주께서 듣지 아니하시리라." 잠언 28:9, "사람이 귀를 돌이키고 율법을 듣지 아니하면 그의 기도도 가증하니라." 그러나 하나님께서 의인의 기도는 들어주신다. 잠언 10:24, "악인에게는 그의 두려워하는 것이 임하거니와 의인은 그 원하는 것이 이루어지느니라." 시편 145:19, "저는 자기를 경외하는 자의 소원을 이루시며 또 저희 부르짖음을 들으사 구원하시리로다." 요한일서 3:22, "무엇이든지 구하는 바를 그에게 받나니 이는 우리가 그의 계명들을 지키고 그 앞에서 기뻐하시는 것을 행함이라."

성도가 하나님 앞에서 가진 선한 소원이 이루어지면, 그의 마음은 기쁨이 넘칠 것이다. 잠언 13:12, "소원이 이루는 것은 곧 생명나무니라." 요한복음 16:23-24, "내가 진실로 진실로 너희에게 이르노니 너희가 무엇이든지 아버지께 구하는 것을 내 이름으로 주시리라. 지금까지는 너희가 내 이름으로 아무것도 구하지 아니하였으나 구하라. 그리하면 받으리니 너희 기쁨이 충만하리라."

그러나 미련한 자는 악에서 떠나기를 싫어한다. 미련한 자의 악행은 그의 기도의 응답을 가로막고 도리어 하나님의 미워하심과 노하심과 재앙을 가져올 것이다. 그런데 미련한 자는 그 악에서 떠나기를 싫어하니 그것이 그의 미련함인 것이다. 악인은 미련하다.

**[20절] 지혜로운 자와 동행하면 지혜를 얻고 미련한 자와 사귀면 해를 받느니라.**

누구와 교제하는가는 중요하다. 일생의 반려자를 삼는 결혼도, 친구 관계도, 또 교회 소속도 그러하다. 본문은 교제와 동행의 대상을 지혜자와 미련한 자로 구분한다. 잠언이 증거하는 대로, 지혜자는 하나님을 경외하고 그의 계명을 순종하여 의롭고 선하고 진실하게 사는 자이며, 미련한 자는 하나님을 경외하지 않고 그의 계명들을 거슬러 우상숭배하고 불의와 악과 거짓을 행하는 자이다.

사람은 지혜로운 자와 동행하면 지혜를 얻고 미련한 자와 사귀면 해를 받는다. 그것은 당연한 결과이다. 사람은 친구의 영향을 많이 받는다. 사람은 그의 친구를 보면 그의 인품을 대충 짐작할 수 있다. 지혜는 경건과 도덕성이며 그 결과는 평안과 형통과 행복과 영생이다. 그러나 죄는 미련함이며 그 결과는 질병과 기근과 불행과 죽음이다. 그러므로 성경은 악한 교제를 경계한다. 고린도전서 15:33은, "속지 말라. 악한 동무들은 선한 행실을 더럽히나니"라고 말한다.

하나님께서는 성도의 가장 귀한 교제의 대상이시다. 우리는 하나님을 경외하며 그를 섬기며 그에게 친근히 해야 한다. 신명기 10:20, "네 하나님 여호와를 경외하여 그를 섬기며 그에게 친근히 하라." 옛날에 에녹은 65세에 므두셀라를 낳은 후 300년을 하나님과 동행하며 자녀를 낳았고 하나님과 동행하다가 하나님께서 그를 데려가시므로 세상에 있지 않았다(창 5:21-24). 노아도 하나님과 동행한 의인이었다. 창세기 6:9, "노아는 의인이요 당세에 완전한 자라. 그가 하나님과 동행하였으며." 욥은 고난 중에 전에 하나님의 우정 즉 그의 친밀한 교제가 그의 장막 위에 있었던 날들을 회상했다. 욥기 29:4, "나의 강장하던 날과 같이 지내었으면—그때는 하나님의 우정(소드 סוֹד)[친밀함, 친밀한 대화]이 내 장막 위에 있었으며." 하나님을 경외하며 정직하게 행하는 자들에게는 그의 친밀한 교통이 있다. 시편 25:14, "여호와의 친밀함(소드 סוֹד)이 경외하는 자에게 있음이여 그 언약을 저희에게 보이시리로다." 잠언 3:32, "대저 패역한 자는 여호와의 미워하심을 입거니와 정직한 자에게는 그의 교통하심(소드 סוֹד)[친밀함]이 있으며."

본문의 교훈을 정리해보자. 첫째로, 악한 사자는 재앙에 빠져도 충성된 사신은 양약이다. 우리는 성도와 교회 직분자로서 악한 사자가 되지 말고 충성된 사신이 되어 말과 행실로써 다른 이들에게 유익을 주어야 한다.

둘째로, 교훈과 징계를 저버리는 자에게는 궁핍과 수욕이 이르나, 책망에 주의하는 자는 존영을 얻는다. 우리는 하나님의 말씀의 교훈과 책망과 징계에 주의하고 그것들을 존중하고 성경말씀을 읽고 듣고 배우고 묵상하고 실행하기를 힘써야 한다. 이것이 지혜와 평안과 존영의 길이다.

셋째로, 소원을 성취하면 마음에 달아도 미련한 자는 악에서 떠나기를 싫어한다. 빌립보서 2:13, "너희 안에서 행하시는 이는 하나님이시니 자기의 기쁘신 뜻을 위하여 너희로 소원을 두고 행하게 하시나니." 우리는 악을 버리고 성령께서 주시는 선한 소원을 품고 이루는 자가 되어야 한다.

넷째로, 지혜로운 자와 동행하면 지혜를 얻고 미련한 자와 사귀면 해를 받는다(20절). 우리는 하나님과 교제하며 동행하고, 또 경건하고 선한 지혜자들과 교제하고 동행해야 하고, 성경이 교훈하는 대로 결코 미련하고 악한 자들과 교제하지 말아야 한다(고후 6:14-16; 살후 3:14; 딛 3:10).

## 21-25절, 보응, 자녀 징계, 의인

**〔21절〕 재앙은 죄인을 따르고 선한 보응은 의인에게 이르느니라.**

재앙은 죄인을 따른다. 그것은 레위기 26장과 신명기 28장에 증거된 바이다. 하나님께서는 범죄하는 사람들에게 여러 가지 재앙을 내리실 것이다. 그들은 폐병, 전염병, 열병, 종기 등 각종 질병을 얻을 것이며, 극심한 흉년과 굶주림을 경험할 것이며, 들짐승들이 내려와 농작물을 해칠 것이며, 또 이웃 나라들의 침략을 당할 것이다.

노아 시대의 홍수심판은 한 대표적인 예이었다(창 6:17; 7:21-23). 소돔 고모라 성의 유황불 심판도 그러했다(창 19:24-25). 또 우상숭배에 빠져 있었고 심히 음란했던 가나안 족속들은 남김 없이 다 멸망을 당해야 했다(신 7:1-2). 하나님께서는 악한 유다 왕 여호람을 치셔서 고칠 수 없는 병이 그 창자에 들게 하셨고 2년 만에 창자가 빠져나와 죽게 하셨다(대하 21:18-19). 또 교만했던 웃시야 왕은 성전에서 향로를 잡고 분향하려 하다가 즉시 나병 환자가 되었고 죽는 날까지 쓸쓸히 별궁에 거하다가 죽었다(대하 26:19, 21).

그러나 의인에게는 선한 보응이 따른다. 하나님을 경외하며 그 계명대로 순종하며 사는 의인들에게 하나님께서는 선한 보응, 즉 평안과 형통의 복을 주실 것이다. 하나님께서는 죄 짓는 일을 가장 두려워한 요셉과 함께하셨고 그의 범사에 형통케 하셨고(창 39:23) 그의 부모와 형제들을 구원케 하셨다. 하나님께서는 경건했던 다윗과 함께하셔서 어디를 가든지 이기게 하셨고(삼하 8:6), 경건했던 히스기야와 함께하셔서 어디로 가든지 형통하게 하셨다(왕하 18:7).

**〔22절〕 선인(善人)은 그 산업을 자자손손에게 끼쳐도 죄인의 재물은 의인을 위하여 쌓이느니라.**

선인(善人)은 그 산업을 자자손손에게 끼친다. 선인(善人) 곧 선한 사람은 하나님의 뜻대로 사는 자이다. 그는 하나님을 경외하고 섬기며 사랑하고 하나님의 뜻을 행하여 선과 의와 사랑으로 사는 자이다. 그는 이웃을 사랑하며 배려하는 자이다.

선한 사람은 갑자기 재산을 모으지는 못해도 서서히 조금씩 정당하게 재산을 모을 것이다. 잠언 13:11, "망령되이 얻은 재물은 줄어가고 손으로 모은 것은 늘어가느니라." 성도는 주일을 거룩히 지키면서 돈을 벌고 하나님께 십일조 이상을 드리고 나라의 세금도 정당하게 내고 남는 것을 쓴다. 그것이 그의 정당하고 복된 소득이다. 성도의 사업에는 소위 이중장부(분식회계)나 비자금 같은 것이 없어야 한다. 성도가 이렇게 경건하고 의롭게 사업을 하면 견실한 기업을 이룰 것이다. 또 성도는 이렇게 번 돈과 가꾼 산업을 자자손손에게 끼칠 것이다.

그러나 죄인의 재물은 의인을 위하여 쌓일 것이다. 죄인은 하나님을 경외치 않고 그의 뜻을 거역하며 행하는 자이다. 그는 재물을 벌지만 불의하고 불법한 방식으로 또 탐욕적이게 벌 것이다. 그의 모든 소득은 정당한 방법으로 얻은 것이 아닐 것이다. 그는 물질적 이득을 위해 뇌물을 주고받을 것이다. 그는 은밀하게 탈세도 할 것이다. 물론 그는 주일성수나 십일조 생활을 하지 않을 것이다.

그러나 죄인이 이렇게 모은 재물은 자신에게나 자신의 자녀들에게 복이 되지 못하고 도리어 의인을 위하는 것이 될 것이다. 그의 집과 땅, 그의 회사와 사업은 어느 날 의인의 것이 될 것이다. 또 그는 상속할 자녀가 없어서 자신의 후계자를 세울 때 양심상 악인보다는 의인에게 자신의 사업이나 유산을 맡기게 될 것이다.

**〔23절〕 가난한 자는 밭을 경작하므로 양식이 많아지거늘 혹 불의로 인하여** 가산을 **탕패**[탕진]**하는 자가 있느니라**[가난한 자들의 경작할 밭에서 많은 양식이 나오나 불의 때문에 그것을 빼앗기는 일이 있느니라].

가난한 자들의 경작할 밭에서는 많은 양식이 나온다. 사람이 가난할지라도 밭을 경작하면 많은 양식을 얻을 것이다. 밭을 경작한다는 말은 자기의 직장과 사업에서 열심히, 부지런히 일하는 것을 의미한다.

사람이 부지런히 자기의 일을 하면 소득이 늘어나고 물질적 여유를 얻을 것이다. 잠언 10:4, "손을 게으르게 놀리는 자는 가난하게 되고 손이 부지런한 자는 부하게 되느니라." 잠언 13:4, "게으른 자는 마음으로 원하여도 얻지 못하나 부지런한 자의 마음은 풍족함을 얻느니라."

그러나 불의 때문에 그것을 빼앗기는 일이 있다. 사람이 열심히 일하여 양식이 많아진다 할지라도, 그가 불의하면 즉 죄를 지으면 모든 물질적 유여함을 다 잃어버리게 된다는 뜻이다. 죄를 지으면 하나님께서 그의 재물을 가져가 버리실 것이다. 의는 평안의 길이며 물질적인 여유를 얻는 길이지만, 죄는 불행의 길이며 물질적인 여유를 잃어버리는 길이다. 그러므로 사람이 부지런히, 열심히 일해서 돈을 버는 것도 중요하지만, 번 돈을 잘 유지하는 것도 중요하다. 의는 물질적 여유를 유지하는 길이다. 하나님께서는 선지자 학개를 통해 이스라엘 백성이 하나님을 존중하거나 하나님 중심으로 살지 않고 자기 중심으로 살았기 때문에 그들이 많이 뿌릴지라도 수입이 적으며 일꾼이 삯을 받아도 그것을 구멍 뚫어진 전대에 넣음이 되며 또 그들이 많은 것을 바랐으나 도리어 적었고 그들이 그것을 집으로 가져갔으나 하나님께서 그것을 불어버리셨다고 말씀하셨다(학 1:4-6, 9).

**〔24절〕 초달을 차마**[매를 들지] **못하는 자는 그 자식을 미워함이라. 자식을 사랑하는 자는 근실히**[때가 늦지 않게, 부지런히] **징계하느니라.**

자녀에게 매를 들지 못하는 자는 그 자식을 미워하는 것이다. 어떤 부모는 매를 때리면 자식의 마음을 상하게 할까봐 매를 때리지 못하고 그것을 자식을 사랑하는 것이라고 생각하는 것 같으나 그것은 자식을 사랑하는 것이 아니고 오히려 미워하는 일이며 어리석은 일이다. 왜냐하면 자녀의 잘못과 악행을 책망하고 징벌하지 않고 그의 인격의 결함과 부도덕함을 내버려두는 것은 장차 부모의 매보다 훨씬 더 무서운 하나님의 진노와 징벌을 가져올 것이기 때문이다.

자식을 사랑하는 자는 근실히 징계한다. '근실히 징계한다'는 원문

(쉬카로 무사르 שִׁחֲרוֹ מוּסָר)은 '때가 늦지 않게, 부지런히 그를 징계한다'는 뜻이다. 참된 자식 사랑은 단지 그의 몸을 사랑함이 아니고 그의 영혼을 사랑함이어야 한다. 그의 영혼을 사랑한다는 것은 그 영혼이 잘 되도록, 즉 그의 인격이 바른 인격, 경건하고 선한 인격이 되도록 교훈하고 책망하는 것이다. 그러므로 자식이 잘못 행할 때 그 잘못을 지적하고 책망하고 적당한 벌을 주는 것이 필요하다. 자녀를 징계하되 근실히, 부지런히, 때가 늦지 않게 해야 할 것이다. 그래서 자녀가 그 잘못을 회개하고 고쳐 좋은 인격이 되면, 그것은 자신에게 복일 뿐만 아니라, 또한 부모에게도 기쁨이 될 것이다.

잠언 22:15, "아이의 마음에는 미련한 것이 얽혔으나 징계하는 채찍이 이를 멀리 쫓아내리라." 잠언 23:13-14, "아이를 훈계하지 아니치 말라. 채찍으로 그를 때릴지라도 죽지 아니하리라. 그를 채찍으로 때리면 그 영혼을 음부[지옥]에서 구원하리라." 잠언 29:15, "채찍과 꾸지람이 지혜를 주거늘 임의로 하게 버려두면 그 자식은 어미를 욕되게 하느니라." 자녀에게 매를 드는 것이 하나님의 교육 방법이다.

**〔25절〕 의인은 포식(飽食)하여도 악인의 배는 주리느니라.**

의인은 하나님을 경외하고 의지하고 하나님의 계명에 순종하는 자이며, 악인은 하나님을 경외하지 않고 믿지도 않고 하나님의 계명을 거역하고 남에게 해를 끼치는 자이다. 배부르게 먹는 것과 주리는 것은 육신의 양식에 관한 말씀이라고 보인다. 영혼의 양식, 곧 하나님의 말씀의 공급은 물론이고, 육신의 양식도 그러하다.

의인은 배부르게 먹을 것이다. 시편 34:9-10, "너희 성도들아, 여호와를 경외하라. 저를 경외하는 자에게는 부족함이 없도다. 젊은 사자는 궁핍하여 주릴지라도 여호와를 찾는 자는 모든 좋은 것에 부족함이 없으리로다." 시편 37:25, "내가 어려서부터 늙기까지 의인이 버림을 당하거나 그 자손이 걸식함[음식을 구걸함]을 보지 못하였도다." 창조자와 섭리자이신 하나님께서는 의인들에게 양식을 주실 것이다. 그는 우리에게 양식을 주셔서 누리게도 하시고 또 그것을 거두기도 하신다. 잠언 10:3, "여호와께서 의인의 영혼은 주리지 않게 하시나 악인의 소욕은 물리치시느니라." 그러므로 예수께서는 "너희는 먼저 하나님의 나라와 그의 의를 구하라. 그리하면 이 모든 것을 너희에게 더하시리라"고 말씀하셨다(마 6:33). 또 사람이 양식을 배부르게 먹으려면 하나님의 은혜로 음식 살 돈도 넉넉하고 음식도 넉넉해야 하고 몸도 건강하여 식욕이 있고 소화기능도 좋아야 한다. 사람이 아프면 식욕도 떨어지고 소화기능도 약해져 양식이 풍부해도 먹을 수 없기 때문이다.

그러나 악인의 배는 주릴 것이다. 하나님께서 그렇게 하실 것이다. 악인에게는 음식이 부족할 것이며 그의 경제 여건도 매우 나쁠 것이다. 또 그의 몸에 병이 있고 식욕도 소화기능도 떨어질 것이다.

본문의 교훈을 정리해보자. 첫째로, 재앙은 죄인을 따르고 선한 보응은 의인에게 이른다. 우리는 죄를 버리고 하나님을 경외하고 예수 그리스도를 믿고 성경말씀을 힘써 순종함으로써 하나님의 복을 누려야 한다.

둘째로, 선인(善人)은 그 산업을 자자손손에게 끼쳐도 죄인의 재물은 의인을 위해 쌓인다. 우리는 선한 자로 살고 돈도 정직하게 벌어야 자신에게나 자녀들에게 복이 되지만 불의한 재물은 결코 복이 되지 않는다.

셋째로, 가난한 자는 밭을 경작하므로 양식이 많아지지만, 불의로 인해 그것을 빼앗기는 일이 있다. 우리는 손으로 수고하고 부지런함으로 물질적 여유의 복을 누리며 또 의를 행함으로 그것을 잘 유지해야 한다.

넷째로, 체벌을 차마 못하는 자는 그 자식을 미워함이며 자식을 사랑하는 자는 근실히 징계한다. 자녀는 매 없이 키우지 말고 근실히 징계하며 키워야 좋은 인격이 되며 복을 받는다. 그것이 참 자식 사랑이다.

다섯째로, 의인은 포식해도 악인의 배는 주린다. 하나님의 나라와 그의 의를 구하는 자들, 즉 경건하며 의로운 자들은 일용할 양식의 궁핍함이 없고 물질적 여유를 누릴 것이다. 그러나 악인들은 궁핍할 것이다.

# 14장: 지혜로운 여인, 분노, 구제, 의

## 1-4절, 지혜, 정직, 미련, 소

**[1절] 무릇 지혜로운 여인은 그 집을 세우되 미련한 여인은 자기 손으로 그것을 허느니라.**

지혜로운 여자들은 자기의 집을 세운다. 지혜로운 여자는 하나님을 경외하고 그의 계명을 순종하여 사랑하며 선하며 인내하는 자이다. '세운다'는 말은 가정은 저절로 행복해지는 것이 아니고 부모가 힘써 세워야 함을 보인다. 부부 관계의 문제, 부모 자식 관계의 문제, 자녀의 교육과 생활지도, 건강 문제, 경제 문제 등 인생의 삶의 어려운 문제들은 누구에게나 있다. 그러나 지혜로운 여자는 그런 여러 가지 문제들을 지혜롭게 처리하고 자기의 가정을 잘 세워나갈 것이다.

물론, 가정은 하나님께서 세워 주셔야 세워진다. 시편 127:1, "여호와께서 집을 세우지 아니하시면 세우는 자의 수고가 헛되며." 그러나 인간편에서 가정의 바른 건립에 남편과 아내의 노력도 필요하다. 본문은 가정이 남편의 수고만으로 잘 세워지지 않고 아내의 역할이 큰 것을 보인다. 비록 남편이 좀 부족해도 아내가 지혜롭게 행하여 남편의 부족을 보충하면 가정을 잘 세울 수 있을 것이다.

그러나 미련한 여자는 자기의 손으로 가정을 헌다. 미련한 여자는 하나님을 경외하지 않고 그의 교훈대로 행치 않는 자이다. 그는 다른 사람에 대한 이해심과 너그러움이 부족하고 사랑과 선을 행하지 않고 마음에 자제력이 부족하고 성급하다. 그는 겸손치 않고 교만하고 고집스럽다. 그는 게으르고 사치하고 낭비하고 절제치 않는다. 그의 언어생활도 덕스럽지 못하다. 그런 여자는 자기 손으로 자기 가정을 허물며 자기에게 오는 복을 막으며 그 복을 물리친다.

**〔2절〕 정직하게 행하는 자는 여호와를 경외하여도 패역하게 행하는 자는 여호와를 경멸히 여기느니라.**

정직하게 행한다는 말은 하나님의 계명대로 또 양심대로 올바르게 행한다는 뜻이다. 정직하게 행하는 자는 여호와를 경외하는 자이다. 정직하게 행하는 것이 여호와를 경외하는 증거이다. 정직하게 행하는 자는 하나님을 하나님으로, 거룩하시고 공의로우신 하나님, 입법자이시고 심판자이신 하나님, 죄악에 대해 심판하시고 징벌하시고 진노하시는 하나님으로 믿고 두려워하는 자이다. 그것은 이기적인 생각이나 편의적 생각, 기회주의적인 생각과 타협적 생각 등을 버리는 것이다. 경건과 믿음은 의롭고 선한 행위와 진실한 행위로 나타난다. 그것은 노아의 생활에서 잘 나타났다. 노아는 하나님을 경외했고 의롭고 정직하고 흠이 없고 책망할 것이 없이 살았다. 창세기 6:9, "노아는 의인이요 당세에 완전한 자라. 그가 하나님과 동행하였으며."

그러나 패역하게 행하는 자는 여호와를 경멸히 여긴다. 패역하게 행한다는 말은 하나님의 하시는 일을 불평하고 그의 뜻을 거역하고 그의 계명을 불순종하고 완악하고 고집스럽게 행한다는 뜻이다. 패역하게 행하는 것은 하나님을 경멸하는 증거이다. 하나님께서 입법자요 심판자이시며 사람에게 상과 벌을 주시는 자이신데, 패역하게 행하는 자는 그를 인정치 않고 존중히 여기지 않고 그의 권위를 무시하고 자기 뜻대로 사는 것이기 때문이다. 유다 나라의 마지막 왕 시드기야는 선지자 예레미야를 통해 두루마리에 기록된 하나님의 말씀을 멸시하고 그것을 듣는 대로 작은 칼로 그 책을 베어 화롯불에 던져서 그 모든 두루마리를 태웠다(렘 36:22-23). 그는 비참한 최후를 맞이하였다.

**〔3절〕 미련한 자는 교만하여 입으로 매를** 자청하고 **지혜로운 자는 입술로 스스로 보전하느니라.**

미련한 자는 교만하여 입으로 매를 자청한다. '교만하여 매'(코테르 가아와 חֹטֶר גַּאֲוָה)라는 원어는 '교만의 매'라는 뜻이다(KJV, BDB).[6)]

미련한 자는 하나님과 그의 뜻을 거역한다. 미련한 자의 특징은 교만함이다. 하나님을 경외하는 자는 겸손하지만, 미련한 자는 하나님을 무시하고 자기 생각과 판단을 앞세운다. 사람의 인품은 말로 표현된다. 미련한 자는 미련한 말, 교만한 말, 하나님의 계명을 어기는 말을 한다. 그는 그의 말로 매를 자청한다. 그 매는 하나님께서 내리시는 징벌과 재앙을 가리킨다. 그것은 질병이나 물질적 궁핍을 포함한다. 미련한 자는 자기가 행한 일을 자기가 받는 것이다.

그러나 지혜로운 자는 입술로 자기 자신을 보전한다. 지혜로운 자는 하나님을 경외하고 그의 뜻을 따라 사는 자이다. 지혜로운 자의 특징은 겸손한 것이다. 하나님을 경외하는 자는 하나님 앞에서 겸손할 수밖에 없다. 또 자신의 부족함을 깨닫는 겸손한 자는 사람들 앞에서도 겸손할 것이다. 지혜로운 자의 겸손한 인품은 그의 겸손한 말로 나타날 것이며, 그의 겸손한 말은 그를 죄로부터 또 하나님의 진노로부터 보전할 것이다. 말의 의롭고 온전함이 의롭고 온전함이며, 하나님께서는 그런 의인들을 보호하실 것이다.

**〔4절〕 소가 없으면 구유는 깨끗하려니와 소의 힘으로 얻는 것이 많으니라.**

소가 없으면 구유가 깨끗하다는 말은 문자적으로 사실이지만, 비유적인 뜻을 가질 것이다. 구유는 소의 먹이통인데, 거기에는 음식 찌꺼기가 조금은 남아 있을 것이며 냄새도 좀 날 것이다. 하나님께서는 소에게 관심이 있으시다기보다 사람에게 관심이 있으시다. 고린도전서 9:9-10에서 사도 바울은 말하기를, "모세 율법에 곡식을 밟아 떠는 소에게 망을 씌우지 말라 기록하였으니 하나님께서 어찌 소들을 위하여 염려하심이냐? 전혀 우리를 위하여 말씀하심이 아니냐? 과연 우리를

---

6) '등에 매'(NASB, NIV, KB)라는 번역은 가아와 גַּאֲוָה(교만)라는 원문을 임의로 게오 גֵּוֹה(등)라고 고쳐 읽은 것이다. 그것은 순전히 추측일 뿐이다.

위하여 기록된 것이니 밭 가는 자는 소망을 가지고 갈며 곡식 떠는 자는 함께 얻을 소망을 가지고 떠는 것이라." 소는 목사와 교회의 여러 봉사자들을 가리킨다. 교회에 여러 봉사자들이 있으면 거기에 따르는 여러 가지 필요한 일들도 있다. 그 중에는 그들이 거주할 주택과 생활비 등 적지 않은 재정지출도 필요할 것이다. 어떤 봉사자들은 인격적 결함도 있어 마음 쓰이는 일도 있을 것이다.

그러나 소의 힘으로 얻는 것이 많다. 소가 하는 일은 참으로 많다. 소는 논과 밭을 가는 것과 추수하기 등 농사일에는 필수적이며 무거운 짐을 나르는 일에도 유용하다. 소는 참으로 충직한 가축이다. 교회에 충성된 목사들과 직원들과 봉사자들이 많은 것은 유익한 일이다. 그들은 하나님께서 각인에게 주신 은사와 직분을 따라 설교와 전도와 심방의 일을 하고, 주일학교 교사들로서 또 찬양대 지휘, 반주, 대원들로서, 또 교회 직원들로서 충성함으로써 하나님의 교회와 성도들을 위하고 또 복음 사역에 많은 유익을 줄 수 있을 것이다.

본문의 교훈을 정리해보자. 첫째로, 지혜로운 여인들은 집을 세우지만, 미련한 여인들은 자기 손으로 그것을 허문다. 남자든지 여자든지 사람은 경건과 도덕성에서 나오는 하나님의 지혜로 가정을 잘 세워야 한다.

둘째로, 정직하게 행하는 자는 여호와를 경외하여도 패역하게 행하는 자는 여호와를 경멸히 여긴다. 우리는 성경대로 믿고 바르고 정직하게 살므로써 하나님을 경외하는 자가 되고 하나님을 멸시치 말아야 한다.

셋째로, 미련한 자는 교만하여 입으로 매를 자청하고 지혜로운 자는 입술로 자신을 보전한다. 우리는 교만하고 미련한 말을 해 징벌을 자청하지 말고 겸손하고 지혜로운 말을 해 자신을 보전하는 자가 되어야 한다.

넷째로, 소가 없으면 구유는 깨끗하겠지만, 소의 힘으로 얻는 것이 많다. 우리는 선한 일을 위해 봉사자들의 필요성과 유익을 생각하고 하나님께서 좋은 봉사자들을 주시기를 구하고 또 그들을 귀중히 여겨야 한다.

## 5-8절, 신실, 거만, 미련, 슬기

**[5절] 신실한 증인은 거짓말을 아니하여도 거짓 증인은 거짓말을 뱉느니라.**

증인은 보거나 들은 것을 증거하는 자이다. 신실한 증인은 거짓말하지 않고 진실만을 말하는 믿을 만한 증인이다. 우리는 왜 진실한 것만 말해야 하는가? 그것은 하나님 앞에서 옳은 일이기 때문이다. 하나님의 뜻은 우리가 진실을 말하는 것이다. 하나님께서는 십계명의 제9계명에서 “거짓 증거하지 말라”고 명하셨다. 또 그것은 하나님께 영광이 된다. 우리가 하나님의 계명을 지킬 때 하나님께 영광이 된다. 또 그것은 교회와 사회에도 유익이 된다. 거짓말은 인간 관계를 파괴시키고 사회를 어지럽히지만, 진실한 증거는 하나님을 증거하고 사람을 구원하고 세상에 의와 사랑을 세운다. 잠언 14:25, “진실한 증인은 사람의 생명을 구원하여도 거짓말을 뱉는 사람은 속이느니라.” 예수님의 사도들은 핍박 중에도 하나님과 구원의 복음을 증거했고 사람들을 구원했다. 우리는 하나님의 뜻을 이루는 신실한 증인이 되어야 한다.

그러나 거짓 증인은 거짓말을 뱉는다. 거짓 증인은 거짓말하는 자이다. 사람은 왜 거짓말을 하는가? 그는 하나님을 두려워하지 않기 때문이다. 여호와를 경외하는 것은 악을 미워하는 것이다(잠 8:13). 또 사람은 자기 이익을 위하고 상대방을 해치기 위해 거짓말을 한다. 이세벨은 나봇의 포도원을 탐하여 나봇이 하나님과 왕을 저주했다고 말하는 거짓 증인을 세워 그를 죽게 했다(왕상 21:10). 대제사장들과 장로들도 예수 그리스도를 정죄하기 위해 거짓 증인들을 동원했었다(마 26:59). 그러나 거짓 증거는 하나님 앞에서 큰 죄이다. 거짓을 말하는 망령된 증인은 하나님께서 미워하시는 큰 악이다(잠 6:16-19). 거짓말하는 자는 천국에 들어가지 못하고 지옥에 던지울 것이다(계 22:15; 21:8).

**[6절] 거만한 자는 지혜를 구하여도 얻지 못하거니와 명철한 자는 지식**

**얻기가 쉬우니라.**

'거만한 자'라는 원어(레츠 לֵץ)는 '경멸하는 자, 조롱하는 자'라는 뜻을 담고 있다. 그는 자신을 크게 여기고 남을 경멸하고 조롱하는 자이다. 그런 사람도 남들이 지혜를 구하니까 자기도 지혜를 구하며 또 때때로 지혜의 가치를 느끼기도 할 것이지만, 거만한 자는 지혜를 구하여도 얻지 못한다. 하나님께서는 지혜를 구하는 자에게 후히 주시고 꾸짖지 않으시지만(약 1:5), 거만한 자를 물리치시고 그에게 지혜를 주지 않으신다. 잠언 3:34, "진실로 그는 거만한 자를 비웃으시며 겸손한 자에게 은혜를 베푸시나니." 베드로전서 5:5, "하나님이 교만한 자를 대적하시되 겸손한 자들에게는 은혜를 주시느니라."

그러나 명철한 자는 지식 얻기가 쉽다. 명철한 자는 자신의 부족을 깨닫고 겸손히 하나님의 은혜를 구하며 사모하는 자이다. 명철한 자가 얻는 지식은 세상적 지식을 말하는 것이 아니고 하나님에 대한 지식, 사람에 대한 지식, 삶에 대한 지식, 즉 영적 도덕적 지식을 가리킨다. 세상 지식도 유익이 있지만, 영적 지식은 근원적 지식이며 사람이 마땅히 알아야 할 가장 중요한 지식이다. 인생의 참 지혜와 지식은 하나님을 경외함에서 시작된다. 잠언 1:7, "여호와를 경외하는 것이 지식의 근본이어늘 미련한 자는 지혜와 훈계를 멸시하느니라." 잠언 9:10, "여호와를 경외하는 것이 지혜의 근본이요 거룩하신 자를 아는 것이 명철이니라." 참 지혜와 지식은 하나님을 경외함에서 온다.

**〔7절〕 너는 미련한 자의 앞을 떠나라. 그 입술에 지식 있음을 보지 못함이니라.**

미련한 자는 하나님을 알지 못하고 경외치 않고 그의 계명에 순종치 않는 자이다. 이 세상에는 두 부류의 사람들이 있다. 하나는 하나님을 알고 경외하고 그의 계명을 지키는 지혜 있는 자들이고, 다른 하나는 하나님을 알지 못하고 경외치 않고 그의 계명을 무시하는 미련한 자들이다. 우리는 미련한 사람이 되지 말아야 한다. 미련한 자의 입술에는 지식이 없다. 잠언 1:7, "여호와를 경외하는 것이 지식의 근본이어늘 미련한 자는 지혜와 훈계를 멸시하느니라." 여기서 지식이란 하나님을 알고 그의 뜻을 아는 영적 도덕적 지식을 가리킨다. 그것은 하나님을 경외함, 예배와 찬송과 기도, 하나님을 사랑하고 의지함, 사람의 행위의 법칙인 의와 거룩과 선과 진실, 삶의 의미와 목적과 가치 등을 아는 것이다. 그러나 미련한 자는 세상 지식은 있을지 몰라도 영적 도덕적 지식이 없다. 또 그의 지식 없음은 그의 미련한 말로 드러난다.

미련한 자의 입술에 지식이 없으므로, 우리는 그 앞을 떠나야 한다. 우리가 왜 떠나야 하는가? 그것은 무지 때문에 해를 받지 않기 위해서이다. 잠언 13:20, "지혜로운 자와 동행하면 지혜를 얻고 미련한 자와 사귀면 해를 받느니라." 하나님과 그의 뜻을 알지 못하고 삶의 의미와 목적을 알지 못하는 자는 불경건과 죄악에 빠지며 그와 교제하는 자도 죄악된 영향을 받는다. 그것은 곧 멸망으로 가는 길이다.

**〔8절〕 슬기로운 자의 지혜는 자기의 길을 아는 것이라도 미련한 자의 어리석음은 속이는 것이니라.**

슬기로운 자는 하나님을 경외하고 그의 교훈대로 사는 자를 말한다. 슬기로운 자의 지혜는 자기 길을 아는 것이다. 그는 자기의 길을 아는 지혜를 가지고 있다. '자기의 길'이란 사람이 무엇이며 어디에서 와서 무엇을 위해 살며 어떻게 살아야 하며 죽어 어디로 가는가 하는 것이다. 그 답은 성경에 있다. 사람은 하나님의 작정과 창조로부터 그 존재가 시작되어 세상에 출생하고 그의 영광을 위하고 그의 뜻을 이루기 위해 살다가 장차 그에게로 가서 선악간에 심판을 받는다. 하나님께서는 사람에게 특히 생활의 규칙을 주셨다. 그것이 십계명이다. 그 내용은 경건과 도덕성이다. 십계명에 계시된 대로, 하나님을 경외하고 그에게 예배드리는 것과 하나님의 뜻대로 의롭고 선하고 진실하게 사는 것은 사람의 삶에 있어서 가장 기본적이며 가치 있는 일이다.

그러므로 주께서는 "아무든지 나를 따라 오려거든 자기를 부인하고 자기 십자가를 지고 나를 좇을 것이니라"고 말씀하셨다(마 16:24). 또 사도 바울은, "형제들아, 내가 하나님의 모든 자비하심으로 너희를 권하노니 너희 몸을 하나님이 기뻐하시는 거룩한 산 제사로 드리라. 이는 너희의 드릴 영적 예배니라"고 말했고(롬 12:1) 또 "우리는 거하든지 떠나든지 주를 기쁘시게 하는 자 되기를 힘쓰노라"고 고백했고(고후 5:9), 또 하나님께서 우리를 구원하신 목적이 우리로 하여금 선한 일에 열심하는 친 백성이 되게 하려 하심이라고 말했다(딛 2:14).

그러나 미련한 자의 어리석음은 속이는 것이다. 하나님을 경외치 않고 그의 교훈대로 살지 않는 미련한 자는, 자신이 의미와 가치를 두고 한 일들, 곧 돈과 명예와 권세와 육신의 쾌락 등이 실상 허무한 일이기 때문에(전 1:2, 14; 요일 2:15-17), 결국 속은 것과 같다. 그의 어리석음이 그를 속였다. 그의 불경건과 부도덕, 그의 물질주의, 쾌락주의, 세상 사랑은 결국 그를 속인 헛된 것들이었다.

본문의 교훈을 정리해보자. 첫째로, 신실한 증인은 거짓말을 아니하여도 거짓 증인은 거짓말을 뱉는다. 우리는 거짓말하는 죄를 범하지 말고, 하나님께 영광이 되고 이웃에게 유익을 주는 진실한 증인이 되어야 한다.

둘째로, 거만한 자는 지혜를 구해도 얻지 못하지만 명철한 자는 지식 얻기가 쉽다. 우리는 남을 경멸치 말고 겸손히 하나님을 경외함으로 하나님과 인생에 대한 풍성한 지식을 얻어 바르고 복된 삶을 살아야 한다.

셋째로, 우리는 미련한 자의 앞을 떠나야 한다. 왜냐하면 그의 입술에 지식이 없기 때문이다. 우리는 지식이 없는 미련한 자, 즉 교만하고 자기를 사랑하고 돈과 쾌락을 사랑하는 자를 멀리해야 한다(딤후 3:1-5).

넷째로, 슬기로운 자의 지혜는 자기의 길을 아는 것이지만, 미련한 자의 어리석음은 속이는 것이다. 우리는 하나님의 은혜와 지혜를 받아 인생의 길 즉 삶의 의미와 목적과 가치를 바로 알고 바르게 살아야 한다.

## 9-12절, 죄, 마음, 집, 길

**〔9절〕 미련한 자는 죄를 심상(尋常)히**[대수롭지 않게, 예사로] **여겨도 정직한 자 중에는 은혜**(라촌 רָצוֹן)[혹은 '선한 의지'(NASB, NIV)]**가 있느니라.**

'심상히 여긴다'는 원어(리츠 לִיץ)는 '경멸하다, 조소하다, 무시하다'는 뜻이다(BDB, KJV, NASB, NIV). 미련한 자 곧 하나님을 알지 못하고 그의 뜻을 알지 못하는 자는 죄를 무시하고 대수롭지 않게 여긴다. 그는 하나님 섬기지 않는 것을 큰 죄로 여기지 않는다. 사사 시대 말의 엘리 제사장의 아들들이 그러하였다. 그들은 하나님께 드리는 제사를 멸시하였고 그것을 대수롭지 않게 여겼다. 그러므로 사무엘상 2:17은 이 소년들의 죄가 여호와 앞에 심히 컸다고 말한다. 엘리의 아들들은 하나님의 징벌로 다 불행하게 죽고 말았다. 미련한 자들은 하나님을 섬기지 않는 것 뿐만 아니라, 또한 부모를 거역하고 이웃을 미워하고 음란하고 거짓말하고 탐심을 품는 것도 큰 죄악으로 여기지 않는다.

그러나 정직한 자 중에는 하나님의 은혜가 있고 이웃에 대한 선한 의지도 있다. 정직한 자는 하나님을 경외하고 그의 계명대로 올바르게 사는 자를 가리킨다. 그는 하나님의 계명 어기는 것을 큰 죄로 여기고 그 죄를 미워하고 그것을 멀리한다. 사람이 정직하게 살면 하나님의 은혜를 더 많이 받는다(잠 12:2). 또 정직한 자는 선한 의지, 즉 이웃에 대해 사랑을 가지고 선을 베푼다. 하나님의 계명은 이웃에게 사랑과 선을 베풀라는 것이며 정직한 자는 그것을 실천하는 것이다.

**〔10절〕 마음의 고통은 자기가 알고 마음의 즐거움도 타인이 참여하지 못하느니라.**

사람이 마음에 가진 고통은 자신만 안다. 실상, 친구도, 가족도 잘 모른다. 사람은 자존심 때문에 친구나 가족에게 그의 마음의 고통을 잘 표현하지 않고, 어떤 때는 자신의 마음의 고통을 털어놓을 친구나 가족이나 이웃이 없기도 하다. 또 그가 그것을 말하여 알게 한다 하더라도 자신이 느끼는 고통과 이웃이 느끼는 고통의 정도는 많이 다를 것이다. 사람이 마음으로 느끼는 즐거움도 마찬가지다. 그가 느끼는 즐거움을 누가 다 알겠는가? 그가 너무 기뻐서 그 기쁨을 함께 나누고 싶어서 가족들이나 친구들에게 알려주지만 그들은 그의 즐거움을 다 느끼지 못하며 조금 알고 나눌 수 있을 뿐이다.

사람은 이처럼 상대방을 다 모르지만, 하나님께서는 우리의 고통과 기쁨을 다 아신다. 하나님께서는 우리의 좋은 친구이시다. 아브라함은 하나님의 벗이라고 불리었다(사 41:8). 예수께서는 제자들을 친구라고 부르셨다(요 15:15). 그러므로 우리는 이제 하나님과 예수님의 마음으로 서로 사랑하며 상대방의 기쁨과 슬픔을 이해하려고 해야 할 것이다. 그것이 참 사랑이다. 성경은 우리가 서로 생각과 마음을 같이하라고 말한다. 로마서 12:15-16, "즐거워하는 자들로 함께 즐거워하고 우는 자들로 함께 울라. 서로 마음[생각]을 같이하며 높은 데 마음을 두지 말고 도리어 낮은 데 처하며 스스로 지혜 있는 체 말라." 베드로전서 3:8, "너희가 다 마음[생각]을 같이하여 체휼(體恤)하며[같은 감정을 가지며] 형제를 사랑하며 불쌍히 여기며 겸손하라."

**〔11절〕 악한 자의 집은 망하겠고 정직한 자의 장막은 흥하리라.**

세상에는 두 부류의 사람이 있다. 하나는 경건한 자이다. 그는 하나님을 인정하고 경외하며 감사하고 의지하며 섬기며 예배드린다. 다른 하나는 불경건한 자이다. 그는 하나님을 인정하지 않고 경외치 않고 감사하지 않고 의지하지 않고 섬기거나 예배드리지 않는다. 또 사람의 경건과 불경건은 그의 도덕성을 좌우한다. 불경건한 자는 부도덕한 데로 나아간다. 사람은 하나님을 경외함으로 악에서 떠난다(잠 16:6). 악한 자는 하나님의 계명을 거역하여 부모를 공경치 않고 이웃을 미워하며 살인하고 간음하고 도적질하고 거짓말하고 남의 것을 탐낸다. 그러나 정직한 자는 하나님의 계명을 순종하며 도덕성이 있다. 그는 부모를 공경하고 이웃을 사랑하며 살인하지 않고 간음하지 않고 도적질하지 않고 거짓말하지 않고 남의 것을 탐내지 않는다.

개인의 경건과 도덕성은 그의 흥망과 생사(生死)를 결정할 뿐 아니라, 가정과 사회의 흥망도 결정한다. 하나님께서 공의로 세상을 심판하신다는 것은 성경 전체의 기본 진리이다. 하나님께서는 십계명에서 그를 미워하는 자의 죄를 갚되 아버지로부터 아들에게로 삼사 대까지 이르게 하시며 그를 사랑하고 그의 계명과 규례를 지키는 자에게는 천 대까지 은혜를 베푸신다고 말씀하셨다(출 20:5-6). 또 신명기 28장은 우리가 하나님의 말씀을 순종하면 건강, 자녀, 재물의 복과 사회적인 복도 얻을 것이라고 약속한다(2-6절). 그러나 반대로 우리가 그 말씀을 거역하면 온갖 재앙을 당할 것이라고 경고한다(15-19절). 시편 1:6, "대저 의인의 길은 여호와께서 인정하시나 악인의 길은 망하리로다."

**〔12절〕 어떤 길은 사람의 보기에 바르나 필경은 사망의 길이니라.**

사람의 생각은 도덕 기준이 되지 못한다. 사람의 도덕 기준은 매우 낮고 또 주위 환경이나 자신의 기분이나 이해 관계에 따라 변화한다. 사람의 도덕 판단은 주관적이고 자기 중심적이기 쉽고 선입견과 편견에 영향을 받기도 쉽다. 그러므로 사람의 보기에 바른 것이 항상 바른 것은 아니다. 그것은 단지 당시에 그의 생각하는 기준에 맞을 뿐이다.

구약의 사사 시대에는 사람들이 각기 자기 소견대로 살았다. 사사기 17:6, "그때에는 이스라엘에 왕이 없으므로 사람마다 자기 소견에 옳은 대로 행하였더라." 그러므로 사사 시대에는 바알과 아세라를 섬기는 우상숭배가 많았고 음란 풍조도 많았고 심지어 동성애도 있었다. 오늘 시대에도 예수 그리스도께서 구원의 유일한 길이 아니며 타종교에도 구원이 있다는 종교다원주의가 교회들 안에 깊이 들어와 있고, 세속 사회에 음란 풍조가 가득하며 심지어 교회들 안에도 동성애를 인정하는 목사들이 있다. 교회는 사회의 양심이며 도덕성의 최후 보루이어야 하는데, 교회까지 부패하면 세상이 어떻게 되겠는가?

사람의 보기에 바르게 보여도 필경 사망의 길인 것이 있다. 그것은 사람 보기에 바르게 보여도 하나님 보시기에 죄니까 그렇다. 결혼한 부부가 다른 이성 친구를 사귀는 음란 풍조, 거짓말을 허용하는 풍조, 육신적 향락을 즐기는 풍조 등이 그러하다. 하나님께서는 의와 도덕의 기준이시며 또 하나님의 말씀 곧 성경말씀이 그러하다. 그러므로 주 예수께서는 "좁은 문으로 들어가라. 멸망으로 인도하는 문은 크고 그 길이 넓어 그리로 들어가는 자가 많고 생명으로 인도하는 문은 좁고 길이 협착하여 찾는 이가 적음이니라"고 말씀하셨다(마 7:13-14).

본문의 교훈을 정리해보자. 첫째로, 미련한 자는 죄를 대수롭지 않게 여겨도 정직한 자 중에는 하나님의 은혜가 있고 이웃에 대한 선한 의지도 있다. 하나님 앞에서 죄는 이 세상의 그 어떤 일보다도 중요한 문제이다. 사람이 죄를 지으면 망한다. 우리는 죄를 심각한 문제로 알고 오직 하나님 앞에서 경건하고 정직하고 선하고 진실하게만 살아야 한다.

둘째로, 마음의 고통은 자기가 알고 마음의 즐거움도 타인이 참여하지 못한다. 우리의 마음의 고통도 마음의 즐거움도 다른 사람은 잘 모르고 오직 하나님께서만 아신다. 그러므로 우리는 하나님의 마음을 품고 이웃의 마음의 기쁨과 슬픔을 이해하고 함께 나누려고 애써야 한다.

셋째로, 악한 자의 집은 망할 것이나 정직한 자의 장막은 흥할 것이다. 사람들의 경건과 도덕성은 그 자신의 흥망과 생사(生死)뿐 아니라, 그의 가정과 그의 사회의 흥망을 결정한다. 우리 개인도 가정도 경건하고 정직하고 선하게 살아서 세상에서도 망하지 않고 복을 누리기를 원한다.

넷째로, 어떤 길은 사람 보기에 바르나 필경은 사망의 길이다. 그러므로 우리는 사망의 길과 영생의 길을 분별하고 멸망으로 가는 넓은 길로 가지 말고 영생으로 가는 좁은 길로 가야 한다. 영생의 길은 성경으로만 분별할 수 있다. 그러므로 우리는 성경책을 열심히 읽어야 하고 세상의 가치관과 풍조를 따르지 말고 오직 성경에 교훈하신 대로 살아야 한다.

## 13-16절, 슬픔, 보응, 어리석음, 지혜

**〔13절〕 웃을 때에도 마음에 슬픔이 있고 즐거움의 끝에도 근심이 있느니라.**

사람은 웃고 즐거워할 때가 있다. 사람들이 웃고 즐거워하는 것은 세상의 여러 가지 좋은 일 때문에 그러하며, 그것들은 주로 육신적인, 물질적인 일들이다. 사람은 좋은 음식, 좋은 옷, 좋은 집, 좋은 차, 직장에서의 승진, 세상 권세와 명예 등을 기뻐한다. 또 사람은 남녀의 사랑이나 친구간의 우정을 기뻐하고, 또 가족이나 친구가 잘된 때나 자기가 행하거나 이룬 좋은 일 때문에 기뻐한다.

그러나 본문은 사람이 웃을 때에도 마음에 슬픔이 있고 즐거움의 끝에도 근심이 있다고 말한다. 이것은 사람이 흔히 경험하는 바이다. 왜 그런가? 그것은, 사람의 마음 깊은 곳에 공허함, 고독, 불만족, 불안 등이 있기 때문이며 또 사람에게 좋은 일이 있을 때에, 근심과 걱정거리도 있기 때문이다. 하나님의 형상으로 창조된 모든 사람은 하나님 안에 거하기 전까지는 마음의 참 평안과 안정을 얻지 못하는 것 같다. 이 세상에는 완전한 기쁨과 평안이 없다.

그러나 하나님 안에는 참된 기쁨과 평안이 있다. 우리는 천국에서 그것을 충만히 맛보며 누릴 것이다. 이사야 35:10은 여호와의 속량함을 얻은 자들이 돌아올 때 시온에서 영영한 희락을 누리리라고 말한다. 요한계시록 21:4는 새 하늘과 새 땅, 새 예루살렘, 즉 천국에서는 모든 눈물과 애통하는 것과 아픈 것이 다시 있지 않을 것이라고 말한다. 그러나 성도는 세상에서도 참된 기쁨과 평안을 누린다. 주께서는 참된 평안을 우리에게 이미 주셨고(요 14:27) 또 성령의 열매는 기쁨과 평안을 포함한다(갈 5:22). 그러므로 사도 바울은 성도들에게 주 안에서 항상 기뻐하라고 교훈하였다(빌 4:4; 살전 5:16).

**〔14절〕 마음이 패려한 자는 자기 행위로** 보응이 **만족하겠고 선한 사람도**

**자기의 행위로 그러하리라.**

'패려하다'는 원어(수그 סוּג)는 '뒤로 물러나다, 타락하다, 배교하다'는 뜻이다. 마음이 패려한 자라는 말은 마음이 하나님에게서 물러나 경건과 도덕성을 잃어버린 배교자라는 뜻이다. '행위로 보응이 만족하다'는 말은 '행위의 보응을 충분히 받는다'는 뜻이다. 마음이 패려하면 행위도 불경건하고 부도덕하게 될 것이다. 마음은 말과 행위로 나타나기 때문이다. 마음이 패려한 불경건하고 부도덕한 자는 자기 행위의 보응을 충분히 받을 것이다. 콩 심은 데 콩 나고 팥 심은 데 팥 나는 것은 자연의 이치이다. 이와 같이, 선한 사람은 하나님의 평안과 형통의 복을 받을 것이지만, 악한 사람은 하나님의 징벌과 재앙을 당할 것이다. 성경은 악인에게 평안이 없다고 말한다(사 48:22; 57:21).

선한 사람도 자기의 행위의 보응을 받을 것이다. 선한 자는 그 선한 행위에 대한 하나님의 보응을 받는다는 뜻이다. 잠언 12:14, "사람은 입의 열매로 인하여 복록에 족하며 그 손의 행하는 대로 자기가 받느니라." 이사야 3:10-11, "너희는 의인에게 복이 있으리라 말하라. 그들은 그 행위의 열매를 먹을 것임이요 악인에게는 화가 있으리니 화가 있을 것은 그 손으로 행한 대로 보응을 받을 것임이니라." 갈라디아서 6:7-8, "스스로 속이지 말라. 하나님은 만홀히 여김을 받지 아니하시나니 사람이 무엇으로 심든지 그대로 거두리라. 자기의 육체를 위하여 심는 자는 육체로부터 썩어진[썩는] 것을 거두고 성령을 위하여 심는 자는 성령으로부터 영생을 거두리라." 그러므로 우리가 하나님께 복받기를 원한다면, 우리는 하나님을 경외하고 의와 선을 행해야 한다.

**〔15절〕 어리석은 자는 온갖 말을 믿으나 슬기로운 자는 그 행동을 삼가느니라.**

어리석은 자는 아무 말이나 다 믿는다. 사람이 아무 말이나 믿는 것은 잘못이다. 왜냐하면 세상에는 거짓되고 나쁜 말이 많고 특히 마귀의 속이는 말, 곧 이단들과 잘못된 사상들이 많기 때문이다. 하와는 뱀의 말을 믿고 하나님의 명령을 어기고 선악을 알게 하는 나무의 열매를 따먹음으로 범죄하였었다. 그러므로 사도 요한은, "사랑하는 자들아, 영을 다 믿지 말고 오직 영들이 하나님께 속하였나 시험하라. 많은 거짓 선지자가 세상에 나왔음이니라. 하나님의 영은 이것으로 알지니 곧 예수 그리스도께서 육체로 오신 것을 시인하는 영마다 하나님께 속한 것이요 예수를 시인하지 아니하는 영마다 하나님께 속한 것이 아니니 이것이 곧 적그리스도의 영이니라. 오리라 한 말을 너희가 들었거니와 이제 벌써 세상에 있느니라"고 말하였다(요일 4:1-3).

물론, 참된 말을 안 믿어도 문제이다. 우리는 하나님의 진리와 진실한 증언들은 믿어야 한다. 예수님의 제자 도마는 다른 제자들이 부활하신 주님을 보았다는 말을 믿지 않고, "내가 그 손의 못자국을 보며 내 손가락을 그 못자국에 넣으며 내 손을 그 옆구리에 넣어 보지 않고는 믿지 아니하겠노라"고 말했었다. 그러나 여드레 후 주께서는 다시 나타나셔서 도마에게 그의 손을 내밀어 자신의 상처를 만져보라고 하시면서 "믿음 없는 자가 되지 말고 믿는 자가 되라"고 말씀하셨다(요 20:25-27). 우리는 믿어야 할 것들은 다 믿어야 한다.

그러므로 슬기로운 자는 바른 말을 분별하여 믿을 것을 믿고 자신의 행동을 조심한다. 사도 바울은 디모데에게 "네가 진리의 말씀을 옳게 분변하며[바르게 해석하며] 부끄러울 것이 없는 일꾼으로 인정된 자로 자신을 하나님 앞에 드리기를 힘쓰라"고 권면하였다(딤후 2:15).

**〔16절〕 지혜로운 자는 두려워하여 악을 떠나나 어리석은 자는 방자하여** (밋압베르 מִתְעַבֵּר)[거만하여] **스스로 믿느니라.**

지혜로운 자는 두려워하여 악을 떠난다. 두려워한다는 말은 사람이나 죽음이나 환경여건을 두려워한다는 뜻이 아니고 하나님을 두려워한다는 뜻이다. 여호와를 경외하는 자는 악을 떠난다(잠 16:6). 지혜로운 자가 하나님을 두려워하고 악을 떠나는 것은 악행이 하나님의 진노를 가져옴을 알기 때문이다. 하나님께서는 악을 벌하신다. 잠언 13:21, “재앙은 죄인을 따르고 선한 보응은 의인에게 이르느니라.”

그러나 어리석은 자는 거만하여 스스로 믿는다. ‘스스로 믿는다’는 원어(보테아크 בּוֹטֵחַ)는 ‘자신만만하다,’ ‘부주의하다’(NASB), ‘무모하다’(NIV)는 뜻이다. 어리석은 자는 거만하며 자신만만하게 살고 무모하기까지 하다. 그러나 하나님을 무시하고 그의 계명을 무시하고 죄를 짓되 자신만만하게 짓고 그것을 대수롭지 않게 여기며 사는 것은 멸망의 길로 가는 것이며 결국 멸망에 이를 것이다.

우리는 하나님만 의지해야 하고 자신이 아무것도 아님을 인식해야 한다. 성경은 인생을 그림자 같고 허사뿐이라고 말하며(시 39:5-6) 또 안개와 같다고 말한다(약 4:14). 성경은 또, 그러므로 “너희는 인생을 의지하지 말라. 그의 호흡은 코에 있나니 수에 칠 가치가 어디 있느뇨?”라고 말한다(사 2:22). 그러므로 주께서는 우리에게 자기를 부정하고 자기 십자가를 지고 그를 따르라고 교훈하셨다(마 16:24).

본문의 교훈을 정리해보자. 첫째로, 웃을 때에도 마음에 슬픔이 있고 즐거움의 끝에도 근심이 있다. 우리는 세상의 일시적 기쁨을 추구하지 말고 주께서 주시는 천적, 영적 기쁨을 바라고 소망하며 누려야 한다.

둘째로, 마음이 패려한 자는 자기 행위의 보응을 충분히 받고 선한 자도 자기 행위의 보응을 받는다. 사람은 심은 대로 거둔다. 그러므로 우리는 불경건하고 부도덕한 자가 되지 말고 의롭고 선한 자가 되어야 한다.

셋째로, 어리석은 자는 온갖 말을 믿으나 슬기로운 자는 그 행동을 삼간다. 우리는 아무 말이나 다 믿는 어리석은 자가 되지 말고, 바른 말씀을 분별하여 믿고 그 말씀대로 행동을 조심하며 사는 자가 되어야 한다.

넷째로, 지혜로운 자는 하나님을 두려워하여 악을 떠나나 어리석은 자는 거만하며 자신만만하다. 우리는 하나님을 경외하고 겸손히 하나님만 의지하며 악을 떠나고 거만한 마음과 자신만만한 마음을 버려야 한다.

## 17-20절, 분노, 어리석음, 악인, 가난

**〔17절〕 노하기를 속히 하는 자는 어리석은 일을 행하고 악한 계교를 꾀하는 자는 미움을 받느니라.**

사람은 불의한 일을 보거나 고의적인 큰 악을 볼 때 또 상대가 그 악을 뉘우치지 않고 변명하고 합리화시킬 때 노하기도 하지만, 자기의 자존심이 상하게 되었다든지 자신에게 큰 손해가 되는 일이 있을 때에도 노한다. 그러나 노하기를 속히 하는 사람은 어리석은 일을 행한다. 왜 그런가? 그것은 그의 생각과 이해와 판단의 부족 때문에 실수하여 상대방에 대한 잘못된 감정, 특히 미움의 감정을 가지고 상대방에게 상처를 줄 수 있는 말과 행동을 하기 쉽기 때문일 것이다.

물론, 사람이 전혀 노하지 않을 수는 없을 것이다. 그러나 노하더라도 신중히 판단해서 천천히 노할 수 있어야 한다. 잠언 14:29, "노하기를 더디하는 자는 크게 명철하여도." 잠언 16:32, "노하기를 더디하는 자는 용사보다 낫고." 야고보서 1:19, "사람마다 듣기는 속히 하고 말하기는 더디하며 성내기도 더디하라." 노하기는 더디해야 한다.

또 악한 계교를 꾀하는 자는 미움을 받는다. 악한 계교를 꾀하는 것은 속히 노하는 것보다 더 나쁜 일이다. 그것은 실수나 연약이 아니고 고의적인 악이기 때문이다. 사람이 이런 고의적인 악을 행한다면 그는 미움을 받을 것이다. 그는 하나님의 미움을 받을 것이며 또 참된 성도들이나 일반 사람들의 미움도 받을 것이다. 악한 계교를 꾀하는 것은 자신에게 복이 되지 않는다. 하나님께서는 고의적인 악을 매우 미워하시고 반드시 공의로 징벌하실 것이다.

**〔18절〕 어리석은 자는 어리석음으로 기업을 삼아도 슬기로운 자는 지식으로 면류관을 삼느니라.**

어리석은 자는 어리석음으로 기업을 삼는다. '어리석음으로 기업을 삼는다'는 표현은 '어리석음을 이어받는다'는 뜻이다. 그것은 부모나 선배에게서 어리석음을 물려받는다는 뜻일 것이다. 하나님을 경외치 않고 그의 계명을 무시하며 자기의 생각대로 사는 어리석은 자의 어리석음은 아마 그가 부모나 선배로부터 물려받은 유산이다. 그의 어리석음은 그의 재산이 되었다. 어리석은 자는 앞선 자로부터 어리석음의 유산을 받아 어리석은 말과 행동을 하게 되는 것이다.

그러나 슬기로운 자는 지식으로 면류관을 삼는다. 세상에서도 지식은 사람의 면류관과 같다. 학자나 기술자의 그의 전문분야 혹은 전공분야에서의 전문 지식은 그의 영광이다. 하나님을 경외하며 그의 계명을 순종하는 슬기로운 자도 그렇다. 그의 참된 지식 곧 하나님을 알고 하나님의 계명과 뜻을 알고 인생의 정로를 알고 죄의 심각성을 알고 구원과 영생과 천국을 아는 것은 그의 면류관이다. 잠언 1:7-9, "여호와를 경외하는 것이 지식의 근본이어늘 미련한 자는 지혜와 훈계를 멸시하느니라. 내 아들아, 네 아비의 훈계를 들으며 네 어미의 법을 떠나지 말라. 이는 네 머리의 아름다운 관이요 네 목의 금사슬이니라." 잠언 4:6-9, "지혜를 버리지 말라. 그가 너를 보호하리라. 그를 사랑하라. 그가 너를 지키리라. 지혜가 제일이니 지혜를 얻으라. 무릇 너의 얻은 것을 가져 명철을 얻을지니라. 그를 높이라. 그리하면 그가 너를 높이 들리라. 만일 그를 품으면 그가 너를 영화롭게 하리라. 그가 아름다운 관을 네 머리에 두겠고 영화로운 면류관을 네게 주리라 하였느니라." 참 지혜와 지식은 성도의 영광이며 아름다운 면류관이다.

**[19절] 악인은 선인 앞에 엎드리고 불의자는 의인의 문에** 엎드리느니라.

언제 그렇게 되는가? 하나님의 정하신 때에 그렇다. 의인과 선인이 고통을 당하고 핍박을 당하기도 하지만, 하나님의 정하신 때에 악인은 의인 앞에 굴복될 것이다. 어디에서 그렇게 되는가? 마지막 심판 때뿐 아니라 이 세상에서도 그렇게 될 것이다. 왜 그렇게 되는가? 하나님의 심판 때문에 그렇게 될 것이다. 하나님께서는 공의를 드러내실 것이다.

그는 의인을 변호하시고 악인의 악을 징벌하실 것이다.

성경에는 여러 가지 예들이 나온다. 요셉과 그 형들의 경우가 그러하였다. 요셉의 형들은 동생 요셉을 시기하고 미워하여 죽이려 하다가 애굽으로 가는 이스마엘 상인에게 팔아 넘겼다. 그것은 사형 받을 만한 큰 죄악이었다. 출애굽기 21:16, "사람을 후린[납치한] 자가 그 사람을 팔았든지 자기 수하에 두었든지 그를 반드시 죽일지니라." 그러나 요셉이 하나님의 은혜로 애굽의 총리가 된 후에 그의 형들은 애굽에 와서 양식을 얻기 위하여 총리 요셉 앞에 꿇어 엎드렸다(창 42:6).

다윗과 블레셋 장수 골리앗의 경우도 그러했다. 골리앗은 이방신을 믿는 장수로서 이스라엘 백성의 하나님과 그 백성을 모욕하였었다. 그러나 경건한 소년 다윗은 믿음으로 나아가 그를 이겼다. 악한 이방인 장수 골리앗은 경건한 다윗 앞에 거꾸러져 죽임을 당했다(삼상 17:49).

모르드개와 악한 신하 하만의 경우도 그러했다. 파사 왕 아하수에로의 가장 높은 신하 하만은 모르드개와 그 민족인 유다 민족을 미워하여 죽이려 했다. 그러나 경건한 왕후 에스더의 죽으면 죽으리라(一死覺悟)는 정신으로 왕께 나아감으로 말미암아 하만과 그 가족들과 동료들은 다 모르드개 앞에 굴복되고 죽임을 당하였다(에 7:10; 9:24-25).

**〔20절〕 가난한 자는 그 이웃에게도 미움을 받게 되나 부요한 자는 친구가 많으니라.**

가난한 자는 그 이웃에게도 미움을 받게 된다. 사람이 가난해지는 것은 게을렀거나 낭비가 많았거나 하나님께서 복을 거두셨기 때문일 것이다. 세상 사람들은 보통 가난한 자를 미워하고 무시하고 학대한다. 그러나 성경은, "가난한 사람을 학대하는 자는 그를 지으신 이를 멸시하는 자요 궁핍한 사람을 불쌍히 여기는 자는 주를 존경하는 자니라"고 말하고(잠 14:31), 또 "가난한 자를 조롱하는 자는 이를 지으신 주를 멸시하는 자요 사람의 재앙을 기뻐하는 자는 형벌을 면치 못할 자니라"고 말한다(잠 17:5).

성도는 가난한 자를 미워하거나 무시하지 말고 불쌍히 여겨야 한다. 사도 바울은 하나님께서 세상의 미련한 것들, 천한 것들, 멸시받는 것들을 택하사 지혜 있는 자들과 존귀한 것들을 부끄럽게 하셨다고 말했다(고전 1:26-29). 또 야고보는, "하나님이 세상에 대하여는 가난한 자를 택하사 믿음에 부요하게 하시고 또 자기를 사랑하는 자들에게 약속하신 나라를 유업으로 받게 아니하셨느냐?"고 말했다(약 2:5).

본문은 "부요한 자는 친구가 많다"고 말한다. 원문은 "부요한 자를 사랑하는 자들은 많으니라"(NASB)는 뜻이다. 사람은 하나님의 복 주심과 근면함과 검소함으로 물질적 소득을 얻고 저축하게 되고 부요케 된다. 불의한 방법으로 돈을 버는 것은 자신에게 복이 되지 않는다(잠 16:8). 사람은 부유하면 보통 친구가 많다. 왜냐하면 그가 남을 대접하며 선행과 구제를 위해 돈을 쓰기 때문일 것이다. 믿음 안의 형제들과 이웃들을 대접하는 것은 성도가 힘써야 할 일이다. 디모데전서 3:2, "[장로의 자격은] 나그네를 대접하며." 디모데전서 6:18, "선한 일을 하며 선한 사업에 부하고 나눠주기를 좋아하는 자가 되라."

본문의 교훈을 정리해보자. 첫째로, 노하기를 속히 하는 자는 어리석은 일을 행하고 악한 계교를 꾀하는 자는 미움을 받는다. 우리는 무슨 일이나 깊이 생각한 후 하며 노하기를 더디하고 악한 계교를 버려야 한다.

둘째로, 어리석은 자는 어리석음으로 기업을 삼아도 지혜자는 지식으로 면류관을 삼는다. 우리는 하나님을 경외하고 그의 계명을 지킴으로써 지혜와 지식을 가진 자가 되고, 또 그런 자로서 말과 행동을 해야 한다.

셋째로, 악인은 선인 앞에 굴복하고 불의자는 의인의 문에 굴복한다. 그러므로 우리는 불의를 버리고 경건하고 의롭고 선하게만 살아야 한다.

넷째로, 가난한 자는 이웃에게 미움을 받게 되나 부요한 자는 친구가 많다. 우리는 하나님의 은혜로 물질적 복을 받아 가난한 자에게 선행과 구제를 힘쓰고 이웃에게 미움 대신 사랑을 받는 자들이 되어야 한다.

## 21-24절, 긍휼, 선, 말, 재물

**〔21절〕 그 이웃을 업신여기는 자는 죄를 범하는 자요 빈곤한 자를 불쌍히 여기는 자는 복이 있는 자니라.**

그 이웃을 업신여기는 자는 죄를 범하는 자이다. 왜냐하면 그것은 이웃을 네 몸같이 사랑하라는 하나님의 법을 어긴 것이기 때문이다. 그는 교만한 자이며 단지 사람의 외적 조건만 보았다. 그러나 사람의 가치는 그가 가진 돈이나 그의 외모나 그의 직업, 그의 신분 등 외적인 조건에 있지 않고, 그의 인격, 즉 그의 경건성과 도덕성에 있다.

우리는 서로 사랑하며 남을 존중해야 한다. 로마서 12:10은, "형제를 사랑하여 서로 우애하고 존경하기를 서로 먼저 하라"고 말한다. 모든 사람은 하나님의 형상으로 창조되었고 그들 중의 다수는 예수 그리스도께서 사랑하셔서 피 흘려 사신 자들이다. 또 무엇보다 그것은 하나님의 뜻과 명령이요 예수 그리스도께서 주신 새 계명의 정신이다.

또 빈곤한 자를 불쌍히 여기는 자는 복이 있는 자이다. 세상 사람들이 무시하는 가난하고 약한 자들을 사랑하고 동정하고 배려하는 것은 하나님을 본받는 일이다. 시편 10:14, "주는 벌써부터 고아를 도우시는 자니이다." 시편 68:5, "그 거룩한 처소에 계신 하나님은 고아의 아버지시며 과부의 재판장이시라." 가난한 자를 불쌍히 여기는 자는 하나님의 명령을 순종하는 자이기 때문에, 하나님께서는 그의 행위를 기뻐하시고 복 주실 것이다. 시편 41:1도, "빈약한 자를 권고하는 자가 복이 있음이여, 재앙의 날에 여호와께서 저를 건지시리로다"고 말했다.

**〔22절〕 악을 도모하는 자는 그릇 가는 것이 아니냐? 선을 도모하는 자에게는 인자와 진리(에메스 אֱמֶת)[신실하심]가 있으리라.**

'악을 도모하는 것'은 순간적 실수로 악을 행하는 것이 아니고 악을 계획하고 행하는 것을 말한다. 그것은 하나님의 명하신 인생의 정로(正路)를 벗어나서 그릇 가는 것, 즉 잘못된 길로 가는 것이다. 그것은 세상의 많은 사람들이 가는 넓은 길이며 사망과 멸망의 길이다. 그것은 결코 복된 길이 아니고 평안과 형통의 길이 아니다.

하나님의 뜻과 명령, 그리고 하나님께서 우리를 구원하신 목표는 우리가 악을 버리고 선을 행하며 이웃을 사랑하는 것이다. 레위기 19:18, "원수를 갚지 말며 동포를 원망하지 말며 이웃 사랑하기를 네 몸과 같이 하라. 나는 여호와니라." 아모스 5:14, "너희는 살기 위하여 선을 구하고 악을 구하지 말지어다." 주께서도 율법 중에 큰 두 계명은 첫째로 하나님을 사랑하라는 것이며 둘째로 "네 이웃을 네 몸과 같이 사랑하라"는 것이라고 말씀하셨다(마 22:36-40). 디도서 2:14, "그가 우리를 대신하여 자신을 주심은 모든 불법에서 우리를 구속하시고 우리를 깨끗하게 하사 선한 일에 열심하는 친 백성이 되게 하려 하심이니라."

선을 도모하는 자에게는 인자와 신실하심이 있다. '선을 도모하는 것'은 즉흥적 선행이 아니고 선을 행하려고 계획하는 것이다. 하나님의 뜻은 우리가 악을 버리고 선을 행하는 것이다. '인자(仁慈)'는 긍휼, 자비, 은혜와 거의 같은 뜻으로 '하나님의 인자, 자비, 은혜'를 가리킬 것이다. 또 '신실하심'은 하나님의 신실하심을 가리킬 것이다. 우리가 하나님의 뜻대로 선을 행하면 하나님께서는 우리를 더욱 사랑하시고 율법 안에서 주신 모든 약속을 이행하실 것이다. 그 약속 안에는 기도의 응답과 몸의 건강과 물질적 필요의 공급이 포함된다.

**〔23절〕 모든 수고에는 이익이 있어도 입술의 말은 궁핍을 이룰 뿐이니라.**

모든 수고에 이익이 있다는 것은 우리의 생활 속에서 늘 경험하는 바이다. 학생이 열심히 공부하면 상도 받고 졸업하여 원하는 직장에 취직도 잘할 수 있을 것이고, 농부가 땀 흘려 수고하면 추수 때에 풍성한 수확을 얻을 것이다. 노동자가 무슨 일이든지 열심히 일하면 돈을 많이 벌고 물질적으로 유여한 삶을 살 수 있을 것이다.

그러나 입술의 말은 궁핍을 이룰 뿐이다. 영어성경들은 "말만 하는 것(mere talk)은 궁핍을 이룰 뿐이라"고 번역하였다(NASB, NIV). 말은 힘과 시간을 소모하고 또 사람이 말만 많이 하면 자기의 생활, 즉 자기의 일에 충실치 못할 것이다. 그런 자는 물질적으로도 궁핍할 것이다. 자기 일을 열심히 하는 자는 말을 많이 할 틈이 없고 그럴 이유도, 그럴 시간도 없을 것이다. 공부 잘하는 학생과 일 잘하는 직장인은 말을 많이 하지 않고 자기 일에 전심전력하는 자들이다. 그런 자들이 자기 분야에서 전문가가 되고 달인이 된다.

성경은 성도가 말을 많이 하는 것을 경계하였다. 잠언 10:19, "말이 많으면 허물을 면키 어려우나 그 입술을 제어하는 자는 지혜가 있느니라." 잠언 13:3, "입을 지키는 자는 그 생명을 보전하나 입술을 크게 벌리는 자에게는 멸망이 오느니라." 야고보서 1:19, "사람마다 듣기는 속히 하고 말하기는 더디하며 성내기도 더디하라."

또 성경은 성도가 말만 하지 말고 선한 일을 실천하라고 교훈한다. 실행이 없는 말은 허풍이요 위선이다. 주께서는 서기관들과 바리새인들이 말만 하고 행치 않는다고 지적하셨다(마 23:3). 야고보는 "행함이 없는 믿음은 그 자체가 죽은 것이라"고 말했고(약 2:17), 사도 요한은, "자녀들아, 우리가 말과 혀로만 사랑하지 말고 오직 행함과 진실함으로 하자"고 교훈하였다(요일 3:18).

**〔24절〕 지혜로운 자의 재물은 그의 면류관이요**[지혜로운 자의 면류관은 그의 재물이요](원문, KJV, NASB) **미련한 자의 소유는 다만 그 미련한 것이니라**[미련한 자의 어리석음은 어리석음을 내느니라](NIV).

지혜로운 자에게 재물은 하나님의 복의 증거이다. 잠언 3:16, "그[지혜자의] 우편 손에는 장수(長壽)가 있고 그 좌편 손에는 부귀(富貴)가 있나니." 경건한 아브라함과 이삭과 욥은 물질적 부요를 누렸다. 창세기 24:35. "여호와께서 나의 주인[아브라함]에게 크게 복을 주어 창성케 하시되 우양(牛羊)과 은금과 노비와 약대와 나귀를 그에게 주셨고." 창세기 26:12-13, "이삭이 그 땅에서 농사하여 그 해에 백 배나 얻었고 여호와께서 복을 주시므로 그 사람이 창대하고 왕성하여 마침내 거부(巨富)가 되어." 욥기 1:3, "그[욥의] 소유물은 양이 7천이요 약대가 3천이요 소가 5백 겨리[천 마리]요 암나귀가 5백이며 종도 많이 있었으니 이 사람은 동방 사람 중에 가장 큰 자라."

지혜로운 자는 그 재물로 하나님의 일을 할 기회를 얻을 것이다. 그는 전도와 구제를 위해 자기의 돈을 쓸 것이다. 누가복음 12:33, "너희 소유를 팔아 구제하여 낡아지지 아니하는 주머니를 만들라. 곧 하늘에 둔 바 다함이 없는 보물이니 거기는 도적도 가까이하는 일이 없고 좀도 먹는 일이 없느니라." 구제는 하늘나라에 저축하는 일이다.

그러나 미련한 자는 항상 어리석음만 드러낸다. 미련한 자의 어리석음은 치료되지 않는 어리석음이며 시간이 갈수록 더 악화되는 어리석음이다. 잠언 27:22는, "미련한 자를 곡물과 함께 절구에 넣고 공이로 찧을지라도 그의 미련은 벗어지지 아니하느니라"고 말한다.

본문의 교훈을 정리해보자. 첫째로, 그 이웃을 업신여기는 자는 죄를 범하는 자요 빈곤한 자를 불쌍히 여기는 자는 복이 있는 자이다. 우리는 이웃을 업신여기지 말고 하나님의 명령대로 남을 존중하고 서로 사랑하며 가난하고 어려움 당한 자들을 돌아보고 동정하고 도와주어야 한다.

둘째로, 악을 도모하는 자는 그릇 가는 것이나 선을 도모하는 자에게는 하나님의 인자(仁慈)와 신실하심이 있다. 하나님의 뜻은 악을 버리고 선을 행하는 것이며 그런 자들에게 하나님의 인자와 신실하심이 있다.

셋째로, 모든 수고에는 이익이 있어도 입술의 말은 궁핍을 이룰 뿐이다. 우리는 각자 자기 일에 전념하여 물질적 여유를 누리고, 또 실수하지 않도록 가급적 말수를 줄이고, 말보다 사랑과 선행을 힘써야 한다.

넷째로, 지혜로운 자의 면류관은 그의 재물이요 미련한 자의 소유는 그 미련한 것뿐이다. 우리는 미련한 자가 되지 말고 하나님을 경외함으로 지혜자가 되고 또 주께서 주신 돈은 전도와 구제를 위해 써야 한다.

## 25-28절, 진실한 증인, 여호와를 경외함

**[25절] 진실한 증인은 사람의 생명을 구원하여도 거짓말을 뱉는 사람은 속이느니라.**

진실한 증인은 사람의 생명을 구원한다. 하나님께서는 십계명에서 거짓 증거하지 말라고 우리에게 명하셨다. 예수 그리스도의 사도들은 다 진실한 증인들이었다. 사도행전 1:8, "오직 성령이 너희에게 임하시면 너희가 권능을 받고 예루살렘과 온 유대와 사마리아와 땅끝까지 이르러 내 증인이 되리라 하시니라." 사도행전 4:19-20, "베드로와 요한이 대답하여 가로되 . . . 우리는 보고 들은 것을 말하지 아니할 수 없다 하니." 예수 그리스도의 사도들은 하나님의 복음을 증거하다가 매맞음과 고난과 핍박을 받았고 심지어 죽기까지 하였다.

주의 사도들의 진실한 증거를 통해 구원의 복음이 온 땅에 전파되었고 많은 영혼들이 구원을 얻었다. 요한복음 20:30-31, "예수께서 제자들 앞에서 이 책에 기록되지 아니한 다른 표적도 많이 행하셨으나 오직 이것을 기록함은 너희로 예수께서 하나님의 아들 그리스도이심을 믿게 하려 함이요 또 너희로 믿고 그 이름을 힘입어 생명을 얻게 하려 함이니라." 그들은 예수 그리스도의 사실들을 전했고 사람들은 그들의 증거의 말씀을 믿었고 구원을 얻었다. 그들이 거짓말을 전했다면 영혼들을 구원할 수 없었을 것이다. 그러나 순교의 피로 인쳐진 사도들의 진실한 증언들은 많은 영혼들이 예수님 믿고 구원을 얻게 하였다.

그러나 거짓말을 내뱉는 사람들은 속인다. 거짓말은 진리의 세계에 합당치 않다. 거짓말은 에덴 동산에서 뱀이 하와를 범죄케 할 때 사용한 방법이며 사탄의 주특기이다(요 8:44). 거짓말은 그 자체가 죄악이며 인류를 멸망의 구덩이에 빠뜨린 죄악이다. 사람들은 결코 거짓말로 죄사함의 구원과 영생과 기쁨과 평안을 얻지 못할 것이다.

**[26절] 여호와를 경외하는 자에게는 견고한 의뢰(מִבְטַח־עֹז** <u>미베타크-</u>

오즈)[강한 확신]**가 있나니 그 자녀들에게 피난처가** 있으리라.

여호와를 경외하는 자에게는 강한 확신이 있다. 여호와를 경외한다는 것은 여호와 하나님을 알고 믿고 그를 두려워하고 그를 섬기는 것을 가리킨다. 하나님을 경외하는 자들은 확실히 안전함과 보호, 힘과 위로, 도우심과 공급하심과 구원을 얻을 것이다. 하나님께서는 그들에게 확실히 안전과 보호, 힘과 위로, 도우심과 공급하심과 구원이 되실 것이다. 그는 그들에게 강한 확신을 주실 것이다.

성도는 하나님의 도우심을 확신할 수 있다. 시편 33:18-19, "여호와는 그 경외하는 자 곧 그 인자하심을 바라는 자를 살피사 저희 영혼을 사망에서 건지시며 저희를 기근 시에 살게 하시는도다." 시편 34:7-10, "여호와의 사자가 주를 경외하는 자를 둘러 진치고 저희를 건지시는도다. 너희는 여호와의 선하심을 맛보아 알지어다. 그에게 피하는 자는 복이 있도다. 너희 성도들아, 여호와를 경외하라. 저를 경외하는 자에게는 부족함이 없도다. 젊은 사자는 궁핍하여 주릴지라도 여호와를 찾는 자는 모든 좋은 것에 부족함이 없으리로다."

여호와를 경외하는 자는 그 자녀들에게도 피난처가 있다. '피난처'는 환난 날에 피할 곳과 의지할 대상을 말한다. 여호와를 경외하는 자는 그 자신이 복될 뿐 아니라, 그의 자녀들도 복되다. 사람들은 의료보험, 교육보험, 생명보험 등 여러 가지 보험을 든다. 그러나 하나님께서는 우리의 보증이시며 보호자시요 공급자이시며 또 우리 자녀들에게도 그러하시다. 시편 37:25-26, "내가 어려서부터 늙기까지 의인이 버림을 당하거나 그 자손이 걸식함[양식을 구걸함]을 보지 못하였도다. 저는 종일토록 은혜를 베풀고 꾸어주니 그 자손이 복을 받는도다."

**〔27절〕 여호와를 경외하는 것은 생명의 샘이라. 사망의 그물에서 벗어나게 하느니라.**

하나님을 경외하는 것, 즉 하나님을 알고 인정하고 두려워하고 그를 의지하고 섬기며 순종하는 것은 생명의 샘이다. 하나님께서는 생명의 근원이시다. 바다의 물고기들, 공중의 새들, 땅 위의 생물들은 다 하나님의 창조물들이다. 시편 36:9, "생명의 원천이 주께 있사오니." 예레미야 2:13, "내 백성이 두 가지 악을 행하였나니 곧 생수의 근원되는 나를 버린 것과 스스로 웅덩이를 판 것인데 그것은 물을 저축지 못할 터진 웅덩이니라." 또 주 예수 그리스도 안에는 생명이 있다. 요한복음 1:4, "그 안에 생명이 있었으니 이 생명은 사람들의 빛이라." 그것은 영원한 생명이다. 요한복음 11:25, "예수께서 가라사대 나는 부활이요 생명이니 나를 믿는 자는 죽어도 살겠고." 요한복음 17:3, "영생은 곧 유일하신 참 하나님과 그의 보내신 자 예수 그리스도를 아는 것이니이다."

하나님께서는 생명의 근원이시므로 생명수가 흘러나오는 생명의 샘과 같다. 사람이 그 물을 마시면 살고 생명의 강건함을 얻을 것이다. 또 하나님 안에는 영원한 생명 곧 영생이 있다. 인생은 지금 사망의 그물에 걸린 자들과 같다. 죄의 결과는 사망이다. 그러나 사람이 하나님의 은혜를 받아 그를 경외하고 그의 보내신 구주 예수 그리스도를 믿으면 영생을 얻으며(요 3:16) 모든 불경건과 부도덕을 떠나게 된다. 사람은 여호와를 경외함으로 악을 떠나고 의를 행하게 된다(잠 16:6). 여호와를 경외하고 예수 그리스도를 믿고 악을 떠나고 의를 행하는 자는 사망의 그물에서 벗어나고 영생을 얻게 된다.

**〔28절〕 백성이 많은 것은 왕의 영광이요 백성이 적은 것은 주권자의 패망이니라.**

백성이 많고 적은 것은 여러 여건에 관계될 것이다. 영토가 넓든지, 경제적 여건이 좋든지, 사회 제도나 통치자들의 인격과 덕이 좋아야 할 것이다. 또, 사회질서가 안정된 가운데 자녀 출산도 많고 들어오는 이민자들도 많아야 할 것이다. 특히 사회 제도는 사람의 자유와 인권을 존중하고 도덕성과 질서가 확립되어야 할 것이다. 강제성이 많은 사회는 그렇게 평안치 못할 것이다. 경제나 교육이나 사회생활 전반에 있어서 자유로운 경쟁은 성경적이며 사회 발전을 가져온다. 지난 세기에 소련이나 중국에서 시험되었던 중앙통제적 사회주의는 많은 사람들을 죽인 독재 제도이었고 경제적으로도 실패한 제도이었다.

미국 같은 나라는 1753년에 인구 130만명이었지만, 2019년 즉 266년만에 인구 약 3억 3천만명의 큰 나라가 되었는데, 그것은 여러 여건들과 더불어 특히 자유민주주의 사회이기 때문일 것이다. 반대로 소련은 연방이 해체되고 축소되었고 지금도 일부는 분리독립을 원하고 있고 중국의 티베트도 독립을 원하고 있다. 또 한반도의 북한도 많은 사람들이 살기 싫어 탈출하기를 원하는 참으로 불행한 곳이 되었다.

물론, 예수 그리스도의 교회는 세속 국가와 다르다. 주께서는 "좁은 문으로 들어가라. 멸망으로 인도하는 문은 크고 그 길이 넓어 그리로 들어가는 자가 많고 생명으로 인도하는 문은 좁고 길이 협착하여 찾는 이가 적음이니라"고 말씀하셨다(마 7:13-14). 진리 운동은 좁은 길 가는 운동이며 참 교회는 단순히 교인수로 판단되어서는 안 될 것이다. 그러나, 우리는 하나님의 은혜로 참 교회에 구원 얻는 자들의 수가 날마다 늘어나기를 기도해야 하며, 그것이 주님께 영광이 될 것이다.

본문의 교훈을 정리해보자. 첫째로, 진실한 증인은 사람의 생명을 구원하여도 거짓말을 뱉는 사람은 속인다. 우리는 거짓말을 멀리하고 하나님의 진리를 말하는 진실한 증인이 되어 죽을 영혼들을 구원해야 한다.

둘째로, 여호와를 경외하는 자에게는 강한 확신이 있으며 그 자녀들에게도 피난처가 있다. 하나님께서는 그를 경외하는 자와 그의 자녀들에게 확실히 안전과 보호, 힘과 위로, 도우심과 공급하심을 주실 것이다.

셋째로, 여호와를 경외하는 것은 생명의 샘이며 사망에서 벗어나게 한다. 하나님만 경외하고 믿음과 순종으로 사는 것이 영생의 길이다.

넷째로, 백성이 많은 것은 왕의 영광이요 백성이 적은 것은 주권자의 패망이다. 우리는 우리 교회와 나라의 발전을 위해 기도해야 한다.

## 29-31절, 분노, 건강한 마음, 자비

**〔29절〕 노하기를 더디하는 자는 크게 명철하여도 마음이 조급한 자는 어리석음을 나타내느니라.**

노하기를 더디하는 사람은 화를 낼 만한 상황에서도 좀더 생각하고 참고 지나친 감정을 가지지 않으려 애쓰는 자이다. 그런 사람은 과격한 말과 행동을 피하며 실수하거나 범죄하지 않을 것이다. 그는 지혜롭고 명철한 자이다. 잠언 16:32, "노하기를 더디하는 자는 용사보다 낫고 자기의 마음을 다스리는 자는 성을 빼앗는 자보다 나으니라." 잠언 19:11, "노하기를 더디하는 것이 사람의 슬기요 허물을 용서하는 것이 자기의 영광이니라." 노하기를 더디하는 것이 지혜이다.

그러나 마음이 조급한 사람은 어리석음을 나타낸다. 마음이 조급한 사람은 인내심이 없고 성질이 급해서 분노를 참지 못하고 쉽게 나타낸다. 그런 사람은 자신의 어리석음을 드러낼 뿐이며 정당한 이유가 없이 성급히 화를 내는 실수를 하기 쉽다. 모세는 온유한 사람이었지만, 가데스 므리바에서 물이 없어 그를 공박하는 무리 앞에서 지나친 말과 행동으로 실수하며 범죄하였다(민 20:10-11). 그는 그 일 때문에 그렇게도 기다리며 사모했던 가나안 땅에 들어가지 못하였다.

잠언 12:16, "미련한 자는 분노를 당장에 나타내거니와 슬기로운 자는 수욕을 참느니라." 잠언 14:17, "노하기를 속히 하는 자는 어리석은 일을 행하고 악한 계교를 꾀하는 자는 미움을 받느니라." 잠언 15:18, "분을 쉽게 내는 자는 다툼을 일으켜도 노하기를 더디하는 자는 시비를 그치게 하느니라." 조급하게 분노하는 것은 어리석은 일이다.

**〔30절〕 마음의 화평은 육신의 생명이나 시기는 뼈의 썩음이니라.**

마음의 화평은 육신의 생명이다. '마음의 화평'이라는 원어(레브 마르페 לֵב מַרְפֵּא)는 '건강한 마음'(BDB, KJV)이라는 뜻이며 '평온한 마음'(NASB, NIV)이라고 번역되기도 한다. 몸의 건강에는 심리적 요인도 중요하다. 잠언 17:22, "마음의 즐거움은 양약이라도 심령의 근심은 뼈로 마르게 하느니라." 잠언 18:14, "사람의 심령은 그 병을 능히 이기려니와 심령이 상하면 그것을 누가 일으키겠느냐?"

본문은 시기(猜忌)가 뼈의 썩음이라고 말한다. '시기'라는 원어(키느아 קִנְאָה)는 '시기, 질투'(KJV, NIV)라는 의미뿐 아니라, 또한 '격노'(passion)(NASB)라는 뜻을 가진다. 시기, 질투나 격노의 감정은 건강에 매우 좋지 않다. 오늘날 많은 사람들이 그런 정도의 건강 상식은 가지고 있다. 특히 시기와 질투는 겉보기에는 큰 문제처럼 안 보일지 모르나, 거기에서 미움과 살인의 감정이 나온다. 그런 감정들은 '뼈의 썩음'같이 건강에 큰 해가 되는 것이다.

야고보서 3:13-17은, 세상에 두 가지 종류의 지혜가 있다고 말한다. 하나는 위로부터 난 지혜요 다른 하나는 세상적인 지혜이다. "너희 중에 지혜와 총명이 있는 자가 누구뇨? 그는 선행으로 말미암아 지혜의 온유함으로 그 행함을 보일지니라. 그러나 너희 마음 속에 독한 시기와 다툼이 있으면 자랑하지 말라. 진리를 거슬러 거짓하지 말라. 이러한 지혜는 위로부터 내려온 것이 아니요 세상적이요 정욕적이요 마귀적이니 시기와 다툼이 있는 곳에는 요란과 모든 악한 일이 있음이니라. 오직 위로부터 난 지혜는 첫째 성결하고 다음에 화평하고 관용하고 양순하며 긍휼과 선한 열매가 가득하고 편벽과 거짓이 없나니." 위로부터 난 지혜는 건강에 유익하나 세상적 지혜는 해가 된다.

**〔31절〕 가난한 사람을 학대하는 자는 그를 지으신 이를 멸시하는 자요 궁핍한 사람을 불쌍히 여기는 자는 주를 존경하는 자니라.**

가난한 사람을 학대하는 자는 그를 지으신 이를 멸시하는 자이다. 잠언 17:5, "가난한 자를 조롱하는 자는 이를 지으신 주를 멸시하는 자요." 사람들은 사람의 영혼의 가치, 즉 그의 인격성과 도덕성의 가치를 모르고 단지 그의 재산의 많고 적음에 의해 사람을 평가하고 가난한 자를 무시하는 경향이 있다. 그러나 세상에 가난한 자와 부자가 섞여 살고 있으나 그들을 다 창조하신 이는 하나님이시며(잠 22:2) 하나님께서는 사람을 자기 형상대로 창조하셨기 때문에 가난한 사람을 학대하는 자는 그를 지으신 하나님을 멸시하는 것이 된다. 사람의 영혼의 가치는 돈보다 심히 크다. 사람의 가치가 100이라면 돈이나 집이나 차나 옷의 가치는 1이나 2도 되지 못할 것이다.

궁핍한 사람을 불쌍히 여기는 자는 주를 존경하는 자이다. 궁핍한 자를 불쌍히 여기는 자는 사람의 가치, 즉 사람이 하나님의 형상으로 지음 받은 영적, 인격적, 도덕적 존재임을 아는 자이다. 그는 결국 사람을 만드신 하나님을 존경하는 자이며 하나님의 창조 사역을 존중하는 자이다. 그는 사람의 가치와 돈의 가치가 어느 것이 큰지를 바로 아는 자이다. 그것이 하나님을 경외하는 성도의 모습이다. 그러므로 욥은 부르짖는 빈민과 도와줄 자 없는 고아를 건졌고 소경의 눈이 되었고 절뚝발이의 발이 되었으며(욥 29:12, 15) 고아를 먹였고 헐벗은 자를 입혔고 나그네로 거리에서 자지 않게 하였었다(욥 31:17, 19-20, 32). 잠언 30:20에는 현숙한 여인은 가난한 자들에게 손을 펴며 궁핍한 자를 위해 손을 내민다고 말했다. 사도 바울은 갈라디아서 2:10에서 자신도 가난한 자들을 돌아보는 일을 본래 힘썼다고 증거하였다.

본문의 교훈을 정리해보자. 첫째로, 노하기를 더디하는 자는 크게 명철하여도 마음이 조급한 사람은 어리석음을 나타낸다. 우리는 조급한 마음으로 성내지 말고 자기 감정을 다스려 노하기를 더디해야 한다.

둘째로, 건강한 마음은 육신의 생명이지만 시기는 뼈의 썩음이다. 우리는 건강을 위해서라도 남을 시기하고 질투하는 마음이나 격노하는 감정을 품지 말고 어떤 상황에서도 선하고 평안한 마음을 가져야 한다.

셋째로, 가난한 자를 학대하는 자는 그를 지으신 하나님을 멸시하는 자요 궁핍한 자를 불쌍히 여기는 자는 주를 존경하는 자이다. 하나님을 믿는 자는 가난한 자를 학대하지 말고 불쌍히 여기는 자가 되어야 한다.

## 32-35절, 의와 지혜

**〔32절〕 악인은 그 환난에 엎드러져도 의인은 그 죽음에도 소망이 있느니라.**

악인은 하나님을 무시하고 거역하며 그의 계명들을 어기고 죄만 짓고 회개할 줄 모르는 자이며, 그가 당하는 환난은 하나님께서 주시는 징벌이다. 하나님께서는 그의 공의의 영광을 나타내시고 사람들로 그를 경외케 하시기 위해 악인에게 환난을 주신다. 시편 11:6, "악인에게 그물을 내려치시리니 불과 유황과 태우는 바람이 저희 잔의 소득이 되리로다." 잠언 13:21, "재앙은 죄인을 따르고 선한 보응은 의인에게 이르느니라." 악인은 하나님께서 주시는 그 환난으로 인해 엎드러질 것이다. 잠언 10:24-25, "악인에게는 그의 두려워하는 것이 임하거니와," "회리바람이 지나가면 악인은 없어져도." 악인은 엎드러진다.

그러나 의인은 그 죽음에도 소망이 있다. 하나님을 경외하고 그의 계명에 순종하는 의인은 이 세상에서 환난도 잘 통과하지만, 죽을 때도 소망이 있다. 그것은 천국과 영생의 소망이다. 시편 116:15, "성도의 죽는 것을 여호와께서 귀중히 보시는도다." 또 죽음은 성도에게 많은 유익도 준다. 성도는 죽음 때문에 항상 깨어 있을 수 있고, 또 죽음을 알 때 세상이 허무하고 일시적임을 깨닫고 세상을 사랑치 않을 수 있고, 또 하나님과 천국만 더욱 바라며 살 수 있다.

하나님께서는 우리의 소망이시며 그가 약속하신 천국과 영생도 그러하다. 고린도후서 4:18, "우리의 돌아보는 것은 보이는 것이 아니요 보이지 않는 것이니 보이는 것은 잠깐이요 보이지 않는 것은 영원함이니라." 고린도후서 5:1, "땅에 있는 우리의 장막 집[몸]이 무너지면 하나님께서 지으신 집 곧 손으로 지은 것이 아니요 하늘에 있는 영원한 집이 우리에게 있는 줄 아나니." 우리는 천국과 부활을 소망한다.

**〔33절〕 지혜는 명철한 자의 마음에 머물거니와 미련한 자의 속에 있는**

**것은 나타나느니라.**

하나님께서 주시는 지혜는 하나님을 경외함 즉 경건과 의와 거룩의 길에서 얻으며, 그것은 사람을 평안의 길로 이끈다. 이 지혜는 명철한 자의 마음에 머문다. 그것은 평소에 명철한 자의 마음 속에 있고 드러나지 않는다. 지혜로운 자는 꼭 필요한 경우에 말하고 행하지만, 평소에는 말이 많지 않다. 성령께서는 지혜의 영으로서 신자 속에 계신다. 그는 우리나 다른 이들의 눈에 보이지 않으시지만, 우리 속에서 감화감동하시고 일하신다. 그는 우리에게 교훈하시고 깨닫게 하시고 우리가 범죄할 때 근심하시며 책망하신다. 또 그는 우리에게 기쁨과 평안과, 위로와 격려를 주신다. 성령께서는 우리의 위로자이시다.

그러나 미련한 자의 속에 있는 것은 나타난다(KJV).[7] 미련한 자는 하나님을 무시하고 그의 뜻과 계명을 거스르는 자이며, '미련한 자의 속에 있는 것'은 미련함을 가리킬 것이다. 본문은 지혜가 명철한 자의 마음 속에 있어서 평소에 보이지 않지만, 미련한 자의 미련함은 시시때때로 말과 행위로 나타난다는 뜻일 것이다. 사람의 마음 속에 있는 것은 조만간 밖으로 드러난다. 사람은 마음에 가득한 것을 입으로 말한다(마 12:34). 지혜자의 지혜도, 미련한 자의 미련함도 그러할 것이다. 우리는 미련함을 나타내는 자가 되지 말아야 한다.

**〔34절〕 의는 나라로 영화롭게 하고 죄는 백성을 욕되게 하느니라.**

의는 하나님의 뜻과 계명대로 사는 것이며, 곧 경건과 도덕성이다. 즉 다른 신이나 우상을 섬기지 않고 하나님만 섬기며 부모를 공경하며 사람의 생명과 순결성과 재산과 명예를 존중하는 것이다. 세속사회는 하나님을 경외하며 도덕성이 존중되는 사회, 사람의 인권이 존중되고

---

7) 고대 헬라어 70인역과 수리아역은 "미련한 자의 마음에는 그것이 알려지지 아니하니라"고 번역했으나 그것은 전통적 히브리어 마소라 본문과 다르다. 근래의 한 영어성경은 "미련한 자의 속에서는 그것이 알려지느니라"(NASB)고 번역하지만, 문맥적으로는 옛날 영어번역(KJV)이 나은 것 같다.

신앙과 경제생활과 교육의 자유가 보장되는 사회가 되어야 할 것이다.

의는 나라를 영화롭게, 즉 평안하고 부강하게 만들 것이다. 레위기 26:7-9, "너희가 [의로우면] 대적을 쫓으리니 그들이 너희 앞에서 칼에 엎드러질 것이라. 너희 다섯이 백을 쫓고 너희 백이 만을 쫓으리니 너희 대적들이 너희 앞에서 칼에 엎드러질 것이며 내가 너희를 권고하여 [돌아보아] 나의 너희와 세운 언약을 이행하여 너희로 번성케 하고 너희로 창대케 할 것이며." 잠언 29:4, "왕은 공의로 나라를 견고케 하나."

천국은 의의 나라이다. 베드로후서 3:13, "우리는 그의 약속대로 의의 거하는 바 새 하늘과 새 땅을 바라보도다." 우리는 그 의의 나라를 사모하며 고대한다. 또 우리는 우리나라도 경건과 의가 있는 나라가 되도록 나라와 위정자들과 이웃들을 위해 기도하고 전도하고 모범된 삶을 살아야 한다. 그것이 세상의 빛이 되라고 하신 뜻이다(마 5:16).

그러나 죄는 백성을 욕되게 한다. 백성을 욕되게 하는 것은 사회적 소요, 전염병, 흉년, 경제 공황, 대형 사고들, 전쟁 등을 가리킬 것이다. 하나님께서는 레위기 26장에서 이스라엘 백성이 그의 계명을 거역하면 흉년이 들고 전쟁이 일어나 패하고 전염병이 일어나고 기근이 찾아올 것이라고 경고하셨고, 모세는 신명기 28장에서 그 재앙들 가운데 폐병, 열병, 학질, 종기, 옴 등 각종 질병들을 말하였다.

**〔35절〕 슬기롭게 행하는 신하는 왕의 은총을 입고 욕을 끼치는** 신하는 **그의 진노를 당하느니라.**

슬기롭게 행하는 신하는 왕의 은총을 입는다. 슬기롭게 행하는 것은 또한 정직하게, 진실하게, 충성되게 행하는 것이다. 그런 신하는 왕의 사랑을 더욱 받는다. 잠언 16:13, "의로운 입술은 왕들의 기뻐하는 것이요 정직히 말하는 자는 그들의 사랑을 입느니라." 잠언 22:11, "마음의 정결을 사모하는 자의 입술에는 덕이 있으므로 임금이 그의 친구가 되느니라." 시편 101:6, "내 눈이 이 땅의 충성된 자를 살펴 나와 함께 거하게 하리니 완전한 길에 행하는 자가 나를 수종하리로다."

그러나 욕을 끼치는 신하는 왕의 진노를 당한다. 욕[수치]을 끼치는 것은 교만하고 권력을 남용 혹은 악용하고 뇌물을 받거나 불의의 이익을 구하고 가난한 자를 학대하는 등의 불법을 행하는 것을 가리킨다. 다윗 왕은 시편 101편에서 "나는 비루한 것을 내 눈 앞에 두지 아니할 것이요 배도자들의 행위를 미워하니 이것이 내게 붙접지 아니하리이다. . . . 그 이웃을 그윽히 허는 자를 내가 멸할 것이요 눈이 높고 마음이 교만한 자를 내가 용납지 아니하리로다"고 말했다(3-5절).

본문의 말씀은 어떤 단체나 직장에서도 적용된다. 슬기롭게 행하는 사람은 윗사람의 총애를 받을 것이나, 어리석고 부덕하게 행하는 자는 그의 노를 당할 것이다. 특히 하나님 앞에서도 그렇다. 주 예수께서는 제자들에게 '충성되고 지혜 있는 종'이 되어야 할 것을 교훈하셨고(마 24:45-47), 열 처녀 비유와 달란트 비유에서도 그것을 강조하셨다(마 25장). 지혜롭고 충성된 종들은 하나님의 칭찬을 받을 것이나, 악하고 게으른 종들은 그의 진노와 징벌을 받을 것이다.

본문의 교훈을 정리해보자. 첫째로, 악인은 그 환난에 엎드러져도 의인은 그 죽음에도 소망이 있다. 우리는 환난과 죽음을 두려워하지 말고 오직 영생의 하나님만 바라며 의지하고 바르고 선하게만 살아야 한다.

둘째로, 지혜는 명철한 자의 마음에 머물거니와 미련한 자의 속에 있는 것은 나타난다. 우리는 하나님을 경외하고 순종함으로 지혜를 얻어서 꼭 필요할 때 지혜의 말과 행동을 할 수 있는 성도가 되어야 한다.

셋째로, 의(義)는 나라로 영화롭게 하고 죄는 백성을 욕되게 한다. 사회의 평안은 백성의 경건과 도덕성에 달려 있다. 그러므로 우리는 우리나라가 경건하고 도덕적인 나라가 되도록 기도하고 선한 본을 보여야 한다.

넷째로, 슬기롭게 행하는 신하는 왕의 은총을 입고 수치를 끼치는 자는 그의 진노를 당한다. 우리는 이 세상에서도 좋은 국민, 좋은 공무원, 좋은 직장인이 되어야 하고, 특히 좋은 성도와 직분자가 되어야 한다.

# 15장: 유순한 대답, 사랑, 분노

## 1-4절, 유순한 대답, 건전한 혀

**〔1절〕 유순한 대답은 분노를 쉬게 하여도 과격한 말은 노를 격동하느니라.**

유순한 대답은 온유와 겸손의 심령에서 나오며, 윗사람이나 상대방에 대한 존중심을 가진 자에게서 나온다. 온유와 겸손의 덕은 우리가 본받아야 할 예수 그리스도의 성품이며(마 11:29) 성령께서 성도들 속에서 역사하셔서 맺는 열매이다(갈 5:23). 유순한 대답은 분노를 쉬게 한다. 본인에게 어떤 잘못이 있어서 책망을 듣는 경우에라도, 자존심이 상해 불쾌한 감정으로 대답지 않고 온유하고 겸손한 마음으로 유순하게 대답하면 상대방의 분노를 쉬게 할 것이다.

미디안 전쟁에 자기들을 부르지 않았다고 격노한 에브라임 사람들에게 사사 기드온은 "에브라임의 끝물 포도가 아비에셀의 만물 포도보다 낫지 아니하냐?"라고 겸손히 말함으로써 그들의 노를 가라앉혔었다(삿 8:1-3). 사도 바울은 갈라디아 교인들에게 범죄한 자를 온유한 심령으로 바로잡으라고 말하였고(갈 6:1), 그는 또 디모데에게 거역하는 자를 온유함으로 징계하라고 말하였다(딤후 2:25).

그러나 과격한 말은 노를 격동시킨다. 과격한 말은 대체로 교만한 마음과 상대방을 무시함에서 나온다. 다윗의 요청을 거절하고 그의 종들을 모욕했던 나발의 과격한 말은 다윗을 격노케 만들었었다. 나발의 아내 아비가일의 겸손한 사과의 말이 아니었다면 나발은 아마 그 날 즉시 죽임을 당했을 것이다(삼상 25:10-11; 23-41). 또 솔로몬의 아들 르호보암의 포학한 말은 백성들을 매우 노하게 만들었고 그 결과 이스라엘 왕국은 둘로 분열되었다(왕상 12:13-14).

**〔2절〕 지혜 있는 자의 혀는 지식을 선히 베풀고 미련한 자의 입은 미련한 것을 쏟느니라.**

지혜 있는 자는 하나님을 경외하고 그의 뜻을 따라 의와 선을 행하는 자이다. 그의 혀는 지식을 선히 베푼다. 말은 사람의 인격의 표현이다. 지혜자가 가진 지식은 바르고 선한 지식, 곧 하나님께서 성경에 주신 지식을 가리킨다. '선히 베푼다'는 말은 적당한 때와 장소에서 적절히 사용한다는 뜻이다. 지혜는 지식의 활용 능력이다. 지혜 없는 지식은 유익이 없다. 잠언 10:20-21, "의인의 혀는 천은(天銀)과 같거니와 악인의 마음은 가치가 적으니라. 의인의 입술은 여러 사람을 교육하나 미련한 자는 지식이 없으므로 죽느니라."

그러나 미련한 자의 입은 미련한 것을 쏟는다. 미련한 자는 하나님을 무시하고 그의 뜻을 무시하고 이웃을 무시하고 죄를 버리지 않는 자를 가리킨다. 미련한 자가 쏟는 미련한 것은 불경건하고 부도덕한 것, 잘못된 생각과 판단, 선입견과 편견, 오해, 정당치 못한 혹은 과격한 감정, 건설적이지 못하고 덕스럽지 못한 말과 행동 등을 가리킨다고 할 수 있다. 주께서는 사람이 마음에 가득한 것을 입으로 말하며 선한 사람은 그 쌓은 선에서 선한 것을 내지만 악한 사람은 그 쌓은 악에서 악한 것을 낸다고 말씀하셨다(마 12:34-35).

**〔3절〕 여호와의 눈은 어디서든지 악인과 선인을 감찰하시느니라.**

'여호와의 눈'이라는 표현은 신인동형론적(神人同形論的) 표현, 즉 하나님을 사람과 같은 모양을 가진 존재로 표현하는 비유적인 표현이다. 사람의 눈을 만드신 하나님께서는 사물을 보실 수 있는 분이시다. 시편 94:9, "귀를 지으신 자가 듣지 아니하시랴. 눈을 만드신 자가 보지 아니하시랴." 그는 생명 없는 우상과 다르시다.

여호와의 눈은 어디서든지 감찰하신다. 천지에 충만하신(렘 23:24) 하나님께서는 언제, 어디에서나, 정확하고 완전하게 사물을 보실 수 있다. 시편 139:1-4, "여호와여, 주께서 나를 감찰하시고 아셨나이다. 주께서 나의 앉고 일어섬을 아시며 멀리서도 나의 생각을 통촉하시오며 나의 길과 눕는 것을 감찰하시며 나의 모든 행위를 익히 아시오니 여호와여, 내 혀의 말을 알지 못하시는 것이 하나도 없으시니이다." 잠언 15:11, "음부[무덤 혹은 지옥]와 유명(幽冥)[멸망의 깊은 웅덩이]도 여호와의 앞에 드러나거든 하물며 인생의 마음이리요." 하나님의 눈은 정밀하고 완전한 감시용 카메라(CCTV)와 같다.

여호와의 눈은 어디서든지 악인과 선인을 감찰하신다. 하나님의 주된 관심은 인생의 종교적, 도덕적 행위이다. 그는 사람들에 대해 종교적, 도덕적 판단을 하시고 공의로 보응하신다. 그는 악인들의 불경건과 악행도 아시고, 의인들의 경건과 선행이나 심지어 억울함도 아시고 판단하며 보응하신다. 그는 선한 자들에게 적당한 상을 주시고 악한 자들에게 적당한 벌을 주신다. 전도서 12:14, "하나님은 모든 행위와 모든 은밀한 일을 선악간에 심판하시리라." 마태복음 6:4, "네 구제함이 은밀하게 하라. 은밀한 중에 보시는 너의 아버지가 갚으시리라."

〔4절〕 **온량한**(마르페 מַרְפֵּא)[건전한(KJV), 치료하는(NIV), 부드러운] **혀는 곧 생명나무라도 패려한 혀는 마음을 상하게 하느니라.**

사람의 혀 곧 말은 인격의 표현이며 성화의 정도를 나타낸다. 말의 온전함이 온전함이다(약 3:2). 건전한 말은 다른 이에게 평안과 유익을 주고 상한 마음을 치료해 줄 수 있는 혀를 말한다. 에베소서 4:29, "무릇 더러운 말은 너희 입밖에도 내지 말고 오직 덕을 세우는 데 소용되는 대로 선한 말을 하여 듣는 자들에게 은혜를 끼치게 하라." 골로새서 4:6, "너희 말을 항상 은혜 가운데서 소금으로 고루게 함같이 하라. 그리하면 각 사람에게 마땅히 대답할 것을 알리라."

온량한 혀, 곧 건전하고 부드럽고 선한 말은 생명나무이다. 그런 말은 다른 사람에게 생기와 활기를 준다. 우리는 다른 사람에게 기쁨과 활기를 주는 말을 하는 자가 되어야 한다. 로마서 15:2, "우리 각 사람이 이웃을 기쁘게 하되 선을 이루고 덕을 세우도록 할지니라.” 고린도전서 10:33, “나와 같이 모든 일에 모든 사람을 기쁘게 하여 나의 유익을 구치 아니하고 많은 사람의 유익을 구하여 저희로 구원을 얻게 하라.” 데살로니가전서 5:14, “또 형제들아, 너희를 권면하노니 규모 없는 자들을 권계[권면, 경계]하며 마음이 약한 자들을 안위하고 힘이 없는 자들을 붙들어 주며 모든 사람을 대하여 오래 참으라.”

그러나 패려한 혀는 마음을 상하게 한다. ‘패려하다’는 말은 악하고 비뚤어진 것을 말한다. 악하고 비뚤어진 마음을 가지고 악하고 비뚤어진 말을 하는 자, 남을 함부로, 파괴적이게 비난하는 자는 사람의 마음을 상하게 한다. 잠언 12:18, “혹은 칼로 찌름같이 함부로 말하거니와 지혜로운 자의 혀는 양약(마르페 מַרְפֵּא) 같으니라.”

본문의 교훈을 정리해보자. 첫째로, 유순한 대답은 분노를 쉬게 하여도 과격한 말은 노를 격동시킨다. 우리는 자신에게 불쾌한 일이 있을 때 화를 내거나 과격한 말을 하지 말고 성령의 도우심으로 온유하고 겸손한 마음으로 유순한 대답을 하는 자가 되도록 기도하고 노력해야 한다.

둘째로, 지혜 있는 사람의 혀는 지식을 선히 베풀고 미련한 사람의 입은 미련한 것을 쏟는다. 우리는 바른 지식을 가지고 그것을 적절히 사용하는 지혜자가 되어야 한다. 그러려면 성경말씀을 항상 묵상하고 하나님께 지혜를 항상 구해야 할 것이다. 야고보서 1:5, “누구든지 지혜가 부족하거든 모든 사람에게 후히 주시고 꾸짖지 아니하시는 하나님께 구하라.”

셋째로, 여호와의 눈은 어디서든지 악인과 선인을 감찰하신다. 우리는 천지에 충만하신 하나님 앞에서 항상 두려운 마음을 가져야 하고 하나님의 눈을 두려워하고 하나님 앞에서 악을 버리고 의와 선만 행해야 한다.

넷째로, 건전한 혀는 곧 생명나무라도 패려한 혀는 마음을 상하게 한다. 건전한 말은 낙망한 자의 마음을 살리지만, 악한 말은 그의 마음을 죽인다. 우리는 다른 이의 마음을 상하게 하는 악하고 부덕한 말을 하지 말고 기쁨과 힘을 주는 건전한 말, 곧 선하고 덕스러운 말을 해야 한다.

## 5-8절, 훈계, 의, 지혜, 정직

**〔5절〕 아비의 훈계**(무사르 מוּסָר)[훈계, 징계, discipline, chastisement]**를 업신여기는 자는 미련한 자요 경계**[책망]**를 받는 자는 슬기를 얻을 자니라.**

미련한 자는 아버지의 훈계와 징계를 업신여긴다. 아버지는 자녀들을 낳고 기른 자일 뿐 아니라, 또한 나이가 많고 인생 경륜이 있는 자, 지식과 경험이 많은 자이다. 아버지의 훈계와 징계는 자녀들에게 바른 길을 지시하고 잘못된 길을 지적하고 책망하며 고치게 하는 것이다. 물론 그는 사랑과 본을 가지고 그렇게 해야 할 것이다.

자녀가 아버지의 훈계와 징계를 업신여기는 것은 교만하고 미련하기 때문이다. 잠언 13:1, "지혜로운 아들은 아비의 훈계를 들으나 거만한 자는 꾸지람을 즐겨 듣지 아니하느니라." 잠언 1:7, "여호와를 경외하는 것이 지식의 근본이어늘 미련한 자는 지혜와 훈계를 멸시하느니라." 아버지의 훈계와 징계를 업신여기는 것이 미련한 까닭은 경건한 아버지가 주는 지혜와 지식과 경험의 말씀, 곧 바르고 선한 길을 거부하고 잘못된 길로 가서 마침내 그 자신이 불행해질 것이기 때문이다.

그러나 책망을 받는 자는 슬기가 있다. 부모나 윗사람을 공경하는 자는 순종할 것이며 무시하는 자는 거역할 것이다. 에베소서 6:1-3, "자녀들아, 너희 부모를 주 안에서 순종하라. 이것이 옳으니라. 네 아버지와 어머니를 공경하라. 이것이 약속 있는 첫 계명이니 이는 네가 잘되고 땅에서 장수하리라." 잠언 1:8, "내 아들아, 네 아비의 훈계를 들으며 네 어미의 법을 떠나지 말라." 부모의 훈계와 징계를 받는 것은 바른 길을 가고 잘못된 길을 피하며 또 부모의 실수를 반복하지 않고 의와 평안과 형통의 길을 가는 것이니까 지혜롭고 슬기로운 일이다.

**〔6절〕 의인의 집에는 많은 보물이 있어도 악인의 소득은 고통이 되느니라**[악인의 소득에는 고통이 있느니라].

의인은 하나님을 섬기고 그의 계명에 순종하는 자를 가리킨다. 의인의 집에는 많은 보물이 있다. 그에게는 영적인 보물이 있다. 그에게는 경건함, 말씀의 지식, 의와 선과 진실의 덕이 있다. 그것들은 귀한 보화들이다. 그에게는 육적인 보물도 있다. 신명기 28장은 하나님의 계명을 지키는 자들에게 자녀의 복, 물질의 복, 건강의 복을 약속했다. 의인은 건강과 물질적 여유를 가질 것이다. 잠언 3:16, "그[지혜의] 우편 손에는 장수(長壽)가 있고 그 좌편 손에는 부귀(富貴)[부요와 존귀]가 있나니." 디모데전서 4:8, "육체의 연습은 약간의 유익이 있으나 경건은 범사에 유익하니 금생(今生)과 내생(來生)에 약속이 있느니라." 금생(今生)의 약속 속에는 몸의 건강과 물질의 복이 포함될 것이다.

그러나 악인의 소득에는 고통이 있다. 악인은 하나님의 뜻을 거슬러 행하는 자이다. 악인의 소득에는 어려운 일이 있다. 정당한 소득이라도 그러할 것이며 불의한 방식으로 얻은 것이라면 말할 것도 없을 것이다. 그 어려움은 하나님께서 내리시는 징벌이다. 잠언 20:17, "속이고 취한 식물은 맛이 좋은 듯하나 후에는 그 입에 모래가 가득하게 되리라." 아간은 여리고 성을 점령할 때 하나님의 명령을 어기고 시날산의 아름다운 외투 한 벌과 은 200세겔과 50세겔 무게의 금덩이 하나를 탐내어 취했는데, 그 결과 그는 그 자녀들과 함께 아골 골짜기에서 돌로 죽임과 불사름을 당했다(수 7장). 사도 바울은 "자기의 육체를 위하여 심는 자는 육체로부터 썩어진[썩는] 것을 거둔다"고 말했다(갈 6:8).

**〔7절〕 지혜로운 자의 입술은 지식을 전파하여도 미련한 자의 마음은 정함이 없느니라**(로 켄 לֹא־כֵן)[그렇지 아니하니라](KJV, NASB, NIV).

지혜로운 자의 입술은 지식을 전파한다. 잠언 15:2, "지혜 있는 자의 혀는 지식을 선히 베풀고." 인격은 말로 표현된다. 하나님을 경외하고 그 계명을 행하는 지혜자의 인격은 경건하고 도덕적인 말로 나타난다. 잠언 10:20-21, "의인의 혀는 천은과 같거니와 악인의 마음은 가치가 적으니라. 의인의 입술은 여러 사람을 교육하나 미련한 자는 지식이 없으므로 죽느니라." 베드로전서 3:15, "너희 마음에 그리스도를 주로 삼아 거룩하게 하고 너희 속에 있는 소망에 관한 이유를 묻는 자에게는 대답할 것을 항상 예비하되 온유와 두려움으로 하라." 지혜로운 자의 입술이 전파하는 지식은 진리의 지식 곧 참된 지식이다. 하나님에 대한 지식, 사람에 대한 지식, 죄와 구원에 대한 지식, 의와 선과 평안에 대한 지식, 형통과 행복과 영생에 대한 지식이 참된 지식이다. 그는 이 지식을 다른 이들에게 전한다. 그것이 전도요 간증이다. 그는 그것을 자녀들에게는 물론이고 이웃 사람들에게도 전한다.

그러나 미련한 자의 마음은 그렇지 아니하다. 미련한 자는 하나님을 경외함이 없고 그의 계명을 순종치 않는 자이다. 미련한 자는 세상적인 지식은 있을지 몰라도, 전파할 지식, 곧 하나님에 대한 지식, 사람과 죄에 대한 지식, 구원에 대한 지식, 의와 선에 대한 지식, 평안에 대한 지식이 없어서 그런 지식을 전하지 못하고, 오직 미련한 것을 말할 뿐이다. 잠언 12:23, "미련한 자의 마음은 미련한 것을 전파하느니라." 잠언 13:16, "미련한 자는 자기의 미련한 것을 나타내느니라." 잠언 15:2, "미련한 자의 입은 미련한 것을 쏟느니라."

**[8절] 악인의 제사는 여호와께서 미워하셔도 정직한 자의 기도는 그가 기뻐하시느니라.**

악인의 제사는 여호와께서 미워하신다. 제사는 구약시대에 하나님께서 명하신 하나님을 섬기는 방식이다. 그것은 신약 교인들의 예배와 같다. 악인도 때때로 하나님께 제사를 드린다. 그것은 그들이 하나님의 심판을 두려워하며 자기 양심의 평안과 위안을 위해 드리는 것일 것이다. 그러나 그것은 단지 종교의식에 불과하다.

하나님께서는 그를 무시하고 그의 계명들을 거역하는 악인의 제사를 미워하신다. 잠언 28:9, "사람이 귀를 돌이키고 율법을 듣지 아니하면 그의 기도도 가증하니라." 이사야 1:13, "헛된 제물을 다시 가져오지 말라. 분향은 나의 가증히 여기는 바요 월삭과 안식일과 대회로 모이는 것도 그러하니." 그러므로 악인들의 제사는 헛되다. 이사야 1:14,

“내 마음이 너희의 월삭과 정한 절기를 싫어하나니 그것이 내게 무거운 짐이라. 내가 지기에 곤비하였느니라.” 악인의 제사는 외식의 악을 더하는 것이며 하나님과 다른 사람들을 속이는 것이다.

그러나 정직한 자의 기도는 하나님께서 기뻐하신다. 잠언 15:29, “여호와는 악인을 멀리하시고 의인의 기도를 들으시느니라.” 하나님께서는 사무엘 선지자를 통하여 순종이 제사보다 낫다고 말씀하셨고(삼상 15:22), 또 호세아 선지자를 통하여 나는 인애를 원하고 제사를 원치 않는다고 말씀하셨다(호 6:6). 사도 요한은 “사랑하는 자들아, 만일 우리 마음이 우리를 책망할 것이 없으면 하나님 앞에서 담대함을 얻고 무엇이든지 구하는 바를 그에게 받나니 이는 우리가 그의 계명들을 지키고 그 앞에서 기뻐하시는 것을 행함이라”고 말했다(요일 3:21-22).

본문의 교훈을 정리해보자. 첫째로, 아버지의 훈계와 징계를 업신여기는 자는 미련한 자요 책망을 받는 자는 슬기를 얻을 자이다. 우리는 지식과 사랑과 모범을 가지고 자녀들을 교훈하고 사랑하고 징계해야 하고, 또 우리의 자녀들은 부모와 어른들의 책망을 듣는 지혜자가 되어야 한다.

둘째로, 의인의 집에는 많은 보물이 있어도 악인의 소득에는 고통이 있다. 우리는 먼저 하나님의 나라와 그의 의를 구하며 하나님께서 복으로 주신 영육의 많은 보물을 가진 의인의 집을 세워야 한다. 우리가 수고하여 얻는 소득은 결코 고통이 있는 악인의 소득이 되어서는 안 될 것이다.

셋째로, 지혜로운 자의 입술은 지식을 전파하여도 미련한 자의 마음은 그렇지 않다. 우리는 하나님과 구원과 의와 내세에 대한 하나님의 바른 지식을 전파하는 지혜로운 자의 입을 가져야 한다. 우리는 결코 올바른 지식이 없고 미련한 것만 말하는 미련한 자가 되지 말아야 한다.

넷째로, 악인의 제사는 하나님께서 미워하셔도 정직한 자의 기도는 그가 기뻐하신다. 우리는 하나님을 경외함이 없이 종교의식만 행하는 위선자가 되지 말고 진심으로 하나님을 경외하고 그의 계명들을 지키는 진실한 자가 되고 그런 자들로서 하나님께 예배하고 기도하고 헌금해야 한다.

## 9-12절, 의, 견책, 마음, 거만

**〔9절〕 악인의 길은 여호와께서 미워하셔도 의를 따라가는 자는 그가 사랑하시느니라.**

악인의 길은 악을 행하는 것이다. 악은 선과 반대되는 것이다. 선은 하나님을 섬기며 다른 이들에게 유익을 주는 것이고, 악은 하나님과 사람을 모욕하고 해(害)를 끼치는 것이다. 그것은 정신적, 물질적 해를 다 포함한다. 하나님 대신 우상을 섬기는 것, 하나님보다 돈을 사랑하는 것, 남을 욕하고 비방하고 그의 명예를 훼손하는 것 등은 정신적 해이고, 구타, 살인, 성폭력, 도적질, 남의 돈 떼어먹는 것 등은 물질적 해이다. 이런 해들은 다 하나님을 사랑하고 이웃을 사랑함에 반대되는 악한 행위들이다. 하나님께서는 악인의 길을 미워하시고 악인에게 그 악에 상응하는 징벌과 재앙을 내리실 것이다.

그러나 의를 따라가는 자는 그가 사랑하신다. 의는 하나님의 계명을 따르는 것이다. 하나님의 계명의 핵심은 사랑, 곧 하나님을 사랑하고 이웃을 사랑하는 것이다. 하나님을 사랑하는 자는 경건하게 살 것이다. 또 이웃을 사랑하는 자는 부모를 공경하고 살인하지 않고 간음하지 않고 도적질하지 않고 거짓 증거하지 않고 탐심을 품고 행하지 않을 것이다. 의인은 하나님과 이웃을 사랑한다. 하나님께서는 의를 따라가는 사람을 사랑하신다. 또 하나님의 사랑을 입는 자들에게는 하나님의 복과 평안이 임할 것이다. 그들은 참된 평안과 행복을 얻을 것이다.

**〔10절〕 도(道)**(오라크 אֹרַח)[길(way, path)]**를 배반하는**[저버리는] **자는 엄한 징계를 받을 것이요 견책**[징책]**을 싫어하는 자는 죽을 것이니라.**

도(道)는 사람의 생활규범을 가리킨다. 사람의 삶은 길을 가는 것과 같다. 사람의 생활규범은 좁게는 하나님께서 주신 열 가지 계명(십계명)이요 넓게는 신구약성경 전체이다. 신명기 5:32-33, “그런즉 너희 하나님 여호와께서 너희에게 명령하신 대로 너희는 삼가 행하여 좌로나 우로나 치우치지 말고 너희 하나님 여호와께서 너희에게 명하신 모든 도를 행하라. 그리하면 너희가 삶을 얻고 복을 얻어서 너희의 얻은 땅에서 너희의 날이 장구하리라." 디모데후서 3:16, "모든 성경은 하나님의 감동으로 된 것으로 교훈과 책망과 바르게 함과 의로 교육하기에 유익하니." 마태복음 28:20, "내가 너희에게 분부한[명령한] 모든 것을 가르쳐 지키게 하라." 데살로니가후서 2:15, "이러므로 형제들아, 굳게 서서 말로나 우리 편지로 가르침을 받은 유전(遺傳)을 지키라."

도(道)를 배반하는 자는 엄한 징계를 받을 것이다. '배반하는 자'라는 원어(오제브 עֹזֵב)는 '저버리는 자'라는 뜻이다. 도를 배반하는 자는 십계명을 경시하고 거역하고 저버리는 자를 가리킨다. 십계명을 경시하고 거역하고 저버리는 것은 하나님을 경시하고 거역하고 저버리는 것이다. 그런 자는 하나님의 엄한 징계를 받을 것이다. '엄한 징계'라는 말은 징계의 엄중함을 말한다. 그러나 징계가 하나님의 사랑의 표이며 사람을 거룩과 의로 인도하는 경우도 있다(히 12:6, 8, 10).

그러나 징책을 싫어하는 자는 죽을 것이다. '견책'이라는 원어(소카캇 תּוֹכַחַת)는 '징계'라는 단어(무사르 מוּסָר)와 비슷한 뜻이다. 성도는 하나님의 징계와 견책을 받을 때에 그것을 싫어하지 말고 겸손히 달게 받아야 한다(잠 3:11). 그러나 만일 그렇지 못하면, 그는 회개와 회복의 기회를 잃어버리고 결국 죽음과 멸망에 이르게 될 것이다.

**〔11절〕 음부(陰府)**(쉐올 שְׁאוֹל)[무덤, 지옥]**와 유명(幽冥)**(아받돈 אֲבַדּוֹן)[멸망의 웅덩이]**도 여호와의 앞에 드러나거든 하물며 인생의 마음이리요.**

무덤 깊은 곳도, 멸망의 웅덩이인 지옥도, 하나님 앞에는 다 드러난다. 하나님께서는 전지(全知)하시므로 땅의 깊은 곳도 보시고 지옥의 깊은 곳까지도 아신다. 물질세계의 어느 곳이라도 하나님의 눈을 떠나 있지 않다. 높은 하늘도, 깊은 바다도, 땅 깊은 곳도 다 하나님 앞에 드러난다. 욥기 26:6, "하나님 앞에는 음부[무덤, 지옥]도 드러나며 멸망의 웅덩이(아받돈 אֲבַדּוֹן)[지옥]도 가리움이 없음이니라." 시편 139:8,

12, "내가 하늘에 올라갈지라도 거기 계시며 음부[무덤, 지옥]에 내 자리를 펼지라도 거기 계시니이다." "주에게서는 흑암이 숨기지 못하며 밤이 낮과 같이 비취나니 주에게는 흑암과 빛이 일반이니이다."

하물며 인생의 마음이랴. 하나님께서는 인생의 마음을 다 아신다. 히브리서 4:12-13, "하나님의 말씀은 . . . 마음의 생각과 뜻을 감찰하나니 지으신 것이 하나라도 그 앞에 나타나지 않음이 없고 오직 만물이 우리를 상관하시는 자의 눈앞에 벌거벗은 것같이 드러나느니라." 하나님께서는 사람의 마음의 선함과 악함, 진실함과 거짓됨을 아시고 또 우리의 기쁨과 슬픔도 아신다. 그는 사람의 은밀한 것을 아시고 공의로 보응하신다. 전도서 12:14, "하나님께서는 모든 행위와 모든 은밀한 일을 선악간에 심판하시리라." 요한계시록 2:23, "또 내가 사망으로 그의 자녀를 죽이리니 모든 교회가 나는 사람의 뜻과 마음을 살피는 자인 줄 알지라. 내가 너희 각 사람의 행위대로 갚아 주리라."

〔**12절**〕 **거만한 자**(레츠 לֵץ)[경멸하는 자(BDB, KJV), 조롱하는 자(NASB)]**는 견책받기**(호케아크 로 הוֹכֵחַ לוֹ)[그를 책망하는 것]**를 좋아하지 아니하며 지혜 있는 자에게로 가지도 아니하느니라.**

거만하여 남을 조롱하는 자는 그를 책망하는 것을 좋아하지 않는다. 잠언 13:1, "지혜로운 아들은 아비의 훈계[훈계, 징계]를 들으나 거만한 자[경멸하는 자]는 꾸지람을 즐겨 듣지 아니하느니라." 남을 경멸하는 자가 그를 책망하는 것을 좋아하지 않는 까닭은 그가 미련하고 거만하며 자기의 행위를 바른 줄로 잘못 알기 때문이다. 잠언 1:7, "미련한 자는 지혜와 훈계[징계]를 멸시하느니라." 잠언 12:1, "징계를 싫어하는 자는 짐승과 같으니라." 잠언 12:15, "미련한 자는 자기 행위를 바른 줄로 여기나 지혜로운 자는 권고를 듣느니라."

또 그는 지혜 있는 자에게로 가지도 않는다. 지혜 있는 자는 하나님을 경외하고 겸손히 그의 뜻에 순종하는 자이다. 남을 경멸하는 자가 지혜 있는 자에게로 가지도 않는 까닭은 자기가 남보다 더 지혜 있다고 생각하고 상대방의 지적과 충고 혹은 책망을 듣기 싫어하기 때문이며 또 그와 비교되어 자신의 미련함과 부족과 악함이 드러날까봐 두려워하기 때문이기도 할 것이다.

그러나 지혜 있는 자는 책망 듣기를 좋아하며 자신의 부족을 지적받고 그것을 고치기를 좋아할 것이다. 그러므로 잠언 3:11, "내 아들아, 여호와의 징계를 경히 여기지 말라. 그 꾸지람을 싫어하지 말라." 잠언 12:15, "미련한 자는 자기 행위를 바른 줄로 여기나 지혜로운 자는 권고[충고]를 듣느니라." 잠언 6:23, "대저 명령은 등불이요 법은 빛이요 훈계[훈계, 징계]의 책망은 곧 생명의 길이라." 하나님의 교훈과 책망의 길은 그것을 지키고 행하는 자에게 평안과 형통과 행복을 준다.

본문의 교훈을 정리해보자. 첫째로, 악인의 길은 하나님께서 미워하셔도 의를 따라가는 자는 그가 사랑하신다. 우리는 하나님께서 미워하시는 모든 악을 버리고 오직 경건하고 의롭고 선하고 진실하게만 살아야 한다. 하나님께서는 그런 자를 사랑하시고 평안의 복을 더하실 것이다.

둘째로, 도를 배반하는 자는 엄한 징계를 받을 것이며 견책을 싫어하는 자는 죽을 것이다. 우리는 하나님의 도, 곧 인생의 정로(正路)인 성경의 교훈을 저버리지 말고 그대로 잘 지켜야 한다. 그래야 하나님의 징계를 받지 않을 것이다. 그러나 우리가 하나님의 징계를 받을 때는 그 징계를 싫어하지 말고 달게 받아야 죽지 않고 살며 평안을 얻을 것이다.

셋째로, 지옥과 멸망의 구덩이도 여호와 앞에 드러나거든 하물며 인생의 마음이랴. 우리는 온 세상의 모든 일들을 아시는 하나님, 모든 인생의 마음 깊은 곳을 다 아시는 하나님, 그리고 공의로 보응하시는 그 하나님 앞에 진실하고 솔직해야 하고 오직 바르고 선하게만 살아야 한다.

넷째로, 거만하고 경멸하는 자는 책망받기를 좋아하지 않고 지혜 있는 자에게로 가지도 않는다. 우리는 거만한 마음으로 남을 경멸하는 미련한 자가 되지 말아야 하고 겸손히 하나님의 책망, 하나님의 말씀의 책망을 달게 듣고 받고 고치고 지키는 지혜로운 성도가 되어야 한다.

## 13-16절, 마음의 즐거움, 지식 추구, 여호와 경외함

**[13절] 마음의 즐거움은 얼굴을 빛나게 하여도 마음의 근심은 심령을 상하게 하느니라.**

사람의 마음과 영과 몸은 밀접히 연관되어 있다. 사람의 마음은 영(혹은 영혼)의 활동 작용 혹은 활동 영역이라고 본다. 그것은 생각과 감정과 의지로 나타난다. 몸은 단독으로는 생각과 감정과 의지의 작용이 없다. 사람은 살아 있는 동안에 영육의 결합체로서 활동한다. 마음은 몸에 영향을 준다. 마음이 기쁘면 몸도 힘이 나고 마음이 슬프면 몸도 약해지기 쉽다. 그러므로 사람의 심령은 병을 이길 수 있게 한다. 잠언 17:22, "마음의 즐거움은 양약이라도 심령의 근심은 뼈로 마르게 하느니라." 잠언 18:14, "사람의 심령은 그 병을 능히 이기려니와 심령이 상하면 그것을 누가 일으키겠느냐?" 또 반대로 마음은 몸의 영향을 받기도 한다. 사람은 몸이 아프면 그의 마음도 약해지기 쉽다.

마음의 즐거움은 얼굴을 기쁘게 하지만, 마음의 근심은 심령을 상하게 한다. 사람의 마음은 그 얼굴에 어느 정도 나타난다. 기쁜 마음은 기쁜 얼굴로, 슬픈 마음은 슬픈 얼굴로, 평안한 마음은 평안한 얼굴로, 고통하는 마음은 고통스런 얼굴로, 미움과 사랑의 마음은 미움과 사랑의 얼굴 표정으로 나타나는 것이다. 예수께서는 우리에게 참된 평안을 주셨다. 마태복음 11:28, "수고하고 무거운 짐 진 자들아, 다 내게로 오라. 내가 너희를 쉬게 하리라." 요한복음 14:27, "평안을 너희에게 끼치노니 곧 나의 평안을 너희에게 주노라. 내가 너희에게 주는 것은 세상이 주는 것 같지 아니하니라. 너희는 마음에 근심도 말고 두려워하지도 말라." 사도 바울은 우리가 아무것도 염려하지 말고 하나님께 기도하면 하나님의 평안이 그리스도 예수 안에서 우리 마음을 지키시리라고 말했다(빌 4:6-7). 성도의 얼굴에는 그 평안이 나타날 것이다.

**[14절] 명철한 자의 마음은 지식을 요구하고**[추구하고] **미련한 자의 입은**

**미련한 것을 즐기느니라.**

명철한 자의 마음은 지식을 구한다. 사람의 마음은 생각과 감정과 의지의 연합체이며 거기에서 말과 행동이 나온다. 명철하고 지혜 있는 자의 마음은 지식을 추구한다. 그 지식은 참 지식, 곧 하나님의 말씀과 진리의 책인 성경의 지식을 가리킨다. 그는 그 지식을 추구하기 때문에 성경을 열심히 읽고 성경을 듣고 성경을 배우고 성경을 연구하고 성경을 묵상하고 하나님의 지식을 얻는다.

시편 1:1-3, "복 있는 사람은 악인의 꾀를 좇지 아니하며 죄인의 길에 서지 아니하며 오만한 자의 자리에 앉지 아니하고 오직 여호와의 율법을 즐거워하여 그 율법을 주야로 묵상하는 자로다." 시편 119:14-16, "내가 모든 재물을 즐거워함같이 주의 증거의 도를 즐거워하였나이다. 내가 주의 법도를 묵상하며 주의 도에 주의하며 주의 율례를 즐거워하며 주의 말씀을 잊지 아니하리이다." 시편 119:147-148, "내가 새벽 전에 부르짖으며 주의 말씀을 바랐사오며 주의 말씀을 묵상하려고 내 눈이 야경이 깊기 전에 깨었나이다."

그러나 미련한 자의 입은 미련한 것을 즐긴다. '미련한 것'은 경건치 않음, 우상숭배, 미움, 음란, 비방, 게으름, 사치, 낭비, 육신적 쾌락 등을 포함한다. '즐긴다'는 원어(라아 רָעָה)는 '먹고산다'는 뜻이다(KJV, NASB, NIV). 미련한 자들은 미련한 것들을 먹고살며 미련한 것들을 나타낸다. 잠언 12:23, "미련한 자의 마음은 미련한 것을 전파하느니라." 잠언 13:16, "미련한 자는 자기의 미련한 것을 나타내느니라."

**〔15절〕 고난 받는 자**(아니 עָנִי)[고난 받는 자, 비천한 자, 가난한 자]**는 그 날이 다 험악하나 마음이 즐거운 자는 항상 잔치하느니라.**

고난 받는 자는 그의 날이 다 험악하다. '그 날이 다 험악하다'는 말은 그의 날들이 굶주림이나 헐벗음, 멸시나 천대 등의 어려움을 당한다는 뜻이다. 그러나 마음이 즐거운 자는 항상 잔치한다. '마음이 즐거운 자'라는 원어(토브 레브 טוֹב־לֵב)는 '마음이 좋고 기쁜 자'라는 뜻이다. 마음이 좋고 기쁜 자는 잔칫날이 따로 없고 항상 잔치할 것이다.

성경은 주 안에서 항상 기뻐하라고 교훈한다. 성도의 마음의 즐거움은 어디에서 오는가? 사람이 마음의 즐거움을 위하여 자신의 마음을 수련하는 것은 약간의 도움이 될 뿐이다. 성도가 마음으로 항상 기뻐할 수 있는 것은 오직 하나님과 주 예수 그리스도의 은혜이며 성령의 은혜이다. 그러므로 빌립보서 4:4는 "주 안에서 항상 기뻐하라. 내가 다시 말하노니 기뻐하라"고 말하고, 데살로니가전서 5:16-18은 "항상 기뻐하라. 쉬지 말고 기도하라. 범사에 감사하라. 이는 그리스도 예수 안에서 너희를 향하신 하나님의 뜻이니라"고 말한다. 또 갈라디아서 5:22-23은 성령의 아홉 가지 열매 중 하나가 기쁨이라고 말한다.

그러므로 성도의 기쁨은 그의 환경 여건이나 신체적 조건을 초월한다. 성도는 심지어 고난 중에서도 기뻐할 수 있고 또한 기뻐한다. 사도행전에 보면, 사도들은 채찍질을 당했으나 기뻐하며 계속 복음을 전파했다(행 5:40-41). 또 사도 바울과 실라는 빌립보에서 많은 매를 맞았고 옥에 갇혔으나 밤중에 기도하고 하나님을 찬미하였다(행 16:25). 또 사도 바울은 마게도냐 교인들이 환난의 많은 시련 가운데서도 넘치는 기쁨을 누렸다고 증거하였다(고후 8:1).

**〔16절〕 가산(家産)**[재산]**이 적어도 여호와를 경외하는 것이 크게 부하고 번뇌하는**[소란한] **것보다 나으니라.**

이 말씀은 사람의 행복이 재산의 많음에 있지 않음을 말한다. '가산이 적다,' '크게 부하다'는 원어(메아트, 라브 מְעַט, רָב)는 단지 '적다,' '많다'는 단어이다. 그것은 돈이나 재산이 적거나 많다는 뜻이다. 사람이 돈이 많아야 행복한 것은 아니다. 물론 돈이 없어야 행복하다거나 돈이 행복에 불필요하다는 것도 아니다. 단지, 가진 돈이 적어도 행복할 수 있고 가진 돈이 많아도 불행할 수 있다는 것을 의미한다. 사람의 행복은 돈이나 소득이나 재산의 많음에 달려 있지 않다.

본문은 사람의 행복이 평안에 있음을 암시한다. '번뇌'라는 원어(메후마 מְהוּמָה)는 '혼란, 소란, 불안'이라는 뜻이다(BDB). 영어성경들은 '걱정거리'(trouble)(KJV), '소란'(turmoil)(NASB, NIV) 등으로 번역하였다. 그것은 심리적 불안, 건강상 걱정거리, 물질적, 환경적 걱정거리 등을 의미할 수 있을 것이다. 사람이 아무리 돈이 많아도 마음이 불안하고 걱정거리들이 있으면 행복하지 못할 것이다. 그러나 돈이 좀 부족해도 평안하다면 그는 행복한 사람일 것이다.

하나님께서는 우리에게 참 평안과 행복을 주신다. 그래서 여호와를 경외함에 대해 말한 것이다. 하나님과 예수 그리스도께서는 참 평안을 주시는 분이시다(레 25:18-19; 레 26:5-6; 시 4:8; 마 11:28; 요 14:27). 그것은 몸의 건강과 물질적 여유와 환경적 평안을 포함한다. 성경에서 두 구절만 보자. 민수기 6:26, (아론의 축도) "여호와는 그 얼굴을 네게로 향하여 드사 평강 주시기를 원하노라." 데살로니가후서 3:16, "평강의 주께서 친히 때마다 일마다 너희에게 평강을 주시기를 원하노라."

본문의 교훈을 정리해보자. 첫째로, 마음의 즐거움은 얼굴을 빛나게 하여도 마음의 근심은 심령을 상하게 한다. 우리는 마음의 근심을 물리치고 주 안에서 마음의 즐거움을 가지며 그것이 얼굴에도 나타나야 할 것이다.

둘째로, 명철한 자의 마음은 지식을 추구하고 미련한 자의 입은 미련한 것을 먹고산다. 우리는 미련한 것을 먹고사는 미련한 자가 되지 말고, 명철한 마음을 가지고 성경의 바른 지식을 추구하는 자가 되어야 한다.

셋째로, 고난 받는 자는 그 날이 다 험악하나 마음이 즐거운 자는 항상 잔치한다. 고난 많은 세상 속에서 우리는 하나님만 의지하고 예수 그리스도만 믿고 또 성령의 인도하심을 받아 항상 기뻐하며 살아야 한다.

넷째로, 재산이 적어도 하나님을 경외하는 것이 크게 부하고 번뇌하는 것보다 낫다. 우리는 행복이 돈의 많음에 있지 않고 하나님께서 주시는 평안에 있음을 알고 하나님을 경외하고 그 평안을 사모해야 한다.

## 17-20절, 사랑, 분노, 게으름, 효도

**〔17절〕 여간[보통] 채소를 먹으며 서로 사랑하는 것이 살진 소를 먹으며 서로 미워하는 것보다 나으니라.**

본문은 가정의 행복에 대해 말한다. 채소를 먹는다는 말은 부잣집이 아닌 보통 가정을 가리킨다. 경제 형편이 좋지 않아 채소만 먹는 가정이라도 가족들이 서로 사랑한다면, 그 가정은 행복한 가정이라는 뜻이다. 서로 사랑하는 것은 행복한 가정의 필수적 요소이다.

그러나 물질적 부요가 있어 살진 소를 먹는 부잣집이라도 가족들 간에 서로 미워함이 있다면 그 가정은 행복하지 못하다. 물질적 부요가 행복한 가정의 충분한 조건은 아니다. 물론, 물질적 여유는 사람의 삶이나 가정의 삶에 필요한 요소이다. 그러나 사람의 행복에는 그것보다 더 중요한 요소들이 있다. 그것이 사랑과 평안 같은 것이다. 그러므로 본문이 그렇게 말한 것이고, 16절에서도 재산이 적어도 여호와를 경외하는 것이 크게 부하고 번뇌하는 것보다 낫다고 말한 것이다.

미움은 갈등과 다툼을 일으키고 평안과 행복을 빼앗아간다. 가족들은 언제 서로 미워하게 되는가? 그것은 가족들 중 누가 이기적(利己的)이게 행동하거나 가인처럼 형제를 시기하거나 남을 욕하고 구타하여 정신적, 육체적, 물질적 해를 끼칠 때일 것이다. 그것은 교회에서도 마찬가지일 것이다. 미움이 있는 곳에는 갈등과 다툼이 있다. 그러나 사랑은 상대방의 부족과 허물을 감싸고 용서하고 상대방을 너그럽게 대하는 것이며 또 그때 우리의 마음도 평안과 기쁨을 얻을 것이다.

**〔18절〕 분을** 쉽게 **내는 자는 다툼을 일으켜도 노하기를 더디하는 자는 시비를 그치게 하느니라.**

분을 쉽게 내는 자는 다툼을 일으킨다. 사람이 정당하게 분을 낼 때가 있다. 하나님께서도 공의로 노하실 때가 있다. 그러나 정당치 않은 분노도 있다. 잘못된 선입견과 추측 혹은 오해로 인해 분노하는 경우가 있다. 또 정당한 분노라 하더라도 상대방의 실수에 대해 지나치고 과격한 감정을 나타내는 경우도 있다. 미움은 지나친 분노로 나타난다. 그러므로 전도서 7:9는 "급한 마음으로 노를 발하지 말라. 노는 우매자의 품에 머무름이니라"고 말하였다. 노하는 자는 실수하기 쉽다.

그러나 노하기를 더디하는 자는 시비를 그치게 한다. 분노는 때때로 의견 대립에서 생긴다. 무슨 일에든지 의견이 서로 다를 수 있다. 또 그 의견들이 다 좋은 것들이며 각각 상당한 이유와 근거를 가지고 있을 수도 있다. 이런 상황에서 우리는 사랑과 겸손으로 자신의 의견을 말하고 다른 이들의 의견을 들을 줄 알아야 한다. 그런 후에 회의의 절차를 따라 일을 처리하면 될 것이다. 이상적으로 말한다면, 건전한 성도들의 모임에서는 어떤 다툼도 피할 수 있다.

성도가 사람들과의 관계 속에서 세상을 살 때 필요한 덕목들 중에는 사랑과 겸손이 있고 또 특히 자기 통제력 즉 자제심이 있다. 우리는 어떤 일을 할 때 우리와 다른 의견을 가진 사람에 대해 우리 자신의 지나친 감정을 통제하고 냉철한 이성으로 그의 의견을 듣고 생각하고 판단하고 겸손과 사랑과 관용의 덕으로 상대를 대하고 모든 일을 순리대로 처리해야 한다. 성경은 노하기를 더디하는 것이 지혜라고 가르친다(잠 14:29; 19:11). 또 야고보는 "사람마다 듣기는 속히 하고 말하기는 더디하며 성내기도 더디하라"고 말한다(약 1:19).

**〔19절〕 게으른 자의 길은 가시울타리 같으나 정직한 자의 길은 대로(大路)니라**

게으른 자의 길은 가시울타리 같다. 게으른 자는 자기 일에 충실치 않고 자기 의무를 다하지 않는 자이다. 게으름은 악이다. 가시울타리는 가시가 찔러 가기 어려운 길을 가리킨다. 게으른 자의 길은 왜 가시울타리 같은가? 그것은 하나님께서 그에게 복을 주시지 않기 때문일 것이다. 게으른 자는 해야 할 일이 밀려 있고 또 의지가 약해서 난관을 잘 극복하지 못한다. 잠언 10:4는 손을 게으르게 놀리는 자는 가난하게 된다고 말하고, 잠언 12:27은 게으른 자가 그 잡을 것도 사냥하지 않는다고 말한다. 잠언 19:15는 게으름이 사람으로 깊이 잠들게 하며 주리게 만든다고 말하며, 잠언 19:24와 잠언 26:15는 게으른 자가 그 손을 그릇에 넣고도 입으로 올리기를 괴로워한다고 말한다.

그러나 정직한 자의 길은 대로(大路)다. 정직한 자는 하나님 앞에서 올바르게 사는 자이다. 그는 하나님의 계명대로 자기의 의무와 책임을 다하는 자이다. 그는 물론 부지런하다. 부지런하게 땀흘려 일하는 것은 하나님의 명하신 뜻이기 때문이다. 정직한 자의 길이 대로(大路)인 까닭은, 하나님께서 그를 도우시고 그와 함께하시고 복을 주시기 때문이며, 그가 자기의 할 일을 그때그때 다 처리하기 때문이며, 또 그의 의지가 강해져서 웬만한 난관은 잘 극복하기 때문일 것이다. 시편 1편은 의인의 형통함을 증거한다. "복 있는 사람은 악인의 꾀를 좇지 아니하며 죄인의 길에 서지 아니하며 오만한 자의 자리에 앉지 아니하고 오직 여호와의 율법을 즐거워하여 그 율법을 주야로 묵상하는 자로다. 저는 시냇가에 심은 나무가 시절을 좇아 과실을 맺으며 그 잎사귀가 마르지 아니함 같으니 그 행사가 다 형통하리로다."

**〔20절〕 지혜로운 아들은 아비를 즐겁게 하여도 미련한 자는 어미를 업신여기느니라.**

지혜로운 아들은 아비를 즐겁게 한다. 잠언 10:1, "지혜로운 아들은 아비로 기쁘게 하거니와 미련한 아들은 어미의 근심이니라." 지혜로운 아들은 아버지의 경건하고 의롭고 선한 교훈을 잘 듣고 순종하여 경건하고 의롭고 선하게 살고 또 범사에 부지런하게 살고 또 효도함으로써 그를 즐겁게 할 것이다.

부모를 공경하고 순종하며 즐겁게 하는 것은 하나님의 계명대로 사는 일이요 자신에게 복이 되는 지혜로운 일이다. 출애굽기 20:12, "네 부모를 공경하라. 그리하면 너의 하나님 나 여호와가 네게 준 땅에서 네 생명이 길리라." 에베소서 6:1-3, "자녀들아, 너희 부모를 주 안에서 순종하라. 이것이 옳으니라. 네 아버지와 어머니를 공경하라. 이것이 약속 있는 첫 계명이니 이는 네가 잘되고 땅에서 장수하리라.”

그러나 미련한 자는 어머니를 업신여긴다. 그는 그를 낳으시고 기르신 어머니의 은혜를 저버리고 그의 경건하고 바르고 선한 교훈을 버리고 무시하고 멸시하고 거역한다. 부모에 대한 불순종은 부모에 대한 멸시이다. 그런 사람은 그 아버지의 근심이고 그 어머니의 고통이다(잠 17:25). 부모를 멸시하는 것은 하나님의 법을 거스르는 것이다. 그러한 사람은 하나님께서 제5계명에서 약속하신 복, 즉 땅에서 잘되고 장수하는 복을 얻을 수 없다. 그는 하나님의 정죄를 받고 그의 진노를 피할 수 없다. 잠언 30:17, “아비를 조롱하며 어미 순종하기를 싫어하는 자의 눈은 골짜기의 까마귀에게 쪼이고 독수리 새끼에게 먹히리라.” 부모를 업신여기는 것은 화를 자초하는 참으로 미련한 일이다.

본문의 교훈을 정리해보자. 첫째로, 채소를 먹으며 서로 사랑하는 것이 살진 소를 먹으며 서로 미워하는 것보다 낫다. 사람의 행복은 돈의 많음에 있지 않고 서로 사랑함과 평안함에 있다. 우리는 하나님을 경외하고 그의 계명을 순종함으로 서로 사랑함과 평안함을 가진 자가 되어야 한다.

둘째로, 분을 쉽게 내는 자는 다툼을 일으켜도 노하기를 더디하는 자는 시비를 그치게 한다. 우리는 상대방에게 분노를 쉽게 내지 말고 더디 내어야 하며 할 수 있는 대로 모든 사람과 서로 화목해야 한다. 또 우리는 모든 일들을 사랑과 겸손과 관용과 자제심을 가지고 처리해야 한다.

셋째로, 게으른 자의 길은 가시울타리 같으나 정직한 자의 길은 대로(大路)이다. 우리는 게으르지 말고 가정과 교회와 사회에서 우리의 의무를 다하고 하나님 앞에서 바르고 선하게 행함으로 형통함을 누려야 한다.

넷째로, 지혜로운 아들은 아버지를 즐겁게 하여도 미련한 자는 어머니를 업신여긴다. 자녀들은 부모를 업신여기지 말고 공경하고 순종함으로 그들을 기쁘시게 하는 지혜자가 되어야 한다. 또 우리는 하나님의 자녀로서 교회에서 하나님을 기쁘시게 하는 지혜로운 성도가 되어야 한다.

## 21-24절, 명철, 의논, 말, 지혜

〔21절〕 **무지한 자는 미련한 것을 즐겨하여도**[미련한 것은 무지한 자에게 즐거움이어도] **명철한 자는 그 길을 바르게 하느니라.**

'미련한 것'은 하나님의 계명에 어긋나며 사람의 좁은 소견을 따라 행하며 사람의 양심에 비추어 바르지 못하고 악하게 행하는 것을 가리킨다. '무지한 자'라는 원어(카사르 레브 חֲסַר־לֵב)[8]는 '마음이 없는 자'라는 말로서 '생각이 없는 자, 지혜가 없는 자'라는 뜻이다. 미련한 것, 죄악된 것은 무지한 자에게 즐거움이 된다. 사람이 생각이 있다면 미련한 일에 대해 슬퍼하고 미워하고 멀리해야 하는데, 무지한 자는 그렇지 않고 오히려 그것을 기뻐하고 즐거워한다. 그러나 죄악된 일의 결과는 불행고 죽음과 멸망이기 때문에, 미련하고 죄악된 것을 즐거워하는 것은 무지하고 생각이 없고 지혜가 없는 행동이다.

그러나 명철한 자는 자기의 길을 바르게 한다. '명철한 자'는 지혜와 깨달음이 있는 자이다. 그는 하나님을 경외하고 그의 계명을 순종하는 자이다. 그는 자신의 길을 바르게 한다. 길은 행위와 삶을 말한다. 바르게 한다는 것은 미련하고 죄악된 것을 즐거워하지 않고 하나님의 계명대로, 성경말씀의 교훈대로 경건하고 선하고 진실하게 사는 것을 말한다. 그것이 사람이 가야 할 바른 길이며 평안의 길이고 복된 길이다.

〔22절〕 **의논**(소드 סוֹד)[회의, 토의, 조언]**이 없으면 경영이 파하고 모사(謀士)가 많으면 경영이 성립하느니라.**

잠언 11:14는 비슷하게, "도략[조언]이 없으면 백성이 망하여도 모사가 많으면 평안을 누리느니라"고 말한다. 무슨 일을 하려 할 때 의논이 없으면 경영이 파할 것이다. 한 사람의 생각보다 두 사람 이상의 의논과 조언이 낫다. 의논이 없으면 계획이 좌절되는 까닭은, 개인의 생각

---

8) 이 말은 주로 '지혜 없는 자'라고 번역되었는데, 잠언에서 11번 사용되었다(잠 6:32; 7:7; 9:4, 16; 10:13, 21; 11:12; 12:11; 15:21; 17:18; 24:30).

의 제한성, 독단적 생각과 고집으로 인한 실수, 경험 미숙으로 인한 예상치 않은 일 등 때문에 그러하다. 그러므로 무슨 일을 할 때 사람들이 머리를 맞대고 그 문제를 진지하게 의논하는 것이 좋다.

본문은 모사(謀士)가 많으면 경영이 성립한다고 말한다. 모사(謀士)는 조언자를 가리킨다. 조언은 일을 하는 데 도움이 된다. 잠언 20:18, "무릇 경영은 의논함으로 성취하나니 모략[조언]을 베풀고 전쟁할지니라." 잠언 24:6, "너는 모략[조언]으로 싸우라. 승리는 모사가 많음에 있느니라." 회의는 필요하고 유익하다. 그러므로 무슨 일을 하려 할 때 관계자들이 모여 회의를 열고 성경 교훈을 묵상하고 하나님께 기도하고 하나님의 은혜와 인도하심과 도우심을 구해야 한다. 또 각자 자기 생각과 의견을 말하고 상대의 의견을 존중하여 인내하며 듣고 다함께 그 일을 숙고하고 또 필요한 경우 그 문제에 대한 전문가들에게 조언을 구한다. 또 의견이 나뉠 경우에는, 충분히 토의한 후 다수의 의견을 따라 행하는 것이 최선의 방법일 것이다. 이때 모든 참여자들은 믿음과 겸손함과 포용력과 인내심을 가져야 한다.

**〔23절〕 사람은 그 입의 대답으로 말미암아 기쁨을 얻나니 때에 맞은 말이 얼마나 아름다운고.**

사람은 그 입의 대답으로 기쁨을 얻는다. 입의 대답에는 좋은 대답도 있고 나쁜 대답도 있다. 좋은 대답은 지혜로운 대답이요 선하고 덕스러운 대답이요 진실한 대답이다. 그러나 나쁜 대답은 어리석은 대답이요 남을 해치는 대답, 악하고 파괴적인 대답, 미움에서 나온 대답이다. 좋은 대답은 듣는 이에게 유익도 주지만 말하는 자신에게도 기쁨이 된다. 아람 군대장관 나아만은 나병의 고침을 받으려고 유다 땅에 왔으나 요단강에 가서 일곱 번 몸을 씻어 깨끗함을 받으라는 엘리사의 말에 노하여 고국으로 되돌아가려 했으나, 그것이 어려운 일이 아니지 않느냐는 그의 지혜로운 종들의 충고는 주인에게 깨달음과 좋은 결과를 주었다(왕하 5장). 그러나 나쁜 대답은 듣는 이에게 상함과 불쾌함과 불안과 낙심을 줄 뿐 아니라 말하는 자신에게도 불안을 준다.

본문은 또 "때에 맞은 말이 얼마나 아름다운고"라고 말한다. 어떤 사람은 경우에 맞지 않는 엉뚱한 대답을 한다. 그것을 동문서답이라고 한다. 또 상대에 대한 오해나 이기적 욕심 때문에 잘못된 대답을 하는 사람도 있다. 그러나 우리는 바른 말, 때에 맞는 말을 해야 한다. 때에 맞는 말이란, 이해가 필요할 때 상대방의 말을 오해하거나 곡해하지 않고 이해하는 말이며, 상대에게 위로나 격려가 필요할 때 그를 낙심시키지 않고 위로 격려하며 또 잘한 일에 대해서는 칭찬하는 말이다. 또 그것은 상대방에게 무조건 아첨하지 않고 권면이나 책망이 필요할 때 권면하고 책망하는 말이다. 잠언 10:21은 "의인의 입술은 여러 사람을 교육하나 미련한 자는 지식이 없으므로 죽느니라"고 말한다. 때에 맞는 말은 매우 아름답고 선하다. 잠언 25:11은, "경우에 합당한 말은 아로새긴 은쟁반에 금사과니라"고 말한다.

**〔24절〕 지혜로운 자는 위로 향한 생명길로 말미암음으로**[생명의 길은 지혜로운 자들을 위해 위로 향하며](KJV, NASB, NIV) **그 아래 있는 음부(陰府)**(쉐올 שְׁאוֹל)[무덤 혹은 지옥]**를 떠나게 되느니라.**

생명의 길은 지혜로운 자들을 위해 위로 향한다. '생명의 길'은 모든 사람이 다 원하는 길이다. 생명은 귀하다. 그래서 우리는 생일을 축하하고 생명의 건강을 위해 영양 있는 음식과 보약을 먹고 적절한 운동을 하고 병원 치료를 받고 약을 복용한다. 영생의 가치는 더 크다.

그런데 생명의 길은 지혜로운 자들, 즉 하나님을 경외하고 섬기며 그의 뜻을 알고 그의 계명을 행하는 경건하고 의로운 자들에게 주어진다. 죄는 인생에게 불행과 죽음을 가져왔으나, 지혜는 의를 얻고 의를 행케 하고 그 의는 생명 곧 영원한 생명에 이르게 하는 것이다.

생명의 길이 '위로 향한다'는 말은 천국과 영생의 나라가 현재 하늘에 있음을 나타낸다. 하나님께서는 땅 아래 어두움 속에 계시지 않고 하늘에 계신다. 성경은 하나님께서 하늘에 계신다고 증거한다. 그가 창조자 하나님께서는 피조 세계를 초월해 계시지만 하늘에 그 영광의 처소를 두셨다. 하늘은 그 처소를 표현하는 가장 적절한 말이다.

지혜로운 자는 그 아래 있는 음부(陰府) 즉 무덤과 지옥을 떠나게 된다. 무덤과 지옥은 사람이 죽은 후에 가는 처소로서 공통점이 있다. 모든 사람은 죽고 죽은 몸은 땅에 묻힌다. 산 자는 땅에 묻히지 않는다. 이와 같이, 악인들은 죽은 후 그 영혼들이 지옥 곧 형벌의 어둠 속에 던지운다. 죄의 형벌은 죽음이요 그 후에는 지옥 형벌이 있다. 그것이 어리석은 악인들의 길이다. 그러나 의의 보응은 영원한 생명이요 의인들은 영원한 천국에 들어갈 것이다. 이것이 지혜로운 자의 길이다.

본문의 교훈을 정리해보자. 첫째로, 미련한 것은 무지한 자에게 즐거움이어도 명철한 자는 그의 길을 바르게 한다. 우리는 미련한 것, 죄악된 것을 즐거워하는 미련한 자, 생각 없는 자, 지혜가 없는 자가 되지 말고, 오직 하나님의 말씀인 성경의 교훈대로 인생의 바른 길을 가는 자가 되어 경건하고 정직하고 선하고 진실하게만 사는 자가 되어야 한다.

둘째로, 의논이 없으면 경영이 파하고 조언자들이 많으면 경영이 성립한다. 우리는 무슨 일이나 자기 혼자의 독단적 생각으로 계획하거나 행하지 말고, 먼저 성경말씀의 교훈을 묵상하고 하나님께 지혜와 인도하심을 구하고 또 경건한 경험자들의 의견을 참조하면 잘될 것이다. 또 교회에서도 기도 중에 토의한 후에 다수결의 의해 결정하면 잘될 것이다.

셋째로, 사람은 그 입의 대답으로 기쁨을 얻으며 때에 맞는 말은 참으로 아름답다. 우리는 상대방의 형편과 말을 잘 이해하지 못하고 동문서답하는 자가 되지 말고 때에 맞는 바르고 적절한 말, 상대에게 꼭 필요하고 유익한 말을 함으로써 상대방에게 기쁨을 주는 자가 되어야 한다.

넷째로, 생명의 길은 지혜로운 자들을 위해 위로 향하며 그 아래 있는 무덤과 지옥을 떠나게 된다. 우리는 지혜자가 되어 생명의 길을 감으로써 무덤과 지옥에서 떠나 천국에 들어가는 자들이 되어야 한다. 천국과 지옥이 있다. 오직 지혜자만 복되고 영광스런 영생의 나라 천국에 들어간다.

## 25-28절, 교만, 악한 꾀, 불의한 이익, 말

**〔25절〕 여호와는 교만한 자의 집을 허시며 과부의 지계(地界)**[땅의 경계]**를 정하시느니라.**

교만한 자는 하나님을 경외치 않고 무시하며 자신이 하나님의 피조물이요 죄인임을 모르며 하나님의 계명을 버리고 그를 거역하는 자이다. 하나님께서는 교만한 자의 집, 즉 그의 가정과 그 가족들을 허무신다. 교만은 하나님께서 미워하시는 죄이다. 사람이 교만하면 그와 그의 가정이 망한다. 잠언 16:18은 "교만은 패망의 선봉이요 거만한 마음은 넘어짐의 앞잡이니라"고 말한다. 교만한 자의 집은 망한다.

그러나 하나님께서는 과부의 땅의 경계를 정하신다. '정한다'는 원어(얏체브 יַצֵּב [נָצַב])는 '세운다, 견고케 한다'는 뜻이다. 과부는 세상에서 무시와 부당한 취급과 억울한 일을 당하곤 한다. 교만하고 악한 자들은 심지어 과부의 땅과 재산을 빼앗으려 하기도 한다. 그러나 살아계신 하나님께서는 외로운 과부들을 돌보아 주시며 도우시며 그의 땅과 재산을 지켜주시고 보호해 주실 것이다.

하나님께서는 고아와 과부같이 세상에서 정신적으로, 육신적으로 어려움 당하는 자들을 돌보시며 도우신다. 신명기 10:18, "[하나님께서는] 고아와 과부를 위하여 신원하시며[원통한 일을 갚으시며] 나그네를 사랑하사 그에게 식물과 의복을 주시나니." 시편 10:14, "주께서는 보셨나이다. 잔해[해]와 원한을 감찰하시고 주의 손으로 갚으려 하시오니 외로운 자가 주를 의지하나이다. 주는 벌써부터 고아를 도우시는 자니이다." 시편 68:5, "그 거룩한 처소에 계신 하나님은 고아의 아버지시며 과부의 재판장이시라." 시편 146:9, "여호와께서 객을 보호하시며 고아와 과부를 붙드시고 악인의 길은 굽게 하시는도다."

**〔26절〕 악한 꾀는 여호와의 미워하시는 것이라도 선한 말은 정결하니라.**

악한 꾀[악인들의 꾀]는 여호와의 미워하시는 것이다. '꾀'라는 원어

(마카솨보스 מַחְשָׁבוֹת)는 '생각들'(KJV, NIV), '계획들'(NASB)이라는 뜻이다. 하나님께서는 악인들의 생각들과 계획들을 미워하신다. 그러므로 시편 5:4-5도, "주는 죄악을 기뻐하는 신이 아니시니 악이 주와 함께 유하지 못하며 오만한 자가 주의 목전에 서지 못하리이다. 주는 모든 행악자를 미워하시며"라고 말하였다.

그러나 선한 말은 정결하다. '선한'이라는 원어(노암 נֹעַם)는 '기쁨'이라는 뜻이다. 본절 후반절은 한글개역성경처럼 "선한[기쁨의] 말들은 순결하니라"고 번역되기도 하지만(NASB), "순결한 자들의 말들은 [하나님께] 기쁨의 말들이니라"고 번역되기도 한다(KJV).

두 번역의 뜻이 다 좋고 가능하다고 보인다. 악한 생각은 독한 말로 표현될 것이나, 선한 생각은 기쁨의 말로 표현되며 깨끗하다. 또 순결한 자들은 악하지 않고 선한 자들을 가리킨다. 악은 더럽고 불결한 것이며 선은 깨끗하고 순결한 것이다. 악한 자들은 하나님의 노여움을 일으킬 것이지만, 순결한 자들의 말은 하나님께 기쁨이 될 것이다.

하나님의 뜻은 우리가 선한 사람이 되는 것이다. 선은 남에게 유익을 주는 것이다. 하나님의 뜻은 우리가 선을 생각하고 말하고 선하게 사는 것이다. 아모스 5:14, "너희는 살기 위하여 선을 구하고 악을 구하지 말지어다." 미가 6:8, "사람아, 주께서 선한 것이 무엇임을 네게 보이셨나니 여호와께서 네게 구하시는 것이 오직 공의를 행하며 인자(仁慈)를 사랑하며 겸손히 네 하나님과 함께 행하는 것이 아니냐?" 주께서 우리를 구원하신 목적은 우리를 깨끗케 하셔서 선한 일에 열심을 내는 친 백성이 되게 하려 하심이다(딛 2:14).

**〔27절〕 이(利)를 탐하는 자**(보체아 베차 בּוֹצֵעַ בָּצַע)[불의한 이익을 얻는 자](BDB)**는 자기 집을 해롭게 하나**(아카르 עֹכֵר)[소란케 하나] **뇌물을 싫어하는 자는 사느니라.**

불의한 이익을 얻는 자는 자기 집을 소란케 한다. 그는 자기 가정과 가족들에게 건강상, 경제상 어려운 일들을 만들며 결국 자기의 가정을 소란케 한다. 그것은 하나님께서 그에게 주시는 징벌이다.

그러나 뇌물을 싫어하는 사람은 산다. 악한 사람은 뇌물을 구하며 받는다. 잠언 17:23은 "악인은 사람의 품에서 뇌물을 받고 재판을 굽게 하느니라"고 말한다. 그러나 의롭고 선한 사람은 뇌물을 싫어한다. 그는 정당한 이익만 구하고 부당한 이익을 싫어한다. 그는 돈을 사랑하지 않고 탐심을 버린 자이다. 뇌물을 싫어하는 사람이 산다는 말은 그가 곤란한 일이나 해를 당하지 않고 평안하고 형통하게, 즉 몸의 건강과 물질적 유여함을 가지고 산다는 뜻일 것이다.

성경은 뇌물을 받지 말고 불의한 이익을 구하지 말라고 교훈한다. 출애굽기 23:8, "너는 뇌물을 받지 말라. 뇌물은 밝은 자의 눈을 어둡게 하고 의로운 자의 말을 굽게 하느니라." 디도서 1:7, "감독은 하나님의 청지기로서 책망할 것이 없고 제 고집대로 하지 아니하며 급히 분내지 아니하며 . . . 더러운 이를 탐하지 아니하며." 베드로전서 5:2, "너희 중에 있는 하나님의 양 무리를 치되 부득이함으로 하지 말고 오직 하나님의 뜻을 좇아 자원함으로 하며 더러운 이를 위하여 하지 말고." 디모데전서 3:8, "집사들도 단정하고 일구이언(一口二言)을 하지 아니하고 . . . 더러운 이를 탐하지 아니하고."

**〔28절〕 의인의 마음은 대답할 말을 깊이 생각하여도 악인의 입은 악을 쏟느니라.**

의인의 마음은 대답할 말을 깊이 생각한다. '깊이 생각하다'는 원어(<u>하가</u> הָגָה)는 '신음하다, 심사숙고하다, 묵상하다'는 뜻이다(BDB). 야고보는 "내 사랑하는 형제들아, 너희가 알거니와 사람마다 듣기는 속히 하고 말하기는 더디하라"고 말했고(약 1:19), 잠언의 다른 곳에는, "말이 많으면 허물을 면키 어려우나 그 입술을 제어하는 자는 지혜가 있느니라"(잠 10:19), 또 "말을 아끼는 자는 지식이 있고 성품이 안존한 자는 명철하니라"(잠 17:29)고 말하였다.

왜 우리는 대답할 말을 깊이 생각해야 하는가? 그것은 말로 범죄하거나 실수하지 않고 바르고 선하고 덕스러운 말만 해야 하기 때문이다. 야고보는 "우리가 다 실수가 많으니 만일 말에 실수가 없는 자면 곧 온전한 사람이라. 능히 온 몸도 굴레 씌우리라"(약 3:2)고 말했다. 잠언 12:18은 "혹은 칼로 찌름같이 함부로 말하거니와 지혜로운 자의 혀는 양약 같으니라"고 말한다. 예수께서는 사람이 무슨 무익한 말을 하든지 심판날에 이에 대해 심문을 받으리라고 말씀하셨다(마 12:36). 사도 바울은 에베소서 4:29에서 "무릇 더러운 말은 너희 입밖에도 내지 말고 오직 덕을 세우는 데 소용되는 대로 선한 말을 하여 듣는 자들에게 은혜를 끼치게 하라"고 말하였다.

그러나 악인의 입은 악을 쏟는다. 미련한 자는 미련한 것을 전파하고 자기의 미련한 것을 나타내며 미련한 것을 쏟으며 자기의 의사를 드러내기만 기뻐한다(잠 12:23; 13:16; 15:2; 18:2). 사람은 마음에 가득한 것을 입으로 말하며 악한 사람은 그 쌓은 악에서 악한 것을 낸다(마 12:34-35). 악인의 입은 미련하고 악한 말들을 쏟아낸다.

본문의 교훈을 정리해보자. 첫째로, 여호와께서는 교만한 자의 집을 허시며 과부의 땅의 경계를 지켜주신다. 우리는 교만하지 말고, 겸손하게 하나님만 의지하며 그의 보호하심을 믿고 바르고 선하게만 살아야 한다.

둘째로, 악한 꾀는 하나님의 미워하시는 것이지만 정결한 생각은 그의 기쁨이 된다. 우리는 하나님께서 미워하시는 악한 생각과 계획을 버리고 깨끗하고 선한 생각과 언행을 함으로써 하나님께 기쁨이 되어야 한다.

셋째로, 불의한 이익을 얻는 자는 자기 집을 소란케 하고 해롭게 하지만, 뇌물을 싫어하는 사람은 산다. 우리는 자기 집을 해롭게 할 불의한 이익을 탐하지 말고 정정당당하게, 바르고 정직하게 살아가야 한다.

넷째로, 의인의 마음은 대답할 말을 깊이 생각하여도 악인의 입은 악을 쏟는다. 우리는 대답할 말을 깊이 생각하여 바르고 선하고 덕스러운 말을 하는 의인이 되고 결코 악한 말을 내뱉는 자가 되지 말아야 한다.

## 29-33절, 의인의 기도, 밝은 눈, 책망, 겸손

**〔29절〕 여호와는 악인을 멀리하시고 의인의 기도를 들으시느니라.**

여호와께서는 악인을 멀리하신다. 악인은 하나님의 계명을 어기는 자를 가리킨다. 하나님께서는 악인에게서 얼굴을 돌리시며 그 기도를 듣지 않으신다. 시편 5:4, "주는 죄악을 기뻐하는 신이 아니시니 악이 주와 함께 유하지 못하며." 시편 66:18, "내가 마음에 죄악을 품으면 주께서 듣지 아니하시리라." 예수님의 말씀대로, 마지막 날 하나님께서는 행악자들에게 "내가 너희를 도무지 알지 못하니[못했으니] 불법을 행하는 자들아, 내게서 떠나가라"고 말씀하시고(마 7:23), 또 "저주를 받은 자들아, 나를 떠나 마귀와 그 사자들을 위하여 예비된 영영한 불에 들어가라"고 말씀하실 것이다(마 25:41). 요한계시록 22:15에서 주께서는 "개들과 술객들과 행음자들과 살인자들과 우상숭배자들과 및 거짓말을 좋아하며 지어내는 자마다 성밖에 있으리라"고 말씀하셨다.

그러나 하나님께서는 의인의 기도를 들으신다. 의인은 하나님의 의로 의롭다 하심을 받고 하나님의 계명을 순종하는 자이다. 시편 34:15, "여호와의 눈은 의인을 향하시고 그 귀는 저희 부르짖음에 기울이시는도다." 야고보서 5:16, "의인의 간구는 역사하는 힘이 많으니라." 요한일서 3:21-22, "만일 우리 마음이 우리를 책망할 것이 없으면 하나님 앞에서 담대함을 얻고 무엇이든지 구하는 바를 그에게 받나니 이는 우리가 그의 계명들을 지키고 그 앞에서 기뻐하시는 것을 행함이라."

**〔30절〕 눈의 밝은 것**[밝은 눈](NASB)**은 마음을 기쁘게 하고 좋은 기별은 뼈를 윤택하게 하느니라.**

밝은 눈은 내면적 깨달음을 가리킨다고 본다. 예수께서는 "눈은 몸의 등불이니 그러므로 네 눈이 성하면 온 몸이 밝을 것이요 눈이 나쁘면 온 몸이 어두울 것이니 그러므로 네게 있는 빛이 어두우면 그 어두움이 얼마나 하겠느뇨?"라고 말씀하셨다(마 6:22-23). 이 말씀에서 빛은 내면적 깨달음 즉 영적 지식을 가리켰다.

밝은 눈은 마음을 기쁘게 한다. 어둡은 마음을 우울하게 하고 불안하게 하지만, 빛은 마음을 평안케 하고 기쁘게 한다. 방의 조명도 밝은 것이 마음을 평안하고 기쁘게 하는 데 도움이 된다. 특히 내면적 깨달음은 마음을 기쁘게 한다. 사람이 하나님의 말씀을 깨닫고 죄씻음의 구원을 얻으면 마음에 큰 기쁨과 즐거움을 얻는다. 또 영적으로 밝은 눈을 가진 자는 다른 사람들의 마음에도 기쁨을 줄 수 있다.

또 좋은 기별은 뼈를 윤택하게 한다. 나쁜 소식은 사람에게 근심과 걱정, 불안과 낙망을 주어 몸에 병이 나게도 한다. 그러나 기쁘고 좋은 소식은 사람에게 기쁨과 즐거움, 평안과 소망을 주며 몸의 건강에도 도움이 된다. 잠언 25:25는 "먼 땅에서 오는 좋은 기별은 목마른 사람에게 냉수 같으니라"고 말한다. 좋은 소식은 시원함과 기쁨을 주는 것이며, 그런 소식은 몸의 건강에도 유익하다. 복음은 좋은 소식이다.

**〔31절〕 생명의 경계**(토카카스 תּוֹכַחַת)[책망, 꾸지람]**를 듣는 귀는 지혜로운 자 가운데 있느니라.**

'생명의 책망'이라는 말은 '생명을 주는(NASB, NIV) 혹은 생명에 이르게 하는 책망'이라는 뜻이라고 본다. '듣는 귀'라는 말은 생명을 주는 책망을 건성으로 받지 않고 마음으로 달게 받고 순종하는 것을 말한다. 우리는 하나님의 모든 교훈과 책망과 징계를 그러한 태도로 받아야 한다. 이와 같이 생명을 주는 책망을 진심으로 달게 받는 자는 지혜로운 자들 가운데 있다. 그는 지혜자이다. 죄를 짓고 그 결과로 불행과 죽음을 당하는 자는 결국 어리석은 자이지만, 의를 소유하고 의를 행함으로 평안과 생명을 누리는 자는 지혜로운 자인 것이다.

잠언의 여러 말씀이 비슷하게 교훈한다. 잠언 1:7, "여호와를 경외하는 것이 지식의 근본이어늘 미련한 자는 지혜와 훈계[징계]를 멸시하느니라." 잠언 4:13, "훈계[징계]를 굳게 잡아 놓치지 말고 지키라. 이것이 네 생명이니라." 잠언 6:23, "대저 명령은 등불이요 법은 빛이요 훈계[징계]의 책망은 곧 생명의 길이라." 잠언 10:17, "훈계[징계]를 지키는 자는 생명길로 행하여도 징계[책망]를 버리는 자는 그릇 가느니라."

〔32절〕 **훈계**(무사르 מוּסָר)[훈계, 징계]**받기를 싫어하는 자는 자기의 영혼을 경히 여김이라. 견책**(토카카스 תּוֹכַחַת)[책망]**을** 달게 **받는 자는 지식을 얻느니라.**

사람은 훈계받을 때 자기 잘못을 깨닫고 고치게 된다. 그러나 훈계를 싫어하는 자는 자신의 잘못을 깨닫고 고치지 못하고 잘못된 생각과 말과 행위를 그대로 가지고 있고 결국 자신의 불행을 자초하게 된다. 사람의 불행이 죄 때문에 오는 것이므로 그런 사람은 자신의 영혼을 멸시하는 자이다. 그런 사람은 인간의 삶의 외적, 육신적, 물질적, 환경적 요소만 중시하고, 영적, 도덕적 요소를 멸시하는 자이다. 잠언 1:7은 미련한 자는 훈계와 징계를 멸시한다고 말한다. 잠언 8:35-36은, "대저 나[지혜]를 얻는 자는 생명을 얻고 여호와께 은총을 얻을 것임이니라. 그러나 나를 잃는 자는 자기의 영혼을 해하는 자라. 무릇 나를 미워하는 자는 사망을 사랑하느니라"고 말한다.

그러나 책망을 달게 받는 자는 지식을 얻는다. 책망의 말씀과 징계의 고난을 달게 받는 자는 지식을 얻을 것이다. 그 지식은 하나님에 대한 지식, 사람에 대한 지식, 구원과 영생의 지식, 인생의 정로(正路)와 평안의 길에 대한 지식이다. 하나님의 교훈과 징계와 책망을 달게 받고 모든 악을 버리고 모든 의와 선을 구하며 실천하는 자는 지혜와 형통과 승리를 얻을 것이다. 잠언 1:33은 "나[지혜]를 듣는 자는 안연히[안전하게] 살며 재앙의 두려움이 없이 평안하리라"고 말한다.

〔33절〕 **여호와를 경외하는 것은 지혜의 훈계**(무사르 מוּסָר)[훈계, 징계]**라. 겸손은 존귀의 앞잡이니라.**

여호와를 경외하는 것은 지혜의 훈계이다. '지혜의 훈계'라는 말은 '지혜를 주는 훈계'라는 뜻일 것이다. 잠언 1:7, "여호와를 경외하는 것이 지식의 근본이어늘 미련한 자는 지혜와 훈계[훈계, 징계]를 멸시하느니라." 하나님을 경외하는 사람은 하나님의 교훈을 잘 받을 것이며 죄악된 일을 버리고 의의 길로 갈 것이다.

본문은 "겸손은 존귀의 앞잡이니라"고 말한다. 하나님을 경외함과 겸손은 밀접히 연관되어 있다. 하나님을 경외하는 것이 참 겸손이다. 사람은 하나님을 무한하시고 거룩하시고 전능하신 창조주 하나님으로 바로 알 때, 또 자신을, 유한하고 죄악된 피조물임을 바로 알 때, 겸손할 수 있다. 또 사람은 겸손할 때 하나님을 더욱 경외하게 된다.

사람이 겸손하면 존귀한 자리에 오른다. 잠언 18:12, "사람의 마음의 교만은 멸망의 선봉이요 겸손은 존귀의 앞잡이니라." 사람이 교만하면 하나님을 거슬러 범죄하고 그의 진노를 받아 수치와 불행을 당하게 될 것이다. 그러나 사람이 겸손하면 하나님께 순종하고 의와 선을 행하고 하나님의 복 주심으로 영광과 존귀를 누리게 될 것이다.

본문의 교훈을 정리해보자. 첫째로, 하나님께서는 악인들을 멀리하시고 의인들의 기도를 들으신다. 우리는 그리스도를 믿음으로 죄사함과 의롭다 하심을 얻었고 이제 의롭게 살면서 기도의 응답을 받아야 한다.

둘째로, 밝은 눈은 마음을 기쁘게 하고 좋은 기별은 뼈를 윤택하게 한다. 우리는 하나님의 복음에 대한 깨달음으로 마음에 기쁨을 얻었고 이제 복음을 전함으로 듣는 자들에게 심신의 건강을 주는 자가 되어야 한다.

셋째로, 생명의 책망을 듣는 귀는 지혜로운 자 가운데 있다. 생명을 주는 책망은 성경 안에 있다. 우리는 성경에 계시된 하나님의 교훈과 책망을 달게 받고 모든 죄를 버리고 영생에 이르는 지혜자가 되어야 한다.

넷째로, 훈계받기를 싫어하는 자는 자기의 영혼을 경히 여김이나, 책망을 달게 받는 자는 지식을 얻는다. 우리는 성경에 계시된 하나님의 책망과 징계를 달게 받음으로써 영생과 행복에 이르는 자가 되어야 한다.

다섯째로, 하나님을 경외하는 것은 지혜를 주는 훈계이며 겸손은 존귀의 앞잡이이다. 우리는 겸손하게 하나님을 경외하고 그의 교훈과 징계에 순종하는 것이 지혜의 길이요 존귀함에 이르는 길임을 알아야 한다.

# 16장: 하나님 의지, 의, 교만, 노 억제

## 1-4절, 계획, 심령, 행사, 악인

〔1절〕 **마음의 경영**(마아라크 מַעֲרָךְ)[준비(KJV), 계획(NASB, NIV)]**은 사람에게 있어도 말의 응답은 여호와께로서 나느니라.**

마음의 계획은 사람에게 있다. 우리는 어떤 일을 하기 위해 그 일에 관한 생각들을 정돈하고 그 일을 준비하고 계획한다. 그것은 우리가 해야 할 몫이다. 우리는 생각 없이, 계획이나 준비 없이 무슨 일을 해서는 안 된다. 무슨 일이든지 잘 준비하고 계획해서 해야 한다.

그러나 말의 응답은 여호와께부터 난다. '말의 응답'이란 하나님께 우리의 소원을 아뢰는 기도의 응답을 가리킬 것이다. 사람의 계획한 바는 하나님께서 허락하셔야 이루어질 수 있다. 잠언 16:9도, "사람이 마음으로 자기의 길을 계획할지라도 그 걸음을 인도하는 자는 여호와시니라"고 말하며, 잠언 19:21도, "사람의 마음에는 많은 계획이 있어도 오직 여호와의 뜻이 완전히 서리라"고 말한다.

우리는 하나님의 주권적 작정과 주권적 섭리를 믿는다. 시편 115:3, "오직 우리 하나님께서는 하늘에 계셔서 원하시는 모든 것을 행하셨나이다." 시편 135:6, "여호와께서 무릇 기뻐하시는 일을 천지와 바다와 모든 깊은 데서 다 행하셨도다." 로마서 11:36, "이는 만물[모든 일]이 주에게서 나오고 주로 말미암고 주에게로 돌아감이라."

〔2절〕 **사람의 행위가 자기 보기에는 모두 깨끗하여도 여호와는 심령을 감찰하시느니라.**

'심령'이라는 원어(루코스 רוּחוֹת)는 '영들'이라는 뜻이다. 그것은 사람 속에 여러 영들이 있다는 뜻이 아니고 영의 여러 활동들 즉 생각과 감정과 의향 등의 활동들을 의미할 것이다. '감찰한다'는 원어(타칸

תָּכַן)는 '시험한다, 평가한다'는 뜻이다(BDB). 영어성경들은 '저울에 단다'(weigh)라는 말로 번역하였다(KJV, NASB, NIV).

사람은 모든 행위를 자신이 보기에 깨끗하게 해야 한다. 자기 보기에 깨끗지 못한 행위가 있으면, 그것을 즉시 철저히 회개하고 고쳐야 한다. 사도 바울은 "너희에게나 다른 사람에게나 판단받는 것이 내게는 매우 작은 일이라. 나도 나를 판단치 아니하노니 내가 자책할 아무것도 깨닫지 못하나 그러나 이를 인하여 의롭다 함을 얻지 못하노라. 다만 나를 판단하실 이는 주시니라"고 말하였다(고전 4:3-4).

그러나 사람의 행위가 자기 보기에 모두 깨끗하여도 하나님께서는 우리의 심령, 곧 우리 영혼의 활동들을 감찰하시고 시험하시고 저울에 달아보신다. 사람은 다른 사람의 드러난 행위만 보지만, 하나님께서는 사람의 숨은 마음까지, 곧 그의 마음의 생각과 감정과 의향, 또 행동의 동기까지 살피시고 그것이 과연 깨끗하고 선한지, 혹은 불결하고 악한지 시험하고 평가하신다. 시편 7:9, "의로우신 하나님이 사람의 심장을 감찰하시나이다." 예레미야 17:10, "나 여호와는 심장을 살피며 폐부를 시험하고 각각 그 행위와 그 행실대로 보응하나니." 요한계시록 2:23, "모든 교회가 나는 사람의 뜻과 마음을 살피는 자인 줄 알지라. 내가 너희 각 사람의 행위대로 갚아 주리라."

**〔3절〕 너의 행사를 여호와께 맡기라. 그리하면 너의 경영하는 것이 이루리라.**

'행사'는 우리가 하는 일들을 가리킨다. 그것은 영적인 일과 육적인 일, 개인적인 일과 가정적인 일을 다 포함한다. 우리는 우리의 모든 일을 하나님께 맡겨야 한다. '맡긴다'는 원어(갈랄 גָּלַל)는 '[돌을 굴리듯이] 굴린다'는 뜻이다. 우리는 무슨 일을 혼자 염려하지 말고 또 조급하게 생각하거나 낙심하지 말고 하나님을 인정하고 하나님을 의지하며 그것을 하나님께 맡겨야 한다. 왜냐하면 하나님께서는 모든 일을 주관하시고 섭리하시는 자이시며 우리는 지혜와 능력이 매우 제한된 존재이기 때문이다. 주권자 하나님을 믿는 자는 교만하지도 않고 또 낙심하지도 않는다. 하나님께서 모든 일을 하실 수 있기 때문이다.

시편 37:5는 "너의 길을 여호와께 맡기라. 저를 의지하면 저가 이루시리라"고 비슷한 교훈을 주며, 시편 55:22는 "네 짐을 여호와께 맡겨 버리라. 너를 붙드시고 의인의 요동함을 영영히 허락지 아니하시리로다"고 말한다. 베드로전서 5:7도 "너희 염려를 다 주께 맡겨 버리라. 이는 저가 너희를 권고하심[돌보심]이니라"고 말한다.

본문은 "너의 행사를 여호와께 맡기라. 그리하면 너의 경영하는 것이 이루리라"고 말한다. '너의 경영하는 것'이라는 원어(마크쉐보세카 מַחְשְׁבֹתֶיךָ)는 '너의 생각들 혹은 계획들'이라는 뜻이다. 우리가 우리의 행할 일들을 하나님께 맡기면 우리의 계획한 바들이 이루어질 것이다. 그것은 하나님께서 도와주시고 방해거리들을 막아주시고 이루어주시기 때문에 가능한 것이다. 물론, 우리는 우리 자신의 의무와 책임을 등한히 해서는 안 된다. 그러나 모든 일은 사람의 노력만으로 되지 않고, 오직 하나님의 주권적 섭리로 이루어짐을 깨달아야 한다.

**〔4절〕 여호와께서 온갖 것을 그 씌움에 적당하게 지으셨나니 악인도 악한 날에 적당하게 하셨느니라.**

여호와께서 온갖 것을 그 씌움에 적당하게 지으셨다. '지으셨다'는 말은 하나님께서 최초에 세상의 모든 것들을 창조하신 것과 그 후에 모든 일들을 섭리하시는 것을 다 포함할 것이다. 세상의 모든 것들이 다 하나님의 창조물이며, 이 세상의 모든 일들이 다 하나님의 섭리의 손 안에서 일어나는 것들이다.

'그 씌움에 적당하게'라는 원어(라마아네후 לַמַּעֲנֵהוּ)는 '그를 위하여'라는 뜻이다. 근래의 영어성경들(NASB, NIV)은 '그 자체의 목적을 위하여'라고 번역하였다. 모든 일은 그 자체의 목적이 있다. 그러나 옛날 영어성경(KJV)은 '그 자신을 위하여'라고 번역하였다. 라틴 벌겟역은, "하나님의 모든 일은 이 목적을 위하나니, 곧 그것들이 그를 순종하게 함이니라"고 번역하였다. 이 세상의 모든 것들과 모든 일들은 다 하나님의 영광을 위하고 하나님의 뜻을 이루기 위한 것이다. 로마서 11:36, "이는 만물이 주에게서 나오고 주로 말미암고 주에게로 돌아감이라. 영광이 그에게 세세에 있으리로다. 아멘."

본문은 "악인도 악한 날에 적당하게 하셨느니라[악한 날을 위해 지으셨느니라]"고 말한다. '악한 날'은 하나님의 심판의 날을 가리킬 것이다. 악인들은 하나님의 심판 날에 하나님의 심판의 도구로 사용된다. 앗수르나 바벨론 나라가 그러하였다. 가룟 유다도 하나님의 뜻을 이루는 도구로 사용되었다. 마태복음 26:24, "인자(人子)는 자기에게 대하여 기록된 대로 가거니와 인자를 파는 그 사람에게는 화가 있으리로다. 그 사람은 차라리 나지 아니하였더면 제게 좋을 뻔하였느니라." 이 세상의 모든 일들은 다 하나님의 뜻을 이루는 것이다.

본문의 교훈을 정리해보자. 첫째로, 마음의 계획은 사람에게 있어도 말의 응답은 여호와께로서 난다. 우리는 모든 일이 하나님의 섭리 가운데서 이루어짐을 믿고 범사에 하나님을 의지하며 그의 인도하심을 구하며 일을 계획하고 행해야 한다. 그가 돕지 않으시면 아무 일도 이룰 수 없다.

둘째로, 사람의 행위가 자기 보기에 모두 깨끗해도 하나님께서는 심령을 감찰하신다. 우리는 사람의 심령을 감찰하시는 하나님 앞에서 철저히 회개하고 우리의 행위뿐 아니라 심령을 깨끗하고 바르게 해야 한다.

셋째로, 우리의 행사를 하나님께 맡기면 우리의 경영하는 것이 이룰 것이다. 우리는 무슨 일을 행할 때 내가 무엇을 이룰 것처럼 교만하지도 말고 또 내가 무엇을 할 수 없다고 낙망하거나 낙심하지도 말고, 오직 우리의 모든 일을 주권적 섭리자 하나님께 맡기고 담대히 행해야 한다.

넷째로, 하나님께서는 모든 것을 그 자신을 위해 지으셨고 악인도 악한 날을 위해 지으셨다. 우리는 하나님께서 우리를 창조하신 목적과 우리 개인과 인류 역사를 섭리하시는 뜻과 목적을 깨닫고 오직 하나님의 영광을 위하고 모든 악을 버리고 그의 계명에 복종하며 살아가야 한다.

## 5-8절, 교만, 대속, 선행, 의의 소득

**〔5절〕 무릇 마음이 교만한 자를 여호와께서 미워하시나니 피차 손을** 잡을지라도(야드 레야드 יָד לְיָד)[정녕](KB, NASB, NIV) **벌을 면치 못하리라.**

교만은 하나님 앞에서 자신을 높이는 것이다. 교만한 사람은 하나님의 법을 순종하지 않는다. 교만은 근원적인 죄악이다. 그것은 마귀의 죄이다. 사도 바울은 장로의 자격에 대해 말하면서 "새로 입교한 자도 말지니 교만하여져서 마귀를 정죄하는 그 정죄에 빠질까 함이요"라고 말하였다(딤전 3:6). 사람이 왜 교만하게 되는가? 그것은 사람이 하나님의 영원자존하신 하나님이심과 천지만물의 창조주 되심과 위대하심과 전지전능하심과 거룩하심과 선하심을 모르고 또 자신의 피조물 됨과 죄악됨과 연약함과 무능함과 허무함을 모르기 때문이다.

하나님께서는 교만한 자를 미워하신다. 잠언 6:16-17은, "여호와의 미워하시는 것 곧 그 마음에 싫어하시는 것이 6, 7가지니 곧 교만한 눈과 거짓된 혀와 . . ."라고 말했고, 잠언 8:13은, "나는 교만과 거만과 악한 행실과 패역한 입을 미워하느니라"고 말했다. 교만은, 피조물이며 죄인인 사람에게 합당치 않은 큰 죄악이다.

'피차 손을 잡을지라도'라는 원어는 '정녕'이라는 뜻으로 본다. 잠언 11:21도 그런 뜻으로 본다. "악인은 피차 손을 잡을지라도[정녕] 벌을 면치 못할 것이나 의인의 자손은 구원을 얻으리라." 교만한 자는 정녕 하나님의 벌을 받을 것이다. 잠언 16:18은, "교만은 패망의 선봉이요 거만한 마음은 넘어짐의 앞잡이니라"고 말하며, 잠언 18:12도, "사람의 마음의 교만은 멸망의 선봉이요"라고 말한다. 교만한 사람은 마귀와 함께 지옥에 던지우는, 하나님의 판결과 벌을 피할 수 없다.

**〔6절〕 인자(仁慈)와 진리로 인하여 죄악이 속하게 되고 여호와를 경외함으로 인하여 악에서 떠나게 되느니라.**

인자(仁慈)와 진리로 인해 죄악이 속하게 된다는 말씀은 하나님의 구속 사역의 이치를 보인다. 예수께서는 하나님의 인자와 진리로 우리를 구속(救贖)하셨다. 우리가 죄사함 받은 것은 하나님의 크신 긍휼과 은혜 때문이었고 그의 신실한 구원 약속과 그 이행 때문이었다. 디모데후서 1:9, “하나님이 우리를 구원하사 거룩하신 부르심으로 부르심은 우리의 행위대로 하심이 아니요 오직 자기 뜻과 영원한 때 전부터 그리스도 예수 안에서 우리에게 주신 은혜대로 하심이라.”

인자와 진실은 구원 얻은 성도에게도 필요한 덕이다. 인자와 진실은 구원 얻은 성도의 표이다. 성도의 선하고 진실한 행위는 구원을 위한 공로는 아니지만, 회개의 열매와 구원 얻은 증거이며 영생에 이르는 과정이다. 형제를 사랑하고 긍휼히 여기는 마음과, 진실한 죄의 고백과 청산은 구원 얻은 성도에게 필요한 덕이다. 주께서는 “우리가 우리에게 죄 지은 자를 사하여 준 것같이 우리 죄를 사하여 주옵소서”라고 기도하라고 가르치셨고(마 6:12), “너희가 각각 중심으로 형제를 용서하지 아니하면 내 천부께서도 너희에게 이와 같이 하시리라”고 하셨다(마 18:35). 사도 요한은 “저가 빛 가운데 계신 것같이 우리도 빛 가운데 행하면 우리가 서로 사귐이 있고 그 아들 예수의 피가 우리를 모든 죄에서 깨끗하게 하실 것이요”라고 말했다(요일 1:7).

또 사람은 여호와를 경외함으로 악에서 떠나게 된다. 하나님께서는 전지전능하시고 공의로 죄악을 징벌하시는 심판자이시다. 살아계신 공의의 하나님을 알고 경외하는 자마다 악에서 떠나게 될 것이다. 죄를 미워하시고 공의롭고 엄정하게 벌하시는 살아계신 하나님을 아는 성도라면 어떻게 모든 죄를 떠나지 않고 거기에 머물겠는가?

**〔7절〕 사람의 행위가 여호와를 기쁘시게 하면 그** 사람의 **원수라도 그로 더불어 화목하게 하시느니라.**

사람의 행위는 그의 마음, 즉 그의 생각과 감정과 의지에서 나온다. 사람의 마음이 그의 행위로 나타나는 것이다. 사람의 행위가 하나님을 기쁘시게 하는 경우는 그의 생각과 말과 행위가 하나님의 계명에 일치할 때, 즉 사람이 하나님의 계명대로 경건하고 거룩하고 바르고 선하고 진실하게 생각하고 행할 때이다. 반면에, 사람이 하나님의 계명을 거슬러 불의하고 악하고 거짓되게 생각하고 말하고 행동하면 성령을 근심시키게 되며(엡 4:30) 하나님의 노를 일으키게 된다(롬 1:18).

사람의 행위가 여호와를 기쁘시게 하면 그의 원수라도 그로 더불어 화목하게 하신다. 하나님께서 그렇게 하신다는 뜻이다. 사람이 선을 행하면 대다수의 사람들과 화목하게 될 것이며 하나님께서는 심지어 그의 원수들, 즉 그를 시기하고 미워하며 해하려 하였던 자들까지도 그와 화목하게 만들어 주실 것이다. 성경에 몇 가지 예들이 있다. 그랄 왕 아비멜렉은 아브라함의 아내 사라를 취했으나 꿈에 하나님의 책망과 경고를 받고 그를 돌려보내었고 아브라함에게 양과 소와 은 천 개를 주며 화해하였고(창 20장), 또 얼마 후에 아브라함에게 "하나님께서 너와 함께 계시도다"라고 말하며 하나님께 맹세하고 서로 언약을 맺었다(창 21:22-23). 아비멜렉은 이삭 때에도 그와 맹세하며 서로 언약을 맺었다(창 26:26-33). 또 야곱의 외삼촌 라반은 야곱을 해하려고 쫓아왔으나 꿈에 하나님의 경고를 받고 그를 해하지 못하고 오히려 서로 해하지 않기로 맹세하며 그와 더불어 언약하였다(창 31:51-55).

**〔8절〕 적은 소득이 의를 겸하면 많은 소득이 불의를 겸한 것보다 나으니라.**

사람의 가치는 그 소득의 많음에 있지 않다. 하나님께서는 사람의 경건과 인격성과 도덕성으로 그의 가치를 평가하신다. 하나님의 주된 관심은 사람의 죄(罪)와 의(義) 문제이다. 그러므로 우리는 썩는 양식인 돈을 많이 버는 데 주된 관심을 두지 말고, 하나님 앞에서 죄 짓지 않고 그의 계명대로, 즉 성경 교훈대로 경건하게, 바르고 정직하게, 선하게 사는 데 주된 관심을 두어야 한다. 그것이 하나님의 뜻이다.

죄를 짓고 악을 행하는 자에게는 하나님의 복이 없다. 속이고 취한 식물은 맛이 좋은 듯하나 후에는 그 입에 모래[자갈]가 가득하게 될 것이다(잠 20:17). 악인에게는 평안이 없다(사 48:22). 불의로 치부(致富)하는 자는 자고새[메추라기 종류]가 낳지 아니한 알을 품음 같아서 그 중년에 그것이 떠나겠고 필경은 어리석은 자가 될 것이다(렘 17:11).

사람이 사는 데 돈은 필요하며 하나님께서는 자기 백성의 그 필요를 아시고 그것을 주실 것이다. 하나님께서는 공중의 새들에게 먹을 것을 주셔서 먹이시고 들의 백합화들에게 아름다운 옷을 입히신다(마 6장). 우리에게 물질적 유여나 풍요가 필요하다면 그는 그것을 주실 수 있고 또 주실 것이다. 그러므로 우리는 무엇을 먹을까 무엇을 마실까 염려하지 말고 먼저 하나님의 나라와 그의 의를 구해야 한다(마 6:33). 물론, 우리는 직업의 귀천을 따지지 말고 자기의 재능과 적성에 맞는 직업을 택하고 일을 배우고 또 게으르지 말고 그 직업과 일에 충실해야 한다. 땀 흘려 일하는 것은 인생의 의무이며 아름다운 일이다(창 3:19).

본문의 교훈을 정리해보자. 첫째로, 마음이 교만한 자들은 여호와께서 미워하시며 정녕 벌을 면치 못할 것이다. 우리는 연약하고 죄악된 피조물임을 알고 교만을 버리고 겸손한 마음으로 생각하고 말하고 행해야 한다.

둘째로, 인자(仁慈)와 진리로 죄악이 속하게 되고 하나님을 경외함으로 악에서 떠난다. 예수 그리스도의 대속 사역은 하나님의 인자와 진리로 이루어진 일이다. 예수 그리스도를 믿음으로 죄사함과 의롭다 하심을 얻은 우리는 이제 하나님을 경외하며 악을 버리고 인자하며 진실해야 한다.

셋째로, 사람의 행위가 하나님을 기쁘시게 하면 그의 원수라도 그와 함께 화목케 하신다. 우리는 선한 행위로 하나님을 기쁘시게 해야 하고 그럴 때 우리의 원수라도 우리와 화목케 하실 것이다. 그러므로 우리는 이 세상 사는 동안 하나님과 사람들 앞에서 오직 선하게만 살아야 한다.

넷째로, 적은 소득이 의를 겸하면 많은 소득이 불의를 겸한 것보다 낫다. 우리는 이 세상이 장차 멸망할 장망성임을 알고, 불의의 이익을 탐하지 말고 사치와 허영과 낭비를 멀리하고, 오직 천국만 소망하며, 의로운 소득을 구하며 근면하며 검소 절약하며 절제하며 자족해야 한다.

## 9-12절, 계획, 재판, 공정, 공의

**〔9절〕 사람이 마음으로 자기의 길을 계획할지라도 그의 걸음을 인도하는** (야킨 יָכִּין의 히필형)[준비하는, 지도하는] **자는 여호와시니라.**

사람은 자기의 길, 즉 어떤 일의 과정을 계획한다. 일의 종류는 사람마다 다르겠지만, 사람은 무슨 일이든지 일을 즉흥적으로나 대충하지 않고 지혜와 지식을 사용하여 철저하게, 꼼꼼하게 잘 계획하고 준비해야 한다. 그것은 사람편에서 사람이 해야 할 몫이다.

그러나 사람의 걸음을 지도하시는 이는 하나님이시다. 하나님께서는 온 세상의 모든 일을 섭리하시는 자, 곧 주권적 섭리자이시다. 우리의 모든 계획한 일들을 이루는 하루 하루의 과정과 전체의 과정은 다 그의 손 안에 있다. 하나님께서는 우리의 앞길을 열기도 하시고 닫기도 하시며, 평탄하게도 하시고 어렵게도 하신다. 이사야 45:7에 보면, 하나님께서는 친히 "나는 빛도 짓고 어두움도 창조하며 나는 평안도 짓고 환난도 창조하나니 나는 여호와라. 이 모든 일을 행하는 자니라"고 말씀하셨다. 예수께서도, "참새 두 마리가 한 앗사리온에 팔리는 것이 아니냐? 그러나 너희 아버지께서 허락지 아니하시면 그 하나라도 땅에 떨어지지 아니하리라"고 말씀하셨다(마 10:29).

하나님께서 우리의 길을 섭리하시고 지도하시는 방향은 하나님의 영광을 위하고 우리의 유익을 위하는 방향이다. 우리의 목자이신 하나님께서는 자기의 이름을 위해 우리를 의의 길로 인도하신다(시 23:3). 하나님의 주 관심은 우리의 거룩과 의와 선이다. 로마서 8:28은, "우리가 알거니와 하나님을 사랑하는 자 곧 그 뜻대로 부르심을 입은 자들에게는 모든 것이 합력하여 선을 이루느니라"고 말한다. 여기서 말하는 '선'은 우리의 영적 성장 곧 우리의 성화(聖化)를 가리킨다고 본다.

**〔10절〕 하나님의 말씀이 왕의 입술에 있은즉, 재판할 때에 그 입이 그릇하지 아니하리라**[말지니라](NASB, NIV).

'하나님의 말씀'이라는 원어(케셈 קֶסֶם)는 '신적 판결'(oracle)이라는 뜻이다(BDB). 그것은 하나님께서 모든 사람의 양심에 기록하신 법에 따른 공의로운 판결을 가리킬 것이다. 하나님께서 세상에 정부나 법원 같은 제도를 두신 것은 세상을 너무 부도덕하고 무질서하게 버려두지 않으시려는 하나님의 일반적 은총의 일이다. 세상의 왕들이라도 일반적으로 하나님께서 주신 양심과 선한 법을 따라 공의를 집행하여 선을 장려하고 악을 징벌한다. 모든 통치자들은 다 그러해야 한다.

로마서 13:1-5, "각 사람은 위에 있는 권세들에게 굴복하라. 권세는 하나님께로 나지 않음이 없나니 모든 권세는 다 하나님의 정하신 바라. 그러므로 권세를 거스리는[거스르는] 자는 하나님의 명을 거스림[거스름]이니 거스리는[거스르는] 자들은 심판을 자취하리라. 관원들은 선한 일에 대하여 두려움이 되지 않고 악한 일에 대하여 되나니 네가 권세를 두려워하지 아니하려느냐? 선을 행하라. 그리하면 그에게 칭찬을 받으리라. 그는 하나님의 사자가 되어 네게 선을 이루는 자니라. 그러나 네가 악을 행하거든 두려워하라. 그가 공연히 칼을 가지지 아니하였으니 곧 하나님의 사자가 되어 악을 행하는 자에게 진노하심을 위하여 보응하는 자니라. 그러므로 굴복하지 아니할 수 없으니 노를 인하여만 할 것이 아니요 또한 양심을 인하여 할 것이라."

베드로전서 2:13-15, "인간에 세운 모든 제도를 주를 위하여 순복하되 혹은 위에 있는 왕이나 혹은 악행하는 자를 징벌하고 선행하는 자를 포장(褒奬)[칭찬]하기 위하여 그의 보낸 방백에게 하라. 곧 선행으로 어리석은 사람들의 무식한 말을 막으시는 것이라."

**〔11절〕 공평한 간칭(杆秤)과 명칭(皿秤)은 여호와의 것이요 주머니 속의 추돌들도 다 그의 지으신 것이니라.**

간칭(杆秤)과 명칭(皿秤)은 저울들을 말한다. 저울에는, 지렛대 양쪽에 같은 무게를 매닮으로 수평을 이루게 하는 맞저울(천칭)과, 접시에 올려놓아 수평을 이루게 하는 접시저울이 있고, 그 외에, 대 저울, 스프

링식 저울, 오늘날에는 디지털 저울 등이 있다.

공정한 저울은 하나님의 것이며 저울에 쓰는 추돌도 그의 지으신 것이다. 하나님께서는 공정한 저울을 인정하시고 기뻐하신다. 그는 우리에게 상거래에서 공정한 저울들을 쓰라고 명하셨다. 레위기 19:35-36, "너희는 재판에든지 도량형에든지 불의를 행치 말고 공평한 저울과 공평한 추와 공평한 에바와 공평한 힌을 사용하라." 그는 속이는 저울을 미워하신다. 잠언 11:1, "속이는 저울은 여호와께서 미워하셔도 공평한 추는 그가 기뻐하시느니라." 잠언 20:10, 23, "한결 같지 않은 저울추와 말[되]은 다 여호와께서 미워하시느니라," "한결 같지 않은 저울추는 여호와의 미워하시는 것이요 속이는 저울은 좋지 못한 것이니라."

성도는 장사를 할 때, 사업을 할 때, 모든 종류의 금전 거래에서, 또 학생은 시험을 칠 때, 속이지 말고 공정하게, 정직하고 진실하게 행해야 한다. 사람은 더러운 이익을 구해서는 안 된다. 뿐만 아니라, 성도는 모든 인간 관계에서도 공정해야 한다. 우리는 상대방을 과대평가하지도 말고 과소평가하지도 말고 사실 그래도 평가해야 하며 잘못된 편견과 선입견을 가지지 말고 시기와 질투심을 버리고 남에 대해 잘 알지 못하고 오해하지 말아야 하며, 또 자기의 위치를 잘 지켜야 한다.

**〔12절〕 악을 행하는 것은 왕[왕들]의 미워할 바니 이는 그 보좌가 공의로 말미암아 굳게 섬이니라.**

'악'은 하나님의 법이나 양심의 법을 어기는 것, 즉 우상숭배, 불효, 살인, 미움, 음란, 도적질, 거짓말 등이다. 왕은 나라의 통치자로 나라의 도덕 질서와 평안과 안보의 책임을 가진 자이다. 왕은 백성이 악을 행하는 것을 미워해야 하고 악을 행하는 사람을 징벌해야 한다. 그것이 왕이 행해야 할 의무이며, 또 왕의 보좌, 즉 그의 왕권, 오늘날 말로 그 정권은 공의의 시행으로 말미암아 굳게 선다. 죄와 불의와 부도덕은 나라를 쇠약케 하며 멸망시키는 원인이 된다. 그러나 의와 도덕성은 나라를 견고케 만들 것이다. 왜냐하면 하나님께서 그렇게 세우시기 때문이며 또 백성들도 의로운 왕을 따르며 양심적으로 그를 대항하지 못하기 때문이다. 의로운 왕은 대다수의 백성의 지지를 받을 것이다. 어느 시대에나 어느 나라에나 소수의 악한 무리는 있겠지만, 그들의 불평과 대항이 나라를 크게 흔들지는 못할 것이다.

구약시대의 역사를 보면, 왕들이 의를 구하며 백성들이 의를 따르면 그 나라는 평안하고 견고했다. 예를 들어, 다윗은 경건하며 모든 백성에게 공(公)과 의(義)를 행했고(삼하 8:15), 하나님께서는 그에게 "네 집과 네 나라가 내 앞에서 영원히 보전되고 네 위(位)가 영원히 견고하리라"고 말씀하셨다(삼하 7:16). 다윗 때에는 나라에 평안과 강성함이 있었다. 그러나 왕들과 백성들이 악을 행하면 전쟁이 일어났고 기근과 전염병이 찾아왔으며 반란과 반역이 끊임없이 일어났다. 악한 나라들은 오래가지 않아 쇠하여지고 멸망하였다.

본문의 교훈을 정리해보자. 첫째로, 사람이 마음으로 자기의 길을 계획할지라도 그 걸음을 인도하시는 자는 하나님이시다. 우리는 범사에 섭리자 하나님을 인정하고 하나님께 모든 일을 맡기고 살며 어떤 일을 계획할 때에도 하나님의 선한 지도하심을 믿고 기도하고 받아야 한다.

둘째로, 하나님의 말씀이 왕의 입에 있으므로 재판할 때에 그릇하지 말아야 한다. 모든 통치자들은 다 하나님께서 각 사람에게 심어주신 법, 즉 양심의 법에 따라 공의를 시행해야 한다. 우리는, 비록 통치자가 아닐지라도, 우리의 처한 현실에서 양심에 따라 공의를 실행해야 한다.

셋째로, 공평한 저울은 하나님의 것이요 주머니 속의 추들도 다 그의 지으신 것이다. 우리는 장사나 사업에서, 또 그 외의 모든 금전 거래에서, 또한 모든 인간관계에서, 범사에 공정하고 정직하고 진실해야 한다.

넷째로, 악을 행하는 것은 통치자가 미워해야 하며 이렇게 할 때 그의 통치권이 공의로 말미암아 굳게 설 것이다. 공의로 통치할 때 그 정권이 굳게 선다. 우리는 우리나라가, 비록 세속 국가이지만, 공의가 서고 도덕성이 있는 나라가 되어 평안과 강성함을 누릴 수 있기를 기도해야 한다.

## 13-16절, 의, 왕의 분노와 기쁨, 지혜

**[13절] 의로운 입술은 왕들의 기뻐하는 것이요 정직히 말하는 자는 그들의 사랑을 입느니라.**

의로운 입술은 진리를 말하는 입술이다. 그것은 선을 선이라고 말하고 악을 악이라고 말하는 입술이며, 선을 악이라 하든지 악을 선이라 하지 않는 입술이다. 불의한 자들은 불의한 입술, 거짓된 입술을 가지고 있고, 악과 타협하고 악인들의 비위를 맞추며 아첨하고 아부하며, 또 정작 중요한 문제에 대해서는 침묵함으로 악에 동조한다. 그러나 의인은 선과 악을 분명하게 말하고, 비록 까닭 없이 남을 논단하지는 않으나 하나님의 계명에 근거하여 남에게 진실한 충고를 준다.

왕들은 의로운 입술을 기뻐하고 정직히 말하는 자를 사랑한다. 불의한 말, 거짓된 말은 나라에 도덕적 혼란을 주기 때문이다. 그것은 사람들에게 옳고 그름의 바른 판단을 하지 못하게 방해한다. 그것은 때때로 왕에게 거짓된 위로와 격려를 줄 수 있으나 그것도 아무 유익이 없다. 왕이 잘못된 정치를 할 때는 그것이 잘못되었다는 말을 해줄 수 있어야 왕이 자신의 정책을 고치고 나라를 바르게 다스릴 수 있다. 왕에 대한 부정적 말이라 하더라도 결국에는 나라에 유익이 될 것이다.

의롭고 정직한 말은 나라의 도덕성을 위해 꼭 필요하기 때문에, 왕들은 그런 말을 하는 자들을 사랑한다. 나라의 도덕성은 나라의 평안과 번영을 위해 꼭 필요하다. 의롭고 정직한 말을 하는 자들로 인해 나라의 도덕성이 향상되면, 하나님께서는 그 나라를 복 주실 것이다. 그러므로 의롭고 정직한 말을 하는 자들은 나라를 번영케 하는, 나라의 충신들인 셈이다. 오늘날 직장 생활을 하는 성도들도 의롭고 정직한 말을 할 때 결국에는 윗사람들의 기쁨과 사랑을 받을 것이다.

**[14절] 왕의 진노는 살륙[죽음]의 사자와 같아도 지혜로운 사람은 그것을 쉬게 하리라.**

왕의 진노는 죽음의 사자와 같다. 통치의 권세를 가진 왕이 진노하면 죽음의 사자같이 무섭다. 왕은 불의와 악을 볼 때 진노하며, 그가 노하면 악인을 죽일 수도 있다. 그에게 그런 권세가 있다. 하나님께서는 만왕의 왕이시다. 그는 악인을 심판하시고 징벌하시는 두려운 하나님이시다. 하나님께서는 노아 시대에 강포해진 세상 사람들을 홍수로 멸하셨고 또 소돔과 고모라 성의 음란했던 사람들을 유황불비로 멸하셨다. 하나님께서는 마지막 심판의 날에 모든 악인들에게 진노하시고 그들을 지옥 불못에 던지실 것이다.

그러나 지혜로운 사람은 왕의 진노를 쉬게 할 것이다. 지혜로운 자는 하나님을 경외하고 겸손히 그의 계명들을 행하는 자이다. '쉬게 한다'는 원어(<u>킵페르</u> כַּפֵּר)는 '덮는다, [감정을] 누그러뜨린다'는 뜻이다. 지혜로운 사람은 진노한 왕의 진노를 가라앉힐 수 있다. 그는 왕 앞에서 바르고 지혜롭고 선한 말을 겸손히 그러나 담대하게 아룀으로써 왕의 노를 누그러뜨리는 것이다. 하나님 앞에서도 그러하다. 예를 들어, 이스라엘 백성이 애굽에서 나와 시내산에 머물고 모세가 40일간 시내산 꼭대기에 올라가 하나님과 교통하며 율법을 받고 언약의 두 돌판을 가지고 내려왔을 때, 산 아래서 백성들은 금송아지를 만들고 섬기며 즐거이 뛰놀았다. 그 광경을 보신 하나님께서는 진노하셨고 그들을 다 멸하려 하셨다. 그때 모세는 하나님 앞에 엎드려 "어찌하여 애굽 사람으로 이르기를, 여호와가 화를 내려 그 백성을 산에서 죽이고 지면에서 진멸하려고 인도하여 내었다 하게 하려 하시나이까?"라고 간구함으로써 하나님의 노를 누그러뜨리며 돌이키게 하였다(출 32:10-14).

**〔15절〕 왕의 희색(喜色)**(오르 페네 אוֹר־פְּנֵי)[얼굴의 빛]**에 생명이 있나니 그 은택**(레초노 רְצוֹנוֹ)[그의 호의(KJV, NASB, NIV), 그의 기쁨]**이 늦은 비를 내리는 구름과 같으니라.**

왕의 얼굴의 빛은 밝고 기쁜 얼굴빛을 가리킨다고 본다. 왕의 진노는 '죽음의 사자' 같지만, 왕의 기쁜 얼굴빛은 생명을 줄 것이다. 근심과 분노는 자신도, 남도 죽게 한다. 왕의 근심과 진노는 백성의 마음에 근심과 죽음의 공포를 줄 것이다. 그러나 평안과 기쁨은 자신도, 남도 살게 한다. 기쁨은 살맛을 나게 하며 삶의 활력을 불러일으킨다. 왕의 평안과 기쁨은 백성에게 생기를 줄 것이다.

또한 본문은 왕의 호의가 늦은 비를 내리는 구름과 같다고 말한다. '늦은 비'는 봄비, 즉 봄에 곡식을 여물게 하기 위해 꼭 필요하고 유익한 비를 가리킨다. 유대 땅에는 가을에 비가 내린 후 곡식을 파종하는데, 그 비를 '이른 비'라고 부른다. 그것은 곡식의 파종을 위하여 땅을 부드럽게 하는데 필요하다. 봄에는 곡식을 여물게 하는 데 필요한 봄비가 내리는데, 그것을 '늦은 비'라고 부른다. 사람이 기쁘면 다른 이에게 좋은 영향을 주듯이, 왕도 기쁘면 백성에게 그럴 것이다.

만왕의 왕이신 하나님께서도 그러하시다. 그가 노하시면 우리에게 죽음뿐일 것이지만, 그가 기뻐하시면 우리에게 풍성한 생명이 넘칠 것이다. 하나님께서는 우리를 기뻐하셨고 우리에게 모든 좋은 것을 주셨다. 스바냐 3:17, "너의 하나님 여호와가 너의 가운데 계시니 그는 구원을 베푸실 전능자시라. 그가 너로 인하여 기쁨을 이기지 못하여 하시며 너를 잠잠히 사랑하시며 너로 인하여 즐거이 부르며 기뻐하시리라." 우리의 구원은 하나님께서 우리를 기뻐하심에서 비롯되었다.

**〔16절〕 지혜를 얻는 것이 금을 얻는 것보다 얼마나 나은고. 명철을 얻는 것이 은을 얻는 것보다 더욱 나으니라.**

금과 은, 곧 돈은 세상 사는 데 많은 유익이 있다. 돈이 있어야 필요한 음식도 사먹을 수 있고 필요한 옷도 살 수 있고 필요한 집도 가질 수 있다. 그러나 돈은 환난 날에 우리를 죽음에서 건지지 못한다. 돈은 우리의 죽음과 죄 문제를 해결하지 못하며, 우리에게 마음의 참 평안도 주지 못하며, 우리의 몸의 건강도 보장해 주지 못한다. 부자가 다 평안하거나 건강한 것이 아니다. 돈은 특히 영생을 주지 못한다.

그러나 지혜와 명철은 이것저것을 다 얻게 한다. 그것은 무엇보다 죄 문제의 해결을 얻게 하며 심령의 평안을 얻게 한다. 그것은 행복의 매우 큰 요소이다. 그것은 또 몸의 건강을 얻게 하며 경제의 안정도 얻게 한다. 하나님께서 그를 경외하는 자들에게 영육의 좋은 것들을 다 주시는 것이다. 그러므로 잠언 3:13-18은 지혜를 얻는 것이 금은을 얻는 것보다 나으며 지혜가 진주보다 귀하며 그 오른편에 장수가 있고 그 왼편에 부요와 존귀가 있으며 그 길은 즐거움의 길이요 평안의 길이며 또 그것을 얻는 자에게 생명나무, 즉 영생을 준다고 말했다.

지혜는 하나님을 모시며 하나님과 동행하는 것, 하나님과 화목하며 하나님을 기쁘시게 하는 것이며 그러므로 지혜를 가진 자는 하나님의 복을 누린다. 하나님께서는 만복의 근원이시기 때문이다. 지혜는 곧 경건함이다. 사도 바울은 말하기를, "육체의 연습은 약간의 유익이 있으나 경건은 범사에 유익하니 금생과 내생에 약속이 있느니라"고 하였다(딤전 4:8). 경건의 유익은 무엇보다 영생이지만, 현세의 육신적인 일들, 즉 건강과 경제까지도 하나님의 은혜로 보장된다.

본문의 교훈을 정리해보자. 첫째로, 의로운 입술은 왕들의 기뻐하는 것이요 정직히 말하는 자는 그들의 사랑을 입는다. 우리는 정직하고 선하고 덕스러운 말로 남에게 유익을 주고 윗사람의 기쁨과 사랑을 입어야 한다.

둘째로, 왕의 진노는 죽음의 사자와 같아도 지혜로운 사람은 그것을 쉬게 한다. 우리는 하나님을 경외하고 의를 행하는 지혜자가 되어 사람의 노뿐 아니라, 또한 감히 하나님의 노를 가라앉히는 자가 되어야 한다.

셋째로, 왕의 얼굴 빛에 생명이 있으며 그의 호의는 늦은 비를 내리는 구름과 같다. 우리는 우리를 기뻐하시고 은혜로 구원하신 하나님께 감사와 영광을 돌리며 그의 의와 기쁨과 그의 호의 안에 항상 거해야 한다.

넷째로, 지혜와 명철을 얻는 것은 금은을 얻는 것보다 훨씬 더 낫다. 우리는 하나님을 경외하며 그의 말씀에 귀를 기울이고 의와 선을 힘써 행함으로써 금은보다 더 나은 지혜와 명철을 늘 풍성히 얻어야 한다.

## 17-20절, 악을 떠남, 교만, 겸손, 말씀

**〔17절〕 악을 떠나는 것은 정직한 사람의 대로(大路)니 그 길을 지키는 자는 자기의 영혼을 보전하느니라.**

하나님을 경외하고 그의 계명을 지키는 정직한 사람은 악을 떠나는 삶을 산다. '악'은 하나님의 법을 어기는 것이며 남에게 해를 끼치는 것이다. 하나님을 경외하는 것은 악을 미워하는 것이다. 잠언 8:13, "여호와를 경외하는 것은 악을 미워하는 것이라." 그러므로 정직한 자는 악을 행치 않고 멀리하며 하나님의 법을 떠나지 않고 지킨다.

또 자기의 길을 지키는 자, 곧 죄를 안 지으려고 조심하고 의롭고 선하게 살기를 힘쓰는 자는 자기 영혼을 보전한다. 사람이 죄를 짓고 악을 행하면, 영혼의 평안을 잃고 고통을 당하고 생명을 잃고 영원히 죽게 될 것이다. 악인의 길은 넓고 평탄해 보여도, 실상 평안이 없고 하나님의 징벌 때문에 고생이 많다. 그러나 사람이 죄를 멀리하고 의를 행하면, 영혼이 평안을 누리며 영생에 이를 것이다. 로마서 2:6-8, "하나님께서 각 사람에게 그 행한 대로 보응하시되 참고 선을 행하여 영광과 존귀와 썩지 아니함을 구하는 자에게는 영생으로 하시고, 오직 당을 지어 진리를 좇지 아니하고 불의를 좇는 자에게는 노와 분으로 하시리라." 로마서 6:22, "이제는 너희가 죄에게서 해방되고 하나님께 종이 되어 거룩함에 이르는 열매를 얻었으니 이 마지막은 영생이라." 예수님 믿고 구원 얻고 영생할 성도의 삶은 의롭고 거룩한 삶이다.

**〔18절〕 교만은 패망의 선봉이요 거만한 마음은 넘어짐의 앞잡이니라.**

이 말씀은 사람이 교만하면 패망이 뒤따르고 거만한 마음을 가지면 넘어짐이 뒤따른다는 뜻이다. 교만은 하나님 앞에서 자신을 높이고 남을 낮추어 생각하는 마음이다. 교만은 죄악들 중에 근본적인 악이다. 그것은 모든 악의 근원인 마귀의 죄이다(딤전 3:6).

사람은 하나님을 알지 못하고 자신의 피조물 됨과 죄악됨을 알지 못할 때 교만해진다. 그러나 하나님을 아는 자는 겸손해진다. 아브라함은 하나님께 말씀드릴 때 "티끌과 같은 나라도 감히 주께 고하나이다"라고 말하였고(창 18:27), 이사야는 하나님 앞에 엎드려 "화로다 나여, 망하게 되었도다. 나는 입술이 부정한 사람이요 입술이 부정한 백성 중에 거하면서 만군의 여호와이신 왕을 뵈었음이로다"라고 말하였고(사 6:5), 베드로는 주님의 무릎 아래 엎드려 "주여, 나를 떠나소서. 나는 죄인이로소이다"라고 고백하였다(눅 5:8). 또 사람은 성도라 하더라도 그가 현재 누리는 영육의 모든 좋은 것들이 다 하나님의 은혜인 줄 알지 못할 때에 교만해진다. 그러므로 사도 바울은 고린도 교인들에게 "네게 있는 것 중에 받지 아니한 것이 무엇이뇨? 네가 받았은즉 어찌하여 받지 아니한 것같이 자랑하느뇨?"라고 말하였다(고전 4:7).

교만한 사람은 결국 망하고 만다. 하나님께서는 교만을 매우 미워하신다. 하나님의 미워하시는 죄악들 중에 첫 번째가 교만이다(잠 6:16). 잠언 8:13은 "나는 교만과 거만과 악한 행실과 패역한 입을 미워하느니라"고 말한다. 바벨론 왕 느부갓네살이 "이 큰 바벨론은 내가 능력과 권세로 건설하였다"라고 교만하게 말할 때 하나님께서 그를 왕위에서 내려앉게 하셨다(단 4:30-33). 교만은 멸망의 길이다.

**〔19절〕 겸손한 자와 함께하여 마음을 낮추는 것이 교만한 자와 함께하여 탈취물을 나누는 것보다 나으니라.**

사람에게 친구의 영향은 크다. 물론, 하나님께서 은혜 주시면 교만한 자들 가운데서도 교만의 악을 깨닫고 겸손한 길로 나갈 수도 있지만, 사람은 보통 친구의 영향을 크게 받는다. 지혜로운 자와 동행하면 지혜를 얻고 미련한 자와 사귀면 해를 받는다(잠 13:20).

겉으로 보기에는, 사람이 스스로를 강하게 하면 무슨 일을 해낼 것 같고, 사람이 겸손하면 유약하고 무슨 일을 해낼 것 같지 않아 보인다. 그러나 실상 겸손한 자와 함께 마음을 낮추는 것이 교만한 자와 함께 탈취물을 나누는 것보다 낫다. 그것은 하나님께서 교만을 미워하시고 교만한 자를 징벌하시고 겸손한 자들에게 은혜를 주시기 때문이다. 잠언 3:34, "진실로 그는 거만한 자를 비웃으시며 겸손한 자에게 은혜를 베푸시나니"(벧전 5:5; 약 4:6에 인용됨). 잠언 16:18, "교만은 패망의 선봉이요 거만한 마음은 넘어짐의 앞잡이니라."

그러므로 성도는 교만한 자들과 사귀지 말아야 한다. 시편 1:1, "복 있는 사람은 악인의 꾀를 좇지 아니하며 죄인의 길에 서지 아니하며 오만한 자의 자리에 앉지 아니하고." 사도 바울은 악한 자와의 교제가 선한 행실을 더럽힌다고 말했다(고전 15:33). 성도는 항상 겸손한 마음을 가지고 살아야 한다. 시편 131편 저자는 "여호와여, 내 마음이 교만치 아니하고 내 눈이 높지 아니하오며 내가 큰 일과 미치지 못할 기이한 일을 힘쓰지 아니하나이다"라고 말하였고(시 131:1), 또 사도 바울은 "서로 마음을 같이 하며 높은 데 마음을 두지 말고 도리어 낮은 데 처하며 스스로 지혜 있는 체 말라"고 말했다(롬 12:16).

**〔20절〕 삼가 말씀에 주의하는 자[9]는 좋은 것을 얻나니 여호와를 의지하는 자가 복이 있느니라.**

'삼가 말씀에 주의하는 자'는 여호와를 경외하고 의지하는 자이다. 하나님을 경외하고 의지하는 자는 그의 말씀에 귀를 기울이고 그 말씀을 믿고 순종할 것이다. '좋은 것'과 '복'은 심리적 평안, 육신적 건강, 물질적 여유, 환경적 평안 등을 다 포함할 것이다. 하나님을 경외하고 의지하고 그의 말씀에 주의하는 자는 영육의 복을 얻을 것이다.

첫 사람 아담과 하와의 실패는 그들이 "정녕 죽으리라"는 하나님의 말씀을 잊어버리고, "결코 죽지 아니하리라"는 마귀의 말을 따른 데 있었다. 노아는 하나님을 경외하며 그와 동행하였는데(창 5:21-24; 6:9), 그것은 하나님의 말씀을 믿고 순종하는 삶으로 나타났다. 모세는 하나

---

9) '삼가 말씀에 주의하는 자'라는 구절(Vg, NASB, NIV)은 '일을 지혜롭게 행하는 자'로 번역하기도 한다(LXX, KJV). 그러나 전자의 번역이 낫다.

님과 대면하여 대화하였던 자이었다(민 12:6-8). 그는 하나님의 음성을 항상 들었고 그 뜻대로 행하였다. 그들은 다 복되었다.

하나님께서는 여호수아에게, "너는 마음을 강하게 하고 극히 담대히 하여 나의 종 모세가 네게 명한 율법을 다 지켜 행하고 좌로나 우로나 치우치지 말라. 그리하면 어디로 가든지 형통하리니 이 율법책을 네 입에서 떠나지 말게 하며 주야로 그것을 묵상하여 그 가운데 기록한 대로 다 지켜 행하라. 그리하면 네 길이 평탄하게 될 것이라. 네가 형통하리라"고 말씀하셨다(수 1:7-8). 시편 1편은, 하나님의 율법을 즐거워하여 밤낮으로 묵상하는 자가 시냇가에 심은 나무처럼 시절을 좇아 과실을 맺으며 그 잎사귀가 마르지 아니하며 그 행사가 다 형통할 것이라고 말했다(시 1:2-3). 시편 119:165도, "주의 법을 사랑하는 자에게는 큰 평안이 있으니 저희에게 장애물이 없으리이다"라고 말했다.

본문의 교훈을 정리해보자. 첫째로, 악을 떠나는 것은 정직한 사람의 대로(大路)이며 그 길을 지키는 자는 자기 영혼을 보전한다. 성도는 하나님 중심으로만 살며 죄 짓지 말고 의를 행해야 한다. 신약 성도는 예수 그리스도를 믿고 서로 사랑하라는 새 계명을 지켜야 한다(요일 3:23).

둘째로, 교만은 패망의 선봉이요 거만한 마음은 넘어짐의 앞잡이이다. 우리는 교만하지 말아야 한다. 사람은 교만하면 멸망한다. 겸손은 예수 그리스도의 마음이요 하나님의 은혜를 받고 그것을 잘 유지하는 길이다. 우리는 교만한 마음을 버리고 예수 그리스도의 겸손을 배워야 한다.

셋째로, 겸손한 자와 함께하여 마음을 낮추는 것이 교만한 자와 함께하여 탈취물을 나누는 것보다 낫다. 우리는 겸손한 마음으로 겸손한 자들과 사귀고, 교만한 마음을 버리고 교만한 자들과 사귀지 말아야 한다.

넷째로, 말씀에 주의하는 자는 좋은 것을 얻으며 하나님을 의지하는 자는 복이 있다. 우리는 하나님을 경외하고 의지하며 그의 말씀인 성경에 주의하고 그것을 항상 읽고 듣고 배우고 연구하고 묵상하며 힘써 실천해야 한다. 그것이 복된 길이며 큰 평안의 길이며 영원한 생명의 길이다.

## 21-24절, 지혜, 명철, 지식, 선한 말

**〔21절〕 마음이 지혜로운 자가 명철하다 일컬음을 받고 입이 선한 자가 (남의) 학식**[지식]**을 더하게 하느니라.**

마음이 지혜로운 자는 하나님을 경외하고 그의 말씀을 믿고 행하는 자이며 그는 명철하다 일컬음을 받는다. '명철하다'는 원어(나본 נָבוֹן)는 '사려 깊다, 분별력이 있다'는 뜻이다. 어리석은 자는 생각이 깊지 못하고 분별력이 없어 자주 실수하고 범죄하지만, 마음이 지혜로운 자는 사려 깊고 분별력이 있어 악을 버리고 선을 행한다.

또 입이 선한 자는 지식을 더하게 한다. 본문은 지혜로운 자와 입이 선한 자를 같은 부류로 여긴다. '선하다'는 원어(메세크 מֶתֶק)는 '달콤함'이라는 뜻이다. '입이 선한 자'라는 말은 즐거움을 주는 말, 은혜로운 말을 하는 입을 가리킨다. '학식'이라는 원어(레카크 לֶקַח)는 '지식'이라는 말인데, 이것은 듣는 사람의 지식뿐 아니라, 말하는 이의 전달 능력 즉 설득력을 의미한다고 본다(BDB). 한 권위 있는 영어성경은 "말의 달콤함은 설득력을 증가시킨다"라고 번역하였다(NASB).

선하고 은혜로운 말을 하는 입은 듣는 이의 지식을 더하게 할 것이다. 어리석은 자의 말은 남에게 아무 유익을 주지 못하고 오히려 해를 주지만, 지혜로운 자의 말과 남에게 은혜를 주는 말은 듣는 이의 지식을 더하게 할 것이다. 잠언 10:21은 "의인의 입술은 여러 사람을 교육하나 미련한 자는 지식이 없으므로 죽느니라"고 말하였다. 또 선하고 은혜로운 말은 말하는 사람의 전달 능력 즉 설득력도 더하게 할 것이다. 그의 말은 좋은 설득력을 가질 것이다. 사람들은 그의 말을 들을 때 닫힌 마음을 열고 잘 듣게 될 것이다.

**〔22절〕 명철한 자에게는 그 명철이 생명의 샘이 되거니와 미련한 자에게는 그 미련한 것이 징계가 되느니라.**

명철한 자에게는 그의 명철이 생명의 샘이 된다. 명철한 자는 지혜로운 자를 가리킨다. '명철하다'는 원어(사칼 שָׂכַל)는 '사려 깊다'는 뜻이다. 잠언에서 이 말은 '명철하다'는 또 다른 말(빈 בִּין)이나 '지혜롭다'는 말과 동의어로 쓰인다. '생명의 샘'은 생명수를 길을 수 있는 곳이다. 생명수는 생명을 주는 유익한 교훈을 가리킨다. 어리석은 자는 죄를 짓고 죽음에 이른다. 그러나 지혜와 명철은 생명에 이르는 교훈을 준다. 그 교훈은 우리를 의의 길로 인도하고, 심령의 평안과 기쁨을 주고, 몸에 건강과 힘도 주고, 마침내 우리로 영생에 이르게 한다.

그러므로 잠언 3:18은 "지혜는 그 얻은 자에게 생명나무라. 지혜를 가진 자는 복되도다"고 말하며, 잠언 4:23은 "무릇 지킬 만한 것보다 더욱 네 마음을 지키라. 생명의 근원이 이에서 남이니라"고 말한다. 또 잠언 11:30은 "의인의 열매는 생명나무라. 지혜로운 자는 사람을 얻느니라"고 말한다. 지혜는 의에 이르고, 의는 생명에 이른다.

그러나 미련한 자에게는 그 미련한 것이 징계가 된다(NIV). 미련한 자들에게서는 미련함만 나온다. '미련함'은 사람이 자기 본분을 버리고 여러 가지 죄악에 빠지는 것이다. 하나님께서는 사람의 미련한 말들과 행위들에 대해 징계하실 것이다. 미련함은 미련한 자 자신에게 해가 되고 결국 영육의 죽음에 이른다. 그것은 심령의 어두움과 고통, 몸의 쇠약과 질병을 가져오고, 마침내 죽음과 지옥 형벌에 이르게 한다.

**〔23절〕 지혜로운 자의 마음은 그 입을 슬기롭게 하고**(야스킬 יַשְׂכִּיל; 히필형)[사려 깊게 하고, 분별력을 주고](BDB, KJV, NASB) **또 그 입술에 지식을 더하느니라.**

지혜로운 사람은 하나님을 경외하고 계명대로 사는 자이다. 지혜로운 자의 마음은 자신의 입을 슬기롭게, 사려 깊게 한다. 그것은 그에게 분별력을 준다. 그는 범사에 바르고 선하고 덕스러운 말을 할 것이다. 또 그것은 그의 입술에 지식을 더한다.

잠언의 다른 곳들에 보면, 의인의 입은 지혜를 내고(잠 10:31), 여러 사람들을 교육한다(잠 10:21). 또 지혜자의 혀는 양약 같고(잠 12:18),

지식을 선히 베풀고(잠 15:2), 그 입술은 지식을 전파한다(잠 15:7). 이것은 남을 위해서도 그러하지만, 자신에게도 그러할 것이다. 반면에, 지혜 없는 자 곧 미련한 자는 이웃을 멸시하고(잠 11:12), 칼로 찌름같이 함부로 말하며(잠 12:18), 그의 마음은 미련한 것을 전파하고(잠 12:23), 미련한 것을 나타내고(잠 13:16), 그 입은 미련한 것을 쏟으며(잠 15:2), 또 지식을 전하지 못한다(잠 15:7, 원문의 뜻).

다시 정리하면, 지혜를 가진 사람은 지혜로운 말, 바른 말, 선한 말, 덕스러운 말을 하고, 지식 곧 의의 지식, 선한 지식, 덕스러운 지식을 더하고, 자신과 남들에게 유익을 주지만, 지혜가 없는 사람 곧 미련한 사람은 미련한 말, 악한 말, 거짓된 말, 덕스럽지 못한 말을 하고, 자신의 무지와 죄악을 더하고, 자신과 남들에게 해를 끼친다.

**〔24절〕 선한 말은 꿀송이 같아서 마음에 달고 뼈에 양약이 되느니라.**

'선한 말'이라는 원어(이므레 노암 אִמְרֵי נֹעַם)는 '기쁘고 즐거운 말, 사랑스러운 말'이라는 뜻이다. 기쁘고 즐겁고 사랑스러운 말은 꿀송이 같고 마음에 달고 뼈에 양약이 된다. 잠언 4:22는 지혜의 말이 그것을 얻는 자에게 생명이 되며 몸의 건강이 된다고 말하였고, 잠언 12:18은 지혜로운 자의 혀가 양약 같다고 말하였다.

죄는 근심과 걱정, 불안과 염려, 두려움을 만들고, 그것은 슬픈 말, 불쾌한 말, 싫은 말을 하게 만들고, 그런 말은 자신이나 다른 사람의 마음에 상함을 주지만, 기쁘고 즐겁고 사랑스러운 말은 꿀송이 같고 마음에 달고 뼈에 양약이 될 것이다. 그런 말들은 자신의 몸과 마음에도, 다른 이들의 몸과 마음에도 유익이 될 것이다.

그러므로 사도 바울은 로마서에서 "우리 각 사람이 이웃을 기쁘게 하되 선을 이루고 덕을 세우도록 할지니라"고 말하였고(롬 15:2), 에베소서에서는 "무릇 더러운 말은 너희 입밖에도 내지 말고 오직 덕을 세우는 데 소용되는 대로 선한 말을 하여 듣는 자들에게 은혜를 끼치게 하라"고 말했고(엡 4:29), 또 데살로니가전서에서는 "규모 없는 자들을 권계하며 마음이 약한 자들을 안위하고 힘이 없는 자들을 붙들어 주며 모든 사람을 대하여 오래 참으라"고 권면했다(살전 5:14).

성경에 기록된 하나님의 말씀은 선한 말의 본이다. 하나님의 말씀은 기쁘고 즐겁고 사랑스런 말씀이다. 그러므로 시편 119편 저자는 하나님의 말씀이 그의 즐거움이며(24, 77, 92절), 곤란 중에 위로이며(50절), 그 맛이 꿀보다 더 달며(103절), 그래서 그는 그 말씀을 종일 묵상하고(97절), 새벽 전에 바랐고 야경이 깊기 전에 깨어 묵상하였고(147-148절), 정금보다 더 사랑하였다고 고백하였다(127절). 실상, 우리 하나님께서는 사랑과 기쁨의 하나님이시다. 성령의 열매는 사랑과 기쁨이며(갈 5:22) 천국은 의와 평안과 기쁨이 충만한 나라이다(롬 14:17).

본문의 교훈을 정리해보자. 첫째로, 마음이 지혜로운 자는 명철하다 일컬음을 받고 입이 선한 자는 지식을 더하게 한다. 우리는 하나님의 은혜로 마음이 지혜롭고 사려 깊고 분별력 있는 자가 되고, 또 다른 이들에게 지식을 주고 즐거움을 주는 설득력 있는 말을 하는 자가 되어야 한다.

둘째로, 명철한 자에게는 그 명철이 생명의 샘이 되지만, 미련한 자에게는 그 미련한 것이 징계가 된다. 우리는 미련하여 징계를 받고 멸망에 이르는 자가 되지 말고, 명철한 자가 되어 영원한 생명을 누려야 한다. 그것은 성경을 가까이 하고 죄짓지 말고 의와 선을 행함으로 가능하다.

셋째로, 지혜로운 자의 마음은 그 입을 슬기롭게 하고 그 입술에 지식을 더한다. 우리는 지혜로운 자가 되어 말을 슬기롭게, 사려 깊고 분별력 있게 하고 날마다 지식이 더하는 자가 되어야 한다. 바르고 선하고 덕스러운 말을 하는 자는 다른 이들을 가르치고 그들에게 유익을 줄 것이다.

넷째로, 선한 말, 기쁘고 즐겁고 사랑스러운 말은 꿀송이 같아서 마음에 달고 뼈에 양약이 된다. 우리는 우리에게 즐거움을 주고 위로가 되는 꿀보다 더 단 성경말씀을 사랑하는 자가 되고 또 선한 말 즉 기쁘고 즐겁고 사랑스러운 말을 해서 남에게 기쁨과 위로를 주는 자가 되어야 한다.

## 25-28절, 사망의 길, 노동, 불량함, 패려함

**〔25절〕 어떤 길은 사람의 보기에 바르나 필경은 사망의 길이니라.**

잠언 14:12에도 동일한 말씀이 나온다. 이 교훈의 말씀이 중요하기 때문에 반복하여 기록되었을 것이다. 사람은 도덕의 기준이 되지 못한다. 사람의 양심도 사람의 죄성 때문에 도덕 기준이 되기 어렵다. 그러므로 심지어 사람의 보기에 바른 길이 종종 사망의 길인 경우가 있다.

사사 시대의 특징은 사람마다 자기 소견에 옳은 대로 행한 것이었다(삿 17:6; 21:25). 그러나 그 시대는 우상숭배와 음란의 풍조가 가득한 영적으로 매우 어두운 시대이었다(삿 18, 19장). 오늘날 교회 안에는 자유주의 신학과 종교다원주의 사상, 황금만능주의, 쾌락주의의 풍조가 많이 들어와 있다. 어떤 교회들은 낙태와 동성애도 용납하고 있다. 그것들은 하나님께서 미워하시는 죄악들이다. 심지어 부모를 공경하고 자기 일에 충실하고 다른 사람에게 친절해도 하나님을 경외할 줄 모르고 돈을 최고 가치로 여기고 음란하고 거짓말하면 그것은 사망의 길이다. 사람은 회개하고 예수님을 믿지 않으면 구원을 얻을 수 없다.

삶의 기준은 오직 하나님과 그의 말씀 곧 성경이다. 십계명은 의의 기준이며 우리의 생활 규범이다. 그 도덕법은 시대에 따라, 환경에 따라 변하지 않으며 사람의 양심에도 부합한다. 성경은 하나님의 말씀이며 신앙과 행위에 있어서 정확무오한 유일한 법칙이다. 세상 사람들의 다양한 인생관은 사망에 이르는 넓은 길이다. 사람은 하나님을 경외하고 주 예수님을 믿고 성경의 교훈대로 의와 선을 행해야 한다. 우리는 사망의 길로 가지 말고 성경에 교훈된 생명의 길로 가야 한다.

**〔26절〕 노력하는 자는 식욕을 인하여 애쓰나니 이는 그 입이 자기를 독촉함이니라.**

사람은 자신을 위해 수고하며 그가 번 돈으로 맛있는 음식을 먹는다. 노동이나 식욕은 사람의 정상적 활동이며 욕구이다. 사람은 부지런히 일하며 살아야 한다. 하나님께서는 아담에게 종신토록 수고하고 얼굴에 땀이 흘러야 땅의 소산을 먹을 것이라고 말씀하셨다(창 3:17, 19). 농사, 목축, 고기잡이, 장사를 비롯해 오늘날 다양한 직업들이, 또 여성의 집안 일도 다 수고로운 일이다. 욥기 7:1은 인생의 삶이 힘든 노동 같다고 말하였고 시편 90:10은 사람의 일평생의 자랑은 수고와 슬픔뿐이라고 했다. 사람은 일하기 위해 먹고, 먹기 위해 일한다. 물론, 일하는 즐거움과 먹는 즐거움은 하나님께서 사람에게 주신 복이다.

사람은 근면해야 한다. 게으름은 악이다. 사람이 게으르면 가난해지고 궁핍해진다. 사도 바울은 데살로니가 교인들에게 "조용히 자기 일을 하고 너희 손으로 일하기를 힘쓰라"고 교훈하였고(살전 4:11) 또 "누구든지 일하기 싫어하거든 먹지도 말게 하라"고 하였다(살후 3:10).

그러나 사람이 세상에서 하는 이 모든 수고로운 삶은 실상 헛된 일이다. 예수께서는 그것을 '썩는 양식을 위한 일'이라고 표현하셨고 그것을 위해 일하지 말고 영생하도록 있는 양식 곧 하나님께서 보내신 예수 그리스도를 믿는 일을 위해 일하라고 말씀하셨다(요 6:27, 29). 그것은 영혼 구원과 성화(聖化), 전도와 교회 건립과 확장, 또 이를 위해 하나님께 헌신하고 봉사하는 일 등을 가리키셨다고 본다.

**〔27절〕 불량한 자**(이쉬 벨리야알 אִישׁ בְּלִיַּעַל)[벨리알의 사람, 악한 자, 무가치한 자]**는 악을 꾀하며 그 입술에는 맹렬한 불같은 것이 있느니라.**

'악'이라는 원어(라아 רָעָה)는 도덕적인 악뿐 아니라, 일반적인 해(害) 즉 정신적, 심리적인 해와 물질적, 육신적 해를 다 포함한다. '꾀한다'(plot)(NIV)는 원어(카라 כָּרָה)는 '[우물이나 함정 등을] 판다, 파낸다(dig up)(KJV, NASB), 탐구하다'는 뜻이다.

무가치한 자는 악을 꾀하며 궁리한다. 선한 자는 선한 일을 생각하고 선한 일을 행하지만, 악한 자는 악한 일을 생각하고 악한 일을 행한다. 또 무가치한 자의 입술에는 맹렬한 불같은 것이 있다. '불같은 것'이란, 미움, 시기, 질투, 욕심에서 나오는, 교만하고 남을 멸시하는, 독한 감정으로 하는 말과 행동을 가리킬 것이다.

주께서는 선한 사람은 그 쌓은 선에서 선한 것을 내고 악한 사람은 그 쌓은 악에서 악한 것을 낸다고 말씀하셨고(마 12:34-35), 마음에서 나오는 것은 악한 생각과 살인과 간음과 음란과 도적질과 거짓 증거와 비방이라고 말씀하셨다(마 15:19). 사도 바울은 악한 사람들의 입술에는 독사의 독이 있고 그 입에는 저주와 악독이 가득하다고 말하였고(롬 3:13-14), 또 "너희는 모든 악독과 노함과 분냄과 떠드는 것과 비방하는 것을 모든 악의와 함께 버리라"고 하였다(엡 4:31). 또 야고보는, "너희 마음 속에 독한 시기와 다툼이 있으면 자랑하지 말라. 진리를 거스려[거슬러] 거짓하지 말라. 이러한 지혜는 위로부터 내려온 것이 아니요 세상적이요 정욕적이요 마귀적이니 시기와 다툼이 있는 곳에는 요란과 모든 악한 일이 있음이니라"고 말하였다(약 3:14-16). 우리는 심령을 깨끗하게 해야 하고 악한 마음과 말과 행위를 버려야 한다.

〔28절〕 **패려한**(<u>타푸코스</u> תַּהְפֻּכוֹת)[정로를 벗어난, 비뚤어진, 패역한] **자는 다툼을 일으키고 말장이**[말쟁이]**는 친한 벗을 이간하느니라.**

패려한 자 곧 마음이 비뚤어진 자는 마음이 교만하며 하나님의 율법과 바른 교훈을 대적하고 자기 중심적이고 남에 대한 이해심이 없다. 그것은 인격의 큰 결함이다. 그런 자는 다툼을 일으킨다. 우리는 마음이 순진하고 반듯해야 하고 선악 판단이 분명해야 한다.

잠언 13:10은 "교만에서는 다툼만 일어날 뿐이라, 권면을 듣는 자는 지혜가 있느니라"고 말한다. 또 야고보는 "너희 중에 싸움이 어디로, 다툼이 어디로 좇아 나느뇨? 너희 지체 중에서 싸우는 정욕[욕심]으로 좇아 난 것이 아니냐?"라고 말하였다(약 4:1-2). 사람의 마음이 온유겸손하고 남에 대한 이해와 배려와 사랑이 있고, 또 오래 참는 마음이 있으면, 서로간에 다툼이 생길 여지가 없을 것이다.

또 말쟁이는 친한 벗을 이간한다. 사람이 말이 많으면 실수가 생긴다. 잠언 10:19, "말이 많으면 허물을 면키 어려우나 그 입술을 제어하는 자는 지혜가 있느니라." 특히 다른 사람에 대한 험담을 잘 하는 것은 인격적 결함이다. 하나님께서 미워하시는 죄악들 6, 7가지 중 "형제 사이를 이간하는 자"가 포함되어 있다(잠 6:19). 사람 사이의 이간은 한 사람에게 한 말과 다른 사람에게 한 말이 서로 다를 때, 또 상대방에게 무엇을 이해하도록 도와주지 않고 오히려 그릇된 오해를 충동질할 때 생긴다. 사도 바울은 우리에게 모든 악독과 노함과 분냄과 떠드는 것과 남을 비방하는 것을 모든 악의와 함께 버리고 서로 인자하게 하고 불쌍히 여기고 용서하라고 교훈하였다(엡 4:31-32).

본문의 교훈을 정리해보자. 첫째로, 어떤 길은 사람의 보기에 바르나 필경은 사망의 길이다. 우리는 사람들의 보기에 바른 것 같으나 사망의 길인 길로 걷지 말고 하나님의 보시기에 바른 길인 생명의 길로 걸어야 한다. 그 길은 신구약성경에 계시된 대로 하나님을 경외하고 예수 그리스도를 주님과 구주로 믿고 성경 교훈대로 바르고 선하게 사는 것이다.

둘째로, 노력하는 자는 식욕을 인하여 애쓴다. 그것은 그 입이 자기를 독촉하기 때문이다. 우리는 게으르지 말고 자기의 일에 근면해야 한다. 일하는 즐거움과 먹는 즐거움은 하나님께서 사람에게 주신 복이다. 그러나 이런 것들은 실상 다 헛된 일들이다. 우리는 이런 일들보다 하나님의 일, 곧 믿음과 성화, 전도와 교회 건립의 일에 더욱 힘써야 한다.

셋째로, 불량한 자는 악을 꾀하며 그 입술에는 맹렬한 불같은 것이 있다. 우리는 악한 심령으로 남을 해치는 악을 꾀하거나 남을 비방하거나 저주하지 말고 모든 악을 버려야 하고 깨끗한 마음으로 바르고 선한 것을 말하고 행해야 한다. 그것은 영생에 이르는 자들의 정로(正路)이다.

넷째로, 마음이 비뚤어진 자는 다툼을 일으키고 말쟁이는 친한 벗을 이간한다. 우리는 비뚤어진 심령을 가지고 다른 사람과 까닭 없이 다투거나 다른 사람들을 비난하는 말을 해서 사람들 간에 이간질을 하지 말고, 선하고 순진한 마음과 바른 인격이 되어 선악 판단을 바르게 하고 온유 겸손하고 남을 사랑하고 배려하며 화목하며 사는 자가 되어야 한다.

## 29-33절, 강포, 백발, 노를 참음, 작정

**〔29절〕 강포한 사람은 그 이웃을 꾀어 불선한 길로 인도하느니라.**

강포하고 난폭한 자는 그 이웃을 꾀어 선하지 않은 길 곧 불의하고 악한 길로 인도한다. 우리는 난폭한 자가 되거나 남을 악한 길로 이끄는 자가 되어서는 안 된다. 시편 15:1-5는, 하나님의 거룩한 산에 거할 자는 "정직하게 행하며 공의를 일삼으며 . . . 혀로 참소치 아니하고 그 벗에게 행악지 아니하며 그 이웃을 훼방치 아니하며 . . . 뇌물을 받고 무죄한 자를 해치 아니하는 자"이어야 한다고 말하였다.

우리는 난폭한 자와 친구가 되는 것도 조심해야 한다. 사람의 교제는 서로에게 영향을 준다. 선한 자와 교제하면 선한 영향을 받고 악한 자와 교제하면 악한 영향을 받는다. 시편 1:1은 "복 있는 사람은 악인의 꾀를 좇지 아니하며 죄인의 길에 서지 아니하며 오만한 자의 자리에 앉지 아니한다"고 말했다. 잠언 13:20은 "지혜로운 자와 동행하면 지혜를 얻고 미련한 자와 사귀면 해를 받느니라"고 말했다. 사도 바울도 "악한 동무들은 선한 행실을 더럽힌다"고 말했다(고전 15:33).

**〔30절〕 눈을 감는 자[**그의 눈을 찌푸리는 자**]는 패역한 일을 도모하며 입술을 닫는 자[**그의 입술을 움츠리는 자**]는 악한 일을 이루느니라.**

눈은 마음의 거울이다. 교만하고 패역한 사람은 그의 교만과 패역함이 그의 눈에서 나타난다. 그러므로 잠언 6:16-17은 여호와의 미워하시는 것 6, 7가지를 말할 때 '교만한 눈'으로부터 시작하였다. 사람의 악하고 교만한 마음은 그의 눈, 특히 그의 찌푸린 눈으로 나타난다.

또 악한 사람의 입도 그의 악한 마음을 드러낸다. 입은 사람의 인격을 나타낸다. 주께서는 "선한 사람은 그 쌓은 선에서 선한 것을 내고 악한 사람은 그 쌓은 악에서 악한 것을 낸다"고 말씀하셨다(마 12:35). 사도 바울은, 악한 자들의 목구멍은 열린 무덤이요 그 혀로는 속임을 베풀며 그 입술에는 독사의 독이 있고 그 입에는 저주와 악독이 가득하다고 말하였다(롬 3:13-14). 사람의 악하고 패역한 마음은 그의 찌푸리는 눈과 움추리는 그의 입술 모양으로 나타난다.

**〔31절〕 백발은 영화의 면류관이라. 의로운 길에서 얻으리라.**

하나님께서는 의인에게 장수(長壽)를 약속하셨다. 출애굽기 20:12, "네 부모를 공경하라. 그리하면 너의 하나님 나 여호와가 네게 준 땅에서 네 생명이 길리라." 잠언 3:16은, 지혜의 우편 손에 장수가 있고 그 좌편 손에 부귀가 있다고 말한다. 반대로, 성경은 악인에게 단명(短命)을 경고하였다. 다윗은, "하나님이여, 주께서 저희로 파멸의 웅덩이에 빠지게 하시리이다. 피를 흘리게 하며 속이는 자들은 저희 날의 반도 살지 못할 것이나 나는 주를 의지하리이다"라고 말하였다(시 55:23).

그러므로 흰머리는 영화의 면류관이며 그것은 의로운 길에서 얻는다. 잠언 20:29는 "젊은 자의 영화는 그 힘이요 늙은 자의 아름다운 것은 백발이니라"고 말한다. 물론, 의인들의 백발만 복되다. 사람이 악을 행하면서 장수하는 것은 결코 영화의 면류관이 아니며 그것은 오히려 큰 불행이다. 왜냐하면 그는 더 많은 죄를 지을 것이며 그의 죄의 벌은 더 클 것이기 때문이다. 그러나 의인이 오래 사는 것은 복되며, 의로운 길에서 얻는 그 백발은 참으로 영광의 면류관이다.

의인들의 백발은 지혜의 표이다. 그의 지혜는 많은 실패와 성공 속에서 얻은 지혜이다. 또 그 백발은 성화의 표이다. 인생의 일생은 성화의 과정이다. 또 그 백발은 봉사 사역의 표이기도 하다. 그것은 하나님의 일을 위해 많이 봉사한 표이다. 또 그 백발은 그의 행복의 표이기도 하다. 성도의 삶은 복되다. 그러므로 경건한 노인은 공경의 대상이 될 만하다. 그러므로 하나님께서는 "너는 센머리 앞에 일어서고 노인의 얼굴을 공경하며 네 하나님을 경외하라"고 말씀하셨다(레 19:32).

**〔32절〕 노하기를 더디하는 자는 용사보다 낫고 자기의 마음을 다스리는 자는 성을 빼앗는 자보다 나으니라.**

'용사'나 '성을 빼앗는 자'는 체력이 있고 전투 기술과 능력도 있고 지혜와 용기도 있는 자들이다. 그러나 노하기를 더디하고 자기 마음을 다스리는 자는 그런 용사나 성을 빼앗는 자보다 낫다. 자기의 감정을 통제하고 절제하는 것은 참으로 어렵다는 뜻이다. 인격의 훈련이 되지 않은 사람은 어린아이와 같이 자기 감정대로 말하며 행동하고 화도 쉽게 내며 또 실수하고 범죄한다.

자기의 감정을 통제하는 인격의 가치는 매우 크다. 그것은 영적으로 성숙한 어른의 모습이다. 사도 바울은, 사랑은 "오래 참고 온유하며" 또 "모든 것을 참으며 모든 것을 믿으며 모든 것을 바라며 모든 것을 견디는" 것이라고 말했고(고전 13:4, 7), 성령의 열매들로 오래 참음과 온유와 절제를 꼽았다(갈 5:22-23). 또 그는 "너희는 모든 악독과 노함과 분냄과 떠드는 것과 훼방[비방]하는 것을 모든 악의와 함께 버리고 서로 인자하게 하며 불쌍히 여기며 서로 용서하기를 하나님이 그리스도 안에서 너희를 용서하심과 같이 하라"고 말했다(엡 4:31-32). 야고보는, "내 사랑하는 형제들아, 너희가 알거니와 사람마다 듣기는 속히 하고 말하기는 더디하며 성내기도 더디하라. 사람의 성내는 것이 하나님의 의를 이루지 못함이니라"고 말하였다(약 1:19-20).

**〔33절〕 사람이 제비는 뽑으나 일을 작정하기는 여호와께 있느니라.**

제비뽑기는 옛 시대에 하나님의 뜻을 찾는 한 방법이었다. 이스라엘 백성은 범죄한 아간을 찾아낼 때 제비뽑기를 사용했고(수 7:14), 여호수아는 가나안 땅을 분배할 때도 제비뽑기를 사용했다(수 18:10). 또 사도들은 사도 한 명을 보선할 때 제비뽑기를 사용했다(행 1:26).

세상 사람들도 종종 제비뽑기를 사용하였다. 요나가 탄 배의 선장은 풍랑의 원인을 찾을 때 제비뽑기를 사용하였고(욘 1:7), 악한 하만의 동료들은 모르드개와 유다인들을 몰살시킬 날을 정할 때 제비뽑기를 하였다(에 3:7). 또 예수님을 십자가에 못박았던 로마 군병들도 그의 옷을 나눠 가지려고 할 때에 제비뽑기를 하였다(마 27:35).

사람이 제비를 뽑지만, 일을 작정하기는 여호와께 있다. '일을 작정하기'라는 원어(콜 미슈파토 כָּל־מִשְׁפָּטוֹ)는 '그 모든 결정'이라는 뜻이다. 세상의 모든 일은 사람의 뜻이나 우연에 의해 이루어지는 것이 아니고, 하나님의 뜻과 작정에 의해 이루어지는 것이다. 물론 하나님께서는 자연법칙도 사용하시고 우연한 일이나 사람의 결심이나 회의의 결정도 사용하신다. 그러나 그는 "모든 일을 그 마음의 원대로 역사하시는[행하시는]" 자이시다(엡 1:11). 시편 115:3, "오직 우리 하나님께서는 하늘에 계셔서 원하시는 모든 것을 행하셨나이다."

본문의 교훈을 정리해보자. 첫째로, 강포한 사람은 그의 이웃을 꾀어 선하지 않고 악한 길로 인도한다. 우리는 강포한 자가 되지 말고 선하고 온유한 자가 되어야 하고 또 선하고 온유한 자들과만 교제해야 한다.

둘째로, 눈을 찌푸리는 자는 패역한 일을 도모하며 입술을 움츠리는 자는 악한 일을 이룬다. 사람의 눈빛이나 입은 그의 마음의 반영이다. 우리는 눈을 찌푸리거나 입술을 움츠리는 자가 되지 말고, 우리의 눈빛이 선하며 우리의 입이 선하고 덕스러운 말을 하는 입이 되어야 한다.

셋째로, 노인들의 백발은 영화의 면류관이며 의로운 길에서 얻는다. 그러므로 노인들은 백발을 부끄러워하지 말아야 한다. 그러므로 비록 그것이 죄는 아니겠지만, 나이든 사람들은 머리털에 검정색 물을 들일 필요가 없다. 우리는 의롭게 살면서 영화의 면류관인 백발을 가지는 것을 기쁘게 생각해야 한다. 또 젊은이들은 노인들의 백발을 존경해야 한다.

넷째로, 노하기를 더디하는 자는 용사보다 낫고 자기의 마음을 다스리는 자는 성을 빼앗는 자보다 낫다. 우리는 성령을 따라 온유하고 절제하며 자기 감정을 통제하고 노하기를 더디하며 마음을 다스려야 한다.

다섯째로, 사람들이 제비는 뽑으나 일을 작정하기는 여호와께 있다. 우리는 일상생활에서 게으르지 말고 해야 할 일들을 다해야 하지만, 우리의 하는 모든 일이 하나님의 작정대로와 그의 섭리대로 됨을 알아야 한다.

# 17장: 화목, 용서, 말 절제

## 1-4절, 화목, 슬기로운 종, 연단, 악인

〔1절〕 **마른 떡 한 조각만 있고도 화목하는 것**(솰와 שַׁלְוָה)[조용한 것, 평안한 것]**이 육선(肉饍)이 집에 가득하고 다투는 것보다 나으니라.**

'마른 떡 한 조각만 있다'는 말은 고기나 우유나 과일이 없는 가난한 가정을 표현한다. '화목하는 것'이라는 원어는 '조용함, 평안함'이라는 뜻이다. 다투는 가정에는 시끄러움이 있으나 서로 사랑하고 화목한 곳에는 조용함과 평안함이 있다. 그것은 행복한 가정의 모습이다.

'육선(肉饍)'이라는 원어(지브케 זִבְחֵי)는 '제물들'이라는 뜻이다. 그것은, 구약의 율법의 규정대로, 화목제물의 일부분을 하나님께 화제(火祭)로 드리고 또 일부분을 제사장에게 돌린 후에, 나머지는 제사 드린 자들이 먹는 것을 가리킨다. 제물들이 집에 가득하다는 말은 물질적으로 유여하고 식탁에 고기가 있는 것을 가리킨다. 그러나 물질적 여유가 있는 집이라도 다툼과 시끄러움이 있으면 행복하지 못하다.

가정의 행복은 돈의 많음에 있지 않고 가족들 간에 서로 사랑하는 조용하고 평안한 삶에 있다. 잠언 15:17도 "채소를 먹으며 서로 사랑하는 것이 살진 소를 먹으며 서로 미워하는 것보다 낫다"고 말한다. 그러므로 우리는 물질적 부를 구하지 말고(딤전 6:9-10) 오히려 평안함과 자족하는 마음을 구해야 한다. 골로새서 3:15, "그리스도의 평강[평안]이 너희 마음을 주장하게 하라." 디모데전서 6:7-8, "우리가 세상에 아무것도 가지고 온 것이 없으매 또한 아무것도 가지고 가지 못하리니 우리가 먹을것과 입을 것이 있은즉 족한 줄로 알 것이니라."

〔2절〕 **슬기로운 종은** 주인의 **부끄러움을 끼치는 아들을 다스리겠고 또 그 아들들 중에서 유업을 나눠 얻으리라.**

종들 가운데는 슬기로운 종이 있고 미련한 종이 있다. 미련한 종은 주인의 뜻을 알지 못하고 게으르고 이기적이고 성질도 말씨도 나쁘지만, 슬기로운 종은 주인의 뜻을 알고 부지런하며 충성되고 헌신적이며 말씨도 좋을 것이다. '부끄러움을 끼치는 아들'은 부모에게 순종하지 않고 악을 행하는 자이다. 그런 자는 부모에게 수치가 된다.

슬기로운 종은 주인의 부끄러움을 끼치는 아들을 다스릴 것이다. 주인은 그가 신임하는 그의 충성된 종에게 자기 아들을 맡기며 그에게 상당한 권한을 주어 아들을 다스리게 하며, 그 종은 주인의 기쁘고 선한 뜻을 받들어 아들을 충실하게 교육하며 돌볼 것이다.

또 슬기로운 종은 그 아들들[10] 중에서 유업을 얻을 것이다. 그 아들들 가운데서 유업을 나눠 얻는다는 말은, 주인이 그 종을 자기 아들들 중의 하나처럼 사랑하고 귀히 여긴다는 뜻이다. 마치 다윗이 요나단의 아들 므비보셋의 종 시바에게 그 주인의 소유를 주었듯이(삼하 16:4), 그 주인은 자기 아들들에게 줄 기업의 일부를 그 종에게 줄 것이다.

하나님께서는 온 세상의 주인이시며 목사들과 교회 직분자들은 그의 종들이다. 교인들은 하나님의 자녀들이다. 천국은 하나님께서 주실 기업이다. 주께서는 제자들에게 충성되고 지혜 있는 종이 되어 때를 따라 집 사람들에게 양식을 나눠주라고 교훈하셨다(마 24:45). 미련한 종들은 하나님의 뜻을 알지 못하고 게으르고 악하지만, 슬기로운 종들은 하나님의 뜻을 이해하고 부지런하고 충성될 것이다.

**[3절] 도가니는 은을, 풀무는 금을** 연단**하거니와 여호와는 마음을 연단하시느니라**(바칸 בָּחַן)[검토하시느니라, 시험하시느니라].

하나님께서는 사람의 마음을 검토하시고 시험하신다. 사람은 마음이 중요하다. 악한 자는 악한 마음으로 악을 생각하고 행하며, 선한 자는 선한 마음으로 선을 생각하고 행한다. 그런데 모든 사람들의 마음

10) '아들들'이라는 원어(아킴 אַחִים)는 문자적으로는 '형제들'이라는 뜻이지만(KJV, NASB, NIV), 문맥적으로 주인의 아들들을 가리킨다고 본다.

은 심히 부패되어 있었다. 그러므로 예레미야 17:9는 "만물보다 거짓되고 심히 부패한 것은 마음이라"고 말하였다.

중생(거듭남)은 마음의 변화이다. 하나님께서는 에스겔을 통하여 "새 영을 너희 속에 두고 새 마음을 너희에게 주되 너희 육신에서 굳은 마음을 제하고 부드러운 마음을 줄 것이라"고 말씀하셨다(겔 36:26). 바울은, "너희는 유혹의 욕심을 따라 썩어져 가는 구습을 좇는 옛 사람을 벗어버리고 오직 심령으로 새롭게 되어 하나님을 따라 의와 진리의 거룩함으로 지으심을 받은 새 사람을 입으라"고 말했다(엡 4:22-24).

성화(聖化)는 마음의 계속적 변화이다. 에베소서 4:23에, "심령으로 새롭게 되어"라는 원어(아나네우스다이 ἀνανεοῦσθαι)(현재부정사)는 진행적, 반복적 의미를 가진다. 그것은 성화에 관계된다. 용광로가 원광을 제련하여 불순물을 제거하고 순수한 금과 은을 만들어내듯이, 하나님께서는 우리의 마음을 시험하여 악성과 악습을 제거하고 깨끗하고 선하고 좋은 인격을 만드신다. 그것이 성화이다. 성화는 마음의 변화이다. 그것은 점진적이다. 우리는 하나님께서 주신 현실을 항상 긍정적으로 받고 그 현실 속에서 마음의 단련과 변화를 받아 조금씩이라도 성화를 이루어가야 한다. 다윗은 "여호와여, 나를 살피시고 시험하사 내 뜻과 내 마음을 단련하소서"라고 기도하였다(시 26:2).

**[4절] 악을 행하는 자는 궤사한**(아웬 אָוֶן)[거짓된(KJV), 악한(BDB, NASB, NIV)] **입술을 잘 듣고 거짓말을 하는 자는 악한 혀에 귀를 기울이느니라.**

거짓과 악은 잘 통한다. 사람의 악은 마귀의 거짓말에서 비롯되었다(창 3장). 그 후, 거짓은 사람의 본성의 죄악성의 한 중요한 요소가 되었다. 만물보다 거짓되고 심히 부패한 것은 사람의 마음이다(렘 17:9). 예수께서도 마음에서 나오는 것은 살인, 간음, 도적질, 거짓 증거, 훼방 등의 악들이라고 말씀하셨다(마 15:19).

거짓과 악은 서로 통한다. 악은 정당성이 없으므로 속여야 행할 수 있고 거짓말은 주로 악을 행하기 위해 한다. 선의의 거짓말이라는 것이 있지만, 그것도 거짓말 자체는 악이라고 보인다. 그러므로 선의의 거짓말도 안 해야 한다. 목적이 좋으면 수단도 좋아야 한다. 하나님께서는 의를 명하실 때 거짓말하지 말 것도 명하셨다. 십계명의 제9계명은 거짓 증거하지 말라는 것이다. 사도 바울도 "그런즉 거짓을 버리고 각각 그 이웃으로 더불어 참된 것을 말하라. 이는 우리가 서로 지체가 됨이니라"고 말했다(엡 4:25). 거짓말은 지옥 갈 죄이다. 주께서는 요한계시록에서 "두려워하는 자들과 믿지 아니하는 자들과 흉악한 자들과 살인자들과 행음자들과 술객들과 우상숭배자들과 모든 거짓말하는 자들은 불과 유황으로 타는 못에 참여하리니 이것이 둘째 사망이라"고 말씀하셨다(계 21:8). 또 요한계시록 끝부분은 거짓말하는 자들이 천국에 들어가지 못하고 새 예루살렘 성 밖에 있을 것도 분명히 증거하였다(계 21:27; 22:15). 우리는 거짓말을 하지도 말고 듣지도 말아야 한다.

본문의 교훈을 정리해보자. 첫째로, 마른 떡 한 조각만 있고도 화목하는 것이 육선(肉饍)이 집에 가득하고 다투는 것보다 낫다. 천국을 소망하는 우리는 부하려는 욕심을 버리고 이 세상 사는 동안 먹을것과 입을 것으로 자족하며 서로 사랑함과 평안한 마음을 귀하게 여기며 지켜야 한다.

둘째로, 슬기로운 종은 주인의 부끄러움을 끼치는 아들을 다스리며 또 그 아들들 중에서 유업을 나눠 얻는다. 우리는 이 세상 사는 동안에 온 우주의 창조자와 주인이신 하나님께 욕을 돌리지 않고 영광을 돌리며 그의 뜻을 알고 실천하는 지혜롭고 충성된 종들과 자녀들이 되어야 한다.

셋째로, 도가니는 은을, 풀무는 금을 연단하지만, 여호와께서는 마음을 연단하신다. 우리는 이 세상 사는 동안 하나님께서 주시는 교훈과 단련을 통해 교만한 마음이 겸손하게 되고 더러운 마음이 깨끗하게 되고 악한 마음이 착하게 되어 하나님의 형상을 이루어야 한다. 그것이 성화이다.

넷째로, 악을 행하는 자는 거짓된 입술을 잘 듣고 거짓말을 하는 자는 악한 혀에 귀를 기울인다. 우리는 어떤 경우에도 악을 행치 말고 거짓말을 하지 말고 또 악하고 거짓된 말에 귀를 기울이지도 말아야 한다.

## 5-8절, 조롱, 손자, 거짓말, 선물

**〔5절〕 가난한 자를 조롱하는 자는 이를 지으신 주를 멸시하는 자요** 사람의 **재앙을 기뻐하는 자는 형벌을 면치 못할 자니라.**

가난한 자를 조롱하는 자는 그를 지으신 주님을 멸시하는 자이다. 잠언 14:31도 "가난한 사람을 학대하는 자는 그를 지으신 이를 멸시하는 자"라고 말했다. 가난한 자를 조롱하고 학대하는 자가 왜 그를 지으신 자 곧 하나님을 멸시하는 것이 되는가? 왜냐하면 첫째로 가난한 자도 하나님의 피조물이기 때문이다. 세상에는 빈부가 섞여 살며 그들을 지으신 이는 여호와이시다(잠 22:2). 둘째로 가난한 자의 환경여건도 하나님께서 주신 것이기 때문이다. 우리의 환경여건은, 창조주이시며 섭리자이신 하나님의 뜻 가운데 주신 것이다. 셋째로, 부자들의 물질적 유여함도 하나님의 은혜이기 때문이다. 다윗은 역대상 29:14에서 우리의 모든 것이 하나님께로 말미암았다고 고백하였고, 사도 바울은 교만하고 자랑하는 고린도교인들에게 "네게 있는 것 중에 받지 아니한 것이 무엇이뇨?"라고 책망하듯이 말하였다(고전 4:7).

우리는 다른 사람이 재앙 받는 것을 기뻐하지 말아야 한다. 잠언 24:17, "네 원수가 넘어질 때에 즐거워하지 말며 그가 엎드러질 때에 마음에 기뻐하지 말라." 다른 사람이 재앙 받는 것을 기뻐하는 자는 벌을 면치 못할 것이다. 왜냐하면 자신도 그와 똑같은 죄인이기 때문이며, 자신이 재앙을 받지 않는 것은 오직 하나님의 긍휼과 용서 때문이며, 자신에게 어떤 의가 있다면, 그것은 하나님의 은혜와 성령의 도우심으로 된 것이기 때문이다. 하나님의 은혜와 성령의 도우심이 아니면, 우리는 구주 예수님을 믿을 수도 없었고 의와 선을 행할 수도 없다.

**〔6절〕 손자는 노인의 면류관이요 아비는 자식의 영화니라.**

손자는 노인의 면류관이다. 손자들은 노인들에게 세상에서 기쁨과 낙이며 자랑거리다. 노인이, 경건하고 훌륭한 손자들을 많이 가진 것은 하나님의 복이다. 하나님께서는 그를 사랑하고 그의 계명을 지키는 자들에게 수천 대까지 은혜를 베푸시고 그 몸의 소생들이 복을 받을 것이라고 약속하셨다(출 20:6; 신 28:4).

그러므로 시편 112:1-2는, "할렐루야, 여호와를 경외하며 그 계명을 크게 즐거워하는 자는 복이 있도다. 그 후손이 땅에서 강성함이여, 정직자의 후대가 복이 있으리로다"라고 말하였고, 시편 127:3은, "자식은 여호와의 주신 기업이요 태의 열매는 그의 상급이로다"라고 말하였다. 또 시편 128:3-4는, "네 집 내실에 있는 네 아내는 결실한 포도나무 같으며 네 상에 둘린 자식은 어린 감람나무 같으리로다. 여호와를 경외하는 자는 이같이 복을 얻으리로다"라고 말하였다. 노인에게 경건하고 지혜롭고 착한 손자와 손녀가 많고 그들이 교회와 사회의 훌륭한 인물들이 되는 것은 확실히 하나님의 복이다.

또 아버지는 자식의 영광이다. 많은 자녀들에게는 그들의 아버지, 어머니가 세상에서 최고일 것이지만, 특히 그 부모가 복될 때 부모는 그들의 영광이 될 것이다. 부모는 언제 복된 자라고 할 수 있는가? 그것은, 하나님을 경외하고 성화를 이루어 좋은 인격자가 되고 하나님의 복을 많이 받았을 때이다. 즉 자녀들은 부모의 훌륭한 인격과 하나님의 함께하심과 도우심과 기도 응답과 보호하심과 공급하심을 체험하는 것을 볼 때, 그들을 자랑스러워할 것이다. 특히 부모가 교회에 기둥 같은 성도와 일꾼이 되고 성도들과 직분자들의 좋은 본이 될 때, 자녀들은 부모의 그런 모습을 보고 기뻐하고 자랑스러워할 것이다.

**〔7절〕 분외의 말을 하는 것도 미련한 자에게 합당치 아니하거든 하물며 거짓말을 하는 것이 존귀한 자에게 합당하겠느냐?**

'분외의 말'이라는 원어(세팟 예세르 שְׂפַת יֶתֶר)는 '훌륭한 말'(KJV, NASB), '경우에 맞는 말'(Vg)이라는 뜻이든지, 혹은 '과도한 말,' '거만한 말'(BDB, NIV)이라는 뜻이라고 보인다. 미련한 자는 훌륭한 말이나 경우에 맞는 말을 하는 것이 어울리지 않고, 과도한 말이나 거만한 말을 하는 것도 사람으로서 합당치 않다.

하물며, 거짓말을 하는 것이 존귀한 자에게 합당하겠는가? 합당치 않다. '존귀한 자'는 왕이나 방백 등을 가리키며, 또 예수님 믿고 하나님의 자녀와 왕 같은 제사장이 된(요 1:12; 벧전 2:9) 신약 성도도 그러하다. 하나님께서는 거짓된 혀와 거짓을 말하는 망령된 증인을 미워하신다(잠 6:16-19). 마귀는 거짓말쟁이요 거짓의 아비이며(요 8:44), 또 거짓말하는 자는 지옥에 던지울 것이다(계 21:8). 그러므로 존귀한 자에게는 거짓말이 합당치 않다. 그러므로 구약시대의 천부장과 백부장과 오십부장과 십부장은 하나님을 두려워하며 진실하며 불의한 이익을 미워하는 자이어야 했고(출 18:21, 24), 또 신약교회 집사들도 단정하고 일구이언을 하지 않는 자이어야 한다(딤전 3:8). 교회 직분자들은 물론이거니와, 모든 성도도 진실만을 말해야 한다. 진실은 하나님의 백성의 증표이며 인간 관계의 모든 신임의 기초이다. 그러므로 성도는 자신의 이해 관계를 떠나 항상 진실을 말해야 한다.

**[8절] 뇌물**[혹은 '선물']**은 임자**(베알라우 בְּעָלָיו)[그것의 소유자]**의 보기에 보석 같은즉 어디로 향하든지 형통케 하느니라.**

'뇌물'이라는 원어(쇼카드 שֹׁחַד)는 '뇌물'이라는 뜻으로 많이 쓰이나, '선물'이라는 뜻도 있고 그렇게 쓰인 예들도 있다(BDB, KB).[11] 옛날 영어성경은 '선물'(KJV)이라고 번역했다. 선물과 뇌물은 비슷하다. 그 차이는 단지 그 의도에 있다. 선물은 순수한 사랑과 감사의 표이지만, 뇌물은 무엇을 얻고자 하는 불순한 의도가 있는 것이다. 선물은 그것을 소유한 자에게 보석과 같아서 어디로 향하든지 형통케 한다.

선물은 어느 때든지 효과가 있다. 그것은 사람의 마음을 부드럽게 하고 닫힌 마음을 연다. 잠언 18:16, "선물은 그 사람의 길을 너그럽게 하며 또 존귀한 자의 앞으로 그를 인도하느니라." 잠언 19:6, "너그러

11) 왕상 15:19; 왕하 16:8; 잠 6:35; 21:14 등.

운 사람에게는 은혜를 구하는 자가 많고 선물을 주기를 좋아하는 자에게는 사람마다 친구가 되느니라." 잠언 21:14, "은밀한 선물은 노를 쉬게 하느니라." 신약성경에도 교회의 감독 곧 장로의 자격 요건들 중에 한가지는 '나그네를 대접하는 것'이었다(딤전 3:2). 선을 베푸는 것은 남에게 선물을 나눠주는 것과 같다.

뇌물도 효과가 있기는 하다. 그러나 뇌물은 불의를 조장하고 도덕적 해이를 가져오고 사회를 부패시킨다. 악한 재판관은 사람에게서 뇌물을 받고 판결을 그릇되게 한다(잠 17:23). 이스라엘 사회가 부패했을 때, 뇌물이 성행했다. 이사야 1:23, "네 방백들은 패역하여 도적과 짝하며 다 뇌물을 사랑하며." 그러나 하나님께서는, "너는 뇌물을 받지 말라. 뇌물은 밝은 자의 눈을 어둡게 하고 의로운 자의 말을 굽게 하느니라"고 말씀하셨고(출 23:8), 또 시편 15:5는 하나님의 장막에 거할 자는 뇌물을 받고 무죄한 자를 해치 않는 자라고 말하였다.

본문의 교훈을 정리해보자. 첫째로, 가난한 자를 조롱하는 자는 그를 지으신 주를 멸시하는 자요 남의 재앙을 기뻐하는 자는 벌을 면치 못할 자이다. 우리는 가난한 자를 조롱하지 말고 그를 지으신 하나님을 멸시하지 말아야 한다. 또 재앙 당한 자를 기뻐하여 벌을 받지 말아야 한다.

둘째로, 손자는 노인의 면류관이요 아버지는 자식의 영광이다. 우리는 우리의 육적 자녀들과 영적 자녀들이 번창하고 복 받기를 기도하며, 또 그들에게 신앙적, 인격적 본이 되고 복의 본도 되기를 소원해야 한다.

셋째로, 미련한 자가 훌륭한 말을 하는 것은 어울리지 않고 거만한 말을 하는 것도 합당치 않고 존귀한 자가 거짓말하는 것은 더욱 그러하다. 우리는 성도로서 모든 거짓말을 멀리하고 항상 진실한 말만 해야 한다.

넷째로, 선물은 그 주인 보기에 보석 같아서 어디로 향하든지 형통케 한다. 선물은 사람의 마음을 부드럽게 하고 닫힌 마음을 여는 효과가 있지만, 뇌물은 하나님 앞에서 죄이므로 주지도 말고 받지도 말아야 한다.

## 9-12절, 용서, 총명, 반역, 미련함

**〔9절〕 허물을 덮어 주는 자는 사랑을 구하는 자요 그것을 거듭 말하는 자는 친한 벗을 이간하는 자니라.**

허물을 덮어주는 자는 사랑을 실천하고자 하는 자이다. 잠언 10:12도 "미움은 다툼을 일으켜도 사랑은 모든 허물을 가리우느니라"고 말했다. 형제를 사랑하고 이웃을 사랑하는 자는 상대방의 허물을 덮어줄 수 있다. 사도 베드로도, "무엇보다도 열심으로 서로 사랑할지니 사랑은 허다한 죄를 덮느니라"고 말했다(벧전 4:8).

우리에게 사랑이 있으면, 우리는 남의 허물을 덮어줄 수 있고 용서할 수 있다. 주께서는 우리에게 잘못을 행한 자들이 와서 잘못했다고 말하면 하루에 일곱 번뿐 아니라 일흔 번씩 일곱 번이라도 용서하라고 말씀하셨다(마 18:22). 우리는 다른 사람의 허물을 용서하는 자가 되어야 한다. 사도 바울은 사랑은 오래 참는 것이며 모든 것을 참는 것이라고 말하였고(고전 13:4, 7), 또 교훈하기를, "너희는 모든 악독과 노함과 분냄과 떠드는 것과 훼방[비방]하는 것을 모든 악의와 함께 버리고 서로 인자하게 하며 불쌍히 여기며 서로 용서하기를 하나님이 그리스도 안에서 너희를 용서하심과 같이 하라"고 하였다(엡 4:31-32).

그러나 형제의 허물을 거듭하여 말하는 자는 친한 벗을 이간하는 자이다. 우리는 이웃의 잘못을 한번 용서하면 그것을 거듭해서 말하지 말아야 한다. 하나님께서는 우리의 죄악을 사하시고 다시는 그 죄를 기억지 않으신다(렘 31:34). 우리는 하나님의 이 사랑을 본받아야 한다. 우리는 이웃의 잘못을 거듭 말하는 자가 되지 말아야 한다.

**〔10절〕 한 마디로 총명한 자를 경계**(게아라 גְּעָרָה)[책망](BDB)**하는 것이 매 백 개로**[혹은 '백 대'] **미련한 자를 때리는 것보다 더욱 깊이 박이느니라.**

미련한 자는 하나님을 경외치 않는 자이다. 그는 교만하고 반항적이고 불평 원망하고 항상 남의 탓만 하고 바른 책망을 진지하게 받지 않는다. 그에게는 백 대의 매도 별 효과가 없다. 이런 사실은 이스라엘의 역사에서 잘 증거되었다. 이스라엘 백성은 광야에서 여러 번 징계를 받음에도 불구하고 계속 범죄했다. 그것은 사람의 타고난 본성의 죄악성 곧 전적 부패성을 잘 나타낸다. 미련한 자는 자기 행위를 바른 줄로 알고 남의 권면을 듣지 않는다(잠 12:15; 13:1). 그러므로 잠언 27:22는, "미련한 자를 곡물과 함께 절구에 넣고 공이로 찧을지라도 그의 미련은 벗어지지 아니하느니라"고 말했다.

그러나 지혜자는 하나님을 경외하는 자이다. 그는 온유하고 겸손한 자이며 책망을 들을 때 겸손히 받고 진지하게 자신을 반성하며 고친다. 잠언 12:15는 지혜로운 자는 권고를 듣는다고 말했다. 그는 부모나 선생에게 매를 맞을 필요도 없다. 왜냐하면 그에게는 한마디의 책망이 효력이 있고 그것으로 충분하기 때문이다. 그러므로 먼저 지혜자가 되는 것이 필요하고 중요하다. 우리는 어떻게 지혜자가 될 수 있는가? 그것은 우리가 하나님의 은혜로 심령에 변화를 받아 하나님을 참으로 알고 경외하고 그의 계명을 지키는 데 있다. 잠언 9:10, "여호와를 경외하는 것이 지혜의 근본이요 거룩하신 자를 아는 것이 명철이니라."

**〔11절〕 악한 자는 반역만 힘쓰나니 그러므로 그에게 잔인한 사자가 보냄을 입으리라.**

'반역'은 하나님이나 왕이나 윗사람을 대적하는 행위이다. 악한 자는 반역만 힘쓴다. 왜 그런가? 그는 교만하기 때문이다. 그는 자신을 크게 생각하며 다른 사람을 무시한다. 그는 세상이나 사회나 단체의 질서에 순응하지 않고 윗사람의 권위에 복종하지 않는다. 그는 항상 불평하고 원망하며 대적하고 반항한다.

모세 시대에 레위 지파 사람 고라는 동료들과 함께 당을 지어 유명한 족장 250명과 함께 하나님의 종 모세를 대적했다. 그는 모세가 이스라엘 총회 위에 자신을 높인다고 비난했다. 그는 온 회중을 회막문에 모아 놓고 모세를 대적하였다(민 16:1-3, 19). 신약성경 유다서에 보면,

초대교회의 거짓 교사들도 그러하였다. 그들은 교만하여 하나님께서 교회에 합법적으로 세우신 목사와 장로들을 무시하고 교회의 일들에 대해 원망하고 불평하였고 당을 지어 교회를 어지럽히고 하나님의 일들을 방해하였다(유 8, 16, 19).

선한 자들은 하나님을 경외하고 온유하고 겸손하며 순종하고 질서를 지킨다. 그들은 윗사람을 존중하고 복종하며 동료들을 사랑하고, 자신들이 속한 단체를 잘 세워보려 한다. 사도 베드로는 하나님께서 인간에 세우신 모든 제도를 주를 위해 순복하며 왕을 공경하라고 말했고(벧전 2:13-14, 17), 사도 바울은 주 안에서 성도들을 다스리며 권면하는 자들을 가장 귀히 여기라고 교훈했다(살전 5:12-13). 또 히브리서 13:17은, "너희를 인도하는 자들에게 순종하고 복종하라"고 말했다.

본문은 "그러므로 그에게[악한 자에게] 잔인한 사자가 보냄을 입으리라"고 말한다. 모세를 대적하였던 고라와 그 동료들과 그 가족들은 땅이 갈라져 산 채로 땅 속에 묻히어 멸망하였다(민 16:31-33).

**〔12절〕 차라리 새끼 빼앗긴 암콤을 만날지언정 미련한 일을 행하는 미련한 자를 만나지 말 것이니라.**

새끼 빼앗긴 암콤은 성질이 나서 매우 난폭한 상태에 있을 것이다. 미련한 자는 그보다 더하다는 것이다. 즉 미련한 자는 심히 난폭하고 거칠며 이성적 판단이나 이해심이나 자제심이 없어 보이는 자이다.

사람은 참으로 미련하고 악하다. 사람들이 서로 위하고 서로 사랑하며 조용히, 평온하게 살면 얼마나 좋겠는가! 그러나 이 세상의 현실은 그렇지 않다. 하나님을 모르는 사람들은 공의의 심판자이신 하나님을 두려워하는 마음이 없기 때문에 이웃에게 악을 행하고 매우 이기적이고 탐욕적이다. 있는 자는 없는 자를 무시하고 없는 자는 있는 자를 적대시한다. 서로 속이고 속으며 서로 죽이고 죽는다. 세상은 치열한 생존경쟁의 싸움터이다. 사람들은 남을 짓밟고 부와 권세를 얻으려 하며 자기의 유익을 위해서는 불법과 비리를 마다하지 않는다.

사람들은 때때로 짐승보다도 못하다. 헤롯 대왕은 자기 왕위의 안전을 위해 베들레헴 부근의 두 살 이하의 모든 어린 아기들을 학살했다(마 2:16). 이것은 강한 것이 약한 것을 잡아먹는 동물세계보다도 더한 일이며, 이런 일이 인류역사에는 종종 있었다. 20세기의 2차 세계대전 기간, 독일의 나치 정권의 독재자 아돌프 히틀러는 유대인 멸종정책을 폈고 약 6백만명의 유대인을 학살하였다. 또 러시아에서 시작된 공산주의 혁명은 오늘까지 세계적으로 약 1억명의 사람을 죽였다고 추정된다. 그 가운데는 이북에서 일어난 학살과 처형들도 포함된다.

지혜자는 하나님을 경외하고 그의 뜻을 따라 이웃을 사랑하는 자이다. 그는 다른 사람에게 선을 행하고 악을 행치 않는다. 지혜자는 많이 배우고 많이 가졌을지라도 많이 배우지 못하고 많이 가지지 못한 자들을 무시하지 않고 오히려 그들을 배려하고 어려운 이웃을 돌아본다.

본문의 교훈을 정리해보자. 첫째로, 남의 허물을 덮어 주는 자는 사랑을 실천하는 자요 그것을 거듭 말하는 자는 친한 벗을 이간하는 자이다. 우리는 사람들을 사랑하며 그들의 허물을 덮어주고 용서하는 너그러운 자가 되고, 그들의 실수를 거듭 말하는 사랑 없는 자가 되지 말아야 한다.

둘째로, 한 마디로 총명한 자를 책망하는 것이 매 백 대로 미련한 자를 때리는 것보다 더욱 깊이 박인다. 우리는 교훈과 징계을 주거나 받기 전에 우리와 우리 자녀들이 먼저 지혜자가 되는 것이 필요함을 알고 하나님을 알고 그를 경외하며 그의 계명대로 사는 마음을 가져야 한다.

셋째로, 악한 자는 반역만 힘쓰므로 잔인한 사자가 그에게 보내진다. 우리는 하나님을 경외하고 그의 뜻을 따라 세상이나 사회나 단체의 질서를 지키고 하나님께서 합법적으로 세우신 권세에 복종해야 한다. 우리는 결코 반역하는 사람이 되지 말고 그런 자들과 동류도 되지 말아야 한다.

넷째로, 우리는 차라리 새끼 빼앗긴 암콤을 만날지언정 미련한 일을 행하는 미련한 자를 만나지 말아야 한다. 우리는 난폭한 미련한 자가 되지 말고, 하나님을 경외하고 선을 행하는 지혜로운 자가 되어야 한다.

## 13-16절, 악, 다툼, 오판, 미련함

**〔13절〕 누구든지 악으로 선을 갚으면 악이 그 집을 떠나지 아니하리라.**

사람이 악으로 선을 갚는 것은 참으로 악한 일이다. 그것은 배갑절의 악이다. 사람이 남에게 악을 행하는 것도 악한 일인데, 자기에게 선을 베푼 자에게 악으로 갚는 것은 얼마나 큰 악인가! 하나님께서는 그런 악에 대한 보응으로 악이 그 집을 떠나지 않게 하실 것이다. 사사시대에 세겜 사람들은 아비멜렉을 도와 기드온의 아들들인 그의 형제 70명을 죽이게 하였는데, 3년 후에 하나님께서는 세겜 사람들과 아비멜렉이 서로 싸워 아비멜렉과 많은 세겜 사람들을 죽게 하셨다(삿 9장). 또 대제사장 여호야다의 배려로 7살에 왕이 되었던 유다 왕 요아스는 자기에게 하나님의 말씀을 전하여준 여호야다의 아들 스가랴를 성전 뜰에서 돌로 쳐죽이게 했는데, 1년 후에 하나님께서는 그가 아람 군대의 침입으로 인하여 크게 부상을 입게 하셨고 신하들의 모반으로 침상에서 죽임을 당케 하셨다(대하 24장). 하나님의 보응들이었다.

주 예수께서는 우리가 악으로 악을 갚는 것도 금하셨고 모든 사람에게 선을 행하고 원수까지도 사랑하라고 교훈하셨다. 마태복음 5:39, "나는 너희에게 이르노니 악한 자를 대적지 말라. 누구든지 네 오른편 빰을 치거든 왼편도 돌려대라." 마태복음 5:44, "나는 너희에게 이르노니 너희 원수를 사랑하며 너희를 핍박하는 자를 위하여 기도하라." 사도 바울도 같은 교훈을 했다. 로마서 12:17, "아무에게도 악으로 악을 갚지 말고 모든 사람 앞에서 선한 일을 도모하라." 로마서 12:20-21, "네 원수가 주리거든 먹이고 목마르거든 마시우라. . . . 악에게 지지 말고 선으로 악을 이기라." 이러한 행위는 지옥 가야 마땅했던 우리를 구원하신 하나님의 긍휼과 사랑을 본받는 일이다.

**〔14절〕 다투는 시작은** 방축에서 **물이 새는 것 같은즉 싸움이 일어나기 전에 시비를 그칠 것이니라.**

작은 싸움에서 큰 싸움이 나오며 사소한 다툼이 큰 다툼으로 확대되기도 한다. 담뱃불이 대형 산불로 번지기도 한다. 1914년 세르비아의 한 암살자가 오스트리아의 황태자 프란시스 페르디난드를 쏘아 죽인 사건이 1차 세계대전의 시작점이 되었고 4년간의 전쟁으로 전세계적으로 군인들만 약 천만명이 죽었다고 한다.

다툼은 육신적 죄악이다. 사도 바울은 갈라디아서 5:19-20에서 사람을 천국에 들어가지 못하게 하는 육체의 일들을 열거하면서 "원수를 맺는 것과 분쟁과 시기와 분냄과 당 짓는 것과 분리함" 등을 말하였다. 야고보도 마음 속에 독한 시기와 다툼은 위로부터 내려온 지혜가 아니요 세상적이요 정욕적이요 마귀적이라고 말했고(약 3:14-15) 또 사람의 다툼은 육신적 욕심에서 나온 것이라고 하였다(약 4:1-2).

물론, 진리의 싸움이 있다. 그러나 비록 근본적 진리들에 있어서는 일치가 필요하고 그것을 위해서는 양보할 수 없으며 끝까지 싸워야 하고, 또 중요한 진리들에 있어서도 겸손과 인내로 토론하고 변론함으로 일치된 생각에 이르기를 힘써야 하지만, 사소한, 지엽적, 혹은 불확실한 문제에 있어서는 다른 사람들의 견해들을 존중하고 서로 관용해야 하며 무익한 논쟁이나 변론을 피해야 한다(딤후 2:23-24).

그러므로 진리의 싸움 외에는 싸움을 피하는 것이 지혜이다. 그러려면 겸손과 관용, 인내와 양보가 필요하다. 아브라함의 종들과 롯의 종들이 서로 다투었을 때, 아브라함은 롯에게 "네가 좌하면 나는 우하고 네가 우하면 나는 좌하리라"고 말함으로 양보의 정신을 발휘했다(창 13장). 우리는 항상 분쟁이 없이 같은 마음을 가져야 한다(고전 1:10).

**〔15절〕 악인을 의롭다 하며 의인을 악하다 하는 이 두 사람은 다 여호와의 미워하심을 입느니라.**

악인을 의롭다고 하는 것은 양심 즉 도덕적 분별력이 흐린 것이며 판단이 잘못된 것이다. 사람은 선입견이나 편견을 가질 때 그러하기 쉽다. 팔이 안으로 굽는다는 말이 있듯이, 사람은 자기 가족이나 친한 친구의 잘못을 옹호하기 쉽다. 그러나 바른 사람은 그렇지 않다. 유다 왕 아사는 우상숭배하는 모친을 정죄하여 그의 태후의 직위를 폐하였다(왕상 15:13). 그것은 잘한 일이었다. 또 악한 자를 의롭다고 하는 자는 본인도 악한 자일 가능성이 많다. 악한 생각과 판단은 악에서 나온다. 실상, 악인을 의롭다고 칭찬하는 것은, 그로 회개치 못하게 하는 일이요 그를 사랑하는 것이 아니고 그 영혼을 죽이는 것이다.

또한 의인을 악하다고 하는 것도 매우 악한 일이다. 거짓 선지자들은 하나님의 종들을 악평하며 비방하였다. 엘리야는 거짓 선지자들과 850 대 1의 싸움을 싸워야 했고(왕상 18:19), 미가야는 거짓 선지자들과 400 대 1의 싸움을 싸워야 했다(왕상 22:6). 예레미야도 거짓 선지자들과 싸웠다. 유대의 종교지도자들은 예수님을 악하다고 비방하였고 그를 정죄하여 마침내 십자가에 죽으시게 했다. 율법주의 유대인들은 바울을 악하고 속이는 자, 돈이나 탐하는 자라고 비난하고 정죄했다.

그러나 악인을 의롭다고 하든지 의인을 악하다고 하는 이 두 사람은 다 여호와의 미워하심을 받을 것이다. 더욱이 하나님께서 인정하시고 사랑하시는 자를 정죄하는 것은 하나님께서 매우 미워하시는 일이다. 예수 그리스도의 이름을 가진 지극히 작은 종 하나에게 베푼 호의가 주께 베푼 것이요 그를 해친 것이 주를 해친 것이다(마 25:31-46).

**〔16절〕 미련한 자는 무지하거늘 손에 값을 가지고 지혜를 사려 함은 어찜인고.**

미련한 자는 무지하다. 그는 진리를 깨닫는 마음이나 사모하는 마음이 없다. 그러나 본문은 "미련한 자가 손에 값을 가지고 지혜를 사려 한다"고 말한다. 미련한 자는 진리에 대한 바른 깨달음이나 사모함이 없으면서도 때로는 세상적인 욕심 때문에나 형식적으로나 외식적으로 지혜를 돈으로 사려 한다.

사도행전 8장에 보면, 마술쟁이 시몬은 주의 사도들이 안수함으로 사람들이 성령 받는 것을 보고 돈을 주며 "이 권능을 내게도 주어 누구든지 내가 안수하는 사람은 성령을 받게 하여 주소서"라고 말하였다(행 8:18-19). 그러나 사도 베드로는 그에게 "네가 하나님의 선물을 돈 주고 살 줄로 생각하였으니 네 은과 네가 함께 망할지어다," "그러므로 너의 이 악함을 회개하고 주께 기도하라"고 책망하였다(행 8:20, 22).

돈은 자신이 지혜를 얻는 데 약간의 도움이 되기는 할 것이다. 돈이 있으면 시간의 여유를 조금 가질 수 있고 성경책이나 신앙적 서적들을 살 수 있고 구제와 선행을 실천할 수 있을 것이다. 그러나 돈으로 지혜를 살 수는 없다. 지혜는 돈을 가지고 얻을 수 없다. 실상, 지혜는 돈이 없어도 얻을 수 있다. 하나님을 믿고 섬기는 일은 돈이 드는 일이 아니다. 천국은 입장권을 사서 들어가는 곳이 아니다.

지혜는 하나님께로부터 온다. 지혜는 하나님께서 주시는 은혜이다. "여호와께서는 지혜를 주신다"(잠 2:6). 우리는 성경을 읽고 기도함으로써 하나님께로부터 지혜를 얻을 수 있고 많이 얻을 수 있다. 야고보서 1:5, "너희 중에 누구든지 지혜가 부족하거든 모든 사람에게 후히 주시고 꾸짖지 아니하시는 하나님께 구하라. 그리하면 주시리라."

본문의 교훈을 정리해보자. 첫째로, 누구든지 악으로 선을 갚으면 악이 그 집을 떠나지 않을 것이다. 우리는 악으로 선을 갚는 악한 자가 되지 말고, 모든 사람에게 선을 베풀고 우리에게 악을 행하는 자에게도 악으로 갚는 대신에 선을 베푸는 자가 되어야 한다. 그것이 하나님의 뜻이다.

둘째로, 다투는 시작은 방축에서 물이 새는 것 같은즉 싸움이 일어나기 전에 시비를 그쳐야 한다. 우리는 꼭 필요한 진리의 선한 싸움 외에는 가급적 싸움을 피하고, 겸손과 관용, 인내와 양보의 덕을 가져야 한다.

셋째로, 악인을 의롭다 하며 의인을 악하다 하는 이 두 자는 여호와의 미워하심을 입는다. 우리는 바른 분별력으로 의와 불의를 판단해야 한다.

넷째로, 미련한 자는 무지하면서도 손에 값을 가지고 지혜를 사려 한다. 그러나 우리는 성경을 읽고 기도하며 지혜를 사모하여 얻어야 한다.

## 17-20절, 친구, 보증, 다툼, 패역

〔17절〕 **친구는 사랑이 끊이지 아니하고 형제는 위급한 때**까지 **위하여 났느니라.**

좋은 친구는 언제나 상대를 사랑한다. 그는 선한 사마리아 사람같이(눅 10:33-35) 어려움 당한 이웃을 위하여 시간과 물질을 아끼지 않는다. 주께서는 친구를 위해 목숨을 버릴 수 있는 사랑이 참 사랑이라고 말씀하셨고 또 우리가 그의 명령대로 서로 사랑하면 그의 친구라고 말씀하셨다(요 15:13-14). 우리는 주의 말씀대로 목숨까지 버릴 수 있는 참 사랑으로 형제와 친구를 사랑해야 한다.

형제는 위급한 때에 도움이 된다. 하나님의 자녀된 성도들은 서로 형제들이다. 예수 그리스도께서는 제자들을 "내 형제들"이라고 부르셨다(마 28:10). 예수님 믿고 구원 얻은 성도들은 참된 사랑을 가지고 서로 사랑해야 한다. 사도 요한은, 우리가 형제를 사랑할 때 사망에서 생명 안으로 들어온 것을 알지만, 형제를 미워하면 아직 사망 가운데 사는 사람이라고 말했고, 또 주께서 우리를 위해 목숨을 버리셨으므로 우리도 형제를 위해 목숨을 버리는 것이 마땅하며 또 이 세상 재물을 가지고 형제의 궁핍을 도와야 한다고 말하였다(요일 3:14-17).

사랑은 자기의 유익을 구하지 않는다(고전 13:5). 참 사랑은 형제가 위급한 일을 당했을 때 그를 돕는 것이다. 아브라함은 조카 롯이 시날 왕과 그 연합군에게 사로잡혔다는 소식을 듣고 집에서 기르고 훈련시킨 자들 318명을 거느리고 단까지 가서 그들을 밤에 쳤고 다메섹 좌편 호바까지, 즉 약 240킬로미터 이상을 쫓아가서 모든 빼앗겼던 재물과 조카 롯을 찾아왔다(창 14:14-16). 그런 것이 참된 사랑이다.

〔18절〕 **지혜 없는**(카사르 레브 חֲסַר־לֵב)[마음 없는, 생각 없는] **자는 남의 손을 잡고**(토케아 카프 תֹּקֵעַ כָּף)[손바닥을 치고, 보증하고](BDB) **그 이웃 앞에서 보증이 되느니라.**

손바닥을 치는 것은 옛날부터 보증하는 행위이었던 것 같다. 욥기 17:3, "청컨대 보증물을 주시고 친히 나의 보주(保主)가 되옵소서. 주 외에 나로 더불어 손을 칠 자가 누구리이까?" 잠언 6:1, "네가 만일 이웃을 위하여 담보하며 타인을 위하여 보증하였으면[손바닥을 쳤으면]." 잠언 22:26, "너는 사람으로 더불어 손을 잡지[손바닥을 치지] 말며 남의 빚에 보증이 되지 말라."

남의 빚 보증을 서는 자는 지혜가 없다. 지혜로운 자는 남의 빚 보증을 서지 않지만, 지혜 없는 자는 남의 빚 보증을 선다. 이것은 오늘날에도 많은 사람들이 경험한 바이었다. IMF 때에, 적지 않은 사람들이 연대보증 때문에 집을 잃거나 물질적 큰 손실을 입었다. 빚 보증을 서는 것이 지혜 없는 일이라는 것은 분명하다. 그러므로 빚 보증은 상대방이 무슨 사정이 생겼을 때 대신 돈을 갚을 만한 충분한 물질적 여유가 있는 경우에든지, 아니면 보증한 금액만큼을 잃어버릴 각오를 할 경우에만 서야 할 일일 것이다. 그런 경우가 아닌데 이웃을 위해 빚 보증을 서는 것은 명예심이나 모험심에 불과하고 이웃의 빚을 떠맡아 큰 낭패를 입게 될 것이다. 그것은 확실히 어리석은 일이다.

**〔19절〕 다툼을 좋아하는 자는 죄과를 좋아하는 자요[12] 자기 문을 높이는 자는 파괴를 구하는 자니라.**

다툼을 좋아하는 자는 죄과를 좋아하는 자이다. '죄과'라는 원어(페솨 פֶּשַׁע)는 '죄' 혹은 '[율법을] 어김'이라는 뜻이다(BDB). 다툼을 좋아하는 자는 교만하며 교만은 하나님 앞에서 사람의 가장 근본적인 죄악이다. 그러나 온유하고 겸손한 자는 하나님의 명령과 교훈을 지키며 서로 다투지 않는다.

하나님께서는 우리가 온유하고 겸손한 마음을 가지고 서로 다투지

12) "죄과를 좋아하는 자는 다툼을 좋아하는 자니라"(NASB)고 번역하기도 하지만, 본문처럼 번역하는 것(KJV, NIV)이 문맥상 나아 보인다.

말고 관용하기를 원하신다. 주께서는 "나는 마음이 온유하고 겸손하니 나의 멍에를 메고 내게 배우라"고 말씀하셨다(마 11:29). 야고보는 말하기를, "너희 중에 지혜와 총명이 있는 자가 누구뇨? 그는 선행으로 말미암아 지혜의 온유함으로 그 행함을 보일지니라. 그러나 너희 마음 속에 독한 시기와 다툼이 있으면 자랑하지 말라. 진리를 거스려[거슬러] 거짓하지 말라. 이러한 지혜는 위로부터 내려온 것이 아니요 세상적이요 정욕적이요 마귀적이니 시기와 다툼이 있는 곳에는 요란과 모든 악한 일이 있음이니라. 오직 위로부터 난 지혜는 첫째 성결하고 다음에 화평하고 관용하고 양순하며"라고 했다(약 3:13-18).

또 자기 문을 높이는 자는 파괴를 구하는 자이다. '자기 문을 높이는 자'라는 말은 자기 집을 돋보이게 하는 자, 즉 교만하고 자랑하는 자를 가리킨 것이라고 본다. 그런 사람은 파괴 혹은 멸망을 구하는 자이다. 사람이 교만하면 멸망하고 만다. 잠언 16:18은, "교만은 패망의 선봉이요 거만한 마음은 넘어짐의 앞잡이니라"고 말했다.

**〔20절〕 마음이 사특한**(익케쉬 עִקֵּשׁ)[정도에서 벗어난, 패역한, 비뚤어진] **자는 복을 얻지 못하고 혀가 패역한 자는 재앙에 빠지느니라.**

마음이 비뚤어진 자는 복을 얻지 못한다. 하나님께서는 그런 자를 미워하시기 때문이다. 잠언 11:20, "마음이 패려한(익케쉬 עִקֵּשׁ)[비뚤어진, 패역한] 자는 여호와의 미움을 받아도 행위가 온전한 자는 그의 기뻐하심을 받느니라."

성도는 마음이 정직하고 순진하며 온유하고 선해야 하며 나다나엘같이 그 속에 간사함이 없는 자이어야 한다(요 1:47). 하나님의 나라에 들어갈 자는 정직하며 의로운 자이어야 한다(시 15:1-2). 성경은 우리가 과거에 유혹의 욕심을 따라 죄악된 습관을 따라 살았으나, 이제는 심령으로 새롭게 되어 하나님을 따라 의와 진리의 거룩함으로 지으심을 받은 새 사람이 되었다고 말한다(엡 4:22-24).

또 혀가 패역한 자는 재앙에 빠진다. '패역하다'는 말도 '사특하다'는 말과 비슷하다. 사람이 마음이 패역하면 말도 그렇다. 그는 윗사람이나 동료에 대해 기본적 예절을 갖춘 말을 하지 않는다. 그는 이웃에 대해 이해심이 없고 남을 비방하는 말을 쉽게 할 것이다. 그는 재앙에 빠진다. 왜냐하면 하나님께서 벌을 내리시기 때문이다. 사람의 복과 재앙은 다 하나님께서 내리시는 것이다. 그러므로 잠언 10:31은 "의인의 입은 지혜를 내어도 패역한 혀는 베임을 당할 것이니라"고 말한다.

성도의 선한 인격은 그의 말로 나타난다. 시편 15:3은 하나님의 집에 거할 자는 그 혀로 남을 비방하거나 헐뜯지 않는 자이어야 한다고 말하였다. 그러므로 사도 바울은 "무릇 더러운 말은 너희 입밖에도 내지 말고 오직 덕을 세우는 데 소용되는 대로 선한 말을 하여 듣는 자들에게 은혜를 끼치게 하라"고 교훈하였다(엡 4:29).

본문의 교훈을 정리해보자. 첫째로, 친구는 사랑이 끊이지 않고 형제는 위급한 때까지 위해 났다. 우리는 세상 사는 동안 좋은 친구가 되고 좋은 형제가 되어야 한다. 우리는 특히 예수님을 믿는 믿음 안에서 서로 형제와 친구가 된 줄 알고 서로를 위하고 위급한 때 돕는 자가 되어야 한다.

둘째로, 지혜 없는 자는 남의 빚 보증이 된다. 잠언 22:26은 "너는 남의 빚에 보증이 되지 말라"고 말하였다. 왜냐하면 우리가 상대방의 진심을 알기 어렵고 또 아무도 사람의 미래의 경제여건을 알 수 없기 때문이다.

셋째로, 다툼을 좋아하는 자는 죄를 좋아하는 자요 자기 문을 높이는 자는 파괴를 구하는 자이다. 우리는 교만과 다투는 마음을 버리고 하나님께서 원하시는 대로 온유하고 겸손하고 관용하는 마음을 가져야 한다. 하나님의 뜻은 우리가 온유와 겸손으로 서로 사랑하며 우애하는 것이다.

넷째로, 마음이 비뚤어진 자는 복을 얻지 못하고 혀가 패역한 자는 재앙에 빠진다. 우리는 마음의 비뚤어짐과 혀의 패역함을 버리고, 정직하고 순진하고 온유하고 선한 마음을 가지고 선하고 덕스러운 말을 해야 한다. 그런 사람은 세상에서 재앙에 빠지지 않고 하나님의 복을 얻을 것이다.

## 21-24절, 미련함, 즐거움, 뇌물, 지혜

**〔21절〕 미련한 자를 낳는 자는 근심을 당하나니 미련한 자의 아비는 낙이 없느니라.**

'미련한 자'는 하나님을 알지 못하고 경외치 않고 그의 뜻을 알지 못하고 그 뜻에 순종치 않는 자이다. 그는 불경건하고 부도덕하고 악하다. 사람의 미련함은 타고난 것이다. 모든 사람은 다 죄인이며 그러므로 다 미련하다. 육으로 난 상태만으로는 하나님의 나라에 들어갈 자가 없다. 사람의 영혼은 물과 성령으로 다시 나지 않으면 하나님 나라에 들어갈 수 없다(요 3:5). 사람의 마음은 만물보다 심히 부패하여 치료 불가능하다(렘 17:9). 구스인이 그 피부를, 표범이 그 반점을 변할 수 없듯이, 악에 익숙한 인생은 참된 선을 행할 수 없다(렘 13:23).

그러나 사람은 하나님의 은혜로 또 하나님과 그의 뜻에 대한 교훈으로 경건과 도덕성을 얻게 되고 또 구원에 이르는 지혜를 얻을 수 있다. 하나님을 경외하는 것이 지혜와 지식의 근본이다(잠 1:7; 9:10).

그러나 미련한 자를 낳은 자는 근심이 많으며 미련한 자의 아비는 낙이 없다. 미련한 자녀는 부모의 말을 듣지 않고 이웃을 해롭게 하기 때문이다. 잠언 10:1, "미련한 아들은 어미의 근심이니라." 잠언 17:25, "미련한 아들은 그 아비의 근심이 되고 그 어미의 고통이 되느니라." 잠언 19:13, "미련한 아들은 그 아비의 재앙이요." 그러나 그것도 하나님의 은혜로 부모에게 유익이 될 수 있다. 부모는 자녀들의 미련함이 자신들의 부족임을 깨닫고 회개할 때 하나님 앞에 겸손해지며 늦게나마 그들을 위해 하나님의 은혜와 긍휼을 구하게 될 것이다.

**〔22절〕 마음의 즐거움은 양약이라도 심령의 근심은 뼈로 마르게 하느니라.**

마음의 즐거움은 양약이다. 양약은 병을 치료하거나 건강의 회복에 좋은 약이다. 마음의 즐거움은 바로 그런 약과 같다. 그러므로 오늘날

웃음 치료라는 말이 있고 억지로라도 웃으라는 조언도 있다.

사람의 참된 기쁨과 즐거움은 어디로부터 오는가? 사람의 참 기쁨과 즐거움은 하나님과의 바른 관계에서 얻을 수 있다. 인생의 참 기쁨은 하나님께로부터 나온다. 하나님께서는 우리의 참 기쁨의 근원이시다. 사람들에게 있는 슬픔과 근심은 죄로부터 왔다. 예수께서는 "수고하고 무거운 짐 진 자들아, 다 내게로 오라. 내가 너희를 쉬게 하리라"고 말씀하셨다(마 11:28). 하나님의 나라는 성령 안에서 의와 평안과 기쁨이다(롬 14:17). 성령의 열매는 사랑과 기쁨과 평안을 포함한다(갈 5:22). 천국에는 더 이상 눈물과 고통이 없을 것이다(계 21:3-4).

심령의 근심은 뼈로 마르게 한다. 그것은 우리가 경험할 수 있는 바이다. 심령의 근심이나 스트레스가 몸의 건강을 해친다는 것은 상식이 되었다. 오늘날에 적지 않은 사람들이 가지고 있는 질병인 우울증은 환경에서 오는 스트레스가 주된 원인으로 생각되고 있다.

인생의 삶은 수고와 슬픔의 삶이다. 모세는 "우리의 연수가 칠십이요 강건하면 팔십이라도 그 연수의 자랑은 수고와 슬픔뿐이요 신속히 가니 우리가 날아가나이다"라고 증거하였다(시 90:10). 주께서도 인생은 '수고하고 무거운 짐 진 자들'이라고 증거하셨다(마 11:28). 인생의 삶이 수고롭고 슬픔과 근심이 많은 까닭은 죄 때문이다. 악인에게는 평안이 없다(사 57:21). 또 심령의 근심과 염려는 사람의 뼈로 마르게 하고 몸의 건강을 해치고 마침내 죽음에 이르게 할 것이다.

그러나 하나님께서는 심령의 참된 안정과 평안을 주실 수 있다. 주 예수님을 믿고 구원 얻은 성도들은 주 안에서 참된 평안을 얻었고 또 주 안에서 항상 기뻐할 수 있게 되었다.

**[23절] 악인은 사람의 품에서 뇌물을 받고 재판을 굽게 하느니라.**

뇌물은 목적이 순수하지 않은 선물을 가리킨다. '사람의 품에서'라는 말은 뇌물이 은밀히 전달되는 것을 묘사한다. 뇌물은 다른 사람 보기에 떳떳하지 못하고 양심에 거리끼므로 은밀히 주고받는다. 특히 뇌물은 재판관의 판결을 굽게 한다. 출애굽기 23:8, "너는 뇌물을 받지 말라. 뇌물은 밝은 자의 눈을 어둡게 하고 의로운 자의 말을 굽게 하느니라." 신명기 16:19, "[너는] 뇌물을 받지 말라. 뇌물은 지혜자의 눈을 어둡게 하고 의인의 말을 굽게 하느니라."

공의는 재판관에게뿐 아니라, 모든 사람에게 요구된다. 그것은 하나님의 명하신 것이다. 레위기 19:35-36, "너희는 재판에든지 도량형에든지 불의를 행치 말고 공평한 저울과 공평한 추와 공평한 에바와 공평한 힌을 사용하라. 나는 너희를 인도하여 애굽 땅에서 나오게 한 너희 하나님 여호와니라." 시편 15:1-2, "여호와여, 주의 장막에 유할 자 누구오며 주의 성산에 거할 자 누구오니이까? 정직하게 행하며 공의를 일삼으며 그 마음에 진실을 말하며." 시편 106:3, "공의를 지키는 자들과 항상 의를 행하는 자는 복이 있도다."

사람은 왜 불의의 길로 가는가? 그것은 하나님을 두려워함이 없기 때문이다. 잠언 8:13, "여호와를 경외하는 것은 악을 미워하는 것이라." 잠언 16:6, "여호와를 경외함으로 인하여 악에서 떠나게 되느니라." 또 사람은 돈과 명예와 권세 등 세상의 욕심 때문에 불의의 길로 간다. 아간은 아름다운 외투와 금과 은을 탐해서 하나님의 명령을 어겼고(수 7:21), 가룟 유다는 은 30개 때문에 주님을 배신하였다(마 26:15).

**〔24절〕 지혜는 명철한 자의 앞에 있거늘 미련한 자는 눈을 땅끝에 두느니라.**

지혜는 명철한 자의 앞에 있다. '명철한 자'는 하나님과 사람에 대한 깨달음을 가진 자를 가리킨다. 하나님을 경외하는 자는 모두 명철한 자이다. 지혜는 그들의 가까이에 있다. 명철한 자는 지혜를 앞에 두고 그것을 사용하고 생활의 지침으로 삼는다. 지혜는 그의 신중한 얼굴 표정에서도 보일 것이다.

하나님께서는 지혜의 근원이시며, 하나님을 경외함이 지혜의 근본이다(잠 9:10; 시 111:10). 하나님께서는 그를 경외하는 자에게 가까이 하신다. 신명기 4:7, "우리 하나님 여호와께서 우리가 그에게 기도할 때마다 우리에게 가까이 하심과 같이 그 신의 가까이 함을 얻은 나라가 어디 있느냐?" 시편 25:14, "여호와의 친밀함이 경외하는 자에게 있음이여, 그 언약을 저희에게 보이시리로다." 또 성경 곧 하나님의 말씀은 지혜의 말씀이다. 성경을 가까이 하는 자는 늘 지혜롭게 살 것이다. 신명기 4:6, "너희는 [하나님의 율법을] 지켜 행하라. 그리함은 열국 앞에 너희의 지혜요 너희의 지식이라. 그들이 이 모든 규례를 듣고 이르기를 이 큰 나라 사람은 과연 지혜와 지식이 있는 백성이로다 하리라." 시편 119:98-100은 성경말씀을 늘 가까이하고 묵상함으로 원수보다, 스승보다, 노인보다 지혜롭고 명철하였다고 말한다.

그러나 미련한 자는 눈을 땅끝에 둔다. 미련한 자는 하나님을 알지 못하고 성경 읽고 기도하는 것을 알지 못한 채 지혜를 먼데서 찾는다. 그는 지혜가 없다. 그는 자신의 현재의 생활에 충실하기보다 이루지 못할 허영과 탐욕을 품고 항상 불만스러운 얼굴로 살 것이다.

본문의 교훈을 정리해보자. 첫째로, 미련한 자를 낳은 부모는 근심이 많고 미련한 자의 아비는 낙이 없다. 우리는 미련한 자녀가 되지 말고 또 우리 자녀가 미련하면 하나님 앞에 회개하며 그의 은혜를 구해야 한다.

둘째로, 마음의 즐거움은 양약이지만, 심령의 근심은 뼈로 마르게 한다. 우리는 모든 죄를 회개하고 하나님과의 바른 관계 속에서 살므로써 늘 평안함과 기쁨과 즐거움을 누려야 한다. 참 성도는 행복자이다.

셋째로, 악인은 사람의 품에서 뇌물을 받고 재판을 굽게 한다. 우리는 뇌물을 주지도 받지도 말고 항상 의롭게 생각하고 말하고 행동해야 한다.

넷째로, 지혜는 명철한 자의 앞에 있지만 미련한 자는 눈을 땅끝에 둔다. 우리는 거짓과 허영과 탐욕을 버리고 하나님만 경외하고 섬기며 그에게 기도하고 그의 말씀을 묵상하고 믿고 순종하는 지혜자가 되어야 한다.

## 25-28절, 미련함, 의인을 벌함, 말을 아낌

**[25절] 미련한 아들은 그 아비의 근심이 되고 그 어미의 고통이 되느니라.**

미련한 아들은 불경건한 자 곧 하나님을 경외하지 않는 자이며 그 결과, 그의 인격성이나 도덕성에 결함을 가진 자이다. 우리의 자녀들이 미련하여 불경건하고 부도덕하며 성경 읽고 기도할 줄 모르고 교회생활을 귀하게 여기지 않고  죄 가운데 산다면, 그들은 평안하지 못할 것이다. 그들은 몸의 건강에 문제가 생기며 가정과 가족들에게 문제가 생기며 사업이나 직장에 문제가 생길 것이다. 무엇보다, 그들은 장차 지옥 형벌을 피할 수 없을 것이다. 그것은 부모에게, 특히 경건한 부모에게 마음의 고통이 될 것이다. 다윗의 아들 암논은 이복 여동생 다말을 강간하였고, 몇 년 후 다말의 오빠 압살롬은 암논을 살해했다(삼하 13장). 압살롬은 또 그 후에 아버지를 대항하는 반역자가 되었다(삼하 15장). 그들은 다 아버지 다윗에게 고통을 준 미련한 아들들이었다.

우리는 다 하나님의 자녀이다. 우리가 하나님 앞에서 경건하고 바르고 선하게 살 때 하나님의 복을 받아 평안하고 형통한 삶을 누리는 것은 지극히 정상적인 일이다(레 26장, 신 28장). 우리가 하나님의 진리 안에서 행하면 하나님께서 기뻐하실 것이며 목사들도 그러할 것이다. 사도 요한은 교인들이 진리 안에서 행함을 볼 때 심히 기뻐했다(요이, 요삼). 이와 같이, 만일 우리의 자녀들이 경건하고 의롭고 선하게 살면, 그들은 하나님의 복을 받아서 평안과 형통의 복된 삶을 누릴 것이다. 하나님께서는 그들에게 몸의 건강과 물질적 안정과 여유와 가정적인 행복을 주실 것이다. 또 그것은 부모에게 기쁨이 될 것이다.

**[26절] 의인을 벌하는 것과 귀인을 정직하다고 때리는 것이 선치 못하니라.**

하나님께서는 모든 사람에게 의를 명하시고 의를 장려하신다. 그러므로 의인의 의나 귀인의 정직함은 우리가 칭찬하고 기뻐하고 본받아야 할 일이다. 그러나 악인들은 그렇지 못하고 악한 세상은 그렇지 못하여 의인을 벌하고 귀인을 정직하다고 때리는 일들이 있다. 성경은 그런 예들을 증거한다.

이스라엘 왕 아합 때, 거짓 선지자 시드기야는 하나님의 바른 말씀을 전한 선지자 미가야의 뺨을 쳤고, 아합 왕은 그를 옥에 가두고 고생의 떡을 먹고 고생의 물을 마시게 했다(왕상 22:24, 27). 유다 왕 요아스는 자기를 왕위에 오르게 한 제사장 여호야다의 아들 스가랴가 하나님의 말씀을 전했을 때 그 말씀을 듣지 않고 무리와 함께 꾀하고 그를 성전 뜰 안에서 돌로 쳐죽였다(대하 24:21). 므낫세 왕은 무죄한 자들의 피를 심히 많이 흘려 예루살렘 이 가에서부터 저 가까지 가득하게 하였다(왕하 21:16). 악한 유다 방백들은 하나님의 참된 선지자 예레미야를 때리고 토굴옥 어두캄캄한 방에 가두었다(렘 37:15-16).

신약시대에도, 악한 유다 지도자들은 하나님의 아들 예수 그리스도를 십자가에 못박혀 죽게 하였다. 구리 장색 알렉산더는 사도 바울에게 해를 많이 끼쳤다(딤후 4:14). 또 으뜸 되기를 좋아하는 디오드레베는 사도 요한을 영접하지 않았고 악한 말로 그를 부당하게 비난하였고 또 그것도 부족하여 형제들을 영접하지도 않고 영접하고자 하는 자를 금하여 교회에서 내어쫓기까지 하였다(요삼 9-10). 이런 일들은 다 악한 일이다. 악인을 의로운 자처럼 용납하며 의인을 악한 자처럼 징벌하는 것은 다 하나님의 미워하시는 악한 일이다(잠 17:15).

**[27절] 말을 아끼는 자는 지식이 있고 성품이 안존한 자는 명철하니라.**

'성품이 안존하다'는 원어(카르 루아크 קַר־רוּחַ)는 '심령이 냉철하다, 침착하다'는 뜻이다. 원문은 "지식이 있는 자는 말을 아끼고 명철한 자는 심령이 침착하니라"고 번역할 수 있다(KJV).

지식이 있는 자는 말을 아끼고 그래서 말의 실수를 피하거나 줄인다. 말이 많으면 말의 실수도 많게 된다. 그러므로 잠언 10:19는 “말이 많으면 허물을 면키 어려우나 그 입술을 제어하는 자는 지혜가 있느니라”고 말하고, 잠언 20:19는 “두루 다니며 한담하는 자는 남의 비밀을 누설하나니 입술을 벌린 자를 사귀지 말지니라”고 말한다. 야고보는 “사람마다 듣기는 속히 하고 말하기는 더디하며 성내기도 더디하라”고 교훈하였고(약 1:19), 또 “우리가 다 실수가 많으니 만일 말에 실수가 없는 자면 곧 온전한 사람이라”고 말하였다(약 3:2).

명철한 자는 심령이 침착하다. 그는 심령이 조급하지 않고 경솔하지 않고 감정에 치우치지 않는다. 그는 침착한 말, 바른 말, 덕스러운 말을 한다. 잠언 15:28, “의인의 마음은 대답할 말을 깊이 생각하여도 악인의 입은 악을 쏟느니라.” 잠언 18:13, “사연을 듣기 전에 대답하는 자는 미련하여 욕을 당하느니라.” 잠언 29:20, “네가 언어에 조급한 사람을 보느냐? 그보다 미련한 자에게 오히려 바랄 것이 있느니라.”

또 지혜자는 유익한 말만 한다. 그러므로 잠언 10:20-21은 “의인의 혀는 천은과 같거니와 악인의 마음은 가치가 적으니라. 의인의 입술은 여러 사람을 교육하나 미련한 자는 지식이 없으므로 죽느니라”고 말하였고, 잠언 12:18은 “혹은 칼로 찌름같이 함부로 말하거니와 지혜로운 자의 혀는 양약 같으니라”고 말하였다.

**〔28절〕 미련한 자라도 잠잠하면 지혜로운 자로 여기우고 그 입술을 닫히면 슬기로운 자로** 여기우느니라.

미련한 자는 하나님을 알지 못하고 그를 경외치 않는 자이다. 그는 하나님의 뜻인 선을 행치 않는 자이다. 미련한 자는 그의 말로 그의 미련이 드러나므로 차라리 말을 하지 않고 잠잠한 것이 낫다. 미련한 자라도 잠잠하면 지혜로운 자로 여기우고 그 입술을 닫히면 슬기로운 자로 여기울 것이다. 우리는 미련한 자가 되지 말아야 한다.

말은 사람의 인격의 표현이다. 주 예수께서는 “선한 사람은 그 쌓은 선에서 선한 것을 내고 악한 사람은 그 쌓은 악에서 악한 것을 낸다”고 말씀하셨다(마 12:35). 영적으로 성숙하고 온전한 사람은 말에 온전한 사람이다. 그러므로 야고보서에는, "우리가 다 실수가 많으니 만일 말에 실수가 없는 자면 곧 온전한 사람이라"고 말하였다(약 3:2).

지혜자는 덕스러운 말을 한다. 성도는 사람 앞에서 그를 충고하고 뒤에서 그를 위해 기도한다. 잠언 27:5-6은, "면책은 숨은 사랑보다 나으니라. 친구의 통책은 충성에서 말미암은 것이나 원수의 자주 입맞춤은 거짓에서 난 것이니라"고 말했다. 사도 바울은, "무릇 더러운 말은 너희 입밖에도 내지 말고 오직 덕을 세우는 데 소용되는 대로 선한 말을 하여 듣는 자들에게 은혜를 끼치게 하라"고 말했다(엡 4:29).

그러나 미련한 자는 악한 말을 한다. 그는 남을 비난하는 말을 잘 한다. 성도는 사람 앞에서 그를 충고하고 뒤에서 그를 위해 기도하는 반면, 미련한 악인은 사람 앞에서 친절히 인사하고 뒤에서 그를 비난한다. 그는 덕스럽지 못하고 남의 인격과 명예에 파괴적인 말을 한다. 남을 악하게 비난하는 것은 하나님 앞에서 큰 죄악이다.

본문의 교훈을 정리해보자. 첫째로, 미련한 아들은 그 아비의 근심이 되고 그 어미의 고통이 된다. 우리는 지혜로운 자녀가 되고 또 하나님의 은혜와 말씀으로 우리 자녀들을 지혜로운 자녀로 키워야 한다. 또 우리는 다 하나님의 은혜와 말씀으로 하나님의 지혜로운 자녀들이 되어야 한다.

둘째로, 의인을 벌하는 것과 귀인을 정직하다고 때리는 것이 선치 못하다. 우리는 의인을 칭찬하고 본받고, 악인을 책망하고 경계해야 한다. 우리는 악한 것을 본받지 말고 선한 것을 본받아야 한다(요삼 11).

셋째로, 지식이 있는 자는 말을 아끼고 명철한 자는 심령이 침착하다. 우리는 두루 다니며 한담하는 자가 되지 말고 말을 아끼는 자가 되어야 하고, 또 심령의 조급함과 경솔함을 버리고 침착함을 지켜야 한다.

넷째로, 미련한 자라도 잠잠하면 지혜로운 자로 여기우고 그 입술을 닫히면 슬기로운 자로 여기운다. 우리는 말하기를 더디해야 한다.

# 18장: 게으름, 겸손, 신중함, 아내

## 1-4절, 스스로 나뉨, 미련함, 악함, 지혜

**〔1절〕** 무리에게서 **스스로 나뉘는 자는** 자기 **소욕을 따르는 자라. 온갖 참 지혜를 배척하느니라.**

'무리에게서 스스로 나뉜다'는 말은 '진리 문제로 나뉘는 일 외에'라고 읽어야 한다고 본다. 성경은 진리 문제에 관해서는 상대와 교제를 끊으라고 교훈한다. 로마서 16:17, "너희 교훈[너희가 배운 교훈]을 거스려[거슬러] 분쟁을 일으키고 거치게 하는 자들을 살피고 저희에게서 떠나라." 디도서 3:10, "이단에 속한 사람을 한두 번 훈계한 후에 멀리하라[거절하라]." 데살로니가후서 3:6, "규모 없이[무질서하게] 행하고 우리에게 받은 유전대로 행하지 아니하는 모든 형제에게서 떠나라."

그러나 진리 문제가 아니고 무리에게서 스스로 나뉘는 자, 즉 상대방을 존중하고 사랑하고 화목하고 일치단합하고 협동하지 않고 무리에게서 스스로 나뉘는 자는 자기 소욕을 따르는 자이다. 그는 교만한 마음과 명예욕을 가진 사람일 것이다. 겸손한 사람은 서로 존중하고 사랑하고 협동하고 화합을 이루지만, 교만한 사람은 상대를 무시하고 시기 질투하며 화평과 질서를 깨뜨리고 다투고 분열한다.

본문은 "[그는] 온갖 참 지혜를 배척한다"고 말한다. 자기의 욕심을 따르는 자는 모든 지혜를 대항하여 싸운다. 지혜의 말은 성결과 화평, 관용과 양순을 교훈한다. 야고보서 3:17-18은, "위로부터 난 지혜는 첫째 성결하고 다음에 화평하고 관용하고 양순하며 긍휼과 선한 열매가 가득하고 편벽과 거짓이 없나니"라고 교훈한다. 그러나 자기 소욕을 따르는 자는 이런 지혜의 말을 듣지 않고 상대를 대적하고 배척한다.

**〔2절〕 미련한 자는 명철을 기뻐하지 아니하고 자기의 의사를 드러내기만 기뻐하느니라.**

명철은 하나님의 지혜이며 하나님의 지혜의 말씀인 성경 교훈이다. 그 내용은 경건과 의와 선에 대한 가르침과 깨달음이다. 그런데 미련한 자는 그러한 명철을 기뻐하지 않는다.

그러나 복 있는 자는 하나님의 말씀을 즐거워한다. 시편 1:2, "[복 있는 자는] 오직 여호와의 율법을 즐거워하여 그 율법을 주야로 묵상하는 자로다." 그러므로 시편 119편 저자는 하나님 말씀을 금은보다 더 귀히 여겼고(시 119:72) 꿀보다 더 달게 여겼다(시 119:103). 솔로몬은 "내 아들아, 내 지혜에 주의하며 내 명철에 네 귀를 기울이라"(잠 5:1) 고 말했는데, 그의 지혜는 경건함과 선함에 대한 교훈이다.

본문은 또, 미련한 자는 자기 의사를 드러내기만 기뻐한다고 말한다. 미련한 자는 자기 행위를 바른 줄로 여기며(잠 12:15) 자기 미련한 것을 나타내며(잠 13:16) 그 입은 미련한 것을 쏟는다(잠 15:2).

성도는 성경에 명확히 계시되지 않은 문제에 대해서는 자기 의사만 주장치 말아야 한다. 그런 주장은 교만과 독선일 수 있다. 사람의 의견은 바를 수도 있으나 잘못될 경우도 있다. 우리는 이성과 양심에 비추어 잘못된 생각은 언제든지 고치거나 버릴 수 있어야 한다.

그러므로 성도는 다른 이의 의견을 존중하며 들어야 한다. 그것이 겸손과 사랑이다. 특히, 경건한 자는 하나님을 사랑하고 그의 뜻대로 행하는 자이므로 그의 의견은 바르고 좋은 것이 많을 것이다.

독선과 확신은 다르며 확실히 구별되어야 한다. 독선은 성경과 이성과 양심에 맞지 않는데도 자기 의견만 옳다고 계속 주장하는 것이지만, 확신은 성경과 이성과 양심에 맞는 것을 굳게 믿는 것이다.

**〔3절〕 악한 자가 이를 때에는 멸시도 따라오고 부끄러운 것이 이를 때에는 능욕도 함께** 오느니라.

사람은, 비록 하나님 앞에서 죄를 범한 경험과 죄악된 성질을 가진 죄악된 존재이지만, 양심이 있기 때문에 악한 자를 멸시하고 비난한다. 더욱이, 하나님께서는 공의의 재판자로서 악인들에 대해 공의의 징벌을 내리심으로 그들로 수치를 당케 하신다.

이런 일들은 인간 사회에서 얼마든지 있으나 성경에도 많은 예들이 있다. 예를 들어, 다윗의 아들 압살롬은 아버지를 대항해 반역을 일으켜 왕위를 찬탈하는 듯했으나 마침내 상수리나무에 그 머리털이 감겨 매달렸고 요압의 창날에 비참히 죽임을 당하였다(삼하 18장). 다윗의 모사 아히도벨도 반역자 압살롬과 협력해 다윗을 대적하였으나(삼하 15:31), 그의 모략이 시행되지 못하자 판세를 예견하고 나귀에 안장을 지우고 떠나 고향으로 돌아가서 자기 집에 이르러 집을 정리하고 스스로 목매어 죽는 가련한 최후를 맞이했다(삼하 17:23). 유다 왕 여호람은 이스라엘 왕 아합의 집의 길로 행하며 악을 행하였고 자기의 모든 아우들과 이스라엘 백성 몇 사람을 칼로 죽였는데, 그때 에돔이 배반하였고 립나도 배반했으며, 그의 몸에는 창자에 고치지 못하는 중병이 들었고 2년 만에 그 창자가 빠져나와 죽었고 아끼는 자 없이 세상을 떠났다고 성경은 기록하였다(대하 21장). 예수님의 제자 가룟 유다는 유대 지도자들에게 은 30을 받고 주님을 배신했으나, 주께서 정죄되심을 보고 그 일을 후회하여 그 은을 성소에 던져 넣고 물러가서 스스로 목매어 죽었다(마 27:3-5). 악인들의 최후는 비참하고 수치스러웠다.

**〔4절〕** 명철한 **사람의 입의 말은 깊은 물과 같고 지혜의 샘은 솟쳐 흐르는 내와 같으니라.**

'명철한'이라는 말은 원문에 없는 것을 번역자들이 보충한 것이므로 우리 말 성경에 작은 글씨로 되어 있다. 명철한 자의 입뿐 아니라 사람의 입의 말은 깊은 물과 같다고 말할 수 있다. 사람의 말은 다 이해하기 어렵다. 우리는 때때로 다른 사람의 말에 담긴 뜻을 다 알기 어렵다. 의인의 말도, 악인의 말도 그러하다. 또 사람의 말은 풍성하기도 하다. 사람의 말은 해도 해도 끝없이 나온다.

사람의 말은 사람의 마음의 표현인데, 사람은 자기 마음을 다 표현하지 않고 일부만 표현하는 경우가 많다. 그러므로 사람의 마음은 그의 말로 일부분 표현되고 어느 정도 드러나지만, 다 그런 것은 아니다. 더욱이, 악인은 자기 마음을 정반대로 표현하기도 한다. 그는 마음으로는 상대를 미워하면서도 말로는 위하는 것처럼 한다. 그것은 물론 거짓이요 위선이다. 이와 같이 사람의 마음은 다 알 수 없다.

본문은 "지혜의 샘은 솟쳐 흐르는 내와 같다"고 말한다. '지혜의 샘'은 지혜가 물처럼 나오는 샘을 묘사한다. '솟쳐 흐르는 냇물'은 그 샘이 흘러 넘쳐 시내가 되어 메마름이 없고 다함이 없고 그침이 없이 풍성하게 흘러 내려감을 나타낸다. 지혜의 책인 성경 곧 하나님의 말씀과 성령의 감동이 그러하다. 주께서는 "내가 주는 물을 먹는 자는 영원히 목마르지 아니하리니 나의 주는 물은 그 속에서 영생하도록 솟아나는 샘물이 되리라"고 말씀하셨고(요 4:14), 또 "누구든지 목마르거든 내게로 와서 마시라. 나를 믿는 자는 성경에 이름과 같이 그 배에서 생수의 강이 흘러나리라"고 말씀하셨다. 그것은 성령을 가리켰다(요 7:37-39). 성도는 성경말씀과 성령의 감동으로 풍성한 지혜를 얻는다.

본문의 교훈을 정리해보자. 첫째로, 무리에게서 스스로 나뉘는 자는 자기 욕심을 따르는 자이며 온갖 참 지혜를 배척하는 자이다. 우리는 진리 문제 외에는 다투지 말고 서로 화목하며 선한 일에 협력해야 한다.

둘째로, 미련한 자는 명철을 기뻐하지 않고 자기 의사를 드러내기만 기뻐한다. 우리는 성경적 지혜의 교훈을 기뻐하고, 성경에 교훈되지 않은 문제에 대해서는 자기 의견뿐 아니라, 다른 이의 의견도 존중해야 한다.

셋째로, 악한 자가 이를 때에는 멸시도 따라오고 부끄러운 것이 이를 때에는 능욕도 함께 온다. 경건하고 선하게 사는 자는 가치 있는 자이며 존귀와 영광을 얻지만, 악하게 사는 자는 멸시와 수치를 당할 것이다.

넷째로, 사람의 입의 말은 깊은 물과 같고 지혜의 샘은 솟쳐 흐르는 내와 같다. 우리는 성경을 읽고 묵상하고 성령 충만함으로써 풍성한 지혜를 얻어 그 지혜로 바르게 살아가고 다른 이들에게도 유익을 끼쳐야 한다.

## 5-8절, 공정, 미련한 말, 남의 말

〔5절〕 **악인을 두호하는 것과 재판할 때에 의인을 억울하게 하는 것**(레핫토스 לְהַטּוֹת)[옆으로 밀치는 것, 밀어 제치는 것]**은 선하지 아니하니라.**

악인을 악인으로 평가하지 않고 두호하는 것, 예를 들어 자신과의 친분 관계나 이해 관계 등의 이유로 악인을 용납하고 옹호하는 것은 선한 일이 아니고 악한 일이다. 또 재판할 때에 의인을 억울하게 하는 것, 즉 그를 인정하지 않고 옆으로 밀치듯이 하는 것도 그러하다.

잠언 17:15, "악인을 의롭다 하며 의인을 악하다 하는 이 두 자는 다 여호와의 미워하심을 입느니라." 잠언 24:23-25, "재판할 때에 낯을 보아주는 것이 옳지 못하니라. 무릇 악인더러 옳다 하는 자는 백성에게 저주를 받을 것이요 국민에게 미움을 받으려니와 오직 그를 견책하는 자는 기쁨을 얻을 것이요 또 좋은 복을 받으리라." 잠언 28:4, "율법을 버린 자는 악인을 칭찬하나 율법을 지키는 자는 악인을 대적하느니라." 이사야 5:23, "[화 있을진저,] 그들은 뇌물로 인하여 악인을 의롭다 하고 의인에게서 그 의를 빼앗는도다."

우리는 선악을 바르게 분별하고 판단하는 자가 되어야 한다. 우리가 어떻게 그렇게 할 수 있는가? 무엇보다 우리의 양심이 깨끗해야 한다. 우리는 우리의 양심이 때가 끼듯이 더러워지거나 무디어지거나 심지어 마비되지 않고, 깨끗하고 선한 상태로 유지되도록 해야 한다. 그러려면 우리는 물질욕이나 명예욕이 없어야 한다. 우리는 특히 하나님의 말씀과 성령의 인도만 받아야 한다. 하나님의 말씀 곧 성경말씀은 우리의 삶의 발걸음에 빛이 되며 우리의 신앙과 행위에 기준이 된다.

〔6절〕 **미련한 자의 입술은 다툼을 일으키고 그 입은 매를 자청하느니라.**

미련한 자는 하나님을 알지 못하고 경외하지 않고 섬길 줄 모르며 그의 뜻을 행하지 않는 자이다. 그는 죄 가운데 살며 불경건하고 교만하며 사랑이 없고 남을 미워하고 거짓되고 또 흔히 게으르고 자기 일에 충실치 않으며 남의 일에 참견하며 남을 논단한다.

미련한 자의 입의 말은 교만하고 악하며 욕심이 있고 거짓되며 무례하고 무질서하고 불평하고 거역하는 말이다. 거기에서는 싸움과 다툼과 분쟁이 생긴다. 반면에, 지혜로운 자의 말은 겸손하고 선하며 사랑이 있고 남을 배려하고 예절이 있고 감사하며 진실하고 질서를 지키는 말이다. 거기에는 화목이 있고 덕을 세우고 일치단합이 있다.

본문은 미련한 자의 입이 매를 자청한다고 말한다. 잠언에는 비슷한 구절들이 더 있다. 잠언 10:13, "명철한 자의 입술에는 지혜가 있어도 지혜 없는 자의 등을 위하여는 채찍이 있느니라." 잠언 19:29, "심판은 거만한 자를 위하여 예비된 것이요 채찍은 어리석은 자의 등을 위하여 예비된 것이니라." 잠언 26:3, "말에게는 채찍이요 나귀에게는 자갈이요 미련한 자의 등에는 막대기니라."

미련한 자녀에게는 부모의 매가 있고 미련한 종에게는 주인의 매가 있고 미련한 학생에게는 선생의 매가 있다. 그러므로 잠언 22:15는, "아이의 마음에는 미련한 것이 얽혔으나 징계하는 채찍이 이를 멀리 쫓아내리라"고 말했다. 사람의 매뿐 아니라, 하나님의 매도 있다. 하나님께서는 미련한 자의 악행에 대해 공의롭고 공평한 징벌을 내리신다. 미련한 자의 미련한 행위는 하나님의 매를 불러온다.

**〔7절〕 미련한 자의 입은 그의 멸망이 되고 그 입술은 그의 영혼의 그물이 되느니라.**

미련한 자는 하나님을 경외치 않고 하나님의 뜻과 계명을 행치 않는 자이다. 미련한 자의 입의 말은 교만한 말, 불신앙적인 말, 부정적인 말, 불평하는 말, 거역하는 말, 미워하는 말, 무례한 말, 비방하는 말, 더러운 말, 거짓된 말 등 죄악된 말이다.

미련한 자의 입의 말은 그의 멸망이 된다. 미련한 자의 말은 하나님 앞에서 죄가 되고 그 죄는 그를 죽게 만들고 멸망시키는 것이다. 시편 1:6, "대저 의인의 길은 여호와께서 인정하시나 악인의 길은 망하리로다." 누가복음 13:3, "너희에게 이르노니 아니라. 너희도 만일 회개치 아니하면 다 이와 같이 망하리라."

애굽에서 나온 이스라엘 백성은 광야에서 항상 원망하고 불평하며 하나님과 모세를 거역했다. 그들이 가데스 바네아에서 열두 정탐꾼을 가나안 땅에 보냈을 때, 여호수아와 갈렙을 제외한 열 명의 정탐꾼들은 부정적 보고를 했다. 백성은 그 보고를 듣고 소리 높여 부르짖으며 밤새도록 통곡했고 모세와 아론을 원망하며 한 장관을 세우고 애굽으로 다시 돌아가려 했다. 그때 하나님께서는 진노하셔서 그들이 가나안 땅에 들어가지 못하고 광야에서 40년 동안 방황하는 자가 되고 마침내 다 죽게 될 것이라고 선언하셨다(민 14:1-4, 30-33).

본문은 또 미련한 자의 입술은 그의 영혼에 그물이 된다고 말한다. 하나님을 경외하는 지혜자는 의롭고 선한 말을 하므로 마귀의 올무에 걸리지 않는다. 하나님께서도 그것을 막아주시고 그를 지켜 주신다. 그러나 미련한 자의 말, 곧 그 말의 실수와 범죄는 죄의 올무, 마귀의 올무, 멸망의 올무가 되어 더 큰 죄를 짓게 하고 마침내 멸망에 이른다.

**[8절] 남의 말하기를 좋아하는 자의 말은 별식과 같아서 뱃속 깊은 데로 내려가느니라.**

성경에서 '남의 말하기를 좋아하는 자'라는 말은 나쁜 뜻으로 쓰인다. 잠언 20:19는 "두루 다니며 한담하는 자는 남의 비밀을 누설하나니"라고 말한다. 사람이 두루 다니며 한담하다 보면 남의 말도 하게 되고, 쓸데없이 남의 말을 하다 보면 그의 흠을 말하고 흉이나 보고 심지어 그의 비밀까지 말하게 된다. 그것은 좋지 않은 일이다.

남의 말하기를 좋아하는 자의 말은 별식과 같아서 뱃속 깊은 데로 내려간다. 그런 말은 선하고 유익한 것이 아닌 데도 사람들은 그런 말을 잘 잊어버리지도 않고 잘 기억한다. 이것은 인간 본성의 부패성과 연약성을 잘 나타낸다. 우리는 차라리 성경 읽기와 연구하기, 그리고 성경 암송에 힘쓰고, 또 전도와 봉사에 힘써야 할 것이다.

성도의 삶은 각자 자기의 일에 충실하고 또 하나님의 일, 곧 전도와 봉사에 힘쓰는 것이다. 자기의 일에 충실하고 하나님의 일, 곧 전도와 봉사에 힘쓰는 성도는 남의 일에 간섭하고 참견할 시간이 없다.

우리는 남의 말을 하지 말고 특히 남을 비방하는 말을 하지 말아야 한다. 하나님께서는, "너는 허망한 풍설을 전파하지 말며 악인과 연합하여 무함[모함]하는 증인이 되지 말라"고 말씀하셨다(출 23:1). 잠언 20:19는, "두루 다니며 한담하는 자는 남의 비밀을 누설하나니 입술을 벌린 자를 사귀지 말지니라"고 말한다. 베드로전서 2:1은, "그러므로 모든 악독과 모든 궤휼과 외식과 시기와 모든 비방하는 말을 버리고 갓난아이들같이 순전하고 신령한 젖을 사모하라. 이는 이로 말미암아 너희로 구원에 이르도록 자라게 하려 함이라"고 말하였다.

본문의 교훈을 정리해보자. 첫째로, 악인을 두호하는 것과 재판할 때에 의인을 억울하게 하는 것이 선하지 않다. 우리는 모든 사사로운 욕심을 버리고 하나님의 말씀과 성령의 인도하심을 따라 행하며 선하고 깨끗한 양심을 지키고 항상 의와 불의, 선과 악을 바르게 분별하고 판단해 악인을 두호하거나 의인을 억울하게 하는 악한 일을 하지 말아야 한다.

둘째로, 미련한 자의 입술은 다툼을 일으키고 그 입은 매를 자청한다. 우리는 교만하고 악하고 거역하고 다투는 미련한 자가 되지 말고, 겸손하고 사랑하고 감사하고 덕스러운 말을 하는 지혜자가 되어야 한다.

셋째로, 미련한 자의 입은 그의 멸망이 되고 그의 입술은 그의 영혼의 그물이 된다. 우리는 멸망에 이르는 말을 하거나 죄의 올무, 마귀의 올무, 죽음과 패망의 올무에 걸리게 하는 말을 하는 미련한 자가 되지 말아야 한다. 우리는 항상 정직하고 선하고 덕스럽고 진실한 말을 해야 한다.

넷째로, 남의 말하기를 좋아하는 자의 말은 별식과 같아서 뱃속 깊은 데로 내려간다. 우리는 각자 자기 일에 충실하고 하나님의 일, 즉 전도와 봉사의 일에 힘쓰고, 남의 말 하기를 좋아하거나 듣기를 좋아하지 말아야 한다. 남의 말 하기나 남의 말 듣기를 좋아하는 것은 선한 일이 아니다.

## 9-12절, 나태, 하나님의 이름, 재물, 겸손

**[9절] 자기의 일을 게을리 하는 자는 패가[멸망]하는 자의 형제니라.**

우리는 무슨 일을 하든지 게을러서는 안 된다. 학생은 자기의 공부를 게을리 해서는 안 된다. 직장인은 자기의 일을 부지런히 하지 않고 윗사람의 눈가림만 해서는 안 된다. 결혼한 여인들은 자기 남편을 잘 돕지 않고 아이들을 잘 키우지 않고 자기 집안 살림의 일을 잘하지 않고 밖으로 나도는 자가 되어서는 안 된다.

자기의 일을 게을리 하는 자는 패가(敗家)하는 자이다. '패가하는 자'라는 원어(바알 마쉬키스 בַּעַל מַשְׁחִית)는 '멸망하는 자'라는 뜻이다(BDB, NASB, NIV). 게으른 학생은 진학에 실패할 것이고, 게으른 직장인은 해고될 것이다. 게으른 부인은 가정의 경제를 파탄시켜 심지어 부부가 이혼하고 아이들이 고아원으로 보내지기도 할 것이다.

성도는 자기의 일을 부지런히 행해야 한다. 야곱은 하란에서 20년간 외삼촌 라반의 밑에서 일하면서 낮에는 더위를 무릅쓰고 밤에는 추위를 당하며 눈 붙일 겨를도 없이 지내었다고 고백했다(창 31:40). 요셉은 보디발의 집에 종으로 팔려 일할 때 주인이 그를 가정 총무로 삼고 자기 소유를 다 그 손에 맡길 정도로 정직하고 부지런한 자이었다(창 39:3, 6). 다윗은 아비의 양을 지킬 때 사자나 곰이 와서 양떼에서 새끼를 움키면 따라가서 그것을 치고 그 입에서 새끼를 건져내었다고 고백할 정도로 충성된 목동이었다(삼상 17:34-35).

잠언 31장에 보면, 현숙한 여인은 양털과 삼을 구하여 부지런히 손으로 일하며 밤이 새기 전에 일어나서 그 집 사람에게 식물을 나눠주며 여종에게 일을 정하여 맡기며 그 집안일을 보살피고 게을리 얻은 양식을 먹지 않는 자라고 묘사되어 있다(잠 31:13, 15, 27).

**[10절] 여호와의 이름은 견고한 망대라. 의인은 그리로 달려가서 안전함을 얻느니라.**

사람의 이름은 그의 인격을 나타낸다. 하나님의 이름은 그의 신성(神性) 곧 하나님 자신을 나타낸다. 하나님의 이름은 견고한 망대이다. 다윗은 시편 18편에서 여호와께서 그의 반석, 그의 요새, 그를 건지시는 자, 그의 하나님, 그의 피할 바위, 그의 방패, 그의 구원의 뿔, 그의 산성이시라고 고백하였다(2절). 하나님께서는 우리의 원수들이 결코 정복할 수 없는 망대이시다. 하나님보다 힘센 자는 이 세상에 아무도 없다. 하나님을 이길 자는 이 세상에 아무도 없다.

본문은 의인이 하나님의 이름이라는 견고한 망대 안으로 달려가서 안전함을 얻는다고 표현한다. 의인은 하나님을 경외하고 의지하며 그의 말씀에 순종하는 자를 가리킨다. 의인은 시시때때로 하나님의 품 안으로 달려간다. '달려간다'는 말은 의지하고 기도하는 것을 말한다. 그는 특히 어렵고 위험한 일들을 만났을 때, 사탄과 악령들과 악인들의 공격이 있을 때, 또는 무서운 질병이나 경제적 어려움, 예기치 못한 큰 사고 등을 당했을 때 그렇게 한다. 다윗은 시편 61:3에서, "주는 나의 피난처시요 원수를 피하는 견고한 망대심이니이다"라고 고백했다.

의인은 하나님 안에 피할 때 안전함을 얻는다. 하나님께서는 모든 문제의 해결자이시다. 그는 모든 원수들을 막아주시고 물리쳐 주신다. 하나님께서는 우리를 지켜 주신다. 시편 91편 저자는 "지존자의 은밀한 곳에 거하는 자는 전능하신 자의 그늘 아래 거하리로다. 내가 여호와를 가리켜 말하기를 저는 나의 피난처요 나의 요새요 나의 의뢰하는 하나님이라 하리니 이는 저가 너를 새 사냥꾼의 올무에서와 극한 염병에서 건지실 것임이로다"라고 말하였다(1-7절).

**〔11절〕 부자의 재물은 그의 견고한 성이라. 그가 높은 성벽같이 여기느니라.**

부자의 재물은 그의 견고한 성이나 높은 성벽과 같다. 부자는 재물을 그의 견고한 성이나 높은 성벽같이 의지한다. 사람은 무지하므로 하나님 대신에 재물을 의지하기 쉬우나, 재물을 의지하는 자는 구원 얻기 어렵다. 재물은 경건에 장애물이 된다. 그러므로 주께서는 부자가 천국에 들어가기가 심히 어렵다고 말씀하셨다(마 19:23-24).

실상, 재물은 사람에게 견고한 성과 높은 성벽이 되지 못한다. 재물은 환난 날에 무익하다. 재물은 사람에게 갑자기 닥치는 무서운 질병이나 전쟁이나 기근이나 대형사고를 막을 수 없다. 잠언 11:4, "재물은 진노하시는 날에 무익하나." 스바냐 1:18은, "그들의 은과 금이 여호와의 분노의 날에 능히 그들을 건지지 못할 것이라"고 말하였고, 에스겔 7:19도, "그들이 그 은을 거리에 던지며 그 금을 오예물[더러운 것]같이 여기리니 이는 여호와 내가 진노를 베푸는 날에 그 은과 금이 능히 그들을 건지지 못하며 능히 그 심령을 족하게 하거나 그 창자를 채우지 못하고 오직 죄악에 빠치는 것이 됨이로다"고 말하였다.

그러므로 성도는 재물을 의지하지 말아야 한다. 재물을 사랑하는 자는 가시떨기에 떨어진 씨가 자라지 못함과 같다(눅 8:14). 디모데전서 6:10은, "돈을 사랑함이 일만 악의 뿌리가 되나니 이것을 사모하는 자들이 미혹을 받아 믿음에서 떠나 많은 근심으로써 자기를 찔렀도다"라고 말한다. 차라리 가난한 자들이 하나님께 대해 더 부요할 수 있다. 그러므로 야고보는, "하나님이 세상에 대하여는 가난한 자를 택하사 믿음에 부요하게 하시고 또 자기를 사랑하는 자들에게 약속하신 나라를 유업으로 받게 아니하셨느냐?"고 말하였다(약 2:5). 성도들은 오직 하나님만 의지해야 한다. 그는 우리의 견고한 망대이시다(잠 18:10).

**[12절] 사람의 마음의 교만은 멸망의 선봉이요 겸손은 존귀의 앞잡이니라.**

마음의 교만은 자신을 높게 평가하는 마음이다. 사람은 왜 자신을 높게 평가하는가? 그것은 자신이 세상의 것, 즉 돈이나 미모나 학력이나 사회적 신분이나 권세 등을 남보다 더 가졌다고 생각하기 때문일 것이다. 또 자신이 남보다 하나님을 더 잘 믿고 남들보다 더 사랑을 받고 있다고 생각하는 영적 교만 때문에도 그러하다고 본다. 교만은 마귀의 죄이며 마귀적인 죄이다. 사람의 마음의 병, 인격의 병 중 가장 중한 병은 교만한 마음이라는 병이다.

사람은 마음이 교만하면 망한다. 잠언 16:18도, "교만은 패망의 선봉이요 거만한 마음은 넘어짐의 앞잡이니라"고 말했다. 왜 사람이 교만하면 망하는가? 하나님께서 그를 물리치시고 넘어뜨리시기 때문이다. 교만은 하나님께서 미워하시는 6, 7가지의 악들 중 첫 번째 악이다(잠 6:16-17). 그러므로 베드로전서 5:5는, "하나님께서 교만한 자를 대적하시되 겸손한 자들에게는 은혜를 주시느니라"고 말했다.

그러나 사람이 겸손하면 존귀케 된다. 잠언 15:33도 "겸손은 존귀의 앞잡이니라"고 말한다. 주께서는, "너희 중에 누구든지 크고자 하는 자는 너희를 섬기는 자가 되고 너희 중에 누구든지 으뜸이 되고자 하는 자는 너희 종이 되어야 하리라"고 말씀하셨고(마 20:26-27), 또 "누구든지 자기를 높이는 자는 낮아지고 누구든지 자기를 낮추는 자는 높아지리라"고 하셨다(마 23:12). 사도 베드로도 "그러므로 하나님의 능하신 손 아래서 겸손하라. 때가 되면 너희를 높이시리라"고 말했다(벧전 5:6). 하나님께서는 겸손한 자를 들어 쓰시며 영광을 받으신다.

본문의 교훈을 정리해보자. 첫째로, 자기 일을 게을리 하는 자는 멸망하는 자의 형제이다. 우리는 각자 자기 일을 열심히, 부지런히 하는 좋은 인격자가 되어야 한다. 우리는 자신의 성화와 교회 봉사에 있어서 뿐만 아니라, 가정이나 직업의 일에 있어서도 부지런한 자가 되어야 한다.

둘째로, 여호와의 이름은 견고한 망대라. 의인은 그리로 달려가서 안전함을 얻는다. 우리는 어려운 문제를 하나님께 의탁하며 기도해야 한다.

셋째로, 부자의 재물은 그의 견고한 성이라. 그가 높은 성벽같이 여긴다. 그러나 우리는 재물의 헛됨을 알고 오직 하나님만 의지해야 한다.

넷째로, 사람의 마음의 교만은 멸망의 선봉이요 겸손은 존귀의 앞잡이이다. 우리는 교만하지 말고 첫째도 둘째도 셋째도 겸손해야 승리한다.

## 13-16절, 대답, 병, 지식, 선물

**〔13절〕 사연을 듣기 전에 대답하는 자는 미련하여 욕을 당하느니라.**

사연을 듣기 전에 대답하는 것은 미련한 일이다. 그것은 성급하고 경솔한 일이기 때문이다. 사람은 자신의 부족한 생각과 판단으로 상대방을 오해하기 쉽고 잘못 판단하고 잘못 말하기 쉽고 잘못 정죄하기 쉽다. 그러므로 잠언 18:17은 "송사에 원고의 말이 바른 것 같으나 그 피고가 와서 밝히느니라"고 말하였다.

남에 대한 잘못된 판단과 말은 남의 마음과 명예를 손상시키는 큰 잘못이다. 사람이 그런 잘못을 범하면 피해를 입은 자들에게 수치와 욕을 당하게 될 것이다. 성급한 말은 결국 자기에게 해가 되는 미련한 일이다. 그러므로 잠언 29:20은, "네가 언어에 조급한 사람을 보느냐? 그보다 미련한 자에게 오히려 바랄 것이 있느니라"고 말하였다.

지혜자는 다르게 처신해야 한다. 지혜자는 우선 남의 말을 듣는 것부터 조심해야 한다. 왜냐하면 세상에는 좋은 말, 바른 말만 있는 것이 아니고 나쁜 말, 잘못된 말도 많이 있기 때문이다. 우리는 선악을 잘 분별해야 한다. 우리는 평소에 상대방의 인격의 됨됨이를 잘 살피는 것이 좋을 것이다. 우리가 시험에 빠지지 않으려면, 좋은 사람의 말은 들어도, 나쁜 사람의 말은 듣지 않는 것이 좋다. 또 우리는 남의 말들을 들어도 다 믿지 말아야 한다. 잠언 14:15는, "어리석은 자는 온갖 말을 믿으나 슬기로운 자는 그 행동을 삼가느니라"고 말한다.

또 우리는 듣기는 속히 해도 말하기는 더디해야 한다. 그것이 지혜다. 잠언 15:28은, "의인의 마음은 대답할 말을 깊이 생각하여도 악인의 입은 악을 쏟느니라"고 말하고, 야고보서 1:19는, "사람마다 듣기는 속히 하고 말하기는 더디하며 성내기도 더디하라"고 말한다.

**〔14절〕 사람의 심령은 그 병을 능히 이기려니와 심령이 상하면 그것을 누가 일으키겠느냐?**

병의 원인은 복합적이다. 첫째, 자연적 원인들이 있다. 사람이 일을 너무 많이 하면 몸살이 나기 쉽고, 추우면 감기 걸리기 쉽다. 불결한 곳이나 사람들이 많이 모이는 곳에 가면, 병균에 감염되기 쉽고, 나이가 들면 심신이 자연히 약해진다. 둘째, 징벌적 원인이 있다. 신명기 28장은, 하나님께서 죄에 대한 징벌로 여러 병들을 주실 것을 경고하였다(20-29절). 셋째, 인격훈련적 원인이 있다. 욥이 당한 고난이 그런 것이었다(욥 2:3). 그러나 사람은 고난을 통해 믿음이 강해지고 겸손해지며 거룩하고 깨끗해진다. 하나님을 사랑하는 자, 곧 그 뜻대로 부르심을 입은 자에게는 모든 일이 합력하여 선을 이룰 것이다(롬 8:28).

병을 이기는 길은 무엇인가? 그것도 여러 요소가 있다. 첫째는 신체 단련과 보양이다. 그것을 위해 적절한 노동, 운동, 수면, 보약이 유익하다. 둘째는 병균을 죽이거나 그것의 활동을 억제하는 약을 복용하는 것이다. 그러나 약은 몸의 다른 부분에 해가 될 수도 있기 때문에 적당히 사용하는 것이 좋다. 셋째는 심령의 평안과 건강이다. "사람은 심령으로 그 병을 견디려니와 심령이 상하면 누가 그것을 일으키겠느냐?" 슬픔과 분노와 불안 등의 감정은 몸에 병이 되므로 버려야 한다. 장수의 상식은, ① 규칙적 식사와 소식(小食), ② 적당한 노동, 운동, 수면, ③ 마음의 평안이다. 심령의 평안과 건강은 병을 이기는 중요한 방법이다. 넷째는 무엇보다 하나님의 은혜이다. 그것은 병을 이기는 가장 중요한 방법이다. 하나님의 은혜가 아니면 모든 노력이 유익이 없다.

**〔15절〕 명철한 자의 마음은 지식을 얻고 지혜로운 자의 귀는 지식을 구하느니라.**

어리석은 자는 지식을 거절하지만, 지혜로운 자와 명철한 자는 지식을 구하며 얻는다. 참 지혜와 지식은 성경 안에 있다. 어리석은 자는 참 지혜와 지식의 창고인 성경을 읽기나 성경말씀 듣기를 거절한다. 그는 교만과 물욕(物慾)과 명예욕 등의 욕심들에 사로잡혀 있다. 그는 세상적인 가치관, 즉 경건한 삶에 대해 무지하고 도덕성을 중시하지 않고 돈이 최고이며 돈이면 다 되었다는 가치관을 가지고 있다.

어리석음은 무지(無知)로 나타나고 그것이 불경건과 불의의 죄로 나타나고 결국 하나님의 심판에 이르는 것이다. 호세아는 이스라엘 땅에 하나님을 아는 지식이 없다고 지적하였고 하나님께서는 "내 백성이 지식이 없으므로 망하는도다. 네가 지식을 버렸으니 나도 너를 버려 내 제사장이 되지 못하게 할 것이요"라고 말씀하셨다(호 4:1, 6). 성경은 악인들을 '하나님을 알지 못하는 자'라고 표현한다(고전 15:34; 갈 4:8; 살전 4:5). 예수 그리스도께서 다시 오실 때 하나님을 모르는 자들과 복음을 복종치 않는 자들에게 형벌을 주실 것이다(살후 1:7-8).

그러나 지혜로운 자와 명철한 자는 지식을 사모하며 얻는다. 그는 지식의 창고인 성경책을 주야로 읽고 듣기를 사모하며 배우며 묵상하기를 힘쓴다. 지혜와 명철은 지식으로 나타나고 그것은 경건과 의로 나타나고 그 결과 평안과 형통과 영생의 복을 누리게 되는 것이다. 그러므로 호세아는 "우리가 여호와를 알자. 힘써 여호와를 알자"라고 말했고, 하나님께서는 "나는 . . . 번제보다 하나님을 아는 것을 원하노라"고 말씀하셨다(호 6:3, 6). 참 하나님을 아는 것이 영생이다(요 17:3). 또 우리는 하나님을 아는 지식에서 자라가야 한다(벧후 3:18).

**〔16절〕 선물(맛탄 מַתָּן)은 그 사람의 길을 너그럽게 하며**[넓게 열며] **또 존귀한 자의 앞으로 그를 인도하느니라.**

선물은 사랑과 관심의 표시거나 존경과 감사의 표시이다. 선물은 남을 대접하는 것이며 좋은 사람들이 할 수 있는 것이다. 이기적인 사람은 남에게 선물을 주지 않을 것이다. 나쁜 사람은 자기의 유익을 구하는 뇌물을 줄지 모르나, 대가 없는 선물은 주지 않을 것이다.

남을 대접하는 것은 성경에 교훈된 삶이다. 가난한 자를 구제하는 것은 신명기 15장 같은 구약 율법에 강조된 하나님의 뜻이며 명령이다. 사도 바울도, "성도들의 쓸 것을 공급하며 손 대접하기를 힘쓰라"고 교훈하였다(롬 12:13). 또 그는 감독의 자격에 대해 말하면서 감독은 '나그네를 대접하는 자'이어야 한다고 말하였다(딤전 3:2).

선물의 효과는 크다. 사람의 선물은 그를 위해 길을 넓게 열 것이다. 그래서 잠언 17:8은 "뇌물(쇼카드 שֹׁחַד)[혹은 '선물']은 임자의 보기에 보석 같은즉 어디로 향하든지 형통케 하느니라"고 말하며, 잠언 19:6은 "너그러운 사람에게는 은혜를 구하는 자가 많고 선물을 주기를 좋아하는 자에게는 사람마다 친구가 되느니라"고 말한다. 사람이 선물을 잘하는 것은 그의 좋은 성품, 너그럽고 선한 성품을 증거하는 것이고 그는 마침내 존귀한 자들 앞으로 인도함을 받을 것이다.

특히 구제의 선물 주기를 좋아하는 자는 하나님 앞에서 풍성한 복을 받을 것이다. 잠언 11:25는, "구제를 좋아하는 자는 풍족하여질 것이요 남을 윤택하게 하는 자는 윤택하여지리라"고 말하였다. 주께서는 "네 구제함이 은밀하게 하라. 은밀한 중에 보시는 너의 아버지가 갚으시리라"고 말씀하셨다(마 6:4). 사도 바울은 자신을 위해 선물을 보낸 빌립보 교인들에게 "나의 하나님이 그리스도 예수 안에서 영광 가운데 그 풍성한 대로 너희 모든 쓸 것을 채우시리라"고 말했다(빌 4:19).

본문의 교훈을 정리해보자. 첫째로, 사연을 듣기 전에 대답하는 자는 미련하여 욕을 당한다. 남에 대한 잘못된 판단과 말은 남의 마음과 명예를 손상시키는 잘못이다. 우리는 무슨 일이나 신중하게 대답해야 한다.

둘째로, 사람의 심령은 그 병을 능히 이길 것이나 심령이 상하면 그것을 누가 일으키겠는가? 우리는 가급적 슬픔이나 분노를 품지 말고 주 안에서 항상 기뻐하고 평안하며 심령이 강건함으로 몸의 병도 이겨야 한다.

셋째로, 명철한 자의 마음은 지식을 얻고 지혜로운 자의 귀는 지식을 구한다. 우리는 지식을 거절하고 세상 욕심대로 사는 어리석은 자가 되지 말고 성경을 묵상함으로써 지혜와 지식을 가지고 사는 자가 되어야 한다.

넷째로, 선물은 사람의 길을 너그럽게 하며 존귀한 자의 앞으로 그를 인도한다. 우리는 어려운 이웃을 대접하기를 힘쓰는 자가 되어야 한다.

## 17-20절, 송사, 제비뽑기, 노, 말

**〔17절〕 송사에 원고의 말이 바른 것 같으나 그 피고가 와서 밝히느니라.**

'그 피고'라는 원어(레에후 רֵעֵהוּ)는 '그 이웃'이라는 말이다. 사람들이 사는 곳에는 서로 이해관계가 얽힌 다툼이 있다. 그런 다툼은 때때로 법정에까지 나아간다. 우리가 간혹 뉴스에서 보는 대로 서로 간의 법정 다툼은 옳고 그름을 판단하는 데 어려움이 많다. 그것은 사람들이 모든 일을 진실하게 말하지 않고 속이기 때문이다.

이런 다툼에서 원고의 말, 즉 첫 번째 사람(원문) 혹은 한 쪽 사람의 주장만 들으면 그가 바른 것 같다. 그러나 피고 혹은 그 이웃이 와서 모든 문제를 밝힌다. '그 이웃'이라는 표현은 그 이웃이 피고의 자격으로나 혹은 증인의 자격으로 와서 밝힌다는 뜻일 것이다. '밝힌다'는 말은 그가 원고의 주장에 거짓된 부분, 근거 없고 추측적인 부분, 과장된 부분, 치명적 잘못 등을 지적함으로써 밝힌다는 뜻이다.

무슨 일을 판단할 때, 한쪽 말만 들어서는 부족하다. 무슨 일이든지 두 사람의 말, 즉 양쪽 말을 다 듣고 그 둘을 비교해보면, 그 문제에 대한 바른 판단을 더 쉽고 분명하게 내릴 수 있다. 그러므로 우리는 무슨 일을 판단할 때, 한쪽 말만 듣고 쉽게 판단하지 말고 최종적 판단을 보류하고, 다른 한쪽의 말을 들은 후 최종적 판단을 해야 할 것이다. 그럴 때 부족함이 없는 바르고 온전한 판단을 할 수 있을 것이다.

모든 일에 있어서 바른 판단 기준은 무엇인가? 바른 판단은 첫째로 사실에 근거해야 한다. 둘째로, 그것은 이성과 양심에 근거해야 한다. 셋째로, 그것은 무엇보다 하나님의 계명과 말씀에 근거해야 한다.

**〔18절〕 제비뽑는 것은 다툼을 그치게 하여 강한 자 사이에 해결케 하느니라.**

무슨 일에서 아무 때나 제비뽑기를 해서는 안 되겠지만, 제비뽑기가 필요한 경우가 있다. 잘잘못이 분명할 때는 이성과 양심과 하나님의 법에 의거해 판단해야지 제비뽑기를 해서는 안될 것이다. 그러나 선악의 문제가 아닐 때, 특히 두 개 이상의 주장들이 다 선하고 그것들을 주장하는 자들의 태도가 다 진지하고 확고하며 강경할 때, 그래서 그것들 중의 하나를 택하기 어려울 때, 제비뽑기가 필요할 것이다.

제비뽑기는 유익이 많다. 본문의 말씀과 같이, 제비뽑는 것은 다툼을 그치게 하고 강한 자들 사이에 문제를 해결케 할 것이다. 그것은 다툼이 되는 두 개의 생각과 의견들 중 하나를 택하는 방법이 된다. 성경에는 제비뽑기의 예들이 많다. 선지자 요나가 탔던 다시스로 가는 배의 선장은 선원들과 승객들 중에서 제비를 뽑게 함으로써 풍랑의 원인을 찾았다(욘 1:7). 에스더서에 보면, 악한 신하 하만의 동료들은 유대인들을 죽일 날을 정할 때에 제비를 뽑았다(에 3:7). 몇 개의 날들 중 하나를 택하는 방법으로 제비뽑기를 사용했을 것이다. 마태복음 27:35에 보면, 로마 군병들은 예수님의 옷을 제비뽑아 나눠가졌다.

제비뽑기는 하나님의 섭리에 맡기며 그의 선택을 구하는 방법이며 하나님께서 사용하신 방법이었다. 잠언 16:33은 "사람이 제비는 뽑으나 일을 작정하기는 여호와께 있느니라"고 말한다. 속죄일에 두 염소 중 아사셀 염소를 택할 때 제비뽑기를 했다(레 16:8). 여호수아는 범죄한 아간을 찾아낼 때 그리고 가나안 땅을 분배할 때 제비뽑기를 하였다(수 7:14; 18:10). 또 신약시대에 사도들도 가룟 유다 대신 한 명의 사도를 보충해 세우고자 했을 때 제비뽑기를 하였다(행 1:26).

**[19절] 노엽게 한 형제와** 화목하기가 **견고한 성을** 취하기**보다 어려운즉 이러한 다툼은 산성 문빗장 같으니라.**

노엽게 한 형제란 화가 나고 감정이 상한 형제라는 뜻이다. '화목하기가'라는 작은 글씨는 원문에 없는 말을 보충한다. 본문은 노엽게 한 형제의 생각이나 마음을 얻기나 설득하기가, 그래서 그와 화해하기가 심히 어렵다는 뜻이다.

사람의 이성의 확고한 판단이나 굳어진 감정은 변경시키기가 매우 어렵다. 물론 정당성을 가진 경우도 있겠으나, 때로는 생각의 편협함과 잘못 때문에, 그의 감정도, 그의 행위도 그렇게 된다고 본다. 나는 한 청년이, 화나면 열쇠나 물건을 집어던지는 아내의 습관 때문에 그녀가 간청함에도 불구하고 이혼하였고 1년 후에 그 이혼을 후회하고 다시 아내와 재결합하기를 소원했으나 그 아내의 생각과 감정이 이미 굳어져 화합되지 못함을 보았다. 사람의 감정과 마음이 그러하다.

본문은, 감정이 상한 사람과 화목하기란 견고한 성을 취하는 것보다 어렵고 산성 문빗장을 여는 것같이 어렵다고 말한다. 물론 견고한 성을 정복할 수 있고 산성의 문빗장을 열 수 있지만, 그것은 많은 난관을 극복하고 희생을 치루어야 가능할 것이다. 그것은 마치 나이 든 노인이 열쇠를 잃어버린 집에 들어가기가 어려운 것과 비슷하다. 열쇠만 있으면 쉽게 들어갈 수 있는 자기 집이라도 열쇠가 없으면 문 앞에서 여러 시간을 서성이며 열쇠전문가가 오기를 기다려야 할 것이며 열쇠전문가가 와서도 한참 만에야 겨우 문을 열고 집에 들어갈 수 있을 것이다. 그러므로 화목하기 어려운 사람에 대해서는, 오직 하나님께서 그를 변화시켜 주실 때까지 기도하는 것 외에는 다른 방법이 없다.

**〔20절〕 사람은 입에서 나오는 열매로 하여 배가 부르게 되나니 곧 그 입술에서 나는 것으로 하여 만족하게 되느니라.**

입에서 나오는 열매나 그 입술에서 나는 것은 그의 말을 가리킨다. 악한 사람의 입에서는 불신앙, 불평, 미움, 비방, 희롱, 음란, 상스러운 농담, 거짓말 등 악한 말들이 나온다. 이런 것들은 입에서 나오는 선한 열매가 아니다. 입술의 선한 열매는 바르고 선한 말, 사람에게 유익을 끼치고 덕을 세우는 선하고 은혜로운 말(엡 4:29), 감사하는 말(엡 5:4), 서로 위로하고 격려하며 권면하며 충고하는 말(살전 5:11, 14)을 가리킨다. 이런 것들은 사람의 입에서 나오는 선한 열매들이다.

본문은 사람이 입에서 나오는 이런 선한 열매들로 인해 배가 부르고 만족하게 된다고 표현한다. 말은 힘이 있다. 말은 남에게 유익을 끼치는 동시에 자신에게도 기쁨과 평안과 유익을 준다. 옛말에, 말 한마디로 천냥 빚을 갚는다는 말은 말의 유익을 두고 한 말이다.

바르고 선한 말은 말의 내용이 그래야 한다. 주께서 사람들 앞에서 바르고 은혜로운 말씀을 하셨고(눅 4:22) 그에게 은혜와 진리가 넘쳐 흘렀듯이(요 1:16), 우리는 하나님의 진리에 맞는 바르고 선한 말을 할 때 자신에게도 기쁨이 있고 남에게도 유익을 줄 것이다.

또 바르고 선한 말을 듣는 사람의 마음가짐도 좋아야 한다. 우리는 바른 말을 들을 귀(마 13:9), 할례 받은 귀와 마음(신 29:4)이 있어야 하며, 또 가난하고 겸손한 마음이 있어야 한다. 예수님의 말씀이라도 어떤 이들은 그것에서 흠 잡을 거리만 찾았으나 많은 사람들은 그의 말씀을 즐거이 들었다(막 12:37). 그러므로 잠언 27:7은 "배부른 자는 꿀이라도 싫어하고 주린 자에게는 쓴 것이라도 다니라"고 말했다.

본문의 교훈을 정리해보자. 첫째로, 송사에 원고의 말이 바른 것 같으나 그 피고[이웃]가 와서 밝힌다. 우리는 한쪽 말만 듣고 성급히 판단하는 자가 되지 말고, 양쪽 말을 다 들은 후 신중하고 바르게 판단해야 한다.

둘째로, 제비뽑는 것은 다툼을 그치게 하여 강한 자 사이에 해결케 한다. 우리는 분명한 문제에 대해서는 이성과 양심과 성경말씀으로 판단해야 하며 그런 경우 예, 아니오가 분명해야 하지만, 선택하기 어려운 경우가 있고, 그럴 경우, 제비뽑기는 하나님의 뜻을 찾는 한 방법이다.

셋째로, 노엽게 한 형제와 화목하기가 견고한 성을 취하기보다 어려운즉 이러한 다툼은 산성 문빗장 같다. 우리는 상대의 상한 감정이 굳어지기 전에 푸는 지혜가 있어야 하고, 또 화목하기 어려운 사람에 대해서는, 오직 하나님께서 그를 변화시켜 주실 때까지 기도하는 것이 필요하다.

넷째로, 사람은 입에서 나오는 열매로 배가 부르게 되니 곧 그 입술에서 나는 것으로 만족하게 된다. 우리는 남에게 상함과 낙망을 주는 말을 하지 말고, 남에게 유익을 주는 바르고 선하고 덕스럽고 위로와 격려를 주는 말을 하고, 또 남의 선한 충고를 듣는 겸손한 마음도 가져야 한다.

## 21-24절, 혀의 권세, 아내, 가난, 친구

**[21절] 죽고 사는 것이 혀의 권세에 달렸나니 혀를** 쓰기 **좋아하는 자는 그 열매를 먹으리라.**

사람의 혀는 권세가 있다. 말은 다른 사람을 살리기도 하고 죽이기도 한다. 사람의 말은 때때로 다른 사람을 살린다. 위로와 격려의 말은 낙심한 사람에게 힘이 나게 하며, 충고의 말은 그의 잘못을 반성하고 고치게 한다. 사무엘상 25장에 보면, 완고하고 미련했던 나발의 아내 아비가일은 노한 다윗이 그의 집을 치려 한 것을 지혜롭고 겸손한 말로 막았다. 복음을 전하는 입은 죄로 인해 죽을 영혼들을 살리는 힘이 있다. 복음은 믿는 자들에게 구원을 주는 하나님의 능력이 된다.

그러나 사람의 말은 때때로 사람을 죽이기도 한다. 독한 비난의 말은 남의 마음을 몹시 상하게 하고 그의 명예를 크게 훼손시킨다. 그것은 상대방을 죽이는 말이다. 하나님을 모르는 세상에는 실제로 그런 말로 인해 상대방이 마음이 크게 상하여 진짜 자기 목숨을 끊는 일도 있다. 또 악하고 거짓된 비방은 무고한 사람을 매장시키기도 한다.

사람의 악한 말은 상대를 죽일 뿐 아니라, 자신도 멸망으로 이끈다. 주께서는 "네 말로 의롭다 함을 받고 네 말로 정죄함을 받으리라"고 말씀하셨다(마 12:37). 사도 바울은, "네가 만일 네 입으로 예수를 주로 시인하며 또 하나님께서 그를 죽은 자 가운데서 살리신 것을 네 마음에 믿으면 구원을 얻으리니 사람이 마음으로 믿어 의에 이르고 입으로 시인하여 구원에 이르느니라"고 말했으나(롬 10:9-10), 반대로 우리의 입으로 사람들 앞에서 하나님과 예수 그리스도를 부끄러워하고 부정하는 자는 자신의 멸망을 증거한 셈이 된다(마 10:33; 막 8:38). 이와 같이, 사람은 자기의 혀의 열매, 즉 자신의 말의 열매를 먹는다. 선한 말은 자신을 복되게 하지만, 악한 말은 자신과 남들을 멸망시킨다.

**[22절] 아내를 얻는 자는 복을 얻고 여호와께 은총을 받는 자니라.**

고대 번역들(LXX, Syr, Vg, Targ$^{mss}$)은 '아내'를 '좋은 아내'라고 번역하였다. 좋은 아내는 복이다. 어떤 아내가 좋은 아내인가? 첫째, 남편을 잘 돕는 아내이다. 하나님께서는 여자를 만드실 때 남자를 돕는 자로 만드셨다. 그는 "사람의 독처(獨處)하는[혼자 지내는] 것이 좋지 못하니 내가 그를 위하여 돕는 배필[돕는 자]을 지으리라"고 말씀하셨다(창 2:18). 그러므로 그가 여자를 창조하신 의도대로 남편을 잘 돕는 아내가 좋은 아내이다. 둘째, 지혜롭고 덕스러운 아내이다. 잠언 12:4, "어진 여인은 그 지아비[남편]의 면류관이나 욕을 끼치는 여인은 그 지아비[남편]로 뼈가 썩음 같게 하느니라." '어질다'는 원어(카일 חַיִל)는 '힘있다, 덕스럽다(virtuous)'라는 뜻이다. 어진 아내란 지혜와 덕이 있는 아내를 가리킨다. 셋째, 하나님을 경외하는 자가 좋은 아내이다. 잠언 31:30은, "고운 것도 거짓되고 아름다운 것도 헛되나 오직 여호와를 경외하는 여자는 칭찬을 받을 것이라"고 말하였다. 넷째, 순종하는 아내가 좋은 아내이다. 사도 바울은, "아내들이여, 자기 남편에게 복종하기를 주께 하듯하라"고 말했다(엡 5:22).

좋은 아내를 얻는 자는 복을 얻고 여호와께 은총을 받는 자이다. 그것은 하나님의 복이다. 잠언 31:10, "누가 현숙한 여인을 찾아 얻겠느냐? 그 값은 진주보다 더하니라." 좋은 아내는 그 남편을 잘 도우며 그에게 선을 행하며(잠 31:12) 그를 위해 기도하고 그를 위로 격려하며 필요할 때 그에게 조언을 주기 때문에 복이다. 좋은 아내는 하나님께서 주시는 복이다. 잠언 19:14, "집과 재물은 조상에게서 상속하거니와 슬기로운 아내는 여호와께로서 말미암느니라."

**〔23절〕 가난한 자는 간절한 말로 구하여도 부자는 엄한 말로**(앗조스 עַזּוֹת)[사납게, 거칠게](BDB, KJV, NASB, NIV) **대답하느니라.**

가난한 자는 슬프다. 우리는 가급적 가난한 자가 되지 말아야 한다. 잠언 30:8에 보면, 아굴은 성령의 감동 가운데 "나로 가난하게도 마옵시고 부하게도 마옵시고 오직 필요한 양식으로 내게 먹이시옵소서"라고 기도하였다. 가난은 좋은 것이 아니다.

사람이 하나님의 말씀을 순종하면, 하나님께서는 그에게 복 주셔서 그로 가난하지 않게 하신다. 신명기 28:12, “여호와께서 너를 위하여 하늘의 아름다운 보고(寶庫)를 열으사 네 땅에 때를 따라 비를 내리시고 네 손으로 하는 모든 일에 복을 주시리니 네가 많은 민족에게 꾸어줄지라도 너는 꾸지 아니할 것이요.” 사람이 하나님의 계명을 순종하지 않으면 하나님께서는 그의 의지하는 양식을 끊으실 것이며 먹어도 배부르지 않게 하실 것이지만(레 26:26), 믿고 순종하는 자에게는 일용할 양식을 주시며 의식주의 필요를 넉넉히 주실 것이다(마 6:33).

그러나 우리는 물질적 부요가 있을 때 너그러운 사람이 되어야 한다. 잠언 14:31, “가난한 사람을 학대하는 자는 그를 지으신 이를 멸시하는 자요 궁핍한 사람을 불쌍히 여기는 자는 주를 존경하는 자니라.” 욥은 부자이었지만 자기의 종들의 사정을 멸시치 않았고 가난한 자의 소원을 막지 않았으며 고아를 기르고 과부를 인도하였고 의복 없는 자에게 덮을 것을 주었고 나그네를 대접하고 자기 집에 머물게 하였다고 말하였다(욥 31:13-23). 사도 바울은 디모데에게 부자들에게 “마음을 높이지 말고 정함이 없는 재물에 소망을 두지 말고 오직 . . . 하나님께 두며 선한 일을 행하고 선한 사업에 부하고 나눠주기를 좋아하며 동정하는[너그러운] 자가 되게 하라”고 교훈하였다(딤전 6:17-18).

**〔24절〕 많은 친구를 얻는 자는 해를 당하게 되거니와 어떤 친구는 형제보다 친밀하니라.**

옛날 영어성경(KJV)은 고대역본들(Syr, Targ, Vg)을 따라서 “친구들을 가진 자는 친절해야 하나니”라고 번역하지만, 한글개역성경은 히브리어 전통본문을 따른다(NASB, NIV). 본문은 친구가 많은 것이 유익이 없고 도리어 해를 당하게 되는 경우가 있다는 뜻 같다.

친구는 두 종류가 있다. 나쁜 친구와 좋은 친구이다. 나쁜 친구는 해를 끼치는 친구이다. 예를 들면, 자기 이익만 구하다가 어려울 때, 위급할 때 떠나가는 이기적인 친구나, 죄 짓게 하는 친구가 그렇다. 사무엘하 13장에 보면, 다윗 왕의 아들 암논에게 요나답이라는 심히 간교한 친구가 있었다. 그는 암논이 그의 이복형제 압살롬의 여동생, 곧 자기의 이복누이 다말을 연애하는 것을 알고 그에게 잘못된 조언을 했다. 암논은 요나답의 조언대로 다말을 강간했고 그 일로 다말의 오빠 압살롬은 암논을 살해했고 다윗의 집에는 큰 불행과 고통이 되었다. 고린도전서 15:33, "속지 말라. 악한 동무들은 선한 행실을 더럽히나니."

그러나 좋은 친구는 형제보다도 친밀하다. 소년 다윗이 목숨의 위험을 무릅쓰고 블레셋 장수 거인 골리앗과 대결해 이기자 사울의 아들 요나단은 그를 자기 생명처럼 사랑하였다. 사무엘상 18:1, "요나단의 마음이 다윗의 마음과 연락되어 요나단이 그를 자기 생명같이 사랑하니라." 요나단은 사울의 칼을 피해 도망 다니는 다윗을 만나 하나님을 힘있게 의지하게 위로하고 격려했다(삼상 23:16). 사랑이 있는 친구는 좋은 친구이다. 잠언 17:17, "친구는 사랑이 끊이지 아니하고 형제는 위급한 때까지 위하여 났느니라." 예수님의 말씀처럼, 친구를 위하여 자기 목숨을 내어줄 정도의 사랑을 가진 사람은 참 좋은 친구이다(요 15:13-14). 그런 친구는 상대에게 바른 충고도 할 것이다(잠 27:6).

본문의 교훈을 정리해보자. 첫째로, 죽고 사는 것이 혀의 권세에 달렸으며 혀를 쓰기 좋아하는 자는 그 열매를 먹을 것이다. 우리는 말을 조심하며 사람을 살리고 유익케 하는 선하고 덕스러운 말만 해야 한다.

둘째로, 좋은 아내를 얻는 자는 복을 얻고 여호와께 은총을 받는 자이다. 우리는 하나님께 결혼과 가정의 은혜와 복을 구하며 얻어야 한다.

셋째로, 가난한 자는 간절한 말로 구하여도 부자는 엄한 말로 대답한다. 우리는 물질적 여유를 가질 때 이웃과 나누는 자가 되어야 한다.

넷째로, 많은 친구를 얻는 자는 해를 당하지만, 어떤 친구는 형제보다 친밀하다. 우리는 참된 믿음과 사랑이 있는 좋은 친구가 되어야 한다.

# 19장: 노, 아내, 구제, 인자(仁慈)

## 1-4절, 완전함, 지식, 미련함, 재물

**〔1절〕 성실히**(베숨모 בְּתֻמּוֹ)[완전하게] **행하는 가난한 자는 입술이 패려하고 미련한 자보다 나으니라.**

완전하게 행한다는 말은 하나님의 계명에 맞는 도덕적 완전을 가리킨다. 하나님께서는 우리에게 도덕적 완전을 명하신다. 노아는 당세에 완전한 자(타밈 תָּמִים)이었고(창 6:9), 욥도 순전한[완전한] 자(탐 תָּם)이었다(욥 1:1). 사도 바울은 성도의 성화의 모범인 감독의 자격요건이 첫째로, '책망할 것이 없는 자' 즉 완전한 자라고 말했다(딤전 3:2).

완전하게 행하는 자는 비록 가난할지라도 가치 있는 삶을 사는 자이다. 사람의 가치는 돈의 많음에 있지 않다. 가난한 자는 가치가 적거나 가치가 없는 사람이 아니다. 돈이 많음은 사람의 가치에 무엇을 더해주지 못한다. 사람의 가치는 실상 그의 경건성과 도덕성에 있다. 경건과 의는 사람이 사람으로서 추구해야 할 첫 번째 덕목이다.

본문은 완전히 행하는 자를 입술이 패려하고 미련한 자와 비교한다. 입술이 패려한 자는 선하고 덕스러운 말을 하지 않고 바르지 않은 말, 악하고 불순종적인 말, 불평하고 원망하는 말, 거짓된 말을 하는 자이다. 그는 미련한 자이다. 그는 믿음이 없으며 도덕적으로 선하지 않은 자이다. 말은 사람의 인격의 표현이다. 말에 실수가 없는 자가 온전한 인격자이다(약 3:2). 주께서는 사람이 마음에 가득한 것을 입으로 말하며 선한 사람은 그 쌓은 선에서 선한 말을, 악한 사람은 그 쌓은 악에서 악한 말을 낸다고 말씀하셨다(마 12:34-35). 우리는 비록 물질적으로는 가난할지라도 도덕적으로 바르고 온전한 자가 되어야 한다.

**〔2절〕 지식 없는 소원**(네페쉬 נֶפֶשׁ)[영혼]**은 선치 못하고 발이 급한 사람은 그릇하느니라**[범죄하느니라].

옛날 영어성경(KJV), "영혼은 지식이 없으면 좋지 못하고 발이 급한 사람은 범죄하느니라." 영혼은 지식이 없으면 좋지 못하다. 사람은 밥만 먹고사는 존재가 아니다. 사람은 단지 육신의 감정과 욕구에 따라 사는 존재가 아니다. 그는 영혼을 가진 존재이다. 영혼은 지식이 필요하다. 사람의 영혼은 하나님에 대한 지식, 하나님의 뜻과 계명에 대한 지식, 사람의 삶의 의미와 목적에 대한 지식, 경건과 의와 선에 대한 지식, 죄와 구원과 내세에 대한 지식 등이 필요하다. 물론, 참 지식은 머리로만 아는 것이 아니고 가슴으로 느껴지고 행위로 나타난다.

호세아 4:6에서 하나님께서는 "내 백성이 지식이 없으므로 망하는도다"라고 말씀하셨고, 호세아는, "그러므로 우리가 여호와를 알자. 힘써 여호와를 알자"라고 말하였고(호 6:3), 또 하나님께서는 "나는 인애를 원하고 제사를 원치 아니하며 번제보다 하나님을 아는 것을 원하노라"고 말씀하셨다(호 6:6). 사람의 영혼에게는 참된 지식이 필요하다.

본문은 발이 급한 사람은 범죄한다고 말한다. 발이 급한 자는 부지런한 자를 말하지 않고, 행동이 생각보다 앞서는 성급한 자를 말한다. 그런 자는 미련하다. 잠언 29:20은, "네가 언어에 조급한 사람을 보느냐? 그보다 미련한 자에게 오히려 바랄 것이 있느니라"고 말했다. 발이 급한 자는 실수하고 범죄한다. 또 그런 자는 궁핍케 된다. 잠언 21:5, "부지런한 자의 경영은 풍부함에 이를 것이나, 조급한 자는 궁핍함에 이를 따름이니라." 성도는 범사에 조급하지 말고, 지식을 가지고 신중히 생각하고 바르게 판단한 후에 말하고 행동해야 한다.

**〔3절〕 사람이 미련하므로 자기 길을 굽게 하고 마음으로 여호와를 원망하느니라.**

본문은 미련한 자의 이중적 범죄를 증거한다. 하나는 자기 길을 굽게 하는 것이요 다른 하나는 그의 마음이 하나님을 원망하는 것이다. 미련한 자는 자기 길을 굽게 한다. 길은 행위를 가리킨다. 미련한 자는 인생의 정로인 의의 길에서 벗어난다. 그의 삶은 비뚤어진 삶, 탈선된 삶, 곧 불의한 삶이다. 그것은 그가 하나님을 경외치 않고 교만하고 그의 계명을 무시하기 때문이다. 그는 성경대로 살지 않고 자기 생각과 주관과 고집대로 사는 자기중심적이며 인본주의적인 자이다.

미련한 자는 또한 그의 마음으로 하나님을 원망한다. 사람의 행위는 그의 마음에서 나온다. 하나님을 원망한다는 말은 하나님을 인정하지 않고 그를 무시하며 그에게 감사하지 않고 불평하고 원망하며 하나님을 사랑치 않고 미워하는 것이다. 그것은 곧 불경건이다. 사람은 경건해야 선을 행하는 법이다. 그러나 하나님을 경외치 않으면 악을 행하게 되는 것이다. 불경건과 불의는 하나님 없는 죄인들의 모습이다.

원망과 불평은 옛날 이스라엘 백성의 광야에서의 모습이었다. 그들은 애굽에서 나와 광야를 통과할 때, 이전에 애굽 땅에서 떡을 배불리 먹던 때와 고기 가마 곁에 앉았던 때를 기억하며 원망하며 불평하였다(출 15:2-3; 17:3). 또 그들이 가데스 바네아에서 가나안 땅에 열두 명의 정탐꾼을 보내고 그들 중 열 명의 불신앙적 보고를 들었을 때에도 그들은 하나님을 멸시하며 믿지 않고 밤새도록 통곡하여 원망하였다(민 14:1-2, 11). 그러므로 사도 바울은 이스라엘 백성의 원망과 멸망을 기억하고 원망하지 말아야 한다고 교훈하였다(고전 10:10).

**〔4절〕 재물은 많은 친구를 더하게 하나 가난한즉 친구가 끊어지느니라.**

넓은 의미에서 친구란 친하게 지내는 모든 사람을 가리킨다. 그보다 더 친밀하게 어릴 때부터 한 가정에서 자란 형제가 있고, 사귄 지 오래된 친구도 있다. 교회 안에는 하나님의 한 가족인 영적, 신앙적 형제들인 교우(敎友)들이 있다.

돈이 있으면 친구들도 많아진다. 잠언 14:20도 "부요한 자는 친구가 많으니라"고 말한다. 세상의 친구들은 물질적 이해관계를 가진 경우가 많다. 그러나 가난하면 친구가 떨어진다. 돈이 떨어지면 친구도 떨어진다. 이것이 세상의 현실이다. 또 이것이 많은 사람들이 사는 방식이다. 아이들도 어릴 때부터 부잣집 아이와 친구가 되려 하는 것 같다. 세상에서 순수한 친구는 찾아보기 어려워지는 것 같다.

그러나 적어도 교회 안에서는 그렇지 않아야 한다. 신앙적 친구는 물질적 이해관계를 초월한 친구여야 한다. 교회는 하나님의 가정이다. 주 예수께서는 "누구든지 하늘에 계신 내 아버지의 뜻대로 하는 자가 내 형제요 자매요 모친이니라"고 말씀하셨다(마 12:50). 그는 또 "너희는 랍비라 칭함을 받지 말라. 너희 선생은 하나이요 너희는 다 형제니라"고 말씀하셨다(마 23:8). 사도 바울도 "이제부터 너희가 외인도 아니요 손도 아니요 오직 성도들과 동일한 시민이요 하나님의 권속[가족]이라"고 말하였다(엡 2:19). 신앙적 친구는 바른 교훈 안에서 서로 권면하고 위로하고 책망도 할 수 있는 친구, 또 어려운 일이 있을 때 서로를 위해 기도하고 위로해줄 수 있는 친구이다. 바울은, "규모 없는 자들을 권계하며 마음이 약한 자들을 안위하고 힘이 없는 자들을 붙들어 주며 모든 사람을 대하여 오래 참으라"고 권하였다(살전 5:14).

본문의 교훈을 정리해보자. 첫째로, 완전하게 행하는 가난한 자는 입술이 패려하고 미련한 자보다 낫다. 우리는 사람의 가치가 돈의 많음에 있지 않고 경건과 도덕성에 있음을 알고 경건하고 바르고만 살아야 한다.

둘째로, 지식 없는 영혼은 선하지 못하고 발이 급한 사람은 범죄한다. 우리는 지식을 귀히 여기며 성경을 읽고 배우고 묵상하기를 힘써야 하고 또 범사에 바른 지식을 가지고 신중히 생각한 후 말하고 행동해야 한다.

셋째로, 사람은 미련하므로 자기 길을 굽게 하고 마음으로 여호와를 원망한다. 우리는 하나님을 알고 범사에 그를 인정하고 그에게 감사하며 그를 경외하고 그의 계명에 순종하여 의의 길, 선한 길을 걸어야 한다.

넷째로, 재물은 많은 친구를 더하게 하나 가난한즉 친구가 끊어진다. 우리는 물질적 이익을 위해 친구가 되지 말고, 그런 것을 초월하고 신앙적 권면과 위로를 주고 서로 위해 기도할 수 있는 친구가 되어야 한다.

## 5-8절, 거짓말, 선물, 가난, 지혜

**[5절] 거짓 증인은 벌을 면치 못할 것이요 거짓말을 내는 자도 피치 못하리라.**

거짓 증인은 보통 자기의 이익을 구하며 남에게 악을 행하는 자이다. 그는 남의 명예를 훼손하고 남의 재산에 손해를 끼치고 남의 생명을 해한다. 거짓말은 하나님 앞에 큰 악이다. 그것은 십계명의 제9계명을 어기는 죄악이다. 잠언 6:16-19는 하나님께서 미워하시는 6, 7가지의 죄들 중 '거짓된 혀'와 '거짓을 말하는 망령된 증인'을 들었다.

거짓 증인은 벌을 면치 못할 것이다. 신명기 19:16-21에 보면, 위증 즉 거짓 증거하는 자에 대해 그 일을 자세히 조사해 확인되면 그가 그 형제에게 행하려 했던 그대로 그에게 행하라고 명령되었고 또 "생명은 생명으로, 눈은 눈으로, 이는 이로, 손은 손으로, 발은 발로니라"고 말하였다. 공의의 보응을 명한 것이다. 거짓말은 지옥 갈 죄악이며 결코 천국에 들어가지 못할 죄악이다. 요한계시록 21:8은 모든 거짓말하는 자는 지옥불에 들어갈 것이라고 말하였고, 요한계시록 21:27은 거짓말하는 자는 결코 천국에 들어가지 못한다고 말하였고, 22:15도 거짓말을 좋아하며 지어내는 자마다 천국 밖에 있을 것이라고 말했다.

우리는 선의의 거짓말도 하지 않는 것이 옳다. 거짓은 큰 죄악이다. 그것은 하나님의 속성이 아니고 마귀의 속성이다. 사람의 본성 속에는 태어날 때부터 거짓된 속성이 있다. 예레미야 17:9에서 하나님께서는, "만물보다 거짓되고 심히 부패한 것은 마음이라"고 말씀하셨다. 그러므로 성도는 거짓을 의식적으로 경계하고 배척해야 한다. 거짓이 습관이 되지 않게 하고 자기 합리화에 사용되지 않게 조심해야 한다. 선의의 거짓말에 익숙하면 보통 거짓말도 잘하게 될 것이다. 그런 사람은 거짓말하는 습관이 생기고 중요한 거짓말도 하기 쉬울 것이다.

**[6절] 너그러운 사람에게는 은혜를 구하는 자가 많고 선물을 주기를** 좋아

하는 **자에게는 사람마다 친구가 되느니라.**

'너그러운'이라는 원어(나디브 נָדִיב)는 '존귀한, 고상한, 너그러운'이라는 뜻을 가진다(BDB). 이 말은 사회적 신분 뿐만 아니라, 인격의 고상함과 너그러움을 가리키는 말이다. 그런 자에게는 은혜를 구하는 자가 많다. 또 선물 주기를 좋아하는 자에게는 친구가 되려 하는 사람이 많다. 선물 주기를 좋아하는 자도 단지 물질적 여유를 가진 자가 아니고 마음의 선함과 너그러움을 가진 자를 가리킨다.

사람이 물질적 여유를 가지고 사회적 신분이 높은 것은 복된 일이다. 하나님께서는 율법에서 사람이 그의 계명을 순종하면 머리가 되고 꼬리가 되지 않겠다고 약속하셨다(신 28:13). 성경의 훌륭한 인물들 중에는 그런 자들이 있었다. 의로운 욥은 동방에서 가장 큰 자이었고(욥 1:3), 요셉은 애굽의 총리(창 41:43)가 되었고, 다윗은 이스라엘의 왕(삼하 5:4-5)이, 다니엘은 메데 파사의 총리가 되었다(단 6:1-2).

그러나 마음과 인격이 천박하지 않고 고상한 것은 더 값지고 복되다. 천박하지 않고 고상함이란 불경건하거나 죄악되거나 이기적이거나 인색하거나 인정 없는 것이 아니고, 경건하고 의롭고 선하고 너그럽고 남을 배려하는 것이다. 사도 바울은 장로의 자격으로 '아담함'(코스미오스 κόσμιος) 즉 '품행이 좋음, 존경할 만함'을 들었고, 집사의 자격과 또 장로와 집사의 아내들의 자격으로 '단정함'(셈노스 σεμνός) 즉 '고상함, 존경할 만함'을 들었다(딤전 3:2, 8, 11). 모세는 온유했다(민 12:3). 사도 바울도 온유함과 너그러움과 관용을 교훈했고(빌 4:5), 또 주의 종들이 온유해야 한다고 말했다(딤후 2:24).

**[7절] 가난한 자는 그** [모든] **형제들에게도 미움을 받거든 하물며 친구야 그를 멀리 아니하겠느냐? 따라가며 말하려 할지라도 그들이 없어졌으리라.**

가난한 자는 먹을 것, 마실 것, 입을 것, 거처할 곳이 없는 자이다. 가난한 자는 그 모든 형제들에게도 미움을 받는다. 예외는 있겠지만 대체로 그렇다는 것이다. 가난한 자의 설움이다. 가난한 것도 슬픈데, 모든 형제들에게 미움을 받으니 더욱 슬플 것이다.

본문은 “하물며 친구야 그를 멀리 아니하겠느냐? 따라가며 말하려 할지라도 그들이 없어졌으리라”고 말한다. 한 집에서 자라며 한 밥상에서 밥을 먹던 형제들도 그를 미워하는데, 친구들이야 오죽하랴! 그들은 따라가며 말을 붙이려 해도 상대도 해주지 않고 가버린다. 사람들은 대체로 사람의 가치를 돈의 많음으로 판단한다. 심지어 교인들도 그러하다. 그래서 야고보는 교인들이 사람을 외모로 취하지 말고 가난한 자들을 무시하고 박대하지 말라고 교훈하였다(약 2:1-5).

성도는 하나님의 징계로 일시적으로 가난할 수 있다. 그러나 하나님께서는 성도의 물질적 필요를 공급해주신다. 그는 성도들에게 물질적 여유를 약속하셨다. 그는 신명기 28장에서 계명을 순종하는 자들에게 물질적 복을 약속하셨다(1-6절). 예수께서도 “너희는 먼저 그의[하나님의] 나라와 그의 의를 구하라. 그리하면 이 모든 것을 너희에게 더하시리라”고 말씀하셨다(마 6:33). 성도가 부자가 되는 것을 사모해서는 안 되지만, 그러나 하나님께서 자기 백성을 버리지 아니하시고 떠나지 아니하시며 필요한 돈을 주실 것은 분명하다(히 13:5).

**〔8절〕 지혜를 얻는 자는 자기 영혼을 사랑하고 명철을 지키는 자는 복을 얻느니라.**

‘지혜’라는 원어(레브 לֵב)는 ‘마음’이라는 말로서 바른 마음과 바른 생각을 가리킨다. 사람은 생각이 반듯해야 말도 바르게 하고 행동도 바르게 할 수 있다. 바른 생각은 하나님을 인정하고 경외하는 생각이며 하나님의 계명에 일치하는 선한 생각이며, 그것이 곧 지혜이다.

본문은 ‘지혜를 얻는 자’라는 표현을 한다. ‘얻는 자’라는 말은 바른 마음과 생각이 저절로 되는 것이 아님을 보인다. 사람의 본성은 악하고 무지하여 그릇된 길로 잘 빠진다. 바른 마음과 바른 생각은 하나님의 은혜로, 또 자신이 사모하여 얻게 된다. 성경을 열심히 읽고 예배에 잘 참석하여 말씀을 힘써 듣고 배우는 자는 지혜를 얻을 것이다.

지혜를 얻는 자는 자기 영혼을 사랑한다. 무지함은 불경건하고 악한 행실을 낳고 마음의 병과 환경적 황폐와 영육의 멸망을 가져올 것이지만, 지혜는 경건하고 의롭고 선한 행실을 낳고 평안과 강건함과 영생을 가져올 것이다. 잠언 1:32-33, "어리석은 자의 퇴보는 자기를 죽이며 미련한 자의 안일은 자기를 멸망시키려니와 오직 나를 듣는 자는 안연히 살며 재앙의 두려움이 없이 평안하리라." 잠언 8:35-36, "대저 나[지혜]를 얻는 자는 생명을 얻고 여호와께 은총을 얻을 것임이니라. 그러나 나[지혜]를 잃는 자는 자기의 영혼을 해하는 자라. 무릇 나[지혜]를 미워하는 자는 사망을 사랑하느니라." 성경은 구주 예수 그리스도를 믿음으로 구원에 이르는 지혜가 있게 한다(딤후 3:15).

본문은 또 "명철을 지키는 자는 복을 얻느니라"고 말한다. 명철은 바른 깨달음이며 그것은 성경에 근거한 바른 생각과 교훈에서 나온다. 명철을 지키는 자는 복을 얻는다. 그 복은 평안, 형통, 건강, 물질적인 여유 등을 포함할 뿐 아니라, 궁극적으로 영생의 복을 가리킨다.

본문의 교훈을 정리해보자. 첫째로, 거짓 증인은 벌을 면치 못할 것이며 거짓말을 내는 자도 피치 못할 것이다. 우리는 모든 거짓말을 배격하고 선의의 거짓말도 하지 말고 거짓말이 습관이 되지 않게 해야 한다.

둘째로, 너그러운 사람에게는 은혜를 구하는 자가 많고 선물을 주기를 좋아하는 자에게는 사람마다 친구가 된다. 우리는 마음과 인격이 고상한 자, 즉 온유하고 너그럽고 존경할 만한 덕을 지닌 자가 되어야 한다.

셋째로, 가난한 자는 그 모든 형제에게도 미움을 받거든 하물며 친구야 그를 멀리 아니하겠느냐? 우리는 하나님을 의지하고 계명을 순종함으로 돈의 여유를 얻고 주위의 가난한 자들을 돕는 자가 되어야 한다.

넷째로, 지혜를 얻는 자는 자기 영혼을 사랑하고 명철을 지키는 자는 복을 얻는다. 우리는 성경말씀의 바른 교훈에서 지혜를 얻어야 한다.

## 9-12절, 거짓말, 분수, 절제, 왕

**〔9절〕 거짓 증인은 벌을 면치 못할 것이요 거짓말을 내는 자는 망할 것이니라.**

하나님께서는 진리의 하나님, 진실의 하나님이시다. 이사야 65:16, "땅에서 자기를 위하여 복을 구하는 자는 진리의 하나님을 향하여 복을 구할 것이요 땅에서 맹세하는 자는 진리의 하나님으로 맹세하리니." 요한복음 14:6, "나는 길이요 진리요 생명이니." 요한복음 17:17, "아버지의 말씀은 진리니이다." 신약성경에는 '진실로'(아멘 ἀμὴν)라는 말이 152회 나오고, 요한복음에만 51회나 나온다.

성경은 진실한 증인들의 증거이다. 기독교는 진실한 증거 위에 세워져 있다. 요한복음 21:24, "이 일을 증거하고 이 일을 기록한 제자가 이 사람이라. 우리는 그의 증거가 참인 줄 아노라." 예수님의 제자들은 다 증인들이라고 불렸다. 사도행전 1:8, "땅끝까지 내 증인이 되리라." '내 증인'이라는 말은 나의 참된 증인, 나의 진실한 증인이라는 뜻이다.

하나님께서는 우리가 진실하며 진실한 말만 하라고 명하신다. 에베소서 4:25, "그런즉 거짓을 버리고 각각 그 이웃으로 더불어 참된 것을 말하라. 이는 우리가 서로 지체가 됨이니라." 거짓은 마귀의 죄요 마귀의 속성이다. 마귀는 거짓말쟁이요 거짓의 아비이다(요 8:44). 그러므로 하나님의 자녀된 우리는 거짓을 버리고 오직 진실을 말해야 한다.

거짓 증인은 벌을 면치 못할 것이요 거짓말을 내는 자는 망할 것이다. 하나님께서는 제9계명에서 거짓 증거를 정죄하셨다. 잠언 6:16-19는 하나님의 미워하시는 것 6, 7가지 중에 '거짓된 혀,' '거짓을 말하는 망령된 증인'을 들었다. 요한계시록은, 모든 거짓말하는 자들은 지옥에 들어갈 것이라고 말하였고(계 21:8), 또 거짓말을 좋아하며 지어내는 자마다 새 예루살렘 성 밖에 있을 것이라고 말하였다(계 22:15).

**〔10절〕 미련한 자가 사치하는 것이 적당치 못하거든 하물며 종이 방백을**

**다스림이랴.**

'미련한 자'는 하나님을 경외하지 않고 교만하고 하나님의 계명을 어기고 죄만 짓는 자이다. '사치하는 것'이라는 원어(타아누그 תַּעֲנוּג)는 '사치, 연락(宴樂), 기쁨'이라는 뜻이다(BDB). 지혜로운 자는 세상의 헛됨과 자신의 부족을 깨닫고 조심하며 살려 하지만, 미련한 자는 그런 깨달음이 없이 사치하고 먹고 마시고 즐기며 산다.

미련한 자가 사치하며 즐거워하는 것이 적당치 못한 까닭은 무엇인가? 그것은 세상 것이 헛된 줄 알지 못하고 하나님의 심판이 자기 앞에 있어도 그것을 알지 못하고 또 자기의 분수를 모르고 자신을 해이하게 하고 교만하게 하기 때문이다. 그러므로 그것은 미련한 일이다. 미련한 자에게 필요한 것은 실상 사치와 연락이 아니고, 세상의 헛됨과 하나님의 나라의 영광을 알고 자신의 부족함을 아는 것이다.

본문은 또 "하물며 종이 방백을 다스림이랴"라고 말한다. 방백이 종을 다스리는 것은 정상적인 일이지만, 종이 방백을 다스리는 것은 비정상적인 일이다. 언제 이런 일이 일어나는가? 하나님께서 한 사회를 심판하실 때 그런 일이 일어날 수 있다. 그러나 종이 방백을 다스리는 것은 매우 비정상적인 일이며 또 종은 방백들을 잘 다스리지도 못할 것이다. 사람을 다스리는 것은 쉬운 일이 아니다. 사람을 다스리는 자는 지혜와 지식과 능력이 필요하다. 또 다스리는 자는 건전한 생각과 판단력, 도덕성과 사랑, 말의 덕스러움, 용기와 담력, 단호함 등의 덕을 가지고 있어야 한다. 다스림은 하나님의 은사 즉 하나님께서 주시는 은혜의 선물 중 하나이다(고전 12:28; 롬 12:4-8).

**〔11절〕 노하기를 더디하는 것이 사람의 슬기요 허물을 용서하는 것이 자기의 영광이니라.**

노하기를 더디하는 것은 사람의 지혜와 슬기이다. 우리는 왜 노하기를 더디하는 것이 필요한가? 그것은 말이나 행동으로 실수하지 않기 위해서, 또한 다른 이의 부족을 긍휼히 여기고 그가 깨닫고 고치기를 기다리기 위해서, 또 자신의 부족도 생각하는 기회가 되기 위해서이다. 그것은 참는 훈련, 관용하는 훈련, 너그러움을 실천하는 훈련이다.

노하기를 더디하는 것은 하나님의 성품을 본받는 것이다. 하나님께서는 죄인들을 오래 참으시고 노하기를 더디하신다. 출애굽기 34:6, "자비롭고 은혜롭고 노하기를 더디하고 인자와 진실이 많은 하나님이로라." 민수기 14:18, "여호와는 노하기를 더디하고." 느헤미야 9:17, "주는 사유하시는 하나님이시라. 은혜로우시며 긍휼히 여기시며 더디 노하시며 인자가 풍부하시므로 저희를 버리지 아니하셨나이다." 그 외에, 시편 86:15; 103:8; 145:8; 요엘 2:13 등에도 같은 말씀이 있다. 그러나 노하기를 더디하는 것은 참 어려운 일이다. 그러므로 잠언 16:32는, "노하기를 더디하는 자는 용사보다 낫고 자기의 마음을 다스리는 자는 성을 빼앗는 자보다 나으니라"고 말하였다.

본문은 또한 "허물을 용서하는 것이 자기의 영광이니라"고 말한다. 잠언 10:12는, 미움은 다툼을 일으켜도 사랑은 모든 허물을 가리운다고 말했다. 남의 잘못을 용서하는 것은 하나님의 사랑을 본받는 것이다. 하나님께서는 지옥 갈 우리를 위해 독생자를 내어주셨고 우리의 죄를 용서하시고 구원해주셨다. 그러므로 사도 바울은 교훈하기를, "서로 인자하게 하며 불쌍히 여기며 서로 용서하기를 하나님께서 그리스도 안에서 너희를 용서하심과 같이 하라"고 했다(엡 4:32).

**〔12절〕 왕의 노함은 사자의 부르짖음 같고 그의 은택은 풀 위에 이슬 같으니라.**

왕은 힘과 권세를 가진 주권자이다. 사자는 먹이를 잡은 후에 찢고 삼키려 할 때 부르짖는다. 왕의 노함은 사자의 부르짖음 같다. 사울 왕은 제사장 아히멜렉이 다윗과 공모(共謀)했다고 오해하여 도엑을 명하여 하나님의 제사장 85명을 죽이게 하였다(삼상 22장). 파사 왕 아하수에로는 잔치 자리에 오라는 남편의 명을 어겼다고 진노하여 자기 아내인 왕후 와스디를 당장 왕후의 직에서 폐하였다(에 1, 2장).

만왕의 왕이신 하나님의 진노는 더욱 크고 두렵다. 노아의 시대에 온 세상이 부패하고 강포해졌을 때, 하나님께서는 홍수로 온 세상을 심판하시고 멸하셨다. 소돔 고모라 성이 심히 부패하고 음란하였을 때, 하나님께서 하늘에서 유황불비를 내려서 멸망시키셨다. 가나안 땅의 일곱 족속들이 우상숭배와 음란으로 심히 부패했을 때, 하나님께서는 이스라엘 백성에게 그 땅의 거민을 다 멸하라고 명하셨다. 자기 백성 이스라엘과 유다 나라라 할지라도 그들이 우상숭배하며 부도덕했을 때, 하나님께서는 그들을 멸망시키셨다. 예레미야는 유다 멸망 때의 하나님의 진노를 눈물로 증거하였다(애 2:1-3). 오늘날도 세상은 세속주의, 쾌락주의, 음란의 큰 죄악 때문에 마침내 불심판을 당할 것이며 악인들은 최종적으로 지옥 형벌을 받을 것이다(벧후 3:7; 계 21:8).

본문은 "그의 은택은 풀 위에 이슬 같으니라"고 말한다. 들의 풀은 새벽 이슬로 생기를 얻어 파릇파릇해진다. 백성들은 왕의 은택과 호의로 좋은 것을 얻는다. 사람은 하나님의 은택과 호의로 온갖 복된 것들을 누린다. 이스라엘 백성은 애굽에서의 해방과 홍해의 기적, 만나와 메추라기, 반석에서의 물 등 하나님의 귀한 은택들을 받아 누렸었다.

본문의 교훈을 정리해보자. 첫째로, 거짓 증인은 벌을 면치 못할 것이요 거짓말을 내는 자는 망할 것이다. 우리는 결코 거짓말하는 자가 되지 말고 우리 속의 거짓의 요소를 내쫓고 진실한 사람이 되어야 한다.

둘째로, 미련한 자가 사치하는 것이 적당하지 못하며 종이 방백을 다스림은 더욱 그러하다. 우리는 사치하지 말고 분수에 맞게 살아야 한다.

셋째로, 노하기를 더디함이 사람의 슬기이며 허물을 용서함이 자기의 영광이다. 우리는 노하기를 더디하고 남의 허물을 용서해야 한다.

넷째로, 왕의 노함은 사자의 부르짖음 같고 그의 은택은 풀의 이슬 같다. 우리는 하나님 경외하고 계명 순종함으로 그 은택 안에 살아야 한다.

## 13-16절, 미련함, 슬기로움, 게으름, 계명 준수

**[13절] 미련한 아들은 그 아비의 재앙이요 다투는 아내는 이어 떨어지는 물방울이니라.**

잠언에서, 미련한 아들은 하나님을 경외하지 않고 부모를 공경하지 않고 죄만 짓고 게으르고 방탕한 아들이다. 사람은 하나님의 은혜를 받지 못할 때, 또 부모의 바른 교훈과 본이 없을 때, 또는 부모의 바른 교훈을 받아도 고의로 그것을 거절하고 대항할 때, 미련한 아들이 된다. 미련한 사람은 부모의 경건한 교훈과 훈계를 멸시한다(잠 1:7).

미련한 아들은 그의 아버지에게 재앙이다. '재앙'이라는 원어(하오스 הַוֹּת)는 '멸망'이라는 뜻이다(BDB, NASB, NIV). 아들은 부모의 대를 잇는 자요 부모의 기업이다. 자녀가 잘되면 부모에게 기쁨과 즐거움이 되고 영광과 복이 되지만, 자녀가 잘못되면 부모에게 근심과 슬픔이 되고 수치와 멸망이 된다. 잠언 17:21, "미련한 자를 낳는 자는 근심을 당하나니 미련한 자의 아비는 낙이 없느니라." 잠언 17:25, "미련한 아들은 그 아비의 근심이 되고 그 어미의 고통이 되느니라."

다투는 아내는 이어 떨어지는 물방울이다. 잠언 27:15, "다투는 부녀는 비 오는 날에 이어 떨어지는 물방울이라." 아내는 겸손치 않고 교만하고 욕심이 많고 이해심이 부족할 때 남편과 잘 다툴 것이다. '이어 떨어지는 물방울'은 끊임없이 남편을 괴롭게 하는 것을 말한다. 잠언 12:4, "욕을 끼치는 여인은 그 지아비[남편]로 뼈가 썩음 같게 하느니라." 그러므로 잠언 21:9, "다투는 여인과 함께 큰집에서 사는 것보다 움막에서 혼자 사는 것이 나으니라"(잠 25:24에도). 잠언 21:19, "다투며 성내는 여인과 함께 사는 것보다 광야에서 혼자 사는 것이 나으니라." 다투는 아내는 아내의 역할에 역행하는 여자이다. 아내의 역할은 남편을 돕는 것인데, 좋은 돕는 자가 되려면, 비록 특별한 경우 겸손히 조언을 줄 수 있겠으나, 대체로 남편의 뜻에 순종해야 할 것이다.

**〔14절〕 집과 재물은 조상에게서 상속하거니와 슬기로운 아내는 여호와께로서 말미암느니라.**

부모는 자기의 집이나 재산을 자녀들에게 상속해줄 수 있다. 그러나 그들이 슬기로운 아내를 얻어 줄 수는 없다. 슬기로운 아내란 하나님을 경외하며 늘 말씀과 기도로 하나님과 동행하며 선하고 덕스러운 자이다. 그는 죄악된 것을 버리며 온순하며 단정하고 순종하며 부지런하다. 성경은 슬기로운 여인을 칭찬하며 권장한다. 잠언 12:4, "어진[현숙한] 여인은 그 지아비의 면류관이나 욕을 끼치는 여인은 그 지아비로 뼈가 썩음 같게 하느니라." 잠언 14:1, "무릇 지혜로운 여인은 그 집을 세우되 미련한 여인은 자기 손으로 그것을 허느니라." 잠언 31:10, "누가 현숙한 여인을 찾아 얻겠느냐? 그 값은 진주보다 더하니라."

슬기로운 아내는 여호와께로서 말미암는다. 하나님께서는 주권적 섭리자이시다. 그는 사람을 예비하시고 구원하시고 거룩하게 하시며 지혜와 총명을 주신다. 그는 모든 좋은 것을 다 주실 수 있고 또 주신다. 그는 슬기로운 아내도 주실 수 있고 주실 것이다. 그러므로 잠언 18:22도, "[좋은] 아내를 얻는 자는 복을 얻고 여호와께 은총을 받는 자니라"고 말한다. 하나님께서는 그를 경외하고 믿고 순종하는 자들에게 좋은 아내를 주실 것이다. 좋은 아내는 하나님께서 주시는 복이다.

그러나 사람에게는 고난도 때때로 유익하다. 사람은 고난을 통하여 자신의 부족을 깨닫고 회개케 되고 경건과 순종의 훈련을 받고 회복의 은혜를 얻는다. 시편 119:67, 71, "고난 당하기 전에는 내가 그릇 행하였더니 이제는 주의 말씀을 지키나이다," "고난 당한 것이 내게 유익이라. 이로 인하여 내가 주의 율례를 배우게 되었나이다." 성도들에게는 모든 일들이 합력하여 선을 이룬다(롬 8:28).

**〔15절〕 게으름이 사람으로 깊이 잠들게 하나니 해태(懈怠)한**[나태한, 게으른] **사람은 주릴 것이니라.**

게으름은 사람으로 깊이 잠들게 한다. 게으름은 자기 할 일을 등한히 하는 것, 시간을 낭비하는 것, 놀고 먹으려 하는 것을 가리키며, 그런 사람은 몸이 아프지도 않은데 하루에 8시간 이상 잠을 잘 것이다. 그러므로 잠언 6:9는 "게으른 자여, 네가 어느 때까지 눕겠느냐? 네가 어느 때에 잠이 깨어 일어나겠느냐?"라고 말한다.

나태한 자는 주릴 것이다. 잠언 6:10-11, "좀더 자자, 좀더 졸자, 손을 모으고 좀더 눕자 하면 네 빈궁이 강도같이 오며 네 곤핍이 군사같이 이르리라." 잠언 10:4, "손을 게으르게 놀리는 자는 가난하게 되고 손이 부지런한 자는 부하게 되느니라." 잠언 13:4, "게으른 자는 마음으로 원하여도 얻지 못하나 부지런한 자의 마음은 풍족함을 얻느니라." 잠언 18:9, "자기의 일을 게을리 하는 자는 패가하는 자의 형제니라." 사람이 게으르면 가난해지게 되고 마침내 파산하고 말 것이다.

그러므로 성도는 부지런해야 한다. 성도는 잠도 적당히 자야 하고 자기 일을 정직하게, 부지런하게 하고 시간을 낭비하지 말아야 한다. 로마서 12:11, "부지런하여 게으르지 말고 열심을 품고 주를 섬기라." 에베소서 5:15-16, "그런즉 너희가 어떻게 행할 것을 자세히 주의하여 지혜 없는 자같이 말고 오직 지혜 있는 자같이 하여 세월을 아끼라. 때가 악하니라." 성도는 놀고 먹으려 해서는 안 된다. 데살로니가후서 3:10, "우리가 너희와 함께 있을 때에도 너희에게 명하기를 누구든지 일하기 싫어하거든 먹지도 말게 하라 하였더니." 부지런하게 사는 자는 몸도 건강해지고 물질적 여유도 얻을 것이다.

〔16절〕 **계명을 지키는 자는 자기의 영혼을 지키거니와 그 행실을 삼가지 아니하는**(보제 데라카우 בּוֹזֵה דְרָכָיו)[그 길을 멸시하는] **자는 죽으리라.**[13]

하나님의 계명은 사람의 바른 길, 선한 길을 지시한다. 계명을 지키는 것은 곧 의와 선을 행하는 것이다. 성도는 예수 그리스도의 의(義)

---

13) '죽으리라'는 원어는 유마스 יוּמָת[죽임을 당하리라](Syr, Vg)라고 쓰여 있으나(케팁), 전통적인 마소라 학자들은 야무스 יָמוּת (יָמוּת)[죽으리라](Targ)라고 읽었다(케레). 그러나 쓰여진(케팁) 대로 읽어도 무방할 것이다.

안에서 의를 행하며 다시는 죄를 짓지 않으려 한다. 계명을 지키는 자는 자기의 영혼을 지키는 것이다. 그는 죽지 않고 살 것이다. 의롭게 살았던 노아는 홍수로 멸망하는 세상에서 방주로 구원을 받았다. 믿음과 순종의 사람 여호수아와 갈렙은, 다른 이들이 다 광야에서 죽고 멸망할 때, 멸망치 않고 살았고 가나안 땅에 들어갔다.

그러나 그 행실을 삼가지 않는 자, 즉 그 길을 멸시하는 자는 죽을 것이다. '그 길'은 그가 가야 할 길, 하나님의 계명을 순종하는 사람의 바른 길을 가리킨다. 그 길을 멸시하는 것은 어그러진 길로 가고 잘못된 길로 가는 것을 말한다. 그것이 곧 죄이다.

그 길을 멸시하는 자는 죽을 것이다. 에스겔 18:20은, "범죄하는 그 영혼은 죽을지라"고 말하며, 로마서 8:13은, "너희가 육신대로 살면 반드시 죽을 것이로되 영[성령]으로써 몸의 행실을 죽이면 살리니"라고 말했다. 의는 생명에 이르고 죄는 죽음에 이른다. 소돔 고모라 사람들은 하나님의 경고를 멸시하다가 다 망하였다. 심지어 이스라엘 백성이라도 광야에서, 또 가나안 땅에서, 악을 행하다가 다 망하였다.

본문의 교훈을 정리해보자. 첫째로, 미련한 아들은 그 아비의 재앙이요 다투는 아내는 이어 떨어지는 물방울이다. 우리는 미련한 아들이나 다투는 아내가 되지 말고 하나님의 은혜로, 말씀과 기도의 생활 속에서, 또 각자 자기 의무를 다함으로써 우리 가정을 복된 가정으로 만들어야 한다.

둘째로, 집과 재물은 조상에게서 상속하거니와 슬기로운 아내는 여호와께로서 말미암는다. 우리는 죄를 멀리하고 믿음과 순종으로 살아 하나님의 은혜로 슬기로운 아내가 되고 또 딸들을 슬기롭게 잘 키워야 한다.

셋째로, 게으름은 사람으로 깊이 잠들게 하니 나태한 사람은 주릴 것이다. 우리는 영적인 의무들과 육적인 의무들을 부지런히 행해야 한다.

넷째로, 계명을 지키는 자는 자기의 영혼을 지키나 그 길을 멸시하는 자는 죽을 것이다. 우리는 믿음 안에서 계명을 지키는 자가 되어야 한다.

## 17-20절, 구제, 자녀 징계, 노함, 훈계

**[17절] 가난한 자를 불쌍히 여기는 것은 여호와께 꾸이는**[꾸어드리는] **것이니 그 선행을 갚아 주시리라.**

가난한 자를 불쌍히 여긴다는 말은 구제하는 뜻을 포함한다. 가난한 자를 동정하고 구제하는 것은 하나님께 돈을 꾸어드리는 것이다. 우리가 가난한 사람을 불쌍히 여겨야 하는 이유는 모든 사람이 다 하나님의 형상으로 창조되었기 때문이다. 그러므로 잠언 14:31은, "가난한 사람을 학대하는 자는 그를 지으신 이를 멸시하는 자요 궁핍한 사람을 불쌍히 여기는 자는 주를 존경하는 자니라"고 말하였고, 잠언 17:5는, "가난한 자를 조롱하는 자는 이를 지으신 주를 멸시하는 자요 사람의 재앙을 기뻐하는 자는 형벌을 면치 못할 자니라"고 말했다.

더욱이, 구제의 대상이 신자인 경우, 예수 그리스도의 이름이 그에게 있으니 더욱 그렇다. 예수께서는 제자들을 전도하러 보내시면서 "너희를 영접하는 자는 나를 영접하는 것이요 나를 영접하는 자는 나 보내신 이를 영접하는 것이니라"고 말씀하셨고(마 10:40), 또 그는 양과 염소의 비유에서 "너희가 여기 내 형제[믿는 성도] 중에 지극히 작은 자 하나에게 한 것이 곧 내게 한 것이니라"고 말씀하셨다(마 25:40).

본문은 가난한 자에게 한 구제와 선행을 하나님께서 갚아주신다고 말한다. 시편 37:26, "저는 종일토록 은혜를 베풀고 꾸어주니 그 자손이 복을 받는도다." 잠언 11:25, "구제를 좋아하는 자는 풍족하여질 것이요 남을 윤택하게 하는 자는 윤택하여지리라." 마태복음 6:3-4, "너는 구제할 때에 오른손의 하는 것을 왼손이 모르게 하여 네 구제함이 은밀하게 하라. 은밀한 중에 보시는 너의 아버지가 [드러나게] 갚으시리라." 사도 바울도, "각 사람이 무슨 선을 행하든지 종이나 자유하는 자나 주(主)에게 그대로 받을 줄을 안다"고 말하였다(엡 6:8).

**[18절] 네가 네 아들에게 소망이 있은즉 그를 징계하고 죽일 마음은 두**

**지 말지니라.**

성도는 그의 자녀를 의지하지는 않아야 하지만, 그의 자녀에 대한 소망을 가질 수는 있다. 성도는 그의 자녀가 경건하고 선한 인격자가 되어 하나님을 위해 일하고 복된 가정을 이루고 사람답게 살기를 소망한다. 성도는 그의 자녀의 심령이 완고하여 도저히 고치기 어렵다고 판단되기 전까지 그에 대한 소망을 버리지 말아야 할 것이다.

본문은 "네가 네 아들에게 소망이 있은즉 그를 징계하라"고 말한다. 자녀의 잘못을 버려두는 것은 그를 사랑함이 아니고 실상 그를 미워하는 것이다. 부모는 자녀의 잘못을 책망하며 상당한 벌을 주어야 한다. 잠언 13:24, "초달을 차마 못하는 자는 그 자식을 미워함이라. 자식을 사랑하는 자는 근실히 징계하느니라." 잠언 22:15, "아이의 마음에는 미련한 것이 얽혔으나 징계하는 채찍이 이를 멀리 쫓아내리라." 잠언 23:13-14, "아이를 훈계하지 아니치 말라. 채찍으로 그를 때릴지라도 죽지 아니하리라. 그를 채찍으로 때리면 그 영혼을 음부에서 구원하리라." 잠언 29:15, 17, "채찍과 꾸지람이 지혜를 주거늘 임의로 하게 버려두면 그 자식은 어미를 욕되게 하느니라," "네 자식을 징계하라. 그리하면 그가 너를 평안하게 하겠고 또 네 마음에 기쁨을 주리라."

그러나 본문은, "그를 죽일 마음은 두지 말라"고 한다. 부모가 자녀를 죽일 권한은 없다. 그것은 하나님께서 하실 일이다. 교육의 목적은 죽이려는 것이 아니고 살리려는 것이다. 교육은 주로 말로 하는 것이며 징계는 약간만 해야 한다. 지나치게 감정적으로 징계해서는 안 된다. 에베소서 6:4, "아비들아, 너희 자녀를 노엽게 하지 말라." 골로새서 3:21, "아비들아, 너희 자녀를 격노케 말지니 낙심할까 함이라."

**〔19절〕 노하기를 맹렬히 하는 자는 벌을 받을 것이라. 네가 그를 건져 주면 다시 건져 주게 되리라.**

노하기를 맹렬히 하는 것은 지나치게, 과도하게 노하는 것을 말한다. 노하기를 맹렬히 하는 자는 반복해서 실수하기 쉽고 그러므로 한 두 번 용서해주어도 결국 비슷한 실수를 반복해 벌을 받을 것이라는 뜻이다. 그것은 미련한 아들이나 미련한 종의 모습이다. 사람이 이성과 양심과, 성경의 교훈을 따르면 바른 판단을 하고 바른 행동을 할 것이지만, 맹렬한 노, 즉 심히 상한 감정으로 행하면 그릇된 판단을 하고 그릇된 말과 행동을 하여 정죄를 당하고 벌을 받을 것이다.

그러므로 성경은 우리에게 노하기를 더디하라고 교훈한다. 특히, 잠언은 그런 교훈을 많이 했다. 잠언 14:29, "노하기를 더디하는 자는 크게 명철하여도 마음이 조급한 자는 어리석음을 나타내느니라." 잠언 15:1, "유순한 대답은 분노를 쉬게 하여도 과격한 말은 노를 격동하느니라." 잠언 15:18, "분을 쉽게 내는 자는 다툼을 일으켜도 노하기를 더디하는 자는 시비를 그치게 하느니라." 잠언 16:32, "노하기를 더디하는 자는 용사보다 낫고 자기의 마음을 다스리는 자는 성을 빼앗는 자보다 나으니라." 잠언 19:11, "노하기를 더디하는 것이 사람의 슬기요 허물을 용서하는 것이 자기의 영광이니라." 잠언 22:24-25, "노(怒)를 품는 자와 사귀지 말며 울분한 자와 동행하지 말지니 그 행위를 본받아서 네 영혼을 올무에 빠칠까 두려움이니라." 잠언 29:22, "노하는 자는 다툼을 일으키고 분하여 하는 자는 범죄함이 많으니라." 전도서 7:9, "급한 마음으로 노를 발하지 말라. 노(怒)는 우매자의 품에 머무름이니라." 야고보서 1:19, "내 사랑하는 형제들아, 너희가 알거니와 사람마다 듣기는 속히 하고 말하기는 더디하며 성내기도 더디하라."

〔20절〕 **너는 권고**(에차 עֵצָה)[충고, 권면]**를 들으며 훈계**(무사르 מוּסָר)[교훈, 경고, 징계, 책망]**를 받으라. 그리하면 네가 필경은 지혜롭게 되리라.**

성경말씀에는 교훈과 권면, 경고와 책망의 내용이 많다. 사도 바울은 "모든 성경은 하나님의 감동으로 된 것으로 교훈과 책망과 바르게 함과 의로 교육하기에 유익하다"고 말했다(딤후 3:16). 하나님의 말씀은 포괄적 의미에서 교훈의 말씀이고 경고와 책망도 있고 바르게 하는 것도 있고 위로도 있고 마침내 의로운 인격과 삶에 이르게 한다.

본문은 '들으며' '받으라'고 말한다. 교만한 자, 닫힌 마음을 가진 자는 하나님의 바른 말씀을 받지 않는다. 그는 말의 꼬투리나 잡으려 하고 말을 들어도 거역한다. 그는 길가에 뿌려진 씨와 같다. 길가에 뿌려진 씨는, 말씀을 들을 때 깨달음이 없고 그 말씀을 배척하는 자를 비유한 것이다. 그러나 좋은 밭에 떨어진 씨는 말씀을 받을 때 겸손하게, 단 마음으로, 순종하는 마음으로 받는다. 우리는 칭찬과 위로의 말만 좋아하지 말고 충고와 책망의 말도 잘 들을 줄 알아야 한다.

본문은 "그리하면 네가 필경은 지혜롭게 되리라"고 말한다. '필경은'이라는 원어(베아카리세카 בְּאַחֲרִיתֶךָ)는 '너의 말년에'라는 뜻이다 (BDB). 비록 우리가 과거에 지혜가 없었고 지금 지혜가 부족할지라도, 우리가 권면과 훈계를 받으면 후에는 지혜가 생길 것이다. 그러므로 지혜를 얻는 길은 성경을 읽고 듣고 기도함으로 하나님의 깨닫게 하시는 은혜를 구하는 것이다. 그러므로 시편 119편 저자는 하나님의 말씀을 통해 원수보다, 스승보다, 노인보다 지혜롭게 되었다고 고백하였고 (98-100절), 야고보는 지혜 얻기를 하나님께 구하라고 말했다(약 1:5).

본문의 교훈을 정리해보자. 첫째로, 가난한 자를 불쌍히 여기는 것 곧 구제하는 것은 여호와께 꾸어드리는 것이며 하나님께서 그 선행을 갚아 주실 것이다. 선행과 구제는 하나님의 뜻이며 그가 복 주시는 일이다.

둘째로, 아들에게 소망을 가진 부모라면 그를 징계하고 죽일 마음은 두지 말아야 한다. 우리는 하나님의 말씀으로 자녀를 교훈하되 격노케 하지 말고 근실히 징계해야 한다. 자녀가 잘되는 것은 우리의 행복이다.

셋째로, 노하기를 맹렬히 하는 자는 벌을 받을 것이며 그를 건져주어도 다시 건져주게 될 것이다. 우리는 오래 참고 노하기를 더디해야 한다.

넷째로, 권면을 들으며 훈계를 받는 사람은 훗날에 지혜롭게 될 것이다. 우리는 성경을 많이 읽고 듣고 많이 기도함으로 지혜를 얻어야 한다.

## 21-24절, 마음의 계획, 인자함, 경외함, 게으름

**〔21절〕 사람의 마음에는 많은 계획이 있어도 오직 여호와의 뜻이 완전히 서리라.**

사람은 살아가면서 마음으로 많은 계획을 세운다. 우리는 무슨 일이든지 즉흥적으로 하지 말고 세밀하게 계획을 세우고 해야 한다. 그러나 사람이 무슨 일을 계획한다고 그 일이 다 이루어지는 것은 아니다. 세상에는 우리가 예상치 못하는 여러 장애물들이 있다. 그러므로 우리가 마음으로 세운 여러 계획들 중에 하나님의 뜻에 합한 선한 것들만 이루어질 것이다. 하나님께서 허락하시지 않으면, 우리의 어떤 계획도 이루어지지 않을 것이다. 그러므로 잠언 16:1은, "마음의 경영은 사람에게 있어도 말의 응답은 여호와께로서 나느니라"고 말했고, 또 잠언 16:9는, "사람이 마음으로 자기의 길을 계획할지라도 그 걸음을 인도하는 자는 여호와시니라"고 말했다.

물론 어떤 때에는 사람의 악한 계획도 이루어지는 것처럼 보인다. 가룟 유다는 3년 동안 따르며 섬겼던 주 예수 그리스도를 은 30 때문에 배반했고 유대 지도자들은 계획한 대로 예수님을 십자가에 죽으시게 했다. 그러나 그런 경우들도 결국 하나님의 뜻을 이루는 일이 되었다. 세상의 모든 택자들을 위한 그리스도의 속죄사역이 이루어졌고, 또 그가 삼일 만에 부활하심으로 그의 신성(神性)과 속죄사역이 확증되었다. 잠언 16:4는, "여호와께서 온갖 것을 그 쓰임에 적당하게 지으셨나니 악인도 악한 날에 적당하게 하셨느니라"고 말한다. 하나님께서는 사람들의 악한 일들까지도 섭리하셔서 그의 선한 뜻을 이루신다. 로마서 8:28, "우리가 알거니와 하나님을 사랑하는 자 곧 그 뜻대로 부르심을 입은 자들에게는 모든 것이 합력하여 선을 이루느니라."

**〔22절〕 사람은 그 인자함으로 남에게 사모함을 받느니라. 가난한 자는 거짓말하는 자보다 나으니라.**

사람은 그 인자함으로 남에게 사모함을 받는다. '남에게 사모함을 받는다'는 원어(타아와 תַּאֲוָה)는 '사모함을 받는 것, 영광(ornament)' (BDB) 혹은 '사모하는 것, 사모할 만한 것'(KJV, NASB, NIV)이라는 뜻이다. 인자함은 사람의 좋은 인격성의 대표적인 덕이다. 그것은 친절하고 호의적이며 너그럽고 남을 불쌍히 여기고 인정이 있음을 말한다. 그것에 반대되는 성품은 무정하고 냉정하고 이해심이 없고 무관심하고 이기적이며 거칠고 가혹하며 너무 비평적인 것이다. 사람의 인격의 고상함과 아름다움은 그의 인자한 성품에 있다.

또 가난한 자는 거짓말하는 자보다 낫다. 거짓말은 심히 나쁜 것이다. 그것은 모든 악의 시작이다. 에덴 동산에서 뱀은 거짓말로 하와를 범죄케 했다. 사탄의 거짓말은 하나님의 말씀의 진실함을 부정하는 것이다. 거기에서 이단 사상이 들어오고 하나님의 말씀의 권위가 무너진다. 거짓말하는 자는 하나님의 자녀가 될 수 없다. 회개는 죄의 진실한 고백에서 시작된다. 거짓말하는 자는 사람간에도 참 친구가 될 수 없다. 거짓말하는 자는 가난한 자보다도 못한 자이다. 사람이 가난한 것은 악이 아니지만, 거짓말하는 것은 큰 악이다.

우리는 인자함과 진실함을 가져야 한다. 이 두 덕성은 사람들에게 매우 귀하고 중요한 성품이다. 잠언 3:3-4는, "인자와 진리로 네게서 떠나지 않게 하고 그것을 네 목에 매며 네 마음판에 새기라. 그리하면 네가 하나님과 사람 앞에서 은총과 귀중히 여김을 받으리라"고 말하였고, 또 미가 6:8은, "사람아, 주께서 선한 것이 무엇임을 네게 보이셨나니 여호와께서 네게 구하시는 것이 오직 공의를 행하며 인자(仁慈)를 사랑하며 겸손히 네 하나님과 함께 행하는 것이 아니냐?"고 말했다.

**[23절] 여호와를 경외하는 것은** 사람으로 **생명에** 이르게 하는 것이라. **경외하는 자는 족하게 지내고 재앙을 만나지 아니하느니라.**

하나님께서는 온 우주의 창조자요 섭리자이시며 지극히 높으신 자이시므로, 하나님을 경외하는 것은 사람이 알아야 할 첫 번째 지식이며 사람이 행해야 할 첫 번째의 마땅한 의무이다. 사람이 하나님께서 창조하시고 섭리하시는 세상에 살면서 창조자요 섭리자인 하나님을 알지 못하고 산다는 것은 가장 큰 무지요 가장 큰 불행이며 죄악이다. 피조물인 사람은 마땅히 하나님을 알고 그를 경외하며 섬겨야 한다.

하나님을 경외하는 것은 당연한 일일 뿐 아니라, 또한 큰 유익이 있는 일이다. 첫째로, 하나님을 경외하는 것은 사람으로 생명에 이르게 한다. 사람이 죽는 것은 하나님의 계명과 법도를 어기고 범죄하였기 때문이다. 하나님께서는 살아계시고 결코 죽지 않으신다. 하나님 안에 영원한 생명이 있고 하나님을 경외하는 자는 그 영원한 생명의 복을 누린다. 다윗은 시편 36:9에서 생명의 원천이 하나님께 있다고 고백하였다. 하나님께서는 예레미야 2:13에서 "내 백성이 생수의 근원 되는 나를 버렸다"고 말씀하셨다. 요한복음 17:3에 보면, 예수 그리스도께서는 아버지께 기도하실 때 "영생은 곧 유일하신 참 하나님과 그의 보내신 자 예수 그리스도를 아는 것이니이다"라고 말씀하셨다.

둘째로, 하나님을 경외하는 것은 평안을 얻는 길이다. 평안은 마음의 평안, 몸의 건강, 물질적 여유, 환경적 평안을 다 포함한다. '[족하게] 지낸다'는 원어(린 לִין)는 '밤을 지낸다, 거한다'라는 뜻이다. 하나님을 경외하는 자는 심신의 만족함으로 밤을 지내며 쉬며 평안히 거할 것이며, 또 재앙을 만나지 않을 것이다(사 48:17-18; 딤전 4:8).

**〔24절〕 게으른 자는 그 손을 그릇에 넣고도[14] 입으로 올리기를 괴로워하느니라.**

---

14) '넣는다'는 원어(타만 טָמַן)는 '감추다, 숨기다'는 뜻이다. '그릇'이라는 원어(찰라캇 צַלַּחַת)는, 헬라어 70인역이나 유대인 주석가들은 '품'(bosom)으로, 또 주후 2세기의 헬라어역들(아퀼라역, 시마쿠스역)은 '겨드랑이'로 번역하였고, 옛날 영어성경(KJV)도 '품'으로 번역했으나, 권위 있는 히브리어 사전들(BDB, KB)에 의하면, 그 단어는 '그릇'이라는 뜻이며 현대영어성경들(NASB, NIV)은 '그릇'으로 번역하였다.

게으른 사람은 그 손을 그릇에 넣고도 입으로 올리려 하지 않는다. 먹을 것이 앞에 있어도 먹지 않는다는 뜻일 것이다. 오늘날 사람들은 점점 일하기를 싫어하는 것 같고 음식 만들고 집안일 하는 것도 번거롭게 여기는 것 같다. 잠언 12:27은, "게으른 자는 그 잡을 것도 사냥하지 아니하나니 사람의 부귀는 부지런한 것이니라"고 말한다.

하나님께서는 게으름을 책망하신다. 우리는 게으르지 말아야 한다. 게으른 자는 가난해지고 그 부리는 자에게 고통이 되고 남에게 부림을 받는다. 잠언 10:4, "손을 게으르게 놀리는 자는 가난하게 되고 손이 부지런한 자는 부하게 되느니라." 잠언 19:15, "게으름이 사람으로 깊이 잠들게 하나니 해태[나태]한 사람은 주릴 것이니라." 잠언 10:26, "게으른 자는 그 부리는 사람에게 마치 이에 초 같고 눈에 연기 같으니라." 잠언 12:24, "부지런한 자의 손은 사람을 다스리게 되어도 게으른 자는 부림을 받느니라." 데살로니가후서 3:10, 12, "우리가 너희와 함께 있을 때에도 너희에게 명하기를 누구든지 일하기 싫어하거든 먹지도 말게 하라 하였더니," "이런 자들에게 우리가 명하고 주 예수 그리스도 안에서 권하기를 종용히[조용히] 일하여 자기 양식을 먹으라 하노라."

본문의 교훈을 정리해보자. 첫째로, 사람의 마음에는 많은 계획이 있어도 오직 여호와의 뜻이 완전히 이루어진다. 그러므로 우리는 범사에 하나님을 인정하고 그의 작정을 믿으며 그의 뜻 이루는 도구가 되어야 한다.

둘째로, 사람은 그 인자함으로 남에게 사모함을 받으며 가난한 자는 거짓말하는 자보다 낫다. 우리는 인자하며 진실한 사람이 되어야 한다.

셋째로, 여호와를 경외하는 것은 사람으로 생명에 이르게 하는 것이다. 경외하는 자는 족하게 지내고 재앙을 만나지 않는다. 하나님을 경외하며 순종하는 것은 사람의 마땅한 일이며 평안과 건강과 영생의 길이다.

넷째로, 게으른 자는 그 손을 그릇에 넣고도 입으로 올리기를 괴로워한다. 우리는 믿는 일이나 세상일에나 부지런한 자가 되어야 한다.

## 25-29절, 견책, 불효, 지식, 공의, 채찍

**〔25절〕 거만한 자를 때리라. 그리하면 어리석은 자도 경성하리라. 명철한 자를 견책하라. 그리하면 그가 지식을 얻으리라.**

잠언 21:11에도 비슷한 말씀이 있다. "거만한 자가 벌을 받으면 어리석은 자는 경성하겠고 지혜로운 자가 교훈을 받으면 지식이 더하리라." 본문은 세 종류의 사람들을 들어 징계의 유익에 대해 말한다.

첫째로, 거만한 자(레츠 לֵץ)는 남을 조롱하고 비웃는 자를 말한다. 그는 마음이 악으로 굳어진 자이다. 본문은 그런 사람을 때리라고 말한다. 잠언 9:7-8은, "거만한 자를 징계하는 자는 도리어 능욕을 받고 악인을 책망하는 자는 도리어 흠을 잡히느니라. 거만한 자를 책망하지 말라. 그가 너를 미워할까 두려우니라"고 말했으나, 그것은 개인적인 책망을 하지 말라는 교훈이며, 본문에서 거만한 자를 때리라는 교훈은 구약교회인 이스라엘 사회에서의 공적 징벌을 가리킨다고 본다. 그것은 오늘날 교회적 권징에 해당된다. 거만한 자는 징벌을 받아야 한다.

둘째로, 어리석은 자(페시 פֶּתִי)는 단순하고 순진한 자를 가리킨다. 그는 분별력이 없어 시시비비를 가리지 못하고 다른 사람의 말에 이리저리 흔들리는 자이다. 그러나 그는 거만한 자가 징계받는 것을 볼 때 두려움을 갖고 악을 피하며 조심하게 될 것이다.

셋째로, 명철한 자(나본 נָבוֹן)는 깨달음을 가진 자를 가리킨다. 그런 자도 책망받을 잘못이나 실수를 할 때가 있겠으나, 그는 책망을 받을 때 지식을 얻는다. 그는 매가 아니고 말로 해도 자신의 부족을 고칠 것이다. 그러므로 잠언 9:8-9는, "지혜 있는 자를 책망하라. 그가 너를 사랑하리라. 지혜 있는 자에게 교훈을 더하라, 그가 더욱 지혜로워질 것이요. 의로운 사람을 가르치라, 그의 학식이 더하리라"고 말했다.

**〔26절〕 아비를 구박하고 어미를 쫓아내는 자는 부끄러움을 끼치며 능욕을 부르는 자식이니라.**

하나님께서는 "네 부모를 공경하라"고 명하셨다(출 20:12). 성경은 부모뿐 아니라, 세상의 통치자나 선생이나 노인들을 존중하고 공경하라고 가르친다. 사람은 부모를 공경하고, 죄 되는 일이 아닌 한 순종해야 한다. 나쁜 자녀는 부모를 구박하고 쫓아내며, 나쁜 국민은 나라의 통치자들을 무시하고 반란을 일으키며, 나쁜 학생은 선생을 무시하고 대항한다. 또 나쁜 교인들은 인도자들을 무시하고 거역하고 배척한다.

본문은 "아비를 구박하고 어미를 쫓아내는 자는 부끄러움을 끼치며 능욕을 부르는 자식이니라"고 말한다. 사람은 행한 대로 받는다. 하나님께서는 공의로 보응하시는 하나님이시다. 그는 선을 행하는 자에게 존귀와 영광을 주시고 악을 행하는 자에게 수치와 욕을 주신다.

부모를 구박하고 쫓아내는 것은 매우 큰 죄로 간주된다. 구약 율법은 부모를 치거나 저주하는 자를 죽이라고 명한다(출 21:15, 17). 신명기 21:18-21은 부모의 말을 순종치 않고 그 책망을 듣지 않고 술 취하고 방탕하고 완악하고 패역한 아들을 성읍 장로들에게 말해 성읍 모든 사람들이 그를 돌로 쳐죽이고 이스라엘 사회에서 이렇게 악을 제하게 하고 온 이스라엘 백성들로 듣고 두려워하게 하라고 하였다. 또 잠언 30:17은, "아비를 조롱하며 어미 순종하기를 싫어하는 자의 눈은 골짜기의 까마귀에게 쪼이고 독수리 새끼에게 먹히리라"고 말하였다.

**〔27절〕 내 아들아, 지식의 말씀에서 떠나게 하는 교훈을 듣지 말지니라.**[15]

'내 아들아'라는 말은 많은 사랑과 관심을 나타낸다. '지식의 말씀에서 떠나게 하는 교훈'이란 바르고 선한 지식과 멀어지게 하는 잘못된 교훈을 가리킨다. 참 교훈은 바르고 선한 지식을 주는 유익한 교훈이지만, 지식의 말씀에서 떠나게 하는 교훈은 유익이 없는 교훈이다. 그

---

15) 근래의 영어성경들(NASB, NIV)은 이 본문을, "내 아들아, 교훈을 듣지 말라. 그러면 네가 지식의 말씀에서 떠나게 되리라"고 번역하지만, 옛날 영어성경(KJV)과 한글개역 본문이 원문의 뜻이라고 본다.

것은 사람을 파멸시키는 거짓 교사들의 교훈이다.

주께서는 말세에 거짓 선지자가 많이 일어나 많은 사람을 미혹하게 하겠다고 예언하셨다(마 24:11). 사도 바울은 그들이 다른 예수, 다른 복음을 전하며 다른 영을 받게 하는 자들이며(고후 11:4), 사탄의 일꾼들이며(고후 11:14-15), 또 그들의 사상은 저주받을 사상이며(갈 1:8), 미혹케 하는 영과 귀신의 가르침이며(딤전 4:1), 바른 교훈과 진리에서 떠난 허탄한 이야기들이라고 표현하였다(딤후 4:3-4). 사도 요한도 그것은 하나님의 영의 교훈이 아니라고 말하였다(요일 4:1).

우리는 지식의 말씀에서 떠나게 하는 교훈들을 듣지 말아야 한다. 무지한 교훈을 들으면 생각과 지식이 잘못되어 잘못된 말과 행동을 하게 될 것이기 때문이다. 혹시 과거에는 들었을지라도 앞으로는 듣지 말아야 하고, 또 지금까지 듣지 않았다면 앞으로도 듣지 말아야 한다. 우리는 오직 바른 교훈, 곧 역사적 기독교 신앙에 합한 성경적 교훈만 들어야 한다. 디모데후서 1:13, "너는 그리스도 예수 안에 있는 믿음과 사랑으로써 내게 들은 바 바른 말을 본받아 지키라."

**〔28절〕 망령된 증인은 공의를 업신여기고 악인의 입은 죄악을 삼키느니라.**

'망령된'이라는 원어(벨리야알 בְּלִיַּעַל)는 '무가치한, 사악한, 비열한'이라는 뜻이다. 망령된 증인은 공의를 업신여긴다. 진실한 증인은 사실을 증거하며, 진실을 생명같이 여기며, 예와 아니오를 분명히 하며, 시시비비를 가린다. 그러나 사악하고 비열한 증인은 진실을 업신여기고, 성경적으로, 이성적으로, 양심적으로 옳은 것을 무시한다.

또 악인의 입은 죄악을 삼킨다. 악인의 입은 악한 사람의 말을 가리킨다. 죄악을 '삼킨다'(빌라 בָּלַע)는 표현은 죄악을 취하고 택하고 행한다는 뜻이다(BDB). 악한 증인은 공의를 업신여길 뿐 아니라, 죄악된 말, 즉 부정하고 불법한 말, 옳지 않고 정당치 않은 말, 또 완전한 거짓말이든지 반쯤 거짓말이든지 간에 거짓된 말을 잘한다.

그러나 사람의 말 한마디는 참으로 중요하다. 사람의 예와 아니오 한마디가 다른 사람을 무죄자로 만들기도 하고 유죄자로 만들기도 한다. 사람의 살고 죽는 것이 말 한마디에 달려 있다. 그러므로 하나님께서는 "네 이웃에 대하여 거짓 증거하지 말라"고 말씀하셨고(출 20:16), 또 "너는 허망한 풍설을 전파하지 말며 악인과 연합하여 무함[모함]하는 증인이 되지 말며 다수를 따라 악을 행하지 말며 송사에 다수를 따라 부정당한 증거를 하지 말며 가난한 자의 송사라고 편벽되이 두호하지 말지니라"고 말씀하셨다(출 23:1-3). 주 예수께서도, "내가 너희에게 이르노니 사람이 무슨 무익한 말을 하든지 심판날에 이에 대하여 심문을 받으리니 네 말로 의롭다 함을 받고 네 말로 정죄함을 받으리라"고 말씀하셨다(마 12:36-37).

**〔29절〕 심판은 거만한 자를 위하여 예비된 것이요 채찍은 어리석은 자의 등을 위하여** 예비된 것이니라.

'거만한 자'는 마음이 높아서 남을 멸시하고 조롱하는 자, 남의 충고를 듣기 싫어하는 자, 자기의 실수를 인정치 않는 자이다. 그와 반대로, 온유하고 겸손한 자는 자신의 부족을 아는 자, 남의 충고를 들을 준비가 되어 있고 남의 충고를 겸손히 듣는 자, 언제든지 자기 실수를 인정하고 고치려 하는 자이다. 하나님께서는 우리 모두가 온유하고 겸손하고 선한 자가 되기를 원하신다. 주께서는 "나는 마음이 온유하고 겸손하니 나의 멍에를 메고 내게 배우라"고 말씀하셨다(마 11:29). 하나님의 뜻은 우리가 선한 사람이 되는 것이다.

어리석은 자(케실 כְּסִיל)는 하나님을 경외함이 없는 거만하고 악한 자를 가리킨다. 잠언에 보면, 그는 참된 지식을 미워하고(잠 1:22) 명철을 기뻐하지 않으며(잠 18:1) 악을 행하는 것으로 낙을 삼는 자이다(잠 10:23). 그의 마음은 미련한 것을 전파하고(잠 12:23) 그 입은 미련한 것을 쏟으며(잠 15:2) 그는 미련한 것을 먹고산다(잠 15:14).

본문은 심판이 거만한 자를 위하여 예비된 것이며 채찍이 어리석은 자의 등을 위하여 예비된 것이라고 말한다. 거만한 자와 어리석은 자는 하나님의 심판을 받고 세상에서도 벌을 받을 것이다. 하나님께서는 오래 참으시지만, 결코 죄인을 죄 없다 하지 않으신다(출 34:6-7). 그러나 온유하고 겸손한 자는 잘못이 있어도 용서를 받는다. 왜냐하면 그는 남의 충고와 책망을 달게 듣고 자기의 잘못을 인정하고 고치려 하기 때문이다. 세상에 부족과 실수가 없는 자는 없다. 단지, 그것을 인정하고 고치느냐, 그렇지 않느냐의 차이가 있을 뿐이다.

본문의 교훈을 정리해보자. 첫째로, 거만한 자를 때리면 어리석은 자도 경성할 것이며, 명철한 자를 견책하면 그가 지식을 얻을 것이다. 우리는 우리가 하나님의 피조물이며 죄인이었음을 알고 하나님 앞에서 겸손해지고 하나님을 경외하고 순종함으로 지혜롭고 명철한 자가 되어야 한다.

둘째로, 아버지를 구박하고 어머니를 쫓아내는 자는 부끄러움을 끼치며 능욕을 부르는 자식이다. 부모를 공경하는 것은 하나님의 뜻이며 계명이고 인간 사회의 질서를 위한 매우 중요한 기본적인 규칙이다. 또 부모를 공경하는 것은 장수와 평안과 형통의 복이 약속된 복된 일이다.

셋째로, 우리는 지식의 말씀에서 떠나게 하는 교훈을 듣지 말아야 한다. 오늘날과 같이, 말들의 홍수에 사는 우리는 듣는 것을 각별히 조심해야 한다. 바르고 선한 성경적 교훈은 유익을 주지만, 바르지 못한 교훈들은 유익 대신에 큰 해를 준다. 그것들은 사람들을 멸망으로 이끈다.

넷째로, 망령된 증인은 공의를 업신여기고 악인의 입은 죄악을 삼킨다. 우리는 공의를 업신여기는 망령된 증인, 죄악을 내뱉는 악인이 되어서는 안 된다. 우리는 사실만을 증거하는 진실한 증인이 되어야 하고 선과 의를 생명같이 여겨야 하고 죄악을 묵인하거나 내뱉지 말아야 한다.

다섯째로, 심판은 거만한 자를 위해 예비된 것이요 채찍은 어리석은 자의 등을 위해 예비된 것이다. 우리는 거만하고 악한 자가 되지 말아야 한다. 공의로우신 재판관이신 하나님께서는 교만과 악을 반드시 벌하신다. 우리는 하나님께서 원하시는 겸손하고 선한 자가 되어야 한다.

# 20장: 술, 잠, 말

## 1-4절, 술, 왕의 진노, 다툼, 게으름

**〔1절〕 포도주는 거만케 하는 것이요 독주는 떠들게 하는 것이라. 무릇 이에 미혹되는 자에게는 지혜가 없느니라.**

성경시대에 술은 주로 '포도주'(야인 יַיִן)이다. 물론 '독주'(쉐카르 שֵׁכָר)도 있었다. 본문은 포도주나 독주가 사람을 거만케 하고 떠들게 하는 유익이 없는 음식이라고 말한다. '거만케 하는 것'이라는 원어(레츠 לֵץ)는 '경멸케 하는 것'(BDB), '조소케 하는 것'(NASB, NIV)이라는 뜻이다. 술은 사람의 기분을 들뜨게 만들며 남을 경멸하고 조소하게 하고 허풍과 허세를 부리게 만든다.

술에 미혹되는 자는 지혜가 없다. '미혹되는 자'라는 원어(쇼게 שֹׁגֶה)는 '취하는 자'(NASB), '곁길로 가는 자'(NIV)라는 뜻이다(BDB). 성경이 술을 한두 잔 마시는 것을 정죄하는 것이 아니고 술 취하는 것을 정죄하는 것이지만, 사람이 술 취하면 이성과 양심의 통제력을 잃어버리고 실수하고 범죄하게 되기 때문에 술을 경계하는 것이다.

의인 노아라도 술취함으로 그 장막에서 벌거벗는 실수를 하였고(창 9:20-27), 의로운 롯도 술취함으로 근친상간의 부끄러운 죄를 범했다(창 19:30-38). 실상, 술은 유익이 별로 없다. 술은 사람으로 실수하며 범죄케 하고 자기 몸에 해를 주며 개인과 가정에 경제적 손실을 가져오게 한다. 그러므로 사도 바울은 술 취하지 말라고 교훈하였고(엡 5:18), 감독과 집사의 자격으로 '술을 즐기지 않음'과 '술에 인박이지 않음'을 들었고(딤전 3:3, 8; 딛 1:7), 또 늙은 여자들에게 "많은 술의 종이 되지 말라"고 교훈하였다(딛 2:3). 또 그는 술 취하는 자는 천국에 들어가지 못한다고 분명히 말하였다(고전 6:9-10; 갈 5:19-21).

**〔2절〕 왕의 진노는 사자의 부르짖음 같으니 그를 노하게 하는 것은 자기의 생명을 해하는**[잃게 하는] **것이니라.**

왕의 진노는 사자의 부르짖음[으르렁거림]과 같다. 왕은 한 나라의 주권자요 우두머리이다. '진노'라는 원어(에마 אֵימָה)는 '두려움'이라는 뜻이다. 왕은 두려운 자이다. 그가 진노하면 백성이 두려워할 것이다. 왕이 언제 진노하는가? 백성이나 신하들이 악을 행하거나 거짓되이 행할 때, 특히 반역을 꾀할 때 그러할 것이다. 동물의 왕인 사자의 부르짖음이 짐승들에게 두려움을 주듯이, 왕이 진노하면 백성들, 특히 악하고 거짓된 자들과 반역자들이 크게 두려워할 것이다.

본문은 또, "그를 노하게 하는 것은 자기의 생명을 잃게 하는 것이라"고 말한다. 하나님께서는 우리에게 질서를 명하셨다. 자녀가 부모를 거역하는 것은 어리석은 일이다. 자녀는 부모를 공경하고 순종해야 한다. 특히, 왕은 칼을 가진 자이다. 그는 사람을 죽이기도 하고 살리기도 할 수 있는 자이다. 그러므로 백성이 왕을 대적하고 노하게 하는 것은 자기 생명을 잃게 하는 어리석은 일이다.

하물며, 만왕의 왕이시며 온 우주의 대주재자이신 하나님께서 노하시면 어떠하겠는가. 나훔 1:2, 6은, "여호와는 투기하시며 보복하시는 하나님이시니라. 여호와는 보복하시며 진노하시되 자기를 거스리는[거스르는] 자에게 보복하시며 자기를 대적하는 자에게 진노를 품으시며," "누가 능히 그 분노하신 앞에 서며 누가 능히 그 진노를 감당하랴. 그 진노를 불처럼 쏟으시니 그를 인하여 바위들이 깨어지는도다"라고 말하였다. 로마서 1:18은, "하나님의 진노가 불의로 진리를 막는 사람들의 모든 경건치 않음과 불의에 대하여 하늘로 좇아 나타난다"고 말하였다. 하나님께서는 불경건하고 불의한 자들에게 진노하신다.

**〔3절〕 다툼을 멀리하는 것이 사람에게 영광이어늘 미련한 자마다 다툼을 일으키느니라.**

사람들은 교만 때문에 다툰다. 잠언 13:10, "교만에서는 다툼만 일어날 뿐이라." 또, 사람들은 욕심 때문에, 즉 돈이나 명예나 권세나 육신적 사랑의 욕심 때문에 다툰다. 잠언 28:25, "마음이 탐하는 자는 다툼을 일으키나." 야고보서 4:1-2, "너희 중에 싸움이 어디로, 다툼이 어디로 좇아 나느뇨? 너희 지체 중에서 싸우는 정욕으로 좇아 난 것이 아니냐? 너희가 욕심을 내어도 얻지 못하고 살인하며 시기하여도 능히 취하지 못하나니 너희가 다투고 싸우는도다." 또, 사람들은 미움 때문에 다툰다. 잠언 10:12, "미움은 다툼을 일으켜도 사랑은 모든 허물을 가리우느니라." 이상과 같이, 인간적, 세상적 동기들에서 나온 다툼들은 악한 일이며 아무 유익이 없다. 미련한 자마다 다툼을 일으킨다.

본문은 다툼을 멀리하는 것이 사람에게 영광이라고 말한다. 사람은 온유와 겸손의 덕을 가질 때, 또 세상적인 욕심을 버릴 때, 또 이웃에 대한 참 사랑을 가질 때 다툼을 멀리할 수 있다. 참 사랑은 오래 참고 온유하다. 성도는 원수까지도 사랑해야 하고 사랑할 수 있다. 다툼을 멀리하는 것이 사람의 지혜요 그의 영광이다. 모세는 모든 사람보다 온유한 자이었다(민 12:3). 예수께서는 온유하시다. 그는 친히 "나는 마음이 온유하고 겸손하니 나의 멍에를 메고 내게 배우라"고 말씀하셨다(마 11:29). 성령의 인도하심의 열매는 사랑과 오래 참음과 자비와 양선과 온유함이다(갈 5:22-23). 교회의 직분자들은 온유하고 다투지 말아야 한다. 디모데전서 3:3, (장로의 자격) "오직 관용하며[온유하며] 다투지 아니하며." 디모데후서 2:24, "마땅히 주의 종은 다투지 아니하고 모든 사람을 대하여 온유하며 가르치기를 잘하며 참으며."

**[4절] 게으른 자는 가을에 밭 갈지 아니하나니 그러므로 거둘 때에는 구걸할지라도 얻지 못하리라.**

'가을에'라는 원어(메코레프 מֵחֹרֶף)는, '추위 때문에'(KJV)라는 뜻보다, '가을이 지난 후'(NASB) 혹은 '추수가 지난 후'(BDB)라는 뜻이라고 본다. 유대 땅에는 가을에, 씨를 뿌리기에 적합한 이른비가 내리고 그런 후에 밭을 갈고 씨를 뿌린다. 밭을 가는 것은 땀을 흘리는 수고로운 일이다. 게으른 자는 일해야 할 시기에 일하지 않는다. 잠언 10:5는, "여름에 거두는 자는 지혜로운 아들이나 추수 때에 자는 자는 부끄러움을 끼치는 아들이니라"고 말하고, 잠언 19:24는, "게으른 자는 그 손을 그릇에 넣고도 입으로 올리기를 괴로워하느니라"고 말하였다.

본문은 "그러므로 거둘 때에는 구걸할지라도 얻지 못하리라"고 말한다. 수고하여 심은 것이 없으니 거두고 기뻐할 것이 없다. 세상 일은 무슨 일이든지 부지런하게 행해야 유익하고 소득도 생긴다. 잠언 10:4, "손을 게으르게 놀리는 자는 가난하게 되고 손이 부지런한 자는 부하게 되느니라." 잠언 13:4, "게으른 자는 마음으로 원하여도 얻지 못하나 부지런한 자의 마음은 풍족함을 얻느니라." 잠언 19:15, "게으름이 사람으로 깊이 잠들게 하나니 해태[나태]한 사람은 주릴 것이니라."

신앙생활의 일도 비슷하다. 로마서 12:11, "부지런하여 게으르지 말고 열심을 품고 주를 섬기라." 사람이 경건의 훈련에 힘쓰고 성경 읽고 기도하기에 힘쓰고 하나님의 뜻에 순종하여 선을 행하면 인격이 변화되고 덕성이 있어서 하나님께서 주시는 복을 누릴 것이다. 사도 바울은 디모데전서 4:8에서, "육체의 연습은 약간의 유익이 있으나 경건은 범사에 유익하니 금생과 내생에 약속이 있느니라"고 말하였다.

본문의 교훈을 정리해보자. 첫째로, 포도주는 거만케 하는 것이며 독주는 떠들게 하는 것이요 무릇 이에 미혹되는 자에게는 지혜가 없다. 완전금주(禁酒)는 경건한 그리스도인들이 지켜야 할 유익하고 좋은 전통이다.

둘째로, 왕의 진노는 사자의 부르짖음 같으며 그를 노하게 하는 것은 자기의 생명을 잃게 한다. 우리는 통치자들을 공경하고 복종해야 한다.

셋째로, 다툼을 멀리하는 것이 사람에게 영광이나 미련한 자마다 다툼을 일으킨다. 우리는 다툼을 멀리하고 온유와 겸손으로 행해야 한다.

넷째로, 게으른 자는 가을에 밭 갈지 않으므로 거둘 때에는 구걸할지라도 얻지 못할 것이다. 우리는 범사에 부지런한 자가 되어야 한다.

## 5-8절, 모략, 충성, 의인, 왕의 눈

**〔5절〕 사람의 마음에 있는 모략**[계획, 생각]**은 깊은 물** 같으니라. **그럴지라도 명철한 사람은 그것을 길어 내느니라.**

'모략'이라는 원어(에차 עֵצָה)는 '의논, 계획'이라는 뜻이다. 사람은 무슨 일을 하든지 계획을 세우고 행한다. 지혜로운 사람은 계획을 잘 세워 일을 성취시킨다. 잠언 11:14, "도략이 없으면 백성이 망하여도 모사가 많으면 평안을 누리느니라." 잠언 15:22, "의논이 없으면 경영이 파하고 모사가 많으면 경영이 성립하느니라." 잠언 20:18, "무릇 경영은 의논함으로 성취하나니 모략을 베풀고 전쟁할지니라." 잠언 24:6, "너는 모략으로 싸우라. 승리는 모사가 많음에 있느니라."

그러나 사람의 마음에 있는 생각과 계획은 깊은 물과 같다. 그것은 감추어 있어 쉽게 생각해내기 어렵다. 잠언 18:4, "명철한 사람의 입의 말은 깊은 물과 같고 지혜의 샘은 솟쳐 흐르는 내와 같으니라." 깊은 물을 길으려면 두레박과 긴 줄과 약간의 요령이 필요하다.

본문은, "그럴지라도 명철한 사람은 그것을 길어 내느니라"고 말한다. 명철한 사람은 하나님을 경외함으로 지혜와 총명을 얻은 자이다. 성령께서는 그에게 필요한 지혜와 명철을 주신다. 성령께서는 지혜와 총명의 영이시며 모략(에차 עֵצָה)의 영이시다. 이사야 11:2, "여호와의 영 곧 지혜와 총명의 영이요 모략과 재능의 영이요 지식과 여호와를 경외하는 영이 그 위에 강림하시리니." 사람은 하나님을 경외하고 악을 떠나며 의와 선과 거룩의 길을 행할 때 더욱 총명을 얻는다. 명철한 자는 마음 깊은 곳에서부터 좋은 계획을 생각해낸다. 그것은 하나님께서 맑은 정신, 깨닫는 지혜, 바른 판단력, 지혜롭고 사려 깊은 생각들을 주셔서 가능한 것이다. 하나님을 경외하고 하나님의 영이 그 속에 있었던 요셉과 다니엘이 그러하였다(창 41:38; 단 4:9; 5:11).

**〔6절〕 많은 사람은 각기 자기의 인자함을 자랑하나니 충성된 자를 누가**

**만날 수 있으랴.**

사람들은 남에게 선을 베풀고 구제하고 긍휼과 사랑을 베푸는 것을 잘하는 일이라고 생각은 하는 것 같다. 그래서 많은 사람이 자기의 선함과 인자함을 자랑하려고 한다. 그것은 자신의 선함과 구제 행위를 다른 사람들에게 보이려고 하고 드러내려고 하는 것이다. 이것은 사람들에게 보이려고 하는 외식적 선(善)이라고 말할 수 있다.

그러나 주께서는 외식적 선행을 경계하셨다. 마태복음 6:1-4, "사람에게 보이려고 그들 앞에서 너희 의[구제]를 행치 않도록 주의하라. 그렇지 아니하면 하늘에 계신 너희 아버지께 상을 얻지 못하느니라. 그러므로 구제할 때에 외식하는 자가 사람에게 영광을 얻으려고 회당과 거리에서 하는 것같이 너희 앞에 나팔을 불지 말라. 진실로 너희에게 이르노니 저희는 자기 상을 이미 받았느니라. 너는 구제할 때에 오른손의 하는 것을 왼손이 모르게 하여 네 구제함이 은밀하게 하라. 은밀한 중에 보시는 너의 아버지가 [드러나게] 갚으시리라." 또 주께서는 바리새인들과 서기관들의 외식과 위선을 책망하셨다(마 23:23-28).

본문은 또, "충성된 자를 누가 만날 수 있으랴"라고 말한다. '충성된 자'는 생각과 말과 행실이 일치하는 자, 참된 믿음이 있고 또 믿을 만한 자를 가리킨다. 성령의 열매들 중 하나는 충성이다(갈 5:22). 디모데와 에바브로디도는 사도 바울과 생각과 뜻을 같이해 복음을 위해 수고하고 자기 목숨을 돌아보지 않은 충성된 일꾼이었다(빌 2:20, 30). 사도 요한은, "자녀들아, 우리가 말과 혀로만 사랑하지 말고 오직 행함과 진실함으로 하자"고 권면하였다(요일 3:18). 그러나 이렇게 선한 행위로 자신을 증거하는 충성된 성도와 일꾼은 드문 것 같다.

**[7절] 완전히 행하는 자가 의인이라. 그 후손에게 복이 있느니라.**

'완전히'라는 원어(<u>베숨모</u> בְּתֻמּוֹ)는 '그의 완전함에'라는 의미이다. 구약에서 '완전함'은 하나님을 경외하고 진심으로 그의 계명에 순종하는 것, 도덕적으로 큰 흠이 없는 상태를 가리킨다. 완전하게 행하는 자는 하나님의 말씀대로 믿고 행하는 자이다. 그는 십계명을 힘써 지킨다. 그는 하나님을 경외하며 경건하고 하나님께 예배드리고 성경 읽고 묵상하고 기도하며, 하나님의 계명에 순종하여 바르고 거룩하고 선하고 진실하게 산다. 노아는 완전한 자이었고(창 6:9) 욥도 그러했다(욥 1:1). 다니엘도 흠이 없는 자이었다(단 6:4). 또 그런 사람은 범죄했을 때 즉시 회개한다. 구약시대에는 사람이 회개할 때 번제와 화목제와 속죄제를 하나님께 드렸지만, 신약시대에는 사람이 하나님 앞에 죄를 고백하고 예수 그리스도의 속죄의 피로 씻음을 받는다.

본문은, "완전하게 행하는 자가 의인이라. 그 후손에게 복이 있느니라"고 말한다. 부모의 신앙과 선행은 자신들에게뿐 아니라, 또한 그들의 자손들에게도 복이 된다. 출애굽기 20:5-6에 보면, 하나님께서는, 그를 미워하고 그의 계명을 어기는 자에게 아버지로부터 아들에게로 3, 4대까지 죄를 갚으시지만, 그를 사랑하고 그 계명을 지키는 자에게는 수천 대까지 은혜를 베푸실 것이라고 말씀하셨다. 또 신명기 28:4, 18도 하나님께서 그의 계명을 지키는 자에게는 자녀에게 복을 주실 것이나, 그의 계명을 어기는 자에게는 자녀에게 화를 내리실 것이라고 말했다. 시편 37:25-26은, "내가 어려서부터 늙기까지 의인이 버림을 당하거나 그 자손이 걸식함을 보지 못하였도다. 저는 종일토록 은혜를 베풀고 꾸어주니 그 자손이 복을 받는도다"라고 말했다.

**〔8절〕 심판 자리에 앉은 왕은 그 눈으로 모든 악을 흩어지게 하느니라.**

왕은 심판 자리에 앉은 자이다. 솔로몬 왕은 하나님께서 "네 소원이 무엇이냐?"고 물으셨을 때, "누가 주의 이 많은 백성을 재판할 수 있사오리이까? 지혜로운 마음을 종에게 주사 주의 백성을 재판하여 선악을 분별하게 하옵소서"라고 말하였다(왕상 3:9). 왕은 재판장으로서의 역할을 수행하였다. 다윗 같은 경건하고 의로운 왕은 백성들을 바르게 다스림으로써 공의를 세웠다. 사무엘하 8:15, "다윗이 온 이스라엘을 다스려 모든 백성에게 공(公)과 의(義)를 행할새."

심판 자리에 앉은 왕은 그 눈으로 모든 악을 흩어지게 한다. '그의 눈으로'라는 말은 '그의 의로운 관찰과 통찰과 판단의 눈으로, 고의적인 악을 분별하고 미워하는 눈으로'라는 뜻이라고 말할 수 있다. 의로운 재판장은 의와 불의, 선과 악을 분별하고 모든 악을 징벌하며 흩어지게 한다. 악은 그 앞에 설 수 없고 다 흩어지고 만다.

하나님께서는 왕중왕, 즉 왕들 중 왕이시며 공의로 온 세상을 통치하시는 통치자이시며 온 세상의 재판장이시다. 시편 7:11, "하나님은 의로우신 재판장이심이여, 매일 분노하시는 하나님이시로다." 예수 그리스도께서는 의로운 왕으로 오셨다. 예레미야 23:5, "나 여호와가 말하노라. 보라, 때가 이르리니 내가 다윗에게 한 의로운 가지를 일으킬 것이라. 그가 왕이 되어 지혜롭게 행사하며 세상에서 공평과 정의를 행할 것이며." 요한계시록 19:11, "내가 하늘이 열린 것을 보니 보라, 백마와 탄 자가 있으니 그 이름은 충신과 진실이라. 그가 공의로 심판하며 싸우더라." 사람이 악을 버려야 할 이유는 심판자이신 하나님께서 계시기 때문이다. 그는 세상에 있는 모든 악인을 다 엄히, 즉 그의 엄격한 공의로 징벌하시고 멸하실 것이다.

본문의 교훈을 정리해보자. 첫째로, 사람의 마음의 계획은 깊은 물 같으나 명철한 사람은 그것을 길어 낸다. 우리는 명철한 자가 되어야 한다.

둘째로, 많은 사람은 각기 자기의 인자함을 자랑하지만, 충성된 자를 만나기는 쉽지 않다. 우리는 은밀히 선을 행하고 범사에 충성해야 한다.

셋째로, 완전하게 행하는 자가 의인이며 그 후손에게 복이 있다. 예수님을 믿고 죄를 떠나고 의와 선을 행하는 자들과 그 자녀들은 복되다.

넷째로, 심판 자리에 앉은 왕은 그 눈으로 모든 악을 흩어지게 한다. 우리는 하나님과 세상 재판관들을 두려워하고 모든 악을 버려야 한다.

## 9-12절, 정결, 정직, 행동, 귀와 눈

**[9절] 내가 내 마음을 정(淨)하게 하였다, 내 죄를 깨끗하게 하였다 할 자가 누구뇨?**

사람은 부족한 존재이다. 마음이 완전히 깨끗한 자는 없고 죄에서 완전히 떠나 있는 자도 없다. 사람은 누구나 죄성과 연약성을 가지고 있고 실수와 연약함이 있다. 사람의 본성은 전적으로 부패되어 있고 무능력해져 있다. 그러므로 다윗은 "내가 죄악 중에 출생하였음이여, 모친이 죄 중에 나를 잉태하였나이다"라고 고백했다(시 51:5). 하나님께서는 선지자 예레미야를 통하여, "만물보다 거짓되고 심히 부패한 것은 [사람의] 마음이라"고 말씀하셨고(렘 17:9), 또 "구스인이 그 피부를, 표범이 그 반점을 변할 수 있느뇨? 할 수 있을진대 악에 익숙한 너희도 선을 행할 수 있으리라"고 말씀하셨다(렘 13:23).

사람은 중생하고 구원 얻은 후에도 본성의 죄성을 가지고 있다. 로마서 7:18-19, 25, "내 속 곧 내 육신에 선한 것이 거하지 아니하는 줄을 아노니 원함은 내게 있으나 선을 행하는 것은 없노라. 내가 원하는 바 선은 하지 아니하고 도리어 원치 아니하는 바 악은 행하는도다," "그런즉 내 자신이 마음으로는 하나님의 법을, 육신으로는 죄의 법을 섬기노라." 로마서 8:7, "육신의 생각은 하나님과 원수가 되나니 이는 하나님의 법에 굴복치 아니할 뿐 아니라 할 수도 없음이라."

우리의 의는 예수 그리스도의 속죄밖에 없다. 예수께서는 우리의 의(義)이시다. 또 우리는 성령의 인도함을 받을 때에만 죄를 이길 수 있다. 로마서 8:13-14, "너희가 육신대로 살면 반드시 죽을 것이로되 영[성령]으로써 몸의 행실을 죽이면 살리니 무릇 하나님의 영으로 인도함을 받는 그들은 곧 하나님의 아들이라." 갈라디아서 5:16, "너희는 성령을 좇아 행하라. 그리하면 육체의 욕심을 이루지 아니하리라."

**[10절] 한결 같지 않은 저울추와 말[큰 통]은 다 여호와께서 미워하시느**

**니라.**

원문을 직역하면, "돌과 돌, 에바와 에바, 이 둘은 여호와께 가증한 것이니라." 옛날에는 돌을 저울추로 사용했다. 에바는 큰 통이다. 1에바는 약 22리터이며, 우리나라에서 예전에 쓰던 말보다 좀더 큰 단위이다. 우리나라의 1말(10되)은 약 18리터이다. '돌과 돌, 에바와 에바'라는 표현은 서로 다른 저울추와 말을 뜻한다고 본다. 그것은 저울추를 속이고 말을 속이는 것, 즉 공정치 않은 상거래를 가리킨다.

하나님께서는 율법에서 우리가 공정한 상거래를 할 것을 명하셨다. 레위기 19:35-36, "너희는 재판에든지 도량형에든지 불의를 행치 말고 공평한 저울과 공평한 추와 공평한 에바와 공평한 힌을 사용하라." 신명기 25:13-15, "너는 주머니에 같지 않은 저울추 곧 큰 것과 작은 것을 넣지 말 것이며 네 집에 같지 않은 되 곧 큰 것과 작은 것을 두지 말 것이요 오직 십분 공정한 저울추를 두며 십분 공정한 되를 둘 것이라." 잠언도 이 진리를 강조한다. 잠언 11:1, "속이는 저울은 여호와께서 미워하셔도 공평한 추는 그가 기뻐하시느니라." 잠언 16:11, "공평한 간칭과 명칭은 여호와의 것이요 주머니 속의 추돌들도 다 그의 지으신 것이니라." 잠언 20:23, "한결 같지 않은 저울추는 여호와의 미워하시는 것이요 속이는 저울은 좋지 못한 것이니라."

그러나 구약교회인 이스라엘 사회에는 정직하지 않게 장사하는 자들이 많았던 것 같다. 아모스 8:5, "[그들이] 에바를 작게 하여[하며] 세겔을 크게 하며 거짓 저울로 속이며." 미가 6:10, "악인의 집에 오히려 . . . 축소시킨 가증한 에바가 있느냐?" 에스겔 45:10, "너희는 공평한 저울과 공평한 에바와 공평한 밧을 쓸지니."

**〔11절〕 비록 아이라도 그 동작으로 자기의 품행의 청결하며 정직한 여부를 나타내느니라.**

사람은 도덕적 존재이기 때문에, 어린아이라도 자신의 행위의 정직과 깨끗함을 드러내며 자신이 잘못이 없고 거짓이 없다는 것을 나타낸다. 어린아이에게도 양심과 도덕적 분별력이 있고 이성적 판단이 있기 때문이다. 물론, 어떤 아이는 가정에서 바른 교육을 받지 못하고 성격이 비뚤어져서 말과 행실이 나쁘고 부모에게 또 사회에 대해 반항하기도 하지만, 믿음의 가정의 아이들 속에는 상당한 도덕성이 있다.

어린아이들에게도 도덕성이 있고 자신의 정결함과 정직함을 나타냄을 볼 수 있다. 하물며 어른인 우리, 더욱이 하나님을 경외하고 죄씻음과 새 생명을 얻은 성도인 우리는 얼마나 더 도덕적인 삶, 얼마나 더 깨끗하고 정직한 삶을 살아야 하겠는가. 인격적 미성숙자인 어린아이들도 그렇다면, 어른이며 성도인 우리는 어떠해야 하겠는가?

그러나 현실은 그렇지 못하다. 사람은 도덕적 존재이지만, 타락한 인간 본성 속에는 죄악된 성질이 있고 그 죄악성의 중심에 욕심이 있다. 그러므로 야고보서 1:15는 "욕심이 잉태한즉 죄를 낳는다"고 말했다. 사람의 욕심은 육신의 정욕, 물질적 탐욕 즉 돈에 대한 사랑, 그리고 남보다 위에 서려는 명예욕을 포함한다. 이런 욕심에서 미움, 시기, 질투, 살인, 간음, 도적질, 거짓 증거, 속임, 거짓말 등의 온갖 죄악이 나온다. 사회의 죄악은 대체로 아이들의 탓이 아니고 어른들의 탓이다. 어른들은 도덕적인 책임을 가지고 있지만, 그 책임을 저버리고 온갖 죄를 범한다. 심지어 하나님을 경외하며 구주 예수 그리스도를 믿는 성도들조차도 아이들에게 도덕적 모범이 되지 못하는 경우가 많다.

**〔12절〕 듣는 귀와 보는 눈은 다 여호와의 지으신 것이니라.**

우리는 우리의 눈과 귀를 만드신 하나님께 감사 드리며 우리의 시력과 청력 지켜주시기를 기도해야 한다. 하나님께서는 또 우리에게 마음의 눈과 마음의 귀도 주셨다. 주께서는 무리에게 "귀 있는 자는 들으라"고 하셨다(마 13:9). 그것은 마음의 귀를 가리켰다. 하나님께서는 우리의 심령의 눈과 귀를 열기도 하시고 닫기도 하신다. 사도 바울은 하나님께서 에베소 교인들의 마음의 눈을 밝히셔서 하나님의 부르심의 소망을 알게 하시기를 기도했다(엡 1:17-19). 우리도 하나님께서 우리의 심령의 눈과 귀를 항상 열어주시기를 기도해야 한다.

우리의 눈과 귀는 하나님께서 만드신 것이므로, 우리는 이 기관들을 하나님께서 창조하신 용도에 맞게 사용해야 한다. 우리의 눈은 보는 것을 조심해야 한다. 우리는 성경책이나 유익한 책들은 보아야 하지만, 허탄하거나 우리의 심령을 더럽히는 죄악된 그림이나 글들은 보지 말아야 한다. 또 우리의 귀는 듣는 것을 조심해야 한다. 우리는 성경말씀, 성경적 설교, 유익한 말들은 들어야 하지만, 이단사설, 잘못된 교훈들, 거짓말, 헛소문, 죄악되고 허탄한 잡담은 듣지 말아야 한다.

우리는 우리의 눈과 우리의 귀를 지으신 하나님께서 우리의 생활의 모든 부분을 다 보시고 다 들으신다는 사실을 알아야 한다. 시편 94:9, "귀를 지으신 자가 듣지 아니하시랴. 눈을 만드신 자가 보지 아니하시랴." 하나님께서는 우리의 모든 말과 행위를 보시고 들으시고 판단하시고 선악간에 보응하신다. 그는 우리의 선행을 보시고 기뻐하시고 복을 주시며, 또한 우리의 악행을 보시고 슬퍼하시고 벌을 주신다.

본문의 교훈을 정리해보자. 첫째로, 내가 내 마음을 정결하게 했다, 내 죄를 깨끗하게 했다고 말할 자는 없다. 우리는 자신의 부족을 깨닫고 주 예수 그리스도의 의(義)만 의지하고 성령의 인도하심만 구해야 한다.

둘째로, 한결 같지 않은 저울추와 말은 다 여호와께서 미워하신다. 우리는 상거래뿐 아니라, 모든 영역에서 진실하고 정직하게 행해야 한다.

셋째로, 아이라도 그 동작으로 자기의 품행의 청결하며 정직한 여부를 나타낸다. 우리와 우리 자녀들은 경건하고 바르고 선하게 살아야 한다.

넷째로, 듣는 귀와 보는 눈은 다 여호와의 지으신 것이다. 우리는 하나님께서 우리의 모든 말과 행동을 보시고 들으심을 알고, 그것들을 지켜주시기를 기도하고, 또 하나님의 영광을 위해 선하게만 사용해야 한다.

## 13-16절, 잠, 거짓말, 지식의 입술, 빚 보증

**〔13절〕 너는 잠자기를 좋아하지 말라. 네가 빈궁하게 될까 두려우니라. 네 눈을 뜨라. 그리하면 양식에 족하리라.**

잠은 사람의 휴식을 위하여 하나님께서 주신 복이다. 잠에는 피로 회복의 비밀이 있다. 몸 건강의 한 중요한 방법은 잠을 충분히 자는 것이다. 수면 시간은 사람의 체질과 건강상태에 따라 또 하루의 일의 성격과 양에 따라 다를 것이지만, 최소 5시간 이상 8시간 미만일 것이다. 수면 부족은 병의 원인이 되므로 잠은 충분히 자야 할 것이다.

그러나 우리는 잠자기를 좋아해서는 안 된다. 잠을 너무 많이 자는 것은 게으름의 표가 된다. 게으른 자는 잠자기를 좋아하고 그 결과로 가난해진다. 사람은 사업도, 직장도, 집안 일도, 공부도 게을리 해서는 안 된다. 그러므로 사람은 잠을 줄이고 자기의 일에 부지런해야 한다. 잠언 6:6-11, "게으른 자여, 개미에게로 가서 그 하는 것을 보고 지혜를 얻으라. 개미는 두령도 없고 간역자도 없고 주권자도 없으되 먹을 것을 여름 동안에 예비하며 추수 때에 양식을 모으느니라. 게으른 자여, 네가 어느 때까지 눕겠느냐? 네가 어느 때에 잠이 깨어 일어나겠느냐? 좀더 자자, 좀더 졸자, 손을 모으고 좀더 눕자 하면 네 빈궁이 강도같이 오며 네 곤핍이 군사같이 이르리라." 잠언 19:15, "게으름이 사람으로 깊이 잠들게 하나니 해태[나태]한 사람은 주릴 것이니라."

영적으로도 그러하다. 성도는 영적인 잠을 자서는 안 된다. 성도가 돈과 세상과 쾌락을 사랑하는 영적인 잠을 자면 믿음을 잃고 심령이 병들고 약해진다. 우리는 영적으로 깨어 있어야 한다. 우리는 성경을 읽고 기도하고 교회에 모이기를 힘써야 하고 세월을 아끼고 하나님의 뜻을 분별하고 의와 선을 실천해야 한다(엡 5:15-17).

**〔14절〕 사는 자가** 물건이 **좋지 못하다, 좋지 못하다 하다가 돌아간 후에는 자랑하느니라.**

물건을 살 때 물건이 좋지 못하다, 좋지 못하다고 말하다가 돌아간 후에 자랑하는 것은 세상 사람들의 보통 생활방식이다. 그들은 어떤 물건을 살 때 물건값을 깎아 보려고 그 물건이 좋지 못하다고 거짓말을 쉽게 하고 나중에 자랑하는 것이다. 그들은 세상적인 이익을 위해 스스로 모순된 말을 하는 것이다. 그것은 일종의 거짓말이다. 사람들은 자기 유익을 위해 이런 거짓말을 쉽게 한다.

그러나 성도는 그렇게 살아서는 안 된다. 성도는 물질적 유익 중심으로 살아서는 안 된다. 성도는 하나님 앞에서 진실하게 살아야 한다. 그는 좋은 것은 좋다고 말하고 안 좋은 것은 안 좋다고 말해야 한다. 물건을 파는 사람도 정직하고 진실하게 팔고, 물건을 사는 사람도 그것을 진실하게 평가하고 말하며 사야 한다. 하나님을 경외하고 그의 계명대로 사는 성도는 세상 사람들처럼 거짓말을 해서는 안 된다.

성도는 범사에 진실하게 행해야 하고 또 사랑을 따라 행해야 한다. 사도 바울은 에베소 교인들에게 "그런즉 거짓을 버리고 각각 그 이웃으로 더불어 참된 것을 말하라. 이는 우리가 서로 지체가 됨이니라"고 말했다(엡 4:25). 또 그는 고린도 교인들에게 사랑의 성격에 대해 교훈했다. 그는 사랑은 "무례히 행치 아니하며 자기의 유익을 구치 아니하며 성내지 아니하며 악한 것을 생각지 아니하며 불의를 기뻐하지 아니하며 진리와 함께 기뻐한다"고 말했다(고전 13:5-6). 우리는 진실하게 행하고 또 사랑을 따라 행해야 한다.

**[15절]** 세상에 **금도 있고 진주**(페니님 פְּנִינִים)[산호](BDB, KB)**도 많거니와 지혜로운 입술**(시프세 다아스 שִׂפְתֵי־דָעַת)[지식의 입술]**이 더욱 귀한 보배니라.**

'지식의 입술'이라는 말은 다른 사람들에게 지식을 말하며 지식을 전하는 입술이라는 뜻이다. 본문은 지식의 가치에 대해 말한다. 지식의 가치는 금과 진주나 산호보다 더욱 크다. 바른 지식은 참으로 보배이다. 그러므로 잠언 8:10은 "너희가 은을 받지 말고 나의 훈계를 받으며 정금보다 지식을 얻으라"고 말한다.

바른 지식이 무엇인가? 바른 지식은 하나님의 지식을 말한다. 그것은 영원 전부터 스스로 계시고 우주의 근원이 되시는 하나님에 대한 지식이며, 그의 창조 세계에 대한 지식이며, 범죄한 사람들에 대한 그의 심판과 구원에 대한 지식이며, 신약적으로 말하면, 하나님의 아들 예수 그리스도께서 어떻게 사람으로 오신 것과 그의 기적 행하심과 그가 십자가에 죽으심으로 이루신 대속 사역과 그의 부활과 승천과 재림과, 그를 믿음으로 죄사함과 의롭다 하심을 얻음과, 죽은 영혼이 다시 살아남과, 성화와, 죽은 자들의 부활, 천국과 영생, 구원 얻은 성도들의 연합인 교회와, 성도들이 이 세상에서 어떻게 경건하고 겸손하고 바르고 선하고 덕스럽고 진실하게 살아야 하는 것 등에 관한 지식이다. 즉 교리와 윤리의 지식이다. 그것이 성경의 내용이다. 사람에게 있어서 이 지식과 이 지식에 따른 인격성과 도덕성의 가치는 금과 은과 보석의 가치, 곧 이 세상의 물질적 가치보다 비교할 수 없이 크다.

**〔16절〕 타인**(자르 זָר)[낯선 자]**을 위하여 보증이 된 자의 옷을 취하라. 외인들**[16]**의 보증이 된 자는 그 몸을 볼모잡힐지니라.**

잠언 27:13도 동일한 말씀이다. 이 교훈이 중요하므로 두 번 기록했다고 본다. 본문은 낯선 자를 위해 보증이 되면, 그 옷도 빼앗기고 그 몸도 종이 된다는 뜻이다. 즉 사람은 잘못된 보증을 서면 큰 손실과 낭패를 당한다는 뜻이다. 그러므로 사람이 구제할 마음과 힘이 있는 경우가 아니라면, 남의 보증이 되지 말아야 한다. 사람이 갚을 힘이나 마음이 없으면서 남의 보증이 되는 것은 매우 어리석은 행동이다.

잠언 6:1-5, "내 아들아, 네가 만일 이웃을 위하여 담보하며 타인을 위하여 보증하였으면 네 입의 말로 네가 얽혔으며 네 입의 말로 인하

---

16) '외인들'이라는 원어(노크리얌 נָכְרִיָּם)는 전통(마소라)본문에 '낯선 자들'(노크림 נָכְרִים)(Syr, Vg, NASB)이라고 쓰여 있으나(케팁) '낯선 여자, 즉 음녀'(노크리야 נָכְרִיָּה)(Targ, KJV, NIV)라고 읽기도 한다(케레).

여 잡히게 되었느니라. 내 아들아, 네가 네 이웃의 손에 빠졌은즉 이같이 하라. 너는 곧 가서 겸손히 네 이웃에게 간구하여 스스로 구원하되 네 눈으로 잠들게 하지 말며 눈꺼풀로 감기게 하지 말고 노루가 사냥군의 손에서 벗어나는 것같이, 새가 그물 치는 자의 손에서 벗어나는 것같이 스스로 구원하라." 잠언 11:15, "타인을 위하여 보증이 되는 자는 손해를 당하여도 보증이 되기를 싫어하는 자는 평안하니라." 잠언 17:18, "지혜 없는 자는 남의 손을 잡고 그 이웃 앞에서 보증이 되느니라." 잠언 22:26-27, "너는 사람으로 더불어 손을 잡지 말며 남의 빚에 보증이 되지 말라. 만일 갚을 것이 없으면 네 누운 침상도 빼앗길 것이라. 네가 어찌 그리하겠느냐?" 남을 위해 재정 보증, 빚 보증을 서는 자는 어리석은 자이다. 지혜자는 그런 보증을 피해야 한다.

본문의 교훈을 정리해보자. 첫째로, 우리는 잠자기를 좋아하지 말아야 가난하게 되지 않고 우리의 눈을 떠야 양식이 족하게 될 것이다. 우리는 세상 일, 즉 직업의 일에도 충실해야 하고, 신앙생활의 일, 즉 성경 읽고 기도하며 공적 예배를 드리고 의와 선을 행하는 일에도 충실해야 한다.

둘째로, 사는 자는 물건이 좋지 못하다고 하다가 돌아간 후에는 자랑한다. 그러나 자기의 유익만 생각하고 상황 따라 쉽게 거짓말하는 것은 성도다운 행위가 아니다. 우리는 하나님 중심으로 바르고 선하고 진실하게 살아야 한다. 우리는 어떤 상황이든지 쉽게 거짓말하지 말아야 한다.

셋째로, 세상에는 금도 있고 진주도 많지만 지식의 입술이 더욱 귀한 보배이다. 우리는 지식의 가치를 깨닫고, 금은 보화를 구하지 말고 참된 지식을 구해야 한다. 우리는 하나님과 예수 그리스도에 대해 바르게 알아야 하고 또 구원과 현세의 삶과 내세에 대해서도 바르게 알아야 한다.

넷째로, 낯선 자를 위해 보증이 된 자는 큰 손실과 낭패를 당한다. 우리가 가난한 자들을 구제할 수는 있어도, 나중에 받기 위해 단순히 빌려주는 것이나, 남을 위해, 그것도 잘 알지 못하는 자를 위해, 더욱이 자신이 갚을 힘도 없으면서 빚 보증을 서는 것은 매우 어리석은 일이다.

## 17-20절, 속임, 의논, 한담, 불효

〔17절〕 **속이고 취한 식물**(레켐 솨케르 לֶחֶם שָׁקֶר)[거짓의 떡]**은 맛이 좋은 듯하나 후에는 그 입에 모래**(카차츠 חָצָץ)[자갈](BDB, KJV, NASB, NIV)**가 가득하게 되리라.**

거짓의 떡이란 모든 부당하고 불의한 소득, 예를 들어, 사기를 쳐 번 돈, 점원이 물건이나 돈을 훔치는 것, 공금 횡령, 공적인 물건을 사적으로 쓰는 것, 돈을 빌리고 안 갚는 것, 헌금을 훔치는 것 등을 가리킨다. 그것은 더러운 이익, 불의하고 거짓된 이익이다.

성경은 장로의 자격을 가르칠 때 "더러운 이(利)[이익]를 탐하지 아니하는 자"라고 말하였고(딛 1:7), 또 집사의 자격도 "더러운 이(利)를 탐하지 아니하는 자"라고 말했다(딤전 3:8). 사도 베드로도 장로들에게 교훈하기를, "너희 중에 있는 하나님의 양 무리를 치되 부득이함으로 하지 말고 오직 하나님의 뜻을 좇아 자원함으로 하며 더러운 이(利)를 위하여 하지 말고 오직 즐거운 뜻으로 하라"고 말하였다(벧전 5:2).

속이고 취한 식물은 맛이 좋은 듯하다. 더러운 이익, 불의한 이익은 당장에는 이익이 되는 듯하다(잠 9:17). 그런 돈으로 좋은 음식도 먹고 좋은 옷도 사고 좋은 차와 집도 살 수 있을 것이다.

그러나 "후에는 그 입에 자갈이 가득하게 되리라"고 본문은 말한다. '후에는'이라는 말은 하나님께서 징벌하실 때를 가리킨다. 하나님께서는 얼마 동안 참으신다. 그 기간은 사람의 회개를 기다리시는 기간이다. 그러나 얼마 후 입에 자갈이 가득하게 될 것이다. 이 말은 하나님의 공의의 보응을 나타낸다. 사람이 의와 선을 행하면 평안을 누릴 것이지만, 불의와 거짓과 악을 행하면 재앙을 당할 것이다.

〔18절〕 **무릇 경영은 의논함으로 성취하나니 모략을 베풀고**(비사크불로스 בְתַחְבֻלוֹת)[(좋은) 조언을 받아] **전쟁할지니라.**

'경영'은 어떤 일을 구상하고 계획하는 것이다. '의논함'은 어떤 일의 목표와 진행 과정에 대해, 또 주의할 점에 대해 그 방면에 지식과 경험이 있거나 지혜와 선한 판단력이 있는 자들의 의견과 조언을 듣는 것을 말한다. 우리는 어떤 일을 할 때에 먼저 그것을 구상하고 계획해야 하며, 또 그것을 위하여 지혜로운 의견과 조언이 필요하다. 지혜롭고 좋은 조언은 하나님의 말씀에 맞고 이성적 판단과 경험에서 나온 조언을 가리킨다. 진학이나 취직, 결혼 등 개인의 진로와 가정의 일과 사업의 일 같은 세상일이나 교회 일이나 마찬가지다. 그러므로 잠언 15:22는, "의논이 없으면 경영이 파하고 모사가 많으면 경영이 성립하느니라"고 말하였고, 또 잠언 11:14는, "도략[조언]이 없으면 백성이 망하여도 모사가 많으면 평안을 누리느니라"고 말했다.

특히 전쟁을 할 때 그러하다. 전쟁은 단지 군사력의 싸움이 아니고 무엇보다 머리 싸움이다. 그래서 본문은 "모략을 베풀고 전쟁할지니라"고 말한다. 전쟁의 승리를 위해서는 지혜와 경험이 있는 참모들의 좋은 조언이 필수적이다. 그러므로 잠언 24:6은, "너는 모략으로 싸우라. 승리는 모사가 많음에 있느니라"고 말하였다.

영적 전쟁인 성도의 신앙 생활도 마찬가지다. 그 전쟁에서 승리하려면 성도는 좋은 조언이 필요하다. 그 조언은 성경책에 있다. 또 그들의 실제의 삶 속에서 성경의 조언을 시험하고 확인한 경건한 성도의 간증도 좋은 조언이 될 것이다. 좋은 조언은 승리의 삶에 도움이 된다.

**〔19절〕 두루 다니며 한담하는 자는 남의 비밀을 누설하나니 입술을 벌린 자를 사귀지 말지니라.**

각 사람은 자기 일에 충실해야지 남의 집에 두루 다니는 것은 좋지 않다. '한담하는 자'는 말을 많이 하는 자, 말쟁이, 수다쟁이를 가리킨다. 사람이 남의 집에 두루 다니며 말을 많이 하게 되면 남을 비방하며 남의 험담이나 하고 나쁜 소문을 퍼뜨리는 자가 되기 쉽다. 그런 사람은 입이 가벼운 자이며 인격에 결함을 가진 자이다.

두루 다니며 한담하는 자는 남의 비밀을 누설하게 된다. 남의 비밀이란 사람이 다른 사람에게 알리기를 원치 않는 일, 자신의 약점이나 실수, 수치스런 일 등을 가리킨다. 두루 다니며 한담하는 사람은 입이 가벼우므로 남의 비밀을 누설하게 된다. 그것은 남의 인격과 명예를 해치는 나쁜 일이다. 사람은 교만한 마음이 있을 때 또 사랑과 화목의 마음이 부족할 때 그런 잘못을 한다. 잠언 10:12, "미움은 다툼을 일으켜도 사랑은 모든 허물을 가리우느니라." 로마서 12:18, "할 수 있거든 너희로서는 모든 사람으로 더불어 평화[화목]하라."

그러므로 본문은 입술을 벌린 자를 사귀지 말라고 말한다. '입술을 벌린 자'는 수다쟁이를 가리킨다. 성경은 우리에게 말을 자제하는 자가 되라고 교훈한다. 잠언 10:19는, "말이 많으면 허물을 면키 어려우나 그 입술을 제어하는 자는 지혜가 있느니라"고 말한다. 말을 자제하는 것이 지혜이다. 성도가 수다쟁이와 사귀지 말아야 할 이유는 자신도 나쁜 영향을 받아 입이 가볍고 결함 있는 인격이 되어 남을 비난하는 죄에 동참하기 쉽기 때문이며, 또 어느 날 자신의 숨겨진 약점들도 그에 의해 다른 이들에게 알려질지 모르기 때문이다.

**〔20절〕 자기의 아비나 어미를 저주하는 자는 그 등불이 유암**[어두움] **중에 꺼짐을 당하리라.**

하나님께서는 십계명의 제5계명에서 부모 공경을 명하셨다. 출애굽기 20:12, "네 부모를 공경하라. 그리하면 너의 하나님 나 여호와가 네게 준 땅에서 네 생명이 길리라." 사도 바울은 부모 순종에 대해 교훈하였다. 에베소서 6:1, "자녀들아, 너희 부모를 주 안에서 순종하라. 이것이 옳으니라." 그러므로 부모를 무시하고 욕하고 저주하고 거역하는 자는 하나님의 뜻을 거역하는 자이며 큰 죄를 범하는 자이다.

자기 아버지나 어머니를 저주하는 자는 그 등불이 어두움 중에 꺼짐을 당할 것이다. '등불'은 번영과 형통, 곧 행복을 가리킨다. 제5계명의 말씀대로, 부모를 공경하는 자녀는 땅에서 잘되고 장수할 것이지만, 부모를 거역하고 저주하는 자녀는 자신의 행복을 빼앗길 것이다. 악인의 등불은 꺼질 것이다. 잠언 13:9, “의인의 빛은 환하게 빛나고 악인의 등불은 꺼지느니라.” 잠언 24:20, “대저 행악자는 장래가 없겠고 악인의 등불은 꺼지리라.” 불효는 악한 일이며 불행을 자초하는 일이다.

부모 공경은 하나님의 뜻이요 명령이며, 부모를 저주하거나 치는 것은 사형에 처할 큰 죄악이다. 출애굽기 21:17, “그 아비나 어미를 저주하는 자는 반드시 죽일지니라.” 출애굽기 21:15, “자기 아비나 어미를 치는 자는 반드시 죽일지니라.” 또 하나님께서는, 부모의 말을 순종하지 않고 그 책망을 듣지 않는 완악하고 술취하며 방탕한 사람을 성문 앞에 성읍 장로들 앞으로 끌어내고 사람들이 그를 돌로 쳐 죽이라고 모세를 통해 신명기 21장에서 명령하셨다(신 21:18-21). 또 잠언 30:17은, “아비를 조롱하며 어미 순종하기를 싫어하는 자의 눈은 골짜기의 까마귀에게 쪼이고 독수리 새끼에게 먹히리라”고 말했다.

본문의 교훈을 정리해보자. 첫째로, 속이고 취한 음식은 맛이 좋은 듯하나 후에는 그의 입에 자갈이 가득할 것이다. 우리는 더러운 이익을 구하지 말고 정직하고 진실하게 번 돈으로 살아야 한다. 잠언 16:8, “적은 소득이 의를 겸하면 많은 소득이 불의를 겸한 것보다 나으니라.” 사람이 불의하게 번 돈은 그에게 결코 복이 되지 못하고 오히려 화가 된다.

둘째로, 사람의 무슨 계획이든지 의논함으로 성취하기 때문에 전쟁을 하기 전에 전략적 토의를 많이 하고 전쟁해야 한다. 세상일들에서 경험자들의 좋은 조언을 듣는 것은 그 일들을 성공적으로 이루는 데 매우 필요하다. 특히 신앙생활에는 성경의 교훈과 조언과 권면이 매우 필요하다.

셋째로, 두루 다니며 한담하는 자는 남의 비밀을 누설하므로 우리는 그런 자와 사귀지 말아야 한다. 우리는 자기 일에 충실해야 하고 가급적 다른 사람에 대한 말을 하지 말고 그런 자와 사귀지도 말아야 한다.

넷째로, 자기의 아버지나 어머니를 저주하는 자는 그 등불이 어두움 중에 꺼질 것이다. 우리와 우리 자녀들은 부모를 저주하는 자가 되지 말고 공경하고 순종함으로 하나님의 복을 받는 자들이 되어야 한다.

## 21-24절, 기업, 보복, 진실, 걸음

**〔21절〕 처음에 속히 잡은 산업은 마침내 복이 되지 아니하느니라.**

'처음에'라는 말은 어떤 일에 대한 지식과 경험이 부족한 때를 가리킨다. '속히 잡은'이라는 원어(메보켈렛 מְבֹחֶלֶת)는 쓰여진 본문대로는(케팁) '탐욕으로 얻은'(BDB)이라는 뜻이다. '처음에 탐욕으로 얻은 산업'이란, 처음부터 정직하게 노력하여 이룬 산업이 아니고 탐욕을 가지고 불의한 방법으로 얻은 산업이라는 뜻일 것이다.

그러나 구약성경을 보관하고 연구하고 사본을 만들었던 서기관들(이들을 마소라 학자들이라고 부름)은 이 단어를 '성급히 얻은'이라는 말(메보헬렛 מְבֹהֶלֶת)로 읽으라고 제안했다(케레). 그것이 고대 역본들(LXX, Syr, Targ, Vg)의 본문의 뜻이다. 주요 영어성경들(KJV, NASB, NIV)과 한글개역성경도 고대 역본들을 따랐다. '처음에 성급히 얻은 산업'이란, 처음부터 차근히 수고하며 이룬 산업이 아니고, 크게 수고하지 않고 우연하게, 쉽게 얻은 산업이라는 뜻일 것이다.

본문은, 처음부터 탐욕으로 얻은 산업 혹은 처음부터 우연히 쉽게 얻은 산업은 마침내 복이 되지 않는다고 말한다. 시작은 그가 무엇을 얻은 것 같았으나, 결말이 복되지 않다는 뜻이다. 본문의 뜻이 어느 쪽이든지 다 뜻이 통한다. 처음부터 탐욕으로 얻은, 불의하게 얻은 산업은 결말이 복되지 않을 것이다. 잠언 10:2, "불의의 재물은 무익하여도." 잠언 13:11, "망령되이[헛되이] 얻은 재물은 줄어가고 손으로 모은 것은 늘어가느니라." 잠언 20:17, "속이고 취한 식물은 맛이 좋은 듯하나 후에는 그 입에 모래[자갈]가 가득하게 되리라." 혹은, 우연히 쉽게 얻은 산업도 역시 결말이 복되지 않을 것이다. 자신이 땀 흘려 얻은 산업이라야 복되다. 그런 산업이라야 잘 보존되고 관리될 것이다.

**〔22절〕 너는 악을 갚겠다 말하지 말고 여호와를 기다리라. 그가 너를 구원하시리라.**

본문은 개인적으로 보복하지 말라고 말한다. 주 예수께서도, "악한 자를 대적지 말라. 누구든지 네 오른편 뺨을 치거든 왼편도 돌려 대라"고 말씀하셨고, 또 "너희 원수를 사랑하며 너희를 핍박하는 자를 위하여 기도하라"고 하셨다(마 5:39, 44). 사도 바울도 로마서 12:17에서, "아무에게도 악으로 악을 갚지 말고 모든 사람 앞에서 선한 일을 도모하라"고 교훈하였고, 사도 베드로도 베드로전서 3:9에서, "악을 악으로, 욕을 욕으로 갚지 말고 도리어 복을 빌라"고 교훈하였다.

우리는 하나님만 기다리며 바라고 의지해야 한다. 원수를 우리에게 주신 이도 하나님이시다. 하나님께서는 모든 일을 주권적으로 섭리하신다. 그러므로 우리가 하나님과 바른 관계만 유지한다면, 하나님께서는 원수의 악한 계획에서 우리를 건지시고 우리로 이기게 하실 것이다. 신명기 32:35에 보면, 하나님께서는 "보수(報酬)는 내 것이라. 그들의 실족할 그때에 갚으리로다"라고 말씀하셨다. 사도 바울은 로마서 12:19에서, "내 사랑하는 자들아, 너희가 친히 원수를 갚지 말고 진노하심에 맡기라. 기록되었으되 원수 갚는 것이 내게 있으니 내가 갚으리라고 주께서 말씀하시니라"고 교훈하였다. 경건한 다니엘은 하나님의 바로 이런 놀라운 구원을 체험한 자이었다(단 6:26-27).

물론, 우리는 교회적 권징을 부정해서는 안 된다. 주께서는 교회적 권징과 절교(絶交)가 절차에 따라 이루어져야 할 것을 말씀하셨다(마 18:15-19). 사도 바울도, 악을 행하며 회개하지 않는 자들을 교회에서 제명시키라고 말했고(고전 5:11-13), 바른 교훈을 순종치 않고 무질서하게 행하는 자들과 교제하지 말라고 명하였다(살전 3:6, 14-15).

**[23절] 한결 같지 않은 저울추는 여호와의 미워하시는 것이요 속이는 저울은 좋지 못한 것이니라.**

'한결 같지 않은 저울추'는 장사하는 사람이 정상적인 저울추 외에 가지고 있는 저울추를 가리킨다. 그것은 속이는 저울에 사용될 것이다. 한결 같지 않은 저울추와 속이는 저울은 불의와 부정직과 속임을 가리킨다. 그것은 하나님께서 미워하시는 것이요 악한 것이다.

사람은 왜 불의하고 부정직하며 속이는가? 그것은 하나님을 두려워함이 없고 자기의 이익을 구하는 데만 생각과 마음을 두기 때문이다. 그것은 육신적, 세상적 욕심에서 나오고 또 거짓되고 악한 마음에서 나온다. 사람은 욕심과 악한 마음 때문에 다른 사람을 속인다.

하나님께서는 의롭고 정직한 삶을 명하셨다. 의는 하나님의 계명에 일치하는 것이다(신 6:25). 의는 하나님의 도덕적 속성이며 그의 형상의 내용이다. 하나님께서는 모든 사람이 의로운 삶을 살기를 원하신다. 미가 6:8, "여호와께서 네게 구하시는 것이 오직 공의를 행하며 인자(仁慈)를 사랑하며 겸손히 네 하나님과 함께 행하는 것이 아니냐?"

그러므로 사람은 생각과 판단, 말과 행동이 어떤 상황에서도 공의롭고 진실해야 한다. 특히 구원 얻은 성도들은 그러해야 한다. 그들은 자기 이해 관계나 감정에 따라 행동하지 말아야 한다. 에베소서 4:22-24, "너희는 유혹의 욕심을 따라 썩어져 가는 구습을 좇는 옛 사람을 벗어 버리고 오직 심령으로 새롭게 되어 하나님을 따라 의와 진리의 거룩함으로 지으심을 받은 새 사람을 입으라." 에베소서 5:8-9, "너희가 전에는 어두움이더니 이제는 주 안에서 빛이라. 빛의 자녀들처럼 행하라. 빛[성령](전통사본)의 열매는 모든 착함과 의로움과 진실함에 있느니라." 로마서 6:13, "너희 지체를 의의 병기로 하나님께 드리라."

**〔24절〕 사람의 걸음은 여호와께로서 말미암나니 사람이 어찌 자기의 길을 알 수 있으랴.**

사람의 걸음은 사람의 행위와 삶을 가리킨다. 사람의 걸음이 여호와께로서 말미암는다는 말은 사람의 행위와 삶이 하나님의 작정대로 되고 하나님의 섭리와 인도와 간섭과 도우심 속에 이루어진다는 뜻이다. 잠언 16:9는, "사람이 마음으로 자기의 길을 계획할지라도 그 걸음을 인도하는 자는 여호와시니라"고 말한다.

그러므로 본문은 "사람이 어찌 자기의 길을 알 수 있으랴"라고 말한다. '자기의 길'은 자신의 현재의 삶의 과정뿐 아니라, 미래의 과정도 가리킨다. 사람은 특히 자신의 앞길, 즉 자신의 미래가 평안할지, 잘되고 형통할지, 그렇지 않으면 고통과 고난이 있을지, 재앙이 있을지 알 수 없다. 그러므로 잠언 16:1은 "마음의 경영은 사람에게 있어도 말의 응답은 여호와께로서 나느니라"고 말했다.

야곱은 자기 아내들 곧 외삼촌 라반의 딸들에게, "그대들도 알거니와 내가 힘을 다하여 그대들의 아버지를 섬겼거늘 그대들의 아버지가 나를 속여 품삯을 열 번이나 변역하였느니라. 그러나 하나님께서 그를 금하사 나를 해치 못하게 하셨도다"라고 말하였다(창 31:6-7).

요셉은 형들이 자기를 애굽에 팔았으나 하나님께서 자신의 형제들과 친족들의 생명을 보존하기 위해 자신을 먼저 애굽으로 보내신 것이며, 또 하나님께서 자신을 바로의 아비[보호자]를 삼으시고 그 온 집의 주와 애굽 온 땅의 치리자를 삼으셨다고 말하였다(창 45:3-8).

에스더서에 보면, 파사 왕 아하수에로의 가장 높은 신하인 하만이 모르드개를 죽이고 유다 민족을 몰살시킬 계획을 세웠으나 하나님께서는 모르드개와 유다 민족을 살리시고 하만을 죽게 하셨다.

본문의 교훈을 정리해보자. 첫째로, 처음에 속히 잡은 산업 혹은 탐욕으로 얻은 산업은 마침내 복이 되지 않는다. 우리는 정당하게, 땀 흘리며 돈을 벌어야 하고 무슨 일이든지 먼저 지식과 경험을 쌓아야 한다.

둘째로, 우리는 우리에게 악을 행하는 자에게 보복하지 말고 공의로우신 하나님의 주권적 섭리와 구원을 믿고 하나님만 바라고 의지해야 한다.

셋째로, 한결 같지 않은 저울추는 여호와의 미워하시는 것이요 속이는 저울은 좋지 못한 것이다. 우리는 항상 정직하고 진실하게 살아야 한다.

넷째로, 사람의 걸음은 하나님께로서 말미암으며 사람은 자신의 미래를 알지 못한다. 우리는 오직 주권적 섭리자 하나님만 경외하고 의지하며 하나님 앞에서 바르고 정직하게 살고 그의 계명들만 순종해야 한다.

## 25-27절, 성급한 서원, 지혜로운 왕, 영혼

**〔25절〕 함부로**[성급히] **이 물건을 거룩하다 하여 서원하고 그 후에 살피면 그것이 그물**[올무]**이 되느니라.**

이 말씀은, 우리가 어떤 물건을 거룩하다고 말하고 하나님께 구별하여 드리거나 하나님께 무엇을 서원하기 전에, 먼저 그것에 관해 깊이 생각하고 살피고 조사해야 한다는 뜻이다. 그러므로 잠언 29:20은, "네가 언어에 조급한 사람을 보느냐? 그보다 미련한 자에게 오히려 바랄 것이 있느니라"고 말했고, 잠언 15:28은, "의인의 마음은 대답할 말을 깊이 생각하여도 악인의 입은 악을 쏟느니라"고 말하였다.

그러나 우리가 서원 혹은 서약한 것은 잘못된 내용이라도 지켜야 한다. 성경은 자신에게 해로운 서원이라도 지켜야 한다고 말한다. 시편 15:4, "[하나님의 성산(聖山)에 거할 자는] 그 눈은 망령된 자를 멸시하며 여호와를 두려워하는 자를 존대하며 그 마음에 서원한 것은 해로울지라도 변치 아니하며." 전도서 5:4-6, "네가 하나님께 서원하였거든 갚기를 더디게 말라. 하나님은 우매자를 기뻐하지 아니하시나니 서원한 것을 갚으라. 서원하고 갚지 아니하는 것보다 서원하지 아니하는 것이 나으니 네 입으로 네 육체를 범죄케 말라. 사자 앞에서 내가 서원한 것이 실수라고 말하지 말라. 어찌 하나님으로 네 말소리를 진노하사 네 손으로 한 것을 멸하시게 하랴."

여호수아는 기브온 사람들과 언약을 맺고 맹세했기 때문에 그들을 죽이지 못하였다. 그 일을 인해 이스라엘 회중은 족장들을 원망하기도 했다(수 9:14-15, 18). 사사 입다는 암몬 전쟁에서 승리하고 돌아올 때 그의 집 문에서 나와 그를 영접하는 자를 하나님께 번제로 드리겠다고 서약한 대로 자기 외동딸을 번제로 드렸다(삿 11:31-35).

**〔26절〕 지혜로운 왕은 악인을 키질하며** 타작하는 **바퀴로 그 위에 굴리느니라.**

'지혜로운 왕'은 백성을 다스리는 통치자의 직무를 잘 수행하는 왕이다. 그는 하나님을 경외하고 공의와 선을 실천하며 백성을 다스린다. 그는 그의 나라에서 악한 자들을 키질하고 타작하는 바퀴로 그들 위에 굴린다. '키질한다'는 말은 의인과 악인을 나눈다는 뜻이다. 타작하는 바퀴로 악인들 위에 굴리는 것도, 농부가 타작할 때 바퀴로 곡식 껍질을 부수고 알곡과 쭉정이를 나누듯이, 악인들의 악함을 응징하고 그들을 사회로부터 분리시키는 것을 말한다. 악이 제거되면 왕국은 평안하고 견고해질 것이다. 잠언 25:5, "왕 앞에서 악한 자를 제하라. 그리하면 그 위(位)가 의로 말미암아 견고히 서리라."

세속 국가는 의와 선이 시행됨으로 견고해진다. 의는 나라를 견고케 하고 영화롭게 한다. 잠언 29:4, "왕은 공의로 나라를 견고케 하나 뇌물을 억지로 내게 하는 자는 나라를 멸망시키느니라." 잠언 14:34, "의는 나라로 영화롭게 하고 죄는 백성을 욕되게 하느니라." 또 의의 내용이 사랑이므로, 선과 사랑의 실천도 나라를 견고하게 만든다. 잠언 20:28, "왕은 인자(仁慈)와 진리로 스스로 보호하고 그 위(位)도 인자함으로 말미암아 견고하니라." 잠언 29:14, "왕이 가난한 자를 성실히 신원하면[원통함을 풀어주면] 그 위(位)가 영원히 견고하리라."

하나님의 나라의 현재적 모습인 교회도 마찬가지이다. 교회는 불의와 미움이 있을 때 분쟁하지만, 의와 사랑이 있을 때 견고하게 세워질 것이다. 지혜로운 왕이 나라 안에서 악인들을 분리시키고 제거하듯이, 지혜로운 목사와 장로들은 교회 안에서 악인들을 권면하고 책망하며 회개치 않을 때 징벌한다. 그럴 때 교회는 든든히 설 것이다.

**〔27절〕 사람의 영혼은 여호와의 등불이라.** 사람의 **깊은 속을 살피느니라.**

'영혼'이라는 원어(네솨마 נְשָׁמָה)는 '호흡'이라는 뜻이며 본문에서는 생명의 호흡인 '영'을 가리켰다고 본다(BDB, KJV, NASB). 사람의 영 혹은 심령은 하나님의 등불이다. 본문에서 '등불'은 지식의 빛을 가리키는 것 같다. 사람의 영은 마음의 눈이라 불린다. 마태복음 6:23, “그러므로 네게 있는 빛이 어두우면 그 어두움이 얼마나 하겠느뇨?” 에베소서 1:18, “너희 마음 눈을 밝히사 그의 부르심의 소망이 무엇이며.”

사람의 영은 사람의 깊은 속을 살핀다. 고린도전서 2:11, “사람의 사정을 사람의 속에 있는 영 외에는 누가 알리요?” 육신의 눈은 사람의 겉만 볼 수 있다. 그러나 사람의 깊은 마음은 육신의 눈으로는 볼 수 없다. 사람의 깊은 생각과 감정과 의향은 그의 가족이나 친구라도 잘 알 수 없다. 오직 자신의 영만 그것을 알 수 있다.

그러므로 사람은 영의 눈이 밝아야 한다. 사람은 범죄하면 그 영의 눈이 어두워지고 죄를 회개하면 눈이 밝아진다. 사도행전 26:18, “그 눈을 뜨게 하여 어두움에서 빛으로, 사단의 권세에서 하나님께로 돌아가게 하고 죄사함과 나를 믿어 거룩케 된 무리 가운데서 기업을 얻게 하리라 하더이다.” 요한계시록 3:17-18, “네가 말하기를 나는 부자라, 부요하여 부족한 것이 없다 하나 네 곤고한 것과 가련한 것과 가난한 것과 눈먼 것과 벌거벗은 것을 알지 못하도다. 내가 너를 권하노니 내게서 불로 연단한 금을 사서 부요하게 하고 흰옷을 사서 입어 벌거벗은 수치를 보이지 않게 하고 안약을 사서 눈에 발라 보게 하라.”

본문의 교훈을 정리해보자. 첫째로, 성급히 이 물건을 거룩하다 하여 서원하고 그 후에 살피면 그것이 올무가 된다. 우리는 서원할 때 신중해야 하며 또 하나님 앞에서 서원한 것은 반드시 지키도록 해야 한다.

둘째로, 지혜로운 왕은 악인을 키질하며 타작하는 바퀴로 그 위에 굴린다. 주 예수 그리스도께서는 지혜로운 왕이시다. 그는 세상에서 뿐만 아니라, 교회 안에서도 악인을 제하시고 의로 교회를 굳게 세우신다.

셋째로, 사람의 영은 여호와의 등불이며 그의 깊은 속을 살핀다. 우리는 영의 눈이 밝아 우리의 깊은 속을 살펴 하나님과 우리 자신에 대한 우리의 생각과 감정과 의향을 점검하고 항상 바르게 행해야 한다.

## 28-30절, 왕위, 사람의 영화, 매

**〔28절〕 왕은 인자(仁慈)와 진리[진실]로 스스로 보호하고 그 위(位)[왕위]도 인자함으로 말미암아 견고하니라.**

왕은 백성의 인도자와 치리자로서 백성을 잘 인도하고 다스리는 것이 그 주된 임무이며 또 외세(外勢)의 침입을 잘 막아야 한다. 인자(仁慈, 케세드 חֶסֶד)는 남에게 선을 베풀고 남을 불쌍히 여기는 마음이다. 특히 약하고 가난하고 소외되고 억울함을 당하는 자를 돌아보는 마음이다. 또 진실(에메스 אֱמֶת)은 겉과 속이 같고 말과 행동이 일치하고 처음과 끝이 같고 믿을 만한 것을 가리킨다.

왕의 인자와 진실은 자신을 보호하고 또 그의 왕위를 견고케 한다. 왜냐하면 하나님께서 그 왕을 지키시고 백성도 그 왕을 인정하고 그를 사랑하고 두려워하고 그를 복종하고 따르기 때문이다. 잠언 16:12는, "악을 행하는 것은 왕의 미워할 바니 이는 그 보좌가 공의로 말미암아 굳게 섬이니라"고 말하였다. 공의는 하나님의 계명을 지키는 것인데, 하나님의 계명은, 주께서 말씀하신 바와 같이, 요약하면 사랑이므로(마 22:36-39), 결국 이 구절도 본문과 같은 뜻이다.

이상적 왕이신 예수 그리스도께서는 인자하시고 진실하시다. 교회의 치리자된 목사와 장로들도, 그리고 모든 성도들도 그러해야 한다. 잠언 3:3-4, "인자와 진리로 네게서 떠나지 않게 하고 그것을 네 목에 매며 네 마음판에 새기라. 그리하면 네가 하나님과 사람 앞에서 은총과 귀중히 여김을 받으리라." 부패한 이스라엘 사회에는 인애[인자]와 진실이 없었고 거짓과 강포가 충만했고(호 4:1-2), 그러므로 하나님께서는 그들에게 인자를 요구하셨다(호 6:6; 미 6:8). 사랑은 율법의 완성이며(롬 13:8) 빛[성령]의 열매는 착함과 의로움과 진실함이다(엡 5:9).

**〔29절〕 젊은 자의 영화는 그 힘이요 늙은 자의 아름다운 것은 백발이니라.**

젊은 자의 영화는 그의 힘과 체력이다. 군대의 젊은 병사들의 체력은 그 나라의 군사력의 중요한 요소이다. 또 젊은 운동선수들의 체력는 그 나라의 자랑이다. 그러므로 올림픽 경기는 국가들 간의 친선을 도모하는 경기이지만, 어떤 경기에서 이길 때 그 나라 전체의 기쁨과 자랑이 되며 영광이 된다. 축구, 야구, 태권도, 역도, 마라톤 등도 그러하다. 또 건설현장 등에서 볼 수 있는 젊은 노동자들의 체력은 그들의 영광이다. 사람은 체력이 있어야 무슨 일이든지 잘 해낼 수 있고 또 하나님께서 기뻐하시는 선한 일도 많이 할 수 있다.

본문은 또 늙은 자의 아름다운 것은 백발이라고 말한다. 흰 머리털은 인생을 오래 살았다는 표시이며 인생의 고난을 많이 경험하였다는 인생 경륜의 표시이기도 하며 또 영광의 천국에 가까웠다는 표이기도 하다. 노인들의 백발은 검은 물을 들여 감출 만큼 부끄러워하고 싫어할 것이 아니다. 백발은 노인들의 영광이다. 그러므로 잠언 16:31은, "백발은 영화의 면류관이라. 의로운 길에서 얻으리라"고 말했다.

장수(長壽)는 하나님의 복 중의 하나이다. 신명기 4:40, "오늘 내가 네게 명하는 여호와의 규례와 명령을 지키라. 너와 네 후손이 복을 받아 네 하나님 여호와께서 네게 주시는 땅에서 한없이 오래 살리라." 신명기 5:33, "너희 하나님 여호와께서 너희에게 명하신 모든 도를 행하라. 그리하면 너희가 삶을 얻고 복을 얻어서 너희의 얻은 땅에서 너희의 날이 장구하리라." 잠언 10:27, "여호와를 경외하면 장수하느니라. 그러나 악인의 연세는 짧아지느니라." 그러므로 장수(長壽)는 하나님께서 주시는 복이며, 백발은 장수에 수반되는 영광스러운 표이다.

**〔30절〕 상하게 때리는 것이 악을 없이하나니 매는 사람의 속에 깊이 들어가느니라.**

자녀를 위한 엄한 징계와 체벌은 효과가 있다. 사람을 상하게 때리는 것이 악을 없이한다. 매는 사람 속에 깊이 들어간다. 그러므로 잠언 22:15는, "아이의 마음에는 미련한 것이 얽혔으나 징계하는 채찍이 이를 멀리 쫓아내리라"고 말하였다. 어린아이라도 타고난 죄성과 미련함이 있기 때문에, 징계의 채찍을 통해 그 죄성과 미련함이 제거될 것이다. 또 잠언 23:13-14는, "아이를 훈계하지 아니치 말라. 채찍으로 그를 때릴지라도 죽지 아니하리라. 그를 채찍으로 때리면 그 영혼을 음부[지옥]에서 구원하리라"고 말했다. 그러므로 부모는 자녀 징계하는 일을 포기하지 말아야 한다. 부모의 징계의 매는 자녀 교육에 꼭 필요하고 유익하다. 사랑으로 드는 엄한 매는 확실히 효과가 있다.

이와 같이, 하나님의 징계의 매도 사람의 구원과 성화(聖化)에 매우 유익하다. 성도는 징계의 매를 통해 성화를 이루어 간다. 시편 119편의 저자는 "고난 당하기 전에는 내가 그릇 행하였더니 이제는 주의 말씀을 지키나이다"라고 간증하였고(시 119:67), 또 "고난 당한 것이 내게 유익이라. 이로 인하여 내가 주의 율례를 배우게 되었나이다"라고 말했다(시 119:71). 히브리서는 하나님의 징계에 대해 말하기를, "저희[인간 부모]는 잠시 자기의 뜻대로 우리를 징계하였거니와 오직 하나님은 우리의 유익을 위하여 그의 거룩하심에 참여케 하시느니라. 무릇 징계가 당시에는 즐거워 보이지 않고 슬퍼 보이나 후에 그로 말미암아 연달한[연단 받은] 자에게는 의의 평강[평안]한 열매를 맺나니"라고 했다(히 12:10-11). 징계는 어른들에게나 아이들에게나 다 유익하다.

본문의 교훈을 정리해보자. 첫째로, 왕은 인자(仁慈)와 진실로 자신을 보호하고 그 왕위도 인자함으로 말미암아 견고해진다. 목사와 장로들과 또 교회의 모든 직분자들은 다 인자함과 진실함의 덕을 가져야 한다.

둘째로, 젊은 자의 영화는 그 힘이요 늙은 자의 아름다운 것은 백발이다. 우리의 자녀들이 건강하고 튼튼하게 자라 선한 일을 많이 하는 것이 복이다. 또 우리는 노년기의 백발을 부끄러워하지 말고 감사해야 한다.

셋째로, 상하게 때리는 것이 악을 없이하니 매는 사람 속에 깊이 들어간다. 자녀 교육에서 매는 중요하다. 그것은 자녀에게 유익하여 그에게서 악을 없이할 것이다. 우리는 하나님의 징계도 싫어하지 말아야 한다.

# 21장: 의, 별거, 구제

## 1-4절, 왕의 마음, 정직, 의, 교만

**〔1절〕 왕의 마음이 여호와의 손에 있음이 마치 보(洑)의 물**(팔게-마임 פַּלְגֵי־מַיִם)[수로(水路), 물길]**과 같아서 그가 임의로 인도하시느니라.**

왕의 마음은 여호와의 손 안에 있는 물길 같다. 세상에서 통치자인 왕의 마음, 곧 그의 계획, 소원, 의향, 의도, 판단은, 온 우주의 통치자인 하나님께서 주권적으로 섭리하셔서 그의 원하시는 바대로 이루어진다는 뜻이다. 하나님께서는 세상의 모든 왕의 모든 일, 세상의 모든 사람의 모든 일, 즉 세상의 모든 일을 다 섭리하신다.

하나님께서는 애굽 왕 바로의 마음을 강퍅케 하셔서 이스라엘 백성을 여러 날 동안 놓아보내지 않게 하셨다. 출애굽기는 하나님께서 그의 마음을 강퍅하게 하셨다고 9번 기록한다(4:21; 7:3; 9:12; 10:20, 27; 11:10; 14:4, 8, 17). 하나님께서는 파사 왕 고레스를 감동하셔서 유대인들이 고국으로 돌아가도록 허락케 하셨고(스 1:1-3), 또 아닥사스다 왕을 감동하셔서 느헤미야를 예루살렘 총독으로 보내어 그 성곽을 건축케 하셨다(느 2:5-6). 시편 115:3, "우리 하나님은 하늘에 계셔서 원하시는 모든 것을 행하셨나이다." 시편 135:6, "여호와께서 무릇 기뻐하시는 일을 천지와 바다와 모든 깊은 데서 다 행하셨도다." 사도 바울은 "모든 일을 그 마음의 원대로 역사하시는 자의 뜻을 따라 우리가 예정을 입어 그 안에서 기업이 되었다"고 말했고(엡 1:11), 또 "너희 안에서 행하시는 이는 하나님이시니 자기의 기쁘신 뜻을 위하여 너희로 소원을 두고 행하게 하신다"고 말했다(빌 2:13).

**〔2절〕 사람의 행위가 자기 보기에는 모두 정직하여도 여호와는 심령을 감찰하시느니라**[달아보시느니라].

'행위'는 '길'이라는 뜻으로 사람의 하루하루 살아가는 삶의 걸음과 행위를 가리킨다. 인생은 하루하루 길 가는 나그네와 같다. '심령'이라는 원어(립보스 לִבּוֹת)는 '마음들'이라는 말로서 '마음의 여러 활동들'을 가리킨다고 보인다. 본문과 비슷하게, 잠언 16:2도, "사람의 행위가 자기 보기에는 모두 깨끗하여도 여호와는 심령을 감찰하시느니라"고 말한다. 거기에서 '심령'이라는 원어(루코스 רוּחוֹת)는 '영들'이라는 말로서 '영의 여러 활동들'을 가리켰다고 보인다. '감찰한다'는 원어(타칸 תָּכַן)는 '(길이나 무게를) 측량한다'는 뜻이다.

사람은 자기 행위가 자기 보기에는 다 정직하고 깨끗한 것 같아도, 하나님께서는 사람의 마음과 영의 여러 활동들을 감찰하신다. 사람은 자신의 마음의 깊은 생각과 의향과 뜻을 다 드러내지 않지만, 전지(全知)하신 하나님께서는 그것을 살피시고 재어보시고 달아보시고 판단하시는 것이다. 요한계시록 2:23에서 주 예수께서는, "모든 교회가 나는 사람의 뜻과 마음을 살피는 자인 줄 알지라"고 말씀하셨다.

하나님께서는 우리의 마음, 즉 우리의 생각과 의향과 판단이 착한지 그렇지 못한지, 겸손한지 교만한지, 진실한지 거짓된지, 사랑의 마음인지 미움의 마음인지, 거룩한 마음인지 불결한 마음인지, 순수한 마음인지 아니면 불순하고 이기적이고 계산적인 마음인지, 하나님의 영광만 위하는 마음인지 혹은 사람을 기쁘게 하고 그의 낯을 보거나 그의 비위나 맞추는 마음인지를 살피시고 우리의 마음을 재어보시고 달아보시고 판단하시고 선악간에 보응하시는 것이다.

**〔3절〕 의와 공평을 행하는 것은 제사** 드리는 것**보다 여호와께서 기쁘게 여기시느니라.**

의와 공평을 행하는 것은 모든 죄를 버리고 하나님의 말씀에 순종하고 그의 뜻에 순종하고 그의 계명에 순종하는 실제의 삶을 가리킨다. 하나님께서 원하시는 것은 단지 지식이나 형식이 아니라 바르고 의로운 삶, 곧 하나님의 계명을 순종하는 마음과 실제의 삶이다.

제사 드리는 것은 하나님을 섬기는 종교적 의식을 가리킨다. 물론 그것도 하나님의 명령이지만, 그것은 상징적 행위이었다. 그 실체는 구주 예수 그리스도의 속죄사역, 성도의 경건과 회개, 속죄 신앙, 헌신과 순종과 감사 등이다. 의로운 삶은 참된 경건의 당연한 결과이다.

그러나 종교 의식은 의로운 삶을 동반하지 않는 형식적, 위선적 행위로도 가능하다. 하나님께서는 선지자 이사야를 통하여 이런 일에 대해 강하게 책망하셨다. 이사야 1:12-15, "너희가 내 앞에 보이러 오니 그것을 누가 너희에게 요구하였느뇨? 내 마당만 밟을 뿐이니라. 헛된 제물을 다시 가져오지 말라. 분향은 나의 가증히 여기는 바요 월삭과 안식일과 대회로 모이는 것도 그러하니 성회와 아울러 악을 행하는 것을 내가 견디지 못하겠노라. 내 마음이 너희의 월삭과 정한 절기를 싫어하나니 그것이 내게 무거운 짐이라. 내가 지기에 곤비하였느니라. 너희가 손을 펼 때에 내가 눈을 가리우고 너희가 많이 기도할지라도 내가 듣지 아니하리니 이는 너희의 손에 피가 가득함이니라." 말라기 1:10, "만군의 여호와가 이르노라. 너희가 내 단 위에 헛되이 불사르지 못하게 하기 위하여 너희 중에 성전 문을 닫을 자가 있었으면 좋겠도다. 내가 너희를 기뻐하지 아니하며 너희 손으로 드리는 것을 받지도 아니하리라." 하나님께서는 단순히 종교 의식보다 의롭고 선한 삶을 원하신다.

**[4절] 눈이 높은 것과 마음이 교만한 것과 악인의 형통한 것**(니르 נִר)[경작하는 것(KJV), 등불(BDB, LXX, Vg, Syr, NASB, NIV)]**은 다 죄니라.**

높은 눈과 교만한 마음은 하나님 앞에서 큰 죄악이다. 잠언 6:16-17은, "여호와의 미워하시는 것 곧 그 마음에 싫어하시는 것이 6, 7가지니 곧 교만한 눈과 거짓된 혀와 무죄한 자의 피를 흘리는 손과 악한 계교를 꾀하는 마음과 빨리 악으로 달려가는 발"이라고 말한다. 잠언 8:13은, "여호와를 경외하는 것은 악을 미워하는 것이라. 나는 교만과 거만과 악한 행실과 패역한 입을 미워하느니라"고 말한다.

하나님께서는 우리에게 겸손한 마음을 요구하신다. 주 예수께서는

"나는 마음이 온유하고 겸손하니 나의 멍에를 메고 내게 배우라. 그러면 너희 마음이 쉼을 얻으리라"고 말씀하셨다(마 11:29). 시편 131편에서 다윗은, "여호와여, 내 마음이 교만치 아니하고 내 눈이 높지 아니하오며 내가 큰 일과 미치지 못할 기이한 일을 힘쓰지 아니하나이다. 실로 내가 내 심령으로 고요하고 평온케 하기를 젖뗀 아이가 그 어미 품에 있음 같게 하였나니 내 중심이 젖 뗀 아이와 같도다"라고 말하였다(시 131:1-2). 겸손한 마음은 하나님의 명하시는 바이다.

본문은 또 악인의 등불은 죄라고 말한다. 등불은 기쁨과 즐거움을 가리킨다. 물론, 악인의 기쁨과 즐거움은 일시적이며 후에는 하나님의 준엄한 심판이 있을 것이다. 하나님께서는 이사야를 통하여 이스라엘 백성에게 회개하라고 명하셨으나 그들이 기뻐하고 즐거워하며 먹고 마셨다고 책망하셨다(사 22:12-13). 예수께서도 "너희 이제 웃는 자여, 너희가 애통하며 울리로다"라고 말씀하셨다(눅 6:25). 악인들이 기뻐하고 즐거워하는 것은 하나님께 미워하시는 죄악이다.

본문의 교훈을 정리해보자. 첫째로, 왕의 마음이 여호와의 손에 있음이 마치 물길 같아서 그가 임의로 인도하신다. 우리는 하나님께서 세계 역사를 주관하심을 알고 하나님만 바라보고 또 우리의 마음도 하나님의 주권적 섭리의 손 안에 있음을 알고 하나님만 의지하고 순종해야 한다.

둘째로, 사람의 행위가 자기 보기에는 모두 정직하여도 여호와는 심령을 달아보신다. 우리는 하나님 앞에서 바르고 정직하게만 살아야 한다.

셋째로, 의와 공평을 행하는 것은 제사 드리는 것보다 여호와께서 기쁘게 여기신다. 우리는 단지 형식적 교인이 되지 말고, 하나님을 경외하는 참 경건과 속죄 신앙을 가지고 의와 선을 행하는 자가 되어야 한다.

넷째로, 눈이 높은 것과 마음이 교만한 것과 악인의 기뻐하는 것은 다 죄이다. 하나님께서는 사람의 교만한 마음과 악인의 즐거워함을 미워하신다. 우리는 늘 온유와 겸손으로 선을 행하기를 기뻐해야 한다.

## 5-8절, 근면, 속임, 강포, 범죄자의 길

**〔5절〕 부지런한 자의 경영은 풍부함에** 이를 것이**나 조급한 자는 궁핍함에** 이를 **따름이니라.**

원문에는 '확실히'라는 말(아크 אַךְ)이 두 번 사용되었다. 다시 번역하면, "부지런한 자의 경영은 확실히 풍부함에 이를 것이나 조급한 자는 확실히 궁핍함에 이르리라"(NASB).

부지런한 자의 경영은 확실히 풍부함에 이를 것이다. 잠언 10:4는, "손을 게으르게 놀리는 자는 가난하게 되고 손이 부지런한 자는 부하게 되느니라"고 말한다. 무슨 일이든지 많이 기도하고 생각하고 연구하고 새로운 일에도 도전하고 개발하며, 무슨 일이든지 열심히, 철저히 준비하고 인내하며 시행하는 자는 성공할 것이다. 그러려면 부지런해야 하고 그런 자만이 좋은 결과를 가져올 수 있다. 부지런한 자의 계획한 일은 좋은 결과를 가져올 것이다.

그러나 조급한 자, 즉 마음이 조급하고 손과 발이 조급한 자는 확실히 궁핍함에 이를 것이다. 그런 자는 무슨 일을 할 때 많이 생각하거나 많이 연구하거나 많이 준비하지 못한다. 그런 자에게서는 도전 정신, 개발 정신, 그리고 인내와 끈기를 찾아보기 어렵고, 또 그런 자에게서는 좋은 결과를 기대할 수 없다. 그런 사람은 시간이나 돈이나 힘만 낭비할 뿐이다. 그러므로 잠언 19:2는, "지식 없는 소원은 선치 못하고 발이 급한 사람은 그릇 하느니라"고 말한다.

우리는 옷을 입을 때 급하다고 첫 단추를 잘못 끼어나가다가 다시 풀고 처음부터 바로 끼어 더 더디게 된 경험이 한번쯤은 있을 것이다. 또 바쁠 때 서두르다가 크고 작은 사고가 나는 경우도 있다. 사고가 나면 일이 더 더디어지고 크게 낭패를 당하게 된다. 그러므로 우리는 무슨 일이나 급할수록 침착히 그러나 끈기 있게 행해야 함을 배운다.

**〔6절〕 속이는 말로 재물을 모으는 것은 죽음을 구하는 것이라. 곧 불려**

**다니는 안개**[수증기]**니라.**

속이는 말은 거짓말, 불신실한 말, 일구이언, 약속을 지키지 않는 말, 과장된 말 등을 포함할 것이다. 속이는 말로 재물을 모으는 것은 불의하고 부정직하게 재물을 모으는 것을 말한다. 그러한 행위는 탐심과 죄성(罪性)에서 나오는 것이며 그 자체가 죄이다.

속이는 말로 재물을 모으는 것은 죽음을 구하는 것이다. 죄의 값은 죽음이기 때문이다. 물론, 속이는 말로 재물을 모으는 것만 죄요 죽음에 이르는 것이라는 말은 아니다. 모든 죄가 결국 다 죽음에 이른다. 또 속이는 말로 재물을 모으는 것은 불려 다니는 수증기와 같다. 수증기는 방금 전까지 있는 것 같다가 금방 사라지는 허무한 것이다. 불의하고 거짓되게 번 돈은 쉽게 없어지고 만다. 잠언 13:11은, "망령되이 얻은 재물은 줄어가고 손으로 모은 것은 늘어가느니라"고 말하고, 또 잠언 20:17은, "속이고 취한 식물은 맛이 좋은 듯하나 후에는 그 입에 모래[자갈]가 가득하게 되리라"고 말한다. 수천만원을 모으기는 힘들어도 날리기는 쉽다는 것을 우리는 살면서 종종 본다.

우리는 진실히 일하며 돈을 벌어야 한다. 사도 바울은 성도들에게 조용히 자기 일을 하고 손으로 일하기를 힘쓰며 자기 양식을 먹으라고 가르쳤다(살전 4:11; 살후 3:12). 또 그는 "누구에게서든지 양식을 값없이 먹지 않고 오직 수고하고 애써 주야로 일함은 너희 아무에게도 누를 끼치지 아니하려 함이라"고 증거하며(살후 3:8), 그 자신이 손으로 일하여 그의 필요를 해결하는 모본을 보였다(행 20:34-35).

**〔7절〕 악인의 강포는 자기를 소멸하나니 이는 공의 행하기를 싫어함이니라**[거절함이니라].

악은 신체적으로, 정신적으로, 물질적으로 남에게 해를 끼치는 것을 말한다. 악인은 대체로 강포하다. 악인은 말이 거칠다. 그는 남을 쉽게 욕하며 부당하게 비난하고 남의 명예를 훼손하고 남을 중상모략한다.

악인은 행동도 거칠다. 그는 자기보다 약한 자들에 대해 강압적이며 또 자기의 뜻에 맞지 않으면 행패를 부리고 남을 해친다.

악인의 강포는 결국 자기를 소멸시킨다. '소멸한다'는 원어(가라르 גָּרַר)는 '끌고 가버린다'(drag away)는 뜻이다(BDB). 어디로 끌고 가버리는가? 더욱 잘못된 길로, 마침내 죽음과 멸망의 길로 끌고 가버리는 것이다. 예를 들어, 사울은 정당한 이유 없이 신하 다윗을 죽이려고 끈질기게 노력했지만, 죄만 자꾸 짓다가 마침내 자신이 죽고 말았다. 다니엘의 동료들은 충성된 다니엘을 모함하여 죽이려 계획하고 마침내 그를 사자굴에 처형시키는 일에 성공한 듯하였으나, 도리어 자신들과 자신들의 처자들이 그 사자굴에 던지워 죽임을 당하였다. 아하수에로의 가장 높은 신하이었던 악한 하만은 모르드개와 그의 유다 민족을 다 죽이려고 계획하였으나, 결국 자신이 죽고 말았다.

악인이 멸망하는 까닭은 공의 행하기를 거절하였기 때문이다. 공의는 하나님의 계명대로 행하는 것이요 하나님의 계명의 내용은 하나님을 사랑하고 이웃을 사랑하라는 것이다. 사랑은 악을 행하지 않는다. 사랑은 강포하지 않는다. 사랑은 온유하며 사랑은 겸손하다. 그러나 악인은 평소에 하나님의 계명을 무시하고 그 계명 순종하기를 거절하였고, 그래서 그는 악하고 강포하게 되었다. 그는 점점 더 잘못된 길로 나아가며 마침내 멸망에 이르게 되는 것이다.

**〔8절〕 죄를 크게 범한 자의 길은 심히 구부러지고 깨끗한 자의 길은 곧으니라.**

'죄를 크게 범한 자'라는 원어(와자르 וָזָר)는 '죄를 범한 자'라는 뜻이며, '심히 구부러지다'는 원어(하파크파크 הֲפַכְפַּךְ)는 '구부러지다'는 뜻이다. '죄를 범한 자의 길'은 죄를 범한 자의 행실을 가리키며 또 그의 가는 길, 그의 삶의 과정도 포함한다. 죄를 범한 자의 길은 구부러져 있다. 그 길은 우선 하나님의 말씀의 표준에서 떠나 있다. 물론 어떤 때에는 일치하게 보이기도 할지 모르나, 어떤 때에는 조금, 또 다른 때에는 매우 멀리 하나님의 말씀에서 이탈해 있는 것이다. 악인의 삶은 매우 주관적이며 감정적이고 변태무쌍하여 종잡을 수 없다.

뿐만 아니라, 악인의 삶의 과정은 구부러져 있다. 그 길은 평탄치 못하다. 그의 길에는 가시덤불과 재앙이 많다. 악인에게는 평안이 없다. 이사야 48:22, "여호와께서 말씀하시되 악인에게는 평강이 없다 하셨느니라." 사도 바울은 파멸과 고생이 죄인들의 길에 있고 그들이 평안의 길을 알지 못한다고 말하였다(롬 3:16-17).

그러나 깨끗한 자의 길은 곧다. 사람 중에 정말 깨끗한 자는 아무도 없으나, 하나님의 은혜로 그리스도의 피로 죄씻음 받고 죄를 버리고 속죄신앙 가지고 하나님의 계명에 순종하며 사는 자는 있다. 하나님께서는 그에게 나오는 자는 주홍 같은 죄라도 눈과 같이 희어질 것이며 진홍같이 붉은 죄라도 양털같이 되리라고 말씀하셨다(사 1:18). 이제 그런 사람들은 하나님의 말씀대로 바르게 행하며 악을 버릴 것이다. 또 하나님께서 깨끗한 요셉에게 형통함을 주셨듯이, 하나님께서는 그런 사람들에게 평안과 형통을 주실 것이다(창 39:2-3, 23).

본문의 교훈을 정리해보자. <u>첫째로, 부지런한 자의 경영은 풍부함에 이르나 조급한 자는 궁핍함에 이른다.</u> 우리는 무슨 일이든지 조급한 마음으로 행하지 말고 많이 기도하고 부지런히 준비하고 계획해서 해야 한다.

<u>둘째로, 속이는 말로 재물을 모으는 것은 죽음을 구하는 것이며 불려다니는 수증기와 같다.</u> 우리는 결코 더러운 이를 구하거나 탐하지 말고 범사에 진실하고 정직하고 정당하게, 부지런히 일하여 돈을 벌어야 한다.

<u>셋째로, 악인의 강포는 자기를 소멸한다. 왜냐하면 공의 행하기를 거절하기 때문이다.</u> 우리는 불의와 강포를 버리고, 혹시 실수하였다면, 즉시 회개하고 온유하며 겸손하고 정직하며 선하고 진실하게 살아야 한다.

<u>넷째로, 죄를 범한 자의 길은 구부러지고 깨끗한 자의 길은 바르다.</u> 우리는 죄 짓지 말고 바르고 깨끗하게 살아야 평안과 형통을 누린다.

## 9-12절, 다투는 여인, 악인, 벌, 공의

〔9절〕 **다투는 여인과 함께 큰집에서**(베스 카베르 בֵּית חָבֶר)[집에 함께] **사는 것보다 움막에서**(핀나스-가그 פִּנַּת־גָּג)[지붕의 한 구석에서] 혼자 **사는 것이 나으니라.**

다투는 여인과 집에 함께 사는 것보다 지붕의 한 구석에서 사는 것이 낫다. 사람은 누구나 조용히 살고 싶어한다. 행복의 중요한 한 요소는 평안이다. 그것은 집보다 더 중요한 요소이다. 다툼은 사람을 피곤케 만든다. 다툼은 오해, 미움, 욕심, 시기심 등에서 나올 것이다. 그러나 사랑과 긍휼, 관용과 이해심이 있을 때, 평안도 있을 것이다.

성도의 덕은 사랑과 화평이다. 사랑은 오래 참고 온유하며 교만치 않고 무례히 행치 않고 모든 것을 믿고 모든 것을 참는다(고전 13장). 그러므로 사도 바울은 모든 악독과 노함과 분냄과 떠드는 것과 훼방하는 것을 모든 악의와 함께 버리고 서로 인자하게 하며 불쌍히 여기라고 교훈하였다(엡 4:31-32). 그때 평안과 행복도 있을 것이다.

특히, 여성의 덕은 온유함과 조용함과 순복함이다. 디모데전서 2:11, "여자는 일절 순종함으로 종용히 배우라." 베드로전서 3:1-4, "아내된 자들아, 이와 같이 자기 남편에게 순복하라. 이는 혹 도를 순종치 않는 자라도 말로 말미암지 않고 그 아내의 행위로 말미암아 구원을 얻게 하려 함이니 너희의 두려워하며 정결한 행위를 봄이라. 너희 단장은 머리를 꾸미고 금을 차고 아름다운 옷을 입는 외모로 하지 말고 오직 마음에 숨은 사람을 온유하고 안정한[조용한] 심령의 썩지 아니할 것으로 하라. 이는 하나님 앞에 값진 것이니라." 가정의 행복은 하나님 안에서 남편의 아내 사랑과, 아내의 남편 순종으로 인한 평안에 있다.

〔10절〕 **악인의 마음은** 남의 **재앙을 원하나니**[악인의 영혼은 악을 사모하나니] **그 이웃도 그 앞에서 은혜를 입지 못하느니라.**

악인은 심히 악하다. 가인은 악을 고집하였고 동생 아벨을 죽였다

(창 4:8). 노아 시대의 사람들은 심히 강포하였다(창 6:11, 13). 소돔과 고모라 성 사람들은 심히 악하여 롯의 집에 들어온 사람들을 성폭행하려 하였다(창 19:5). 고라의 친구들과 이스라엘 백성의 족장들 250명은 하나님의 종 모세를 심히 대적하였다(민 16:1-2). 이스라엘의 열왕들은 악하였고 하나님의 선지자들을 핍박하고 죽였다. 신약시대의 유대 종교지도자들, 곧 대제사장들과 서기관들과 장로들은 하나님의 아들 예수 그리스도를 죽였다. 주님을 3년이나 좇았던 가룟 유다는 은 30개를 받고 주님을 배신하고 그를 넘겨주었다.

사람은 심히 부패되고 악하여 선을 행할 수 없다. 예레미야 13:23, "구스인이 그 피부를, 표범이 그 반점을 변할 수 있느뇨? 할 수 있을진대 악에 익숙한 너희도 선을 행할 수 있으리라." 예레미야 17:9, "만물보다 거짓되고 심히 부패한 것은 마음이라. 누가 능히 이를 알리요마는." 로마서 3:10, 12, "의인은 없나니 하나도 없으며," "다 치우쳐 한가지로 무익하게 되고 선을 행하는 자는 없나니 하나도 없도다."

그러나 하나님의 뜻은 여전히 우리가 이웃을 사랑하고 선을 행하는 것이다. 레위기 19:18, "이웃 사랑하기를 네 몸과 같이 하라." 호세아 6:6, "나는 인애를 원하고 제사를 원치 아니하며." 미가 6:8, "여호와께서 네게 구하시는 것이 오직 공의를 행하며 인자(仁慈)를 사랑하며 겸손히 네 하나님과 함께 행하는 것이 아니냐?"

**〔11절〕 거만한 자가 벌을 받으면 어리석은 자는 경성하겠고 지혜로운 자가 교훈을 받으면 지식이 더하리라.**

'경성하다'는 원어(카캄 חָכַם)는 '지혜롭다, 지혜로워지다'는 뜻이다. 잠언 19:25는, "거만한 자를 때리라. 그리하면 어리석은 자도 경성하리라"고 말한다. 거만한 자는 자신을 높게 여기고 남을 멸시하고 비웃고 조롱하는 자이다. 우리는 그런 자가 되어서는 안 된다. 그러나 그런 자가 벌을 받으면, 어리석은 자 곧 순진해서 아무 말이나 믿고 따름으로 잘못된 길에 빠지기 쉬운 자는 지혜를 얻을 것이다.

그러므로 신명기 13장에서 하나님께서는 형제나 친구가 다른 신을 섬기자고 권하면 그는 참된 종교를 부패시키는 큰 악을 범하는 것이니 그의 말을 듣고 그를 따르지 말고 그를 긍휼히 여기지 말고 돌로 쳐죽이라고 엄하게 명하신 후, “그리하면 온 이스라엘이 듣고 두려워하여 이 같은 악을 다시는 너희 중에서 행하지 못하리라”고 첨가해 말씀하셨다(신 13:6-11). 악에 대한 하나님의 징벌은 확실히 사람들에게 지혜를 얻고 정신을 차리게 하는 데 유익하다.

또 지혜로운 사람이 교훈을 받으면 지식이 더할 것이다. 잠언 1:5, “지혜 있는 자는 듣고 학식이 더할 것이요 명철한 자는 모략을 얻을 것이라.” 잠언 9:9, “지혜 있는 자에게 교훈을 더하라. 그가 더욱 지혜로워질 것이요 의로운 사람을 가르치라. 그의 학식이 더하리라.” 잠언 19:25, “명철한 자를 견책하라. 그리하면 그가 지식을 얻으리라.” 지혜로운 사람은 하나님을 경외하고 그의 계명을 행하고자 하는 자인데, 그런 사람이 하나님의 교훈, 즉 성경말씀의 교훈을 받으면, 그는 하나님에 대한 지식, 사람에 대한 지식, 구원과 내세에 대한 지식을 얻고 더 얻을 것이다. 우리는 이런 지혜로운 자가 되어야 한다.

〔12절〕 **의로우신 자는 악인의 집을 감찰하시고 악인을 환난**(라아 רָע)[재앙]**에 던지시느니라.**

‘의로우신 자’는 하나님을 가리킨다. 하나님께서는 악인의 집을 감찰하시고 악인들을 환난에 던지신다. 한 가정에서 아버지의 행동은 그 가족 전체의 경건과 도덕성에 영향을 미치고 그 가정의 행복에 영향을 준다. 하나님께서는 악인인 아버지 한 사람뿐 아니라, 그의 집 전체를 주목하시며 그 집에 내릴 재앙을 준비하신다. 시편 34:16은, “여호와의 얼굴은 행악하는 자를 대하사 저희의 자취를 땅에서 끊으려 하시는도다”라고 말한다.

하나님께서는 악인을 재앙에 던지신다. 그것은 하나님의 공의로운 보응이다. 신명기 32:35는 “보수(報讐)는 내 것이라. 그들의 실족할 그

때에 갚으리로다"고 말한다. 마지막 날의 심판도 있지만, 세상에서도 하나님의 공의의 징벌이 있다. 그것은 악인들에게 내려지는 무서운 질병, 경제적 파탄, 전쟁, 그리고 지진과 기근 등의 자연재해 등이다.

시편 7:11-12, "하나님은 의로우신 재판장이심이여, 매일 분노하시는 하나님이시로다. 사람이 회개치 아니하면 저가 그 칼을 갈으심이여 그 활을 이미 당기어 예비하셨도다." 시편 11:6, "악인에게 그물을 내려치시리니 불과 유황과 태우는 바람이 저희 잔의 소득이 되리로다." 시편 58:10-11, "의인은 악인의 보복당함을 보고 기뻐함이여, 그 발을 악인의 피에 씻으리로다. 때에 사람의 말이 진실로 의인에게 갚음이 있고 진실로 땅에서 판단하시는 하나님이 계시다 하리로다."

본문의 교훈을 정리해보자. 첫째로, 다투는 여인과 함께 집에서 사는 것보다 지붕 한 구석에서 혼자 사는 것이 낫다. 잠언 25:24에 같은 말씀이 있고, 잠언 21:19는, "다투며 성내는 여인과 함께 사는 것보다 광야에서 혼자 사는 것이 나으니라"고 말한다. 사람은 조용한 생활을 좋아한다. 평안은 사람의 행복의 중요한 요소이다. 우리는 사랑, 긍휼, 관용, 인내를 가져야 하고, 특히 여인들은 조용함과 온유함과 순종함을 가져야 한다.

둘째로, 악인의 영혼은 악을 사모하며 그 이웃도 그 앞에서 은혜를 입지 못한다. 사람은 심히 부패되어 선을 행할 수 없다. 그러나 하나님의 뜻은 여전히 우리가 이웃을 사랑하고 선을 행하는 것이다. 우리는 하나님의 은혜가 아니면 그를 믿을 수도 없었고 지금도 의와 선을 행할 수 없음을 알고 그의 은혜를 사모하고 의와 선을 행하는 자가 되어야 한다.

셋째로, 거만한 자가 벌을 받으면 어리석은 자는 지혜를 얻고 지혜로운 자가 교훈을 받으면 지식이 더한다. 우리는 교만과 어리석음을 버리고 지혜와 겸손을 구하고 하나님의 은혜와 징책으로 그것을 얻어야 한다.

넷째로, 의로우신 하나님께서는 악인의 집을 감찰하시고 악인을 재앙에 던지신다. 우리는 공의로우신 심판자 하나님을 두려워하고, 모든 악을 버리고 예수 그리스도의 의 안에서 의의 길을 걷는 자가 되어야 한다.

## 13-16절, 구제, 선물, 공의, 명철

**〔13절〕 귀를 막아 가난한 자의 부르짖는 소리를 듣지 아니하면 자기의 부르짖을 때에도 들을 자가 없으리라.**

가난한 자는 먹을 것과 마실 것이 없고 입을 옷과 쉴 방이 없을 때, 또 몸이 아프거나 억울한 일을 당했을 때 부르짖는다. 그러나 교만하여 남을 무시하고 사랑과 동정심이 없는 사람은 가난한 자의 부르짖는 소리에 대해 귀를 막고 듣지 않는다. 구제와 선행은 시간과 돈이 드는 일인데, 그는 자기에게 손해되는 일은 하지 않는 것이다.

하나님의 뜻은 가난한 자들을 구제하는 것이다. 신명기 15:7-8, 10, "네 하나님 여호와께서 네게 주신 땅 어느 성읍에서든지 가난한 형제가 너와 함께 거하거든 그 가난한 형제에게 네 마음을 강퍅히 하지 말며 네 손을 움켜쥐지 말고 반드시 네 손을 그에게 펴서 그 요구하는 대로 쓸 것을 넉넉히 꾸어주라," "너는 반드시 그에게 구제할 것이요, 구제할 때에는 아끼는 마음을 품지 말 것이니라." 잠언 14:31, "가난한 사람을 학대하는 자는 그를 지으신 이를 멸시하는 자요 궁핍한 사람을 불쌍히 여기는 자는 주를 존경하는 자니라." 에베소서 4:28, "도적질하는 자는 다시 도적질하지 말고 돌이켜 빈궁한 자에게 구제할 것이 있기 위하여 제 손으로 수고하여 선한 일을 하라."

가난한 자의 부르짖는 소리를 듣지 아니하는 자는 자기의 부르짖을 때에, 즉 육신적으로, 물질적으로 어려운 일이 있을 때에도 들을 자가 없을 것이다. 하나님께서 기도의 응답을 주시지 않을 뿐 아니라 사람들 중에도 돕는 자가 없을 것이다. 신앙생활은 평소의 생활이다. 평소에 하나님의 법을 지키며 행해야 하고 평소에 하나님과 동행해야 한다. 그래야 환난 날에 하나님의 도우심을 기대할 수 있다.

**〔14절〕 은밀한 선물은 노를 쉬게 하고 품의 뇌물은 맹렬한 분을 그치게 하느니라.**

선물은 어떤 일의 대가로 주는 것이 아니고 단지 상대에 대한 사랑과 존경의 표로 그냥 주는 것이며, 은밀한 선물은 자신을 과시하거나 자랑하지 않고 자신의 사랑과 존경의 진심을 은밀하게 표현하는 것이다. 은밀한 선물은 흔히 상대방에 대해 가졌던 오해나 감정을 풀게 하고 노여운 감정까지도 누그러뜨린다. 잠언 18:16, "선물은 그 사람의 길을 너그럽게 하며 또 존귀한 자의 앞으로 그를 인도하느니라."

뇌물은 맹렬한 분을 그치게 한다. 뇌물은 개인적 이해관계의 목적이 있는 선물이며 보통 그 정도가 좀 지나친 것이다. '품의 뇌물' 곧 은밀한 뇌물은 맹렬한 분을 그치게 한다. 이것은 뇌물을 권장하는 말이 아니고 뇌물의 효능을 말하는 것뿐이다. 잠언 17:8, "뇌물은 임자의 보기에 보석 같은즉 어디로 향하든지 형통케 하느니라." 물론, 뇌물은 좋지 않은 것이다. 출애굽기 23:8, "너는 뇌물을 받지 말라. 뇌물은 밝은 자의 눈을 어둡게 하고 의로운 자의 말을 굽게 하느니라."

우리는 너그러운 마음을 가지고 물질을 어려운 사람들과 나누는 자가 되어야 한다. 누가복음 6:38, "주라, 그리하면 너희에게 줄 것이니, 곧 후히 되어 누르고 흔들어 넘치도록 하여 너희에게 안겨 주리라." 로마서 12:13, "성도들의 쓸 것을 공급하며 손 대접하기를 힘쓰라." 디모데전서 6:18, "[부자들을 명하여] 선한 일을 행하고 선한 사업에 부하고 나눠주기를 좋아하며 동정하는 자가 되게 하라." 히브리서 13:1-2, 16, "형제 사랑하기를 계속하고 손님 대접하기를 잊지 말라. 이로써 부지중에 천사들을 대접한 이들이 있었느니라," "오직 선을 행함과 서로 나눠주기를 잊지 말라. 이 같은 제사는 하나님이 기뻐하시느니라."

**〔15절〕 공의를 행하는 것이 의인에게는 즐거움이요 죄인**[악을 행하는 자들]**에게는 패망**(메키타 מְחִתָּה)[두려움, 당황함](BDB)**이니라.**

'공의'라는 원어(미슈파트 מִשְׁפָּט)는 '심판' 또는 '공의'라는 뜻이다. 그러므로 '공의를 행한다'는 원어는 '심판을 행한다'(KJV)는 뜻도 되고, '공의를 행한다'(NASB)는 뜻도 된다. 그 두 뜻이 다 가능하다.

의인은 하나님의 긍휼로 죄씻음 받고 하나님의 법을 지키며 사는 자이다. 의인은 하나님의 심판을 두려워하지 않고 담대하며 오히려 기뻐할 수 있다. 그것은 자신의 의가 드러날 것이기 때문이다. 잠언 28:1, "악인은 쫓아오는 자가 없어도 도망하나 의인은 사자같이 담대하니라." 또 의인에게는 의를 행하는 것이 즐거움이다. 성도에게는 하나님의 말씀이 기쁨과 즐거움이며 그것을 행하는 것도 그러하다. 시편 119편의 저자는 하나님의 말씀이 그에게 즐거움이 되었음을 반복해 간증하였다. 24절, "주의 증거는 나의 즐거움이요." 70절, "나는 주의 법을 즐거워하나이다." 77절, "주의 법은 나의 즐거움이니이다." 111절, "주의 증거로 내가 영원히 기업을 삼았사오니 이는 내 마음의 즐거움이 됨이니이다." 143절, "주의 계명은 나의 즐거움이니이다." 162절, "나는 주의 말씀을 즐거워하나이다." 174절, "주의 법을 즐거워하나이다."

그러나 심판을 행하는 것은 악을 행하는 자들에게는 두려움과 당황함이 된다. 그것은 공의의 형벌이 자신들에게 내릴 것이기 때문이다. 또 공의를 행하는 것도 그들에게 양심의 가책과 두려움과 당황함을 줄 것이다. 악인들은 자신들과 의인들이 다르다는 것을 느끼며 자신의 삶이 의를 행하는 것과는 거리가 멀다는 것을 느끼며 두려워할 것이다. 잠언 10:24, "악인에게는 그의 두려워하는 것이 임하거니와." 악인들은 평소에도 그러하지만, 의인들의 행위를 볼 때 더욱 그러할 것이다.

**〔16절〕 명철의 길을 떠난**[떠나 방황하는](KJV, NASB) **사람은 사망**(레파임 רְפָאִים)[죽은 자들](KJV, NASB, NIV)**의 회중에 거하리라.**

'명철의 길'은 하나님을 경외하고 그를 의지하며 그의 긍휼을 받으며 하나님의 계명대로 사는 지혜의 삶이다. 그것은 생명의 길이다. 잠언 9:10은, "여호와를 경외하는 것이 지혜의 근본이요 거룩하신 자를 아는 것이 명철이니라"고 말하며, 잠언 3:18은, "지혜는 그 얻은 자에게 생명나무라. 지혜를 가진 자는 복되도다"라고 말한다.

명철의 길을 떠나 방황하는 사람은 한때 명철의 길에 있었으나 어느 날 그 길을 떠난 자, 곧 변절자요 배교자를 가리킬 것이다. 가룟 유다가 한 예일 것이다. 히브리서 6:4-6은 그런 변절에 대해 경고하였다. "한번 비췸을 얻고 하늘의 은사를 맛보고 성령에 참여한 바 되고 하나님의 선한 말씀과 내세의 능력을 맛보고 타락한 자들은 다시 새롭게 하여 회개케 할 수 없나니 이는 자기가 하나님의 아들을 다시 십자가에 못박아 현저히 욕을 보임이라."

명철의 길을 떠난 사람은 죽은 자들의 회중에 거할 것이다. 성경에서 죽음은 영적인 죽음, 육신의 죽음, 영원한 죽음을 다 포함한다. 참 교회는 산 자들의 회중이다. 그러나 명철의 길을 떠난 사람들은 하나님을 알지 못하고 하나님 없이 살고 그를 경외함이 없고 그의 계명을 저버리는 자들이며 생명 없는 자들 곧 죽은 자들이다. 하나님께서는 생명의 원천이시며 하나님의 말씀은 생명의 말씀이기 때문에, 하나님을 떠나며 그의 계명을 거역하는 것은 죽음의 길이다.

본문의 교훈을 정리해보자. 첫째로, 귀를 막아 가난한 자의 부르짖는 소리를 듣지 아니하면 자기의 부르짖을 때에도 들을 자가 없을 것이다. 우리는 가난한 자들의 부르짖음을 외면치 말고 구제에 힘써야 한다.

둘째로, 은밀한 선물은 노를 쉬게 하고 품의 뇌물은 맹렬한 분을 그치게 한다. 우리는 뇌물을 주고 받지 말아야 하지만, 선물은 좋은 것이다. 선하고 너그러운 마음으로 정당한 선물을 나누는 것은 지혜로운 일이다.

셋째로, 공의를 행하는 것이 의인에게는 즐거움이요 악을 행하는 자에게는 두려움이다. 우리는 공의를 행하고 악을 행치 말아야 한다. 그러면 두려움과 당황함에 떨어지지 않고 많은 기쁨과 즐거움을 누릴 것이다.

넷째로, 명철의 길을 떠나 방황하는 사람은 죽은 자들의 회중에 거할 것이다. 우리는 명철의 길을 떠나 방황하지 말고 그 길을 붙들어야 한다. 신명기 10:20, "네 하나님 여호와를 경외하여 그를 섬기며 그에게 친근히 하라[붙들라]." 우리는 하나님을 경외하고 그의 계명을 지켜야 한다.

## 17-20절, 연락(宴樂), 악인, 다툼, 지혜

〔17절〕 **연락(宴樂)**(시므카 שִׂמְחָה)[기쁨, 쾌락, 연락]**을 좋아하는 자는 가난하게 되고 술과 기름을 좋아하는 자는 부하게 되지 못하느니라.**

먹고 마시고 기쁘고 즐겁게 노는 것을 좋아하는 자는 가난하게 되며 술과 기름을 좋아하는 자는 부하게 되지 못한다. 기름은 기름진 음식과 고기 종류를 의미한다고 본다. 잠언 23:20은 "술을 즐겨하는 자와 고기를 탐하는 자로 더불어 사귀지 말라"고 말한다. 사람은 필요 이상의 것을 사지 않고 먹지 않고 쓰지 않고 절약하며 살아야 조금씩이라도 저축을 할 수 있지만, 먹고 싶은 것을 다 먹고 쓰고 싶은 것을 다 쓰고 살면 낭비하게 되고 가난을 면치 못할 것이다. 성도의 생활 방식은 검소하고 절약적이게 사는 것이다.

성도는 육신적 쾌락을 좋아하지 말아야 한다. 주께서는 씨 뿌리는 비유에서 가시떨기에 떨어진 씨는 말씀을 듣고 지내는 중 이 세상의 염려와 돈과 일락(逸樂) 곧 육신적 쾌락에 기운이 막혀 온전히 결실치 못하는 자를 가리킨다고 말씀하셨다(눅 8:14). 사도 요한은 "이 세상이나 세상에 있는 것들을 사랑치 말라"고 말한 후 "세상에 있는 모든 것이 육신의 정욕과 안목의 정욕과 이생의 자랑이니 다 아버지께로 좇아온 것이 아니라"고 말하였다(요일 2:15-16).

성도는 특히 술취함과 방탕함을 조심해야 한다. 로마서 13:12-13, "밤이 깊고 낮이 가까웠으니 그러므로 우리가 어두움의 일을 벗고 빛의 갑옷을 입자. 낮에와 같이 단정히 행하고 방탕과 술 취하지 말며 음란과 호색하지 말며 쟁투와 시기하지 말자." 에베소서 5:18, "술 취하지 말라. 이는 방탕한 것이니 오직 성령의 충만을 받으라."

〔18절〕 **악인은 의인의 대속(代贖)**(코페르 כֹּפֶר)[대신 죽임을 당하는 것]**이 되고 궤사한 자**(보게드 בּוֹגֵד)[배신자, 변절자]**는 정직한 자의 대신(代身)이 되느니라.**

본문은 악인이 의인을 해치려다가 도리어 자신이 해를 당하는 것을 가리킨다고 본다. 시편 7:15-16은, “저[악인]가 웅덩이를 파 만듦이여, 제가 만든 함정에 빠졌도다. 그 잔해는 자기 머리로 돌아오고 그 포학은 자기 정수리에 내리리로다”고 말한다.

예를 들어, 바로와 그 마병들은 애굽에서 나온 이스라엘 백성을 뒤쫓아와 홍해에서 그들을 죽이려 했으나 하나님께서는 그들이 홍해에 빠져 하나도 남김 없이 다 죽임을 당하게 하셨다(출 14:27-28). 또 후에 하나님께서는 이스라엘과 유다를 괴롭혔던 애굽과 구스와 스바를 징벌하실 때, 예루살렘 침공에 실패했던 앗수르 왕 산헤립으로 애굽과 구스와 스바를 징벌케 하셨다(사 43:3). 또 파사 왕 아하수에로의 악한 신하 하만은 경건하고 의로운 유다인 모르드개를 달아 죽이려고 자기 집 뜰에 약 25미터 되는 나무를 세웠으나 왕의 명령으로 그 자신이 거기에 달려 죽임을 당했다(에 7:9-10). 또 다니엘의 시대에는 악한 동료들이 그를 죽이기 위해 다리오 왕에게 한 명을 내리게 했고 다니엘이 그 명을 범했다고 고소하여 그를 사자굴에 던져 넣게 했으나, 하나님께서는 다니엘을 건져주셨고 그 대신 그를 모함하였던 자들과 그 처자들을 죽게 하셨다(단 6:24). 이와 같이, 하나님께서는 의인을 해치려는 악인에게 공의로운 보응을 내리셨다. 그는 의인의 원수를 갚으셨다.

**[19절] 다투며 성내는 여인과 함께 사는 것보다 광야에서** 혼자 **사는 것이 나으니라.**

잠언 21:9도, “다투는 여인과 함께 집에서 사는 것보다 지붕 한 구석에서 혼자 사는 것이 나으니라”고 말하였다. 부부는 사람의 삶의 가장 기본적인 단위이다. 거기에서 가정이 시작된다. 사람이 가족 관계가 좋으면 사회에서도 대인 관계가 좋은 사람이 될 수 있지만, 가족 관계가 나쁘면 사회에서도 대인 관계가 나쁠 것이다. 가정은 인생의 기초 훈련소이다. 그것은 인격의 훈련과 인간 관계의 훈련을 시키는 곳이다.

부부의 관계는 교제의 관계이다. 하나님께서는 사람이 혼자 있어서 외로운 것을 좋지 않게 보시고 남녀가 짝이 되게 하셨다. 물론 성도는 하나님께 기도하며 그와 교제하지만, 사람들 간의 대화와 교제도 필요하다. 부부의 관계는 또한 협력의 관계이다. 여자는 남자를 돕는 자로 창조되었다. 부부는 서로에게 위로와 힘이 되며, 또 그래야 한다.

부부는 언제 성내며 다투는가? 그들은 상대를 오해했을 때, 또 상대에 대한 신뢰와 사랑이 식어지고 불신과 미움이 생겼을 때, 또 마음이 교만하거나 참을성 없는 조급한 마음이나 이기적 욕심을 품을 때 성내며 다툴 것이다. 즉 다툼은 마음의 문제 즉 성격과 인격의 문제이며 가치관의 문제이다. 너무 예민하거나 이해심이 부족하거나 세상적, 물질적 욕심에 얽매여 있는 여인은 남편과 잘 다툴 것이다.

그러나 평안과 화목은 사람의 행복에 있어서 매우 중요한 조건이다. 그것은 아름다운 외모나 물질적 부요보다 더 중요한 요소이다. 그러므로 잠언 17:1은 "마른 떡 한 조각만 있고도 화목하는 것이 육선(肉饍, 고기)이 집에 가득하고 다투는 것보다 나으니라"고 말하였다.

**〔20절〕 지혜 있는 자의 집에는 귀한 보배와 기름이 있으나 미련한 자는 이것을 다 삼켜 버리느니라.**

지혜 있는 자는 하나님을 경외하고 그의 명령대로 선하게 사는 자이다. 그의 집에는 귀한 보배와 기름이 있다. 지혜 있는 자는 하나님의 복을 받아 영육의 복을 누리고 또 그는 물질도 절약해 쓰고 저축함으로 물질적 유여함을 누릴 것이다. '기름'은 식용과 약용과 미용에 쓰이는 올리브유나 기타 향유들과 기름진 고기들을 가리킬 것이다. 잠언 3:13-18, "지혜를 얻은 자와 명철을 얻은 자는 복이 있나니 이는 지혜를 얻는 것이 은을 얻는 것보다 낫고 그 이익이 정금보다 나음이니라. 지혜는 진주보다 귀하니 너의 사모하는 모든 것으로 이에 비교할 수 없도다. 그 우편 손에는 장수가 있고 그 좌편 손에는 부귀[부요와 존귀]가 있나니 그 길은 즐거운 길이요 그 첩경은 다 평강[평안]이니라. 지혜는 그 얻은 자에게 생명나무라. 지혜를 가진 자는 복되도다."

그러나 미련한 자, 곧 하나님을 경외치 않고 그의 명령에 순종치 않고 죄와 악을 행하는 자는 하나님께서 이미 주셨던 복들도 다 낭비하고 소모한다. 누가복음 15:11-14, "어떤 사람이 두 아들이 있는데 그 둘째가 아비에게 말하되 아버지여, 재산 중에서 내게 돌아올 분깃을 내게 주소서 하는지라. 아비가 그 살림을 각각 나눠주었더니 그 후 며칠이 못되어 둘째 아들이 재물을 다 모아 가지고 먼 나라에 가 거기서 허랑방탕하여 그 재산을 허비하더니 다 없이한 후 그 나라에 크게 흉년이 들어 저가 비로소 궁핍한지라." 미련한 사람은 하나님께서 주시는 물질의 소득을 규모 없이, 절제 없이, 계획 없이 다 쓰고 낭비하고 저축하지 않는다. 그는 영육의 빈곤에 떨어진다.

본문의 교훈을 정리해보자. 첫째로, 먹고 마시고 노는 것을 좋아하는 자는 가난케 되고 술과 기름을 좋아하는 자는 부하게 되지 못한다. 성도는 먹고 마시고 기쁘고 즐겁게 노는 것이나 술과 기름과 고기를 좋아하지 말아야 한다. 성도는 언제나 검소하고 절약적이게 살아야 한다.

둘째로, 악인은 의인 대신에 죽고 배신자는 정직한 자의 대신이 된다. 하나님께서는 악인들, 배신자들을 공의로 징벌하신다. 우리는 하나님의 공의의 보응을 믿어야 하고 모든 일을 하나님께 맡기고 할 일을 담대히 행하고 하나님 앞에서 의롭고 정직하고 선하게만 살아야 한다.

셋째로, 다투며 성내는 여인과 함께 사는 것보다 광야에서 혼자 사는 것이 낫다(19절). 9절, "다투는 여인과 함께 집에서 사는 것보다 지붕 한 구석에서 혼자 사는 것이 나으니라." 우리는 남자든지 여자든지 온유하고 겸손하며 자족하고 사랑하며 참고 관용하는 좋은 인격자가 되어야 한다. 남편이 아내를 사랑하고 아내가 남편에게 순종하는 것이 복된 가정이다.

넷째로, 지혜 있는 자의 집에는 귀한 보배와 기름이 있으나 미련한 자는 이것을 다 삼켜 버린다. 우리는 사치하고 낭비하며 빈곤에 떨어지는 미련한 자가 되지 말고, 하나님을 경외하고 그의 명령대로 의롭고 선하게 살며 근검 절약하여 영육의 복을 누리는 지혜자가 되어야 한다.

## 21-24절, 의와 인자, 지혜, 입, 교만

**[21절] 의와 인자를 따라 구하는 자는 생명과 의와 영광을 얻느니라.**

'의'는 하나님의 계명대로 사는 것을 말한다. 하나님의 법을 어기는 것이 불의와 죄요 그의 법을 지키는 것이 의이다. '인자(仁慈)'는 이웃에게 긍휼과 자비를 베푸는 선한 마음이다. 이것은 하나님의 계명의 내용이다. 하나님의 뜻은 우리가 이웃을 우리 몸과 같이 사랑하는 것이다. '따라 구한다'는 말은 '따른다, 추구한다(pursue)'는 뜻이다.

하나님의 뜻은 우리가 의롭게 살고 인자함으로 사는 것이다. 첫째로, 우리는 하나님의 모든 계명을 지키며 의롭게 살아야 한다. 신명기 5:32-33, "그런즉 너희 하나님 여호와께서 너희에게 명령하신 대로 너희는 삼가 행하여 좌로나 우로나 치우치지 말고 너희 하나님 여호와께서 너희에게 명하신 모든 도를 행하라. 그리하면 너희가 삶을 얻고 복을 얻어서 너희의 얻은 땅에서 너희의 날이 장구하리라." 신명기 6:25, "우리가 그 명하신 대로 이 모든 명령을 우리 하나님 여호와 앞에서 삼가 지키면 그것이 곧 우리의 의로움이니라."

둘째로, 우리는 항상 선하고 인자하게 살아야 한다. 호세아 6:6, "나는 인애를 원하고 제사를 원치 아니하며 번제보다 하나님을 아는 것을 원하노라." 미가 6:8, "사람아, 주께서 선한 것이 무엇임을 네게 보이셨나니 여호와께서 네게 구하시는 것이 오직 공의를 행하며 인자(仁慈)를 사랑하며 겸손히 네 하나님과 함께 행하는 것이 아니냐?"

의와 인자를 따르는 자는 생명과 의와 영광을 얻을 것이다. 죄의 값은 죽음이나, 의의 결과는 영원한 생명이다. 의를 사모하는 자가 예수 그리스도의 완전한 의를 얻으며 의의 길에 영광이 있다. 천국의 기쁨과 행복과 영광은 오직 의를 행하는 의인들의 소유이다.

**[22절] 지혜로운 자는 용사의 성에 올라가서 그 성의 견고히 의뢰하는 것을 파하느니라.**

용사들의 성에 올라가 그 성의 견고히 의뢰하는 것을 파하고 그 성과 그 성에 있는 자들을 굴복시킨다는 것은 자기 목숨을 내어놓는 참으로 위험하고 힘든 일이다. 그러나 지혜로운 자는 그것을 행한다.

전쟁에서 지혜는 힘과 용기보다 더 중요하다. 그러므로 잠언 20:18은, "무릇 경영은 의논함으로 성취하나니 모략을 베풀고 전쟁할지니라"고 말했고, 또 잠언 24:6은, "너는 모략으로 싸우라. 승리는 모사가 많음에 있느니라"고 말하였다. 여호수아 8장에 기록된 아이 성 전투에서 하나님께서는 복병 전술을 쓰게 지혜를 주셨다. 이스라엘 군사들은 거짓 패하여 적군들을 유인해낸 후 복병들로 그 성을 점령케 했다.

영적 전쟁에서도 마찬가지이다. 마귀와 악령들의 세력이 강할지라도, 또 세상의 악의 풍조와 세력이 크고 강할지라도, 우리가 하나님의 지혜와 능력으로 싸우면 우리는 그 모든 것을 이길 수 있다. 기독교 복음은 예수 그리스도의 십자가 진리이며 그것은 사람 보기에 무지하고 무능하게 보여도, 죄인들을 구원하시는 하나님의 지혜와 능력이다(고전 1:22-25). 예수 그리스도께서는 우리의 지혜이시다(고전 1:30). 기독교는 십자가의 복음으로 확장되었고 오늘날도 하나님께서 구원하시기를 원하는 영혼들은 이 복음으로 구원 얻을 것이다. 또, 진리의 띠, 의의 흉배, 평안의 신발, 믿음의 방패, 성령의 검은 성도들의 힘이다(엡 6:13-17). 우리의 개인적 신앙생활도 교회 봉사생활도 그러하다. 그러므로 우리는 무슨 일을 할 수 없다고 말할 것이 아니라 주 예수께서 주시는 지혜와 힘으로 다 할 수 있다고 말해야 한다(빌 4:13).

**〔23절〕 입과 혀를 지키는 자는 그 영혼을 환난에서 보전하느니라.**

입과 혀를 지키는 자란, 말에 실수가 없는 사람을 가리킨다. 사람은 말의 실수와 범죄, 즉 거짓말이나, 남을 헐뜯고 비방하고 욕하는 말이나, 남의 마음을 상하게 만드는 거친 말 등의 실수와 범죄로 하나님의 징책과 환난을 당한다. 그러므로 지혜로운 자는 말수를 줄이고 말의 실수가 없도록 항상 조심해야 한다. 야고보는 야고보서 3:2에서, "우리가 다 실수가 많으니 만일 말에 실수가 없는 자면 곧 온전한 사람이라. 능히 온 몸도 굴레 씌우리라"고 말하였다.

성도는 우선 진실한 말을 해야 한다. 진실은 성도의 기본적인 덕목이다. 또 성도는 선한 말을 해야 한다. 잠언 15:4는, "온량한 혀는 곧 생명나무라도 패려한 혀는 마음을 상하게 하느니라"고 말했고, 사도 바울도 에베소서 4:29에서 "덕을 세우는 데 소용되는 대로 선한 말을 하여 듣는 자들에게 은혜를 끼치게 하라"고 말했다. 또 성도는 신중한 말을 해야 한다. 잠언 15:28은, "의인의 마음은 대답할 말을 깊이 생각하여도 악인의 입은 악을 쏟느니라"고 말하였다.

입과 혀를 지키는 자는 그 영혼을 환난에서 보전한다. 잠언 12:13, "악인은 입술의 허물로 인하여 그물에 걸려도 의인은 환난에서 벗어나느니라." 잠언 13:3, "입을 지키는 자는 그 생명을 보전하나 입술을 크게 벌리는 자에게는 멸망이 오느니라." 잠언 18:7, "미련한 자의 입은 그의 멸망이 되고 그 입술은 그의 영혼의 그물이 되느니라." 마태복음 12:36-37에 보면, 예수께서는 "내가 너희에게 이르노니 사람이 무슨 무익한 말을 하든지 심판날에 이에 대하여 심문을 받으리니 네 말로 의롭다 함을 받고 네 말로 정죄함을 받으리라"고 말씀하셨다.

**〔24절〕 무례하고 교만한 자를 이름하여 망령된 자**[조소자]**라 하나니 이는 넘치는 교만으로 행함이니라**[거만한 분노로 행하는 자는 그의 이름이 거만하고 교만한 조소자이니라](KJV).

거만한 마음으로 화를 잘 내는 자는 거만하고 교만한 자이며 남을 조소하고 조롱하는 자이다. 거만하고 교만한 자는 하나님을 무시하고 두려워하지 않고 자신의 피조물 됨을 깨닫지 못하고 또 자신이 얼마나 죄악된지에 대한 인식이 없는 자이다. 하나님께서 가장 미워하시는 것이 사람의 교만한 마음이다. 잠언 6:16-19, "여호와의 미워하시는 것 곧 그 마음에 싫어하시는 것이 6, 7가지니 곧 교만한 눈과 거짓된 혀와 무죄한 자의 피를 흘리는 손과 악한 계교를 꾀하는 마음과 빨리 악으로 달려가는 발과 거짓을 말하는 망령된 증인과 및 형제 사이를 이간하는 자니라." 잠언 8:13, "여호와를 경외하는 것은 악을 미워하는 것이라. 나는 교만과 거만과 악한 행실과 패역한 입을 미워하느니라."

하나님의 형상은 교만과 정반대이다. 그것은 온유하고 겸손한 마음이며 남을 조롱하지 않고 이웃을 사랑하고 그의 인격을 존중하는 마음이다. 예수께서는 "나는 마음이 온유하고 겸손하니 나의 멍에를 메고 내게 배우라"고 말씀하셨다(마 11:29). 그는 하나님이시지만, 자신을 비어 종의 형체를 가져 사람이 되셨고 십자가에 죽기까지 복종하셨다(빌 2:5-8). 사도 바울은 말하기를, "너희는 모든 악독과 노함과 분냄과 떠드는 것과 훼방하는 것을 모든 악의와 함께 버리고 서로 인자하게 하며 불쌍히 여기며 서로 용서하기를 하나님이 그리스도 안에서 너희를 용서하심과 같이하라"고 하였고(엡 4:31-32), 또 사랑은 오래 참고 온유하며 무례히 행치 않고 성내지 않는다고 말했다(고전 13:4-5).

본문의 교훈을 정리해보자. 첫째로, 의와 인자(仁慈)를 구하여 사는 자는 생명과 의와 영광을 얻는다. 우리는 하나님의 모든 계명을 순종하여 의롭게 살고 인자한 마음을 가지고 어려운 이웃을 불쌍히 여겨야 한다.

둘째로, 지혜로운 자는 용사의 성에 올라가 그 성의 견고히 의뢰하는 것을 파한다. 우리는 악한 원수들의 견고한 성을 두려워 말고, 세상일에서나 개인의 신앙생활과 교회 봉사생활에서나 오직 하나님을 경외하고 그의 말씀의 교훈을 받아 하나님의 지혜와 능력으로 행해야 한다.

셋째로, 입과 혀를 지키는 자는 자기의 영혼을 환난에서 보전한다. 우리는 말로 실수치 않고 범죄치 않도록 조심하고, 항상 진실하고 선하게 말하고 또 무슨 말을 하기 전에 깊이 생각하고 신중하게 말해야 한다.

넷째로, 거만한 분노로 행하는 자는 교만한 자이다. 우리는 거만한 자가 되지 말고, 주님의 온유와 겸손, 사랑과 오래 참음을 본받아야 한다.

## 25-28절, 게으름, 구제, 악인의 제물, 증인

**[25절] 게으른 자의 정욕이 그를 죽이나니 이는 그 손으로 일하기를 싫어함이니라.**

게으름은 미련함이며 근면함이 지혜이다. '정욕'이라는 원어(타아와 תַּאֲוָה)는 '소원, 욕심, 욕망, 정욕'이라는 뜻이다. 게으른 자는 놀기를 좋아하고 노래 부르기를 좋아하고 먹고 술 마시기를 좋아하고 오락을 좋아하고 잠자기를 좋아한다. 세상의 재미와 육신적 즐거움과 쾌락을 좋아하는 것이다. 게으른 자는 땀 흘리며 힘들게 일하기를 싫어한다. 그는 욕망에 따라 돈을 낭비하고 시간을 낭비하며 정력과 건강을 낭비한다. 그는 성도의 본분뿐 아니라, 인생의 본분에도 충실하지 못하다. 그는 가난해지고 몸의 건강도 잃어버리기 쉽다. 그것은 죄악된 삶이다. 야고보서 1:15, "욕심이 잉태한즉 죄를 낳고 죄가 장성한즉 사망을 낳느니라." 골로새서 3:5-6, "그러므로 땅에 있는 지체를 죽이라. 곧 음란과 부정(不淨)과 사욕과 악한 정욕과 탐심이니 탐심은 우상숭배니라. 이것들을 인하여 하나님의 진노가 임하느니라."

성도는 영적 생활뿐 아니라 육신 생활에도 부지런해야 한다. 로마서 12:11, "부지런하여 게으르지 말고 열심을 품고 주를 섬기라." 에베소서 5:15-16, "그런즉 너희가 어떻게 행할 것을 자세히 주의하여 지혜 없는 자같이 말고 오직 지혜 있는 자같이 하여 세월을 아끼라. 때가 악하니라." 데살로니가전서 4:11, "종용하여 자기 일을 하고 너희 손으로 일하기를 힘쓰라." 데살로니가후서 3:10, 12, "누구든지 일하기 싫어하거든 먹지도 말게 하라," "종용히 일하여 자기 양식을 먹으라."

**[26절] 어떤 자는 종일토록 탐하기만 하나 의인은 아끼지 아니하고 시제**[구제]**하느니라.**

'어떤 자'라는 말은 원문에 단순히 '그'라고 되어 있다(KJV, NASB). 그것은 앞절의 '게으른 자'를 가리키는 것 같다. 게으른 자는 종일토록 무엇을 탐하며 가지기를 간절히 소원한다. 그는 돈에 대한 욕심과 명예에 대한 욕심과 육신적인 쾌락에 대한 욕심이 있다. 그는 먹고 마시며 놀고 세상적 오락과 육신적 쾌락을 구한다. 그러나 그것은 결과적으로 자신을 죽이는 죄악된 낭비적인 삶이다.

그러나 의인은 아끼지 않고 구제한다. 의인은 하나님을 경외하고 그의 계명대로 사는데, 그의 계명은 가난하고 어려운 이웃을 돌아보며 구제하라는 내용을 포함한다. 신명기 15:8, 10, "반드시 네 손을 그[가난한 이웃]에게 펴서 그 요구하는 대로 쓸 것을 넉넉히 꾸어주라," "너는 반드시 그에게 구제할 것이요, 구제할 때에는 아끼는 마음을 품지 말 것이니라. 이로 인하여 네 하나님 여호와께서 네 범사와 네 손으로 하는 바에 네게 복을 주시리라." 시편 37:25-26, "내가 어려서부터 늙기까지 의인이 버림을 당하거나 그 자손이 걸식[구걸]함을 보지 못하였도다. 저는 종일토록 은혜를 베풀고 꾸어주니 그 자손이 복을 받는도다." 시편 112:5, 9, "은혜를 베풀며 꾸이는[꾸어주는] 자는 잘 되나니 그 일을 공의로 하리로다," "저가 재물을 흩어 빈궁한 자에게 주었으니 그 의가 영원히 있고 그 뿔이 영화로이 들리리로다." 마태복음 5:42, "네게 구하는 자에게 주며 네게 꾸고자 하는 자에게 거절하지 말라." 에베소서 4:28, "도적질하는 자는 다시 도적질하지 말고 돌이켜 빈궁한 자에게 구제할 것이 있기 위하여 제 손으로 수고하여 선한 일을 하라."

**〔27절〕 악인의 제물은** 본래 **가증하거든 하물며 악한 뜻으로 드리는 것이랴.**

악인은 하나님을 두려워하지 않고 그의 계명을 거역하며 남에게 해를 끼치는 자이다. 제물은 하나님을 섬기는 방식으로 바치는 것이다. 오늘날, 찬송, 기도, 헌금을 가리킨다. 악인들도 제물을 바친다. 그것은 그들의 종교적 만족을 위해서일 것이다. 그들도 천국에 가고 싶고 또 죄에 대한 양심의 가책을 누그러뜨리고 싶은 것이다. 구약시대나 신약시대나 교회 안에도 악인들이 있다. 그들은 가라지들과 쭉정이들이라

불린다. 그들은 하나님께 형식적, 외식적 제물을 드린다.

그러나 악인의 제물, 즉 악인의 찬송과 기도와 헌금은 하나님께서 받지 않으시고 도리어 미워하신다. 잠언 15:8도 "악인의 제사는 여호와께서 미워하신다"고 말한다. 하나님께서는 선지자 이사야를 통해, "너희의 무수한 제물이 내게 무엇이 유익하뇨?," "나는 수송아지나 어린 양이나 숫염소의 피를 기뻐하지 아니하노라," "헛된 제물을 다시 가져오지 말라. 분향은 나의 가증히 여기는 바요 월삭과 안식일과 대회로 모이는 것도 그러하니 성회와 아울러 악을 행하는 것을 내가 견디지 못하겠노라"고 말씀하셨다(사 1:11-13).

하물며, 악인이 악한 뜻으로 드리는 제물은 얼마나 더 가증한 일이 되겠는가! 하나님께서는 아나니아와 삽비라가 비록 교인이라 하더라도 하나님과 사도 베드로를 속이며 드린 헌금을 심히 미워하셨고 그들에게 즉시 죽는 벌을 내리셨다(행 5:5, 10). 만일 악인이 남을 저주하기 위해, 혹은 악한 일을 이루기 위해 하나님께 제물을 드린다면, 그것은 얼마나 악하고 가증한 일이 되겠는가!

**〔28절〕 거짓 증인은 패망하려니와 확실한 증인의 말은 힘이 있느니라**[(진실을) 듣는 자는 계속 말하느니라](KJV, NASB).

'듣는 자'는 진실을 듣는 자를 가리키며, '계속(라네차크 לָנֶצַח) 말한다'는 말은 그가 들은 바를 들은 대로 계속, 끝까지 말한다는 뜻일 것이다. 그것은 진실한 증인의 힘있는 증언의 모습이다.

거짓 증인은 진실이 아닌 것을 증거하는 자, 진실을 왜곡시켜 증거하는 자, 진실과 반대되게 증거하는 자를 가리킨다. 거짓 증인은 패망한다. 하나님께서는 거짓 증거를 미워하신다. 거짓 증거는 십계명의 제9계명을 범하는 죄이다. 그것은 잠언 6:16-19에 언급된 대로 하나님의 미워하시는 6, 7가지 죄악 중에 '거짓된 혀,' '거짓을 말하는 망령된 증인'으로 언급된 죄악이다. 죄인은 망한다. 모든 죄인은 멸망한다.

그러나 진실을 들은 자는 그 들은 진실을 솔직하게, 담대히 말할 수 있을 것이다. 그것이 참된 증인의 모습이며 의인의 모습이다. 사도행전 4:19-20, "베드로와 요한이 대답하여 가로되 하나님 앞에서 너희 말 듣는 것이 하나님 말씀 듣는 것보다 옳은가 판단하라. 우리는 보고 들은 것을 말하지 아니할 수 없다 하니." 주님의 사도들은 핍박을 받으면서도 예수 그리스도를 증거하였고 순교의 피를 흘리기까지 그를 증거했다. 헬라어의 '증인'이라는 말(마르튀스 μάρτυς)은 '순교자'라는 뜻도 가진다. 스데반 집사는 예수 그리스도를 증거하다가 죽었다. 참된 증인은 어떤 사실을 듣고 그 들은 바를 들은 그대로 항상 말하는 자이다. 성도가 서로에게 진실을 말하는 것은 성도의 기본적인 덕목이다. 에베소서 4:25, "그런즉 거짓을 버리고 각각 그 이웃으로 더불어 참된 것을 말하라. 이는 우리가 서로 지체가 됨이니라."

본문의 교훈을 정리해보자. 첫째로, 게으른 자의 욕심은 그를 죽인다. 그것은 그가 그 손으로 일하기를 싫어하기 때문이다. 우리는 게을러 손으로 일하기를 싫어하며 육신적 욕심만 구하는 자가 되지 말고 각자 성도와 직분자로서의 본분과, 세상의 일 즉 직업의 일에도 부지런해야 한다.

둘째로, 게으른 자는 종일토록 탐하기만 하지만, 의인은 아끼지 않고 어려운 이웃을 구제한다. 우리는 자기의 일에 게으르면서 돈이나 명예와 권세나 육신의 즐거움을 탐하기만 하는 자가 되지 말고, 자기 일에 근면하여 소득을 얻고 어려운 이웃을 돌아보며 구제하는 자가 되어야 한다.

셋째로, 악인의 제물은 그 자체가 가증하지만, 악한 뜻으로 드리는 것은 더욱 그러하다. 우리는 모든 악을 회개하고 진심이 없거나 악한 의도를 가진 종교 행위를 미워하고, 하나님과 주 예수 그리스도께 대한 바른 믿음을 가지고 예배하며 거룩하고 선한 삶을 살기를 힘써야 한다.

넷째로, 거짓 증인은 멸망할 것이나, 진실을 듣는 사람은 끝까지 그것을 말할 것이다. 우리는 어떤 일에서든지 거짓을 증거하는 자가 되지 말아야 한다. 하나님께서는 그런 자를 미워하시고 심판하실 것이다. 우리는 하나님의 말씀을 듣고 그 진리의 말씀을 그대로 항상 증거해야 한다.

## 29-31절, 악인의 얼굴, 하나님, 승리의 길

**〔29절〕 악인은 그 얼굴을 굳게 하나 정직한 자는 그 행위를 삼가느니라.**

얼굴은 사람의 마음과 인격의 표현이다. 기쁜 얼굴은 기쁜 마음의 표현이고 슬픈 얼굴은 슬픈 마음의 표현이다. 어린아이의 얼굴은 아직 때묻지 않은 그의 천진난만함을 나타낸다. 또 나이든 사람들의 얼굴은 그의 인생 여정과 그의 형성된 인격을 어느 정도 반영할 것이다.

하나님을 경외하지 않고 그의 계명을 거역하며 남에게 해를 끼치는 악인은 그 얼굴을 굳게 한다. '굳게 한다'는 원어(헤에즈 הֵעֵז)는 '뻔뻔스럽게 한다'는 뜻이다. 악인은 교만할 뿐만 아니라, 또한 부끄러움을 모르고 자책할 줄을 모른다. 그는 양심의 가책을 가지지 않으며 자신의 부족을 인정할 줄 모른다. 그는 남을 미워하고 악을 행하며 뻔뻔스럽게 행동한다. 그러나 반대로, 성도는 온유하고 겸손한 마음을 가지며 자신의 부족을 항상 느끼며 그것을 부끄러워한다.

하나님을 경외하고 그의 계명대로 바르게 살려고 애쓰는 정직한 자는 그 행위를 삼간다. '삼간다'는 원어(야킨 יָכִין)는 '견고케 한다, 바르게 한다'는 뜻이다(KJV, NASB). 이것이 성경에 쓰여진 본문이다(케팁). 마소라 학자들은 이 단어를 '살핀다, 분별한다'는 단어(야빈 יָבִין)로 읽으라고 제안하지만(케레 NIV), 그 제안은 정당해 보이지 않는다. 그러나 그 의미는 비슷하다. 정직한 자, 곧 의로운 성도는 그의 길, 그의 행위와 삶을 조심하여 바르게 하고 견고케 한다. 그는 하나님을 경외하고 자신이 범한 실수를 부끄러워하고 모든 악을 버리고 악을 행할까 봐 조심하며 오직 의와 선을 택하고 그것을 행하려 힘쓴다.

**〔30절〕 지혜로도, 명철로도, 모략으로도 여호와를 당치 못하느니라.**

사람의 지혜와 명철과 모략은 세상에서는 필요하고 유용하고 가치가 있다고 인정받는다. 머리가 좋고 아이큐(I.Q.)가 높은 사람은 공부도 잘하고 사회의 각 방면에서 지도적 인물이나 참모나 보좌관이 될 수 있을 것이다. 지혜 있는 것이 지혜 없는 것보다 낫다.

그러나 사람의 지혜를 어떻게 하나님의 지혜와 감히 비교할 수 있겠는가! 사도 바울은 세상이 자기 지혜로 하나님을 알지 못했고 사람들에게 미련하게 보이는 십자가의 말씀이 하나님의 지혜이며 하나님께서 그 지혜로 사람을 구원하신다고 증거하였다(고전 1:21, 25). 하나님께서는 다니엘과 세 친구들의 지혜와 총명이 바벨론 온 나라의 지혜자들보다 열 배나 더 뛰어나게 하셨다(단 1:17, 20). 인류의 역사상, 마귀는 하나님의 일을 대적하고 무너뜨리려 모든 지혜를 총동원하며 모든 악한 자들을 사용했지만 결국 실패하였고 또 실패할 것이다.

참 지혜는 하나님을 경외하고 악을 떠나며 그의 계명대로 의와 선을 행하는 것이다. 욥기 28:28, "사람에게 이르시기를 주를 경외함이 곧 지혜요 악을 떠남이 명철이라 하셨느니라." 시편 111:10, "여호와를 경외함이 곧 지혜의 근본이라. 그 계명을 지키는 자는 다 좋은 지각이 있나니 여호와를 찬송함이 영원히 있으리로다." 잠언 9:10, "여호와를 경외하는 것이 지혜의 근본이요 거룩하신 자를 아는 것이 명철이니라." 시편 119편의 저자는, "주의 계명이 항상 나와 함께하므로 그것이 나로 원수보다 지혜롭게 하나이다. 내가 주의 증거를 묵상하므로 나의 명철함이 나의 모든 스승보다 승하며 주의 법도를 지키므로 나의 명철함이 노인보다 승하니이다"고 고백하였다(시 119:98-100).

**[31절] 싸울 날을 위하여 마병을 예비하거니와 이김은 여호와께 있느니라.**

국가는 전쟁의 날을 위하여 군대와 무기들을 준비한다. 세상 나라에는 군대도 필요하고 무기들도 필요하다. 옛날 아브라함은 조카 롯이 사로잡혔다는 소식을 듣고 집에서 길리고 연습한 자 318명을 거느리고 200킬로미터 이상 떨어진 단까지 좇아가서 그 가신(家臣)을 나누어 밤을 타서 그들을 쳐서 파하고 모든 빼앗겼던 재물과 조카 롯과 부녀들과 사람들을 다 찾아왔었다(창 14:14-16). 성경은 정당방위를 인정한다. 도적이 밤에 침입해 들어올 때 그를 쳐죽여도 피흘린 죄가 없다(출 22:2). 합법적 전쟁은 인정된다. 여호수아와 사사들과 다윗 등은 다 용사이었다. 한 선지자는 이스라엘 왕 아합에게 "왕은 가서 힘을 기르고 왕의 행할 일을 알고 준비하소서"라고 말했다(왕상 20:22).

그러나 이김은 여호와께 있다. 구약 역사에 전쟁 사건들이 많았으나 전쟁의 승리는 하나님의 손에 달려 있었다. 소년 다윗은 블레셋 장수 골리앗에게 "여호와의 구원하심이 칼과 창에 있지 아니함을 이 무리로 알게 하리라. 전쟁은 여호와께 속한 것인즉 그가 너희를 우리 손에 붙이시리라"고 말했다(삼상 17:47). 다윗은 시편 20:7에서 "혹은 병거, 혹은 말을 의지하나 우리는 여호와 우리 하나님의 이름을 자랑하리로다"라고 말했다. 유다 왕 아사는 구스 사람 세라의 군사 100만과 병거 300승을 하나님의 은혜로 물리쳤다(대하 15:11-12). 히스기야 왕 때 하나님께서는 하룻밤에 앗수르 왕 산헤립의 군사 18만 5천명을 죽이셨다(왕하 19:35). 그러므로 우리는 전쟁에서 사람의 지혜나 군대와 무기들의 힘을 의지하지 말고 오직 하나님만 의지해야 한다.

본문의 교훈을 정리해보자. 첫째로, 악인은 그 얼굴을 뻔뻔스럽게 하나 정직한 자는 그 행위를 바르게 한다. 우리는 악인처럼 얼굴을 뻔뻔스럽게 하지 말고 자신의 실수를 인정하고 우리의 행위를 바르게 해야 한다.

둘째로, 사람은 지혜로도, 명철로도, 모략으로도 여호와 하나님을 당치 못한다. 우리는 하나님 앞에서 감히 자신의 지혜와 명철을 의지하지 말고 오직 섭리자 하나님께서 세상의 모든 일, 즉 우리 개인과 가정과 교회와 국가와 세계의 모든 일을 홀로 섭리하심을 믿고 의지하며 순종해야 한다.

셋째로, 싸울 날을 위하여 마병을 예비하지만, 이김은 여호와께 있다. 한 국가가 외부의 침입을 막기 위해 군대를 두고 무기 개발과 군사 훈련을 하는 것은 필요하지만, 우리는 전쟁 때 군사력을 의지하지 말고 승리가 하나님께 있음을 알고 절대 주권적 섭리자 하나님만 의지해야 한다.

# 22장: 자녀 교육, 징계, 게으름, 빚 보증

## 1-4절, 명예, 빈부, 슬기, 겸손과 경외

**〔1절〕 많은 재물보다 명예**(쉠 שֵׁם)[좋은 이름](KJV, NASB, NIV)**를 택할 것이요 은이나 금보다 은총**[은혜]**을 더욱 택할 것이니라.**

사람은 많은 재물보다 좋은 이름과 명예를 택해야 한다. 이름은 그 인격을 나타내며 좋은 이름은 좋은 인격을 나타낸다. 선한 삶을 사는 좋은 인격자는 좋은 이름을 가진다. 많은 재물보다 사람의 인격성, 곧 그의 경건과 도덕성이 더 귀하고 가치가 있는 것이다.

재물을 포함하여 세상의 모든 것이 헛되다(전 1:2-3; 12:8). 전도서 12:13은 사람의 본분이 하나님을 경외하고 그의 명령을 지키는 것이라고 말했다. 주께서는 썩는 양식을 위해 살지 말라고 하셨다(요 6:27). 사람이 자기 육신을 위해 심으면 썩어질 것을 거둘 뿐이다(갈 6:8). 그러므로 성도는 이 세상이나 세상에 있는 것들을 사랑치 말아야 한다. 이 세상의 것들은 다 헛된 것이기 때문이다(요일 2:15-17).

또 은이나 금보다 은혜가 더욱 택할 만하다. '은혜'(켄 חֵן)는 하나님의 덕성 즉 하나님의 은혜, 사랑, 긍휼, 선하심, 아름다우심을 가리키는 뜻이든지, 아니면 사람의 덕성 즉 이웃을 향한 선한 마음, 사랑, 긍휼, 자비를 가리킬 것이다. 우리는 하나님의 은혜로 의롭다 하심과 구원을 얻었고(롬 3:24; 엡 2:8) 또 성화의 과정에서도 하나님의 은혜가 계속 필요하다(고후 13:13). 또 우리는 사랑, 화평, 자비, 양선, 온유의 덕으로 단장되어야 한다. 그것이 성령의 열매이며(갈 5:22-23) 또 위로부터 난 지혜이다(약 3:17). 은혜는 참으로 은이나 금보다 더 가치 있다.

**〔2절〕 빈부가 섞여 살거니와 무릇 그들을 지으신 이는 여호와시니라.**

'섞여 산다'는 원어(니푸가슈 נִפְגָּשׁוּ)는 '서로 만난다'는 의미이다.

세상에는 부자도 있고 가난한 자도 있다. 사람은 부모의 재산 정도에 따라, 자신의 교육 정도에 따라, 직업이나 직장에 따라, 자신의 노력과 근면에 따라, 자신의 건강 상태와 질병 여부에 따라, 사회적 환경이나 시대적 상황에 따라 부자도 되고 가난한 자도 된다. 또 이 모든 일들은 다 하나님의 섭리와 복 주심 여부에 따라 이루어진다.

세상에는 빈번히 부자와 가난한 자 간의 갈등이 있다. 부자와 가난한 자는 주인과 하인, 윗사람과 아랫사람이 되는 경우가 많이 있다. 또 부자는 가난한 자의 인격을 존중하지 않고 무시하는 경향이 있고 가난한 자들 중에는 지나친 열등감이나 피해 의식을 가진 자들도 있다. 그런 것들이 부자와 가난한 자 간의 갈등을 더욱 부추긴다.

그러나 부자도 가난한 자도 다 하나님의 창조물이다. 욥기 31:15, "나를 태 속에 만드신 자가 그도 만들지 아니하셨느냐? 우리를 뱃속에 지으신 자가 하나가 아니시냐?" 온 인류는 넓은 의미에서 보면 하나님의 가족이며 한 식구이다. 인류는 아담과 하와의 자손이다. 사도행전 17:26, "인류의 모든 족속을 한 혈통으로 만드사 온 땅에 거하게 하시고." 그러므로 우리는 가난한 자를 멸시하지 말고 불쌍히 여겨야 한다. 잠언 14:31, "가난한 사람을 학대하는 자는 그를 지으신 이를 멸시하는 자요 궁핍한 사람을 불쌍히 여기는 자는 주를 존경하는 자니라." 잠언 17:5, "가난한 자를 조롱하는 자는 이를 지으신 주를 멸시하는 자요 사람의 재앙을 기뻐하는 자는 형벌을 면치 못할 자니라."

**〔3절〕 슬기로운 자는 재앙을 보면 숨어 피하여도 어리석은 자들은 나아가다가 해를 받느니라.**

다윗은 여러 번 사울 왕의 칼을 피해 도망했었다. 엘리야도 이세벨의 칼날을 피해 호렙산으로 도피했었다. 예수께서도 제자들에게 핍박을 피하라고 교훈하시며 "이 동네에서 너희를 핍박하거든 저 동네로 피하라"고 말씀하셨다(마 10:23). 사도 바울도 때때로 핍박을 피하였다. 사도행전 9:23-25, "여러 날이 지나매 유대인들이 사울 죽이기를 공모하더니 그 계교가 사울에게 알려지니라. 저희가 그를 죽이려고 밤낮으로 성문까지 지키거늘 제자들이 그를 밤에 광주리에 담아 성에서 달아 내리니라." 사도행전 14:5-6, "이방인과 유대인과 그 관원들이 두 사도를[그들을] 능욕하며 돌로 치려고 달려드니 저희가 알고 도망하여 루가오니아의 두 성 루스드라와 더베와 및 그 근방으로 가서."

그러나 진리를 위해 싸워야 하고 정의를 위해 싸워야 할 때가 있다. 그때는 죽음을 두려워하지 말아야 할 때이다. 그때는 순교의 정신과 용기가 필요한 때이다. 그때 나서서 싸우지 않으면 비겁하고 비굴한 자임이 드러날 것이다. 예수께서는 "몸은 죽여도 영혼은 능히 죽이지 못하는 자들을 두려워하지 말고 오직 몸과 영혼을 능히 지옥에 멸하시는 자를 두려워하라"고 말씀하셨고(마 10:28), 또 "누구든지 제 목숨을 구원코자 하면 잃을 것이요 누구든지 나를 위하여 제 목숨을 잃으면 찾으리라"고 말씀하셨다(마 16:25). 사도 바울은 그런 정신으로 죽음의 위험을 무릅쓰고 예루살렘에 올라갔다. 사도행전 20:23-24에 보면, 그는 이렇게 말했다. "오직 성령이 각 성에서 내게 증거하여 결박과 환난이 나를 기다린다 하시나 나의 달려갈 길과 주 예수께 받은 사명 곧 하나님의 은혜의 복음 증거하는 일을 마치려 함에는 나의 생명을 조금도 귀한 것으로 여기지 아니하노라." 그것이 충성된 마음이다.

**〔4절〕 겸손과 여호와를 경외함의 보응은 재물과 영광과 생명이니라.**

겸손은 사람의 매우 중요한 덕이다. 사람은 자신이 하나님의 피조물임을 인정하고 또 하나님 앞에서 부족하고 흠과 실수가 많은 죄인임을 인정할 때 겸손할 수 있다. 사람은 겸손해야 하나님을 경외할 수 있다. 교만한 자는 하나님을 무시하고 하나님을 대적한다.

또 하나님을 경외하는 것도 매우 중요한 덕이다. 하나님을 경외함이 경건이요 믿음이다. 그것이 하나님을 아는 사람의 마음가짐이다. 하나님께서는 창조자이시며 우리는 피조물이고, 하나님께서는 무한하신

자, 전지 전능자이시고 우리는 유한자요 연약한 자이다. 또 하나님께서는 거룩하신 자이시며 우리는 죄가 많았고 또 죄성을 가진 자이다. 그러므로 우리는 하나님 앞에 두렵고 떨림으로 엎드려야 한다. 사람은 하나님을 경외할 때 죄를 미워하고 죄를 멀리하게 된다.

겸손과 여호와를 경외함의 보응은 재물과 영광과 생명이다. 하나님께서는 율법에서 우리가 하나님을 경외하고 계명에 순종하며 살면 이 세상에서도 복된 삶을 누릴 것이라고 약속하셨다. 신명기 28장은 하나님의 계명을 순종하는 자가 물질의 복, 건강의 복, 자녀의 복, 사회적 평안의 복을 누릴 것이며 또 그런 사람이 이 세상에서 머리가 될지언정 꼬리가 되지 않을 것이라고 말했다. 그러므로 사도 바울은 "경건은 범사에 유익하니 금생과 내생에 약속이 있느니라"고 말했다(딤전 4:8). 또 그것이 영생의 길이다. 하나님을 경외하며 그의 계명을 지키면 그것이 의이며 그것이 생명의 길이다(신 5:33; 8:1; 잠 6:23). 영생에 이르는 자마다 하나님을 경외하고 그의 계명을 지킬 것이다.

본문의 교훈을 정리해보자. 첫째로, 많은 재물보다 좋은 이름을 택하고, 은이나 금보다 은혜를 택하는 것이 낫다. 우리는 많은 재물과 은금을 크게 여기지 말고, 하나님의 은혜와 경건과 도덕성을 크게 여겨야 한다.

둘째로, 부자와 가난한 자가 섞여 살지만 그들을 지으신 이는 여호와시다. 우리는 창조주 하나님을 인정하고 서로 사랑하며 다른 사람의 생명과 정조와 재산과 명예를 해하지 말고 남에게 선을 베풀어야 한다.

셋째로, 슬기로운 자는 재앙을 보면 숨어 피해도 어리석은 자는 나아가다가 해를 받는다. 재앙을 피해야 할 때 피하는 것은 지혜이다. 그러나 진리와 의를 위한 싸움에는 비겁하게 물러나지 말고 힘써 싸워야 한다.

넷째로, 겸손과 여호와를 경외함은 재물과 영광과 생명을 얻는다. 우리는 겸손히 하나님을 경외하고 하나님만 의지하고 모든 형태의 악을 버리며 그의 명령만 순종해야 한다. 그것은 현세와 내세에 복된 길이다.

## 5-8절, 패역, 자녀 교육, 부자, 악행

**[5절] 패역한 자의 길에는 가시와 올무가 있거니와 영혼을 지키는 자는 이를 멀리하느니라.**

'패역한 자'는 고의로 하나님의 계명과 법도, 곧 인생의 정로를 벗어난 자를 가리킨다. '길'은 삶을 가리킨다. 그것은 사람들의 과거와 현재와 미래의 삶을 다 포함한다. 패역한 자의 삶에는 가시와 올무가 있다. '가시'는 찌르는 고통스런 일들을 가리킨다. '올무'는 시험거리들, 위험한 일들, 재난들, 사고들을 가리킨다. 찌르는 가시와 발에 걸리는 올무는 정신적 고통, 육체적 고통, 물질적 고통을 다 포함할 것이다. 사람이 가시에 찔리고 올무에 걸리면, 큰 고생과 낭패를 당할 것이다.

그러나 영혼을 지키는 자는 그것들로부터 멀리 있다. '영혼을 지킨다'는 말은 영혼을 죄악과 불결로부터 지킨다는 뜻이다. 우리는 어떻게 자신의 영혼을 죄와 불결로부터 지킬 수 있는가? 그것은 하나님의 말씀을 듣고 그 말씀을 우리의 마음에 두고 깨어 기도하며 성령의 힘과 도우심을 구할 때 그렇게 할 수 있다. 시편 119:9는, "청년이 무엇으로 그 행실을 깨끗케 하리이까? 주의 말씀을 따라 삼갈 것이니이다"라고 말했고, 갈라디아서 5:16은, "너희는 성령을 좇아 행하라. 그리하면 육체의 욕심을 이루지 아니하리라"고 말했다.

자기 영혼을 지키는 자는 가시와 올무를 피할 것이다. 잠언 12:13, "악인은 입술의 허물로 인하여 그물에 걸려도 의인은 환난에서 벗어나느니라." 잠언 21:23, "입과 혀를 지키는 자는 그 영혼을 환난에서 보전하느니라." 이사야 26:7, "의인의 길은 정직함[평탄함]이여, 정직하신 주께서 의인의 첩경을 평탄케 하시도다." 악인에게는 평안이 없다(사 48:22; 57:21). 그러나 의인에게는 큰 평안이 있다(사 48:18).

**[6절] 마땅히 행할 길을 아이에게 가르치라. 그리하면 늙어도 그것을 떠나지 아니하리라.**

우리는 자녀들에게 어릴 때부터 바른 것을 가르쳐야 한다. 사람은 어릴 때부터 나쁜 것을 배울 수 있고 그것이 버릇이 될 수 있다. 무엇이 바른 길인가? 하나님의 말씀 곧 성경이 그 '바른 길'을 가르쳐준다. 신구약성경은 사람에게 마땅히 행해야 할 길을 가르쳐준다.

성경의 첫 번째 중요한 내용은 십계명이다. 그것은 하나님을 경외하라고 가르친다. 우리는 자녀에게 하나님께 예배드리고 성경책을 읽고 기도하고 찬송하고 헌금을 드리는 것을 가르쳐야 한다. 또 십계명은 부모를 공경하고 살인하지 말고 간음하지 말고 도적질하지 말고 거짓말하지 말고 탐내지 말라고 가르친다. 성경의 두 번째 중요한 내용은 복음이다. 그것은 구주 예수 그리스도를 믿음으로 죄사함을 얻고 의롭다 하심을 얻는다는 소식이다. 죄의 결과는 죽음과 지옥이지만, 예수 그리스도를 믿으면 구원을 얻는다. 이것이 성경의 핵심이다.

'마땅히 행할 길'이라는 원어(<u>알-피 다르코</u> עַל־פִּי דַרְכּוֹ)는 '그의 길을 따라서' 혹은 '그의 길의 분량을 따라서'라는 뜻이다(BDB, KJV, NASB). 이 말씀은 아이의 연령의 정도, 이해의 정도에 따라 가르치라는 뜻도 될 것이다. 우리는 자녀가 어릴 때는 성경을 단순하게, 쉽게 가르치고 나이가 들수록 조금씩 더 자세하게 가르쳐야 한다.

그러면 늙어도 그것을 떠나지 아니할 것이다. 어릴 때 받은 교훈은 오래 간직된다. 그것은 늙을 때까지 간직된다. 어릴 때의 교육은 참으로 중요하다. 그러므로 우리는 우리 자녀들에게 어릴 때부터 성경을 가르치고 경건 훈련을 시키고 의와 선과 진실의 삶을 가르쳐야 한다.

**〔7절〕 부자는 가난한 자를 주관하고 빚진 자**[빌리는 자]**는 채주(債主)**[빌려주는 자]**의 종이 되느니라.**

이것이 세상의 현실이다. 주께서 하신 비유 중에, 어떤 임금이 일만 달란트 빚진 자가 갚을 것이 없을 때에, 그 몸과 처와 자식들과 모든 소유를 다 팔아 갚게 하라고 명했다(마 18:23-25). 또 그 종이 백 데나리온 빚진 동료 하나가 빚을 갚지 못하자 그가 조금 더 참아 달라고 엎드려 간구함에도 불구하고 그를 옥에 가두었다(마 18:28-30). 이것이 세상이다. 야고보서 2:6은 "부자는 너희를 압제하며 법정으로 끌고 가지 아니하느냐?"라고 말한다.

그러나 하나님을 경외하는 성도는 그렇게 살아서는 안 된다. 성도는 가난한 자를 학대하지 말고 불쌍히 여겨야 하며 구제해야 한다. 잠언 14:31, "가난한 사람을 학대하는 자는 그를 지으신 이를 멸시하는 자요 궁핍한 사람을 불쌍히 여기는 자는 주를 존경하는 자니라."

의인 욥은, "남종이나 여종이 나로 더불어 쟁변할 때에 내가 언제 그의 사정을 멸시하였던가?" "내가 언제 가난한 자의 소원을 막았던가? 과부의 눈으로 실망케 하였던가? 나만 홀로 식물을 먹고 고아에게 먹이지 아니하였던가? 실상은 내가 젊었을 때부터 고아를 기르기를 그의 아비처럼 하였다"라고 말했다(욥 31:13, 16-18). 경건한 다윗은, "내가 어려서부터 늙기까지 의인이 버림을 당하거나 그 자손이 걸식[구걸]함을 보지 못하였도다. 저는 종일토록 은혜를 베풀고 꾸어주니 그 자손이 복을 받는도다"라고 말했다(시 37:25-26). 잠언은, 현숙한 여인은 가난한 자에게 손을 펴며 궁핍한 자를 위해 손을 내미는 자라고 묘사하였다(잠 31:20). 또 주께서는 양과 염소의 비유에서 양들은 굶주리고 헐벗는 가난한 형제를 돌아보았다고 말씀하셨다(마 25:40).

**[8절] 악을 뿌리는 자는 재앙을 거두리니 그 분노의 기세**(氣勢, 쉐베트 שֵׁבֶט)[지팡이](rod)(KJV, NASB, NIV)**가 쇠하리라.**

'악을 심는다 혹은 뿌린다(sow)'는 말은 악을 혼자 행하는 것뿐 아니라, 이곳 저곳에, 이 사람 저 사람에게 행하며 또 다른 사람들에게 악을 퍼뜨리고 전염시킨다는 뜻도 가지는 것 같다. 악은 누룩과 같이 다른 사람을 부패시키는 성질이 있다. 그러므로 성경은 적은 누룩이 온 덩어리에 퍼진다고 말했고(고전 5:6), 또 악한 친구들이 선한 행실을 더럽힌다고 말하였다(고전 15:33).

악을 심는 자는 재앙을 거둘 것이다. '재앙'이라는 원어(아웬 אָוֶן)는

'환난, 재난'이라는 뜻이다(BDB, NIV). 이 말은 어떤 영어성경들에서는 '헛된 것'(KJV, NASB)이라고 번역되었다. 사람이 악을 행하면 하나님께서 환난과 재난으로 벌하실 것이다. 시편 1:6은, "악인의 길은 망하리로다"라고 말하였고, 시편 11:6은, "악인에게 그물을 내려치시리니 불과 유황과 태우는 바람이 저희 잔의 소득이 되리로다"라고 말했다. 또 악인은 헛된 것, 곧 무의미하고 무가치한 것을 거둘 것이다. 악인의 삶은 결국 시간과 힘과 돈을 낭비한 것뿐일 것이다.

또 악인의 분노의 지팡이 즉 기세는 쇠할 것이다. 악한 자들이 악을 행할 때 나타내는 분노의 기세는 상당히 힘이 있어 보인다. 선을 행하는 자는 온유하고 겸손하지만, 악을 행하는 자는 교만하고 분노한다. 그러나 그 분노의 기세는 꺾이고 쇠해질 것이다. 왜냐하면 하나님께서 그에게 환난과 재난을 주셔서 그의 교만을 꺾으실 것이며 그의 악한 행위들을 헛되게 만드시고 폐하실 것이기 때문이다.

본문의 교훈을 정리해보자. 첫째로, 패역한 자의 길에는 가시와 올무가 있으나 영혼을 지키는 자는 그런 것이 없다. 우리는 패역한 길로 가지 말고 하나님의 말씀을 따라 바른 길로 감으로 생명과 평안을 누려야 한다.

둘째로, 마땅히 행할 길을 아이에게 가르치면 늙어도 그것을 떠나지 않을 것이다. 성경은 모든 사람이 마땅히 행할 길을 가르쳐주는 하나님의 유익한 말씀이다. 우리는 자녀들에게 어릴 때부터 성경을 가르쳐야 한다.

셋째로, 부자는 가난한 자를 주관하고 빌리는 자는 빌려주는 자의 종이 된다. 우리는 하나님을 경외하며 부지런히 살아야 하고, 또 우리 주위의 가난한 자를 사랑하고 불쌍히 여기며 구제하며 선을 베풀어야 한다.

넷째로, 악을 심으며 뿌리는 자는 재앙을 거둘 것이며 그 분노의 기세는 쇠할 것이다. 우리는 악을 행하거나 악인과 친근히 하다가 함께 재앙을 당하지 말아야 하고, 오직 하나님을 경외하고 의지하고 악의 세력을 두려워 말고 성경의 교훈대로 선하고 온유하고 겸손한 자가 되어야 한다.

## 9-12절, 선한 눈, 거만, 마음의 정결, 지식

**[9절] 선한 눈**(토브 아인 טוֹב עַיִן)[후한 눈](KJV)**을 가진 자는 복을 받으리니 이는 양식을 가난한 자에게 줌이니라.**

눈은 마음을 드러낸다. 어떤 영어성경들은 '선한 눈을 가진 자'를 '후한 자'(NASB, NIV)라고 번역했다. 선한 눈 즉 선한 마음을 가진 사람은 가난한 자에게 양식을 나눠줄 것이다. 구제는 하나님의 뜻이며 명령이다. 신명기 15:10, "너는 반드시 그[가난한 형제]에게 구제할 것이요, 구제할 때에는 아끼는 마음을 품지 말 것이니라. 이로 인하여 네 하나님 여호와께서 네 범사와 네 손으로 하는 바에 네게 복을 주시리라."

의인의 특징은 하나님의 뜻에 순종하여 선한 마음을 가지고 선한 말과 선한 행동을 하는 것이며 그 선한 마음은 특히 구제로 나타난다. 시편 37:21, "악인은 꾸고 갚지 아니하나 의인은 은혜를 베풀고 주는도다." 시편 37:26, "저는[의인은] 종일토록 은혜를 베풀고 꾸어주니 그 자손이 복을 받는도다." 잠언 21:26, "어떤 자는 종일토록 탐하기만 하나 의인은 아끼지 아니하고 시제[구제]하느니라."

본문은 의인이 양식을 가난한 자에게 주기 때문에 복을 받을 것이라고 말한다. 잠언 11:25, "구제를 좋아하는 자는 풍족하여질 것이요 남을 윤택하게 하는 자는 윤택하여지리라." 잠언 13:21, "재앙은 죄인을 따르고 선한 보응은 의인에게 이르느니라." 잠언 19:17, "가난한 자를 불쌍히 여기는 것은 여호와께 꾸이는 것이니 그 선행을 갚아 주시리라." 마태복음 6:3-4, "너는 구제할 때에 오른손의 하는 것을 왼손이 모르게 하여 네 구제함이 은밀하게 하라. 은밀한 중에 보시는 너의 아버지가 갚으시리라." 하나님께서는 우리의 구제와 선행을 갚아주신다.

**[10절] 거만한 자를 쫓아내면 다툼이 쉬고 싸움과 수욕이 그치느니라.**

'거만한 자'라는 원어(레츠 לֵץ)는 '조롱하는 자, 비웃는 자'라는 뜻이다. 조롱하고 비웃는 것은 교만하고 거만한 자의 모습이다. 그런 자는 다툼을 일으키는 원인이 된다. 잠언 13:10은, "교만에서는 다툼만 일어날 뿐이라. 권면을 듣는 자는 지혜가 있느니라"고 말하였다. 잠언 28:25는 "마음이 탐하는 자는 다툼을 일으키나 여호와를 의지하는 자는 풍족하게 되느니라"고 말했는데, 거기에서 '탐한다'는 원어(레카브 רְחַב)도 '교만하다'는 뜻이다(BDB, KJV, NASB).

인간 관계에서 화평과 일치를 가지려면, 온유와 겸손, 오래 참음과 양보와 사랑의 덕을 갖추어야 한다. 그러므로 사도 바울은 에베소서 4:1-3에서, "주 안에서 갇힌 내가 너희를 권하노니 너희가 부르심을 입은 부름에 합당하게 행하여 모든 겸손과 온유로 하고 오래 참음으로 사랑 가운데서 서로 용납하고 평안의 매는 줄로 성령의 하나 되게 하신 것을 힘써 지키라"고 말했고, 또 빌립보서 2:3에서 "아무 일에든지 다툼이나 허영으로 하지 말고 오직 겸손한 마음으로 각각 자기보다 남을 낫게 여기라"고 말했다. 우리는 겸손과 사랑으로 단합해야 한다.

본문은 조롱하는 자를 쫓아내라고 말한다. 그것은 그런 자와 교제를 끊고 교회에서 내어보내라는 뜻이다. 그것은 절교의 벌이다. 또 "그리하면 다툼이 쉬며 싸움과 수욕도 그치리라"고 말한다. 물론 시시비비도 가려야 하겠지만, 교만한 자는 끝까지 자기의 잘못을 인정하지 않고 분란을 일으키므로 성도의 교제에서 제외되어야 한다. 자신의 잘못을 회개치 않고 온유와 겸손의 덕을 사모하지도, 행하기를 힘쓰지도 않는 자는 실상 교회 안에 있는 것이 합당치 않다.

**〔11절〕 마음의 정결을 사모하는 자의 입술에는 덕이 있으므로 임금이 그의 친구가 되느니라.**

본문은 우리에게 마음의 정결을 사모하는 자, 입술에 덕이 있는 자가 되라고 교훈한다. 마음의 정결함은 생각과 감정과 의지의 정결함이다. 그것은 중생(重生)[거듭남]과 회개의 결과이다. 만물보다 거짓되고 심히 부패한 것이 사람의 마음이다. 그러므로 마음의 정결함은 오직 철저한 회개를 통해서만, 즉 죄를 깨닫고 죄를 미워하고 죄를 버리고 예수 그리스도를 믿고 죄씻음 얻음으로만 가능하다. 사도행전 15:9는 우리가 믿을 때 하나님께서 우리의 마음을 깨끗케 하셨다고 말한다.

우리는 마음의 정결함을 사모하며 사랑해야 한다. 하나님의 뜻은 우리가 거룩하게 사는 자가 되는 것이다(살전 4:3). 그러므로 하나님을 아는 자, 곧 하나님을 경외하고 그의 뜻을 행하고자 하는 자는 마음의 더러움을 씻음 받고 마음의 정결함을 사모하며 사랑해야 한다.

또 우리는 입술에 덕이 있는 자가 되어야 한다. '덕'이라는 원어(켄 חֵן)는 '은혜, 친절함, 사랑스러움'이라는 뜻이다. 사람의 마음은 말로 표현된다. 주께서는 사람이 마음에 가득한 것을 입으로 말하며 선한 사람은 그 쌓은 선에서 선한 것을 말하고 악한 사람은 그 쌓은 악에서 악한 것을 말한다고 말씀하셨다(마 12:34-35). 사도 바울은 에베소서 4:29에서 "오직 덕을 세우는 데 소용되는 대로 선한 말을 하여 듣는 자들에게 은혜를 끼치게 하라"고 교훈하였다.

마음의 정결함을 사모하고 입에 덕이 있는 자는 훌륭한 인격자이며 모두가 그를 좋아하고 세상에서 가장 존귀한 왕이라도 그의 친구가 되며 만왕의 왕이신 하나님께서도 그를 친구로 받아주실 것이다.

**〔12절〕 여호와께서는 지식 있는 자를 그 눈으로 지키시나 궤사한 자의 말은 패하게 하시느니라**[여호와의 눈은 지식을 지키시나 변절자의 말은 폐하시느니라].

하나님의 눈은 모든 것을 보시고 판단하시고 보응하신다. 그 눈은 특히 지식을 지키신다. 그 지식은 바른 지식, 참된 지식, 공의의 지식, 진리의 지식을 가리킨다. 하나님께서는 지식을 지키신다. 하나님 앞에서 참 지식은 언제나, 누구에게나 동일하다. 하나님의 말씀은 진리이며(요 17:17), 하나님의 진리, 성경 진리는 변하지 않는다. 하나님께는 잘못된 지식이 없으시며 시대마다 변하는 지식도 없으시다.

우리는 하나님의 진리의 지식을 사모해야 하며 그 지식을 얻어야 한다. 잠언 8:10은, "너희가 은을 받지 말고 나의 훈계를 받으며 정금보다 지식을 얻으라"고 말했고, 잠언 22:17은, "너는 귀를 기울여 지혜 있는 자의 말씀을 들으며 내 지식에 마음을 둘지어다"라고 말했다. 또 잠언 19:27은, "내 아들아, 지식의 말씀에서 떠나게 하는 교훈을 듣지 말지니라"고 말했다. 우리는 지식 있는 성도가 되어야 한다.

하나님께서는 변절자의 말은 폐하신다. '궤사한 자'라는 원어(보게드 בֹּגֵד)는 '변절자, 배신자'라는 뜻이다. 변절자는 자기에게 유리하거나 불리할 때 말을 바꾸며 참 지식을 저버린다. 그는 한 주인을 섬기지 않고 두 주인 혹은 여러 주인을 섬기는 자이며, 바른 생각과 참된 지식을 버린 자이다. 하나님께서는 그런 사람의 생각과 중심을 다 아시고 판단하시고 그를 폐하신다. '패하게 한다'는 원어(살라프 סָלַף)는 '폐한다, 뒤집어엎다, 파괴한다'는 뜻이다. 그러므로 시편 34:13은, "네 혀를 악에서 금하며 네 입술을 궤사한 말에서 금할지어다"라고 말했다.

본문의 교훈을 정리해보자. 첫째로, 선한 눈을 가진 자는 양식을 가난한 자에게 주기 때문에 복을 받을 것이다. 우리는 선한 눈, 곧 친절하고 너그럽고 후한 마음을 가지고, 우리 주위에 가난한 자들에게 우리의 가진 것을 나누는 선한 자가 되어야 하고 그때 하나님께 복을 받을 것이다.

둘째로, 조롱하는 자를 쫓아내면 다툼이 쉬고 싸움과 수욕이 그칠 것이다. 우리는 교만하고 거만한 마음을 가져 남을 조롱하거나 비웃지 말고 오직 온유와 겸손, 사랑과 양보의 심령을 가진 자가 되어야 한다.

셋째로, 마음의 정결을 사모하는 자의 입술에는 덕이 있으므로 왕이 그의 친구가 될 것이다. 우리는 마음의 정결을 사모하고 선하고 덕스럽고 은혜로운 말을 해야 하고 그때 하나님께서는 우리의 친구가 되실 것이다.

넷째로, 여호와의 눈은 지식을 지키시나 변절자의 말은 폐하신다. 하나님께서는 의와 진리의 바른 지식을 사모하며 소유하고 끝까지 붙드는 자들을 붙드시고 복 주시고 그 지식을 저버리는 변절자를 폐하실 것이다. 우리는 성경의 바른 지식을 사모하며 소유하고 끝까지 붙들어야 한다.

## 13-16절, 게으름, 음녀, 아이, 학대

**[13절] 게으른 자는 말하기를 사자가 밖에 있은즉 내가** 나가면 **거리에서 찢기겠다 하느니라.**

잠언 26:13도, “게으른 자는 길에 사자가 있다, 거리에 사자가 있다 하느니라”고 비슷하게 말한다. 무슨 일이든지 세상일에는 종종 크고 작은 어려움이 있고 예기치 못하는 난관들도 있다. 또한 성도가 하는 일에는 사탄과 악령들과 악한 자들의 방해도 있다. 그러므로 성도는 무슨 일을 하든지 먼저 겁부터 내지 말고 하나님께서 주시는 지혜와 용기를 가지고 또 고난을 각오하며 참고 견디면서 해야 한다.

그러나 게으른 사람은 “사자가 밖에 있은즉 내가 나가면 거리에서 찢기겠다”고 말하며 일을 하지 않으려 한다. 그는 예상되는 가장 어려운 상황을 가정하고 겁을 내며 핑계를 대며 게으름을 피우는 것이다. 그러나 실상, 사자는 보통 숲이 있는 들판에 있고 길거리에 있지는 않다. 성도의 앞길에 어려운 난관이 항상 있는 것은 아니다.

또 설령, 위험이 있다 해도, 우리는 할 일은 해야 할 것이다. 사람이 교통사고의 위험이 있다고 해서 자동차 운전을 하지 않는다면, 그는 많은 활동을 할 수 없을 것이다. 성도는 고난과 위험을 각오하며 살고 일해야 한다. 주 예수 그리스도를 따르는 길은 자기를 부정하고 십자가를 지고 따르는 길이다. 성도의 신앙생활에는 언제나 마귀와 악령들의 방해가 있다. 그러나 우리는 하나님의 도우심을 믿고 담대히 행해야 한다. 사도 바울은 “그리스도를 위하여 너희에게 은혜를 주신 것은 다만 그를 믿을 뿐 아니라 또한 그를 위하여 고난도 받게 하심이라”고 말했고(빌 1:29), 또 “내게 능력 주시는 그리스도 안에서 내가 모든 것을 할 수 있느니라”고 말했다(빌 4:13 전통본문).

**[14절] 음녀의 입은 깊은 함정이라. 여호와의 노를 당한 자는 거기 빠지리라.**

음녀는 음란한 여자, 단정치 못한 여자를 가리킨다. 그는 성(性)을 부부의 사랑의 수단으로 귀히 여기지 않고 단지 오락물이나 돈 버는 수단으로 생각하고 쉽게 자신의 몸을 남에게 주는 여자이다. 음녀의 입은 남자들을 유혹하는 입이다. 그는 달콤한 말로 그들을 유혹한다. 음란한 남자의 입도 마찬가지이다. 본문은 음녀의 입이 깊은 함정이라고 말한다. 그것은 사람이 거기서 헤어 나오기 어려운 함정이라는 뜻이다. 거기에 빠진 자는 큰 낭패를 당할 것이며 결국 죽을 것이다.

본문은 여호와의 노를 당한 자가 거기 빠질 것이라고 말한다. '여호와의 노를 당한 자'는 하나님께서 미워하시고 노하시는 자를 가리킨다. 하나님께서 사람을 미워하시고 노하시는 것은 그의 범죄함 때문이다. 하나님께서는 범죄한 자를 음녀의 유혹에 빠지게 버려두신다는 뜻이다. 작은 죄를 회개치 않는 자는 더 큰 죄에 빠질 것이다.

그러나 하나님의 은혜를 받은 사람, 죄를 회개하고 멀리하고 하나님만 의지하고 순종하는 사람은 음녀의 유혹에 빠지지 않을 것이다. 그것은 하나님께서 그를 지켜주시기 때문이다. 시편 25:15, "내 눈이 항상 여호와를 앙망함은 내 발을 그물에서 벗어나게 하실 것임이로다." 잠언 2:16, "지혜가 또 너를 음녀에게서, 말로 호리는 이방 계집에게서 구원하리라." 잠언 6:23-24, "대저 명령은 등불이요 법은 빛이요 훈계의 책망은 곧 생명의 길이라. 이것이 너를 지켜서 악한 계집에게, 이방 계집[음녀]의 혀로 너를 호리는 말에 빠지지 않게 하리라."

**〔15절〕 아이의 마음에는 미련한 것이 얽혔으나 징계하는 채찍이 이를 멀리 쫓아내리라.**

사람의 마음 속에는 날 때부터 가지고 태어난 부패성이 있고 하나님을 아는 지혜가 없고 도덕적 분별력과 통제력이나 자제력이 부족하기 때문에 사람의 마음은 깨끗하지 못하다. 아이의 마음이라도 그렇다. 오히려 도덕적 훈련을 받지 못한 아이의 마음은 도덕적 훈련을 받은 어른들의 마음보다 더 혼란스럽기도 하다.

아이의 마음에는 미련한 것이 얽혀 있다. 그 속에는 사상적 혼란이 있다. 아이에게는 하나님의 존재를 부정하고 두려워하지 않고 하나님께 예배드릴 줄 모르고 안식일을 구별할 줄 모르는 무신론적 생각이 있고, 하나님 아닌 헛된 것들에 의미와 가치를 두는 우상숭배적 생각도 있다. 도덕적 혼란도 있다. 부모를 공경치 않고 순종치 않고 거역하는 마음, 남을 미워하고 욕하고 해치려는 마음, 성적 문란 즉 음란한 마음, 도적질하는 마음, 거짓말하는 마음, 여러 가지 탐심 등이 있다. 이런 죄악된 것들이 아이들의 마음 속에 얽혀 있는 것이다.

그러나 징계하는 채찍이 이를 멀리 쫓아낸다. 이것은 말씀의 교훈을 전제한 것이다. 부모가 자녀를 일차적으로 하나님의 말씀으로 교훈하지만, 그래도 말을 잘 듣지 않으면 징계의 매가 필요하다. 그것은 미운 감정에서 나온 매가 아니고 하나님을 경외하고 그의 계명들을 지키는 사람을 만들려고 드는 사랑의 매이다. 잠언 13:24, "초달을 차마 못하는 자는 그 자식을 미워함이라. 자식을 사랑하는 자는 근실히 징계하느니라." 자녀를 위한 징계의 매는 효력이 있다. 그것은 자녀의 마음 속에 있는 미련한 것들을 멀리 쫓아내며, 그로 하여금 사상적, 도덕적 잘못을 깨닫고 바른 생각을 하고 바른 길을 걷게 할 것이다.

**[16절] 이(利)를 얻으려고 가난한 자를 학대하는 자와 부자에게 주는 자는 가난하여질 뿐이니라.**

물질적 이익을 가장 큰 가치로 알고 수단 방법을 가리지 않고 돈을 벌려는 자는 심지어 가난한 자를 학대하면서까지 자기 이익을 구하려 한다. 그러나 가난한 자를 구제하는 것이 하나님의 뜻인데, 가난한 자를 구제하기커녕 도리어 학대하니 그것은 하나님의 뜻을 거역하는 것이요 하나님을 멸시하는 큰 죄악이다. 잠언 14:31은, "가난한 사람을 학대하는 자는 그를 지으신 이를 멸시하는 자요 궁핍한 사람을 불쌍히 여기는 자는 주를 존경하는 자니라"고 말한다.

본문은 또 '부자에게 주는 자'에 대해서도 말한다. 부자에게 주는 것은 많은 경우에 나쁜 의도와 목적을 가지고 주는 뇌물성 선물이다. 그런 사람은 아부하고 아첨하기를 잘한다. 그것은 상대를 위해 준 것이 아니고 자기 자신의 이익을 위해 준 이기적 행위이다.

본문은, 물질적 이익을 얻으려고 가난한 자를 학대하는 자와 부자에게 주는 자는 가난하여질 뿐이라고 말한다. 하나님께서는 가난한 자를 학대하는 자에게서 복을 거두시고 도리어 재앙을 내리실 것이다. 또 부자에게 선물을 주는 자는 돈을 헛되이 쓰는 자이다. 우리의 재능과 건강, 시간과 돈은 세상 사는 동안 하나님께서 우리에게 맡겨주신 것들이며 헛되이 낭비하지 말고 바르게 써야 한다. 성도의 물질 관리법은, 우선 하나님의 영광을 위해 돈을 쓰는 것이고, 또 자신을 위해서는 검소하게, 절약적이게 쓰는 것이고, 또 먹을것과 입을 것에 어려움을 당하는 주위의 가난한 자들을 돌아보며 구제하고 또 그 외에 이웃을 위한 선한 일들에 쓰는 것이다. 사람이 돈을 낭비하면 가난해진다.

본문의 교훈을 정리해보자. 첫째로, 게으른 자는 사자가 밖에 있은즉 내가 나가면 거리에서 찢기겠다고 한다. 우리는 게으른 자가 되지 말고 또 고난을 두려워하며 겁내는 자도 되지 말아야 한다. 우리는 하나님을 의지하고 지혜와 용기를 얻어 우리가 해야 할 일을 담대히 해야 한다.

둘째로, 음녀의 입은 깊은 함정이며 하나님의 노를 당한 자는 거기에 빠질 것이다. 우리는 하나님을 경외하고 회개함으로 하나님의 노를 피하고 음녀의 말에 빠지지 말고 음란죄에 떨어지지 않도록 조심해야 한다.

셋째로, 아이의 마음에는 미련한 것이 얽혔으나 징계하는 채찍이 이를 멀리 쫓아낸다. 우리는 원죄의 부패성을 인식하고 하나님의 말씀 곧 성경 말씀의 바른 교훈과 징계의 매로써 자녀들을 바르게 교육해야 한다.

넷째로, 이(利)를 얻으려고 가난한 자를 학대하는 자와 부자에게 주는 자는 가난하여질 뿐이다. 우리는 불의하고 악하게 물질적 이익을 얻으려 하지 말고, 정당하게 벌고 바르게 그리고 선하게 쓰는 자가 되어야 한다.

## 17-21절, 지혜의 말씀, 진리의 말씀

**[17-18절] 너는 귀를 기울여 지혜 있는 자**(카카밈 חֲכָמִים)[지혜 있는 자들]**의 말씀을 들으며 내 지식에 마음을 둘지어다.** [이는](키 כִּי) **이것을 네 속에 보존하며 네 입술에 있게 함이 아름다우니라**[아름다움이니라].

지혜 있는 자들은 하나님을 경외하고 그의 원하시는 바를 이해하고 바르고 선하게 살며 다른 사람들을 가르칠 수 있는 자들이다. 솔로몬도 하나님의 은혜로 그런 지혜와 지식을 얻었었다. 하나님의 지혜와 지식은 그의 지식과 지혜가 되었고 그는 또 그것을 다른 사람들에게 전하고 가르칠 수 있었다. 본문은 우리가 귀를 기울여 지혜 있는 자들의 말씀을 들으며 지식에 마음을 두라고 말한다. 우리는 참된 지혜와 지식의 말씀에 귀를 기울이고 마음을 두어야 한다.

그렇게 해야 할 이유는 이것을 마음 속에 보존하고 입술에 있게 함이 아름답기 때문이다. 사람이 지혜와 지식을 그 마음 속에 보존하면 그는 지혜와 지식이 있는 인격이 되며 지혜와 지식이 있게 행동하게 될 것이다. 또 사람은 지혜와 지식을 그 입술에 있게 하면, 그는 경건하고 바른 말, 선하고 덕스럽고 진실한 말을 하게 될 것이다.

그것은 아름다운 일이다. 사람이 외모는 아름다워도 그 인격이 아름답지 못하다면 그것이 참으로 아름다운 것이 아니다. 성경은 인격적, 도덕적 덕성과 아름다움을 훨씬 더 크게 여긴다. 그것이 하나님 앞에서 참으로 값진 아름다움이다. 그러므로 사도 베드로는, "너희 단장은 머리를 꾸미고 금을 차고 아름다운 옷을 입는 외모로 하지 말고 오직 마음에 숨은 사람을 온유하고 안정한 심령의 썩지 아니할 것으로 하라. 이는 하나님 앞에 값진 것이니라"고 말했다(벧전 3:3-4).

**[19절] 내가 너로 여호와를 의뢰하게 하려 하여 이것을 오늘 특별히 네게 알게 하였노니.**

본문의 '이것'은 앞절에 말한 '지혜와 지식의 말씀'을 가리킨다. 본문은 지혜와 지식의 말씀을 통해 하나님을 의지할 것을 교훈한다.

우리는 이 세상의 것들을 의지하지 말아야 한다. 이사야 3:1-2, "주 만군의 여호와께서 예루살렘과 유다의 의뢰하며 의지하는 것을 제하여 버리시되 곧 그 의뢰하는 모든 양식과 그 의뢰하는 모든 물과 용사와 전사와 재판관과 선지자와." 이사야 2:22, "너희는 인생을 의지하지 말라. 그의 호흡은 코에 있나니 수에 칠 가치가 어디 있느뇨?" 우리는 식량도, 돈도, 권세도, 사람도, 자기 자신도 의지해서는 안 된다.

우리는 영원하신 하나님만 의지해야 한다. 우리가 하나님만 의지하면 구원과 영생을 얻고 힘을 얻을 것이다. 이사야 45:22, "땅끝의 모든 백성아, 나를 앙망하라. 그리하면 구원을 얻으리라. 나는 하나님이라. 다른 이가 없음이니라." 이사야 40:31, "오직 여호와를 앙망하는 자는 새 힘을 얻으리니 독수리의 날개치며 올라감 같을 것이요." 우리는 아브라함처럼 바랄 수 없는 중에 하나님을 바라고 믿어야 한다(롬 4:18).

우리는 성경말씀을 통하여 믿음을 얻는다. 요한복음 20:31, "이것을 기록함은 너희로 예수께서 하나님의 아들 그리스도이심을 믿게 하려 함이요 또 너희로 믿고 그 이름을 힘입어 생명을 얻게 하려 함이니라." 로마서 10:17, "믿음은 들음에서 나며, 들음은 그리스도의[하나님의] 말씀으로 말미았았느니라." 디모데후서 3:14-15, "너는 배우고 확신한 일에 거하라. 네가 뉘게서 배운 것을 알며 또 네가 어려서부터 성경을 알았나니 성경은 능히 너로 하여금 그리스도 예수 안에 있는 믿음으로 말미암아 구원에 이르는 지혜가 있게 하느니라."

**〔20-21절〕 내가 모략과 지식의**[지식을] **아름다운 것을**[이전에][17] **기록하여 너로 진리의 확실한 말씀**[말씀의 확실함]**을 깨닫게 하며 또 너를 보내는 자에게 진리의 말씀으로 회답하게 하려 함이 아니냐?**

---

17) '아름다운 것'이라는 원문은 마소라 학자들이 '세 번째 것들, 아름다운 것들'이라는 말(솰리쉼 שָׁלִשִׁים)(KJV, NASB)로 읽으라고 제안하지만(케레), 본래는 '3일 전에, 이전에'라는 말(쉴숌 שִׁלְשׁוֹם)로 쓰여 있다(케팁)(BDB).

하나님께서는 지혜와 지식의 말씀들을 성경에 기록케 하셨다. 성경은 하나님의 지혜와 지식의 말씀이다. 하나님께서 성경을 주신 목적은 두 가지이다. 첫째는 진리의 말씀의 확실함을 깨닫게 하기 위함이다. '확실함'이라는 원어(코쉐트 קֹשְׁטְ)는 '정당함, 믿을 만함'이라는 뜻이다. 누가는 누가복음을 쓴 목적을 데오빌로 각하로 하여금 그 배운 바의 확실함을 알게 하려 함이라고 말했다(눅 1:4). 우리는 성경을 통해 하나님의 진리의 정당함, 믿을 만함, 확실함을 깨닫고 그 진리를 확신하게 된다. 디모데후서 3:14-15, "너는 배우고 확신한 일에 거하라. 네가 뉘게서 배운 것을 알며 또 네가 어려서부터 성경을 알았나니."

둘째는 진리를 고백하고 가르치게 하기 위함이다. '너를 보내는 자에게'라는 말은 진리를 배우게 하려고 '너에게 보내는 자들에게'(KJV)라는 뜻보다 진리를 전하라고 '너를 보낸 자에게'(NASB, NIV)라는 뜻일 것이다. 우리는 하나님의 지혜와 지식의 기록인 성경을 통해 하나님의 진리를 배우고 고백해야 하고 또 그 진리를 가르치고 전해야 한다.

본문의 교훈을 정리해보자. 첫째로, 우리는 귀를 기울여 지혜 있는 자들의 말씀을 들으며 그 지식에 마음을 두어야 한다. 그것을 마음에 두고 고백함이 아름답기 때문이다. 사람의 참 가치와 아름다움은 단지 외적인 것에나 물질적인 것에 있지 않고 인격성 곧 경건과 도덕성에 있다.

둘째로, 하나님께서는 우리가 그를 의뢰하게 하시기 위해 지혜와 지식의 말씀을 우리에게 알게 하셨다. 우리는 헛된 세상의 것들을 의지하지 말고, 오직 성경말씀을 통하여 창조자와 섭리자 하나님을 알고 의지하고 그의 아들 우리 주 예수 그리스도를 알고 믿고 의지하고 따라가야 한다.

셋째로, 하나님께서는 모략과 지식을 이전에 기록하게 하셔서 우리로 진리의 말씀의 확실함을 깨닫게 하시며 또 그것을 고백하며 가르치게 하신다. 성경은 하나님의 지혜와 지식의 창고이며 우리는 성경을 통해 하나님과 그의 모든 진리를 확신하고 고백하며 다른 이들에게 전할 수 있다.

## 22-29절, 탈취, 노, 빚 보증, 지계석, 근실함

**〔22-23절〕 약한**(달 דַּל)[약한, 가난한](BDB) **자를 약하다고 탈취하지 말며 곤고한**(아니 עָנִי)[환난 당하는, 가난한] **자를 성문에서 압제하지 말라. 대저** [이는] **여호와께서 신원(伸冤)하여**[원통함을 풀어] **주시고 또 그를 노략하는 자의 생명을 빼앗으시리라**[빼앗으실 것임이니라].

우리는 약하고 가난한 자의 것을 빼앗거나 압제하지 말아야 한다. '성문에서'라는 말은 '공적으로'라는 뜻이다. 옛날에 성문 앞은 사람들이 모이는 공공 장소이었다. 거기에서 장로들의 재판이 있었다. 그러므로 성문 앞에서 가난한 자를 압제하는 것은 매우 뻔뻔스럽고 큰 악이다. 하나님께서는 가난한 자들의 억울함을 다 아시고 갚아주시고 그들의 소유물을 빼앗는 악인들을 죽이실 것이다. 신명기 27:19는, "객이나 고아나 과부의 송사를 억울케 하는 자는 저주를 받을 것이라 할 것이요 모든 백성은 아멘 할지니라"고 말하였고, 또 시편 140:12는, "내가 알거니와 여호와는 고난 당하는 자를 신원(伸冤)하시며[원통함을 풀어주시며] 궁핍한 자에게 공의를 베푸시리이다"라고 말하였다.

**〔24-25절〕 노를 품는 자와 사귀지 말며 울분한 자와 동행하지 말지니 그 행위를 본받아서 네 영혼을 올무에 빠칠까 두려움이니라.**

잠언은, 노하기를 속히 하는 자는 어리석은 일을 행하며 분을 쉽게 내는 자는 다툼을 일으킨다고 말한다(잠 14:17; 15:18; 29:22). 또 사람이 노하면 범죄하기 쉽다(시 37:8; 잠 29:22). 그러므로 우리는 노하기를 더디해야 한다. 잠언 14:29와 16:32는, 노하기를 더디하는 자는 크게 명철하며 용사보다 낫다고 말한다. 전도서 7:9도 "급한 마음으로 노를 발하지 말라"고 말하였다. 야고보서 1:19-20도, "성내기는 더디하라. 사람의 성내는 것이 하나님의 의를 이루지 못함이니라"고 말하였다. 노하기를 더디하는 것은, 성도들에게 주신 성경의 전체적 가르침, 즉 온유와 겸손과 관용, 사랑과 인내, 항상 기뻐함 등의 가르침에 일치한다. 우리는 마음 속에서 일어나는 노를 억제해야 한다.

또 우리는 노를 품는 자와 사귀지도 말며 울분한 자와 동행하지도 않는 것이 좋다. 그 이유는 우리가 분노한 자나 울분한 자의 행위를 본받아 우리의 영혼을 올무에 빠뜨릴 수 있기 때문이다. 사람은 남의 행동을 잘 따라해서 악한 자와 교제하면 악한 일을 배우기 쉽다. 그러므로 우리는 어리석은 자나 악한 자와 교제하는 것부터 조심해야 한다. 우리는 노를 품는 자와 사귀지 말고 그와 동행하지 말아야 한다.

〔26-27절〕 **너는 사람으로 더불어 손을 잡지**(타카 카프 תָּקַע כָּף)[손을 치지, 손바닥을 치지] **말며 남의 빚에 보증이 되지 말라. 만일 갚을 것이 없으면 네 누운 침상도 빼앗길 것이라. 네가 어찌 그리하겠느냐?**

손을 치는 것은 옛날에 사람이 무엇을 보증할 때 사용한 방식이었다. 잠언 6:1, "타인을 위하여 보증하였으면[네 손을 치면]." 잠언 17:18, "지혜 없는 자는 남의 손을 잡고[남의 손을 치며]."

사람이 남의 빚에 보증이 되지 않는 것이 지혜이다. 잠언 17:18은, "지혜 없는 자는 남의 손을 잡고[손을 치며] 그 이웃 앞에서 보증이 되느니라"고 말한다. 그러나 어떤 사람이 남의 빚을 보증하였으면 그는 속히 가서 간청하여 그 보증을 취소하는 것이 좋다. 잠언 6:1-3, "내 아들아, 네가 만일 이웃을 위하여 담보하며 타인을 위하여 보증하였으면 네 입의 말로 네가 얽혔으며 네 입의 말로 인하여 잡히게 되었느니라. 내 아들아, 네가 네 이웃의 손에 빠졌은즉 이같이 하라. 너는 곧 가서 겸손히 네 이웃에게 간구하여 스스로 구원하라."

남의 빚을 보증한 자는 손해를 당할 것이다. 만일 갚을 것이 없으면, 누운 침상도 빼앗길 것이다. 그러므로 잠언 11:15도, "타인을 위하여 보증이 되는 자는 손해를 당하여도 보증이 되기를 싫어하는 자는 평안하니라"고 말했고, 잠언 20:16도, "타인을 위하여 보증이 된 자의 옷을 취하라. 외인들의 보증이 된 자는 그 몸을 볼모잡힐지니라"고 말했다.

〔28절〕 **네 선조의 세운 옛 지계석**(게불 גְּבוּל)[경계 표시]**을 옮기지 말지**

**니라.**

경계 표시는 토지를 측량하고 박아둔 말뚝이다. 신명기 19:14, "네 하나님 여호와께서 네게 주어 얻게 하시는 땅 곧 네 기업된 소유의 땅에서 선인(先人)의 정한 네 이웃의 경계표를 이동하지 말지니라." 잠언 23:10, "옛 지계석을 옮기지 말며 외로운 자식의 밭을 침범하지 말지어다." 지계석을 옮기는 것은 속여서 남의 재산을 취하는 것이며 더러운 이익을 탐하는 것이다. 그것은 양심을 더럽히는 악한 행위이다.

성도는 선조가 세운 옛 지계석을 옮기지 말아야 한다. 성도는 더러운 이(利)를 탐하지 말아야 한다. 성경은 감독과 집사가 더러운 이를 탐하지 않는 자이어야 한다고 교훈하였다. 디모데전서 3:3, "[감독은] 더러운 이(利)를 탐하지 아니하며"(전통본문). 디모데전서 3:8, "[집사도] 더러운 이(利)를 탐하지 아니하고." 디도서 1:7, "[감독은] 더러운 이를 탐하지 아니하며." 이것은 성도의 모범적 삶의 한 부분이다. 성도는 더러운 이익을 탐하지 말고 도둑질하거나 속이지 말고 정정당당하게, 정직하고 진실하게 살아야 한다. 그것이 바른 생활이다.

하나님께서는 사람의 모든 행위를 공의로 보응하실 것이다. 신명기 27:17, "그 이웃의 지계표를 옮기는 자는 저주를 받을 것이라 할 것이요 모든 백성은 아멘 할지니라." 호세아 5:10, "유다 방백들은 지계표를 옮기는 자 같으니 내가 나의 진노를 저희에게 물같이 부으리라."

**〔29절〕 네가 자기 사업에 근실한**(마히르 מָהִיר)[신속한, 부지런한(KJV), 능숙한(NASB, NIV)](BDB) **사람을 보았느냐? 이러한 사람은 왕 앞에 설 것이요 천한 자 앞에 서지 아니하리라.**

사람이 자기 일에 신속하고 부지런해서 어떤 방면에 뛰어난 실력가가 되면, 그는 나라의 통치자 앞에 설 것이며 그 앞에서 지위를 가질 것이다. 각 분야의 학자들은 통치자의 보좌관이나 자문위원이 될 것이며, 각 분야의 전문가들도 통치자의 조언자가 될 것이다.

하나님의 일과 교회의 일에 있어서도 그러하다. 성도가 자기 본분을 다하면 하나님께서 세우시는 직분자가 될 것이다. 초대 예루살렘 교회가 일곱 집사를 뽑으려 할 때, 열두 사도들은 모든 제자들을 불러 말했다. "형제들아, 너희 가운데서 성령과 지혜가 충만하여 칭찬 듣는 사람 일곱을 택하라. 우리가 이 일을 저희에게 맡기리라"(행 6:3).

사도 바울은 교회의 감독 즉 장로의 자격과 집사의 자격을 말할 때 신앙생활과 인격의 성숙함과 온전함을 중요한 요소로 들었다. 디모데전서 3:2, "그러므로 감독은 책망할 것이 없으며." 디모데전서 3:8, "집사들도 단정하고 일구이언을 하지 아니하고." 디모데전서 3:11, "여자들도 이와 같이 단정하고." '단정함'은 '존경할 만함'이라는 뜻이다. 또 사도 바울은 맡은 자들에게 필요한 것은 충성이라고 말했다(고전 4:2).

본문의 교훈을 정리해보자. 첫째로, 우리는 약하고 가난한 자들을 압제하거나 탈취하지 말고, 그들을 불쌍히 여기고 돌아보아야 한다. 가난한 자를 압제하는 것은 하나님을 멸시하는 죄이다. 우리는 하나님의 심판과 보응을 두려워해야 한다. 우리는 가난한 자를 사랑하고 구제해야 한다.

둘째로, 우리는 노를 품거나 울분한 자와 사귀지 말고 동행치 말아야 한다. 그것은 그들의 행위를 본받아서 우리의 영혼을 올무에 빠칠까 염려함이다. 노하기를 더디하는 것이 지혜이며 또 노한 자와 사귀지 않는 것도 지혜이다. 성도가 노한 자와 친근히 교제하면 범죄하기 쉽다.

셋째로, 우리는 대신 갚을 마음과 능력이 없다면 남의 빚에 보증이 되지 말아야 한다. 남의 빚에 보증이 되는 것은 선한 일인지는 모르나 어리석은 일이다. 남의 빚을 보증한 자는 손해를 입을 각오를 해야 한다.

넷째로, 우리는 선조들이 세운 땅 경계표를 옮기지 말아야 한다. 우리는 이 세상에서의 삶의 모든 영역에서 더러운 이를 탐하지 말고 정직하고 선하고 진실하게 살아야 한다. 하나님께서는 공의로 보응하실 것이다.

다섯째로, 우리는 세상의 일이든지, 하나님의 교회의 일이든지, 무슨 일을 하든지, 근실한 자, 즉 신속하고 부지런한 자, 일에 익숙한 자가 되어야 한다. 그래야 사람들에게 인정을 받고 교회에서도 그러할 것이다.

# 23장: 물질, 자녀 징계, 술

## 1-8절, 탐식, 재물, 악인의 대접

〔1-3절〕 **네가 관원과 함께 앉아 음식을 먹게 되거든 삼가 네 앞에 있는 자**[네 앞에 있는 것](KJV, NASB, NIV)**가 누구인지 생각하며 네가 만일 탐식자여든 네 목에 칼을 둘 것이니라. 그 진찬(珍饌)**[맛있는 음식]**을 탐하지 말라. 그것은 간사하게** 베푼(케자빔 כְּזָבִים)[속이는](NASB, NIV) **식물이니라.**

본문은, 관원이 베푼 진수성찬을 조심하고 그것을 탐하지 말고 네 목에 칼을 두라고 교훈한다. 왜냐하면 그것이 간사하게 베푼 음식, 즉 속이는 식탁이기 때문이다. 그것은 순수한 대접이 아니고 나쁜 의도를 가진 계산적인 대접이며 시험과 올무가 될 식탁이며 흠 잡힐 빌미가 될 식탁이다. 그러므로 성도는 대접받는 일을 조심해야 한다. 특별히 악인이 베푸는 대접은 피하는 것이 지혜이다. 악한 자의 대접을 받으면 악한 일에 동참하기 쉽고 한번 대접을 받으면 그 후에는 악한 자를 끊거나 물리치기 어려워질 것이다.

우리는 순수한 대접을 주고받아야 한다. 순수한 대접이란 존경이나 사랑을 가지고 베푸는 대접이다. 그것은 나사로의 형제들인 마르다와 마리아가 예수님을 위해 잔치하며 대접한 것과 같은 것이다(요 12:2). 또 주께서는 자기를 식사에 청한 어떤 사람에게 교훈하시기를, 갚을 것이 없는 가난한 자들과 병자들을 청하라고 하셨다(눅 14:12-13).

〔4-5절〕 **부자 되기에 애쓰지**(야가 יָגַע)[수고하지, 피곤케 하지] **말고 네** 사사로운 **지혜를 버릴지어다**(카달 חָדַל)[끊어버릴지어다]. **네가 어찌 허무한 것에 주목하겠느냐? 정녕히** 재물은 **날개를 내어 하늘에 나는 독수리처럼 날아가리라.**

성도는 부자가 되려고 피곤하게 수고하거나 애쓰지 말아야 하고, 돈을 많이 버는 지혜도 끊어버려야 한다. 사도 바울은 말하기를, "부하려

하는 자들은 시험과 올무와 여러 가지 어리석고 해로운 정욕에 떨어지나니 곧 사람으로 침륜과 멸망에 빠지게 하는 것이라. 돈을 사랑함이 일만 악의 뿌리가 되나니 이것을 사모하는 자들이 미혹을 받아 믿음에서 떠나 많은 근심으로써 자기를 찔렀도다"라고 했다(딤전 6:9-10).

성도가 부자가 되기에 애쓰지 말고 돈 버는 지혜를 버려야 할 이유는 돈이 허무한 것이기 때문이다. 그것은 어느 날 독수리처럼 날아가버릴 것이며 내가 죽으면 남의 것이 되고 말 것이다. 시편 39:6, "재물을 쌓으나 누가 취할는지 알지 못하나이다." 누가복음 12:20, "하나님은 이르시되 어리석은 자여, 오늘밤에 네 영혼을 도로 찾으리니 그러면 네 예비한 것이 뉘 것이 되겠느냐?" 야고보서 4:14, "너희 생명이 무엇이뇨? 너희는 잠깐 보이다가 없어지는 안개니라."

우리는 하나님의 공급하심을 믿고 또 그의 공급하신 것으로 만족하며 살아야 한다. 마태복음 6:31-32, "염려하여 이르기를 무엇을 먹을까 무엇을 마실까 무엇을 입을까 하지 말라. 이는 다 이방인들이 구하는 것이라. 너희 천부께서 이 모든 것이 너희에게 있어야 할 줄을 아시느니라." 디모데전서 6:7-8, "우리가 세상에 아무것도 가지고 온 것이 없으매 또한 아무것도 가지고 가지 못하리니 우리가 먹을 것과 입을 것이 있은즉 족한 줄로 알 것이니라." 히브리서 13:5, "돈을 사랑치 말고 있는 바를 족한 줄로 알라. 그가 친히 말씀하시기를 내가 과연 너희를 버리지 아니하고 과연 너희를 떠나지 아니하리라 하셨느니라."

**〔6-8절〕 악한 눈이 있는 자의 음식을 먹지 말며 그 진찬(珍饌)을 탐하지 말지어다. 대저 그 마음의 생각이 어떠하면 그 위인(爲人)도 그러한즉 그가 너더러 먹고 마시라 할지라도 그 마음은 너와 함께하지 아니함이라. 네가 조금 먹은 것도 토하겠고 네 아름다운 말도 헛된 데로 돌아가리라.**

'악한 눈'은 악한 마음을 반영하는 눈이다. 그것은 상대를 미워하고 약점을 잡고 해치려 하며 인색한 눈이다. 모세의 율법은 제7년 면제년이 가깝다고 가난한 형제에게 악한 눈을 들고 아무것도 꾸어주지 않는 행위에 대해 경고하였다(신 15:9). 잠언 28:22도 악한 눈이 있는 자는 재물을 얻기에만 급하다고 말하였다. 악한 눈을 가진 자가 있다.

성도가 악한 눈이 있는 자의 음식을 먹지 말고 그 진수성찬을 탐하지 말아야 할 이유는, 그의 마음이 그와 함께하지 않기 때문이다. 그가 그더러 먹고 마시라고 말할지라도 그것은 입술의 말뿐이며 그 마음은 그의 흠을 잡고 그에게 시험과 올무를 놓으려는 것이다. 사람은 마음에 가득한 것을 그의 말과 그의 행동으로 나타낸다(마 12:35). 악한 자의 대접은 진심이 아니다. 그것은 가식적인 것이며 속이는 것이다. 그것은 나쁜 의도를 가진 것이다.

그러므로 성도는 악한 자의 대접을 조심해야 한다. 이미 1-3절에서 관원이 간사하게 베푼 맛있는 음식을 탐하지 말고 네 목에 칼을 두라고 교훈했었다. 악한 자의 대접은 나쁜 의도를 가진 대접이므로 거기에 빠지면 해를 당케 될 것이다. 우리는 악한 자의 대접을 좋아하지 말고 그 맛있는 음식을 탐하지 말아야 한다. 성도는 남의 대접받기를 좋아하지 말고 남을 대접하는 자가 되어야 한다. 또 남을 대접할 때는 선한 눈으로, 진심과 사랑과 겸손으로 해야 한다.

본문의 교훈을 정리해보자. 첫째로, 우리는 정부의 관리와 함께 음식 대접을 받을 때 우리 앞에 있는 것이 속이는 음식일지 모르므로 그 맛있는 음식을 탐하지 말고 조심해야 한다. 그러나 우리가 남을 대접할 때에는 아무 조건이 없이, 계산적이지 않고 순수한 마음으로 해야 한다.

둘째로, 우리는 세상에서 부지런히 일하며 살지만, 부자가 되려고 피곤하게 수고하며 애쓰지 말고 돈 많이 버는 지혜도 버려야 한다. 우리는 돈의 헛됨을 알고 하나님만 믿고 현재 가지고 있는 것으로 만족해야 한다.

셋째로, 우리는 악한 눈이 있는 자의 음식을 먹지 말고 그 풍성한 식탁을 탐하지 말아야 한다. 우리는 대접받기를 좋아하지 말아야 한다. 그러나 우리가 남을 대접할 때에는 진심과 사랑과 겸손으로 해야 한다.

## 9-14절, 미련한 자, 옛 지계석, 교훈, 징계

**〔9절〕 미련한 자의 귀에 말하지 말지니 이는 그가 네 지혜로운 말**[너의 말의 지혜](원문, KJV, NASB)**을 업신여길 것임이니라.**

우리는 미련한 자들에게 말하지 말아야 한다. 그 이유는, 그가 우리의 지혜로운 말 혹은 우리의 말의 지혜를 업신여길 것이기 때문이다. 잠언 26:16에 "게으른 자는 선히 대답하는 사람 일곱보다 자기를 지혜롭게 여긴다"고 말했는데, 미련한 자도 그러하다. 미련한 자의 특징은 자신의 미련함을 알지 못하는 것이다. 소에게 경 읽기라는 속담이 있다. 소에게 성경이나 종교의 경전을 읽어주면 무슨 소용이 있겠는가? 깨닫는 마음이 없는 미련한 자는 짐승보다 나을 것이 없다. 시편 73:22는 "[내가] 우매무지하니 주의 앞에 짐승이라"고 고백하였었다.

그러므로 주님께서는, "거룩한 것을 개에게 주지 말며 너희 진주를 돼지 앞에 던지지 말라"고 말씀하셨다(마 7:6). 하나님의 진리의 자세한 내용을 미련한 자에게 말해주어도 그는 깨닫지 못하고 그 가치를 알지 못하고 도리어 그 진리를 무시하고 비방하고 모욕할 것이다. 그러므로 주님께서는 "들을 귀 있는 자는 들으라"고 자주 말씀하셨다(마 11:15 전통본문; 13:9, 43 전통본문; 눅 8:8; 14:35). 미련한 자들에게는 먼저 심령의 새로워짐과 들을 귀의 열림이 필요하다. 그들은 하나님을 알고 두려워하며 자신들이 피조물이며 죄성을 가진 부족한 존재들임을 알아야 한다. 그래야 하나님의 은혜와 진리의 지식을 사모하게 된다. 성도는 자신의 무지함과 미련함을 깨닫고 들을 귀가 열린 자이다.

**〔10-11절〕 옛 지계석**[경계, 경계 표시]**을 옮기지 말며 외로운 자식**(예소밈 יְתוֹמִים)[고아들]**의 밭을 침범하지 말지어다. 대저 그들의 구속자(救贖者)는 강하시니 너를 대적하사 그 원(寃)을 펴시리라**[원통함을 갚으시리라].

사람이 옛 경계 표시를 옮기고 고아들의 밭을 침범하는 것은 불의하고 더러운 이익을 탐하는 것이다. 불의하고 더러운 이익 때문에 자기의 양심을 속이고 자기의 양심을 더럽히지 말라는 것이다.

본문은, 이는 그들의 구속자(救贖者)께서 강하시며 너를 대적하사 그 원통함을 갚으실 것이기 때문이라고 말한다. 하나님께서는 고아들의 아버지이시며 그들의 구속자(救贖者)이시다. 시편 68:5, “그 거룩한 처소에 계신 하나님은 고아의 아버지시며 과부의 재판장이시라.” 하나님께서는 의로우시고 진실하시다. 그는 의와 진실을 기뻐하시고 불의와 거짓을 미워하시며 진노하시고 심판하신다. 그는 억울한 일 당하는 고아들을 구원하시며 그들을 억울케 하는 자들을 징벌하실 것이다.

성도는 물질 문제에 있어서 불의와 불법을 행하지 말아야 한다. 그는 정직하고 의롭고 진실하게 돈을 벌고 자기 재산을 관리하고 또 돈을 사용해야 한다. 그러므로 잠언 16:8은, “적은 소득이 의를 겸하면 많은 소득이 불의를 겸한 것보다 나으니라”고 말했고, 또 잠언 20:17은, “속이고 취한 식물은 맛이 좋은 듯하나 후에는 그 입에 모래[자갈]가 가득하게 되리라”고 말했다. 사도 바울은 감독 즉 장로와 집사의 자격을 말할 때, “더러운 이(利)를 탐하지 아니하는” 것을 들었다(딤전 3:3[전통본문], 8). 그것은 성도의 물질생활이 어떠해야 함을 교훈한다.

〔12절〕 **훈계**(무사르 מוּסָר)[교훈, 훈계, 징계]**에 착심(着心)하며**[마음을 두며] **지식의 말씀에 귀를 기울이라.**

하나님의 말씀은 우리에게 바른 길을 교훈하고 잘못된 것을 책망한다. ‘지식의 말씀’은 진리의 지식의 말씀을 가리킨다. 하나님의 말씀은 지식의 말씀이다. 성경은 하나님의 말씀이며 지식의 말씀이며, 교훈과 책망의 말씀이다. 그것은 하나님에 대해, 사람의 죄와 구원에 대해, 또 사람의 바른 삶에 대해 가르쳐준다. 그것은 경건과 의와 선에 대해 말한다. 잠언 1:7-8은, “여호와를 경외하는 것이 지식의 근본이어늘 미련한 자는 지혜와 훈계를 멸시하느니라. 내 아들아, 네 아비의 훈계를 들으며 네 어미의 법을 떠나지 말라”고 말했다. 또 사도 바울은, “모든 성경은 하나님의 감동으로 된 것으로 교훈과 책망과 바르게 함과 의로 교육하기에 유익하니 이는 하나님의 사람으로 온전케 하며 모든 선한 일을 행하기에 온전케 하려 함이니라"고 증거하였다(딤후 3:16-17).

'착심(着心)하다'는 말은 '마음을 가지다, 마음을 두다'는 뜻이다. 우리가 하나님을 섬기려면 그런 마음을 가져야 한다. 입술로나 겉모양으로만 하나님을 섬기는 것은 하나님을 섬기는 것이 아니다. 하나님께서는 우리의 겉모습을 원하시는 것이 아니고 우리의 마음을 원하신다. 우리는 마음을 다하여 하나님을 사랑해야 한다(신 6:5). 귀를 기울이는 것도 마음이 있을 때에 가능하다. 마음이 없고 다른 생각을 하면, 바른 말도 들리지 않는다. 우리는 들으려는 마음이 필요하다.

**[13-14절] 아이를 훈계**(무사르 מוּסָר)[교훈, 훈계, 징계]**하지 아니치 말라. 채찍으로 그를 때릴지라도 죽지 아니하리라. 그를 채찍으로 때리면 그 영혼을 음부(陰府)**(쉐올 שְׁאוֹל)[지옥, hell(KJV)]**에서 구원하리라.**

본문은, "아이를 훈계[교훈, 훈계, 징계]하지 아니치 말라"고 말한다. 어른에게도 교훈과 훈계와 징계가 필요하지만, 아이에게는 더욱 필요하다. 어릴수록 교훈과 훈계가 필요하고 매도 필요하다. 신명기 6:4-7, "이스라엘아, 들으라. 우리 하나님 여호와는 오직 하나인 여호와시니 너는 마음을 다하고 성품을 다하고 힘을 다하여 네 하나님 여호와를 사랑하라. 오늘날 내가 네게 명하는 이 말씀을 너는 마음에 새기고 네 자녀에게 부지런히 가르치며 집에 앉았을 때에든지 길에 행할 때에든지 누웠을 때에든지 일어날 때에든지 이 말씀을 강론할 것이며." 잠언 22:6, "마땅히 행할 길을 아이에게 가르치라. 그리하면 늙어도 그것을 떠나지 아니하리라." 에베소서 6:4, "또 아비들아, 너희 자녀를 노엽게 하지 말고 오직 주의 교양과 훈계로 양육하라."

본문은 또 "채찍으로 그를 때릴지라도 죽지 아니하리라. 그를 채찍으로 때리면 그 영혼을 음부(陰府)[지옥]에서 구원하리라"고 말한다. 훈계와 징계는 진정한 자녀 사랑이다. 잠언 13:24, "초달을 차마 못하는 자는 그 자식을 미워함이라. 자식을 사랑하는 자는 근실히 징계하느니라." 잠언 19:18, "네가 네 아들에게 소망이 있은즉 그를 징계하고." 자유방임주의는 바른 교육 방법이 아니고 자녀들에 대한 사랑도 아니다. 엘리 제사장이 죽은 것은 자기 아들들이 저주를 자청(自請)하였으나 금하지 않은 죄 때문이었다. 사무엘상 3:13, "내가 그 집을 영영토록 심판하겠다고 그에게 이른 것은 그의 아는 죄악을 인함이니 이는 그가 자기 아들들이 저주를 자청하되 금하지 아니하였음이니라."

교훈과 징계는 자녀들을 바른 사람 만드는 데 유익하다. 매는 그들의 영혼을 음부(陰府) 곧 지옥에서 건져낼 것이다. 잠언 22:15는, "아이의 마음에는 미련한 것이 얽혔으나 징계하는 채찍이 이를 멀리 쫓아내리라"고 말했고. 잠언 29:15는, "채찍과 꾸지람이 지혜를 주거늘 임의로 하게 버려두면 그 자식은 어미를 욕되게 하느니라"고 말했다.

본문의 교훈을 정리해보자. 첫째로, 우리는 미련한 자의 귀에 말하지 말아야 한다. 왜냐하면 그가 지혜로운 말을 업신여길 것이기 때문이다. 우리는 미련한 자에게 단지 하나님과 사람의 죄에 대한 기초적 진리를 말해 하나님을 경외하고 자신이 죄악됨을 깨닫게 하는 것이 필요하다.

둘째로, 우리는 옛 지계석을 옮기지 말고 고아와 과부의 밭을 침범하지 말아야 한다. 두려우신 공의의 심판자 하나님께서 그들의 원한을 풀어주실 것이기 때문이다. 우리는 불의의 이익을 탐하지 말고 공의의 하나님을 두려워해야 하고 항상 정직하고 의롭고 진실하게만 살아야 한다.

셋째로, 우리는 교훈에 마음을 두고 지식의 말씀에 귀를 기울여야 한다. 성경은 하나님의 교훈과 책망과 바르게 함과 의로 교육하기에 유익한 말씀이며(딤후 3:16) 하나님과 사람과 구원과 내세에 관한 지식의 말씀이다. 우리는 성경말씀에 우리의 마음을 두고 우리의 귀를 기울여야 한다.

넷째로, 우리는 자녀를 징계해야 하며 그 매는 그를 죽이는 것이 아니고 살리는 것이며 그의 영혼을 지옥에서 구원할 것이다. 우리는 우리의 자녀를 주의 교양과 훈계로 양육하고(엡 6:4) 필요할 때 매를 들기도 해야 한다. 그것이 바른 교육 방법이며 자녀의 영혼을 구원하는 방법이다.

## 15-19절, 지혜와 정직, 하나님 경외, 정로(正路)

**〔15-16절〕 내 아들아, 만일 네 마음이 지혜로우면 나 곧 내 마음이 즐겁겠고 만일 네 입술이 정직을 말하면 내 속이 유쾌하리라.**

본문은 경건한 부모가 자녀들에게 주는 교훈일 뿐 아니라, 하나님 아버지께서 하나님의 자녀된 우리들에게 주시는 교훈이다. 하나님께서는 우리의 마음이 지혜롭기를 원하신다. 사람이 마음이 지혜로우면 하나님을 경외하고 그의 뜻을 깨닫고 그의 계명대로 행한다. 반면에, 마음이 미련한 자는 하나님을 무시하고 믿지 않고 그의 뜻을 알지 못하고 그의 계명을 거역하며 이 세상의 헛된 것들을 추구한다.

하나님께서는 또 우리의 입술이 정직을 말하기를 원하신다. 마음에 지혜가 있으면 입술이 정직을 말할 것이다. 사람은 마음에 있는 것을 입으로 말한다. 마음에 미련함이 있으면 미련한 것, 곧 불의하고 거짓된 것을 말할 것이나, 마음에 지혜가 있으면 지혜로운 것, 곧 경건과 의와 선과 진실을 좋아하고 말하고 전하고 행할 것이다.

본문은, 그러면 "내 마음이 즐겁고 유쾌하리라"고 말한다. 자녀들이 지혜롭게, 정직하게 살면, 부모에게 마음의 기쁨과 즐거움이 된다. 또 우리가 그렇게 살면 하나님께서도 기뻐하신다. 요한이서 4, "너의 자녀 중에 우리가 아버지께 받은 계명대로 진리에 행하는 자를 내가 보니 심히 기쁘도다." 요한삼서 3-4, "형제들이 와서 네게 있는 진리를 증거하되 네가 진리 안에서 행한다 하니 내가 심히 기뻐하노라. 내가 내 자녀들이 진리 안에서 행한다 함을 듣는 것보다 더 즐거움이 없도다." 이것은 부모와 목사의 기쁨일 뿐 아니라, 주 하나님의 기쁨이시다.

**〔17-18절〕 네 마음으로 죄인의 형통을 부러워하지 말고 항상 여호와를 경외하라. 정녕히 네 장래가 있겠고 네 소망이 끊어지지 아니하리라.**

우리는 죄인의 물질적 부요와 세상적 성공을 부러워해서는 안 된다. 우리가 그들의 형통을 부러워한다면 우리는 하나님 대신, 세상의 것을 크게 여기는 자이며 세상 사랑과 세상 욕심을 가진 자일 것이다. 우리는 그렇게 하지 말고 항상 하나님을 경외해야 한다. 우리는 하나님을 인정하고 섬기며 그의 계명에 순종해야 한다. 그것이 지혜이고 의이며, 참된 평안과 행복과 승리의 길이다.

본문은 그렇게 할 때 "정녕히 네 장래가 있겠고 네 소망이 끊어지지 아니하리라"고 말한다. 사람은 장래가 있어야 한다. 현재 좋은 것만으로는 안 된다. 현재 좋은 것 같아도, 내일 망하는 자들이 있고, 또 마지막 날 지옥 가는 자들이 있다. 주께서 주신 부자와 나사로의 이야기는 그 진리를 증거한다. 부자는 세상에서 부요하게, 호화롭게 살았지만, 죽은 후에 지옥, 고통의 장소에 던지웠다(눅 16:19-23).

그러나 현재 환경적으로, 세상적으로 나쁜 것 같아도 내일 잘되는 자들이 있다. 다윗이나 모르드개가 그러했다. 의인은 일곱 번 넘어져도 다시 일어난다(잠 24:16). 현재 불행하게 죽는 것 같아도 장차 영생할 자들이 있다. 예수님 자신이 그러했고, 주의 이름 때문에 죽은 순교자들이 그러했다. 주께서는 "의를 위하여 핍박을 받은 자는 복이 있나니 천국이 저희 것임이라. 나를 인하여 너희를 욕하고 핍박하고 거짓으로 너희를 거슬러 모든 악한 말을 할 때에는 너희에게 복이 있나니 기뻐하고 즐거워하라. 하늘에서 너희의 상이 큼이라. 너희 전에 있던 선지자들을 이같이 핍박하였느니라"고 말씀하셨다(마 5:10-12). 성도들의 복된 부활과 천국과 영생은 반드시 이루어질 것이다.

**[19절] 내 아들아, 너는 듣고 지혜를 얻어 네 마음을 정로(正路)로 인도할지니라.**

"너는 들으라"는 것은 하나님의 말씀 곧 성경말씀과, 그것에 근거한 경건하고 바른 교훈을 들으라는 뜻이다. 우리는 하나님의 말씀을 들어야 지혜를 얻는다. 성경은 지혜로운 자와 미련한 자를 항상 대조시킨다. 지혜로운 자는 하나님을 알고 하나님을 경외하는 자요 그의 계명을 행하는 자이지만, 미련한 자는 하나님을 모르고 그를 두려워하지 않고 그의 뜻과 계명을 거역하고 죄만 짓는 자이다. 모든 사람은 지혜로운 자와 미련한 자, 이 둘 중에 하나이다.

본문은, "너는 듣고 지혜를 얻어 네 마음을 정로로 인도할지니라"고 말한다. 우리는 하나님의 말씀을 들어야 지혜를 얻고, 또 지혜를 얻어야 우리의 마음을 정로(正路)로 인도할 수 있다. 사람은 마음이 중요하다. 잠언 23:7은 "그 마음의 생각이 어떠하면 그 위인(爲人)[사람의 됨됨이]도 그러하다"고 말한다. 사람의 마음은 영혼의 활동 곧 지정의(知情意)의 활동 영역이다. 사람의 마음이 곧 그의 인격을 형성한다. 마음에서 말과 행동이 나온다. 그러므로 사람은 자기의 마음을 잘 지켜야 한다. 잠언 4:23, "무릇 지킬 만한 것보다 더욱 네 마음을 지키라."

'정로로'라는 원어(베데렉 בְּדֶרֶךְ)는 '그 길로'라는 뜻이다. '그 길'은 인생의 바른 길(正路)을 가리킨다. 그것은 하나님께서 성경에 교훈하신 길이다. 세상에는 정로가 아닌 길들이 많다. 사사 시대와 같이, 많은 사람들은 자기 소견에 옳은 대로 행하고 있다(삿 21:25). 그러나 성경만이 인생의 정로를 보인다. 그러므로 사도 바울은, "모든 성경은 하나님의 감동으로 된 것으로 교훈과 책망과 바르게 함과 의로 교육하기에 유익하니 이는 하나님의 사람으로 온전케 하며 모든 선한 일을 행하기에 온전케 하려 함이니라"고 말하였다(딤후 3:16-17).

본문의 교훈을 정리해보자. 첫째로, 우리는 마음이 지혜롭고 정직을 말하는 자가 되어야 한다. 이것은 부모와 목사와 하나님께 기쁨이 된다.

둘째로, 죄인의 형통을 부러워하지 말고 하나님만 경외하는 자가 장래가 있고 소망이 있다. 하나님을 경외하고 그의 계명을 순종하는 자들에게는 하나님께서 약속하신 현세의 복과 내세의 천국과 영생이 확실히 있다.

셋째로, 우리는 하나님의 말씀 곧 성경말씀을 듣고 지혜를 얻어 우리 마음을 정로(正路)로 인도해야 한다. 인생의 정로는 하나님을 경외하고 그의 명령대로 사는 것이다. 그것은 복된 길이요 영생의 길이다.

## 20-25절, 탐식, 부모 청종, 진리, 의인

**〔20-21절〕 술을 즐겨하는 자와 고기를 탐하는 자로 더불어 사귀지 말라.** [이는] **술 취하고 탐식하는 자는 가난하여질 것이요 잠자기를** 즐겨하는 자는 **해어진 옷을 입을 것임이니라.**

우리는 술을 즐겨하는 자와 고기를 탐하는 자와 함께 사귀지 말아야 한다. 친구는 영향을 주고받는다. 잠언 13:20은, "지혜로운 자와 동행하면 지혜를 얻고 미련한 자와 사귀면 해를 받느니라"고 말했고, 고린도전서 15:33은, "악한 동무들은 선한 행실을 더럽힌다"고 말했다.

술을 즐겨하는 자와 사귀면 술 마시는 것을 배우고 영향을 받는다. 그러나 성도는 술 취함을 경계해야 한다. 에베소서 5:18은 술 취하는 것이 방탕한 것이라고 말했고, 고린도전서 6:10은 그런 자가 하나님의 나라를 유업으로 받지 못한다고 했다. 또 장로와 집사의 자격에 술을 즐기지 않는 것과 술에 인박이지 않은 것이 포함되었다(딤전 3:3, 8).

또 고기를 탐하는 자와 사귀어도 나쁜 영향을 받는다. 음식을 탐하는 것도 좋지 않다. 먹는 것은 즐거운 일이지만, 사람은 일하기 위하여 적당하게 먹어야지, 먹는 것 자체에 너무 빠져서는 안 된다. 천국 소망을 가진 성도는 먹을 것과 입을 것이 어느 정도 있으면 만족하며 살아야 한다(딤전 6:8). 또 잠도 너무 많이 자는 것은 게으른 일이므로 그런 자와도 친근히 하지 말아야 한다. 사람은 적당하게 먹고 잠도 적당하게 자고 부지런하게 자기 할 일을 하며 살아야 한다.

본문은, "이는 술 취하고 탐식하는 자는 가난하여질 것이요 잠자기를 즐겨하는 자는 해어진 옷을 입을 것임이니라"고 말한다. 우리가 술을 즐겨하는 자나 고기를 탐하는 자와 사귀지 말아야 할 이유는 그런 삶이 무절제하고 낭비적이고 가난할 수밖에 없는 삶이기 때문이다. 또 잠을 너무 많이 자는 게으른 삶도 마찬가지이다. 성경은 게으름도 악이라고 말한다. 우리는 그런 자들과 친근히 하지 말아야 한다.

**〔22절〕 너 낳은 아비에게 청종하고 네 늙은 어미를 경히 여기지 말지니라.**

자녀들이 부모를 공경하고 부모에게 순종하는 것은 십계명에 명시된, 사람의 기본적 의무이다. 출애굽기 20:12, “네 부모를 공경하라. 그리하면 너의 하나님 나 여호와가 네게 준 땅에서 네 생명이 길리라.” 레위기 19:3, “너희 각 사람은 부모를 경외하라.” 부모를 공경하는 것 속에는 부모에게 순종하는 것도 포함된다.

부모 공경의 법은 하나님께서 명하신 인간 관계의 법들 중에 가장 첫째 되는 법이다. 가정은 사회의 기본 단위이며 이 법은 사회의 기본적 질서를 지키는 법이다. 가정은 사람의 마음과 인격을 단련시키는 훈련장이며, 가정에서 잘하는 사람이 사회에서도 잘할 수 있다.

신약성경도 여전히 자녀가 부모를 공경하고 순종할 것을 교훈한다. 에베소서 6:1-2, “자녀들아, 너희 부모를 주 안에서 순종하라. 이것이 옳으니라. 네 아버지와 어머니를 공경하라. 이것이 약속 있는 첫 계명이니.” 골로새서 3:20, “자녀들아, 모든 일에 부모에게 순종하라.”

부모를 멸시하고 거역하는 것은 큰 죄악이다. 구약의 율법은 자기 부모를 치거나 저주하는 자, 또 순종치 않고 거역하는 자를 정죄하며 반드시 죽이라고 엄히 명하였다. 출애굽기 21:15, “자기 아비나 어미를 치는 자는 반드시 죽일지니라.” 21:17, “그 아비나 어미를 저주하는 자는 반드시 죽일지니라.” 신명기 21:18-21도 그러하다.

일반적으로, 부모는 자녀에게 바른 것을 말하고 자기 자녀가 바른 사람이 되고 좋은 사람이 되기를 원하며 교훈한다. 그러므로 자녀들은, 죄 지으라는 말 외에는 부모의 교훈을 잘 듣고 순종해야 하며 어머니가 늙고 힘이 없고 정신이 흐려졌다고 해서 그를 경히 여겨서는 안 된다. 자녀는 부모의 사랑과 수고를 잊지 말고 보답해야 한다.

**〔23절〕 진리를 사고서 팔지 말며 지혜와 훈계와 명철도 그리할지니라.**

본문은, “진리를 사라”고 말한다. ‘산다’는 원어(카나 קָנָה)는 ‘얻는다, 산다'는 뜻이다. 잠언 4:5, "지혜를 얻으며 명철을 얻으라." 사람은 진리를 어떻게 사며 얻는가? 이사야 55:1, "너희 목마른 자들아, 물로 나아오라. 돈 없는 자도 오라. 너희는 와서 사 먹되 돈 없이, 값없이 와서 포도주와 젖을 사라." '포도주와 젖'은 하나님의 진리를 가리킨다. 사람이 진리를 얻는 것은 돈으로가 아니고, 하나님의 은혜로, 값없이, 그러나 참된 회개와 믿음과 기도와 간구로 얻는다.

잠언 2:1-6, "내 아들아, 네가 만일 나의 말을 받으며 나의 계명을 네게 간직하며 네 귀를 지혜에 기울이며 네 마음을 명철에 두며 지식을 불러 구하며 명철을 얻으려고 소리를 높이며 은을 구하는 것같이 그것을 구하며 감추인 보배를 찾는 것같이 그것을 찾으면 여호와 경외하기를 깨달으며 하나님을 알게 되리니." 야고보서 1:5, "너희 중에 누구든지 지혜가 부족하거든 모든 사람에게 후히 주시고 꾸짖지 아니하시는 하나님께 구하라. 그리하면 주시리라."

본문은 하나님의 진리를 산 후에 팔지 말고 간직하고 지혜와 훈계와 명철도 그렇게 하라고 말한다. 우리는 하나님의 진리와 지혜와 훈계와 명철을 세상 것들, 즉 세상의 부귀, 권세, 영화나 육신적 쾌락과 바꾸지 말아야 한다. 하나님의 지혜는 금과 은이나 진주보다 낫고, 또 그것은 장수(長壽)와 부귀(富貴), 평안과 즐거움의 길이며 또한 영생의 길이다(잠 3:13-18). 그러므로 시편 19:10은 "[하나님의 말씀은] 금 곧 많은 정금보다 더 사모할 것"이라고 말했고 시편 119:72, 127은, "주의 입의 법이 내게는 천천 금은보다 승하니이다," "그러므로 내가 주의 계명을 금 곧 정금보다 더 사랑하나이다"라고 말하였다.

**[24-25절] 의인의 아비는 크게 즐거울 것이요 지혜로운 자식을 낳은 자는 그를 인하여 즐거울 것이니라. 네 부모를 즐겁게 하며 너 낳은** 어미를 **기쁘게 하라.**

자녀는 하나님께서 주신 기업이며 상급이다. 시편 127:3은, "자식은 여호와의 주신 기업이요 태의 열매는 그의 상급이로다"라고 말한다.

자녀는 부모의 소유물이 아니고 하나님께서 주신 기업이며 상급이며 선물이다. 그러므로 부모는 자녀를 하나님의 말씀의 교훈대로 잘 교육시켜야 한다. 그러므로 사도 바울은 "아비들아, 너희 자녀를 노엽게 하지 말고 오직 주의 교양과 훈계로 양육하라"고 말했다(엡 6:4).

부모는 자녀들을 의롭고 지혜롭게 잘 양육할 때 그 자녀들로 인해 크게 즐거움을 얻을 것이다. 왜냐하면 그 자녀들이 하나님을 경외하고 예수 그리스도를 믿고 그의 계명대로 살며 죄 짓지 않을 것이며 하나님께서 그들에게 평안과 형통의 복을 주실 것이기 때문이다. 그러므로 부모는 그 자녀들로 인해 기뻐하고 즐거워할 것이다. 그러므로 잠언 10:1은, "지혜로운 아들은 아비로 기쁘게 한다"고 말하며, 잠언 15:20도, "지혜로운 아들은 아비를 즐겁게 한다"고 말하였다.

그러나 미련하고 악한 자녀는 부모에게 슬픔과 고통이 된다. 왜냐하면 그런 자녀는 하나님의 징벌과 재앙을 당할 것이기 때문이다. 그러므로 잠언 10:1은, "미련한 아들은 어미의 근심이라"고 말하였고, 잠언 17:25는, "미련한 아들은 그 아비의 근심이 되고 그 어미의 고통이 되느니라"고 말하였다. 그러므로 본문은 자녀들에게 "네 부모를 즐겁게 하며 너 낳은 어미를 기쁘게 하라"고 교훈하였다.

본문의 교훈을 정리해보자. 첫째로, 우리는 술을 즐기고 고기를 탐하고 잠자기를 즐겨하는 자와 사귀지 말고 또 그런 삶을 본받지 말아야 한다.

둘째로, 사람은 자기를 낳고 기른 부모님, 특히 늙으신 부모님을 경히 여기지 말고 공경하고 순종해야 한다. 그것은 하나님의 뜻이며 명령이다.

셋째로, 우리는 진리와 지혜를 사되 하나님의 은혜로, 회개와 믿음으로, 기도로 사고, 산 후에는 그것을 세상 것들과 바꾸지 말아야 한다.

넷째로, 우리는 하나님 앞에서 의인과 지혜자가 되어 하나님을 기쁘시게 하고 부모님도 기쁘게 해야 하고 또 우리의 자녀들을 하나님의 말씀으로 바르게 가르쳐 복된 자녀가 되게 함으로 즐거움을 얻어야 한다.

## 26-35절, 음행의 덫, 금주(禁酒)

**〔26-28절〕 내 아들아, 네 마음을 내게 주며 네 눈으로 내 길을 즐거워할지어다. 대저 음녀는 깊은 구렁이요 이방 여인은 좁은 함정이라. 그는 강도같이 매복하며 인간에 궤사한 자가 많아지게 하느니라.**

'강도같이'(KB, NASB, NIV)라는 원어(케케세프 כְּחֶתֶף)[18]는 '먹이감을 위해'(BDB, KJV)라고 번역하기도 한다. '궤사한 자'라는 원어(보게딤 בּוֹגְדִים)는 '배신적이게, 불신실하게 행하는 자들'이라는 뜻이다. 본문은 우리에게 음행의 죄를 경계하라고 교훈한다. 부부의 사랑의 관계를 벗어난 음행의 죄는 사람의 죄악들 중에 큰 죄악이다.

본문은 음녀가 깊은 구렁이요 이방 여인은 좁은 함정이며 먹이감을 위해 매복하여 사람을 넘어뜨리며 불신실하게 행하는 자들이 많아지게 한다고 말한다. 음녀는 의도적으로 이성을 유혹하는 여인이다. 그는 사람이 헤어나올 수 없는 깊은 수렁과 좁은 함정 같다. 음행하는 자는 배우자와 가정에 또 사회에서 불신실한 자이다.

음행을 피하는 대책은 무엇인가? 본문은 그 대책으로 "내 아들아, 네 마음을 내게 주며 네 눈으로 내 길을 즐거워할지어다"라고 말한다. 우리는 우리의 마음을 하나님께 드리며 성경적 교훈에 두어야 한다. 우리는 항상 하나님을 생각하며 하나님의 말씀 곧 성경말씀을 묵상해야 한다. 잠언 4:23은, "무릇 지킬 만한 것보다 더욱 네 마음을 지키라. 생명의 근원이 이에서 남이니라"고 말했다. 우리는 하나님의 말씀 안에서 우리 마음을 지키며 우리 마음이 하나님을 향하게 해야 한다.

또 우리는 우리의 눈으로 하나님의 길을 즐거워해야 한다.[19] 우리가

---

18) 베케세프 בְּחֶתֶף라고 된 사본들도 매우 많다고 함(BHS).

19) 유대교 학자들은 '즐거워해야 한다'는 원어(티르체나 תִּרְצֶנָה)를 '지켜야 한다'(팃초르나 תִּצֹּרְנָה)(<נָצַר)로 읽으라고 제안했지만(케레)(LXX, Syr, Targ, Vg; KJV, NIV), 쓰여진 대로(케팁), '기뻐해야 한다'(티르체나 תִּרְצֶנָה)(<רָצָה)로 읽는 것이 옳다고 보인다(NASB).

하나님의 말씀을 마음에 품고 그 길과 교훈을 눈으로 즐거워할 때, 그 말씀은 우리를 음행으로부터 지켜줄 것이다. 시편 119:9, "청년이 무엇으로 그 행실을 깨끗케 하리이까? 주의 말씀을 따라 삼갈 것이니이다." 잠언 2:16, "지혜가 또 너를 음녀에게서, 말로 호리는 이방 계집에게서 구원하리니." 잠언 6:23-24, "대저 명령은 등불이요 법은 빛이요 훈계의 책망은 곧 생명의 길이라. 이것이 너를 지켜서 악한 계집에게, 이방 계집의 혀로 호리는 말에 빠지지 않게 하리라."

음행은 범죄할 환경을 피하는 것도 지혜이다. 잠언 5:7-8, "아들들아, 나를 들으며 내 입의 말을 버리지 말고 네 길을 그에게서 멀리하라. 그 집 문에도 가까이 가지 말라." 또 하나님께서 주신 부부의 관계도 잘 지켜야 한다. 잠언 5:18-19, "네 샘으로 복되게 하라. 네가 젊어서 취한 아내를 즐거워하라. 그는 사랑스러운 암사슴 같고 아름다운 암노루 같으니 너는 그 품을 항상 족하게 여기며 그 사랑을 항상 연모하라." 고린도전서 7:5, "서로 분방하지 말라. 다만 기도할 틈을 얻기 위하여 합의상 얼마 동안은 하되 다시 합하라. 이는 너희의 절제 못함을 인하여 사단으로 너희를 시험하지 못하게 하려 함이라."

**〔29-35절〕 재앙이 뉘게 있느뇨? 근심이 뉘게 있느뇨? 분쟁이 뉘게 있느뇨? 원망이 뉘게 있느뇨? 까닭 없는 창상[상처]이 뉘게 있느뇨? 붉은 눈이 뉘게 있느뇨? 술에 잠긴 자에게 있고 혼합한 술을 구하러 다니는 자에게 있느니라. 포도주는 붉고 잔[20]에서 번쩍이며 순하게 내려가나니 너는 그것을 보지도 말지어다. 이것이 마침내 뱀같이 물 것이요 독사같이 쏠 것이며 또 네 눈에는 괴이한 것이 보일 것이요 네 마음은 망령된 것을 발할 것이며 너는 바다 가운데 누운 자 같을 것이요 돛대 위에 누운 자 같을 것이며 네가** 스스로 말하기를 **사람이 나를 때려도 나는 아프지 아니하고 나를 상하게 하여도 내게 감각이 없도다. 내가 언제나 깰까 다시 술을 찾겠다 하리라.**

---

20) 31절의 '잔'이라는 원어는 유대교 학자들이 제안하는 읽기(코스 כּוֹס)이며 고대 역본들의 지지를 가지지만(LXX, Syr, Targ, Vg; KJV, NASB, NIV), 히브리어 본문에는 원래 포도주 부대(키스 כִּיס)라고 쓰여 있다(케팁).

본문은 술의 폐해에 대하여 자세히 증거한다. 술 취하는 자들에게는 재앙과 근심과 분쟁과 원망과 까닭 없는 상처와 붉은 눈이 있다. '술에 잠긴 자'라는 말은 '술을 오래 마시는 자'라는 뜻이다. 본문은 술이 뱀같이 물며 독사같이 쏠 것이기 때문에 보지도 말라고 교훈한다. 또 술 취하는 자들의 눈에는 괴이한 것(자로스 זָרוֹת)[이상한 여자들](KJV)이 보일 것이요 그들의 마음은 망령된 것[패역한 것]을 발할 것이며 그들은 바다 가운데 누운 자 같을 것이며 돛대 위에 누운 자 같을 것이다. 또 사람이 그를 때리거나 상하게 하여도 아픈 감각이 없을 것이다.

술의 폐해는 크다. 술은 슬픔과 재앙, 분쟁과 원망과 상처 등을 가져오고 뱀같이 물고 독사같이 쏘며 눈에 이상한 여자들이 보이고 마음에 패역한 것들을 말하게 만든다. 또 마음은 허황하게 되고 감각이 없어지며 비정상적이고 비인격적이고 불신실한 자가 된다. 오늘날 음주는 자신의 몸을 해치는 여러 질병들의 원인으로 알려져 있을 뿐 아니라 사람들을 죽이는 교통사고의 주범이 되었다. 술취함은 방탕한 것이며(엡 5:18) 술 취하는 자는 천국에 들어가지 못한다(고전 6:10; 갈 5:21). 그러므로 사도 바울은 감독의 자격으로 술을 즐기지 않는 것을 들었고 집사의 자격으로도 술에 인박이지 않은 것을 들었다(딤전 3:3, 8).

본문의 교훈을 정리해보자. 첫째로, 음행은 큰 죄이며 거기에 빠지면 헤어 나오기 어렵다. 음녀는 깊은 구렁과 좁은 함정이다. 음행을 피하는 대책은 경건한 삶이다. 우리는 마음과 생각을 하나님께 두며 그의 모든 교훈을 즐거워하며 힘써 행해야 한다. 또 우리는 음행에 넘어질 수 있는 환경을 피하는 것이 지혜이며 또 결혼과 부부 관계를 잘 지켜야 한다.

둘째로, 우리는 술의 신체적, 경제적, 도덕적 폐해들을 알고, 술취함이 방탕함이며 천국에 못 들어갈 큰 죄악임을 알고, 술을 멀리하고 쳐다보지도 말아야 한다. 우리는 성령의 충만함을 받아(엡 5:18) 하나님의 평안과 위로와 능력을 얻고 맑은 정신으로, 절제 있고 근면하게 살아야 한다.

# 24장: 의인, 결혼 준비, 게으름

## 1-6절, 악인, 집, 전쟁

**〔1-2절〕 너는 악인**[들]**의** 형통을 **부러워하지 말며 그와**[그들과] **함께 있기도 원하지 말지어다.** [이는] **그들의 마음은 강포를 품고 그 입술은 잔해를 말함이니라**[해를 끼침이니라].

하나님께서는 일시적으로 악인들에게 형통함을 허용하신다. 그들은 건강하고 물질적 부요를 누리고 그들의 자녀들은 번창하고 출세하고 성공하기도 한다. 사람이 악인들의 형통을 부러워하는 까닭은 외적인 것, 세상적인 것, 즉 건강과 물질과 세상적 성공에 가치를 두기 때문이다. 그러나 그것들은 실상 허무한 것들이다. 전도서 1:2는 세상에 있는 모든 것이 헛되다고 증거했다. 그것들이 헛되고 헛되며 헛되고 헛되니 모든 것이 헛되다고 다섯 번이나 헛되다는 말을 반복하며 증거했다.

성도가 악인들의 형통을 부러워하지 말아야 할 이유는 그들이 악한 자이기 때문이다. 본문은, "이는 그들의 마음은 강포를 품고 그 입술은 해를 끼침이니라"고 말한다. 악인들은 마음 속에 강포한 마음을 품고 계획하고 강포한 말과 행동을 하며 남에게 해를 끼친다. 그러므로 그들의 현재의 복은 진정한 복이 아니다. 왜냐하면 하나님께서 그들을 보셨고 미워하시고 조만간 심판하시며 징벌하실 것이기 때문이다.

그러므로 성도는 육신적인, 물질적인, 세상적인 것들에 가치를 두지 말아야 한다. 그것들은 실상 다 헛된 것들이다. 우리는 하나님과 그의 나라에 가치를 두고 경건함과 의로움과 선함에 가치를 두어야 한다. 시편 15:1-5는 하나님의 성산(聖山)에 거할 자는 의롭고 정직하게 행하며 진실을 말하며 남을 비방하거나 악을 행치 않는 자라고 말했다.

**〔3-4절〕 집은 지혜로 말미암아 건축되고 명철로 말미암아 견고히 되며 또 방들은 지식으로 말미암아 각종 귀하고 아름다운 보배로 채우게 되느니라.**

이 집은 물질적인 집이나 개인의 삶이나 가정이나 교회를 다 가리킬 수 있을 것이다. 건축자는 집을 지을 때에 지혜와 명철과 지식이 필요하다. 지혜롭고 명철하며 지식 있는 설계자와 건축자는 아름답고 견고한 집을 잘 지을 수 있고 집의 내부 구조도 적절하게 배치하여 각종 좋은 것들을 들여놓을 수 있게 할 것이다.

개인의 삶을 건립하는 데도 지혜와 명철과 지식이 필요하다. 유다서 20, "너희는 너희의 지극히 거룩한 믿음 위에 자기를 건축하라." 지혜롭고 명철한 자는 자신의 삶을 견고히 세우며 지식이 있는 자는 자신의 삶의 모든 영역들에 귀하고 아름다운 것들로 채울 것이다.

가정을 세우는 것도 그러하다. 시편 127:1, "여호와께서 집[가정]을 세우지 아니하시면 세우는 자의 수고가 헛되다." 하나님을 경외하는 것이 지혜와 명철과 지식의 시작이다. 사람이 하나님께서 주시는 지혜와 명철과 지식으로 가정을 세울 때, 가정은 든든히 세워질 것이다.

교회의 건립도 그렇다. 교회는 하나님의 집이다. 고린도전서 3:9, 16, "[너희는] 하나님의 집이니라," "너희가 하나님의 성전인 것과 하나님의 성령이 너희 안에 거하시는 것을 알지 못하느뇨?" 그러나 이 성전은 완성된 것이 아니고 지금 건립되는 과정에 있다(엡 2:21-22). 교회의 교역자들은 그리스도의 몸된 교회를 세우려고 보내심을 받은 자들이다(엡 4:12). 모든 성도들은 믿음과 지식 가운데서 그리스도의 장성한 분량의 충만한 데까지 이르도록 자라가야 한다. 에베소서 4:13, 15, "우리가 다 하나님의 아들을 믿는 것과 아는 일에 하나가 되어 온전한 사람을 이루어 그리스도의 장성한 분량이 충만한 데까지 이르리니," "오직 사랑 안에서 참된 것을 하여 범사에 그에게까지 자랄지라. 그는 머리니 곧 그리스도라." 성도 개인도, 교회 전체도 자라가야 한다.

**〔5-6절〕 지혜 있는 자는 강하고 지식 있는 자는 힘을 더하나니 너는 모략으로 싸우라. 승리는 모사가 많음에 있느니라**[이는 네가 모략으로 싸울 것이며 승리는 모사가 많음에 있음이니라](NASB).

지혜 있는 자는 강하고 지식 있는 자는 힘이 있다. 싸움은 육신의 힘만으로 되지 않는 법이다. 전쟁의 역사는 무기의 발달의 역사이다. 전쟁은 지식과 지혜의 싸움이다. 돈을 버는 것도 옛날과 같이 단순히 농사를 짓고 고기를 잡는 것으로는 부족하다. 오늘날의 농촌은 비닐 하우스나 각종 농사 방법을 개발하여 많은 소득을 올리고 있다. 우리나라도 스마트폰이나 자동차나 텔레비전 등의 기술을 통해 경제적 큰 소득을 얻고 있다. 또 젊은이들은 단순한 노동보다는 머리를 쓰는 일이나 전문적 기술을 가짐으로써 물질적 유여함을 누리려 한다.

본문은 "이는 네가 모략으로 싸울 것이며 승리는 모사가 많음에 있음이니라"고 말한다. 전쟁은 군사력만으로 싸우는 것이 아니고 작전이 매우 중요하다. 성경에서 다윗 시대에 반역을 일으킨 아들 압살롬은 그의 모사인 아히도벨보다 다윗편의 모사인 후새의 지혜로 인해 실패했다(삼하 17-18장). 잠언 20:18, "무릇 경영은 의논함으로 성취하나니 모략을 베풀고 전쟁할지니라." 우리는 전쟁 뿐만 아니라 이 세상의 일에서나 신앙생활에서도 지혜와 용기가 필요하다. 하나님을 경외하고 그의 계명을 행하는 것이 지혜와 명철이며, 또 거기에서 힘과 용기가 나온다. 잠언 24:16, "대저 의인은 일곱 번 넘어질지라도 다시 일어나려니와 악인은 재앙으로 인하여 엎드러지느니라." 잠언 28:1, "악인은 쫓아오는 자가 없어도 도망하나 의인은 사자같이 담대하니라."

본문의 교훈을 정리해보자. 첫째로, 우리는 악인들의 형통을 부러워하지 말고, 악인들의 악 자체를 미워해야 한다. 우리는 오직 최고의 가치를 하나님께 두고 그의 계명대로 경건하고 의롭고 선하게만 살아야 한다.

둘째로, 우리는 하나님의 지혜와 명철과 지식으로 집을 건축해야 한다. 물질적 집도, 개인의 삶도, 가정도, 또 교회도 그렇게 세워야 한다.

셋째로, 지혜와 지식이 있는 자는 강하며 전쟁에서 승리한다. 우리는 지혜와 지식을 가지고 힘과 용기를 얻어서 승리의 생활을 해야 한다.

## 7-10절, 지혜, 악, 낙담

**〔7절〕 지혜는 너무 높아서 미련한 자의 미치지 못할 것이므로 그는 성문에서 입을 열지 못하느니라.**

하나님께서 주시는 지혜, 곧 하나님을 경외하고 그의 계명을 행함으로 얻는 지혜는 미련한 자가 깨닫지 못하고 소유하지 못하는 고상한 덕이다. 그것은 하나님의 은혜로만 얻을 수 있다. 미련한 자는 육신적, 물질적, 세상적 차원의 것만 이해하고 생각하고 중요하게 여기기 때문에 영적, 천적(天的), 내세적인 것을 알지 못한다.

미련한 자는 성문에서 입을 열지 못한다. 옛 시대에 성문 앞은 사람들이 모여 대화하는 곳이며 법정으로도 사용되었다. 신명기 21:19에 보면, 완악하고 패역한 아들을 처벌할 때 그 부모는 그를 잡아서 성문에 이르러 그 성읍 장로들에게 말하여 벌을 받게 하였다.

지혜자는 사람들 앞에서나 법정에서 바른 주장과 변론과 어떤 반박을 할 수 있다. 그는 무엇이든지 양심적으로 당당하게 말할 수 있다. 그러나 미련한 자는 사람들 앞에서 바르고 선하고 진실한 말을 당당하게 하지 못할 것이다. 그는 지혜가 없고 용기와 담력이 없는 자이다.

미련한 자의 말은 도리어 다른 사람에게 반박 당할 것이다. 왜냐하면 그의 말이 경우와 이치에 맞지 않고 이성과 양심에 맞지 않기 때문이다. 또 그의 말은 경건한 자에게는 더욱 반박을 당할 것이다. 왜냐하면 그것이 사상적으로나 윤리적으로 성경 교훈에 맞지 않기 때문이다. 성경은 우리의 믿음과 행위의 기준이며 최종적 권위를 가진다.

**〔8-9절〕 악을 행하기를 꾀하는 자를 일컬어 사특한 자**(바아르 메짐모스 בַּעַר מְזִמּוֹת)[음모의 사람](BDB, NASB, NIV)**라 하느니라. 미련한 자의 생각**(짐마 זִמָּה)[음모]**은 죄요 거만한 자**(레츠 לֵץ)[조롱하는 자]**는 사람의 미움을 받느니라.**

악을 행하기를 꾀하는 자는 음모의 사람이라고 불린다. 또 미련한 자의 음모는 죄이다. 미련한 자의 음모는 불경건하고 불의하고 남에게 악을 행하려는 계획이다. 그것은 죄악되다. 우리는 그런 악한 생각이나 계획을 품는 자가 되지 말아야 한다.

또 조롱하는 자는 사람의 미움을 받는다. 겸손한 사람은 다른 사람을 존중하지만, 교만한 사람은 다른 사람을 조롱한다. 그렇게 조롱하는 자는 사람들의 미움을 받는다. 그 이유는 사람들에 대한 그의 태도가 올바르지 못하기 때문이다. 사회적 존재인 사람은 서로 존중하며 살아야지 남을 조롱하면 안 된다. 또한 양심적으로도 그것은 합당하지 않다. 사람은 이 사람이나 저 사람이나 도덕적으로 다 그만그만하고 또 도덕적 부족과 결함이 없는 사람이 없는데, 자신이 대단히 선한 것처럼 생각하고 남을 무시하고 조롱하는 것은 합당하지 않다.

더욱이, 성경말씀 앞에서도 그런 태도는 바르지 못하다. 모든 사람은 하나님 앞에서 피조물이며 죄인이기 때문이다. 사람은 스스로 자신을 높여서는 안 된다. 사람은 누구든지 겸손히 상대를 존중하며 살아야 한다. 성경에 계시된 하나님의 뜻은 우리가 하나님을 경외하고 그의 교훈에 순종하는 것이며, 그의 교훈은 우리가 하나님과 사람들 앞에서 겸손히 처신하며 거룩하고 의롭고 선하게 사는 것이다.

**[10절] 네가 만일 환난 날에 낙담하면**(라파 רָפָה)[기운이 없으면] **네 힘의 미약함을 보임이니라.**

환난 날은 어려운 일이 닥친 날을 가리킨다. 예를 들어, 자기 몸이 중한 병에 걸렸다거나, 부모님이나 남편이나 아내나 자녀가 중한 병에 걸렸거나 죽었거나, 또는 실직, 부도, 파산 등 경제 파탄이 생겼거나, 또는 대형사고, 전염병, 기근, 지진, 전쟁 등의 경우를 가리킨다.

평소에 건강하고 활달하던 사람도 환난 날에는 기운이 빠지고 맥이 풀리고 식욕이 없어지고 일할 의욕도, 심지어 살아갈 의욕도 없어지기 쉽다. 만일 우리가 환난 날에 낙담하여 그렇게 된다면, 우리는 우리의 힘의 부족과 미약함을 보이는 것뿐이다.

이것은 사람의 일반적인 모습일 것이다. 사람은 조금씩 차이가 있을 뿐 다 연약한 존재이다. 성경에 보면, 하나님의 사람들도 일시적으로는 낙심했었다. 민수기 11장에 보면, 애굽에서 나온 이스라엘 백성이 광야에서 만나만 먹는 것을 싫어하고 고기 먹기를 원하여 울었을 때, 모세는 괴로운 심정으로 하나님께 "이 모든 백성을 내가 잉태하였나이까?" "즉시 나를 죽여 나로 나의 곤고함을 보지 않게 하옵소서"라고 기도하였다(민 11:12, 15). 엘리야도 갈멜산에서 큰 승리를 거둔 다음 날 왕후 이세벨이 그를 죽이려 한다는 소식을 듣고 도망하여 광야의 한 로뎀나무 아래 앉아 하나님께 죽기를 간구하였다(왕상 19:4).

그러나 성도는 하나님께로부터 힘을 얻는다. 다윗은 고난 중에 하나님께 부르짖고 그를 의지함으로 평안과 담대함을 얻었다. 시편 18:1, "나의 힘이 되신 여호와여, 내가 주를 사랑하나이다." 시편 3:3-6, "여호와여, 주는 나의 방패시요 나의 영광이시요 나의 머 리를 드시는 자니이다. 내가 나의 목소리로 여호와께 부르짖으니 그 성산에서 응답하시는도다. 내가 누워 자고 깨었으니 여호와께서 나를 붙드심이로다. 천만인이 나를 둘러치려 하여도 나는 두려워 아니하리이다."

본문의 교훈을 정리해보자. 첫째로, 우리는 하나님의 지혜를 사모하고 그의 은혜로 모든 죄를 다 회개하고 그를 경외함으로 지혜를 얻어, 사람들 앞에서나 법정에서 무엇을 주장하거나 변론하거나 변명할 때, 성경에 맞고 이성에 맞고 양심에 맞는 지혜롭고 합당한 말을 담대히 해야 한다.

둘째로, 우리는 악을 꾀하는 음모자가 되지 말고, 미련하고 악한 계획을 품는 자가 되지 말고, 남을 조롱하는 거만한 자도 되지 말아야 한다. 우리는 하나님 앞에서 겸손히 처신하며 정직하고 선하게만 살아야 한다.

셋째로, 우리는 환난 날에 낙담하고 기운을 잃는 연약한 자가 되지 말아야 한다. 우리는 환난 날에 두려워하지 말고 더욱 하나님을 의지하고 하나님께 간절히 기도함으로써 힘과 평안을 얻고 잘 극복해야 한다.

## 11-16절, 구원, 꿀, 의인

**〔11-12절〕 너는 사망으로 끌려가는 자를 건져주며 살륙을 당하게 된 자를** 구원하지 **아니치 말라. 네가 말하기를 나는 그것을 알지 못하였노라 할지라도 마음을 저울질하시는 이가 어찌 통찰하지 못하시겠으며 네 영혼을 지키시는 이가 어찌 알지 못하시겠느냐? 그가 각 사람의 행위대로 보응하시리라.**

본문은 사망으로 끌려가는 자들과 살육을 당하게 된 자들을 외면치 말고 구원하라는 교훈이다. 이것은 선한 사마리아인 비유의 교훈과 같다. 강도 만나 죽게 된 한 사람을 제사장과 레위인은 지나쳤지만, 선한 사마리아인은 그를 살리기 위해 자신의 생명의 위험을 무릅썼고 시간과 돈을 사용하였다(눅 10:30-35). "네 이웃을 네 몸과 같이 사랑하라"는 계명은 인간 관계에 대한 가장 큰 계명이다(마 22:39).

본문은 오늘날 적어도 두 가지 일에 적용될 수 있다. 첫째로, 우리는 전도에 대한 사명감을 가져야 한다. 우리 주위에는 죄로 인해 영원한 지옥을 향해 가고 있는 수많은 영혼들이 있고, 우리는 그들을 외면해서는 안 된다. 우리는 그들을 구원하기 위해 입을 열어 전도해야 한다. 전도는 교회의 사명이며 우리 모두가 힘써야 할 일이다. 또 우리는 이 일을 위해 기도하고, 헌금하고, 헌신해야 한다. 둘째로, 우리는 북한 주민들의 인권 문제에 대해 관심을 가져야 한다. 북한에는 지금도 20만 내지 30만 명 이상이 정치범수용소에서 인간 이하의 학대를 받고 있다고 하며, 국제사회는 북한의 핵개발과 인권 탄압을 규탄하며 그들에게 여러 가지 제재를 가하고 자유와 개방을 요구하고 있다. 북한은 많은 사람을 죽이고 학대하는 공포정치로 유지되고 있다. 우리는 이런 북한의 독재정권이 속히 무너지고 변화되기를 위해 기도해야 한다.

**〔13-14절〕 내 아들아, 꿀을 먹으라. 이것이 좋으니라. 송이꿀을 먹으라. 이것이 네 입에 다니라. 지혜가 네 영혼에게 이와 같은 줄을 알라. 이것을 얻으면 정녕히 네 장래가 있겠고 네 소망이 끊어지지 아니하리라.**

꿀은 벌들이 꽃의 꿀을 모은 것이다. 그것은 아미오산, 비타민, 미네랄 등을 포함한 설탕 같은 성분으로서 아주 뛰어난 에너지 식품이다. 그것은 입에 달고 몸에도 힘이 되므로 모든 사람이 좋아한다. 본문은 꿀을 먹으라고 권하면서 지혜가 꿀과 같다고 말한다. 잠언이 말하는 지혜는 하나님을 알고 하나님을 경외하는 것이며 그의 말씀대로 사는 것이다. 하나님과 주 예수님 자신이 지혜이시며 하나님의 말씀이 지혜이며, 사람이 하나님과 주 예수님을 믿고 성경말씀 곧 하나님의 말씀대로 경건하고 거룩하고 의롭고 선하고 진실하게 사는 것이 지혜이다.

지혜는 꿀같이 우리 마음에 즐거움이 되고 힘과 위로가 된다. 시편 73편 저자는 하나님께 대해, "하늘에서는 주 외에 누가 내게 있으리요 땅에서는 주밖에 나의 사모할 자 없나이다"라고 고백하였고(시 73:25), 시편 84편 저자는 "만군의 여호와여, 주의 장막이 어찌 그리 사랑스러운지요"라고 말하였다(시 84:1). 다윗은 하나님의 말씀을 꿀과 송이꿀보다 더 달다고 고백하였고(시 19:10-11), 시편 119편의 저자도 하나님의 말씀을 그의 즐거움과 위로라고 말하며 주의 말씀의 맛이 꿀보다 더하다고 고백하였다(시 119:24, 50, 92, 103). 잠언 3:17은 지혜의 길이 곧 즐거움과 평안의 길이라고 말하였다.

본문은 또 우리가 지혜를 얻으면 정녕히 우리의 장래가 있고 우리의 소망이 끊어지지 않을 것이라고 말한다. 잠언 3:18은 "지혜는 그 얻는 자에게 생명나무라"고 말한다. 지혜는 확실히 영원한 생명의 길이다. 또한 디모데전서 4:8은 "육체의 연습은 약간의 유익이 있으나 경건은 범사에 유익하니 금생과 내생에 약속이 있느니라"고 말하였다.

**〔15-16절〕 악한 자여, 의인의 집을 엿보지 말며 그 쉬는 처소를 헐지 말지니라. 대저 의인은 일곱 번 넘어질지라도 다시 일어나려니와 악인은 재앙으로 인하여 엎드러지느니라**[엎드러짐이니라].

본문은 악한 자에게 의인의 집을 엿보거나 그의 쉬는 처소를 헐려고 하지 말라고 말한다. 하나님께서는 선지자 스가랴를 통해서도, "남을 해하려 하여 심중에 도모하지 말라"고 명하셨으나 이스라엘 백성은 그 말씀 듣기를 싫어하여 등으로 향하며 귀를 막았다(슥 7:10-11). 악한 자는 교만과 욕심과 시기심 때문에 의인을 해치려 한다. 의롭고 선하고 겸손한 사람은 선의의 경쟁은 하나 시기심을 품고 남을 미워하고 해치려 하지는 않는다. 가인은 하나님께서 아벨의 제사를 받으셨을 때 그 일 때문에 동생을 미워하며 시기하였고 마침내 들에서 그를 쳐죽였었다(창 4:3-8). 다른 사람을 때리거나 죽이는 것뿐 아니라, 남에 대해 확실한 근거도 없이 비방하고 비난하는 것도 매우 악한 일이다.

의인을 해치려는 것이 소용없는 까닭은 의인은 일곱 번 넘어질지라도 다시 일어나지만 악인은 재앙으로 인해 엎드러지기 때문이다. 하나님을 경외하고 그의 계명대로 사는 의인들도 때때로 넘어진다. 그는 자신의 부족과 실수와 하나님의 징계로, 혹은 하나님의 깊으신 뜻과 섭리 가운데 넘어진다. 그러나 의인은 일곱 번 넘어져도 다시 일어날 것이다. 그는 하나님을 의지함으로 또 그의 도우심으로 다시 일어날 것이다. 시편 37:24도, "[의인은] 넘어지나 아주 엎드러지지 아니함은 여호와께서 손으로 붙드심이로다"라고 말한다. 선지자 미가는 미가 7:8에서, "나의 대적이여, 나로 인하여 기뻐하지 말지어다. 나는 엎드러질지라도 일어날 것이라"고 말했다. 그러므로 의인을 해치려는 것은 소용이 없다. 그러나 악인은 재앙으로 인해 엎드러질 것이다.

본문의 교훈을 정리해보자. 첫째로, 우리는 사망으로 끌려가는 자들을 못본 체하지 말고 구원해야 한다. 우리는 멸망할 영혼들을 불쌍히 여기고 전도하며 고통 당하는 북한 성도들과 동포들을 위해서도 기도해야 한다.

둘째로, 우리가 지혜를 꿀과 송이꿀처럼 사모하면 정녕히 장래가 있고 소망이 끊어지지 않을 것이다. 지혜의 삶은 현세와 내세에 복된 삶이다.

셋째로, 의인은 일곱 번 넘어져도 다시 일어나지만 악인은 재앙으로 인해 엎드러진다. 우리는 악하게 살지 말고 오직 의롭게만 살아야 한다.

## 17-22절, 원수, 행악자, 반역자

**〔17-18절〕 네 원수가 넘어질 때에 즐거워하지 말며 그가 엎드러질 때에 마음에 기뻐하지 말라. 여호와께서 이것을 보시고 기뻐 아니하사 그 진노를 그에게서 옮기실까 두려우니라.**

원수는 사람을 악하게 비난하고 괴롭히고 해치고 죽이려 하는 자이며 그런 자 때문에 사람은 하나님께 탄원하며 호소하기도 한다. 사람은 교만과 욕심, 시기심과 미움 때문에 다른 사람의 원수가 된다. 사울왕과 압살롬 같은 이는 다윗의 원수이었고, 에돔 나라, 암몬 나라, 모압 나라, 애굽 나라, 앗수르 나라 등은 이스라엘 나라의 원수이었다.

원수는 때때로 넘어지고 엎드러진다. 그것은 하나님의 공의의 심판 때문이다. 하나님께서는 사람의 악에 대해 공의로 심판하시고 징벌하신다. 심판자 하나님께서 일어나시면 악한 원수는 엎드러질 것이다.

그런데 그때에 우리는 그것을 보고 즐거워하거나 기뻐하지 말아야 한다. 왜냐하면 우리의 행위도 온전하지 못하기 때문이다. 우리도 그들처럼 하나님 앞에서 부족과 실수와 범죄함이 없지 않다. 다윗 같은 믿음의 사람도 간음하고 살인하는 큰 실수와 죄를 범했었다. 성도의 복은 하나님께서 우리의 죄를 용서해주신 데에 있다. 우리는 하나님의 긍휼과 사랑으로 아직도 살아 있고 살고 있는 것이다.

우리가 원수의 넘어짐과 재앙 당함을 기뻐한다면, 하나님께서는 우리의 높은 마음을 보시고 기뻐하시지 않으셔서 그의 진노를 그에게서 옮기실 수도 있다. 우리는 하나님께서 우리의 원수를 갚아주심을 감사할 수 있으나, 다른 한편 높은 마음이나 남을 멸시하는 마음을 갖지 말고 두려운 마음을 가져야 한다. 우리는 우리의 죄와 부족을 용서하신 하나님의 전적인 은혜로 오늘까지 살고 있음을 잊지 말아야 한다.

**〔19-20절〕 너는 행악자의** 득의함을 **인하여 분을 품지 말며 악인의** 형통을 **부러워하지 말라. 대저 행악자는 장래가 없겠고 악인의 등불은 꺼지리라.**

행악자는 남에게 악을 행하고 해를 끼치는 자를 말한다. 선은 남에게 유익을 주는 것이며 악은 남에게 해를 끼치는 것이다. 행악자가 득의(得意)한다는 말은 악을 행하는 자가 그의 원하는 바를 이루고 그의 하는 일이 잘되어 형통하다는 말이다. 악한 자가 돈도 잘 벌고 성공도 하고 출세도 하고 그의 자녀들도 건강하고 번창하는 것 같은 경우를 말한다. 그래서 그 악인은 기뻐하고 자랑한다.

그러나 성도는 행악자의 잘됨을 인해 마음이 상하거나 분을 품거나 또는 악인의 형통을 부러워하지 말아야 한다. 성도는 세상의 것들을 크게 여겨서는 안 된다. 성도가 세상의 것들을 크게 여기면, 그는 세상적 가치관을 가지고 현실을 보고 현실을 사는 자가 될 것이다. 성도는 영적, 도덕적 가치, 즉 하나님과 그의 계명을 지키는 일의 가치를 물질적, 현세적 가치보다 더 크게 여기는 자이어야 한다. 그것이 하나님과 성경 진리를 아는 성도들이 가져야 할 가치관이다.

그러므로 행악자가 현세에서 형통한 것 같아도, 성도는 마음이 상하거나 분을 품지 말고 부러워하지도 말아야 한다. 본문은 "이는 행악자는 장래가 없겠고 악인의 등불은 꺼질 것임이니라"고 말한다. '장래'는 후손의 복을 포함할 것이지만, 최종적으로는 내세(來世)의 복 곧 천국과 영생을 가리킨다. 행악자에게는 복된 내세가 없다. 또 악인의 등불 곧 그의 기쁨과 행복은 얼마 가지 않아서 꺼질 것이다. 잠언 13:9도, "의인의 빛은 환하게 빛나고 악인의 등불은 꺼지느니라"고 말하였다. 행악자는 현세에서도 내세에서도 결코 복되지 않다.

**[21-22절] 내 아들아, 여호와와 왕을 경외하고 반역자로 더불어 사귀지 말라. 대저 그들의 재앙은 속히 임하리니 이 두 자의 멸망을 누가 알랴.**

우리는 여호와 하나님과 세속 국가의 통치자를 경외해야 한다. 베드로전서 2:17, "하나님을 두려워하며 왕을 공경하라." 하나님을 경외하는 것은 사람의 기본적 의무이다. 하나님께서는 크시고 두려우신 하나님이시다. 그는 천지만물을 창조하시고 화산과 지진과 폭풍과 홍수를 주관하시며 사람들의 출생과 죽음, 복과 화를 주관하시고 인류의 역사를 주장하시는 전지 전능하신 하나님, 살아계시고 참되신 하나님이시다. 모든 사람은 창조주, 섭리자 하나님을 두려워하며 섬겨야 한다.

또 한 나라의 왕을 두려워하는 것도 그 나라의 백성에게는 기본적 의무이다. 왕은 한 나라에 세움을 받은 최고의 통치자이다. 제5계명의 정신은 집에서 부모를 공경하고 학교에서 선생을 존경하고 교회에서 목사와 장로들을 존경하고 사회에서 통치자들을 존중하는 것을 포함한다. 그것이 질서이며 순리이며 선한 일이다. 하나님께서는 가정이나 단체나 사회가 무질서와 혼란에 빠지기를 원치 않으신다.

또 우리는 반역자들과 사귀지 말아야 한다. '반역자'라는 원어(쇼님 שׁוֹנִים)는 '변하는 자들'이라는 뜻이다. 그들은 한때 하나님과 왕에게 충성했다가 변한 변절자들이다. 우리가 반역자들과 사귀지 말아야 할 이유로 본문은, "대저 그들의 재앙은 속히 임하리니 이 두 자의 멸망을 누가 알랴"고 말한다. '이 두 자의 멸망'(피드 쉐네헴 פִּיד שְׁנֵיהֶם)은 '이 두 자' 곧 하나님과 왕으로부터 오는 재앙(NASB, NIV)을 가리켰다고 본다. 하나님께서는 반역자를 벌하실 것이며 왕도 그러할 것이다. 우리가 반역자와 사귀면, 우리도 같은 재앙을 당할 것이다.

본문의 교훈을 정리해보자. 첫째로, 우리는 남을 해치는 악인이 되지 말고 원수가 엎드러질 때 기뻐하지 말아야 한다. 그렇지 않으면 하나님께서 그 진노를 그에게서 옮기실 것이다. 우리는 오직 선을 행해야 한다.

둘째로, 우리는 행악자의 득의(得意)함을 인해 분을 품지 말고 악인의 형통을 부러워하지 말아야 한다. 행악자는 장래가 없겠고 악인의 등불은 꺼질 것이기 때문이다. 행악자는 현세와 내세에서 결코 복되지 않다.

셋째로, 우리는 하나님과 왕을 경외하고 반역자와 사귀지 말아야 한다. 그들로부터 재앙이 속히 임할 것이기 때문이다. 하나님과 왕을 경외하는 것은 사람의 기본적 의무이다. 그것은 하나님께서 세상에 주신 질서이다.

## 23-34절, 공정한 재판, 집 세움, 거짓 증인, 게으름

**〔23-26절〕 이것도 지혜로운 자의 말씀**[지혜로운 자들에게 속하는 것들](KJV)**이라. 재판할 때에 낯을 보아주는 것이 옳지**[좋지] **못하니라. 무릇 악인더러 옳다 하는 자는 백성에게 저주를 받을 것이요 국민에게 미움을 받으려니와 오직 그를 견책하는 자는 기쁨을 얻을 것이요 또 좋은 복을 받으리라. 적당한 말로 대답함은 입맞춤과** 같으니라[모든 사람은 바른 말로 대답하는 자의 입술에 입맞추리라](KJV).

판사가 재판할 때 피고의 낯을 보아 바르지 않은 판결을 내리는 것은 좋지 않다. 잠언 18:5는, "악인을 두호하는 것과 재판할 때에 의인을 억울하게 하는 것이 선하지 아니하니라"고 말한다. 출애굽기 23:2-3도, "다수를 따라 악을 행하지 말며 송사에 다수를 따라 부정당한 증거를 하지 말며 가난한 자의 송사라고 편벽되이 두호하지 말지니라"고 말한다. 재판은 공정하게 이루어져야 한다. 아는 사이니까, 고향 사람이니까, 학교 동문이니까 배려하여 재판하는 것은 잘못된 일이다.

하나님께서는 불의한 재판을 미워하신다. 잠언 17:15, "악인을 의롭다 하며 의인을 악하다 하는 이 두 자는 다 여호와의 미워하심을 입느니라." 잠언 28:4, "율법을 버린 자는 악인을 칭찬하나 율법을 지키는 자는 악인을 대적하느니라." 사람들도 불의한 재판을 미워한다. 사람은 이성과 양심이 있기 때문에 사물의 옳고 그름을 어느 정도 분별하고 판단한다. 그러므로 악인을 옳다고 하면 사람들의 저주와 미움을 받을 것이며, 악인을 책망하면 기쁨과 복을 얻을 것이다.

26절은 앞의 구절에 연결되고 '입술'은 바른 말로 대답하며 악인을 견책하는 자의 입술을 가리킨다고 보인다. 본문은 바른 말로 대답하는 자가 사람들에게 사랑을 받을 것이라는 뜻이라고 본다.

**〔27절〕 네 일을 밖에서 다스리며 밭에서 예비하고 그 후에 네 집을 세울지니라.**

요즘에는 가정에서 집안의 일과 집밖의 일의 구분이 흐려지는 경향이 있지만, 하나님의 본래의 뜻은 남자는 집밖의 일을 하고 여자는 집안의 일을 하는 것이다. 잠언 31:23, "그 남편은 그 땅의 장로로 더불어 성문에 앉으며." 잠언 31:27, "[현숙한 아내는] 그 집안 일을 보살피고 게을리 얻은 양식을 먹지 아니하나니." 디도서 2:5, [젊은 여자들은] "집안 일을 하며." 남편은 '바깥양반'이고, 아내는 '집사람'이다.

본문은 밖에서 다스리고 밭에서 예비하고 그 후에 집을 세우라고 말한다. 집을 짓는 자는 먼저 구상과 설계를 하고 거기에 드는 비용을 준비하고 또 그것을 위해 필요한 자재들과 건축기술자들과 일꾼들을 준비해야 할 것이다. 본문에서 집을 세우는 것은 가정을 세우는 것을 말한다고 본다. 사람이 결혼하여 가정을 세우려면 준비가 필요하다. 사람은 결혼을 위해 기본적으로 성숙한 마음과 진실한 사랑과 건강한 몸을 준비해야 하고, 또 어느 정도 물질적 안정과 여유도 가져야 한다. 그러므로 사람이 집을 세우려면, 먼저 안정적 직장을 가져야 하고 일을 열심히 해서 돈을 어느 정도 저축한 후에 해야 한다.

사람은 무슨 일을 하든지 준비와 순서가 없이 즉흥적으로나 막연한 생각으로 해서는 안 될 것이다. 예를 들어, 어떤 사람이 집을 고칠 때, 먼저 새 장판부터 바꾸고, 그 다음에 벽지를 뜯고 새것으로 바르고, 그 다음에 문과 문틀에 페인트칠을 한다면, 그는 일을 거꾸로 하는 자일 것이다. 그는 먼저 낡은 장판과 벽지를 뜯어내고, 그 다음 문과 문틀에 페인트칠을 하고, 그 다음 새 벽지를 바르고, 끝으로, 새 장판을 깔아야 할 것이다. 이처럼 가정을 세우는 결혼도 준비와 순서가 필요하다.

**〔28-29절〕 너는 까닭 없이 네 이웃을 쳐서 증인이 되지 말며 네 입술로 속이지 말지니라. 너는 그가 내게 행함같이 나도 그에게 행하여 그 행한 대로 갚겠다 말하지 말지니라.**

증인은 진실해야 한다. 우리는 항상 진실한 증거를 해야 한다. 까닭 없이, 즉 정당한 이유 없이 이웃에게 해를 끼치는 거짓 증거를 하는 것은 십계명의 제9계명을 어기는 매우 큰 악이다. 그것은 남의 인격을 모독하고 그의 신임성을 손상시키고 그의 명예를 더럽히고 그의 하는 일을 허물어뜨리는 것이다. 그것은 자기 교만과 욕심과 미움에서 나오는 행동이다. 성도들은 서로 지체가 되므로 거짓을 버리고 진실만을 말해야 하며(엡 4:25), 항상 선한 마음을 품어야 한다.

또 우리는 남이 우리에게 행한 악에 대해 보복하려 하지 말아야 한다. 사회질서와 안녕을 위한 공적 형벌은 필요하지만, 사사로운 보복은 하나님께서 금하신다. 하나님의 뜻은 우리가 모든 사람에게 사랑과 선을 베푸는 것이며 심지어 우리에게 해를 끼쳤거나 해를 끼치려 하는 원수에게까지도 사랑과 선을 베푸는 것이다.

마태복음 5:39, "나는 너희에게 이르노니 악한 자를 대적지 말라. 누구든지 네 오른편 빰을 치거든 왼편도 돌려 대라." 마태복음 5:44, "나는 너희에게 이르노니 너희 원수를 사랑하며 [너희를 저주하는 자를 축복하며 너희를 미워하는 자에게 선을 베풀며 너희를 모욕하고](전통본문) 너희를 핍박하는 자를 위하여 기도하라." 로마서 12:17, 20, "아무에게도 악으로 악을 갚지 말고 모든 사람 앞에서 선한 일을 도모하라," "네 원수가 주리거든 먹이고 목마르거든 마시우라. 그리함으로 네가 숯불을 그 머리에 쌓아 놓으리라."

**〔30-34절〕 내가 증왕(曾往)에**[이전에] **게으른 자의 밭과 지혜 없는 자의 포도원을 지나며 본즉 가시덤불이 퍼졌으며 거친 풀이 지면에 덮였고 돌담이 무너졌기로 내가 보고 생각이 깊었고 내가 보고 훈계를 받았었노라.** 네가 **좀더 자자, 좀더 졸자, 손을 모으고 좀더 눕자 하니 네 빈궁이 강도같이 오며 네 곤핍이 군사같이** 이르리라.

본문은 '게으른 자의 밭'과 '지혜 없는 자의 포도원'을 같은 부류에 둔다. 게으름은 곧 미련함이요, 부지런함은 곧 지혜이다.

게으름의 표시는 삶과 일터의 현장에서 나타난다. 게으른 농사꾼의 밭과 포도원은 가시덤불이 퍼졌고 거친 풀이 덮였고 돌담이 무너졌다고 표현된다. 이와 같이, 게으른 학생, 게으른 주부, 게으른 직원, 게으른 성도, 게으른 직분자도 비슷할 것이다. 그의 삶과 사역의 현장에 그의 게으름의 흔적이 나타나 있을 것이다.

게으름의 한 표는 잠을 많이 자는 것이며, 그 결과는 물질적 궁핍이다. 잠언 10:4는, "손을 게으르게 놀리는 자는 가난하게 되고 손이 부지런한 자는 부하게 되느니라"고 말한다. 잠언 31장에 보면, 현숙한 여인은, 양털과 삼을 구하여 부지런히 손으로 일하며, 밤이 새기 전에 일어나서 그 집 사람들에게 식물을 나눠주며, 또 그 집안 일을 보살피고 게을리 얻은 양식을 먹지 아니한다고 묘사되었다(잠 31:13, 15, 27).

세상일도, 영적인 일도 그러하다. 로마서 12:11, "부지런하여 게으르지 말고 열심을 품고 주를 섬기라." 에베소서 5:16, "세월을 아끼라. 때가 악하니라." 디모데전서 4:15, "이 모든 일[경건 훈련]에 전심전력하여 너의 진보를 모든 사람에게 나타나게 하라."

본문의 교훈을 정리해보자. 첫째로, 재판관은 재판할 때 사람의 낯을 보지 말고 공평하게 해야 하며, 선과 악을 공의로 판단하고 선을 칭찬하고 악을 책망해야 하고, 악을 행한 자에게 바른 말로 책망하고 권면할 수 있어야 한다. 그런 사람은 하나님과 사람의 인정과 사랑을 입을 것이다.

둘째로, 사람은 무슨 일을 하든지 계획을 세우고 잘 준비한 후에 해야 한다. 집을 짓는 일도, 사업을 하는 일도 그러하다. 자세한 계획과 준비 없이 일을 시작하면 실패할 것이다. 특히 젊은이들은 가정을 세우려 할 때 정신적, 신체적, 경제적 준비를 어느 정도 한 후 해야 할 것이다.

셋째로, 우리는 까닭 없이 이웃에 대해 거짓 증거를 하지 말고 우리에게 해를 끼친 자에게 개인적 보복도 하지 말아야 한다. 우리는 모든 사람에게 선하게 하고 진실하게 하며 원수들에게도 끝까지 선을 행해야 한다.

넷째로, 우리는 자기의 일에 게으르지 말아야 한다. 게으른 자는 지혜 없는 자이며 사람이 게으르면 가난하게 된다. 우리는 가정 일이나 학교 공부나 직장 일이나, 또 믿는 일, 즉 규칙적으로 성경 읽고 기도하는 일, 하나님께 예배드리고 봉사하는 일도 게으르지 말고 열심히 해야 한다.

# 25장: 말, 충성, 온유, 원수 사랑, 별거

## 1-7절, 왕의 영광, 악인 제거, 교만

**[1-3절] 이것도 솔로몬의 잠언이요 유다 왕 히스기야의 신하들의 편집한** [필사(筆寫)한](KJV, NASB, NIV) **것이니라. 일을 숨기는 것은 하나님의 영화요 일을 살피는 것은 왕의 영화니라. 하늘의 높음과 땅의 깊음같이 왕의 마음은 헤아릴 수 없느니라.**

잠언 30-31장을 제외한 잠언의 대부분의 내용은 솔로몬이 하나님의 감동으로 쓴 내용이며, 25장부터 29장까지는 히스기야 왕의 신하들이 필사(筆寫)한 것이다. 솔로몬은 잠언 3천개를 썼다(왕상 4:32).

하나님께서 하시는 어떤 일을 숨기는 것은 하나님의 영화이다. 사람은 하나님의 하시는 일들을 다 알 수 없다. 신명기 29:29, "오묘한 일은 우리 하나님 여호와께 속하였거니와 나타난 일은 영구히 우리와 우리 자손에게 속하였나니 이는 우리로 이 율법의 모든 말씀을 행하게 하심이니라." 로마서 11:33, "깊도다, 하나님의 지혜와 지식의 부요함이여, 그의 판단은 측량치 못할 것이며 그의 길은 찾지 못할 것이로다."

그러나 어떤 일을 살피는 것은 왕의 영화이다. 일을 계획하고 행하며 그것을 부지런히 살피는 것은 사람의 몫이다. 잠언 18:9, "자기의 일을 게을리하는 자는 패가하는 자의 형제니라." 잠언 27:23, "네 양떼의 형편을 부지런히 살피며 네 소떼에 마음을 두라." 로마서 12:8, "다스리는 자는 부지런함으로 [할 것이니라]." 나라 일들을 힘써 살피는 왕은 훌륭한 왕이다. 물론 왕의 깊은 마음은 백성이 다 알지 못한다.

**[4-5절] 은에서 찌끼를 제하라, 그리하면 장색의 쓸 만한 그릇이 나올 것이요; 왕 앞에서 악한 자를 제하라, 그리하면 그 위(位)**[왕위]**가 의(義)로 말미암아 견고히 서리라.**

불순물이 섞인 은 원석에서 찌끼를 제거하면 은장색이 쓸 만한 순은

(純銀)이 나오듯이, 왕의 신하들 중에서 악한 자를 제거하면 그 왕의 왕위가 의로 말미암아 견고히 설 것이다. 악한 자란, 불경건하고 부도덕한 자, 비양심적인 자, 아첨하는 자, 남을 해치는 자 등을 가리킨다. 그가 왕에게 약간 도움을 주었을지 모르나 참된 도움이 되지 못한다. 실상 그는 자기 이익을 구하는 자이다. 그는 결국 왕의 나라를 어지럽히며 평안을 무너뜨리고 왕의 명예도 땅에 떨어뜨릴 것이다.

왕의 왕위는, 악인이 제거되고 의인이 세워질 때 견고케 된다. 잠언 16:12, "악을 행하는 것은 왕의 미워할 바니 이는 그 보좌가 공의로 말미암아 굳게 섬이니라." 잠언 29:4, "왕은 공의로 나라를 견고케 하나 뇌물을 억지로 내게 하는 자는 나라를 멸망시키느니라." 왕의 보좌와 나라는 공의로 굳게 서며 평안을 누릴 것이다.

또 하나님의 의(義)의 내용은 인자함과 사랑이다. 그러므로 의로운 왕은 백성에게 인자함과 사랑을 실천하여 나라 안에 가난하고 소외된 자들을 돌아볼 것이다. 그럼으로써, 그 나라와 그 왕위는 견고해지고 평안을 누릴 것이다. 잠언 20:28, "왕은 인자와 진리로 스스로 보호하고 그 위(位)도 인자함으로 말미암아 견고하니라." 잠언 29:14, "왕이 가난한 자를 성실히 신원(伸寃)하면 그 위(位)가 영원히 견고하리라."

교회도 비슷하다. 교회에서도 악인들이 징계를 받고 의롭고 선한 자들이 세움을 받을 때 교회는 평안 가운데 든든히 세워질 것이다.

**〔6-7절〕 왕 앞에서 스스로 높은 체하지 말며 대인(大人)의 자리에 서지 말라. 이는 사람이 너더러 이리로 올라오라 하는 것이 네 눈에 보이는 귀인 앞에서 저리로 내려가라 하는 것보다 나음이니라.**

왕은 겸손한 신하를 사랑하고 신임할 것이다. 왕 앞에서 자기 자신을 높이는 자는 그보다 더 높은 사람이 나타날 때에 부끄러움을 당할 것이다. 주께서는 혼인 잔치의 비유에서 혼인 잔치에 청함을 받았을 때 상석에 앉지 말고 말석에 앉으라고 비슷한 말씀을 하셨다. 왜냐하면 자기보다 더 귀한 사람이 오면 상석을 내어주어야 할 것이며 그러면 부끄러움을 당할 것이기 때문이라고 말씀하셨다. 주께서는 사람들에게 자신을 높이지 말고 낮추라는 교훈을 주신 것이다(눅 14:8-11).

주께서는 겸손에 대해 교훈하셨다. 그는, "너희 중에 누구든지 크고자 하는 자는 너희를 섬기는 자가 되고 너희 중에 누구든지 으뜸이 되고자 하는 자는 너희 종이 되어야 하리라"고 말씀하셨고(마 20:26-27), 또 "누구든지 자기를 높이는 자는 낮아지고 누구든지 자기를 낮추는 자는 높아지리라"고 말씀하셨다(마 23:12). 또 사도 바울도 교인들에게 "존경하기를 서로 먼저하라"고 교훈하였고(롬 12:10), 또 "오직 겸손한 마음으로 각각 자기보다 남을 낫게 여기라"고 말했다(빌 2:3).

우리는 우리 자신의 부족을 알고 있다. 우리는 지옥 갈 자들이었으나 하나님의 은혜로 큰 구원을 받았다. 또 우리가 가진 모든 좋은 것이 다 하나님의 은혜이다. 고린도전서 4:7, "네게 있는 것 중에 받지 아니한 것이 무엇이뇨?" 또 하나님께서는 다른 이들도 우리와 똑같이 사랑하셔서 그들을 위해 독생자의 보배로운 피를 흘리셨다. 그러므로 우리는 우리 자신을 낮추고 다른 사람들을 존중하고 귀히 여겨야 한다.

본문의 교훈을 정리해보자. 첫째로, 일을 숨기는 것은 하나님의 영화요 일을 살피는 것은 왕의 영화이다. 우리는 하나님의 일을 다 알지 못하므로 그것을 다 알려 하지 말고 오직 그를 의지해야 하지만, 우리에게 맡겨진 일에 대해서는 그것을 잘 계획하고 행하고 부지런히 살펴야 한다.

둘째로, 왕 앞에서 악한 자를 제하면 그 왕위가 의로 말미암아 견고해질 것이다. 우리는 하나님 앞에서 의롭고 선한 자가 되어 하나님께 쓰임을 받아야 한다. 또 우리는 교회에서 믿음이 없고 악한 자들을 징계하고 의롭고 선한 자들을 세움으로 교회를 견고하고 평안케 해야 한다.

셋째로, 왕 앞에서 스스로 높은 체하지 말며 대인의 자리에 서지 말아야 한다. 우리는 자신을 크게 여기거나 내세우지 말아야 하고, 주 안에서 겸손한 마음으로 다른 성도들을 존중하고 존경하며 사랑해야 한다.

## 8-12절, 다툼, 경우에 합당한 말, 책망

**〔8절〕 너는 급거히**[성급히] **나가서 다투지 말라. 마침내 네가 이웃에게 욕을 보게**[수치를 당하게] **될 때에 네가 어찌할 줄을 알지 못할까 두려우니라.**

우리는 성급히 나서서 이웃과 다투지 말아야 한다. 사람이 무슨 일을 파악하고 판단하기 전에 성급히 나서면 수치를 당할 것이다. 잠언 18:13, "사연을 듣기 전에 대답하는 자는 미련하여 욕[수치]을 당하느니라." 잠언 29:20, "네가 언어에 조급한 사람을 보느냐? 그보다 미련한 자에게 오히려 바랄 것이 있느니라." 또 원고의 말이 옳은 것 같으나 피고가 와서 밝히는 경우도 있다. 잠언 18:17, "송사에 원고의 말이 바른 것 같으나 그 피고가 와서 밝히느니라."

사람이 성급히 나서서 다투면 실수하기 쉬운 까닭은 사람이 누구나 완전하지 않기 때문이다. 사람의 지식과 이해력은 한계가 있고 사람의 기억력과 판단력도 그러하다. 말의 표현력도 불완전하다. 또 사람은 이성적이기보다 감정적이기 쉽다. 사람이 감정이 앞서면 사리판단력이 약해진다. 그러므로 화가 났을 때는 조금 참고 감정을 가라앉히는 것이 좋다. 그래야 실수를 안 하고 수치를 당하지 않을 것이다.

성경은 우리가 대답할 말을 깊이 생각해야 한다고 교훈한다. 잠언 15:28, "의인의 마음은 대답할 말을 깊이 생각하여도 악인의 입은 악을 쏟느니라." 잠언 17:27, "말을 아끼는 자는 지식이 있고 성품이 안존한 자는 명철하니라." 깊이 생각하지 않고 말을 내뱉는 자는 어리석은 자이다. 또 우리는 노하기도 더디해야 한다. 잠언 14:29, "노하기를 더디하는 자는 크게 명철하여도 마음이 조급한 자는 어리석음을 나타내느니라." 그러므로 야고보서 1:19-20도, "사람마다 듣기는 속히 하고 말하기는 더디하며 성내기도 더디하라"고 교훈하였다.

**〔9-10절〕 너는 이웃과 다투거든 변론만 하고 남의 은밀한 일은 누설하지 말라. 듣는 자가 너를 꾸짖을 터이요 또 수욕이 네게서 떠나지 아니할까 두**

**려우니라.**

‘남의 은밀한 일’(NASB, NIV)이라는 원문(<u>소드 아케르</u> סוֹד אַחֵר)은 “은밀한 일을 남에게”(KJV)라고 번역하는 것이 옳은 것 같다. 그것은 원문의 전통적 읽기이며[21] 문맥에도 맞는 것 같다.

사람이 이웃과 가급적 안 다투는 것이 좋으나 부득이 다툴 경우가 있다. 어떤 오해가 있을 때나, 억울하게 비난을 받았을 때나, 또 물질적 손실을 당했을 때 그러할 것이다. 그러나 그는 그때에 관계된 문제만 변론해야지, 그가 다투다가 알게 되었거나 평소에 알고 있던 상대의 은밀한 일을 다른 사람에게 누설해서는 안 된다. 상대의 사적인 문제를 남에게 누설하는 것은 인격의 결함이며 그런 사람은 인격적이지 못하다는 비난과 평가를 받게 될 것이다. 또 남의 비밀을 다른 사람에게 누설치 않는 것은 사람이 지켜야 할 기본적 예의와 덕이다. 하나님 앞에서 부족이나 실수가 없는 사람은 아무도 없기 때문이다.

성경은 우리가 돌아다니며 사람에 대해 말하지 말고 또 남의 비밀을 누설치 말아야 한다고 가르친다. 레위기 19:16, “너는 네 백성 중으로 돌아다니며 사람을 논단하지 말며 네 이웃을 대적하여 죽을 지경에 이르게 하지 말라. 나는 여호와니라.” 잠언 11:13, “두루 다니며 한담하는 자는 남의 비밀을 누설하나 마음이 신실한 자는 그런 것을 숨기느니라.” 잠언 20:19, “두루 다니며 한담하는 자는 남의 비밀을 누설하나니 입술을 벌린 자를 사귀지 말지니라.”

**〔11절〕 경우에 합당한 말은 아로새긴 은쟁반에 금사과니라.**

‘경우에 합당한 말’이란 ‘상황에 적절하게 말해진 말’을 가리킨다. 그 상황에 맞지 않는 부적절한 말이나 동문서답같이 엉뚱한 말이나 주제나 핵심에서 벗어난 말은 별 가치가 없고 도움이 되지 않는다. 경우에

---

21) 전통적 히브리어 마소라 본문에는 <u>소드</u> סוֹד에 분리액센트가 찍혀 있고, <u>아케르</u> אַחֵר에는 연결액센트(다음 글자와 연결해 읽는)가 찍혀 있다.

합당한 말은 사리나 이치에 맞고 이성과 양심에 맞고 더욱이 성경에 맞는 말이다. 또 그것은 다른 사람들에게 말할 때에는 그때의 상황과 듣는 자들의 눈높이에 맞는 말이라고 할 수 있다.

경우에 합당한 말은 아로새긴 은쟁반에 금사과와 같다. '아로새긴 은쟁반'이라는 원어(마스킷요스 카세프 מַשְׂכִּיּוֹת כָּסֶף)는 '은으로 만든 전시물, 은으로 만든 조각상'(BDB, KB)이라는 뜻으로 영어성경은 '은 그림'(KJV) 또는 '은으로 만든 틀'(settings of silver)(NASB, NIV)이라고 번역하였다. 아로새긴 은쟁반에 금사과는 매우 아름답고 가치 있어 보이고, 보는 이들로 하여금 기쁨을 얻게 할 것이다. 경우에 합당한 말이 바로 이와 같다.

그러므로 잠언 15:23은, "사람은 그 입의 대답으로 말미암아 기쁨을 얻나니 때에 맞은 말이 얼마나 아름다운고"라고 말한다. 의인은 대답할 말을 깊이 생각하여 적절하고 유익한 말을 하는 지혜가 있다. 그러므로 잠언 10:20은, "의인의 혀는 천은과 같거니와 악인의 마음은 가치가 적으니라"고 말하였고, 잠언 15:28은, "의인의 마음은 대답할 말을 깊이 생각하여도 악인의 입은 악을 쏟느니라"고 말했다. 야고보서 1:19는, "내 사랑하는 형제들아, 너희가 알거니와 사람마다 듣기는 속히 하고 말하기는 더디하며 성내기도 더디하라"고 말하였다.

**〔12절〕 슬기로운 자의 책망은 청종하는 귀에 금고리와 정금 장식이니라.**

슬기로운 자 곧 지혜자는 하나님을 경외하고 그의 계명대로 의롭고 선하게 사는 자이다. 슬기로운 자는 주위의 사람들에게 좋은 교훈과 조언을 주며 필요한 경우는 책망도 준다. 슬기로운 자의 책망은 청종하는 귀에 금고리와 정금 장식과 같다. 물론, 듣지 않는 자에게는 아무리 좋은 말도 소용이 없다. 예수님의 말씀과 사도들의 말이라도 그에게는 유익이 없다. 그러나 좀 부족한 전도자나 설교자의 교훈이라도 그 교훈을 듣고 순종하는 자에게는 유익이 있다. 지혜로운 자는 다른 이들의 권면과 충고를 듣는다. 잠언 12:15는, "미련한 자는 자기 행위를 바른 줄로 여기나 지혜로운 자는 권고를 듣느니라"고 말한다. 겸손한 자는 어린아이에게서도 무엇을 배울 것이다.

'금고리'는 '금 귀걸이'(KJV, NASB, NIV) 같은 것을 가리키고 '정금 장식'은 금목걸이, 금팔찌, 금반지 등을 가리킬 것이다. 그것들은 아름답고 가치 있는 것들이다. 그것은 사람의 마음을 기쁘게 하고 그에게 유익을 줄 것이다. 슬기로운 자의 책망이 그렇다. 그렇다면, 모든 사람은 슬기로운 자의 책망을 싫어하지 말고 오히려 사모해야 할 것이다.

잠언 1:8-9는, 부모의 훈계[징계]는 자녀의 머리에 아름다운 관이요 목에 금사슬이 된다고 말하였다. 또 잠언 3:22는, 지혜의 말씀은 영혼의 생명이 되며 목에 장식이 된다고 말하였고, 잠언 4:9도, 지혜는 그것을 얻은 자의 머리에 아름다운 관을 두고 영화로운 면류관을 줄 것이라고 말했다. 또 잠언 27:5는 "면책은 숨은 사랑보다 낫다"고 말하였고, 잠언 27:9는 "기름과 향이 사람의 마음을 즐겁게 하나니 친구의 충성된 권고가 이와 같이 아름답다"고 말했다.

본문의 교훈을 정리해보자. 첫째로, 우리는 다툼을 가급적 피해야 하지만, 부득이 다툴 때는 성급히 나서서 다투지 말아야 한다. 우리는 무슨 일이든지 깊이 생각하고 판단하고 말하고 특히 다툴 때 그러해야 한다.

둘째로, 우리는 이웃과 다툴 때 그때 관계된 문제만 말하는 것이 옳고, 감정이 상한다고 해서 다른 사람에게 상대방의 비밀을 누설해서는 안 된다. 왜냐하면 사람은 누구나 남에게 감추고 싶은 부족과 실수가 있고 그것을 덮어두는 것은 사람이 지켜야 할 기본적 예의와 덕이기 때문이다.

셋째로, 경우에 합당한 말은 아로새긴 은쟁반에 금사과와 같다. 우리는 상황에 부적절한 말을 삼가고, 경우에나 상황에 합당한 말을 해야 한다.

넷째로, 슬기로운 자의 책망은 청종하는 귀에 금고리와 정금 장식이다. 사람이 지혜자의 책망을 잘 들으면 자기에게 큰 유익과 복이 된다.

## 13-16절, 충성, 거짓 자랑, 인내, 절제

〔13절〕 **충성된**(네에만 נֶאֱמָן)[충성된, 변함 없는, 믿을 만한] **사자는 그를 보낸 이에게 마치 추수하는 날에 얼음** 냉수(친낫 쉘렉 צִנַּת־שֶׁלֶג)[눈(雪)의 차가움] **같아서 능히 그 주인의 마음을 시원케 하느니라.**

원문에는 '얼음 냉수 같다'는 말이 앞에 나와 강조되어 있다. '얼음 냉수'는 오늘날 말로 하면 얼음 띄운 물이나 냉장고에 넣었다 뺀 물을 가리킨다고 볼 수 있다. 추수하는 날은 추수하느라고 땀 흘리고 덥고 목마른 날이다. 그때 얼음 냉수는 얼마나 시원하고 좋은 것인가.

충성된 사자는 그를 보낸 주인에게 이러하다. 충성된 사자는 그를 보낸 주인의 마음을 얼음 냉수같이 시원케 할 것이다. 충성이란 자기가 맡은 일을 이루기 위해 변함 없이, 초심을 잃지 않고 행하는 것이다. 그것은 용두사미(龍頭蛇尾) 즉 처음에는 거창하게 시작했으나 나중에는 흐지부지하게 되는 것이 아니고, 조석변이(朝夕變移) 즉 아침하고 저녁하고 마음이 바뀌는 것도 아니고, 작심삼일(作心三日) 즉 결심한 것이 3일밖에 못 가는 것도 아니다. 이런 것은 충성이 아니다.

충성된 사자는 모든 성도들에게 적용될 수 있다. 그것은 특히 교회의 직분자들, 목사, 장로, 권사, 교사 등에게 적용될 것이다. 보낸 자와 주인은 하나님이시다. 하나님께서는 당회와 교인들을 통해 일꾼들을 세우신다. 하나님께서 맡기시는 일은 영혼 구원의 전도와 목회의 일이다. 특히 전도는 신약교회의 최대의 과제이다. 하나님께서는 이 일을 위해 우리를 구원하셨고 우리를 일꾼들로 부르셨다. 우리는 하나님께 충성해야 한다. 맡은 자에게 필요한 것은 충성이다(고전 4:2). 주께서는 우리 모두에게 "네가 죽도록 충성하라"고 말씀하신다(계 2:10).

〔14절〕 **선물한다고 거짓 자랑하는 자는 비 없는 구름과 바람 같으니라.**

'선물한다고 거짓 자랑하는 자'라는 원문(이쉬 밋할렐 베맛탓 솨케르 אִישׁ מִתְהַלֵּל בְּמַתַּת־שָׁקֶר)은 '거짓된 은사(gift)를 자랑하는 자'

(KJV)라는 말이거나 '선물을 거짓되이 자랑하는 자'(NASB)라는 말일 것이다. 그것은 하나님께 받지 않은 은사를 받았다고 자랑하는 자이거나 남에게 선물을 준다고 거짓말로 자랑하는 자를 가리킬 것이다.

하나님께서 주시는 선물 즉 성령의 은사는 남에게 자랑하라고 주신 것이 아니다. 더욱이, 하나님께서 주지도 않으신 은사를 받은 것처럼 자랑하는 것은 허위 광고, 과장 광고와 같다. 그것은 거짓이며 허풍이다. 그것은 참으로 나쁜 일이다. 거짓된 은사를 자랑하는 자는 비 없는 구름과 바람 같다. 그것은 하늘에 구름이 가득하고 바람도 불지만, 비 올 듯한 모양만 있고 비를 뿌리지 않는 것과 같다. 유다는 그의 서신에서 거짓 교사들을 "바람에 불려 가는 물 없는 구름"이라고 묘사했다(유 12). 우리는 거짓 교사들의 허풍을 분별하고 배격해야 한다.

또 남에게 선물을 주지도 않으면서 선물을 줄 것처럼 거짓말하는 것도 악한 일, 불신실한 일이다. 우리는 무슨 선한 일이든지 조용히, 은밀히 해야 한다. 주께서는 우리가 하나님께 기도할 때에나 남에게 구제할 때 자랑하거나 선전하거나 남에게 보이려고 하지 말고 은밀히 하라고 교훈하셨다(마 6:1-6). 메시아께서는 다투지도 않으시고 외치지도 않으시고 아무도 길에서 그의 소리를 듣지도 못하리라고 예언되었다(마 12:19). 우리는 하나님 앞에서의 경건생활이나 다른 사람들을 위한 무슨 봉사를 하든지 야단스럽고 떠들석하게 자기를 선전하면서 하지 말고 조용하게, 은밀하게, 겸손하게 해야 한다.

**[15절] 오래 참으면 관원이 그 말을 용납하나니**(예푸테 יְפֻתֶּה)[그 말에 설득 당하나니](be persuaded) **부드러운 혀는 뼈를 꺾느니라.**

관원에게 자신의 억울한 사정을 탄원하였으나 들어주지 않는 경우가 있다. 그때 기분이 나쁘고 자존심이 상한다고 포기하면 일이 그것으로 끝날 것이다. 그러나 이때 인내가 필요하고 자기 부정이 필요하다. 자존심과 감정을 버리고 상한 마음을 버리고 참고 인내하며 자신의 정직하고 정당한 소원을 계속 간청하면 마침내 관원이 설득 당하여 그의 말을 받아줄 것이다. 그것은 주께서 누가복음 18장에서 말씀하신 불의한 재판관과 한 과부의 비유의 내용이기도 하다. 한 과부가 낙심치 않고 불의한 재판관에게 간절히 탄원하여 응답 받은 것처럼, 오래 참고 관원에게 간청하면 좋은 응답을 얻을 것이다.

본문은 또, "부드러운 혀는 뼈를 꺾는다"고 말한다. 그것은 유순한 말이 뼈같이 딱딱한 마음을 감동시킨다는 뜻이다. 잠언 15:1은, "유순한 대답은 분노를 쉬게 하여도 과격한 말은 노를 격동하느니라"고 말한다. 성질을 내는 과격한 말은 상대방을 노하게 만들며 그의 마음을 더 닫게 만든다. 그러나 유순한 대답은 상대방의 노를 쉬게 하며 닫힌 마음도 조금씩 열 것이다. 물은 가장 약한 물질이지만, 못 들어가는 곳이 거의 없고 날카로운 바윗돌도 깎아서 부드럽게 만든다. 유순한 말도 이와 같다. 온유는 성도의 덕이며 하나님의 종들의 덕이다. 갈라디아서 5:22-23, "성령의 열매는 사랑과 희락과 화평과 오래 참음과 자비와 양선과 충성과 온유와 절제니 이 같은 것을 금지할 법이 없느니라." 디모데후서 2:24-25, "마땅히 주의 종은 다투지 아니하고 모든 사람을 대하여 온유하며 . . . 거역하는 자를 온유함으로 징계할지니."

**〔16절〕 너는 꿀을 만나거든 족하리만큼 먹으라. 과식하므로 토할까 두려우니라.**

잠언 24:13에서는 "내 아들아, 꿀을 먹으라. 이것이 좋으니라. 송이꿀을 먹으라. 이것이 네 입에 다니라"고 말했으나, 본문은 꿀을 과식하면 토할 수 있다고 말한다. 절제에 대한 교훈이다.

꿀뿐 아니라, 모든 맛있는 음식이 다 그러하고 세상의 모든 즐거운 일들이 다 그러하다. 우리는 모든 좋은 것들을 절제 있게 사용해야 한다. 절제는 성경이 가르치는 중요한 덕의 하나이다. 사도 바울은 벨릭스 총독에게 의와 절제와 장차 오는 심판에 관해 전하였다(행 24:25). 절제는 성령의 열매들 중 하나이다. 갈라디아서 5:22-23, "성령의 열매는 사랑과 희락과 화평과 . . . 충성과 온유와 절제니."

실상, 세상의 모든 것은 다 허무하다(전 1:2). 그러므로 시편 39편은 모든 사람이 그림자같이 다니고 헛된 일에 분요하다고 표현하며 우리의 소망이 오직 하나님께 있다고 고백하였다(시 39:6-7). 사도 바울은, 식물은 배를 위하고 배는 식물을 위하나 하나님께서는 이것저것을 다 폐하실 것이라고 말하였다(고전 6:12-13). 사도 요한은, "이 세상이나 세상에 있는 것들을 사랑치 말라," "이는 세상에 있는 모든 것이 육신의 정욕과 안목의 정욕과 이생의 자랑임이라," "이 세상도, 그 정욕도 지나가느니라"고 말하였다(요일 2:15-17).

물론, 금욕주의가 대안은 아니다. 전도서는 사람이 세상에서 먹고 마시며 수고하는 중 낙을 누리는 것이 선하고 아름다우며 허무한 세상에서 사랑하는 아내와 함께 즐겁게 사는 것이 하나님의 복이라고 교훈했다(전 2:24; 5:18; 9:9). 사도 바울은 하나님의 지으신 모든 것이 선하며 감사함으로 받으면 버릴 것이 없다고 말하였다(딤전 4:1-5).

본문의 교훈을 정리해보자. 첫째로, 충성된 사자는 그를 보낸 이에게 마치 추수하는 날에 얼음 냉수 같다. 우리는 하나님 앞에 충성된 사자가 되어 그가 우리에게 맡겨주신 일들을 잘 수행하고 끝까지 완수함으로써 우리를 세우시고 그의 일을 맡기신 하나님의 마음을 시원케 해야 한다.

둘째로, 거짓 은사를 자랑하거나 선물한다고 거짓 자랑하는 자는 비 없는 구름과 바람 같다. 우리는 세상일이나 신앙생활이나, 기도도 구제도 허풍으로나 자기를 자랑하면서 하지 말고 조용하고 충실하게 해야 한다.

셋째로, 우리는 무슨 일이든지 감정적으로 행하지 말고 범사에 인내하며 온유하고 유순한 말로 자기 의견을 말함으로 상대방을 설득해야 한다. 오래 참으면 관원도 그 말에 설득 당한다. 부드러운 혀는 뼈를 꺾는다.

넷째로, 우리는 꿀을 적당히 먹고 과식하지 말아야 한다. 허무한 세상에서 하나님께서 주신 즐거움이 있으나 우리는 하나님께서 주신 세상의 즐거움을 적당히 누리며 범사에 절제해야 하고 지나치지 말아야 한다.

## 17-20절, 이웃 왕래, 거짓 증거, 불신실, 동감

**〔17절〕 너는 이웃집에 자주 다니지 말라**(호카르 라글레카 밉베스 레에카 הֹקַר רַגְלְךָ מִבֵּית רֵעֶךָ)[네 발을 네 이웃의 집으로부터 드물게 하라]. **그가 너를 싫어하며 미워할까 두려우니라.**

본문은 사람이 이웃집에 자주 드나들지 않고 드물게 하는 것이 지혜로운 처신이라고 교훈한다. 이웃집에 자주 드나드는 사람은 자기의 일에 충실하지 못하고 남에 대한 말도 하기 쉽다. 잠언 11:13, "두루 다니며 한담하는 자는 남의 비밀을 누설하나 마음이 신실한 자는 그런 것을 숨기느니라." 잠언 20:19, "두루 다니며 한담하는 자는 남의 비밀을 누설하나니 입술을 벌린 자를 사귀지 말지니라."

또 사람마다 개인의 시간 계획이 있고 자기 일에 충실한 사람일수록 더욱 그러하다. 그런 사람에게 30분 혹은 1시간의 시간을 빼앗는 것은 큰 일이다. 우리는 자기중심적이게 행동하지 말고 남을 생각하고 예의를 가져야 한다. 남의 시간을 필요로 할 때에는 먼저 정중히 양해를 구해야 하고 전화가 필요한 경우에도, 필요한 말만 하는 것이 바람직하다. 그것이 하나님의 명하신 이웃 사랑의 원리에 맞다. 사랑은 자기중심적이지 않고 상대를 배려한다(고전 13:4-5).

그러나 상대방의 구원을 위한 접촉이나 방문은 하나님의 명령이다. 상대방의 영혼 구원은 가장 귀한 일이므로 그 일을 위해서 접촉하고 방문하는 것은 우리가 기회를 잡아 힘써야 할 귀한 일이다.

본문은 "그가 너를 싫어하며 미워할까 두려우니라"고 말한다. 특별한 일 없이 이웃집에 자주 드나드는 것은 이웃에게 폐가 될 것이다. 우리는 이웃에게 사랑받는 존재가 되어야지 귀찮은 존재가 되어서는 안 될 것이다. 우리는 선하고 흠 없는 인격자가 되어야 한다.

**〔18절〕 그 이웃을 쳐서 거짓 증거하는 사람은 방망이요 칼이요 뾰족한 살이니라.**

그 이웃에 대해 거짓말로 비난하는 자는 그 이웃을 방망이로 때리고 날카로운 칼로 베고 뾰족한 화살로 쏘아 찔러 죽이는 것과 같다. 하나님께서는 너희는 거짓 증거하지 말라고 명하셨다(출 20:16). 거짓말은 그 자체가 나쁜 것이다. 그것은 마귀의 행동이다. 마귀는 에덴 동산에서 뱀을 통해 거짓말로 하와에게 접근하여 그를 범죄케 하였고 아담과 온 인류를 죄와 죽음에 이르게 하였다(창 3장). 주께서는 "너희는 너희 아비 마귀에게서 났으니 너희 아비의 욕심을 너희도 행하고자 하느니라. 저는 처음부터 살인한 자요 진리가 그 속에 없으므로 진리에 서지 못하고 거짓을 말할 때마다 제 것으로 말하나니 이는 저가 거짓말장이[거짓말쟁이]요 거짓의 아비가 되었음이니라"고 말씀하셨다(요 8:44). 거짓말을 하는 것은 마귀의 행동을 하는 것이다.

남을 치는 거짓 증거는 교만과 미움에서 나온다. 교만은 남을 무시하고 멸시하게 만들며, 미움은 남을 해치고 죽이게 한다. 미움과 살인은 멸망의 죄악이다. 사도 요한은 "그 형제를 미워하는 자마다 살인하는 자니 살인하는 자마다 영생이 그 속에 거하지 아니하는 것을 너희가 아는 바라"고 말했다(요일 3:15). 성경은 거짓말하는 자와 살인하는 자는 천국에서 제외되고 지옥에 던지울 것이라고 말한다. 요한계시록 22:15, "행음자들과 살인자들과 우상숭배자들과 및 거짓말을 좋아하며 지어내는 자마다 성 밖에 있으리라." 요한계시록 21:8, "흉악한 자들과 살인자들과 행음자들과 술객들과 우상숭배자들과 모든 거짓말하는 자들은 불과 유황으로 타는 못에 참여하리니 이것이 둘째 사망이라."

〔19절〕 **환난 날에 진실치 못한 자**(보게드 בּוֹגֵד)[배신자, 불신실한 자]**를 의뢰하는 의뢰는 부러진 이**(쉔 로아 שֵׁן רֹעָה)[나쁜 이](NASB, NIV)**와 위골(違骨)된 발**(레겔 무아뎃 רֶגֶל מוּעָדֶת)[뒤뚝거리는(tottering) 발](BDB) 같으니라.

'진실치 못한 자' 즉 배신자, 불신실한 자는 양심적으로 행하지 않고 자기 이익을 따라 입장을 바꾸고 관계를 변하는 자이다. 그는 우리가 부요하고 형통할 때는 친근히 하다가 우리가 환난을 당할 때 즉 물질적 어려움이 있고 환경적 재난이 닥칠 때에는 등을 돌리는 자이다.

환난 날에 배신자, 불신실한 자를 의뢰하는 것은 나쁜 이와 뒤뚝거리는 발과 같다. 이나 발은 몸에 꼭 필요한 지체지만, 나쁜 이는 음식을 씹는 기능을 잘 못하는 이며 뒤뚝거리는 발은 걷는 기능을 잘 못하는 발이다. 그것들은 쓸모 없고 오히려 통증이 있어서 고통과 짐이 되는 지체들이다. 이와 같이, 환난 날에 배신자, 불신실한 자를 의뢰하는 것은 쓸모 없는 일이며 오히려 마음에 고통과 짐이 되는 일이다.

물론, 우리는 서로에게 하나님 안에서 신실한 친구가 되어야 한다. 우리는 세상적 이해관계를 초월하여 하나님과 그의 진리 안에서 의리를 지키고 변함 없이 사랑하는 친구가 되어야 한다. 사랑엔 거짓이 없고(롬 12:9), 또 사랑은 자기 유익을 구하지 않는다(고전 13:5). 그러나 우리는 사람들을 의지하지 말고 하나님만 의지해야 한다. 사람은 우리가 의지할 대상이 아니고 때때로 우리를 배신하고 떠나가기 때문이다. 그러므로 이사야 2:22는, "너희는 인생을 의지하지 말라. 그의 호흡은 코에 있나니 수에 칠 가치가 어디 있느뇨?"라고 말했다. 주 예수께서는 그를 따르는 사람들에게 자신을 의탁하지 않으셨다(요 2:24).

**[20절] 마음이 상한 자에게 노래하는 것은 추운 날에 옷을 벗음 같고 쏘대**[소다] **위에 초**를 부음 **같으니라**.

추운 날에는 옷을 더 입어야지 옷을 벗으면 더 춥다. 또 소다에 식초를 부으면 부글부글 끓고 열이 나고 이산화탄소 즉 탄산가스와 더불어 유해물질이 발생하여 눈이나 피부에 해롭다고 한다. 마음이 상한 자에게 노래하는 것은 그의 마음을 위로하기는커녕 그의 마음을 더 상하게 만든다. 그러므로 우리는 마음이 상한 자에게 노래하지 말고 은밀히 그를 위해 기도하든지 혹은 함께 기도해야 하며 또 그에게 위로의 말을 해야 할 것이다. 성도는 고난 중에 기도해야 한다. 야고보서 5:13은 "너희 중에 고난 당하는 자가 있느냐? 저는 기도할 것이요; 즐거워하는 자가 있느냐? 저는 찬송할지니라"고 말한다.

성도는 다른 사람과 마음을 같이해야 한다. 그것이 온유와 겸손의 마음가짐이요 사랑의 마음가짐이다. 욥은, "고생의 날 보내는 자를 위하여 내가 울지 아니하였는가? 빈궁한 자를 위하여 내 마음에 근심하지 아니하였는가?"라고 말했다(욥 30:25). 사도 바울은, "만일 한 지체가 고통을 받으면 모든 지체도 함께 고통을 받고 한 지체가 영광을 얻으면 모든 지체도 함께 즐거워한다"고 말했고(고전 12:26), "즐거워하는 자들과 함께 즐거워하고 우는 자들과 함께 울라. 서로 마음을 같이하며 높은 데 마음을 두지 말고 도리어 낮은 데 처하며 스스로 지혜 있는 체 말라"고 교훈하였다(롬 12:15-16). 사도 베드로도, "너희가 다 마음을 같이하여[같은 생각을 가지며] 체휼(體恤)하며[같은 감정을 가지며] 형제를 사랑하며 불쌍히 여기며 겸손하라"고 교훈하였다(벧전 3:8). 우리는 서로 같은 생각과 같은 감정을 가지려고 노력해야 한다.

본문의 교훈을 정리해보자. 첫째로, 우리는 이웃집에 자주 다니지 말고 자기 일에 충실해야 한다. 우리는 상대방의 영혼 구원을 위한 접촉 이외에는 이웃에게 폐가 되거나 부담을 주는 방문을 삼가야 한다. 우리는 이 세상일이나 영적인 일이나 각자 자기 일에 충실한 사람이 되어야 한다.

둘째로, 우리는 이웃에 대해 거짓말로 증거하여 이웃을 치거나 찌르는 자가 되지 말아야 한다. 남을 치는 거짓 증거는 교만과 미움에서 나온다. 우리는 교만과 미움을 버리고 겸손히 이웃을 내 몸같이 사랑해야 한다.

셋째로, 환난 날에 불신실한 자를 의뢰하는 것은 나쁜 이와 뒤뚝거리는 발과 같다. 우리는 하나님 안에서 신실한 친구가 되어야 하고 환난 날에 신뢰할 만한 진실한 사람이 되어야 한다. 그러나 실상 우리는 사람을 믿거나 사람에게 자신을 맡기지 말고 오직 하나님만 신뢰해야 한다.

넷째로, 마음이 상한 자에게 노래하는 것은 추운 날에 옷을 벗음 같고 소다 위에 초를 부음 같다. 우리는 이웃과 생각과 감정을 같이하여 그가 울 때 함께 울고 그가 기뻐할 때 함께 기뻐해야 한다. 그것이 온유함과 겸손함의 마음가짐이요 이웃을 우리 몸과 같이 사랑하는 마음가짐이다.

## 21-24절, 원수 사랑, 참소하는 혀, 다투는 여인

**〔21-22절〕 네 원수가 배고파하거든 식물을 먹이고 목말라 하거든 물을 마시우라. 그리하는 것은 핀 숯으로 그의 머리에 놓는 것과 일반이요 여호와께서는 네게 상을 주시리라.**

본문은 원수를 사랑하고 선대하라는 교훈이다. 하나님께서는 자신과 원수이었던 우리를 사랑하셨고 오래 참으셨고 구원하셨다. 우리는 이런 사랑을 보이신 하나님의 마음과 행위를 본받아야 한다.

주께서도 비슷한 내용을 교훈하셨다. 마태복음 5:44, "나는 너희에게 이르노니 너희 원수를 사랑하며 너희를 저주하는 자를 축복하며 너희를 미워하는 자에게 선을 베풀며 너희를 모욕하고 너희를 핍박하는 자를 위하여 기도하라"(전통본문). 누가복음 6:27-28, "너희 원수를 사랑하며 너희를 미워하는 자를 선대하며 너희를 저주하는 자를 위하여 축복하며 너희를 모욕하는 자를 위하여 기도하라." 사도 바울도 교훈하기를, "네 원수가 주리거든 먹이고 목마르거든 마시우라. 그리함으로 네가 숯불을 그 머리에 쌓아 놓으리라. 악에게 지지 말고 선으로 악을 이기라"고 하였다(롬 12:20-21).

핀 숯을 머리에 놓는 것은 무슨 뜻인가? 그것은 핀 숯이 쇠를 달구듯이 그의 선행이 원수의 마음을 감동시켜 회개케 하고 변화시킴을 뜻할지도 모른다. 원수가 생각하기에, 자기는 상대방에게 악을 행했는데 상대방은 자기에게 선을 행하기 때문에 감동을 받는 것이다. 그러나 원수가 그래도 변하지 않으면 그가 원수에게 한 선행이 도리어 그의 머리에 놓여진 하나님의 진노의 숯불이 된다는 뜻도 포함할 것이다.

본문은 또 네가 원수를 선대하면 "여호와께서 네게 상을 주시리라" 고 말한다. 하나님께서는 원수 사랑의 선행에 대해 상을 주실 것이다.

**〔23절〕 북풍이 비를 일으킴같이 참소하는 혀**(레숀 사세르 לְשׁוֹן סָתֶר)[은밀한 혀]**는** 사람의 **얼굴에 분을 일으키느니라.**

'일으킨다'는 원어(테콜렐 תְּחוֹלֵל)는 '가져온다'(NASB, NIV)는 뜻이거나(BDB), '몰아낸다'(drive away)(KJV)는 뜻이다.[22] '은밀한 혀'는 '은밀하게 남을 헐뜯고 비난하는 혀'라는 뜻이라고 본다(BDB).

한글 본문은, 북풍이 비를 일으키듯이, 은밀하게 남을 헐뜯는 혀가 비난당하는 당사자나 바른 생각을 가진 자들을 분노케 만들 것이라는 뜻이다. 그러므로 우리는 남을 헐뜯고 비난하는 말을 삼가야 한다. 주께서는 "비판을 받지 아니하려거든 비판하지 말라. 너희의 비판하는 그 비판으로 너희가 비판을 받을 것이요 너희의 헤아리는 그 헤아림으로 너희가 헤아림을 받을 것이니라"고 말씀하셨다(마 7:1-2).

혹은, 본문의 뜻이, 옛날 영어성경의 번역대로, "북풍이 비를 몰아내듯이, 노한 얼굴은 남을 헐뜯는 혀를 몰아내느니라"는 뜻일지도 모른다. 팔레스틴 땅의 북풍은 보통 비가 없는 바람이라고 한다. 팔레스틴 땅에는 보통 서풍이나 남서풍이 비를 가져온다고 한다. 그렇다면 본문은, 어떤 사람이 내게 와서 은밀히 남을 헐뜯고 비난하는 말을 할 때 그것을 듣지 않고 그 앞에서 화를 내면 그는 다시 와서 그런 말을 하지 않을 것이라는 뜻일 것이다. 디모데전서 3:11은, 사람이 장로와 집사가 되려면 그의 아내들이 참소하지 않는 자이어야 한다고 말했다.

**〔24절〕 다투는 여인과 함께 큰 집에서 사는 것보다 움막에서** 혼자 **사는 것이 나으니라.** (잠언 21:9도 같은 말씀이다.)

잠언 21:19는, "다투며 성내는 여인과 함께 사는 것보다 광야에서 혼자 사는 것이 나으니라"고 비슷한 내용을 말한다. 다투는 여인은 성격에 문제가 있어 보인다. 사람은 자기의 욕심이 충족되지 않으면 불만하고 다툰다. 사람이 욕심이 없으면 불만도 없고 다툼도 없을 것이다.

사람의 가치는 경건함과 선함과 온유함 등의 덕성에 있다. 여성의

---

22) '일으킨다'는 원어(테콜렐 תְּחוֹלֵל)는 '가져온다'는 뜻이거나(헬라어 70인역, BDB), '몰아낸다'(drive away)는 뜻이라고 보인다(헬라어 시마쿠스역, Vg, 카일-델리취, 유대인 학자들 아벤 에즈라, 죠셉 킴치).

가치도 그러하다. 성경은 특히 여성의 덕으로 하나님을 경외함, 덕스러움, 선행, 온유함, 조용함 등을 든다. 잠언 31:30은, "고운 것도 거짓되고 아름다운 것도 헛되나 오직 여호와를 경외하는 여자는 칭찬을 받을 것이라"고 말하며, 잠언 12:4는, "어진[덕스러운] 여인은 그 지아비의 면류관이나 욕을 끼치는 여인은 그 지아비로 뼈가 썩음 같게 하느니라"고 말한다. 또 디모데전서 2:9-10은, "이와 같이 여자들도 아담한 옷을 입으며 염치와 정절로 자기를 단장하고 땋은 머리와 금이나 진주나 값진 옷으로 하지 말고 오직 선행으로 하기를 원하라. 이것이 하나님을 공경한다 하는 자들에게 마땅한 것이니라"고 말하고, 또 베드로전서 3:4는 "[너희 단장은] 마음에 숨은 사람을 온유하고 안정한 심령의 썩지 아니할 것으로 하라. 이는 하나님 앞에 값진 것이니라"고 말한다. 그 외에도, 성경은 검소함, 절제, 근면 등을 여성의 덕으로 말했다.

많은 사람들이 얼굴이 예쁜 것이 큰 가치라고 생각하는 것 같으나, 실상 사람의 외모보다 그의 영혼이 더 중요하며 그 영혼이 그의 인격을 형성한다. 사람의 인격이 그 외모보다 훨씬 중요하다. 결혼의 행복은 가정의 평안과 사랑에 있고, 그것은 하나님께서 주시는 복이지만, 사람 편에서 겸손과 온유, 사랑과 인내를 갖춘 선한 인격이 필요하다.

본문의 교훈을 정리해보자. 첫째로, 우리는 원수가 배고파하거든 먹을 것을 주고 목말라 하거든 마실 물을 주어야 한다. 우리는 원수를 사랑하고 끝까지 그에게 선을 베풀어야 하고 선으로 악을 이겨야 한다.

둘째로, 우리는 남을 비난하지 말아야 하고 또 우리에게 와서 은밀히 남을 비난하는 자가 있다면, 그에게 화를 내어 쫓아내는 것이 좋다. 남을 비난하는 것은 나쁜 일이요 그런 것을 방치하는 것도 나쁜 일이다.

셋째로, 다투는 여인과 함께 큰 집에서 사는 것보다 움막에서 혼자 사는 것이 낫다. 우리는 사람의 가치를 외모에보다 인격성에 두어야 한다. 모든 여성도들은 경건과 선함과 온유함의 덕을 갖추도록 힘써야 한다.

## 25-28절, 좋은 기별, 의인의 굴복, 영예, 마음 제어

**〔25절〕 먼 땅에서 오는 좋은 기별은 목마른 사람에게 냉수 같으니라.**

집안 형편이 어려워 도시에 나가 학원에서 청소하고 일하면서 공부하던 학생이 서울대학에 입학했다는 소식을 부모님께 전해드렸을 때, 아들의 소식을 목마르게 기다리던 부모님의 기쁨은 참으로 컸을 것이다. 죄인들은 목마른 자와 같다. 그러므로 하나님께서는, "너희 목마른 자들아, 물로 나아오라. 돈 없는 자도 오라. 너희는 와서 사 먹되 돈 없이, 값없이 와서 포도주와 젖을 사라"고 말씀하셨다(사 55:1). 주께서도 "의에 주리고 목마른 자는 복이 있나니 저희가 배부를 것임이요"라고 말씀하셨다(마 5:6). 죄인들은 세상에서 사는 삶의 의미와 가치에 대해서나 죄 문제의 해결과 영생에 대해서 알지 못하여 목말라 있다.

천국 복음은 먼 땅에서 오는 가장 좋은 소식이다. 그것은 하나님의 아들이 죄인을 구원하러 오셨다는 소식이며 모든 사람에게 전파되어야 할 기쁜 소식이다. 그러므로 사도 바울은, "미쁘다, 모든 사람이[사람이 전적으로] 받을 만한 이 말이여. 그리스도 예수께서 죄인을 구원하시려고 세상에 임하셨다 하였도다"라고 말하였다(딤전 1:15).

하나님의 복음은 목마른 자들에게 생수와 같다. 그러므로 주께서는 수가성 여인에게 "네가 만일 하나님의 선물과 또 네게 물 좀 달라 하는 이가 누구인 줄 알았더면 네가 그에게 구하였을 것이요 그가 생수를 네게 주었으리라"고 말씀하셨고, 또 말씀하시기를, "내가 주는 물을 먹는 자는 영원히 목마르지 아니하리니 나의 주는 물은 그 속에서 영생하도록 솟아나는 샘물이 되리라"고 하셨다(요 4:10, 14).

**〔26절〕 의인이 악인 앞에 굴복하는 것은 우물의 흐리어짐과 샘의 더러워짐 같으니라.**

우물이나 샘은 먹는 물이다. 의인의 말과 행동은 사람들에게 위로와 힘이 된다. 잠언 10:11은, "의인의 입은 생명의 샘이라"고 말한다. 물이 흐리어짐과 더러워짐은 물을 못 먹게 되는 것을 말한다. 의인이 의를 지키지 못하고 악인의 위협과 핍박에 굴복하여 불의를 용납하고 타협하고 절충하는 일이 있다. 경건했던 아브라함은 가나안 땅에 기근이 들어 애굽으로 내려갔을 때 죽음의 위험 때문에 자기 아내를 누이라고 속였었다. 사도 베드로는 주께서 잡히신 날 밤에 사람들 앞에서 그를 모른다고 세 번이나 부인했었다. 그것들은 자신들과 다른 이들을 크게 실망시킬 만한 일들이었다. 그런 일들은 있어서는 안 될 일들이었다.

사람들은 의인의 말과 행위를 통해 의가 세워지기를 기대하고, 악인이 득세할 때 탄식한다. 잠언 29:2, "의인이 많아지면 백성이 즐거워하고 악인이 권세를 잡으면 백성이 탄식하느니라." 하나님께서는 우리가 고난이나 죽음의 위협 앞에서도 신앙과 의를 지키기를 원하신다. 다니엘과 그의 세 친구들은 사자굴의 위협과 풀무불의 위협 속에서도 믿음을 지켰고 하나님의 계명에 순종했다(단 3장, 6장). 주께서는 "의를 위하여 핍박을 받은 자는 복이 있나니 천국이 저희 것임이라. 나를 인하여 너희를 욕하고 핍박하고 거짓으로 너희를 거스려 모든 악한 말을 할 때에는 너희에게 복이 있도다"라고 말씀하셨다(마 5:10-11). 베드로와 요한은 공회에서 유대 지도자들이 그들을 경계하여 예수의 이름으로 말하지도 말고 가르치지도 말라고 했을 때 대답하기를, "하나님 앞에서 너희 말 듣는 것이 하나님 말씀 듣는 것보다 옳은가 판단하라. 우리는 보고 들은 것을 말하지 아니할 수 없다"고 말했다(행 4:17-20).

**〔27절〕 꿀을 많이 먹는 것이 좋지 못하고 자기의 영예를 구하는 것이 헛되니라.**

꿀은 달고 맛있는 좋은 음식이다. 성경은 지혜를 꿀에 비유하였다. 잠언 24:13-14는 "내 아들아, 꿀을 먹으라. 이것이 좋으니라. . . . 지혜가 네 영혼에게 이와 같은 줄을 알라"고 하였다. 또 다윗이나 시편 119편 저자는 하나님의 말씀을 꿀과 송이꿀보다 더 달다고 표현하였다(시 19:10; 119:103).

본문은 영예를 꿀에 비유한다. 영예는 좋은 것이며, 불명예나 수치는 나쁜 것이다. 그러므로 잠언 22:1은 “많은 재물보다 명예를 택할 것이요”라고 말했고, 전도서 7:1도 “아름다운 이름이 보배로운 기름보다 낫다”고 말했다. 로마서 2:7도 참고 선을 행하여 영광과 존귀와 썩지 아니함을 구하는 자에게 하나님께서 영생으로 갚으신다고 말했다.

그러나 성경은 꿀을 적당히 먹어야 한다고 교훈한다. 잠언 25:16은, “너는 꿀을 만나거든 족하리만큼 먹으라. 과식하므로 토할까 두려우니라”고 말했다. 그것은 절제를 교훈한 것이다. 음식뿐 아니라, 영예도 그러하다. 영예는 좋은 것이지만, 우리가 그것에 대한 욕심을 품는 것은 좋지 못하다. 사람들은 영예를 위해 외식하거나 거짓말을 하거나 남에게 악을 행하기도 한다. 그것은 세상적 욕심이며 세상 사랑이다. 전도서 1:2는 “[세상의 일들이] 헛되고 헛되며 헛되고 헛되니 모든 것이 헛되도다”고 말하였고, 또 요한일서 2:15-17은, “이 세상이나 세상에 있는 것들을 사랑치 말라. . . . 이는 세상에 있는 모든 것이 육신의 정욕과 안목의 정욕과 이생의 자랑이니 다 아버지께로 좇아 온 것이 아니요 세상으로 좇아 온 것이라. 이 세상도, 그 정욕도 지나가되 오직 하나님의 뜻을 행하는 이는 영원히 거하느니라”고 말했다.

**〔28절〕 자기의 마음을 제어하지 아니하는 자는 성읍이 무너지고 성벽이 없는 것 같으니라.**

‘마음’이라는 원어(루아크 רוּחַ)는 ‘영’이라는 뜻이다. 마음은 생각과 감정과 의지 등 영의 활동이다. 사람이 자기의 영과 마음을 제어하고 다스린다는 말은 절제를 가리킨다. 자신을 절제하는 사람은 좋은 인격자이다. 그는 마음의 의지 곧 심지(心志)가 견고한 자이다. 이사야 26:3은, “주께서 심지(心志)가 견고한 자를 평강에 평강으로 지키시리니 이는 그가 주를 의뢰함이니이다”고 말하였다.

그러나 자기의 마음을 제어하지 않는 자는 성읍이 무너지고 성벽이 없는 것과 같다. 성읍이 무너지고 성벽이 없는 것은 외부인의 침입에 무방비 상태인 것과 같다. 그는 마귀의 시험과 죄의 유혹과 세상의 악에 그대로 드러나 있다. 그런 사람에게는 성벽 곧 바른 우주관, 인생관, 가치관이 필요하고 경건과 의의 생활규칙이 필요하다. 또 경건과 의를 실천할 힘과, 불경건과 죄를 버릴 힘이 필요하며, 끊을 것은 끊고 피할 것은 피하고 힘쓸 것은 힘쓰는 결단력과 절제가 필요하다.

잠언 4:23은, "무릇 지킬 만한 것보다 더욱 네 마음을 지키라"고 말한다. 우리는 마음을 지키고 마음을 다스려야 한다. 사도 바울은 모든 것이 내게 가하나 다 유익한 것이 아니고 모든 것이 가하나 모든 것이 덕을 세우는 것이 아니라고 말하였고(고전 6:12; 10:23), 또 "이기기를 다투는 자마다 모든 일에 절제하나니 저희는 썩을 면류관을 얻고자 하되 우리는 썩지 아니할 것을 얻고자 하노라"고 말하였다(고전 9:25). 사람은 자신의 행위에 대하여 책임을 져야 한다. 하나님께서는 선악간에 공의로운 심판을 내리실 것이다. 그러나 실상, 절제는 성령의 열매이며(갈 5:22-23) 하나님의 은혜로만 얻을 수 있는 덕성이다.

본문의 교훈을 정리해보자. 첫째로, 먼 땅에서 오는 좋은 소식은 목마른 사람에게 냉수와 같다. 하나님께서 하늘로부터 보내주신 예수 그리스도의 복음은 영적으로 목마른 죄인들에게 전파되어야 할 좋은 소식이다. 우리는 이 구원의 좋은 소식을 널리 전하는 일에 참여해야 한다.

둘째로, 의인이 악인 앞에 굴복하는 것은 우물의 흐리어짐과 샘물의 더러워짐 같다. 우리는 악인 앞에 굴복하지 말고 죽음의 위협 속에서도 신앙과 의를 지키고 범죄치 말고 본을 보이며 고난도 각오해야 한다.

셋째로, 꿀을 많이 먹는 것은 좋지 못하고 자기의 영예를 구하는 것은 헛되다. 하나님께서 주시는 영예와 영광은 좋은 것이지만, 세상 영광을 구하는 것은 헛된 욕심이다. 우리는 세상적 영예를 구하지 말아야 한다.

넷째로, 우리는 자기 마음을 제어하는 좋은 인격자가 되어야 한다. 우리는 하나님의 은혜와 성령의 도우심으로 늘 의와 선을 행해야 한다.

# 26장: 미련한 자, 게으른 자

## 1-3절, 미련한 자의 영예, 까닭 없는 저주, 막대기

**〔1절〕 미련한 자에게는 영예가 적당하지 아니하니 마치 여름에 눈 오는 것과 추수 때에 비 오는 것 같으니라.**

팔레스틴 땅은 여름이 곡식을 추수하는 때이다. 여름에 눈이 오면 곡식을 추수하고 타작하는 데 큰 지장이 될 것이며 채소들은 다 얼어 버릴 것이다. 비는 씨를 뿌리거나 곡식이 익는 계절인 초겨울과 초봄에 와야 적당하다. 그러므로 여름에 눈이 오고 추수 때에 비가 오는 것은 적당치 않고 오히려 지장이 된다.

마치 여름에 눈 오는 것과 추수 때에 비 오는 것같이, 미련한 자에게는 영예가 적당하지 않다. 미련한 자는 하나님을 경외할 줄 모르고 그의 계명대로 살지 않는 자이다. 그는 교만하고 정직하지 않고 악하며 거짓되다. 영예를 얻는 것은 예를 들어 교회의 직분과 사회의 직위를 얻는 것이다. 미련한 자에게는 영예가 적당치 않다. 그는 해야 할 일을 하지 않고 하지 말아야 할 일을 행함으로 그 직분을 어그러뜨린다. 그는 그 직분과 직위 때문에 오히려 마음이 높아지고 교만해져서 더 큰 잘못을 범한다. 그는 그 직분과 직위를 남용하고 오용한다.

파사 왕 아하수에로의 신하 하만은 모르드개가 자기에게 절하지 않는다고 심히 노하여 그와 그의 유다 민족을 다 멸하려고 계획하였고(에 3:5-6), 또 집뜰에 50규빗[23미터] 되는 나무를 세워 그를 그 나무에 달아 죽이려고 계획하였다(에 5:14). 초대 교회 때에도, 으뜸 되기를 좋아하는 디오드레베는 주의 종들을 대접지 않고 악한 말로 비방하고 대접하는 자들을 금하고 교회에서 내어쫓았다(요삼 9-10).

**〔2절〕 까닭 없는 저주는 참새의 떠도는 것과 제비의 날아가는 것같이 이르지 아니하느니라.**

저주는 하나님께서 상대방에게 재앙을 내려주시기를 기원하는 것이다. 악인에게 하나님의 공의의 보응이 임하기를 기원하는 것은 공의의 원리에 비추어 볼 때 정당성이 있다. 시편의 많은 저주의 시들이 그러하다. 예를 들어, 시편 6:6은 하나님께서 거짓말하는 자를 멸하실 것이라고 말하며, 또 시편 7:16은 악한 자의 잔해(殘害)[해]는 자기 머리로 돌아오고 그 포학은 자기 정수리에 내릴 것이라고 말한다.

그러나 까닭 없는 저주는 경건하고 의롭고 선한 자에게 재앙을 기원하는 것 같은 정당성 없는 저주를 가리킨다. 그런 저주는 참새의 떠도는 것과 제비의 날아가는 것같이 임하지 않을 것이다. 재앙은 하나님께서 내리시는 것이며 그는 불의하고 부당한 재앙을 내리시지 않는다. 하나님께서는 이스라엘 백성을 사랑하시므로 이방인 선지자 발람의 말을 듣지 않으시고 그 저주를 변하여 복이 되게 하셨다(신 23:5). 또 시므이는 다윗 왕을 저주하였으나 다윗은 하나님께서 그의 저주 까닭에 선으로 자기에게 갚으실 것이라고 말했다(삼하 16:12).

정당한 저주라 하더라도, 예수께서는 신약 성도들에게 원수를 저주하지 말고 사랑하며 그를 축복하라고 교훈하셨다. 누가복음 6:27-28, "너희 원수를 사랑하며 너희를 미워하는 자를 선대하며 너희를 저주하는 자를 위하여 축복하며 너희를 모욕하는 자를 위하여 기도하라." 또 사도 바울도, 우리를 핍박하는 자를 축복하고 저주하지 말고, 악에 대해 보복하지 말고 하나님께 맡기며 악한 자에게 끝까지 선을 베풀라고 교훈했다(롬 12:14, 19-20). 그것은 우리가 지옥 갔어야 할 큰 죄인이었으나 예수님의 십자가 대속(代贖) 사역으로 구원 얻었기 때문이다.

**〔3절〕 말에게는 채찍이요 나귀에게는 자갈**[재갈]**이요 미련한 자의 등에는 막대기니라.**

'재갈'은 말을 어거하기 위해 입에 가로로 물리는 쇠토막을 가리킨다. 말이나 나귀 같은 이성 없는 짐승에게는 재갈과 굴레와 채찍 같은 것이 필요하다. 그래야 사람이 그것들을 제어하고 순종케 할 수 있다.

그러나 사람은 짐승과 다르며 사람은 말로 상대방을 이해시킬 수 있고 권면하고 책망도 한다. 사람은 남의 말을 알아들을 수 있다. 상대방이 마음을 닫지만 않는다면, 그에게 자기의 마음과 뜻을 전달할 수 있다. 그러나 미련한 사람은 자기의 마음을 닫고 남의 말을 들으려 하지 않는다. 모든 사람에게 미련함이 조금씩 있다. 미련한 자는 무지와 고집, 교만과 완고함이 있다. 그는 이기적이고 자기중심적이다.

미련한 아이에게 부모의 매가 필요하듯이, 미련한 자에게는 채찍이나 매나 막대기가 필요하다. 잠언 10:13, "지혜 없는 자의 등을 위하여는 채찍이 있느니라." 잠언 18:6, "그[미련한 자의] 입은 매를 자청하느니라." 잠언 19:29, "채찍은 어리석은 자의 등을 위하여 예비된 것이니라." 미련한 어른들의 등에 필요한 막대기는 하나님의 징계의 고난을 가리킨다. 시편 119:67, "고난 당하기 전에는 내가 그릇 행하였더니 이제는 주의 말씀을 지키나이다." 히브리서 12:11, "무릇 징계가 당시에는 즐거워 보이지 않고 슬퍼 보이나 후에 그로 말미암아 연달한 자에게는 의의 평강한 열매를 맺나니." 우리는 미련한 자가 되지 말고 지혜자가 되어야 한다. 그러므로 시편 32:9는, "너희는 무지한 말이나 노새 같이 되지 말지어다. 그것들은 자갈[재갈]과 굴레로 단속하지 아니하면 너희에게 가까이 오지 아니하리로다"라고 말하였다.

본문의 교훈을 정리해보자. 첫째로, 여름에 눈이 오고 추수 때에 비가 오듯이, 미련한 자에게는 영예가 적당하지 않다. 미련한 자는 그 영예를 남용하고 오용한다. 우리는 영예를 구하지 말고 지혜를 구해야 한다.

둘째로, 까닭 없는 저주는 참새의 떠도는 것과 제비의 날아가는 것 같다. 우리는 까닭 없는 저주를 두려워하지 말고 모든 일을 하나님께 맡기며 원수까지도 사랑하며 그를 위해 기도하고 그에게 선을 베풀어야 한다.

셋째로, 말에게는 채찍이요 나귀에게는 재갈이요 미련한 자의 등에는 막대기이다. 우리는 미련함을 버리고 온유함과 순종심을 가져야 한다.

## 4-6절, 미련한 자에 대한 대답

**[4절] 미련한 자의 어리석은 것을 따라 대답하지 말라. 두렵건대 네가 그와 같을까 하노라.**

미련한 사람은 하나님을 알지 못하고 두려워하지 않고 그의 계명을 알지 못하고 행치 않는 자이다. 그런 사람은 교만하고 자신을 높이고 남을 멸시하고 세상을 사랑하고 육신적인 것, 물질적인 것을 사랑한다. 그는 돈을 자랑하고 집을 자랑하고 자식을 자랑하고 외모를 자랑하고 세상 권세를 자랑한다. 그런 사람은 흔히 뭐니뭐니 해도 세상에서는 건강이 최고라든가 돈이 최고라는 등의 말을 한다. 그러나 우리는 그런 미련한 자의 말들에 동의하여 "물론, 그렇죠"라고 대답해서는 안 된다. 왜냐하면 그것들은 다 틀린 말들이기 때문이다.

성경은 그와 정반대로 가르친다. 전도서 1:2, "전도자가 가로되 헛되고 헛되며 헛되고 헛되니 모든 것이 헛되도다." 시편 20:7, "혹은 병거, 혹은 말을 의지하나 우리는 여호와 우리 하나님의 이름을 자랑하리로다." 이사야 2:22, "너희는 인생을 의지하지 말라. 그의 호흡은 코에 있나니 수에 칠 가치가 어디 있느뇨?" 이사야 40:6, 8, "모든 육체는 풀이요 그 모든 아름다움은 들의 꽃 같으니," "풀은 마르고 꽃은 시드나 우리 하나님의 말씀은 영영히 서리라 하라." 요한일서 2:15-17, "이 세상이나 세상에 있는 것들을 사랑하지 말라. 누구든지 세상을 사랑하면 아버지의 사랑이 그 속에 있지 아니하니 이는 세상에 있는 모든 것이 육신의 정욕과 안목의 정욕과 이생의 자랑이니 다 아버지께로 좇아 온 것이 아니요 세상으로 좇아 온 것이라. 이 세상도, 그 정욕도 지나가되 오직 하나님의 뜻을 행하는 이는 영원히 거하느니라."

**[5절] 미련한 자의 어리석은 것을 따라 그에게 대답하라. 두렵건대 그가 스스로 지혜롭게 여길까 하노라.**

우리는 미련한 자의 어리석은 말에 대해 대답하지 않고 잠잠해야 할 때가 있으나, 하나님의 진리에 관계될 때, 또는 침묵하면 상대가 오히려 자신을 지혜롭다고 여길 수 있을 때 말해야 한다. 예수께서는 침묵하실 때도 있었지만, 필요한 때는 언제나 말씀하셨다. 그는 바리새인들이 그가 안식일에 병 고치는 일에 대해 비난하고 금하였을 때, "외식하는 자들아, 너희가 각각 안식일에 자기의 소나 나귀나 마구에서 풀어내어 이끌고 가서 물을 먹이지 아니하느냐? 그러면 18년 동안 사단에게 매인 바된 이 아브라함의 딸을 안식일에 이 매임에서 푸는 것이 합당치 아니하냐?"라고 말씀하셨다(눅 13:15-16). 또 유대인들이 간음 중에 잡힌 여자를 끌고 와 율법대로 돌로 칠 것인가를 질문하였을 때, 그는 "너희 중에 죄 없는 자가 먼저 돌로 치라"고 말씀하셨다(요 8:7). 이것은 그들의 말로써 그들의 부족을 깨우치신 사건이었다. 사람은 남의 잘못은 잘 보고 또 정죄하지만, 막상 자신도 정죄를 당할 만한 부족한 자임을 깨닫지 못하는 경우가 많다. 또 예수께서는 성전에 들어가 가르치실 때 대제사장들과 백성의 장로들이 나아와 "네가 무슨 권세로 이런 일을 하느뇨? 또 누가 이 권세를 주었느뇨?"라고 묻자, "나도 한 말을 너희에게 물으리니 너희가 대답하면 나도 무슨 권세로 이런 일을 하는지 이르리라. 요한의 세례가 어디로서 왔느냐? 하늘로서냐? 사람에게로서냐?"고 되물으셨다(마 21:23-25). 그럼으로써 그는 어리석은 자들의 시험하는 질문의 입을 지혜롭게 막으셨다.

**〔6절〕 미련한 자 편에 기별하는 것은**[자(者)는] 자기의 **발을 베어버림이라. 해를 받느니라.**

누구 편에 기별한다는 것은 그에게 자기의 뜻을 전달하게 하는 것을 말한다. 요즘에는 편지나 전화, 혹은 문자나 이메일이 있어서 전하는 일이 쉽지만, 예전에는 사람을 직접 보내어 전하게 하였다. 전달자의 임무는 자기를 보내는 자의 말과 마음을 충실히 전하는 것이다. 그런데 미련한 자 편에 기별하는 자는 자기의 발을 베어버림과 같다. 발을 베어버림과 같다는 말은 전할 말이 잘 전달되지 않는다는 뜻이다. 그것은 보내는 자의 전하는 뜻이 바르게 전달되지 않고 변질되고 왜곡되어 그를 보낸 목적을 이루지 못하는 것을 말한다. 이와 같이, 미련한 자 편에 기별하는 자는 유익을 얻지 못하고 도리어 해를 입는다.

이것은 목사와 교사, 또 넓게는 모든 성도들에게 적용된다. 하나님께서는 우리에게 전해야 할 진리의 말씀을 주셨다. 그것은 예수 그리스도를 믿음으로 죄사함과 의롭다 하심을 얻는 칭의(稱義)의 복음이요 또 구원받은 자들이 거룩하고 의롭고 선한 삶을 살게 하고 온전케 되게 하는 성화(聖化)의 교훈이다. 말씀의 봉사자들과 모든 성도들은 다 하나님의 말씀의 지혜롭고 충성된 전달자가 되어야 한다(딤후 4:3-5).

그러나 미련한 자들은 하나님의 진리의 충실한 전달을 저버리고 자기들의 어리석은 생각을 따라 이단 사상들을 전하고, 병 고침과 물질적 부요함의 복을 가르치는 설교를 하고, 내세에 대한 소망보다 현세에 대한 관심만 전하며, 또 요즈음에는 예화가 가득하고 유머가 있는 재미있는 설교를 함으로 사람들의 귀와 마음을 즐겁게 하는 경향이 있는 것 같다. 이것들은 다 하나님의 뜻을 바르게 전하지 못하는 일이요 도리어 하나님의 일에 해가 되고 하나님을 노엽게 하는 일이 된다.

본문의 교훈을 정리해보자. 첫째로, 우리는 어리석은 자의 말에 동의하여 대답해서는 안 된다. 우리는 잠시라도 어리석은 자들의 불경건하고 부도덕하고 헛된 말에 동의하지 말고 그 어리석음에 동조하지 말아야 한다.

둘째로, 우리는 어리석은 자의 말에 대하여 침묵하지 말고 하나님의 진리를 증거하고 성경에 근거해 바르게 대답해야 할 때가 있다. 그럼으로써 어리석은 자의 생각과 말이 잘못이라는 것을 깨우쳐야 할 때가 있는 것이다. 그렇지 않으면 그 어리석은 자는 자신의 잘못을 모를 것이다.

셋째로, 미련한 자 편에 기별하는 자는 자기 발을 베어 버림같이 해를 받는다. 우리는 말씀을 바르게 전하는 지혜롭고 충성된 자들이 되어야 하고 우리의 말과 삶을 통해 성경적 기독교가 밝히 증거되게 해야 한다.

## 7-9절, 미련한 자의 잠언과 영예

**〔7절〕 저는 자의 다리는** 힘없이 **달렸나니 미련한 자의 입의 잠언도 그러하니라.**

다리는 걷는 기능을 하는 중요한 신체기관이다. 다리가 튼튼한 자가 건강한 자라고 한다. 사람은 적당한 영양섭취와 충분한 운동으로 다리를 건강케 해야 한다. 저는 자의 다리는 힘없이 달려 있다. 저는 자는 다리를 가지고 있으나 그 다리가 제 구실을 못하는 자이다.

본문은 미련한 자의 입의 잠언이 저는 자의 힘없이 달려 있는 다리와 같다고 말한다. 입은 음식을 먹는 기관이기도 하지만, 특히 말을 하는 기관이다. 잠언은 교훈적이고 유익한 말을 가리킨다. 그러나 미련한 자의 입의 잠언은 별 교훈이 되지 못하고 별 유익을 주지 못한다. 왜냐하면 미련한 자는 온 세상의 창조자와 섭리자이신 하나님과, 하나님께서 사람의 삶의 규칙으로 주신 그의 계명을 알지 못하므로, 그의 잠언에 가장 중요한 것 곧 경건과 도덕성이 빠져 있기 때문이다.

그러나 지혜자는 그 입으로 하나님께 찬송하고 기도하며 다른 이들에게 하나님의 진리를 전하고 바르고 유익한 충고를 주고, 또 위로와 격려를 주고 때로는 책망도 한다. 잠언 10:21은 "의인의 입술은 여러 사람을 교육한다"고 말하며, 잠언 12:18은 "지혜로운 자의 혀는 양약 같다"고 말하며, 잠언 15:4는 "온량한[건전한] 혀는 곧 생명나무"라고 말한다. 신약성경은 우리가 남에게 유익을 주는 덕스러운 말을 하라고 교훈한다. 에베소서 4:29는, "덕을 세우는 데 소용되는 대로 선한 말을 하여 듣는 자들에게 은혜를 끼치게 하라"고 교훈한다.

**〔8절〕 미련한 자에게 영예를 주는 것은 돌을 물매에 매는 것과 같으니라.**

'물매'는 투석구(投石具) 즉 돌을 멀리 정확하게 던지는 기구이다. 그것은 옛날 이스라엘과 애굽, 앗수르, 바벨론 등지에서 사용한 무기의 하나로서 2미터 정도의 가죽끈의 중간을 넓게 하고 거기에 돌을 싸서 끈의 양끝을 모아 잡고 돌리다가 한쪽 끝을 놓아 돌을 날리는 도구이다. 앗수르 사람들은 발 앞에 계란 모양의 돌을 쌓아 놓고 던졌으며 애굽 사람들은 목에다 돌을 담은 그물을 걸고 던졌다고 한다. 사사기 20:16은 사사 시대에 베냐민 사람들 중에 물매를 던져 정확하게 맞히는 자들이 700명이나 있었다고 증거한다. 사울 시대에 소년 다윗은 블레셋 장수 골리앗과 싸울 때 물매를 사용하였다(삼상 17:40). 당시 목자들은 양을 해치러 오는 짐승을 막는 도구로 물매를 썼던 것 같다.

본문은 미련한 자에게 영예를 주는 것이 돌을 물매에 매는 것과 같다고 말한다. 미련한 자는 불경건하고 교만하고 의와 선을 행치 않는 자, 거짓되고 악한 자, 비양심적인 자이다. 영예를 준다는 말은 직분을 주고 중요한 책임을 맡긴다는 뜻이다. 직분은 일을 하기 위해 주는 것이며 일을 위해 필요하다. 돌을 물매에 맨다는 말은 돌을 날려보낼 수 없음을 말한다. 즉 물매가 물매로서의 제 역할을 할 수 없다는 뜻이다.

미련한 자는 그의 미련함, 곧 그의 교만과 악함과 거짓됨 때문에 그의 영예 즉 그의 직분을 잘 사용하지 못하고 오히려 일을 어그러뜨리고 해를 끼친다. 그는 다른 이들에게 본이 되지 못하고 또 유익을 끼치지 못한다. 이스라엘 백성의 열왕들이나 종교지도자들이 그러했다. 오늘날 교회 직분자들과 성도들도 하나님께서 주신 직분과 직무를 감당하지 못하는 미련하고 무익한 자가 되지 않도록 조심해야 한다.

**[9절] 미련한 자의 입의 잠언은 술 취한 자의 손에 든 가시나무 같으니라.**

술 취한 자는 바른 정신, 건전한 정신, 제 정신을 가지지 못한다. 그래서 사람이 술 취하면 실수하고 범죄하기 쉽다. 그러므로 사도 바울은 "술 취하지 말라. 이는 방탕한 것이니라"고 말했다(엡 5:18).

술 취한 자의 손에 든 가시나무는 위험하기 그지없다. 바른 정신을 가진 자는 가시나무를 불쏘시개로나 쓸 것이다. 그러나 술 취한 자는 그것을 지팡이인 줄 알고 잡음으로 자기 손을 상할 것이다. 그의 손은 베이고 찔리고 찢길 것이다. 또 그가 그것을 사용하여 남을 치면 남에게도 같은 해를 줄 것이다. 그는 그것으로 남의 몸을 베고 찌르고 찢어 큰 상처를 입힐 것이다. 미련한 자의 입의 잠언은 이와 같다.

잠언은 교훈의 말이다. 미련한 자는 그의 미련함을 말로 나타낸다. 그는 불경건하고 부도덕한 말을 하며, 그 말은 남에게 유익을 주는 덕스럽고 건설적인 말이 아니고, 남에게 해를 주고 마음의 상함을 주는 말이다. 잠언 12:18은 "혹은 칼로 찌름같이 함부로 말한다"고 말하며, 잠언 15:4는 "패역한 혀는 [남의] 마음을 상하게 한다"고 말한다. 미련한 자가 그렇다. 야고보서 3:8-9는 "혀는 능히 길들일 사람이 없나니 쉬지 아니하는 악이요 죽이는 독이 가득한 것이라. 이것으로 우리가 주 아버지를 찬송하고 또 이것으로 하나님의 형상대로 지음을 받은 사람을 저주하도다"라고 말한다. 하나님을 알지 못하는 미련한 자의 혀가 그러하다. 그러므로 베드로전서 2:1은, "모든 악독과 모든 궤휼과 외식과 시기와 모든 비방하는 말을 버리라"고 말하며, 에베소서 4:29는, "무릇 더러운 말은 너희 입밖에도 내지 말라"고 말하였다.

본문의 교훈을 정리해보자. 첫째로, 미련한 자의 입의 잠언은 저는 자의 다리가 힘없게 달려 있는 것과 같다. 우리는 아무 유익이 없는 말을 하는 미련한 자가 되지 말아야 한다. 우리는 하나님을 경외함으로 지혜를 얻어 남에게 유익을 주고 덕을 세우는 말을 하는 사람이 되어야 한다.

둘째로, 미련한 자에게 영예를 주는 것은 돌을 물매에 매는 것과 같다. 미련한 자는 직분을 맡아도 교회에 덕을 세우고 유익을 끼치지 못한다. 우리는 미련한 직분자, 봉사자가 되지 말고 지혜롭고 충성된 자가 되어 하나님께서 교회에서 주신 선한 봉사의 직무를 잘 감당해야 한다.

셋째로, 미련한 자의 입의 잠언은 술 취한 자의 손에 든 가시나무와 같다. 그것은 자신에게 해가 되고 남에게도 해를 준다. 우리는 우리의 입을 지켜 악한 말을 금하고 선하고 덕스러운 말만 하는 자가 되어야 한다.

## 10-12절, 미련한 자

**〔10절〕 장인(匠人)이 온갖 것을 만들지라도 미련한 자를 고용하는 것은 지나가는 자를 고용함과 같으니라.**

본문은 여러 뜻으로 번역되는 구절들 중 하나이다. 그러나 그 뜻은 어느 정도 이해된다. '장인'이라는 원어(라브 רַב)는 '크신 자[하나님]'(KJV), '장인(匠人)'(게세니우스), 혹은 '궁인(弓人, 활 쏘는 자)'(NASB, NIV) 등으로 번역된다. 또 '만들지라도'라는 원어(메콜렐 מְחוֹלֵל)는 '만드는 자'(BDB, KJV) 또는 '상하게 하는 자'(KB, NASB, NIV)로 번역된다. '지나가는 자'라는 원어(오베림 עֹבְרִים)는 '범죄자'(KJV) 또는 '지나가는 자'(NASB, NIV)라고 번역된다.

옛날 영어성경(KJV)은 "모든 것을 만드신 크신 하나님께서는 미련한 자도 보응하시고 범죄자들도 보응하시리라"는 뜻으로 번역하였고, 히브리어 학자 게세니우스는, "장인이 온갖 것을 만드나, 미련한 자를 고용하는 것은 범죄자를 고용함과 같으니라"는 뜻으로 번역했다(한글 개역성경과 비슷함). 근래의 영어성경들(NASB, NIV)은, "모든 사람을 상하게 하는 궁인(弓人)처럼, 미련한 자를 고용하거나 지나가는 자를 고용하는 자가 그러하리라"는 뜻으로 번역하였다.

어느 번역이 바른 번역인지 확정하기는 어렵지만, 근래의 영어성경들이 문맥상 적절해 보인다. 본절은 미련한 자를 고용하지 말라는 뜻이라고 본다. 미련한 자를 고용하는 것은 지나가는 사람을 고용하는 것같이 별 유익이 없거나 범죄자를 고용하는 것같이 오히려 해가 될 것이다. 우리는 무슨 일을 할 때에 그 일에 적합한 자를 잘 심사하여 고용해야지, 아무나 고용해서는 그 일을 잘할 수 없고 더욱이 미련한 자에게 일을 맡기면 오히려 심신의 고통과 해를 당할 것이다.

**〔11절〕 개가 그 토한 것을 도로 먹는 것같이 미련한 자는 그 미련한 것을 거듭 행하느니라.**

개는 음식이 나쁘든지 속이 안 좋든지 하면 토할 것이다. 또 토한 것은 위액과 섞여서 냄새도 이상하고 맛도 이상할 것이다. 그렇지만 매우 훈련된 개가 아니면, 개는 얼마 후 배가 고프면 그것을 또 먹는다. 개들은 지혜가 없어 욕구와 충동에 따라 행동하기 때문이다. 짐승들이 다 그러하다. 짐승은 지혜와 생각이 없고 도덕성이 없다.

미련한 자는 이와 비슷하게 그 미련한 것을 거듭 행한다. 미련한 것이 무엇인가? 불경건한 것이나 우상숭배 같은 것, 또는 부도덕한 것, 즉 남을 비방하는 것이나 음란한 것이나 거짓된 것 등이 미련한 것이다. 또 헛된 것들, 즉 돈을 사랑함, 세상을 사랑함, 명예를 사랑함, 사치와 허영, 과도한 쇼핑, 지나친 외모 치장 등이 미련한 것이다. 하나님께서 주신 정당한 욕구가 있고 정당치 않은 욕구가 있다. 의식주의 기본적 필요는 정당하고 또 결혼도 하나님께서 주신 행복이지만, 음란이나 알코올 중독, 탐욕과 사치와 허영 등 무엇이든지 절제치 못하고 양심에 거리끼는 것을 행하는 것은 미련한 것이다.

미련한 자는 미련한 것을 거듭 행한다. 애굽에서 나왔던 이스라엘 백성은 광야에서 하나님을 늘 거역하였다(신 9:7, 24). 사사기는 이스라엘 백성이 '또' 혹은 '다시' 범죄하였다고 증거했다(삿 3:13; 4:1; 6:1; 10:6; 13:1). 시편 78:17, 40-41, "저희는 계속하여 하나님께 범죄하여 황야에서 지존자를 배반하였도다," "저희가 광야에서 그를 반항하며 사막에서 그를 슬프시게 함이 몇 번인고. 저희가 돌이켜 하나님을 재삼 시험하며 이스라엘의 거룩한 자를 격동하였도다."

**〔12절〕 네가 스스로 지혜롭게 여기는 자를 보느냐? 그보다 미련한 자에게 오히려 바랄 것이 있느니라.**

참 지혜는 사람이 하나님을 창조주와 섭리자로 바로 아는 것과 또 자기 자신이 하나님의 피조물이며 죄인이며 의(義)와 사랑이 부족하고 연약한 존재임을 바로 아는 것이다. 거기서 참된 겸손이 나온다.

스스로 지혜롭게 여기는 것은 무지하고 교만한 자의 모습이다. 그것이 곧 어리석은 일이다. 세상의 현인도 “네 자신을 알라”고 말하였다. 많이 배운 사람들은 배울수록 모르는 것이 더 많다는 것을 깨닫는다. 실상 우리의 가진 지식은 지극히 작은 분량에 불과하다. 지구는 우주에서 작은 점에 불과하며, 한 개인은 그 지구에서 작은 점도 안 된다. 우리는 우리 자신의 몸의 작은 부분도 잘 모르고 있다. 인생은, 마치 권위 있는 폐암 전문의가 자신이 폐암에 걸린 줄 모르고 있다가 폐암으로 죽는 것과 같다. 사람은 심히 무지하고 죄악되고 연약하다.

본문은 스스로 지혜롭게 여기는 자보다 미련한 자에게 오히려 바랄 것이 있다고 말한다. 그것은 자신을 지혜롭다고 생각하는 사람이 미련한 사람보다 더 못하다는 뜻이다. 왜냐하면 그는 무지함에도 불구하고 자신이 지혜롭다고 생각하며, 불의함에도 불구하고 하나님의 은혜를 구할 줄 모르며, 죄악됨에도 불구하고 회개할 줄 모르기 때문이다. 그러므로 주께서는 마음이 가난한 자가 복이 있고 애통하는 자가 복이 있고 의에 주리고 목마른 자가 복이 있다고 말씀하셨다(마 5:3-4, 6).

본문의 교훈을 정리해보자. 첫째로, 미련한 자를 고용하는 것은 모든 사람을 상하게 하는 궁인처럼 해가 된다. 우리는 미련한 자, 곧 불경건하고 교만하고 악한 자가 되지 말고 그런 자를 앞세우지 말아야 한다. 특히 교회는 하나님의 일에 미련한 자를 세우지 않도록 조심해야 한다.

둘째로, 개가 그 토한 것을 먹듯이, 미련한 자는 그 미련한 것을 거듭 행한다. 죄성이 미련함이며 사람 속에는 죄성이 있고 우리 속에도 그것이 남아 있다. 그것을 극복하는 길은 하나님의 은혜와 성령의 도우심뿐이다.

셋째로, 자신을 지혜롭다고 생각하는 자는 미련한 자보다 더 못한 자이다. 우리는 항상 자신의 부족과 연약을 인정하고 오직 하나님만 의지하고 순종함으로 지혜자가 되어야 하고, 자신을 지혜롭다고 생각하지 말아야 한다. 잠언 3:7, “스스로 지혜롭게 여기지 말지어다. 여호와를 경외하며 악을 떠날지어다.” 로마서 12:16, “스스로 지혜 있는 체 말라.”

## 13-16절, 게으른 자

**〔13절〕 게으른 자는 길에 사자가 있다, 거리에 사자가 있다 하느니라.**

잠언 22:13도 비슷한 내용이다. 게으른 자는 자기의 할 일을 충실히, 부지런히 하지 않는 자이다. 게으른 자는 길이나 거리에 사자가 있다고 핑계를 댄다. 그는 예상되는 최악의 상황을 가정하고 겁을 내면서 해야 할 선한 일을 하기를 주저한다. 그러나 사실상, 사자는 보통 숲이 있는 들판에 있고 길거리에 있지는 않을 것이다.

세상의 일에는 항상 예기치 못하는 어려움이 있다. 그러나 우리는 무슨 일을 할 때 설령 위험이 있어도 할 일은 해야 한다. 사람이 교통사고의 위험 때문에 자동차 운전을 하지 않는다면, 그는 많은 활동을 할 수 없을 것이다. 더욱이, 성도가 하는 일에는 악한 자들의 방해가 있다. 그러나 성도는 항상 자신을 부정하고 하나님을 의지하며 고난과 위험을 각오하고 용기와 인내를 가지고 선한 일을 힘써야 한다.

하나님께서는 여호수아에게 마음을 강하게 하고 극히 담대히 하라고 격려하셨다(수 1:6-9). 잠언 28:1은 의인은 사자같이 담대하다고 말한다. 또 하나님께서는 이사야를 통해 이스라엘 백성에게 "두려워 말라. 내가 너와 함께함이니라. 놀라지 말라. 나는 네 하나님이 됨이니라. 내가 너를 굳세게 하리라. 참으로 너를 도와 주리라. 참으로 나의 의로운 오른손으로 너를 붙들리라"고 말씀하셨다(사 41:10).

사도 바울은 고린도 교인들에게 "그러므로 내 사랑하는 형제들아, 견고하며 흔들리지 말며 항상 주의 일에 더욱 힘쓰는 자들이 되라. 이는 너희 수고가 주 안에서 헛되지 않은 줄을 앎이니라"고 권면했고(고전 15:58) 또 "남자답게 강건하여라"고 교훈했다(고전 16:13). 성도는 주 안에서와 그의 힘의 능력으로 강건하여지고 하나님의 전진갑주를 입고(엡 6:10-11) 담대히 신앙생활을 하고 선한 일을 힘써야 한다.

**〔14절〕 문짝이 돌쩌귀**[경첩, 힌지]**를 따라서 도는 것같이 게으른 자는 침**

**상에서** 구으느니라[뒹구적거리느니라].

단잠은 좋은 것이며 하루에 약 7-8시간의 적당한 수면은 보약이라고 한다. 다윗은 고난 중에서도 하나님 안에서 편안하게 누워 잤다고 시편에서 말했다(시 3:5; 4:8). 솔로몬은 시편 127편에서 여호와께서 그 사랑하시는 자에게는 잠을 주신다고 말하였다(시 127:2). 그러나 지나친 잠은 게으름의 표시이며 그렇게 잠을 자는 사람은 가난해질 것이다. 잠언 6:9-11, "게으른 자여, 네가 어느 때까지 눕겠느냐? 네가 어느 때에 잠이 깨어 일어나겠느냐? 좀더 자자, 좀더 졸자, 손을 모으고 좀더 눕자 하면 네 빈궁이 강도같이 오며 네 곤핍이 군사같이 이르리라."

자기의 할 일에 충실한 자는 지나치게 잠을 잘 수가 없을 것이다. 할 일이 많은 세상인데 게으르게 잠만 잘 수 없을 것이다. 야곱은 하란에서 외삼촌 라반의 집에서 일할 때 낮에는 더위를 무릅쓰고 밤에는 추위를 당하며 눈 붙일 겨를도 없이 지내었다고 말했다(창 31:40). 잠언 31장에 보면, 현숙한 여인은 부지런하게 손으로 일하며 밤이 새기 전에 일어나서 그 집 사람들에게 식물을 나눠주며 여종들에게 일을 정하여 맡기며 그 집안 일을 보살피고 게을리 얻은 양식을 먹지 않는다고 묘사되었다(13, 15, 27절). 사도 바울은 전도 사역을 할 때 많은 고난을 당하였고 자지 못한 때도 많았다고 간증하였다(고후 6:4-5; 11:27).

〔**15절**〕 **게으른 자는 그 손을 그릇**(찰라카스 צַלַּחַת)['품, 겨드랑이'[23] 혹은 '그릇'(BDB, KB, NASB, NIV)] **에 넣고도 입으로 올리기를 괴로워하느니라.**

잠언 19:24와 같은 말씀이다. 본문은, 게으른 자가 그 손을 품에 넣고 입으로 올리기도 괴로워한다는 뜻이든지, 그 손을 그릇에 넣고도 입으로 올리기를 괴로워한다는 뜻이다. 게으른 자는 손끝도 까딱하기를 싫어하고 숟가락질하기도 힘들어한다.

그러나 성도는 손을 부지런히 움직이며 일해야 한다. 근면은 사람을

---

23) 헬라어 70인역, 아퀼라역, 심마쿠스역, 유대인 주석가 킴치, KJV.

향하신 하나님의 명령이요 뜻이다. 하나님께서는 범죄한 아담에게 네가 얼굴에 땀이 흘러야 음식물을 먹을 것이라고 말씀하셨다(창 3:19). 잠언 10:4는 "손을 게으르게 놀리는 자는 가난하게 되고 손이 부지런한 자는 부하게 되느니라"고 말했고, 잠언 12:24는 "부지런한 자의 손은 사람을 다스리게 되어도 게으른 자는 부림을 받느니라"고 말했다. 사도 바울도 성도들에게 "부지런하여 게으르지 말고 열심을 품고 주를 섬기라"고 교훈했고(롬 12:11), 또 제 손으로 수고하여 선한 일을 하라고 말했고 또 세월을 아끼라고 교훈하였다(엡 4:28; 5:16).

〔16절〕 **게으른 자는 선히**(타암 טַעַם)[사려 깊게, 분별력 있게] **대답하는 사람 일곱보다 자기를 지혜롭게 여기느니라.**

게으른 자는 또한 교만하다. 그는 하나님을 경외치 않고 하나님의 뜻과 계명에 겸손히 순종하지 않는다. 잠언 3:7은, "스스로 지혜롭게 여기지 말라. 여호와를 경외하며 악을 떠날지어다"라고 말했다. 잠언 12:15는, "미련한 자는 자기 행위를 바른 줄로 여기나 지혜로운 자는 권고를 듣느니라"고 말하였고, 잠언 18:2는, "미련한 자는 명철을 기뻐하지 아니하고 자기의 의사를 드러내기만 기뻐하느니라"고 말하였다. 또 잠언 26:12는, "네가 스스로 지혜롭게 여기는 자를 보느냐? 그보다 미련한 자에게 오히려 바랄 것이 있느니라"고 말하였다.

본문의 교훈을 정리해보자. 첫째로, 게으른 자는 길에 사자가 있다, 거리에 사자가 있다고 말한다. 성도는 주 안에서 담대하게 살아야 한다.

둘째로, 문짝이 경첩을 따라 도는 것같이 게으른 자는 침상에서 뒹구적거린다. 우리는 게으르지 말고 자기 일에 충실한 자가 되어야 한다.

셋째로, 게으른 자는 그 손을 그릇에 넣고도 입으로 올리기를 괴로워한다. 우리는 손을 부지런히 움직이며 일하는 자가 되어야 한다.

넷째로, 게으른 자는 사려 깊게 대답하는 사람 일곱보다 자기를 지혜롭게 여긴다. 우리는 미련하고 게으르고 교만한 자가 되지 말아야 한다.

## 17-20절, 간섭, 속임, 말쟁이

**〔17절〕 길로 지나다가 자기에게 상관없는 다툼을 간섭하는 자는 개 귀를 잡는 자와 같으니라.**

우리는 길을 지나가다가 우연히 본 다툼, 우리와 상관 없는 다툼에 대해 간섭하지 말아야 한다. 그런 다툼에 간섭하는 사람은 개의 귀를 잡는 자와 같다. 사람이 개의 귀를 잡으면 개에게 물릴 것이다. 사람이 자기와 상관없는 다툼을 간섭하는 것은 자신에게 해가 될 것이다. 그것은 어리석은 행동이다. 사람은 각자 자기의 일에 충실해야 한다.

우리가 남의 일에 참견하지 말고 특히 남의 다툼에 간섭하지 말아야 하는 까닭은 우리가 잘 모르는 일이 있을 수 있기 때문이다. 사람의 일은 복잡하다. 여러 가지 이해 관계뿐 아니라, 심리 문제, 감정 문제가 얽혀 있기 마련이다. 또 사람은 생각보다 거짓되고 악하며 자기 합리화에 명수이다. 사람은 매우 외식적이고 가증하다.

그러므로 어떤 일이든지 시시비비를 가리고 바른 판단을 내리는 데는 냉철한 이성과 선한 양심과 신중함이 필요하다. 그러므로 법관들은 원고와 피고의 말을 다 들어보고 여러 증인들의 증언들과 여러 증거들의 사실 여부와 그 신빙성을 검토하고 여러 정황을 확인하고 추론하고 모든 점들을 다 검토한 후, 최종적 판결을 내린다.

그러므로 잠언은, "송사에 원고의 말이 바른 것 같으나 그 피고가 와서 밝히느니라"고 말했다(잠 18:17). 또 주께서는, "네 형제가 [네게] 죄를 범하거든 가서 너와 그 사람과만 상대하여 권고하라. 만일 들으면 네가 네 형제를 얻은 것이요 만일 듣지 않거든 한두 사람을 데리고 가서 두세 증인의 입으로 말마다 증참케[확증하게] 하라"고 말씀하셨다(마 18:15-16). 또 사도 바울은, "장로에 대한 송사는 두세 증인이 없으면 받지 말라"고 말하였다(딤전 5:19).

**〔18-19절〕 횃불을 던지며 살을 쏘아서** 사람을 **죽이는 미친 사람이 있나**

**니 자기 이웃을 속이고 말하기를 내가 희롱하였노라 하는 자도 그러하니라.**

전쟁 상황도 아닌데, 남에게 횃불을 던지거나 살을 쏘아서 사람을 죽이는 자는 정상적 사람이 아니고 미친 사람일 것이다. 미쳤다는 말은 이성과 양심이 그를 통제하지 못하는 상태를 말한다. 그는 하나님의 말씀을 따르지 않는다. 그는 상식에도 어긋나는 행동을 하고 예의가 없는 자요 자기의 이익을 위해 남을 속이고 남에게 해를 끼친다.

자기의 이웃을 속이고 말하기를 내가 희롱하였다고 하는 자도 그러하다. 남을 속이는 것은 남에게 해를 끼치는 일이다. 속이는 것은 큰 악이다. 속이는 자는 건전한 인격자가 아니다. 거짓은 마귀의 죄악이다. 또 우리는 남을 불쾌하게 만들고 마음을 상하게 하는 농담도 삼가야 할 것이다. 에베소서 5:4는, "누추함과 어리석은 말이나 희롱의 말이 마땅치 아니하니 돌이켜 감사하는 말을 하라"고 교훈하였다.

성도는 정상적인 인격자, 건전한 인격자가 되어야 한다. 정상적인 인격자는 남을 해치지 않고 남을 속이지 않는다. 성도는 남에게 악을 행치 말고 오히려 그를 사랑하고 그에게 선을 베풀며 자기에게 악을 행하는 자에 대해서도 참고 용서하고 위하여 기도해야 한다. 성도는 사랑의 인격이 되어야 한다. 사랑은 오래 참고 온유하며 투기하는 자가 되지 않고 자랑하지 않고 교만하지 않고 무례히 행치 않고 자기의 유익을 구하지 않고 성내지 않고 악한 것을 생각지 않고 불의를 기뻐하지 않고 진리와 함께 기뻐한다고 성경은 가르쳤다(고전 13:4-6). 또 성경은 성도의 성숙한 덕이 절제하는 것과 근신하는 것이라고 말한다(딤전 3:2). 성도는 자제심과 건전한 정신을 가져야 한다.

**〔20절〕 나무가 다하면 불이 꺼지고 말장이[말쟁이]가 없어지면 다툼이 쉬느니라.**

말쟁이는 이 집 저 집 다니거나 전화나 문자로 남의 말을 잘하는 자이며 말의 실수가 많은 자이다. 그는 자기가 들은 말에 무엇을 더하여

전하기도 하며 중요한 내용들을 빠뜨리거나 잘못 해석하거나 왜곡시키기도 하고 거짓말도 해서 사람들 간에 다툼을 일으킨다. 그러므로 성경은 우리가 말을 신중하게 해야 할 것을 많이 교훈하였다.

레위기 19:16, "너는 네 백성 중으로 돌아다니며 사람을 논단하지 말며 네 이웃을 대적하여 죽을 지경에 이르게 하지 말라." 잠언 10:19, "말이 많으면 허물을 면키 어려우나 그 입술을 제어하는 자는 지혜가 있느니라." 잠언 11:12, "지혜 없는 자는 그 이웃을 멸시하나 명철한 자는 잠잠하느니라." 잠언 11:13, "두루 다니며 한담하는 자는 남의 비밀을 누설하나 마음이 신실한 자는 그런 것을 숨기느니라." 잠언 16:28, "패려한 자는 다툼을 일으키고 말쟁이는 친한 벗을 이간하느니라." 잠언 17:9, "허물을 덮어 주는 자는 사랑을 구하는 자요 그것을 거듭 말하는 자는 친한 벗을 이간하는 자니라." 잠언 18:8, "남의 말 하기를 좋아하는 자의 말은 별식과 같아서 뱃속 깊은 데로 내려가느니라." 잠언 15:28, "의인의 마음은 대답할 말을 깊이 생각하여도 악인의 입은 악을 쏟느니라." 잠언 20:19, "두루 다니며 한담하는 자는 남의 비밀을 누설하나니 입술을 벌린 자를 사귀지 말지니라." 야고보서 1:19, "너희가 알거니와 사람마다 듣기는 속히 하고 말하기는 더디하며 성내기도 더디하라." 우리는 말에 신중하고 온전한 자가 되어야 한다.

본문의 교훈을 정리해보자. 첫째로, 길로 지나다가 자기에게 상관없는 다툼을 간섭하는 자는 개 귀를 잡는 자와 같다. 우리는 각자 자기 일에 충실하고 남의 일을 간섭하지 말고 모든 일을 하나님께 맡겨야 한다.

둘째로, 우리는 이웃을 속이거나 해치지 말아야 한다. 우리는 하나님의 말씀과 이성과 양심을 따라 바르고 선하고 진실하게만 살아가야 한다.

셋째로, 나무가 다하면 불이 꺼지고 말쟁이가 없어지면 다툼이 쉰다. 우리는 말쟁이가 되지 말고 말을 더디하고 신중하게 하고 말에 온전한 자가 되고 말로 남에게 유익을 주는 자가 되어야 한다(약 3:2; 엡 4:29).

## 21-23절, 다툼, 남의 말, 악한 마음

**[21절] 숯불 위에 숯을 더하는 것과 타는 불에 나무를 더하는 것같이 다툼을 좋아하는 자는 시비를 일으키느니라.**

숯불 위에 숯을 더하거나 타는 불에 나무를 더하면 불이 더 잘 탄다. 싸움을 좋아하는 자는 말다툼을 더 일으킨다. 잠언 20:3, "다툼을 멀리하는 것이 사람에게 영광이어늘 미련한 자마다 다툼을 일으키느니라." 다툼은 몸의 죄성과 세상 지혜에서 나온 것이다. 갈라디아서 5:19-21, "육체의 일은 현저하니 곧 . . . 원수를 맺는 것과 분쟁과 시기와 분냄과 당 짓는 것과 분리함과 이단과 투기와 . . . 또 그와 같은 것들이라." 야고보서 3:14-15, "너희 마음 속에 독한 시기와 다툼이 있으면 자랑하지 말라. 진리를 거스려[거슬러] 거짓하지 말라. 이러한 지혜는 위로부터 내려온 것이 아니요 세상적이요 정욕적이요 마귀적이니."

하나님의 뜻은 우리가 선하고 온유하고 서로 사랑하며 사는 것이다. 우리는 다툼을 피하고 서로 사랑하며 화목해야 한다. 로마서 12:9-10, "사랑엔 거짓이 없나니 악을 미워하고 선에 속하라. 형제를 사랑하여 서로 우애하고 존경하기를 서로 먼저 하며." 로마서 12:18, "할 수 있거든 너희로서는 모든 사람으로 더불어 평화하라." 에베소서 4:2-3, "모든 겸손과 온유로 하고 오래 참음으로 사랑 가운데서 서로 용납하고 평안의 매는 줄로 성령의 하나 되게 하신 것을 힘써 지키라." 디모데전서 3:3, "(감독의 자격 요건으로) 관용하며 다투지 아니하며." 야고보서 3:17-18, "위로부터 난 지혜는 첫째 성결하고 다음에 화평하고 관용하고 양순하며 긍휼과 선한 열매가 가득하고 편벽과 거짓이 없나니 화평케 하는 자들은 화평으로 심어 의의 열매를 거두느니라."

**[22절] 남의 말 하기를 좋아하는 자의 말은 별식과 같아서 뱃속 깊은 데로 내려가느니라.**

'남의 말 하기를 좋아하는 자의 말'은 주로 남의 흠과 부족, 실수와 잘못을 말하는 것, 남을 비난하는 것, 남을 깎아 내리는 것, 수군거리는 것 등을 가리킨다. 그런 말들은, 대체로 확인할 수 없는 말, 불확실하고 헛된 말이 많고 거짓된 말도 많다.

선지자 예레미야는 이스라엘 백성이 서로 속이고 거짓말하고 두루 다니며 남을 비방한다고 책망하였다(렘 9:4). 사도 바울은 디도에게 쓴 편지에서 당시의 유대인들 중에 헛된 말을 하며 속이는 자가 많았고 그들이 더러운 이익을 취하려고 정당하지 아니한 것을 가르쳐 집들을 온통 엎드러뜨렸다고 말하였다(딛 1:10-11).

남에 대한 말들, 특히 남의 약점을 흉보는 말들은 맛있는 별식 같아서 사람의 기억 속에 잘 남는다. 이만큼 사람의 본성은 악하다. 나쁜 말은 잊어버릴수록 좋은데 도리어 잘 기억되는 것이다.

그러나 좋은 인격자는 남의 말 하기를 좋아하지 않고 그런 사람과도 멀리한다. 하나님께서는 율법에서, "너는 허망한 풍설을 전파하지 말며 악인과 연합하여 무함[모함]하는 증인이 되지 말라"(출 23:1), "너는 네 백성 중으로 돌아다니며 사람을 논단하지 말라"(레 19:16)고 말씀하셨다. 잠언 11:13은, "두루 다니며 한담하는 자는 남의 비밀을 누설하나 마음이 신실한 자는 그런 것을 숨기느니라"고 말하고, 또 잠언 20:19는, "두루 다니며 한담하는 자는 남의 비밀을 누설하나니 입술을 벌린 자를 사귀지 말지니라"고 말했다. 주께서는, "비판을 받지 아니하려거든 비판하지 말라," "어찌하여 형제의 눈 속에 있는 티를 보고 네 눈 속에 있는 들보를 깨닫지 못하느냐?"고 말씀하셨다(마 7:1, 3).

〔23절〕 **온유한**(돌레킴 דֹּלְקִים)[열렬한](BDB, KJV, NASB, NIV) **입술에 악한 마음은 낮은 은**(케세프 시김 כֶּסֶף סִיגִים)[은 찌꺼기](BDB)**을 입힌 토기니라**.

'열렬한 입술'이라는 말은 마음이 없이, 마음과 다르게, 남을 위하는 듯한, 남을 존경하고 사랑하는 듯한 말을 열렬히 하는 입술을 말한다. 그러나 그것은 아부와 아첨이요 속과 겉이 다른 것 즉 외식이다. 사람이 말로는 열심히 하나님을 사랑하고 섬긴다고 하지만, 실상 거룩하고 선한 행위가 없다면, 그는 이런 자와 별로 다르지 않다.

이런 사람은 은 찌꺼기를 입힌 토기(土器)와 같다. 은 찌꺼기를 입힌 토기란 진짜 은그릇이 아니고 은으로 도금한 질그릇을 가리킨다. 그것은 그렇게 가치가 있지 않다. 외식자의 열심은 무가치하다.

물론 말은 중요하다. 자기 의사를 말로 잘 표현하는 것은 장점이다. 또 사람은 악한 말을 버리고 선한 말을 해야 한다. 그러나 그의 마음이 선하지 못하고 악하다면 그는 위선자에 불과하다. 겉보기에는 고상한 것 같으나 실상 천박한 인격에 불과하다. 사람은 외모나 말보다 마음이 훨씬 중요하다. 하나님께서는 사람의 외모나 말을 보지 않으시고 그의 마음을 보신다. 사무엘상 16:7, "나의 보는 것은 사람과 같지 아니하니 사람은 외모를 보거니와 나 여호와는 중심을 보느니라."

사람의 마음은 본래 심히 부패되어 있었다. 예레미야 17:9, "만물보다 거짓되고 심히 부패한 것이 마음이라." 예수께서는 사람의 마음에서 나오는 것이 악한 생각과 살인과 간음과 음란과 도적질과 거짓 증거와 훼방이라고 말씀하셨다(마 15:19). 하나님의 구원은 우리가 심령으로 새롭게 되어 하나님을 따라 의와 참된 거룩으로 지으심을 받은 새 사람을 입는 것이다(엡 4:23-24). 구원은 마음의 거룩한 변화이다.

본문의 교훈을 정리해보자. 첫째로, 숯불 위에 숯을 더하는 것과 타는 불에 나무를 더하는 것같이 다툼을 좋아하는 자는 다툼을 일으킨다. 우리는 다툼을 좋아하지 말고 성령의 지혜를 따라 화목을 도모해야 한다.

둘째로, 남의 말 하기를 좋아하는 자의 말은 별식과 같아서 뱃속 깊은 데로 내려간다. 우리는 남의 흠과 부족을 지적하는 말 하기를 좋아하지 말아야 하고 또 남의 말 하기 좋아하는 자를 친근히 하지도 말아야 한다.

셋째로, 열렬한 입술에 악한 마음은 은 찌꺼기를 입힌 질그릇이다. 우리는 마음이 없이 아부와 아첨의 아름다운 말이나 외식하는 말을 하는 자가 되지 말고 선한 마음을 가지고 바르고 덕스러운 말을 해야 한다.

## 24-28절, 미운 감정, 함정을 팜, 거짓말과 아첨

〔24-26절〕 **감정(憾情)**[언짢은 마음] **있는 자**(소네 שׂוֹנֵא)[미워하는 자]**는 입술로는 꾸미고 속에는 궤휼**[거짓]**을 품나니 그 말이 좋을지라도 믿지 말 것은 그 마음에 일곱 가지 가증한 것이 있음이라. 궤휼로**[거짓으로] **그 감정**[언짢은 마음, 미움]**을 감출지라도 그 악이 회중 앞에 드러나리라.**

미워하는 자는 입술로는 꾸미고 속에는 거짓을 품는다. 그는 말로는 그럴 듯하게 꾸미고 마음 속에는 악을 품는다. 말로는 악하지 않은 것처럼 위장하나 마음으로는 미움과 악심을 품는 것이다. 그러므로 본문은, "그 말이 좋을지라도 믿지 말 것은 그 마음에 일곱 가지 가증한 것이 있음이라"고 말한다. 그의 말은 선하고 좋아 보이지만, 그 마음 속에는 미움, 시기, 질투, 거짓, 중상모략, 교만, 난폭함, 탐욕 등 많은 악이 있다. 다윗은, 시편 55:21에서, "그 입은 우유 기름보다 미끄러워도 그 마음은 전쟁이요 그 말은 기름보다 유하여도 실상은 뽑힌 칼이로다"고 말하였고, 시편 62:4에서는, "[저희가] 거짓을 즐겨하니 입으로는 축복이요 속으로는 저주로다"라고 말하였다. 우리는 우리를 미워하는 사람들의 말을 그대로 믿지 말아야 한다.

그러나 우리를 미워하는 자들의 미움은 드러나게 되어 있다. 그들이 거짓으로 그 미움을 감출지라도 그들의 미움은 모든 사람들 앞에 드러날 것이다. 사람의 속에 있는 것은 다 드러난다. 그러므로 우리는 범사에 정정당당하게 선하고 진실하게 살아야 한다. 또 우리는 무슨 잘못이 있으면 즉시 하나님과 사람 앞에서 뉘우치고 고쳐야 한다.

〔27절〕 **함정을 파는 자는 그것에 빠질 것이요 돌을 굴리는 자는 도리어 그것에 치이리라.**

악한 자는 이웃을 해하려고 구덩이를 파고 돌을 굴린다. 이런 악은 사람의 미움과 악한 마음과 이기적 욕심에서 나온다. 그러나 하나님께서는 악인에게 그 악행대로 갚으신다. 남을 해치려고 구덩이를 파는 자는 자신이 거기에 빠질 것이요, 남을 해치려고 돌을 언덕 위로 굴려 올리는 자는 도리어 그 돌에 자신이 치여 다칠 것이다. 남에게 악을 행하는 자는 자신이 비슷한 해를 당할 것이다. 그것이 하나님의 공의이다. 하나님께서는 함정은 함정으로, 돌은 돌로 보응하실 것이다.

여러 성경 구절들은 이 진리를 증거한다. 시편 7:15, "저가 웅덩이를 파 만듦이여, 제가 만든 함정에 빠졌도다." 시편 9:15-16, "열방은 자기가 판 웅덩이에 빠짐이여, 그 숨긴 그물에 자기 발이 걸렸도다. 여호와께서 자기를 알게 하사 심판을 행하셨음이여, 악인은 그 손으로 행한 일에 스스로 얽혔도다." 시편 10:2. "악한 자가 교만하여 가련한 자를 심히 군박하오니 저희로 자기의 베푼 꾀에 빠지게 하소서." 시편 57:6, "저희가 내 걸음을 장애하려고 그물을 예비하였으니 내 영혼이 억울하도다. 저희가 내 앞에 웅덩이를 팠으나 스스로 그 중에 빠졌도다."

그러나 하나님의 자녀들은 항상 하나님의 보호하심을 입을 것이다. 시편 23:4, "내가 사망의 음침한 골짜기로 다닐지라도 해를 두려워하지 않을 것은 주께서 나와 함께하심이라. 주의 지팡이와 막대기가 나를 안위하시나이다." 시편 91:1, "지존자의 은밀한 곳에 거하는 자는 전능하신 자의 그늘 아래 거하리로다." 세상에는 악한 사람들이 많이 있지만, 하나님께서는 능력으로 자기 백성을 지키시고 보호하신다.

**〔28절〕 거짓말하는 자**[혀](KJV, NASB, NIV)**는 자기의**[그것이] **해한 자를 미워하고 아첨하는 입은 패망을 일으키느니라.**

거짓말하는 혀는 그것이 해한 자를 미워한다. 거짓말은 남에게 해를 준다. 그것은 남을 미워하는 악이다. 하나님께서는 거짓말이 가득한 이스라엘 사회에 대해 선지자 예레미야를 통해 말씀하시기를, "그들이 활을 당김같이 그 혀를 놀려 거짓을 말하며 그들이 이 땅에서 강성하나 진실하지 아니하고 악에서 악으로 진행하며 또 나를 알지 아니하느니라. 너희는 각기 이웃을 삼가며 아무 형제든지 믿지 말라. 형제마다 온전히 속이며 이웃마다 다니며 비방함이니라. 그들은 각기 이웃을 속이며 진실을 말하지 아니하며 그 혀로 거짓말하기를 가르치며 악을 행하기에 수고하거늘 네 처소는 궤휼 가운데 있도다," "그들의 혀는 죽이는 살이라. 거짓을 말하며 입으로는 그 이웃에게 평화를 말하나 중심에는 해를 도모하는도다"라고 하셨다(렘 9:3-6, 8).

참 사랑은 진실한 사랑이다. 로마서 12:9는 "사랑엔 거짓이 없다"고 말한다. 우리가 형제를 사랑한다면 그에게 진실을 말할 것이다. 우리는 혹시 자신에게 손해가 되어도 진실을 말해야 하며 때때로 그에게 충고도 하고 책망도 해야 한다. 그것이 형제에 대한 참된 사랑이다.

또 아첨하는 입도 남에게 패망을 일으킨다. 아첨은 상대가 부족이나 잘못이 있어도 부당하게 그를 칭찬하는 것이다. 그것은 일종의 거짓말이다. 아첨은 상대를 기분 좋게 하겠지만, 그로 하여금 자신의 부족과 잘못을 깨닫지 못하게 만들며 결국 상대방을 패망하게 하는 것이다.

진실한 자는 결코 아첨하지 않는다. 좋은 것은 좋다고 말하고 나쁜 것은 나쁘다고 말한다. 말하기 거북한 때에는 침묵할 수도 있겠으나 필요한 경우는 충고나 책망을 한다. 그것이 사랑이다. 잠언 27:5-6은, "면책은 숨은 사랑보다 나으니라. 친구의 통책은 충성에서 말미암은 것이나 원수의 자주 입맞춤은 거짓에서 난 것이니라"고 말했다.

본문의 교훈을 정리해보자. 첫째로, 우리는 우리를 미워하는 자의 말을 믿지 말아야 한다. 그의 마음에는 일곱 가지 가증한 것이 있고 그가 그 미움을 감출지라도 결국 그의 미움의 악은 사람들 앞에 드러날 것이다.

둘째로, 남을 해치려고 함정을 파는 자는 그 함정에 빠질 것이요 돌을 굴리는 자는 그 돌에 치일 것이다. 우리는 하나님의 공의의 보응을 믿고 또 하나님의 보호하심을 믿고 하나님 앞에서 바르게만 살아야 한다.

셋째로, 거짓말하는 혀는 그것이 해한 자를 미워하고 아첨하는 입은 패망을 일으킨다. 진리의 하나님을 섬기는 자들은 거짓말하지 말고 아첨도 하지 말아야 한다. 우리는 항상 사랑을 품고 진실하게 행해야 한다.

# 27장: 면책, 충고, 목양

## 1-3절, 자랑, 칭찬, 분노

**〔1절〕 너는 내일 일을 자랑하지 말라. 하루 동안에 무슨 일이 날는지 네가 알 수 없음이니라.**

하루 동안에 무슨 일이 날는지 알 수 없다는 말씀은 우리의 지나간 날들을 통해서도 깨닫고 느끼는 바이다. 세상에는 날마다 질병, 폭력, 살인, 강도, 사기, 교통 사고, 실직, 화재, 홍수, 태풍, 지진, 해일, 전쟁 등의 소식들이 끊이지 않는다. 지금 내가 살고 있으니까 살고 있는 것이지, 내일은 나의 날이 아니고 내일은 나의 시간이 아니다.

전도서 9:12는, "대저 사람은 자기의 시기를 알지 못하나니 물고기가 재앙의 그물에 걸리고 새가 올무에 걸림같이 인생도 재앙의 날이 홀연히 임하면 거기 걸리느니라"고 말한다. 재앙은 갑작스럽게 닥친다. 주께서는 한 어리석은 농부가 풍년을 맞아 곡간을 넓히고 평안히 쉬고 먹고 마시며 즐거워하려 했을 때 하나님께서 그 밤에 그의 영혼을 도로 찾으시면 어떻게 하겠느냐고 말씀하셨다(눅 12:16-20).

사람의 생명은 하나님의 손안에 있다. 미래의 평안을 자기 손안에 있는 것처럼 생각하는 것은 어리석은 일이다. 다윗은 시편 31:15에서 "내 시대[시간들]가 주의 손에 있사오니 내 원수와 핍박하는 자의 손에서 나를 건지소서"라고 기도했다. 야고보서 4:14-16은, "내일 일을 너희가 알지 못하는도다. 너희 생명이 무엇이뇨? 너희는 잠깐 보이다가 없어지는 안개니라. 너희가 도리어 말하기를 주의 뜻이면 우리가 살기도 하고 이것저것을 하리라 할 것이거늘 이제 너희가 허탄한 자랑을 자랑하니 이러한 자랑은 다 악한 것이라"고 교훈하였다.

**〔2절〕 타인으로 너를 칭찬하게 하고 네 입으로는 말며 외인으로** 너를 칭찬하게 하고 **네 입술로는 말지니라.**

칭찬은 사람의 덕과 인품, 능력, 행위와 업적을 인정해 높여 말하는 것이다. 그러나 사람이 자기 자신을 칭찬하는 자화자찬(自畵自讚)의 자랑은 어리석고 헛된 일이다. 그것은 명예를 구하는 교만한 욕심이다. 잠언 25:27은, "자기의 영예를 구하는 것이 헛되다"고 말한다. 바벨론 왕 느부갓네살은 "이 큰 바벨론은 내가 능력과 권세로 건설하여 나의 도성을 삼고 이것으로 내 위엄의 영광을 나타낸 것이 아니냐?"고 말할 때, 하늘에서 "느부갓네살 왕아, 나라의 위(位)가 네게서 떠났느니라"는 소리가 있었고 그가 왕위에서 물러나는 일이 일어났다(단 4:30-31).

거짓 교사들은 자신들을 높이고 칭찬하는 자들이었다. 고린도후서 10:12, "우리가 어떤 자기를 칭찬하는 자로 더불어 감히 짝하며 비교할 수 없노라." 베드로후서 2:18, "저희가 허탄한 자랑의 말을 토하여." 유다서 16, "이 사람들은 . . . 그 입으로 자랑하는 말을 내며."

그러나 우리는 자신을 자랑하지 말아야 한다. 예레미야는 지혜자는 그 지혜를, 용사는 그 용맹을, 부자는 그 부함을 자랑하지 말고 오직 하나님을 아는 것과 하나님께서 인자(仁慈)와 공의를 세상에 행하는 자이심을 깨달은 것을 자랑하라고 말했다(렘 9:23-24). 주께서는 "누구든지 자기를 높이는 자는 낮아지고 누구든지 자기를 낮추는 자는 높아지리라"고 말씀하셨다(마 23:12). 사도 바울은 사랑은 오래 참고 사랑은 온유하며 투기하는 자가 되지 아니하며 사랑은 자랑하지 아니하며 교만하지 아니한다고 말했고(고전 13:4), 또 그는 자기 자신을 "모든 성도 중에 지극히 작은 자보다 더 작은 나"라고 표현했다(엡 3:8).

**〔3절〕 돌은 무겁고 모래도 가볍지 아니하거니와 미련한 자의 분노는 이 둘보다 무거우니라.**

미련한 자는 하나님을 알지 못하고 그를 경외함이 없고 그의 진리와 교훈을 알지 못하고 그것을 믿지도 않고 행하지도 않는 자이다. 그는 성경의 가르침대로 생각하거나 말하거나 행동하지 않는다. 그는 교만하고 자기 중심적이며 이기적이고 사리분별력이 없다.

미련한 자는 노하기를 잘한다. 잠언 12:16은, "미련한 자는 분노를 당장에 나타낸다"고 말한다. 사람이 쉽게 화를 내면 실수하고 잘못을 범하기 쉽다. 또 미련한 자는 모든 일을 자기 중심적으로 생각하며 화를 낸다. 또 그는 절제심이 없다. 그는 자기의 노를 자제하지 못한다. 그러므로 미련한 자의 분노는 돌보다, 모래보다 무겁다고 본문은 표현한다. 미련한 자가 분노하면 그 분노를 막거나 가라앉히기가 어렵다는 뜻이다. 미련한 자가 분노하면 그와 이성적인 대화가 불가능하고 그런 때에는 법과 경우와 원칙도 별 소용이 없다.

그러나 지혜자는 쉽게 분노하지 않는다. 그는 책망을 들을 때라도 오래 참고 자신을 성찰하고 반성하고 회개하고 고칠 기회로 삼는다. 그러므로 잠언 12:15는, "미련한 자는 자기 행위를 바른 줄로 여기나 지혜로운 자는 권고를 듣느니라"고 말하였다. 또 잠언 12:16은, "미련한 자는 분노를 당장에 나타내거니와 슬기로운 자는 수욕을 참느니라" 고 말했고, 잠언 14:29는, "노하기를 더디하는 자는 크게 명철하여도 마음이 조급한 자는 어리석음을 나타내느니라"고 말했다. 또 야고보서 1:19-20은, "내 사랑하는 형제들아, 너희가 알거니와 사람마다 듣기는 속히 하고 말하기는 더디하며 성내기도 더디하라. 사람의 성내는 것이 하나님의 의를 이루지 못함이니라"고 말하였다.

본문의 교훈을 정리해보자. 첫째로, 우리는 내일 일을 자랑하지 말아야 한다. 그것은 하루 동안에 무슨 일이 날는지 알 수 없기 때문이다. 우리는 헛된 자랑을 버리고 하나님만 의지하며 그의 뜻만 행해야 한다.

둘째로, 우리는 타인으로 우리를 칭찬하게 하고 우리 입으로 자신을 칭찬하지 말아야 한다. 거짓 교사들은 자신을 높이고 칭찬한다. 우리는 명예를 추구하는 교만한 욕심을 버리고 항상 자신을 낮추어야 한다.

셋째로, 미련한 자의 분노는 돌과 모래보다 무겁다. 쉽게 노하는 자는 미련하다. 우리는 범사에 오래 참고 자기 부족 고치기를 힘써야 한다.

## 4-7절, 투기, 면책, 배부른 자

**〔4절〕 분은 잔인하고 노는 창수 같거니와 투기 앞에야 누가 서리요.**

분노는 상대방이 자기를 해롭게 했다고 생각할 때 생기며 까닭 없는 분노는 미움에서 생긴다. 성경은 까닭 없는 분노를 정죄한다. 주께서는, "형제에게 까닭 없이 노하는 자마다 심판을 받게 되리라"고 말씀하셨다(마 5:22)(전통본문). 미움과 분노는 살인으로 발전한다. 요한일서 3:15는 "그 형제를 미워하는 자마다 살인하는 자"라고 말했다.

투기, 즉 시기, 질투는 분노보다 더 나쁘다. 투기는 상대가 잘되는 것을 싫어해서 생기는 미움의 감정이며 정당성 없는 경쟁심이다. 그런 것이 왜 더 나쁜가? 첫째, 그 이유가 부당하기 때문이다. 투기는 미워할 정당한 이유가 없는 경우가 많다. 가인은 동생 아벨을 정당성 없이 미워하고 시기하여 마침내 그를 살해하였다. 유대 지도자들은 예수님에 대해 정당한 이유 없이 미워하고 시기하였다.

둘째, 투기는 대체로 위선적이기 때문이다. 투기하는 자는 미움의 감정을 숨기고 악을 도모한다. 겉으로는 아닌 척하면서 속으로 상대방을 미워하고 해치려 한다. 투기는 겉으로 드러나지 않기 때문에 더욱 파괴적이다. 요셉의 형들은 겉으로는 안 그런 척하면서 요셉을 미워했고 그를 죽이려 했고 마침내 그를 이스마엘 상인에게 종으로 팔았다.

셋째, 투기는 지속적이기 때문이다. 분노는 대체로 시간이 지나면 식어진다. 그러나 시기와 질투는 시간이 지날수록 더 증가된다. 그것은 결국 상대방이 망하거나 죽어야 만족될 것이다. 다윗에 대한 사울의 시기가 그러했다. 그 감정은 시간이 갈수록 더 심해졌다. 예수님을 향한 유대 지도자들의 시기도 그러하였다. 그들의 감정은 마침내 예수 그리스도를 십자가에 못박아 죽일 때까지 계속되었다.

**〔5절〕 면책(面責)은 숨은 사랑보다 나으니라.**

성경은 형제를 사랑하라고 가르친다. 사람이 사랑이 없으면, 이웃에 대해 무관심하게 되며, 남이 잘못을 해도 상관치 않을 것이다. 심지어 그는 형제를 미워하고 남을 해치기도 할 것이다. 아부하는 것도 참된 사랑은 아니다. 그것은 형제로 회개치 못하게 만든다.

형제를 사랑하는 자는 상대방의 잘못을 오래 참고 그에게 권면하고 그를 위해 기도하고 그에게 선을 베풀 것이다. 특히 면책은 숨은 사랑보다 낫다. 면책은 상대의 면전에서 그의 잘못을 지적하고 책망하는 것이다. 그것은 상대방으로 하여금 잘못을 고치고 바른 사람이 되게 한다. 책망을 잘 받은 자는 평안과 형통함을 얻을 것이다.

선지자 나단이 다윗에게 신하 우리아의 아내를 취한 것이 매우 악한 일이라고 면책했을 때 다윗은 즉시 회개하였다(삼하 12:7-13). 또 사도 바울은 안디옥에서 사도 베드로를 면책하였다(갈 2:11).

그러나 면책은 어려운 일이다. 면책하는 자는 상대방에게 미움 받을 각오를 해야 한다. 심지어 죽을 각오도 해야 할 것이다. 세례 요한은 헤롯 왕이 그의 동생의 아내 헤로디아를 취한 것이 옳지 않다고 책망하였는데, 그 일로 인해 그는 옥에 갇혔고 마침내 목베임을 당하였다(마 14:1-12). 구약시대의 많은 선지자들이 바른 말씀을 전한 까닭에 핍박을 받았고 죽임을 당하기도 하였다(마 21:35-36; 23:37).

면책을 할 때 주의할 점도 있다. 우리는 면책을 할 때 겸손과 온유로, 너무 감정적이지 않게 해야 하며, 또 상대방을 정말 위하는 마음으로 해야 한다. 디모데후서 2:25, "거역하는 자를 온유함으로 징계할지니 혹 하나님이 저희에게 회개함을 주사 진리를 알게 하실까 하며."

**〔6절〕 친구의 통책은 충성에서 말미암은 것이나 원수의 자주 입맞춤은** 거짓에서 난 것이니라.

'친구'는 '좋아하는 자'라는 뜻이다. '통책'이라는 원어(페차 פֶּצַע)는 '상처'라는 뜻이다(BDB, KJV, NASB). 친구가 책망함으로 마음에 받은 상처를 가리킨 것 같다. 그러나 그렇게 나의 잘못을 지적해주는 친구가 진짜 좋은 친구이다. 사람은 참으로 상대방을 위하는 마음이 있을 때 그를 책망할 수 있다. 그것은 참된 사랑이며 큰 사랑이고, 또 그런 사람은 진실하고 믿을 만한 사람일 것이다.

면책은 숨은 사랑보다 낫다. 잠언 25:12는, "슬기로운 자의 책망은 청종하는 귀에 금고리와 정금 장식이니라"고 말하였다. 또 전도서 7:5는, "사람이 지혜자의 책망을 듣는 것이 우매자의 노래를 듣는 것보다 나으니라"고 말하였다. 우리는 의인의 책망을 달게 받아야 한다. 시편 141:5는, "의인이 나를 칠지라도 은혜로 여기며 책망할지라도 머리의 기름같이 여겨서 내 머리가 이를 거절치 아니할지라"고 말했다.

그러나 원수의 자주 입맞춤은 거짓에서 난 것이다. 원수는 자기에게 유익이 있으면 입맞추는 문안 인사뿐 아니라, 칭찬의 말, 아첨의 말도 하며 또 그런 일을 자주한다. 그러나 그것은 거짓에서 난 것이다. 그는 어느 날 갑자기 변할 것이다. 그러므로 사람을 너무 믿지 않는 것이 좋다. 악인은 진리를 따라, 혹은 신앙 양심을 따라 행하지 않는다. 그는 자기 이익을 따라 언제나 변한다. 잠언 26:24-25는, "감정 있는 자[미워하는 자]는 입술로는 꾸미고 속에는 궤휼을 품나니 그 말이 좋을지라도 믿지 말 것은 그 마음에 일곱 가지 가증한 것이 있음이라"고 말하였다. 가룟 유다는 3년이나 주 예수 그리스도를 따랐으나 어느 날 은 30에 주님을 배신하였고 주께서 잡히시던 밤 그를 잡으려 파송된 무리들과 함께 겟세마네 동산에 와 예수께 나아와 "랍비여, 안녕하시옵니까?" 하고 입을 맞추어 그가 예수임을 알려주었다(마 26:47-49).

〔7절〕 **배부른 자**(네페쉬 נֶפֶשׁ)[영혼]**는 꿀이라도 싫어하고 주린 자**(네페쉬 נֶפֶשׁ)[영혼]**에게는 쓴 것이라도 다니라.**

본문은 육신의 양식에나 영혼의 양식에나 다 적용된다. 배부른 자는 꿀이라도 싫어한다. 꿀은 가장 단 음식이지만, 배가 부른 자는 그것도 별로 먹고 싶어하지 않을 것이다. 배가 부른 아이들은 반찬 투정만 할 것이다. 그러나 주린 자에게는 쓴 것이라도 달다. 반찬 투정하는 아이들은 한 끼만 굶어도 잘 먹을 것이다. 장염으로 몇 끼 굶고 링거 주사만 맞던 아이가 흰죽을 먹도록 허락되니까 얼마나 잘 먹는지, 자기 것을 다 먹고 동생 것까지 먹으려 하는 것을 본 적이 있다. 논산훈련소의 훈련병들에게 밥은 꿀맛이었다. 반찬이 좋아서가 아니고 고된 훈련 후 배가 고파서이었다. 북한의 정치범수용소를 탈출하고 남한에 들어온 자들의 증언들에 의하면, 그들은 개구리를 잡아먹고 심지어 쥐도 잡아먹고 지렁이도 말려서 먹었다고 한다. 주린 자에게는 쓴 것도 달다.

영적으로도 그러하다. 마음이 가난하고 하나님을 사모하고 하나님의 은혜와 말씀을 사모하는 자들은 부족한 설교자의 설교라도 비평하거나 판단하지 않고 달게 듣는다. 또 사모하는 자마다 큰 은혜를 받을 것이다. 잠언 2:4-5, "은을 구하는 것같이 그것을 구하며 감추인 보배를 찾는 것같이 그것을 찾으면 여호와 경외하기를 깨달으며 하나님을 알게 되리니." 잠언 8:17, "나를 사랑하는 자들이 나의 사랑을 입으며 나를 간절히 찾는 자가 나를 만날 것이니라." 마태복음 5:3, 6, "심령이 가난한 자는 복이 있나니 천국이 저희 것임이요," "의에 주리고 목마른 자는 복이 있나니 저희가 배부를 것임이요."

본문의 교훈을 정리해보자. 첫째로, 분은 잔인하고 노(怒)는 홍수 같으나, 시기와 질투는 그것보다 더 심하다. 우리는 분노하는 일을 매우 자제해야 하고 특히 시기를 버려야 한다. 그래야 좋은 인격자가 될 것이다. 시기는 큰 죄악이다. 사랑은 시기하거나 질투하지 않는다(고전 13:4).

둘째로, 면책(面責)은 숨은 사랑보다 낫고 친구의 책망은 충성에서 말미암은 것이다. 우리는 형제를 사랑하고 권면하되, 필요한 경우 사랑과 온유의 마음으로 책망도 할 수 있어야 하며, 또 그런 책망을 싫어하지 말고 잘 받는 자가 되어야 한다. 교회는 좋은 친구들의 모임이어야 한다.

셋째로, 배부른 자는 꿀이라도 싫어하고 주린 자에게는 쓴 것이라도 달다. 우리는 영적으로 배부른 자와 같이 하나님의 말씀을 배척하지 말고 하나님의 말씀와 그의 은혜와 지혜와 그의 능력을 간절히 사모해야 한다.

## 8-10절, 안정, 친구의 충고, 이웃 사랑

〔8절〕 **본향**(메코모 מְקוֹמוֹ)[그의 장소(KJV), 그의 거처(BDB), 그의 집(NASB, NIV)]**을 떠나 유리하는 사람은 보금자리를 떠나 떠도는 새와 같으니라.**

새의 보금자리는 새 집인데, 거기에 어미새가 있고 형제들이 있고 잠자리가 있고 안전함이 있다. 새가 보금자리를 떠나면 외로운 떠돌이 새가 되고 친구들이 없고 어린새라면 어미새의 보호가 없고 잠자리도 불편하고 사나운 새나 짐승에게 잡아먹힐 위험도 있을 것이다.

집을 떠나 유리하는 사람이 그와 같다. 육적으로도, 영적으로도 그러하다. 사람이 집을 떠나면 모든 게 불편하며 고생이다. 사람이 고향을 떠나면 외롭고 위험하다. 조국을 떠나 해외로 이민을 가면 외롭고 서러울 때가 많다. 이와 같이, 교인이 본 교회를 떠나면 평안치 못하고 신앙적으로 방황하고 마귀의 시험과 죄에 빠지기 쉽다. 참된 목사와 진실하고 좋은 성도들이 있는 교회에 속한 교인들은 행복하다.

사람이 왜 집을 떠나는가? 탕자의 비유(눅 15장)에서 둘째 아들은 육신의 즐거움과 세상 사랑 때문에 아버지의 집을 떠나갔다. 데마는 이 세상을 사랑하여 바울을 버리고 떠나갔다(딤후 4:10). 가룟 유다는 돈을 사랑함으로 주님을 배신하였고 주의 제자들의 무리를 떠나갔다.

세상 욕심을 가진 자들이나 명예심이나 직분에 대한 욕심이 충족되지 않는 자들은 때때로 교회를 떠난다. 그들은 참 믿음이 없거나 마귀의 시험에 빠진 자들이다. 교회나 교인들을 욕하며 떠나가는 자들도 있다. 요한일서 2:19, "저희가 우리에게서 나갔으나 우리에게 속하지 아니하였나니 만일 우리에게 속하였더면 우리와 함께 거하였으려니와 저희가 나간 것은 다 우리에게 속하지 아니함을 나타내려 함이니라." 그러나 이런 일들은 다 범죄하는 것이고 그 결과는 영적 낭패이다.

〔9절〕 **기름과 향이 사람의 마음을 즐겁게 하나니 친구의 충성된 권고가 이와 같이 아름다우니라**[그의 친구의 즐거움은 진심의 충고로부터 나오느니

라](KJV, NIV).

기름과 향은 향유와 향품을 가리킨다. 그것들은 냄새가 좋기 때문에 사람의 마음을 기쁘게 한다. 좋은 냄새는 사람의 기분을 좋게 하지만, 나쁜 냄새는 사람의 기분을 나쁘게 하며 심한 경우는 구토증을 일으키기도 한다. 친구의 충성된 권고가 이와 같이 아름답다. '충성된 권고'라는 원어(메아찻 나페쉬 מֵעֲצַת־נָפֶשׁ)는 '영혼의 충고 즉 진심의 충고로부터'라는 뜻이다. 친구의 진심의 충고는 충고받는 자에게 즐거움이 된다는 뜻이다. 때로는 위로와 격려, 때로는 권면과 책망을 하는 친구의 진심의 충고는 상대방에게 기쁨과 유익을 줄 것이다.

사도 바울은 성도들에게 피차 권면하라고 교훈했다. 골로새서 3:16, "그리스도의 말씀이 너희 속에 풍성히 거하여 모든 지혜로 피차 가르치며 권면하고." 데살로니가전서 5:11, 14, "피차 권면하고 피차 덕을 세우기를 너희가 하는 것같이 하라," "규모 없는 자들을 권계하며 마음이 약한 자들을 안위하고 힘이 없는 자들을 붙들어 주며." 히브리서 3:12-13, "너희가 삼가 혹 너희 중에 누가 믿지 아니하는 악심을 품고 살아계신 하나님에게서 떨어질까 염려할 것이요 오직 오늘이라 일컫는 동안에 매일 피차 권면하여 너희 중에 누구든지 죄의 유혹으로 강퍅케 됨을 면하라." 히브리서 10:24-25, "서로 돌아보아 사랑과 선행을 격려하며 모이기를 폐하는 어떤 사람들의 습관과 같이 하지 말고 오직 권하여 그 날이 가까움을 볼수록 더욱 그리하자."

**[10절] 네 친구와 네 아비의 친구를 버리지 말며 네 환난 날에 형제의 집에 들어가지 말지어다. 가까운 이웃이 먼 형제보다 나으니라.**

사람은 친구나 이웃과의 좋은 관계에서 살아야 된다. 친구나 이웃을 배려하고 관심을 가지고 그를 돕고 위로하고 격려하고 충고하고 또는 책망할 수 있으나, 그를 비난하거나 그에게 악을 행하지 말아야 한다. 우리는 모든 사람에게 좋은 친구가 되도록 힘써야 한다.

본문은 네 친구와 네 아비의 친구를 버리지 말라고 말한다. 버린다는 말은 그가 어려운 일을 당했을 때 무관심하고 그를 배신하고 비방하고 그에게 악을 행하는 것 등을 뜻할 것이다. 하나님의 뜻은 이웃을 사랑하는 것이다. 하나님께서는, "원수를 갚지 말며 동포를 원망하지 말며 이웃 사랑하기를 네 몸과 같이 하라"고 말씀하셨다(레 19:18).

본문은 또 네 환난 날에 형제의 집에 들어가지 말라고 말한다. 환난 날은 경제적 큰 곤란을 당했거나 어떤 큰 걱정거리가 생겼을 경우 등을 가리킬 것이다. 환난 날에 형제의 집에 들어가지 말라는 것은 그에게 누와 폐를 끼치지 말라는 뜻일 것이다. 그것이 사랑이다.

또 본문은 가까운 이웃이 먼 형제보다 낫다고 말한다. 가까운 이웃이란 거리적으로 뿐만 아니라 정신적으로 가까운 이웃을 가리킬 것이다. 특히 신앙 안에서의 친구는 가족관계보다 더 가깝다. 사울의 아들 요나단은 아버지가 원수처럼 여기는 다윗을 아버지보다 더 사랑하였다. 그것은 그가 다윗에게서 진실한 신앙을 보았기 때문이다.

예수님은 우리의 가장 귀한 친구이시다. 또 예수님 믿는 교우들은 우리의 사랑하는 친구들이다. 주 예수께서는, "누구든지 하늘에 계신 내 아버지의 뜻대로 하는 자가 내 형제요 자매요 모친이니라"고 말씀하셨다(마 12:50). 또 그는, "새 계명을 너희에게 주노니 서로 사랑하라"고 말씀하셨다(요 13:34). 교회는 사랑의 공동체가 되어야 한다.

본문의 교훈을 정리해보자. 첫째로, 본향을 떠나 유리하는 사람은 보금자리를 떠나 떠도는 새와 같다. 우리는 영육의 안정을 가져 안정된 가정과 국가, 특히 바른 교훈과 사랑이 있는 교회를 가지기를 기도해야 한다.

둘째로, 기름과 향이 사람의 마음을 즐겁게 하듯이 친구의 즐거움은 진심의 충고에서 나온다. 우리는 진심의 충고를 하는 자가 되어야 한다.

셋째로, 우리는 친구와 우리 아버지 친구를 버리지 말아야 하고 환난 날에 형제의 집에 들어가지 말아야 한다. 우리는 이웃을 사랑해야 한다.

## 11-14절, 지혜, 재앙, 보증, 축복

**〔11절〕 내 아들아, 지혜를 얻고 내 마음을 기쁘게 하라. 그리하면 나를 비방하는 자에게 내가 대답할 수 있겠노라.**

부모가 자녀에게 가지는 중요한 소원은 '지혜를 얻으라'는 것이다. 성경이 가르치는 지혜는 하나님을 경외하고 그의 뜻을 행하는 것, 즉 거룩하고 의롭고 선하고 진실하게 사는 것이다. 그 지혜를 얻는 것이 복이다. 잠언 3:13-14, "지혜를 얻은 자와 명철을 얻은 자는 복이 있나니 이는 지혜를 얻는 것이 은을 얻는 것보다 낫고 그 이익이 정금보다 나음이니라." 이것은 어른에게나 아이에게나 다 적용되는 진리이다.

"내 아들아, 지혜를 얻고 내 마음을 기쁘게 하라." 자녀가 지혜를 얻으면 복되기 때문에, 부모의 마음은 기쁠 수밖에 없다. 그러므로 사도 요한은 "내가 내 자녀들이 진리 안에서 행한다 함을 듣는 것보다 더 즐거움이 없도다"라고 표현하였다(요삼 4).

"그리하면 나를 비방하는 자에게 내가 대답할 수 있겠노라." '나를 비방하는 자'는 문맥상 자녀 문제로 비방한다는 뜻이라고 본다. 예를 들어, 부모가 자녀 교육을 잘못시켰다거나 자녀에게 본을 보이지 못하였다고 비방하든지, 자녀가 하나님의 복을 받지 못하고 도리어 하나님의 벌을 받았다고 비방하는 것 등을 말한다.

"내가 대답할 수 있겠노라"는 말은 우리의 자녀들이 지혜를 얻어서 하나님의 은혜로 경건하고 정직하고 선하게 살아가며 고난 중에도 하나님의 도우심과 인도하심과 함께하심과 복을 얻음을 증거함으로써 우리를 비방하는 자들에게 대답할 수 있겠다는 뜻이라고 본다.

**〔12절〕 슬기로운 자는 재앙을 보면 숨어 피하여도 어리석은 자들은 나아가다가 해를 받느니라.**

잠언 22:3도 거의 비슷하다. 슬기로운 자는 재앙을 보면 숨어 피한다. '재앙'은 사나운 짐승이나 무서운 전염병이나 폭도들이나 핍박자들을 가리킬 수 있다. 다윗은 자기를 죽이려는 사울을 피해 여러 해 동안 도망 다녔다. 선지자 엘리야는 자기를 죽이려는 왕후 이세벨의 칼날을 피해 호렙산으로 도피하였다. 예수께서는 제자들에게 핍박을 당하면 피하라고 교훈하셨다. 마태복음 10:23, “이 동네에서 너희를 핍박하거든 저 동네로 피하라.” 사도 바울도 때때로 핍박을 인해 피신하였다. 그가 처음 다메섹에서 회심한 후 예수 그리스도를 증거하자 유대인들이 그를 죽이기를 공모하고 밤낮으로 성문까지 지켰을 때, 제자들은 밤에 그를 광주리에 담아 다메섹 성에서 달아 내렸다(행 9:23-25). 그러나 어리석은 자는 재앙을 보고도 나아가다가 해를 받는다.

그러나 신자가 진리를 위해, 의를 위해 싸워야 할 때가 있고 순교를 각오하며 나아가야 할 때도 있다. 우리는 고난 때문에 전도의 일이나 기타 하나님의 일들을 중단해서는 안 된다. 사도들은 핍박을 받으면서도 전도하기를 중단하지 않았다(행 5:41-42). 핍박을 두려워해 일하지 않는다면, 우리는 비겁하고 불충성된 자가 될 것이다. 디모데후서 1:8, “그러므로 네가 우리 주의 증거와 또는 주를 위하여 갇힌 자된 나를 부끄러워 말고 오직 하나님의 능력을 좇아 복음을 위하여 나와 함께 고난을 받으라.” 디모데후서 4:5, “너는 모든 일에 근신하여 고난을 받으며 전도인의 일을 하며 네 직무를 다하라.” 요한계시록 2:10, “네가 죽도록 충성하라. 그리하면 내가 생명의 면류관을 네게 주리라.”

**〔13절〕 타인을 위하여 보증이 된 자의 옷을 취하라. 외인들의 보증이 된 자는 그 몸을 볼모 잡힐지니라.**

잠언 20:16도 거의 같다. ‘타인’이라는 원어(자르 זָר)는 ‘모르는 자, 낯선 자, 외인’을 가리키며, ‘외인들’이라는 원어(노크리야 נָכְרִיָּה)는 ‘낯선 여자, 즉 음녀’를 가리킨다. 본문은 우리가 잘 알지 못하는 사람을 위해, 혹은 잘 알지 못하는 여자 혹은 음녀를 위해 보증이 되면, 그 옷을 빼앗기고 그 몸도 볼모 잡힌다, 즉 상대방의 종이 된다고 말한다. 잘 알지 못하는 사람을 위한 보증은 우리에게 육체적, 물질적 큰 손실과 낭패를 가져온다는 뜻이다. 이것도 지혜의 교훈이다.

성경은 우리가 남의 빚의 보증이 되는 일을 어리석은 일이라고 말하며 금했다. 잠언 6:1-5, “내 아들아, 네가 만일 이웃을 위하여 담보하며 타인을 위하여 보증하였으면 네 입의 말로 네가 얽혔으며 네 입의 말로 인하여 잡히게 되었느니라. 내 아들아, 네가 네 이웃의 손에 빠졌은즉 이같이 하라. 너는 곧 가서 겸손히 네 이웃에게 간구하여 스스로 구원하되 네 눈으로 잠들게 하지 말며 눈꺼풀로 감기게 하지 말고 노루가 사냥꾼의 손에서 벗어나는 것같이, 새가 그물 치는 자의 손에서 벗어나는 것같이 스스로 구원하라.” 잠언 11:15, “타인을 위하여 보증이 되는 자는 손해를 당하여도 보증이 되기를 싫어하는 자는 평안하니라.” 잠언 17:18, “지혜 없는 자는 남의 손을 잡고[맹세하며] 그 이웃 앞에서 보증이 되느니라.” 잠언 22:26, “너는 사람으로 더불어 손을 잡지[맹세하지] 말며 남의 빚에 보증이 되지 말라.”

그러므로 구제할 마음과 힘이 있지 않다면, 또 보증한 금액을 갚을 능력이 있지 않다면, 남의 빚 보증이 되는 것은, 선한 행동일지는 모르나, 어리석은 행동이다. 그것은 물질적으로 큰 손실을 가져올 것이다.

**〔14절〕 이른 아침에 큰 소리로 그 이웃을 축복하면 도리어 저주같이 여기게 되리라.**

이른 아침에 혹은 아침에 일찍 일어나서 큰 소리로 그의 이웃 혹은 그의 친구(레아 רֵעַ)(KJV, NASB)를 축복하는 것은 진심의 축복으로 여겨지지 않고 도리어 저주처럼 여겨진다. 참된 사랑과 축복은 무례하게 표현되지 않고 예절 있게 표현되어야 한다. 참 사랑은 무례히 행치 않는다. 고린도전서 13:5, “[사랑은] 무례히 행치 아니하며 자기의 유익을 구치 아니하며.” 또 이웃을 사랑하는 것은 단지 말로만 하는 것이 아니고 행함과 진실함으로 하는 것이다(요일 3;18).

우리는 이른 아침부터 사람을 축복하지 말고 하나님을 찬송하고 그에게 기도해야 한다. 시편 5:3, “여호와여, 아침에 주께서 나의 소리를 들으시리니 아침에 내가 주께 기도하고 바라리이다." 시편 119:147, "내가 새벽 전에 부르짖으며 주의 말씀을 바랐사오며." 예수께서는 새벽 아직 어두울 때 한적한 곳에 나가셔서 하나님께 기도하셨다(막 1:35). 그러나 반대로, 다윗의 아들 압살롬은 아침 일찍 일어나 성문 길 곁에 서서 다윗 왕에게 재판을 청하러 오는 사람들을 불러 그를 붙들고 입을 맞추며 이스라엘 백성의 마음을 도적질하였다(삼하 15장). 그것은 후에 그가 아버지를 대항해 반역을 일으키려는 마음의 계획에서 나온 것이었다고 보인다. 그러나 압살롬의 최후는 비참한 죽음이었다.

창세기 17:1에 보면, 하나님께서는 아브라함에게 "너는 내 앞에서 행하여 완전하라"고 말씀하셨다. 성경은, 이스라엘 나라의 역사에서, 어떤 왕이 하나님 앞에서 바르게 행했는지, 악하게 행했는지 평가하며 기록하였다. 우리는 사람 앞에 살지 말고 사람의 칭찬과 영광을 크게 여기지 말고, 하나님 앞에서 바르고 선하고 진실하게 살아야 한다.

본문의 교훈을 정리해보자. 첫째로, 자녀가 지혜를 얻으면 부모의 마음은 기쁨을 얻을 것이며 비방하는 자에게 대답할 말이 있을 것이다. 우리가 어른이든지 아이든지 하나님의 지혜를 얻어 그를 경외하고 그의 뜻에 순종해 의롭고 선하게 삶으로 복을 얻고 기쁨의 증거가 되어야 한다.

둘째로, 슬기로운 자는 재앙을 보면 숨어 피하여도 어리석은 자들은 나아가다가 해를 받는다. 우리는 재앙을 피해야 할 때는 피해야 한다. 그러나 진리와 의를 위해 싸울 때는 핍박과 순교를 각오하며 싸워야 한다.

셋째로, 다른 사람을 위해 보증이 되는 자는 자기 옷과 몸을 볼모 잡힐 것이다. 그는 육신적, 경제적 큰 손해를 입게 될 것이다. 우리는 특히 잘 알지도 못하는 자를 위해 또 갚을 힘도 없으면서 보증을 서서는 안 된다.

넷째로, 이른 아침에 큰 소리로 그 이웃을 축복하면 도리어 저주같이 여기게 된다. 우리는 경박한 말을 하지 말고 예의 있는 말로 이웃을 사랑해야 하고, 사람 앞에서 살지 말고 하나님 앞에서 바르게 살아야 한다.

## 15-19절, 다툼, 교제의 유익, 충성, 마음

**[15-16절] 다투는 부녀는 비 오는 날에 이어 떨어지는 물방울이라. 그를 제어하기가 바람을 제어하는 것 같고 오른손으로 기름을 움키는 것 같으니라.**

본문은 다투는 아내에 대해 말한다. 사람은 생각이 다를 때 다투지만, 좀더 깊이 보면 불만 때문에 다투며 그 불만은 욕심에서 생긴다. 욕심이 있으면 무슨 일에든지 만족함이 없고 불평하게 되고 다투게 된다. 또 사람은 교만하고 남을 멸시하고 시기 질투할 때 다툰다. 그러므로 사람이 욕심을 버리고 겸손한 마음을 가지면 다툴 것이 없다.

여인의 다툼은 비 오는 날에 이어 떨어지는 물방울 같다. 그 다툼은 계속적이고 쉽게 중단되지 않는다. 그것은 바람을 제어하기 어려운 것 같이, 오른손으로 기름을 움키는 것같이 제어하거나 막기가 어렵다.

그러면 다투는 여인에 대한 대책은 무엇인가? 그것은 그의 심령의 변화와, 성품과 습관의 변화를 위하여 하나님께 기도하는 수밖에 없다. 사람이 욕심을 버리고 교만과 시기와 질투심을 버리고 남을 멸시하는 마음을 버리고 온유와 겸손, 자족함과 사랑으로 자신을 단장하기 전에는 다툼을 극복할 수 없을 것이다. 습관은 잘 고쳐지지 않는다. 그러므로 하나님의 섭리적 간섭이 필요하며 하나님께 기도할 것밖에 없다. 그러나 부득이 한 경우에는, 별거할 수밖에 없을 것이다. 잠언의 몇 구절은, 다투며 성내는 여인과 함께 큰집에서 사는 것보다 지붕 한 모퉁이에서나 광야에서 혼자 사는 것이 낫다고 말했다(잠 21:9, 19; 25:24).

**[17절] 철이 철을 날카롭게 하는 것같이 사람이 그 친구의 얼굴을 빛나게 하느니라.**

철은 철을 날카롭게 한다. 쇠망치는 칼날을 때려 날카롭게 만든다. 이와 같이 사람은 친구의 얼굴을 빛나게 한다. 사람의 생각과 마음은 얼굴로 나타난다. 사람은 친구와의 교제와 대화를 통해 그의 생각이나 지혜나 식견이 많아지고 넓어지고 깊어지고 또 그의 침체된 마음이나 둔해지고 비활동적이었던 마음이 힘을 얻고 활동적이게 될 수 있다. 본문은 친구와의 교제의 유익에 대해 말한다고 본다.

성경은 성도의 교제의 유익에 대해 많이 교훈했다. 전도서 4:10-12, “혹시 저희가 넘어지면 하나가 그 동무를 붙들어 일으키려니와 홀로 있어 넘어지고 붙들어 일으킬 자가 없는 자에게는 화가 있으리라. 두 사람이 함께 누우면 따뜻하거니와 한 사람이면 어찌 따뜻하랴. 한 사람이면 패하겠거니와 두 사람이면 능히 당하나니 삼겹 줄은 쉽게 끊어지지 아니하느니라.” 데살로니가전서 5:14, “형제들아, 너희를 권면하노니 규모 없는 자들을 권계하며 마음이 약한 자들을 안위하고 힘이 없는 자들을 붙들어 주며 모든 사람을 대하여 오래 참으라.” 히브리서 3:13, “오직 오늘이라 일컫는 동안에 매일 피차 권면하여 너희 중에 누구든지 죄의 유혹으로 강퍅케 됨을 면하라.” 히브리서 10:24-25, “서로 돌아보아 사랑과 선행을 격려하며 모이기를 폐하는 어떤 사람들의 습관과 같이 하지 말고 오직 권하여 그 날이 가까움을 볼수록 더욱 그리하자.” 사도 바울은 동역자 빌레몬을 통해 많은 기쁨과 위로를 얻었고(몬 7), 아리스다고, 마가, 유스도를 통해 위로를 얻었고(골 4:11), 오네시보로도 그를 자주 기쁘게 하였다고 말하였다(딤후 1:16).

**〔18절〕 무화과나무를 지키는 자는 그 과실을 먹고 자기 주인을 시종하는 자는 영화를 얻느니라.**

무화과나무를 지킨다는 것은 영양 공급을 잘 받도록 물과 비료를 주고 가지를 적절하게 쳐주고 또 병충해에 걸리지 않도록 벌레를 잡고 필요하면 약을 치고 또 도적이나 개구쟁이 아이들이 접근치 못하도록 감시하는 것을 말한다. 무화과나무를 지키는 자는 그 과실을 먹을 것이다. 농부의 수고는 헛되지 않다. 그는 수고의 대가를 얻을 것이다.

이와 같이, 자기 주인을 시종하는 자는 영화를 얻을 것이다. ‘시종한다’는 말은 ‘시중들다, 수종들다, 수행하다’는 뜻이며, 주인 곁에서 그를 보호하고 충실히, 지혜롭게, 부지런하게 그를 돕고 섬기는 것을 말한다. 그러면 그런 종은 영화를 얻을 것이다. 주인은 그를 사랑하고 신임하고 그를 존중하고 그에게 좋은 상을 주고 또 중요한 일을 맡길 것이다. 이 세상에서나 천국에서나 이치가 비슷하다.

우리의 주인은 창조주와 섭리자이신 하나님과 주 예수 그리스도이시다. 우리가 우리의 주인을 수종드는 것은 하나님의 말씀인 성경을 읽고 기도함으로 하나님과 교제하며 하나님과 동행하는 것이며, 노아처럼(창 6:22), 아브라함처럼(창 22:12), 모세처럼(출 40:16), 여호수아와 갈렙처럼(민 14:24) 하나님의 명령과 뜻을 온전히 순종하는 것이다. 그러면 하나님께서는 우리를 더 사랑하시고 존중하시고 귀한 직분을 주시고 지혜와 능력을 더 많이 내려주실 것이다. 사도 바울은, 디모데후서 2:21에서, "그러므로 누구든지 이런 것[이단과 불의]에서 자기를 깨끗하게 하면 귀히 쓰는 그릇이 되어 거룩하고 주인의 쓰심에 합당하며 모든 선한 일에 예비함이 되리라"고 증거하였다.

**〔19절〕 물에 비취이면 얼굴이 서로 같은 것같이 사람의 마음도 서로** 비취느니라.

원문을 직역하면, "물에 비친 얼굴이 자기 얼굴이듯이, 사람의 마음은 그 사람에게 속하느니라"이다. 영어성경들은 '속한다'는 말(라 ל)을 '비추이다'(reflect)라고 번역하였다(NASB, NIV). 물이나 거울에 비친 얼굴은 우리 자신의 얼굴이지 남의 얼굴이 아니다. 이와 같이, 사람의 마음은 그 자신의 마음이며, 그것은 바로 그 자신이다.

그러므로 사람의 됨됨이, 곧 사람의 인격은 그의 마음에 있다. 그의 마음은 그의 인격을 드러내며 증거한다. 잠언 23:7은 "그 마음의 생각이 어떠하면 그 위인(爲人)[사람 됨됨이]도 그러하다"고 말한다. 악한 사람은 악한 마음을 가진 자이며 선한 사람은 선한 마음을 가진 자이다. 예수께서는 사람이 마음에 가득한 것을 입으로 말하며 선한 사람은 그 쌓은 선에서 선한 것을 내고 악한 사람은 그 쌓은 악에서 악한 것을 낸다고 말씀하셨다(마 12:34-35).

첫 사람 아담의 타락으로 모든 사람들은 죄성을 가진 죄인으로 출생한다. 만물보다 거짓되고 심히 부패한 것이 사람의 마음이다(렘 17:9). 마음에서 모든 악한 것들이 나온다(마 15:19). 그러므로 심령의 변화가 필요하다. 구원은 심령의 변화이다. 중생(重生)은 유혹의 욕심을 따라 썩어져 가는 구습을 좇는 옛 사람을 벗어버리고 심령으로 새롭게 되어 하나님을 따라 의와 진리의 거룩함으로 지으심을 받은 새 사람을 입는 것이다(엡 4:22-24). 성화는 심령의 계속적 변화이다. 우리는 이 세상을 본받지 말고 날마다 마음이 새롭게 되어야 한다. 로마서 12:2, "너희는 이 세대를 본받지 말고 오직 마음을 새롭게 함으로 변화를 받아 하나님의 선하시고 기뻐하시고 온전하신 뜻이 무엇인지 분별하도록 하라." 우리는 경건하고 거룩하고 선한 마음을 잘 지켜야 한다(잠 4:23).

본문의 교훈을 정리해보자. 첫째로, 다투는 아내는 비 오는 날에 이어 떨어지는 물방울이며 그를 제어하기가 바람을 제어하는 것같이 오른손으로 기름을 움키는 것같이 어렵다. 우리는 다투는 인격이 되지 말아야 한다. 우리는 부득이 진리의 싸움을 싸울 때가 있겠으나, 평소에는 다투는 마음을 버리고 욕심을 버리고 온유하고 겸손한 마음으로 살아야 한다.

둘째로, 철이 철을 날카롭게 하는 것같이, 사람이 그 친구의 얼굴을 빛나게 한다. 성도의 교제는 많은 유익이 있다. 불평과 남의 험담이나 하는 악한 교제도 있으나, 서로 권면하고 위로 격려하는 교제는 유익하다.

셋째로, 무화과나무를 지키는 자가 그 열매를 먹듯이, 자기의 주인을 수종드는 자는 영광을 얻는다. 우리는 성경을 읽고 기도함으로 하나님과 교통하며 동행하고 성경에 기록하신 하나님의 모든 명령과 교훈을 순종함으로써 주 하나님을 섬기며 수종들면 그의 영광에 참여하게 될 것이다.

넷째로, 물에 비친 얼굴이 자기 얼굴이듯이, 사람의 마음은 그 사람에게 속한다. 마음은 곧 그의 인격이다. 우리는 본래 죄악된 마음을 가지고 태어났으나 구원을 얻었다. 이제 우리는 선한 마음을 잘 지켜야 한다.

## 20-22절, 눈의 만족, 칭찬, 미련한 자

〔20절〕 **음부(陰府)**(스올 שְׁאוֹל)['무덤' 혹은 '지옥']**와 유명(幽冥)**(아밧도 אֲבַדֹּה; 아밧돈 אֲבַדּוֹן과 같은 말)['멸망' 혹은 '멸망의 장소'](BDB)**은 만족함이 없고 사람의 눈도 만족함이 없느니라.**

무덤과 지옥은 만족함이 없다. 아담 이후 셀 수 없이 많은 사람들이 죽고 묻혔지만 무덤은 여전히 넉넉하고 지옥도 그러하다. 무덤과 지옥의 수용 용량은 끝이 없는 것 같다.

이와 같이 사람의 눈은 만족이 없다. 사람의 눈은 그의 마음의 욕심을 반영한다. 전도서 1:8은, "만물의 피곤함을 사람이 말로 다 할 수 없나니 눈은 보아도 족함이 없고 귀는 들어도 차지 아니하는도다"라고 말한다. 요한일서 2:16은, "세상에 있는 모든 것이 육신의 정욕과 안목의 정욕[즉 눈으로 보는 욕심]과 이생의 자랑이니 다 아버지께로 좇아온 것이 아니요 세상으로 좇아 온 것이라"고 말한다. 돈으로 사는 좋은 것들, 좋은 옷들, 다이아 반지나 진주목걸이 같은 금은패물들, 좋은 차, 좋은 집 등이 다 그러할 것이다. 세상을 사랑하는 사람의 마음과, 육신의 눈을 만족시키려는 욕심은 끝이 없는 것 같다.

그러므로 우리에게 절제가 필요하다. 사도 바울은 "이기기를 다투는 자마다 모든 일에 절제한다"고 말하였다(고전 9:25). 또 그는 성령의 열매에 절제를 포함시켰다(갈 5:23). 또 우리에게 자족함이 필요하다. 잠언 5:18-19는, "네가 젊어서 취한 아내를 즐거워하라," "너는 그 품을 항상 족하게 여기라"고 말하였다. 사도 바울은 "우리가 먹을 것과 입을 것이 있은즉 족한 줄로 알 것이니라"고 말하였고(딤전 6:8) 또 "어떠한 형편에든지 내가 자족하기를 배웠노라"고 말하였다(빌 4:11).

〔21절〕 **도가니로 은을, 풀무로 금을, 칭찬으로 사람을** 시련하느니라.

도가니(crucible)와 풀무(furnace)는 원석을 제련하는 도구이다. 그것은 금과 은을 찌꺼기와 분리시켜 순금과 순은을 만든다. 이와 같이,

본문은 칭찬이 사람을 시련한다고 말한다.

어떤 사람은 칭찬받기를 좋아하고 칭찬받을 때 그것을 당연한 것으로 여기며 자신을 높인다. 그는 하나님께 돌릴 감사와 영광을 가로채는 자라고 말할 수 있다. 사도행전에 보면, 헤롯 왕은 사람들이 그의 연설을 신의 소리라고 추켜세울 때 그 영광을 하나님께 돌리지 않으므로 주의 사자가 곧 쳐서 벌레가 먹어 죽었다(행 12:22-23). 그러나 우리는 칭찬받을 때 자신의 부족과 연약한 점들을 먼저 생각하고 또 그 칭찬을 사양하고 모든 영광과 감사를 하나님께만 돌리는 자가 되어야 한다. 우리는 사도 바울처럼 "나의 나된 것은 하나님의 은혜로 된 것이라"고 깨닫고(고전 15:10), 또 자신을 "모든 성도 중에 지극히 작은 자보다 더 작은 나"(엡 3:8)라고 고백할 수 있어야 한다.

하나님께서는 사람의 마음을 단련하신다. 잠언 17:3은, "도가니는 은을, 풀무는 금을 연단하거니와 여호와는 마음을 연단하시느니라"고 말한다. 하나님의 섭리의 모든 일은 다 우리의 마음을 단련시키는 도구이다. 하나님께서는 특히 주의 종들에게 많은 고난을 주셔서 그들을 단련시키고 사용하신다. 사도 바울은 여러 번 주리고 목마르고 헐벗고 매맞고 정처 없이 다니고 이 세상의 더러운 것과 만물의 찌꺼기같이 고생을 하였고(고전 4:11-13), 또 '육체의 가시'를 가지고 있었다(고후 12:7). 이와 같이, 칭찬도 사람을 단련시킨다. 우리는 칭찬을 들을 때 조심해야 한다. 우리는 그 칭찬을 오직 하나님께 돌려야 한다.

**[22절] 미련한 자를 곡물과 함께 절구에 넣고 공이로 찧을지라도 그의 미련은 벗어지지 아니하느니라.**

성경에서 미련한 자는 불경건하고 부도덕한 자를 가리킨다. 곡물은 절구에 넣고 공이로 찧으면 껍데기인 겨와 알갱이가 분리된다. 그러나 미련한 자는 절구에 찧듯이 고난을 당해도 잘 깨닫지 못하고 변화되지 않는다. 미련한 자의 미련함은 잘 벗겨지지 않는다.

사람의 마음은 심히 부패되어 있어서 그 죄성이 잘 제거되지 않는다. 인류 역사는 범죄와 실패의 역사이며 선민(選民) 이스라엘의 역사도 그러했다. 애굽에서 나온 이스라엘 백성은 광야에서 반복해서 실패했다(시 78:17, 40-41). 하나님께서는 그들이 하나님의 영광과 애굽과 광야에서 행한 그의 기적들을 보고도 열 번이나 그를 시험하였고 그의 목소리를 듣지 않았다고 말씀하셨다(민 14:22). 사사기는 이스라엘 백성의 반복된 실패를 증거한다. 그 책에는 "또" "다시"라는 표현이 여러 번 나온다(3:12; 4:1; 6:1; 10:6; 13:1). 만물보다 거짓되고 심히 부패한 것이 사람의 마음이며(렘 17:9), 구스인이 그 피부를, 표범이 그 반점을 변할 수 없듯이, 악에 익숙한 인생은 선을 행할 수 없다(렘 13:23).

미련한 자의 미련을 벗기는 방법은 하나님의 은혜밖에 없다. 구원은 하나님께 달려 있다. 하나님께서는 하고자 하시면 못하실 것이 없다. 그는 예수 그리스도의 속죄사역과 성령의 중생(重生)시키시는 역사로 죄인들을 구원하신다. 우리는 이미 예수 그리스도의 속죄사역을 믿음으로 그의 보배로운 피로 단번에 죄씻음을 받았고 의롭다 하심을 얻었고, 이제 우리 속에 오신 성령의 도우심으로, 즉 그의 감동과 책망과 위로로 조금씩 거룩해지며 미련함과 죄성(罪性)을 극복해야 한다.

본문의 교훈을 정리해보자. 첫째로, 첫 사람 아담이 범죄한 이후, 무덤은 끝없이 사람을 삼키며 지옥도 그러하다. 이와 같이 사람의 눈과 마음의 욕심은 한이 없고 만족함이 없다. 그러므로 우리는 자족함과 절제가 필요하다. 그것은 하나님의 은혜와 성령의 도우심으로만 가능하다.

둘째로, 도가니로 은을, 풀무로 금을, 칭찬으로 사람을 시련한다. 칭찬은 사람을 교만케 한다. 우리는 남 칭찬하기를 조심하고, 우리도 칭찬받기를 좋아하지 말고, 또 칭찬받을 때 하나님께만 영광을 돌려야 한다.

셋째로, 미련한 자를 곡물과 함께 절구에 넣고 공이로 찧을지라도 그의 미련은 벗어지지 않는다. 사람의 죄성과 미련은 뿌리가 깊다. 우리는 하나님의 은혜로 우리의 미련함과 죄성을 극복하는 자가 되어야 한다.

## 23-27절, 생업에의 근면, 재물의 헛됨, 근면의 유익

**〔23절〕 네 양떼의 형편을 부지런히 살피며 네 소떼에 마음을 두라.**

농사와 목축은 아담 때로부터 시작된 가장 오래된 일이다. 아담의 첫째 아들 가인은 농사를 지었고 둘째 아들 아벨은 양을 쳤다. 양떼와 소떼를 치는 목축은 이스라엘 백성의 대표적 생업이었다. 야곱과 그 아들들은 요셉의 초청으로 애굽에 내려갔을 때 애굽 왕에게 자기들의 생업이 목축이라고 말하였다(창 46:32). 네 양떼를 부지런히 살피며 네 소떼에 마음을 두라는 말씀은 각자 자신의 생업과 직업에 충실하라는 뜻이다. 사람은 자기의 직업에 충실해야 한다.

하나님께서는 범죄한 아담에게 "네가 얼굴에 땀이 흘러야 식물을 먹을 것"이라고 말씀하셨다(창 3:19). 사람이 땀 흘려 일하며 자기의 생업에 충실하는 것이 하나님의 뜻이다. 야곱은 하란에서 20년 동안 양과 염소를 칠 때 낮에는 더위를 무릅쓰고 밤에는 추위를 당하며 눈 붙일 겨를도 없이 지내었다고 말했는데(창 31:38-40), 그것은 본이 될 만한 삶이었다. 바울도 이런 점에서 본이 되었는데, 그는 에베소 장로들에게 "너희 아는 바에 이 손으로 나와 내 동행들의 쓰는 것을 당하여 범사에 너희에게 모본을 보였노니 곧 이같이 수고하여 약한 사람들을 돕고 또 주 예수의 친히 말씀하신 바 주는 것이 받는 것보다 복이 있다 하심을 기억하여야 할지니라"고 말했다(행 20:34-35).

게으른 것은 악한 일이다. 잠언 6:6은 "게으른 자여, 개미에게 가서 그 하는 것을 보고 지혜를 얻으라"고 말하였다. 잠언 18:9는 "자기의 일을 게을리하는 자는 패가(敗家)하는[멸망하는] 자의 형제니라"고 말하였다. 신약성경도 게으르지 말고 근면해야 할 것을 가르쳤다. 사도 바울은 데살로니가 교인들에게 "조용히 자기 일을 하고 너희 손으로 일하기를 힘쓰라"고 교훈했고(살전 4:11), 또 "우리가 너희와 함께 있을 때에도 너희에게 명하기를 누구든지 일하기 싫어하거든 먹지도 말게 하라 하였더니 우리가 들은즉 너희 가운데 규모 없이 행하여 도무지 일하지 아니하고 일만 만드는 자들이 있다 하니 이런 자들에게 우리가 명하고 주 예수 그리스도 안에서 권하기를 종용히 일하여 자기 양식을 먹으라 하노라"고 교훈하였다(살후 3:10-12).

우리는 세상의 일들뿐 아니라, 신앙생활이나 봉사생활에 있어서도 부지런해야 한다. 사도 바울은 로마서에서 "부지런하여 게으르지 말고 열심을 품고 주를 섬기라"고 교훈하였다(롬 12:11). 우리는 개인적인 성경 읽기와 기도 생활이나 가정적으로 기도하는 일이나 주일을 거룩히 구별하여 교회로 모여 예배드리는 일이나 성경공부와 찬양과 봉사와 전도 등의 하나님의 일들에 열심을 품고 일해야 한다.

**〔24절〕 대저 재물은 영영히 있지 못하나니 면류관이 어찌 대대에 있으랴.**

돈은 영원하지 않다. 잠언 23:5는 "재물은 날개를 내어 하늘에 나는 독수리처럼 날아가리라"고 말했다. 사업가는 사기나 사고로 파산하기도 한다. 세상의 권세와 영광도 그러하다. 한때 권력과 영광을 누렸던 자가 후에 감옥에 들어가고 수치를 당하는 일이 종종 있다. 전도서의 말씀대로, 세상의 모든 일은 헛되다(전 1:2). 사도 베드로는 "모든 육체는 풀과 같고 그 모든 영광이 풀의 꽃과 같으니 풀은 마르고 꽃은 떨어진다"는 이사야서를 인용하였다(벧전 1:24). 또 사람이 놀고 먹기나 하고 게으르고 자기 일에 충실치 않으면 재물이 줄어들고 가난과 궁핍이 찾아오며 수치와 욕을 당하게 될 것이다.

**〔25-27절〕 풀을 벤 후에는 새로 움이 돋나니 산에서 꼴을 거둘 것이니라. 어린양의 털은 네 옷이 되며 염소는 밭을 사는 값이 되며 염소의 젖은 넉넉하여 너와 네 집 사람의 식물이 되며 네 여종의 먹을 것이 되느니라.**

하나님께서는 천지만물을 만드셨고 사람이 그것을 다스리며 누리게 하셨다. 땅의 씨 맺는 채소들, 나무의 열매들, 물고기들과 가축들은 다 사람에게 먹을 양식이 된다. 하나님께서 모든 것을 준비해주시고 공급해주시기 때문에 사람들은 조금만 부지런하면 그들이 기르는 소와 양의 먹이를 준비할 수 있고 농사와 목축을 통해 자신들을 위한 먹을 것과 소득을 얻을 수 있다. 사람이 목축을 잘 하면 거기에서 옷도 생기고 밭을 사는 값도 생긴다. 생업에 부지런한 것은 각자에게 유익이 된다. 자기 직업에 부지런한 사람은 먹을 양식에 부족함이 없을 것이며 입을 옷이나 농사지을 땅이나 거처할 집에도 부족함이 없을 것이다. 그러나 게으르면 모든 좋은 것을 얻을 수 없고 의식주에 부족함이 있을 것이다. 사람은 모름지기 부지런해야 한다.

잠언 10:4는 "손을 게으르게 놀리는 자는 가난하게 되고 손이 부지런한 자는 부하게 되느니라"고 말한다. 게으름은 가난의 원인이지만, 근면은 물질적 안정과 부요의 원인이 된다. 물론 거기에 하나님께서 주시는 건강과 환경적 평안이 수반되어야 한다. 하나님께서 사람에게 병을 주시고 농작물에게 가뭄이나 홍수를 주시고 가축들에게 유행병을 주시면 모든 수고가 복이 되지 못하고 불행이 될 것이다. 그러나 여하튼 하나님께서 자기 백성에게 물질적 복을 주실 때에는 부지런하게 일하는 것을 전제하고, 그럴 때 물질적 유여함이 있다는 것은 분명한 사실이다. 그러므로 잠언 21:5도 "부지런한 자의 경영은 풍부함에 이를 것이나 조급한 자는 궁핍함에 이를 따름이니라"고 말했다.

본문의 교훈을 정리해보자. 첫째로, 우리는 양떼의 형편을 부지런히 살피며 소떼에 마음을 두어야 한다. 우리는 자기 직업에 마음을 두고 게으르지 말고 부지런히 일해야 한다. 게으르며 음식을 먹는 것은 좋지 않다.

둘째로, 재물은 영원하지 않다. 우리는 이 세상 것들, 즉 세상의 부귀와 권세와 영광이 헛됨을 알아야 하고 거기에 소망을 두지 말아야 한다.

셋째로, 하나님께서는 부지런한 자가 세상에서 먹고 살게 하셨다. 농사도 목축도 그러하다. 우리는 부지런하게 살아 물질적 소득과 여유를 얻고 그것으로 하나님의 선한 일들을 세상에서도 많이 하는 자가 되어야 한다.

# 28장: 의인, 악인 칭찬, 경책, 구제

## 1-4절, 담대함, 학대, 악인 칭찬

**〔1절〕 악인은 쫓아오는 자가 없어도 도망하나 의인은 사자같이 담대하니라.**

악인은 하나님을 두려워하지 않고 자기 마음대로 사는 자이며 남에게 해를 끼치는 자이다. 그러나 의인은 하나님을 두려워하고 하나님의 계명대로 살며 의와 선을 행하는 자이다. 악인은 쫓아오는 자가 없어도 도망한다. 그것은 그의 양심의 불안과 가책 때문일 것이다. 사람의 양심은 하나님의 법이다. 악인은 하나님께서 내리실 심판에 대한 두려움도 가진다. 하나님께서는 율법에서 이스라엘 백성이 하나님의 계명을 어기면 그들을 치셔서 그들이 대적에게 패할 것이요 그들을 미워하는 자가 그들을 다스릴 것이며 그들은 쫓는 자가 없어도 도망할 것이라고 말씀하셨다(레 26:17). 이사야 48:22, "여호와께서 말씀하시기를 악인에게는 평강이 없다 하셨느니라." 악인에게는 마음의 평안도, 몸의 건강도, 환경적 안정도 없다. "도둑이 제 발 저린다"는 속담은 일리가 있다. 도둑은 밤에 편히 잠을 못 잔다. 악인은 늘 불안한 삶을 산다.

그러나 의인은 사자같이 담대하다. 그것은 양심의 평안 때문이다. 그는 하나님을 의지하고 그가 도우시고 지키시고 원수를 갚아주실 것을 믿고 또 체험한다. 다윗은 고백하기를, "내가 누워 자고 깨었으니 여호와께서 나를 붙드심이로다. 천만인이 나를 둘러치려 하여도 나는 두려워 아니하리이다"라고 하였다(시 3:5-6). 그래서 주의 사도들은 핍박 중에도 담대히 전도했고 순교의 자리에도 나아갔다(행 4-5장). 우리는 마음에 거리낌이 없으면 담대함을 얻는다(요일 3:21).

**〔2절〕 나라는 죄가 있으면 주관자가 많아져도 명철과 지식 있는 사람으로 말미암아 장구하게 되느니라.**

나라에 죄가 있으면 주관자, 즉 교만하여 우두머리 노릇하려는 자들, 소위 뱃사공들이 많아진다. 사람의 죄악된 본성 속에는 교만이 있고 거기에서 불순종의 죄가 나오며 그 결과는 무질서와 분쟁과 분열이다. 그러므로 사도 바울은 갈라디아서 5:20-21에서 "[육체의 일은 현저하니] 원수를 맺는 것과 분쟁과 시기와 분냄과 당 짓는 것과 분리함과 . . . 또 그와 같은 것들이라"고 말하였다.

그러나 나라에 의가 있으면 사람들은 겸손의 미덕을 갖추고 계명에 순종하며 사회의 질서를 지킨다. 사람이 부족하고 불완전해서 갈등이 있기도 하나 토론하고 논쟁한 후에 평안을 찾을 것이다. 사도행전 15장에 기록된 예루살렘 총회는 오랜 시간의 교리적 논쟁 후에 일치된 마음을 얻었다. 성령의 열매는 사랑과 화평과 오래 참음과 자비와 양선과 온유이다(갈 5:22-23). 우리는 겸손과 온유와 인내와 사랑으로 하나가 되어야 한다(엡 4:1-3). 위로부터 난 지혜는 성결하고 화평하고 온유하고 유순하다(약 3:17). 우리는 다 이런 지혜와 덕을 사모해야 한다.

명철과 지식이 있는 사람은 하나님을 두려워하고 의와 선을 행하는 자이다. 이런 사람은 사회의 참 지도자가 될 만하다. 그런 사람이 교회에도 좋은 직분자이다. 그런 사람이 나라의 지도자가 되면, 그 나라가 오래 지속될 것이다. 그 나라는 질서가 유지되고 의가 세워질 것이며 하나님의 복 주심으로 형통할 것이다. 잠언 29:4, "왕은 공의로 나라를 견고케 하나 뇌물을 억지로 내게 하는 자는 나라를 멸망시키느니라." 잠언 29:14, "왕이 가난한 자를 성실히 신원(伸冤)하면[원통함을 풀어주면] 그 위(位)가 영원히 견고하리라."

**〔3절〕 가난한 자를 학대하는 가난한 자는 곡식을 남기지 아니하는 폭우 같으니라.**

가난한 자는 자신이 가난해 보았기 때문에 가난한 자의 사정을 보통 더 잘 동정할 수 있다. 그러나 자기도 가난한 자이면서도 가난한 자를 학대하는 자는 참으로 인정이 없는 사람이다. 그는 인격이 매우 나쁜 사람이며 아마 인격 형성이 매우 잘못된 사람일 것이다.

가난한 자를 학대하는 자는 곡식을 남기지 아니하는 폭우와 같다. 태풍이나 허리케인 같은 것은 폭우를 동반한다. 그런 폭풍우가 지나가면 농작물이나 집들이 크게 손상된다. 가난한 자를 위로하고 격려하지는 못할 망정, 그를 학대하다니 얼마나 나쁜 마음인가. 하나님의 뜻은 우리가 이웃을 사랑하는 것이며 선하고 착한 마음을 품고 사는 것이다. 하나님께서는 레위기 19:18에서 “이웃 사랑하기를 네 몸과 같이 하라”고 명령하셨다. 그러나 악인들은 하나님의 명령을 멸시한다. 그러므로 잠언 14:31은, “가난한 사람을 학대하는 자는 그를 지으신 이를 멸시하는 자”라고 말한다. 가난한 자를 학대하는 것은 하나님을 멸시하는 행위이다. 악인은 잔인하기까지 하다. 잠언 12:10은, “의인은 그 육축의 생명을 돌아보나 악인의 긍휼은 잔인이니라”고 말한다.

의인은 가난한 자를 학대하지 않는다. 의인은 도리어 가난한 자를 불쌍히 여기고 선대한다. 그것은 하나님을 경외하고 공경하는 자들의 마땅한 바이다. 잠언 29:7, “의인은 가난한 자의 사정을 알아주나 악인은 알아 줄 지식이 없느니라.” 잠언 14:31, “궁핍한 사람을 불쌍히 여기는 자는 주를 존경하는 자니라.” 하나님께서는 이러한 의인의 선행에 대해 복을 주실 것이다. 잠언 19:17은, “가난한 자를 불쌍히 여기는 것은 여호와께 꾸이는 것이니 그 선행을 갚아 주시리라”고 말했다.

**〔4절〕 율법을 버린 자는 악인을 칭찬하나 율법을 지키는 자는 악인을 대적하느니라.**

율법을 버린 자는 율법을 하나님의 뜻, 하나님의 명령으로 존중치 않고 무시하는 자이다. 그는 하나님의 말씀과 경고를 무시하는 자이며 결국 하나님을 무시하는 자이다. 그는 하나님을 참으로 경외치 않는 자이다. 그런 사람은 악인을 칭찬한다. 악인은 율법을 어기는 자이며 하나님께서 미워하시고 노여워하시는 자이며 하나님의 심판을 받을 자이다. 그러므로 사람이 악한 자를 칭찬할 일이 아니며 오히려 충고

하고 권면하고 책망할 일인데, 율법을 버린 자는 그를 칭찬하는 것이다. 사도 바울은 로마서 1:32에서 "저희가 이 같은 [악한] 일을 행하는 자는 사형에 해당하다고 하나님의 정하심을 알고도 자기들만 행할 뿐 아니라 또한 그 일을 행하는 자를 옳다 하느니라"고 말했다.

구약시대의 거짓 선지자들이 그러했다. 선지자 예레미야는 그들이 행악자의 손을 굳게 하여 사람으로 그 악에서 돌이킴이 없게 하였다고 말하였다(렘 23:14). 하나님께서는, 그들이 하나님을 멸시하는 자에게 평안을 선포했고, 악인의 손을 굳게 하여 그 악한 길에서 돌이켜 떠나 생명을 얻지 못하게 하였다고 말씀하셨다(렘 23:17; 겔 13:22).

그러나 율법을 지키는 자는 악인을 대적한다. '대적한다'는 원어(이스가루 יִתְגָּרוּ)는 '다툰다'는 뜻이다(BDB, KJV, NASB). 율법을 지키는 자는 하나님을 경외하고 그의 말씀을 존중하고 지키는 자이다. 그는 악인과 동감하지 않고 그의 악을 칭찬하지 않고 그와 교제하지 않고 그와 의견의 충돌이 있고 그와 다툰다. 그는 악인에게 충고하고 권면하고 책망할 것이며 마침내 그와의 교제를 끊을 것이다.

본문의 교훈을 정리해보자. 첫째로, 악인은 쫓아오는 자가 없어도 도망하나 의인은 사자같이 담대하다. 우리는 불안한 악인이 되지 말고, 참된 믿음을 가지고 의와 선을 행함으로 사자같이 담대한 의인이 되어야 한다.

둘째로, 나라는 죄가 있으면 주관자가 많아져도 명철과 지식이 있는 사람으로 말미암아 오래 지속된다. 우리는 범죄함으로 교회를 어지럽히는 자가 되지 말고, 하나님을 경외함과 지혜로 교회를 세워야 한다.

셋째로, 가난한 자를 학대하는 가난한 자는 곡식을 남기지 않는 폭우같다. 우리는 가난한 자를 학대하지 말고 불쌍히 여기고 선대해야 한다.

넷째로, 율법을 버린 자는 악인을 칭찬하나 율법을 지키는 자는 악인을 대적한다. 우리는 하나님을 경외하고 그의 율법을 지키고 악인을 칭찬하지 말고 악인에게 권면하고 책망하고 필요할 때 교제를 끊어야 한다.

## 5-8절, 공의, 온전함, 지혜, 고리 대금

**〔5절〕 악인은 공의를 깨닫지 못하나 여호와를 찾는 자는 모든 것을 깨닫느니라.**

악인은 하나님의 뜻을 저버리고 불경건하고 불의하게 사는 자이다. 악인은 공의를 깨닫지 못한다. 공의는 하나님의 계명을 따라 사는 것을 가리키는데, 그는 공의를 저버린 자이므로 심령이 어두워 공의를 깨닫지 못하는 것이다. 만일 그가 하나님의 공의를 깨달았다면, 그는 하나님을 두려워하고 악을 버리고 경건하고 의롭게 살았을 것이다.

그러나 여호와를 찾는 사람은 하나님의 모든 뜻과 공의를 깨닫는다. 그는 성경 곧 하나님의 말씀에 계시된 하나님의 모든 뜻을 깨닫는 것이다. 그러므로 시편 119편의 저자는 "내 눈을 열어서 주의 법의 기이한 것을 보게 하소서"라고 기도한다(119:18). 예수께서는 "사람이 하나님의 뜻을 행하려 하면 이 교훈[자신의 교훈]이 하나님께로서 왔는지 내가 스스로 말함인지 알리라"고 말씀하셨고(요 7:17) 또 보혜사 성령께서 오시면 그가 우리에게 모든 것을 가르치실 것이며 우리를 모든 진리 가운데로 인도하실 것이라고 말씀하셨다(요 14:26; 16:13). 사도 요한은 요한일서 2:27에서, 모든 신자들 속에 성령께서 기름처럼 부어지셨고 그가 우리에게 모든 것을 가르치신다고 말했다.

실상, 여호와를 찾는 자는 진리의 지식을 포함해 모든 좋은 것들을 얻는다. 하나님께서는 그를 찾는 자 곧 그의 뜻대로 살기를 원하는 자에게 모든 좋은 것을 주신다. 시편 34:8, 10은, "너희는 여호와의 선하심을 맛보아 알지어다. 그에게 피하는 자는 복이 있도다," "젊은 사자는 궁핍하여 주릴지라도 여호와를 찾는 자는 모든 좋은 것에 부족함이 없으리로다"라고 말했고, 시편 107:9는, "저가 사모하는 영혼을 만족케 하시며 주린 영혼에게 좋은 것으로 채워주심이로다"라고 말했다.

**〔6절〕 성실히**(베숨모 בְּתֻמּוֹ)[온전하게, 순전하게, 흠 없이] **행하는 가난한**

**자는 사곡히 행하는**(익케쉬 עִקֵּשׁ)[바른 길로 가지 않고 비뚤어지게 행하는, 사악하게 행하는] **부자보다 나으니라**.

온전하게, 흠 없이 행하는 것은 하나님 말씀대로 경건하게, 정직하게, 도덕적으로 흠과 점이 없이 온전하게 사는 것을 가리킨다. 흠 없이, 온전하게 행하는 가난한 자는 비뚤어지게, 사악하게 행하는 부자보다 낫다. 잠언 16:8, "적은 소득이 의를 겸하면 많은 소득이 불의를 겸한 것보다 나으니라." 사람의 생명은 그의 소유의 넉넉한 데 있지 않다(눅 12:15). 값비싼 옷을 입고 날마다 호화로이 즐기며 살았던 부자는 거지 나사로보다 못한 자이었다. 그는 죽은 후 지옥에 들어갔기 때문이다. 부자들은 가난한 자들을 멸시하고 압제하였지만, 하나님께서는 세상에서 가난한 자들을 택하여 믿음에 부요하게 하셨다(약 2:5-7).

사람의 행복의 가장 중요한 조건은 돈이 많은 것이 아니고 하나님 안에서 누리는 평안과 사랑이다. 또 돈에 관해서는 자족하며 살아야 한다. 디모데전서 6:7-8은, "우리가 세상에 아무것도 가지고 온 것이 없으매 또한 아무것도 가지고 가지 못하리니 우리가 먹을 것과 입을 것이 있은즉 족한 줄로 알 것이니라"고 말했다. 하나님께서는 바르게 사는 자들의 의식주의 필요를 채워주실 것이다. 주 예수께서는 공중의 새를 기르시고 들의 백합화를 입히시는 하나님께서 하나님의 나라와 그의 의를 구하는 자들, 즉 믿음과 계명 순종으로 사는 자들에게 먹을 것과 입을 것을 주신다고 말씀하셨다(마 6:16-33). 그러므로 성도들의 생활 규칙은 오직 경건하고 정직하고 선하고 진실하게 사는 것이다.

**[7절] 율법을 지키는 자는 지혜로운**(메빈 מֵבִין)[명철한, 총명한] **아들이요 탐식자**(졸렐림 זוֹלְלִים)[탐식자, 낭비하는 자, 방탕한 자]**를 사귀는 자는 아비를 욕되게 하는 자니라.**

율법은 사람의 행위 규범 곧 생활 규칙이다. 그것을 지킨다는 말은 그것을 무시하거나 버리지 않고 그것을 보수하고 믿고 실천하는 것을 가리킨다. 율법을 지키는 사람은 지혜로운 아들이다. 지혜로운 사람은 하나님의 뜻과 인생의 정로(正路)를 깨닫고 분별하며, 또 평안과 행복의 길을 붙들고 불행과 멸망의 길을 분별하고 피한다. 지혜로운 자와 동행하면 지혜를 얻는다(잠 13:20).

탐식자는 돈을 벌 줄 모르고 돈을 쓰기만 잘하는 자, 사치하고 연락하며 허랑방탕한 자를 가리킨다. 그런 사람들과 사귀는 사람은 나쁜 영향을 받고 낭패를 당할 것이다. 잠언 13:20은, '미련한 자와 사귀면 해를 받는다'고 말하고, 고린도전서 15:33은 "악한 동무들은 선한 행실을 더럽힌다"고 말한다. 탐식자와 사귀는 자는 그의 아버지에게 수치와 마음의 고통을 드리게 될 것이다. 왜냐하면 그가 그 친구 때문에 악한 영향을 받아 악해져 탐식자가 되고 낭비하는 자가 되고 방탕한 자가 될 것이기 때문이다.

하나님의 뜻은 사람이 근면하게 사는 것이다. 근면은 사람의 정로(正路)이다. 하나님께서는 십계명에서 "엿새 동안은 힘써 네 모든 일을 행하라"고 명하셨다(출 20:9). 사도 바울도 신자들에게 "종용하여[조용히] 자기 일을 하고 너희 손으로 일하기를 힘쓰라," "누구든지 일하기 싫어하거든 먹지도 말게 하라"고 명했다(살후 3:10). 성도는 또한 검소하고 절약하며 살아야 한다. 음식도 먹을 만큼 만들어 먹는 것이 좋다. 그래야 가난한 이웃을 구제할 수 있을 것이다.

**〔8절〕 중한 변리로**(베네쉐크 우베사르비스 בְּנֶשֶׁךְ וּבְתַרְבִּית)[고리대금과 변리로](BDB, KJV) **자기 재산을 많아지게 하는 것은 가난한 사람 불쌍히 여기는 자를 위하여 그 재산을 저축하는 것이니라.**

"고리대금으로 자기의 재산을 많아지게 하는 것"은 하나님의 자녀들에게 합당치 않은 일이다. 고리대금은 가난한 자들을 상대하여 돈을 빌려주고 많은 이자를 받는 것이다. 이것은 재산을 늘이는 바른 방식이 아니다. 하나님께서는 고리대금을 금하셨다. 레위기 25:36-37, "너는 그에게 이식[고리대금](KJV)을 취하지 말라," "너는 그에게 이식[고리대금]을 위하여 돈을 꾸이지[빌려주지] 말라." 재산을 늘이는 정당한 방식은 각자의 직업에서 근면하게 일하여 돈을 버는 것이다.

고리대금으로 자기 재산을 늘이는 것은 가난한 사람을 불쌍히 여기는 자를 위해 그 재산을 저축하는 것이다. 하나님께서는 악한 자들의 재산을 빼앗아 의인들에게 주신다. 욥은, "[악인이] 비록 은을 티끌같이 쌓고 의복을 진흙같이 예비할지라도 그 예비한 것을 의인이 입을 것이요 그 은은 무죄자가 나눌 것이라"고 말했다(욥 27:16-17). 잠언 13:22도, "선인(善人)은 그 산업을 자자손손에게 끼쳐도 죄인의 재물은 의인을 위하여 쌓이느니라"고 말했다. 악인들은 망할 것이며 그 재산은 결국 의인들에게로 돌아간다는 뜻이다.

하나님의 뜻은 성도들이 가난한 자들을 구제하는 것이다. 신명기 15장은, 우리가 가난한 형제들에 대해 반드시 손을 펴서 그의 요구하는 대로 쓸 것을 넉넉히 꾸어주고 아끼는 마음을 품지 말고 그에게 구제해야 한다고 말했다(7-11절). 사도 바울은 에베소서 4:28에서 "도적질하는 자는 다시 도적질하지 말고 돌이켜 빈궁한 자에게 구제할 것이 있기 위하여 제 손으로 수고하여 선한 일을 하라"고 교훈하였다.

본문의 교훈을 정리해보자. 첫째로, 악인은 의를 깨닫지 못하나 여호와를 찾는 자는 모든 것을 깨닫는다. 우리는 하나님을 찾고 그의 모든 뜻과 공의를 깨닫고 또 하나님께서 주시는 모든 좋은 것들을 얻기를 원한다.

둘째로, 온전하게 행하는 가난한 자는 악하게 행하는 부자보다 낫다. 우리는 불법하게 행하며 물질적 부를 얻으려 하지 말고, 하나님 앞에서 정직하고 온전하게 살아서 하나님께서 주시는 행복을 누리기를 원한다.

셋째로, 우리는 율법을 지키는 지혜자가 되고, 탐식자를 사귀어 부모를 욕되게 하지 말아야 한다. 하나님의 뜻은 근면하고 검소하며 절약하는 것이다. 우리는 그렇게 살아야 하고 그렇지 못한 자와 사귀지 말아야 한다.

넷째로, 고리대금으로 재산을 늘이는 자는 가난한 자를 불쌍히 여기는 자를 위해 재산을 쌓는 것이다. 우리는 바르게 벌고 선하게 써야 한다.

## 9-12절, 율법 청종, 온전함, 명철, 의인

**[9절] 사람이 귀를 돌이키고 율법을 듣지 아니하면 그의 기도도 가증하니라.**

우리는 하나님의 말씀에 귀를 기울여야 한다. 그러나 귀를 돌이켜 율법을 듣지 않는 것은 하나님을 인정하지 않고 경외하지 않고 사랑하지 않고 섬기지 않고 순종하지 않는 것이다. 사람은 하나님의 말씀을 들어야 믿을 수 있고(롬 10:17) 하나님을 순종할 수 있는데, 그의 말씀 듣기를 거절하니 어떻게 하나님을 잘 믿고 순종하겠는가?

사람이 귀를 돌이켜 율법을 듣지 아니하면 그의 기도도 가증하다. 하나님께서는 그런 자의 기도를 듣지 않으실 것이다. 잠언 1:24-28은, "내가 부를지라도 너희가 듣기 싫어하였고 내가 손을 펼지라도 돌아보는 자가 없었고 도리어 나의 모든 교훈을 멸시하며 나의 책망을 받지 아니하였은즉, 너희가 재앙을 만날 때에 내가 웃을 것이며 너희에게 두려움이 임할 때에 내가 비웃으리라. 너희의 두려움이 광풍같이 임하겠고 너희의 재앙이 폭풍같이 이르겠고 너희에게 근심과 슬픔이 임하리니 그때에 너희가 나를 부르리라. 그래도 내가 대답지 아니하겠고 부지런히 나를 찾으리라. 그래도 나를 만나지 못하리라"고 말한다.

우리는 우리의 귀를 하나님의 말씀에 기울이며 그 말씀을 들어야 한다. 신명기 6:4-5, "이스라엘아, 들으라. 우리 하나님 여호와는 오직 하나인 여호와시니 너는 마음을 다하고 성품을 다하고 힘을 다하여 네 하나님 여호와를 사랑하라." 잠언 1:8, "내 아들아, 네 아비의 훈계를 들으며." 사무엘상 15:22-23, "순종이 제사보다 낫고 듣는 것이 숫양의 기름보다 나으니 이는 거역하는 것은 사술의 죄와 같고 완고한 것은 사신(邪神) 우상에게 절하는 죄와 같음이라." 주 예수께서는 "귀 있는 자는 들으라"고 자주 말씀하셨다(마 11:15; 13:9, 43; 눅 8:8; 14:35).

**[10절] 정직한 자를 악한 길로 유인하는 자는 스스로 자기 함정에 빠져**

**도 성실한 자**(테미밈 תְּמִימִים)[완전한 자들, 온전한 자들, 책망할 것이 없는 자들]**는 복을 얻느니라.**

정직한 자는 하나님의 뜻대로 올바르게 사는 자를 가리킨다. 정직한 자를 악한 길로 유인하는 것은 참으로 악한 일이다. 그것은 자신이 죄를 지을 뿐 아니라, 남도 죄를 짓게 하는 것이다. 그것은 마귀가 하는 행위와 같다. 그런 일을 행하는 자는 스스로 자기 함정에 빠질 것이다. 그것은 하나님께서 내리시는 공의의 징벌과 보응이다. 하나님께서는 악을 행하는 자들에게 공의의 벌로 갚으신다.

본문은 "[그러나] 온전한 자는 복을 얻는다"고 말한다. 그는 하나님의 율법을 지키며 그의 뜻을 순종하며 의롭고 선하게 사는 자이다. 그는 남에게 악을 행치 않는 자이다. 그는 결코 남을 악한 길로 이끌지 않고 오직 선한 길로 인도한다. 하나님의 뜻은 우리가 온전한 자가 되는 것이다. 하나님께서는 아브라함에게 "너는 내 앞에서 행하여 완전하라"고 말씀하셨고(창 17:1) 예수께서도 "그러므로 하늘에 계신 너희 아버지의 온전하심과 같이 너희도 온전하라"고 말씀하셨다(마 5:48). 노아는 의인이요 그 시대에 완전한 자이었다(창 6:9). 욥도 완전하고 정직한 자이었다(욥 1:1). 우리의 성화의 목표는 인격적 온전함이다.

온전한 자는 복을 얻을 것이다. 하나님께서는 의인들을 기뻐하시고 그들에게 복 주신다. 시편 119:1, "행위 완전하여 여호와의 법에 행하는 자가 복이 있음이여." 시편 128:1-2, "여호와를 경외하며 그 도(道)에 행하는 자마다 복이 있도다. 네가 네 손이 수고한 대로 먹을 것이라. 네가 복되고 형통하리로다." 노아도 아브라함도 욥도 복을 얻었다.

**〔11절〕 부자는 자기를 지혜롭게 여겨도 명철한 가난한 자는 그를 살펴 아느니라.**

부자는 자기를 지혜롭게 여긴다. 사람은 돈이 많으면 마음이 어두워지고 교만해지기 쉽다. 주위에 아첨하는 친구도 그의 마음을 어둡게 만드는 일을 거든다. 그러나 그는 참 지혜를 알지 못하는 자이다.

본문은 “[그러나] 명철한 가난한 자는 그[부자]를 살펴 아느니라”고 말한다. 가난한 자가 다 명철한 자는 아니다. 가난해도 어리석은 자일 수 있다. 그러나 가난을 통해 참된 믿음을 가진 자가 많다. 야고보는 야고보서 2:5에서 하나님께서 세상에 대해 가난한 자들을 택하사 믿음에 부요하게 하셨고 천국을 유업으로 주셨다고 말하였다.

명철한 가난한 자는 부자를 살펴보고 그가 물질적 부요가 전부인 줄 알고 교만하고 허무한 자라는 것을 안다. 우리는 모든 육체가 풀이요 그 모든 영광이 들의 꽃과 같음을 알아야 한다(사 40:6). 우리는 하나님께서 주시는 영원한 생명과 소망 외에는 세상에 있는 모든 것이 헛되고 헛되다는 것을 깨달아야 한다(전 1:2). 우리는 하나님을 경외하고 주 예수 그리스도를 믿는 일 외에 세상의 모든 일들이 실상 썩는 양식을 위하여 일하는 것임을 알아야 한다(요 6:27).

그러므로 우리는 물질적 부에 마음을 빼앗기지 말고 하나님만 소망해야 한다. 잠언 23:4-5는, “부자 되기에 애쓰지 말고 네 사사로운 지혜를 버릴지어다. 네가 어찌 허무한 것에 주목하겠느냐? 정녕히 재물은 날개를 내어 하늘에 나는 독수리처럼 날아가리라”고 말했고, 디모데전서 6:17은, “네가 이 세대에 부한 자들을 명하여 마음을 높이지 말고 정함이 없는 재물에 소망을 두지 말고 오직 우리에게 모든 것을 후히 주사 누리게 하시는 하나님께 두게 하라”고 교훈하였다.

〔12절〕 **의인이 득의(得意)하면**(<u>알라츠</u> עָלַץ)[(뜻을 이루어) 기뻐하면](BDB, KJV) **큰 영화가 있고 악인이 일어나면 사람이 숨느니라.**

주 예수 그리스도를 믿고 하나님의 교훈을 행하는 자들은 의인이다. 의인들이 잘되고 높임을 받고 다스리면 그 나라와 백성에게 큰 영광이 있을 것이다. 잠언 11:10은, “의인이 형통하면 성읍이 즐거워하고 악인이 패망하면 기뻐 외치느니라”고 말하고, 잠언 29:2는, “의인이 많아지면 백성이 즐거워하고 악인이 권세를 잡으면 백성이 탄식하느니라”고 말했다. 경건하고 정직한 다윗이 통치했을 때 이스라엘 나라에는 큰 영광이 있었다. 에스더서에 보면, 경건하고 의로운 모르드개가 악한 하만을 대신해 높임을 받았을 때, 수산 성은 즐거이 부르며 기뻐하였고 유다인들에게는 영광과 기쁨이 있었다(에 8:15-16).

그러나 악인이 일어나면 사람들이 숨는다. 잠언 28:28, "악인이 일어나면 사람이 숨고 그가 멸망하면 의인이 많아지느니라." '일어난다'는 말은 세력을 잡는 것을 뜻한다. 악인이 세력을 잡을 때에 아첨꾼들이나 기회주의자들은 나설 것이지만, 진실한 사람들은 자신을 드러내지 않고 숨는다. 그것은 악인이 하나님의 말씀에 어긋나게, 양심적이거나 도덕적이지 않게, 합리적이지 않게, 자기 이권을 따라, 자기 감정을 따라 말하며 행동하기 때문일 것이다. 사람들은 그런 자들을 상대하기를 꺼려할 것이다. 그 시대는 어두운 시대이다. 유다 왕 아하시야의 모친 악한 여자 아달랴는 그 아들 아하시야가 죽자 왕의 씨들을 다 죽이고 자기가 왕위에 올랐다. 그때 아하시야의 아들 요아스는 고모의 도움으로 성전에서 숨기어 자랐다. 독재 권력자 김일성, 김정일, 김정은 같은 이가 통치하면 선한 사람들은 숨을 것이다.

본문의 교훈을 정리해보자. 첫째로, 사람이 귀를 돌이키고 율법을 듣지 아니하면 그의 기도도 가증하다. 우리는 하나님의 말씀을 듣는 자가 되어야 한다. 그래야 우리의 기도가 하나님 앞에 들으신 바 될 것이다.

둘째로, 정직한 자를 악한 길로 유인하는 자는 자기의 함정에 빠져도 온전한 자는 복을 얻는다. 우리는 온전한 자가 되어야 한다. 하나님께서 악인의 악행에 대해 벌하시고 온전한 자의 의롭고 선한 삶에 복 주신다.

셋째로, 부자는 자기를 지혜롭게 여겨도 명철한 가난한 자는 그를 살펴 안다. 우리는 부자의 헛됨을 알고 하나님께만 소망을 두어야 한다.

넷째로, 의인이 뜻을 이루어 기뻐하면 큰 영화가 있고 악인이 일어나면 사람들이 숨는다. 우리 교회에 의인들이 많으면 기쁨과 큰 영광이 있으나 악인들이 많으면 사람들이 숨을 것이다. 사회도 그러할 것이다.

## 13-16절, 자복, 경외, 악한 관원

**〔13절〕 자기의 죄를 숨기는 자는 형통치 못하나 죄를 자복하고 버리는 자는 불쌍히 여김을 받으리라.**

자기의 죄를 숨기는 자는 형통치 못하다. 죄를 짓고도 안 지었다고 속여 말하며 자신의 범죄를 감추는 자는 형통하지 못하다. 왜냐하면 하나님께서 사람의 모든 은밀한 일을 다 보시고 심판하시기 때문이다(전 12:14). 사람은 죄를 지으면 결코 복되지 않다. 여리고 성 정복 시 아간이 하나님의 명령을 어기고 물건들 중에 시날 산 아름다운 외투 한 벌과 은 2킬로그램 정도와 600그램쯤의 금덩이 하나를 탐내어 그의 장막의 땅 속에 감추었을 때, 하나님께서는 이스라엘 백성이 아이 성 전투에서 패하게 하셨고 아간과 그 가족은 죽임을 당했다(수 7장).

그러나 죄를 자복하고 버리는 자는 불쌍히 여김을 받는다. 회개는 죄를 인정하고 고백하고 그것을 미워하고 버리기를 결심하고 실제로 버리는 것이다. 물론, 그것은 하나님의 은혜로 된다. 모든 사람이 죄인이며 죄 없는 자는 하나도 없다. 단지 회개하고 용서를 받는 자가 있고 회개하지 않고 용서를 받지 못하는 자가 있을 뿐이다.

회개하는 자는 하나님의 불쌍히 여기심을 받고 죄의 용서와 기도의 응답과 도우심을 받을 것이다. 다윗은 선지자 나단의 지적을 받았을 때 즉시 그의 죄를 인정했고 용서를 받았다(삼하 12:7, 13). 그는 시편 32편에서, "내 허물을 여호와께 자복하리라 하고 주께 내 죄를 아뢰고 내 죄악을 숨기지 아니하였더니 곧 주께서 내 죄의 악을 사하셨나이다"라고 말하였다(시 32:3, 5). 또 삭개오도 회개할 때 구원을 얻었고(눅 19:8-9), 십자가상의 한 강도도 자신의 죄를 인정하고 주 예수께 긍휼을 구할 때 그 날 낙원에 들어감을 얻었다(눅 23:41-42). 요한일서 1:9는, "만일 우리가 우리 죄를 자백하면 저는 미쁘시고 의로우사 우리 죄를 사하시며 모든 불의에서 우리를 깨끗케 하실 것이라"고 말했다.

〔14절〕 **항상 경외하는 자는 복되거니와 마음을 강퍅하게 하는 자는 재앙에 빠지리라.**

항상 경외하는 자 곧 하나님을 두려워하는 자는 복되다. 하나님을 경외한다는 말은 하나님을 두려워하는 마음으로 섬기는 것을 가리킨다. 모든 사람은 겸손히 하나님 앞에 엎드리며 그를 두려워하고 그에게 복종해야 하며, 또 하나님의 말씀 곧 성경말씀을 읽을 때에나 들을 때에 겸손과 두려움으로 받고 그 말씀을 순종해야 한다. 우리는 항상 하나님을 경외해야 한다. 간혹이나 주일에만이 아니고 평소에, 날마다, 시간마다 하나님을 경외해야 한다. 그것이 사람의 본분이다.

하나님을 항상 경외하는 사람은 복되다. "네 사랑하는 독자 이삭을 번제물로 바치라"는 하나님의 명령을 들었을 때 하나님을 경외함으로 순종했던 아브라함은 믿음의 조상이라 불렸고 메시아의 조상이 되었다. 하나님을 경외하며 보디발의 아내의 유혹을 물리치고 하나님 앞에서 죄를 안 지으려고 애썼던 요셉은 애굽의 총리가 되었고, 왕의 조서에 어인(御印)이 찍힌 것을 알고도 여전히 날마다 하루 세 번씩 하나님께 기도했던 다니엘도 이방 나라에서 왕의 인정과 높임을 받았다.

그러나 마음을 강퍅하게 하는 자는 재앙에 빠진다. 마음을 강퍅하게 하는 자란 마음이 높고 닫혀 있고 완고하여 하나님의 말씀을 들으려고 하지 않는 자를 가리킨다. 그는 예수께서 하신 씨 뿌리는 자의 비유에서 길가에 떨어진 씨와 같은 자이다. 그는 재앙에 빠질 것이다. 하나님께서는 그를 재앙에 빠지게 하셔서 그 높은 마음을 낮추시고 그 완고함을 깨닫게 하실 것이다. 롯의 사위들은 경건한 장인 가까이 있으면서도 하나님의 경고를 농담으로 여기다가 결국 소돔 성 사람들과 함께 유황불비에 멸망을 당했고, 예루살렘 성의 시민들은 선지자들을 통해 주신 하나님의 경고를 거절하다가 마침내 다 멸망을 당하였다.

〔15절〕 **가난한 백성을** 압제하는 **악한 관원은 부르짖는 사자와 주린**(쇼케크 שׁוֹקֵק)[배회하는(BDB, KJV), 돌진하는(rushing)(NASB)] **곰 같으니라.**

부르짖는 사자나 먹이를 덮치려고 배회하거나 돌진하는 곰은 참으로 무서운 짐승이다. 가난한 백성들을 압제하는 악한 권력자와 관리들은 그와 같다. 선한 통치자는 가난한 사람을 불쌍히 여기고 모든 사람에게 균등한 기회를 주고 그들을 공평하게 다스리겠지만, 악한 통치자는 부자에게는 아첨하고 너그럽게 대하나 가난한 자는 무시하고 압제하고 강탈하고 억울하게 만들 것이다. 왜 그런가? 그것은 그가 하나님을 모르기 때문이다. 그는 하나님께서 부자들뿐 아니라, 가난한 자들도 만드셨고 오히려 가난한 자들을 배려하신다는 것과 또 하나님께서 하늘에서 다 보시고 공의로 판단하시고 보응하신다는 것을 알지 못하기 때문이다. 또 악한 통치자는 물질에 대한 욕심 때문에 부자들에게 아첨하고 가난한 자들을 무시하고 학대하고 강탈하는 것이다.

그러나 가난한 자를 압제하는 자는 그를 만드신 하나님을 멸시하는 자이다. 잠언 14:31, "가난한 사람을 학대하는 자는 그를 지으신 이를 멸시하는 자요 궁핍한 사람을 불쌍히 여기는 자는 주를 존경하는 자니라." 하나님께서는 가난한 자들의 아버지이시요 보호자이시다. 시편 68:5는, "그 거룩한 처소에 계신 하나님은 고아의 아버지시며 과부의 재판장이시라"고 말하였다. 하나님께서는 그들의 억울한 눈물의 호소를 들어주실 것이며, 압제하는 악인들에게 보응하실 것이다. 하나님께서는, 나봇의 포도원을 강탈하였던 아합 왕을 전쟁에서 죽게 하셨고 그의 아들들 70명을 하루아침에 죽임 당하게 하셨다.

〔16절〕 **무지한 치리자는 포학을 크게 행하거니와 탐욕**(베차 בֶּצַע)[불의한 이익]**을 미워하는 자는 장수하리라.**

'무지한 치리자'는, 하나님과 그의 뜻을 알지 못하고 자신의 직무와 또 자신의 부족을 알지 못하고 백성을 다스리는 자이다. 그는 선함과 친절, 긍휼과 인정이 없고 교만하고 자존심이 강하고 자기 권위만 내세우고 자기 감정대로 행하며 남을 부당히 취급하며 압제하고 학대한다. 그러나 우리는 이웃을 우리 자신과 같이 사랑해야 한다. 또 사랑은 온유하고 교만치 않고 무례히 행치 않는 것이다(고전 13:4-5).

우리는 불의한 이익을 좋아하지 말고 미워해야 하고 정당한 소득으로 살며 자족해야 한다. 이런 자는 불만이 없고 항상 절제하며 감사할 수 있다. 사도 바울은 로마 총독 벨릭스에게 의와 절제와 장차 오는 심판에 대해 강론하였다(행 24:25). 권세자는 탐욕을 품고 사치하는 삶을 살기 쉽기 때문에 그런 문제들을 강조하였을 것이다.

'장수한다'는 말은 '그의 날들을 연장한다'는 뜻이다. 그것은 하나님의 복이다. 불의한 이익을 미워하는 자는 심령에 평안을 얻을 것이다. 탐욕은 불만을 낳으나 자족함은 감사와 평안을 낳을 것이다. 자족하며 사는 것은 상식적으로 볼 때도 몸의 건강과 장수에 도움이 될 것이다. 또 그러한 통치자의 나라는 평안하며 그의 통치 기간도 오랠 것이다. 잠언 29:4는, "왕은 공의로 나라를 견고케 하나 뇌물을 억지로 내게 하는 자는 나라를 멸망시키느니라"고 말했고, 잠언 29:14는, "왕이 가난한 자를 성실히 신원(伸冤)하면 그 위(位)가 영원히 견고하리라"고 말했다. 또 그러한 경건한 의인들은 영원한 생명도 누릴 것이다.

본문의 교훈을 정리해보자. 첫째로, 자기 죄를 숨기는 자는 형통치 못하나 죄를 자복하고 버리는 자는 불쌍히 여김을 받는다. 우리는 우리의 실수를 감추지 말고 하나님 앞에 진실히 고백하고 용서를 얻어야 한다.

둘째로, 하나님을 항상 경외하는 자는 복되지만 마음을 강퍅케 하는 자는 재앙에 빠질 것이다. 우리는 하나님을 항상 경외하고 그의 말씀을 행해야 하고 마음을 강퍅히 하여 재앙에 빠지는 자가 되어서는 안 된다.

셋째로, 가난한 백성을 압제하는 악한 관원은 부르짖는 사자와 주린 곰 같다. 세상의 권세가 있다고 가난한 백성을 압제하는 관원은 참으로 악하다. 우리는 가난한 자를 압제하지 말고 불쌍히 여겨야 한다.

넷째로, 무지한 치리자는 포학을 크게 행하지만 불의한 이익을 미워하는 자는 장수한다. 우리는 선함과 친절, 자족과 절제로 살아야 한다.

## 17-20절, 피흘림, 온전함, 토지 경작, 충성

〔17절〕 **사람의 피를 흘린 자는 함정으로 달려갈 것이니 그를 막지**(타마크 תָּמַךְ)[막지(KJV, 한글개역), 붙들지(BDB, KB)] **말지니라.**

본문은 '사람의 피를 흘린 자'를 정죄한다. 사람의 생명은 하나님께서 주신 귀한 선물이며 하나님의 인격적(지정의를 가진), 도덕적 형상의 반영이다. 그러므로 살인은 매우 큰 악이다. 그것은 하나님의 형상의 파괴요 그의 가장 존귀한 창조물을 짓밟는 것이다. 그러므로 창세기 9:6은, "무릇 사람의 피를 흘리면 사람이 그 피를 흘릴 것이니 이는 하나님이 자기 형상대로 사람을 지었음이니라"고 말했다.

하나님의 뜻은 사람이 하나님을 경외하고 서로 사랑하며 사는 것이다. 살인 자체뿐 아니라, 또한 마음의 미움, 시기와 질투, 입술의 독한 말, 거짓된 비방, 중상모략 등도 심히 악한 것이다. 그것들은 결국 살인으로까지 나아갈 수 있다. 그러므로 사도 요한은, "그 형제를 미워하는 자마다 살인하는 자니 살인하는 자마다 영생이 그 속에 거하지 아니하는 것을 너희가 아는 바라"고 말하였다(요일 3:15).

본문은 사람의 피를 흘린 자는 함정으로 달려갈 것이라고 말한다(KJV, 한글개역). 이 번역은 살인에 대한 하나님의 징벌이 확실하다는 뜻이다. 근래의 영어성경들은 "[그런 자는] 죽을 때까지 도피자가 되리라"고 번역했다(NASB, NIV). 살인자는 항상 쫓기는 생활을 한다는 뜻이다. 사람들이 그 악을 보복하려 할 것이기 때문이다.

본문은 "그를 막지 말라"고 말한다. 그것은 그가 함정에 떨어지지 않도록 붙들지 말라는 뜻이라고 보인다. 하나님의 징벌은 반드시 임할 것이며 어느 누구도 막을 수 없다. 하나님께서는 마지막 심판 전에도 세상에서 그의 공의를 드러내시며 악의 확산을 막으실 것이다.

〔18절〕 **성실히**(타밈 תָּמִים)[온전히, 정직히(uprightly)(KJV), 흠 없게(NASB, NIV)] **행하는 자는 구원을 얻을 것이나 사곡히 행하는 자는 곧 넘어지리라.**

온전히 행하는 자는 하나님의 계명을 순종하여 경건하게, 의롭게, 선하게, 진실하게 행하는 자를 가리킨다. 노아는 하나님 앞에서 의인이요 당세에 완전한 자요 하나님과 동행한 자이었다(창 6:9). 욥도 하나님 앞에서 순전(완전)하고 정직하여 악에서 떠난 자이었다(욥 1:1).

온전히 행하는 자는 구원을 얻을 것이다. 이 구원은 특히 고난으로부터의 구원, 즉 질병이나 궁핍이나 원수들의 핍박으로부터의 구원을 가리킨다고 본다. 하나님 앞에 경건하고 선하게 사는 사람은 하나님의 도우심과 선한 인도하심을 얻을 것이다. 하나님께서는 그에게 능력과 지혜, 말씀과 일용할 양식을 주실 것이며 원수들의 공격이나 예기치 못한 위험한 일을 막아주실 것이다.

그러나 사곡히 행하는 자는 곧 넘어질 것이다. 사곡히 행하는 것은 계명에 순응하지 않고 부정적이고 비뚤어지게 행하는 것이다. 그것은 그의 인격의 큰 결함이다. 하나님께서는 그를 오랫동안 그냥 버려두시지 않을 것이다. 그는 곧, 머잖아 하나님의 징벌을 받을 것이다.

우리는 범사에 순수하게, 순진하게, 무슨 일이나 가급적 좋은 방향으로 생각하고 말하고 행동해야 한다. 물론 무슨 일이든지 조심하고 살피고 시험하고 확인하는 것은 지혜이지만, 항상 부정적이게 생각하거나 말하거나 행동하지 않도록 조심해야 한다. 시편 32:2는, "마음에 간사(奸詐)가 없고 여호와께 정죄를 당치 않은 자는 복이 있도다"라고 말한다. 주께서는 나다나엘에 대해 "보라, 이는 참 이스라엘 사람이라. 그 속에 간사한 것이 없도다"라고 좋게 평가하셨다(요 1:47).

**〔19절〕 자기의 토지를 경작하는 자는 먹을 것이 많으려니와 방탕**(레킴 רֵיקִים)[헛된 것들(BDB, NASB), 허랑방탕한 것들]**을 좇는 자는 궁핍함이 많으리라.**

잠언 12:11에도 비슷하게 "자기의 토지를 경작하는 자는 먹을 것이 많거니와 방탕한 것을 따르는 자는 지혜가 없느니라"고 말했다. 자기의 토지를 경작하는 자는 밭을 갈고 씨를 뿌리고 김을 매는 수고를 하는 자, 즉 자기의 일터에서 부지런히 일하는 자를 가리킨다. 그런 자는 먹을 것이 많을 것이다. 사람은 자기가 수고한 만큼 거둘 것이다. 많이 수고하면 많이 거둘 것이고 적게 수고하면 적게 거둘 것이다. 시편 128:1-2는, “여호와를 경외하며 그 도에 행하는 자마다 복이 있도다. 네가 네 손이 수고한 대로 먹을 것이라. 네가 복되고 형통하리로다”고 말했다. 하나님의 복은 수고한 자에게, 수고한 만큼 주어진다.

사람이 부지런히 자기의 일을 하는 것은 하나님의 뜻이다. 첫 사람 아담과 하와의 타락 후, 사람은 얼굴에 땀이 흘러야 식물을 먹게 되었다(창 3:19). 하나님께서는 십계명에서 “엿새 동안은 힘써 네 모든 일을 행하라”고 말씀하셨다(출 20:9). 잠언 10:4는, “손을 게으르게 놀리는 자는 가난하게 되고 손이 부지런한 자는 부하게 되느니라”고 말했고, 데살로니가전서 4:11은, “너희에게 명한 것같이 종용하여[조용하여] 자기 일을 하고 너희 손으로 일하기를 힘쓰라”고 말하였다.

그러나 허랑방탕한 것들을 좇는 사람은 궁핍함이 많을 것이다. 허랑방탕한 것들을 좇는 사람은 먹고 마시고 놀고 즐기며 세상의 헛된 것을 구하며 방탕하게 사는 자이다. 그런 자는 크게 궁핍할 것이다. 주의 비유에서 허랑방탕해 아버지께 받은 재산을 탕진했던 탕자는 흉년이 오자 돼지 쥐엄열매도 먹을 수 없을 정도로 궁핍해졌었다(눅 15:13).

**〔20절〕 충성된 자는 복이 많아도 속히 부하고자 하는 자는 형벌을 면치** (닉카 נִקָּה)[깨끗하지, 죄가 없지, 형벌을 면치] **못하리라.**

‘충성된 자’는 믿음이 있고 믿을 만하고 거짓이 없는 자이다. 우리는 하나님 앞과 사람들 앞에서 믿음이 있고 믿을 만한 자, 진실하고 충성된 자가 되어야 한다. 성경은 우리에게 그런 자가 되라고 교훈한다.

충성된 자는 복이 많을 것이다. 하나님께서는 그런 자에게 좋은 것들을 많이 주실 것이다. 그는 심령의 평안과 기쁨, 몸의 건강, 물질의 여유, 아내와 자녀들 등 가족의 복을 얻을 것이다. 그것은 신명기 28장에 약속된 바이다. 거기에 보면, 하나님께서는 그의 계명을 순종하는 자에게 성읍에서와 들에서의 복, 자녀의 복, 토지 소산의 복, 우양(牛羊)의 복 즉 사업의 복, 떡반죽 그릇의 복 즉 음식의 복, 또 들어와도 받고 나가도 받는 복을 주시겠다고 약속하셨다(신 28:1-6).

그러나 속히 부하고자 하는 사람은 형벌을 면치 못할 것이다. 속히 부하고자 하는 자는 짧은 시간에 부자 되려고 하기 때문에, 부정당하고 불의한 방법으로 돈을 벌고 돈을 모으려 하는 자이다. 사람들은 왜 정정당당하게 살지 못하는가? 그것은 하나님을 두려워하지 않고 계명 순종의 의(義)보다 이 세상의 헛된 부귀영화를 원하는 욕심 때문이다.

속히 부하고자 하는 자는 형벌을 면치 못할 것이다. 하나님의 정하신 의로운 생활규칙인 계명을 어기는 자마다 정죄를 받으며 하나님의 내리시는 벌을 받을 것이다. 하나님의 뜻은 우리가 의롭고 정당하게 사는 것이다. 그러므로 잠언 16:8은, "적은 소득이 의를 겸하면 많은 소득이 불의를 겸한 것보다 나으니라"고 말했다.

본문의 교훈을 정리해보자. 첫째로, 사람의 피를 흘리는 자는 함정으로 달려갈 것이며 그를 막을 자가 없다. 우리는 사람의 피를 흘리는 악을 행치 말고 다른 사람의 생명을 귀하게 여기고 서로 사랑하며 살아야 한다.

둘째로, 온전히 행하는 자는 구원을 얻을 것이나 비뚤어지게 행하는 자는 곧 넘어질 것이다. 우리는 생각과 마음가짐이 너무 부정적이고 비뚤어지지 말고 좀 순수하고 순진하고 순전한 자, 온전한 자가 되어야 한다. 그래야 질병이나 궁핍이나 원수들의 핍박으로부터 구원을 얻을 것이다.

셋째로, 자기의 토지를 경작하는 자는 먹을 것이 많으나 방탕을 좇는 자는 궁핍함이 많을 것이다. 우리는 자기 직업의 일들을 부지런히 해야 하고 허랑방탕한 것들을 좇지 말고 그런 자들과도 어울리지 말아야 한다.

넷째로, 충성된 자는 복이 많아도 속히 부하고자 하는 자는 형벌을 면치 못할 것이다. 우리는 믿음과 순종과 의로 살아야 한다. 그래야 심령의 평안, 몸의 건강, 물질의 여유, 가정적, 사회적 평안을 누릴 것이다.

## 21-24절, 불공정, 욕심, 경책, 도적질

**〔21절〕 사람의 낯을 보아주는 것이 좋지 못하고 한 조각 떡을 인하여 범법하는 것도 그러하니라.**

사람의 낯을 보아준다는 말은 상대방의 얼굴 때문에 공정하지 않게 판단하여 불의를 용납하고 지지하는 것을 말한다. 사람은 무슨 일이나 바르고 공정하게 판단해야 한다. 옳은 것은 옳다고 판단하고 그렇게 말하고 악한 것은 악하다고 판단하고 그렇게 말해야 한다. 하나님께서는 "너희는 재판할 때에 불의를 행치 말며 가난한 자의 편을 들지 말며 세력 있는 자라고 두호하지 말고 공의로 사람을 재판할지라"고 말씀하셨다(레 19:15). 잠언의 여러 구절들은 우리가 공의로운 판단을 하라고 교훈한다. 잠언 17:15, "악인을 의롭다 하며 의인을 악하다 하는 이 두 자는 다 여호와의 미워하심을 입느니라." 잠언 18:5, "악인을 두호하는 것과 재판할 때에 의인을 억울하게 하는 것이 선하지 아니하니라." 잠언 24:23, "재판할 때에 낯을 보아주는 것이 옳지 못하니라." 잠언 28:4, "율법을 버린 자는 악인을 칭찬하나 율법을 지키는 자는 악인을 대적하느니라." 유다 왕 아사는 모친이 우상숭배를 하므로 징벌하여 태후의 지위를 폐하기까지 하였다(왕상 15:13). 그것은 의로운 일이었다.

"한 조각 떡을 인하여 범법하는 것도 그러하니라"는 원문은 "그러나 사람은 한 조각 떡 때문에 법을 어기는도다"(NIV)라고 번역하는 것이 좋다고 본다. 이 말씀은 사람이 작은 이익 때문에 공정치 않은 판단을 한다는 뜻이다. 예를 들어, 판사가 권력자의 압력이나 이권 제안이나 부자들의 뇌물을 받고 판결을 굽게 하는 것을 가리킨다. 성도는 세상의 이익을 초월해야 하고 항상 공명정대하게 살아야 한다. 많은 소득이 불의를 겸한 것보다 적은 소득이 의를 겸한 것이 낫다(잠 16:8).

**〔22절〕 악한 눈이 있는 자는 재물을 얻기에만 급하고 빈궁이 자기에게로 임할 줄은 알지 못하느니라.**

악한 눈은 다른 사람을 해치는 눈이다. 그런 눈이 있는 자는 재물을 얻기에만 급하다. 그는 부자를 부러워하고 수단 방법을 가리지 않고 재물을 얻으려는 욕심을 가진 자이다. 그러나 선한 사람은 다른 사람을 돌아본다. 잠언 21:26, "어떤 자는 종일토록 탐하기만 하나 의인은 아끼지 아니하고 시제[구제]하느니라." 잠언 22:9, "선한 눈을 가진 자는 복을 받으리니 이는 양식을 가난한 자에게 줌이니라."

악한 눈이 있는 사람은 재물을 얻기에만 급하고 가난함이 자기에게로 임할 줄은 알지 못한다. 왜 악한 눈이 있는 자에게 가난함이 임하는가? 하나님께서 그에게 벌을 내리시기 때문이다. 하나님께서는 세상의 모든 일을 홀로 주관하신다. 악한 자는 그것을 알지 못하고 대비하지 못하다가 큰 낭패와 고통을 당하는 것이다. 그러므로 잠언 20:17은, "속이고 취한 식물은 맛이 좋은 듯하나 후에는 그 입에 모래[자갈]가 가득하게 되리라"고 교훈하였다. 사람이 불의하고 거짓되게 얻은 재물은 그에게 복이 되지 않고 도리어 화가 된다.

선악의 문제는 눈의 문제 곧 마음의 문제이다. 눈은 마음의 거울이다. 그것은 다른 말로 지식의 문제요 가치관의 문제이다. 우리는 선한 마음과 선한 눈, 즉 바른 지식과 바른 가치관을 가져야 한다. 마태복음 6:19-34에 보면, 주께서는 몇 가지 요점들을 교훈하셨다: (1) 네 보물을 땅에 쌓아두지 말고 하늘에 쌓아두라, (2) 네 보물 있는 곳에 네 마음도 있다, (3) 눈은 몸의 등불이다, (4) 탐심은 눈[마음의 눈]을 어둡게 한다, (5) 사람은 하나님과 물질을 겸하여 섬길 수 없다, (6) 음식과 옷을 염려하지 말라, (7) 먼저 하나님의 나라와 그의 의를 구하라.

**〔23절〕 사람을 경책하는 자는 혀로 아첨하는 자보다 나중에 더욱 사랑을 받느니라.**

떠도는 풍문과 추측으로가 아니고, 사실에 근거하고 성경적, 이성적 판단으로 상대방의 부족이나 잘못을 지적하고 책망하는 것은 그에게 유익을 줄 것이다. 사람은 누구나 책망을 듣기 싫어하는 경향이 있고 책망을 듣는 자는 당장에는 기분이 상할 수도 있지만, 책망은 결과적으로 유익을 주는 것이다. 지혜로운 자는 지적받고 책망받는 내용에 대해 생각할 기회를 가지고 자신에게 부족과 잘못이 있다고 깨달으면 고치게 될 것이다. 친구의 책망은 자신에게 유익을 줄 것이다.

상대방을 책망하는 것은 그에 대한 참된 사랑이 있을 때에만 가능하다. 그러므로 잠언 27:5-6은, "면책은 숨은 사랑보다 나으니라. 친구의 통책은 충성에서 말미암은 것이나 원수의 자주 입맞춤은 거짓에서 난 것이니라"고 말했다. 그러므로 우리는 책망 듣기를 싫어하지 말아야 한다. 잠언 1:23은, "나의 책망을 듣고 돌이키라"고 교훈하며, 잠언 6:23은, "대저 명령은 등불이요 법은 빛이요 훈계의 책망은 곧 생명의 길이라"고 말하고, 또 잠언 19:20은, "너는 권고를 들으며 훈계를 받으라. 그리하면 네가 필경은 지혜롭게 되리라"고 말하였다.

사람을 경책하는 자는 혀로 아첨하는 자보다 나중에 더욱 사랑을 받는다. 혀로 아첨하는 말은 당장에는 듣기 좋고 기분이 좋을 수 있으나, 우리의 잘못이나 부족을 깨닫지 못하게 만들고 도리어 우리가 옳다고 착각에 빠지게 만들며 우리로 교만케 만든다. 거짓 선지자들이나 나라의 간신들은 아첨하는 말을 잘한 자들이었다. 그래서 잠언 27:21은, "도가니로 은을, 풀무로 금을, 칭찬으로 사람을 시련하느니라"고 말했다. 우리를 책망하는 자는 우리의 좋은 친구일 것이다.

〔24절〕 **부모의 물건을 도적질하고**(가잘 גָּזַל)[강탈하고](KJV, NASB, NIV) **죄가 아니라 하는 자는 멸망케 하는 자**(이쉬 마쉐키스 אִישׁ מַשְׁחִית)[(도덕적으로) 부패시키는 자(BDB), 파괴하는 자(KJV, NASB, NIV)]**의 동류니라.**

본문은 부모의 물건, 즉 부모의 토지나 집이나 귀중품이나 현금을 강제로 빼앗고 그것이 죄가 아니라고 하는 자를 정죄한다. 부모의 것이 자기의 것이라고 생각하는 것은 잘못이다. 부모의 소유와 자녀의 소유는 구별되어야 한다. 부모가 자녀에게 준 것이 아닌 모든 것들은 자녀의 것이 아니다. 자식이 부모의 것을 취하는 것도 도적질이다.

본문은, 부모의 물건을 강탈하고도 죄가 아니라고 하는 자는 멸망케 하는 자의 동류라고 말한다. 그는 부모에게 악을 행하고 부모를 해치는 자, 부모의 인격과 재산과 행복을 파괴하는 자이며 또 하나님께서 정해주신 도덕적 질서를 파괴하는 죄인이며 악인이다.

하나님께서는 "네 부모를 공경하라"고 명하셨고(출 20:12) 또 "너희 각 사람은 부모를 경외하라"고 명하셨다(레 19:3). 사도 바울은 "(자녀나 손자들로) 자기 집에서 효를 행하여 부모에게 보답하기를 배우게 하라"고 가르쳤다(딤전 5:4). 불효는 큰 죄악이며, 부모의 물건을 강탈하는 것은 단순한 불효 이상의 매우 큰 죄악이다. 그런 행동은 하나님의 뜻과 반대된다. 하나님의 뜻은 이웃을 사랑하며 남에게 선을 베풀고 유익을 끼치는 것이다. 그것은 "네 부모를 공경하라"는 계명도 포함한다. 부모 공경의 법은 하나님께서 주신 인간 관계의 계명 중 첫째 계명이다. 경건은 윤리의 기초이며 가정 윤리는 사회 윤리의 시작이다. 가정 윤리가 바로 서야 사회 윤리가 바로 설 수 있다.

본문의 교훈을 정리해보자. <u>첫째로, 사람의 낯을 보아주는 것이 좋지 못하고 한 조각 떡을 인해 범법하는 것도 그러하다.</u> 우리는 모든 욕심을 버리고 공정한 판단을 하고 작은 이익 때문에 범죄하지 말아야 한다.

<u>둘째로, 악한 눈이 있는 자는 재물을 얻기에만 급하고 빈궁이 자기에게 임할 줄은 알지 못한다.</u> 우리는 수단 방법을 가리지 않고 재물을 얻으려고 하지 말고 선한 마음을 가지고 하나님의 계명에 순종해야 한다.

<u>셋째로, 사람을 경책하는 자는 혀로 아첨하는 자보다 나중에 더 사랑을 받는다.</u> 상대방을 책망하는 것은 그에 대한 참된 사랑이 있을 때에만 가능하다. 우리는 친구에게 충고도 하고 책망도 하는 자가 되어야 한다.

<u>넷째로, 부모의 물건을 강탈하고 죄가 아니라 하는 자는 멸망케 하는 자의 동류이다.</u> 부모의 재산과 자녀의 재산은 구별되어야 한다. 성경은 사유재산을 인정한다. 자녀는 부모의 돈이나 재산을 강탈해서는 안 된다.

## 25-28절, 탐심, 자기 신뢰, 구제, 악인

**〔25절〕 마음이 탐하는 자는 다툼을 일으키나 여호와를 의지하는 자는 풍족하게**[기름지게(KJV), 형통하게(NASB, NIV)] **되느니라.**

'탐하는 자'라 원어(레카브 רְחַב)는 '교만한 자'(KJV), '거만한 자'(NASB), '탐하는 자'(NIV)라는 뜻이다(BDB). 이 말은 잠언 21:4에, "눈이 높은 것과 마음이 교만한 것과 악인의 형통한 것은 다 죄니라"는 말씀에서는 '교만한 것'이라고 번역되었다. 두 가지 뜻이 다 있다.

사람들은 마음이 교만하거나 탐심이 있으면 다툰다. 그러므로 잠언 13:10은 "교만에서는 다툼만 일어날 뿐이라. 권면을 듣는 자는 지혜가 있느니라"고 말하였고, 야고보서 4:1-2는 "너희 중에 싸움이 어디로, 다툼이 어디로 좇아 나느뇨? 너희 지체 중에서 싸우는 정욕으로 좇아 난 것이 아니냐? 너희가 욕심을 내어도 얻지 못하고, 살인하며 시기하여도 능히 취하지 못하나니 너희가 다투고 싸우는도다"라고 말하였다. 사랑과 온유, 겸손과 절제에서는 화합과 일치와 단합이 있지만, 교만과 미움과 욕심에서는 갈등과 다툼과 분쟁만 일어난다.

그러나 여호와를 의지하는 자는 풍족하게 된다. 교만하고 탐욕적인 자는 하나님보다 자신과 세상을 의지하는 자이지만, 하나님을 아는 자는 자신을 부정하고 하나님을 의지하고 그에게 복종하는 자이다. 그는, 교만과 탐심을 가지고 남의 것을 빼앗거나 남보다 더 가지려고 하지 않을지라도, 풍족하게 되고 형통할 것이다. 그것은 사람의 생사화복(生死禍福)을 주장하시는 하나님께서 복 주시기 때문이다. 주께서는, "너희는 먼저 그[하나님]의 나라와 그의 의를 구하라. 그리하면 이 모든 것[음식과 옷]을 너희에게 더하시리라"고 말씀하셨다(마 6:33).

**〔26절〕 자기의 마음을 믿는 자는 미련한 자요 지혜롭게 행하는 자는 구원을 얻을 자니라.**

자기의 마음을 믿는 자는 미련한 자이다. 사람의 마음은 "만물보다 거짓되고 심히 부패한 것"이다(렘 17:9). 그러므로 그런 마음을 믿는 자는 무지하여 죄악된 일에 빠지며 실패할 수밖에 없다. 사람의 마음은 하나님의 뜻과 다른 길로 가고 자기의 그릇된 생각과 행동을 합리화시키며 자기 욕심을 따르며 거짓으로 자신을 위장한다. 심지어 경건하고 바른 생각과 소원을 품은 자라도, 하나님의 은혜가 아니고서는 그 소원을 이룰 수 없다. 베드로는 예수께 죽을 때까지 그를 따르겠다고 고백했으나 여종 앞에서 그를 세 번이나 모른다고 부인하였다.

그러나 지혜롭게 행하는 자는 구원을 얻을 것이다. 지혜롭게 행하는 것은 자기 자신이나 다른 사람이나 돈이나 세상 권세나 기타 세상의 것들을 의지하지 않고, 오직 하나님을 경외하고 의지하며 성경말씀의 교훈대로만 살려고 하는 것이다. 그것이 지혜이다. 그렇게 하면, 그는 어떤 어려움을 당해도 그 어려움에서 구원을 얻을 것이다. 왜냐하면 살아계신 하나님께서 그를 지키시고 도우시고 건지시기 때문이다.

그는 아파도 건강의 회복을 얻을 것이다. 여호와를 경외하고 악을 떠나는 것이 건강의 길이다(잠 3:7-8). 그는 실직해도 다시 취직할 수 있을 것이다. 하나님의 나라와 그 의를 구하는 자는 궁핍함이 없을 것이다(마 6:33). 그는 경제적 어려움을 당해도 다시 일어날 것이며, 원수의 핍박이 심해도 보호함을 얻을 것이며, 위험한 길을 만나도 피할 길을 얻을 것이다. 하나님께서 그를 지키시고 도우실 것이다(시 91:1, 3). 온 세상이 홍수로 멸망할 때, 노아와 그 가족은 구원을 얻었고, 욥은 큰 재앙에서 승리하였고, 다윗은 극심한 고난을 이기고 왕이 되었고, 다니엘은 심지어 사자굴에 던지웠으나 구원을 얻었다.

**〔27절〕 가난한 자를 구제하는 자는 궁핍하지 아니하려니와 못 본 체하는 자에게는 저주가 많으리라.**

가난한 자를 구제하는 것은 하나님의 선한 뜻이며 명령이다. 모세는 이스라엘 백성에게 교훈하기를, 함께 거하는 가난한 형제에게 반드시 구제하라고 하였다(신 15:7-10). 또 주 예수께서도 "너희 소유를 팔아 구제하여 낡아지지 않는 주머니를 만들라"고 교훈하셨다(눅 12:33).

의인은 구제에 힘쓰는 자들이다. 시편 37:21은, "악인은 꾸고 갚지 아니하나 의인은 은혜를 베풀고 주는도다"라고 말한다. 사도 바울은 갈라디아서 2:10에서 증거하기를, "다만 우리에게 가난한 자들 생각하는 것을 부탁하였으니 이것을 나도 본래 힘써 행하노라"고 하였다.

가난한 자를 구제하는 자는 궁핍하지 않을 것이다. 신명기 15:10은, "이로 인하여 네 하나님 여호와께서 네 범사와 네 손으로 하는 바에 네게 복을 주시리라"고 약속했다. 시편 37:25-26은, "내가 어려서부터 늙기까지 의인이 버림을 당하거나 그 자손이 걸식함을 보지 못하였도다. 저는 종일토록 은혜를 베풀고 꾸어주니 그 자손이 복을 받는도다"라고 말했다. 잠언 11:25도, "구제를 좋아하는 자는 풍족하여질 것이요 남을 윤택하게 하는 자는 윤택하여지리라"고 말했고, 잠언 19:17도, "가난한 자를 불쌍히 여기는 것은 여호와께 꾸이는[빌려드리는] 것이니 그 선행을 갚아 주시리라"고 말하였다.

그러나 가난한 자를 구제하지 않고 못 본 체하는 자에게는 저주가 많을 것이다. 마태복음 25:31-46의 양과 염소의 비유에서, 주 예수께서는 형제들 중 지극히 작은 자 한 사람에게 구제하지 않은 자들이 장차 지옥에 던지우는 벌을 받을 것이라는 두려운 말씀을 하셨다. 야고보는 사람이 선을 행할 줄 알고도 행치 않으면 죄라고 말하였다(약 4:17).

**〔28절〕 악인이 일어나면 사람이 숨고 그가 멸망하면 의인이 많아지느니라.**

악인은 하나님을 두려워하지 않고 그를 무시하고 부정하고 하나님의 뜻을 거슬러 남을 미워하고 속이고 해치고 남의 소유를 강탈하는 자이다. 악인이 일어난다는 말은 악인이 윗사람의 인정을 얻고 세력을 얻고 사회에서 공직에 등용되거나 교회에서 직분자가 되어 활동하며 활개치는 것을 말한다.

악인이 일어나면 사람이 숨는다. 잠언 28:12도, "의인이 득의하면 큰 영화가 있고 악인이 일어나면 사람이 숨느니라"고 말했다. 아모스 5:13은, "그러므로 이런 때에 지혜자가 잠잠하나니 이는 악한 때임이니라"고 말한다. 사람은 양심과 양식이 있고 어느 정도 도덕성이 있다. 사람이 숨는 이유는 악인과 어울림으로 양심에 가책되는 일을 하기 싫고 또 그로 인해 마음에 상처를 받기도 싫기 때문일 것이다.

그러나 악인이 멸망하면 의인이 많아질 것이다. 왜냐하면 한 악인이 멸망하면 다른 악인들이 두려워하며 잠잠하거나 회개하기 때문일 것이다. 시편 58:11은 악인들이 징벌을 받을 때 사람들이 "진실로 의인에게 갚음이 있고 진실로 땅에서 판단하시는 하나님이 계시다"고 말할 것이라고 했고, 이사야 26:9는, "주께서 땅에서 심판하시는 때에 세계의 거민이 의를 배움이니이다"라고 말하였다.

또 악인이 멸망하면 숨어 있던 의인들이 나타나고 등용되고 활동하게 되기 때문에 의인이 많아질 것이다. 역대상 12:22는, 다윗이 왕위에 오르고 공의로 통치할 때 사람들이 날마다 다윗에게로 돌아와서 돕고자 함으로 큰 군대를 이루어 하나님의 군대와 같았다고 말하였다.

본문의 교훈을 정리해보자. 첫째로, 마음이 교만한 자나 탐하는 자는 다툼을 일으키나 여호와를 의지하는 자는 풍족하게 된다. 우리는 교만한 마음과 욕심을 버리고 겸손히 여호와를 의지하는 자가 되어야 한다.

둘째로, 자기의 마음을 믿는 자는 미련한 자요 지혜롭게 행하는 자는 구원을 얻을 자이다. 우리는 자기 마음도 믿지 말고 항상 하나님을 경외하고 의지하고 순종함으로써 환난에서 구원을 얻는 자가 되어야 한다.

셋째로, 가난한 자를 구제하는 자는 궁핍하지 않으나 못 본 체하는 자에게는 저주가 많을 것이다. 가난한 자를 구제하는 것은 하나님의 뜻이며 그렇게 행하는 자는 복되지만 구제하지 않는 자에게는 화가 있을 것이다.

넷째로, 악인이 일어나면 사람이 숨고 그가 멸망하면 의인이 많아진다. 세상은 악할지라도 교회 안에서는 의인들이 많아지기를 기도해야 한다.

# 29장: 의인, 왕, 자녀징계

## 1-4절, 완고함, 의인, 지혜, 공의

**〔1절〕 자주 책망을 받으면서도 목이 곧은 사람은 갑자기 패망을 당하고 피하지 못하리라**(엔 마르페 אֵין מַרְפֵּא)[회복하지 못하리라].

자주 책망을 받는 것은 하나님께서 주신 기회요 하나님의 은혜이다. 왜냐하면 사람이 지적을 받고 책망을 들을 때 잘못을 고치고 바른 길로 나아갈 수 있기 때문이다. 그러나 목이 곧은 사람, 즉 그 책망을 받아들이지 않는 사람이 있다. 그것은 그의 교만과 완고함을 나타낸다. 그런 자는 하나님의 뜻을 거역하는 것이다. 그것은 악에 악을 더하는 일이며 자신의 심히 악함을 증거할 뿐이다. 이스라엘 백성의 역사가 그러하였다. 신명기 9장은 그들의 광야 생활을 증거하기를, 목이 곧고 항상 거역하고 하나님의 법을 속히 떠났다고 했다. 그것은 이스라엘 백성의 모습일 뿐만 아니라 때때로 우리 자신의 모습이다.

그러나 자주 책망을 받으면서도 목이 곧은 자는 갑자기 패망을 당할 것이다. 하나님께서는 오래 참으시고 회개할 기회를 주시지만, 마침내 징벌하실 것이다. 욥기 21:13은, "[악인이] 그 날을 형통하게 지내다가 경각간에[갑자기] 음부[지옥]에 내려가느니라"고 말한다. 그는 회복하지 못할 것이다. 그는 그 멸망에서 구원을 얻지 못할 것이다. 그가 병에 걸렸으면 낫지 못하며, 파산하였으면 다시 일어나지 못할 것이다. 그러므로 우리는 책망을 받을 때 목을 곧게 하지 말고 즉시 회개해야 한다. 우리는 열심을 내어 회개해야 한다(계 3:19).

**〔2절〕 의인이 많아지면 백성이 즐거워하고 악인이 권세를 잡으면 백성이 탄식하느니라.**

의인이 많아지면 백성이 즐거워할 것이다. 의인들은 하나님을 경외하고 의지하고 섬기며 하나님의 계명대로 선하게 사는 자들이다. 우리나라에 정치계, 법조계, 교육계, 경제계, 예술계 등 사회의 각계각층에 하나님을 경외하고 도덕성이 있는 의인들이 많이 활동해야 한다. 그러나 먼저, 성도들 즉 구원 얻은 자들의 모임인 교회와 그 직분자들 중에 하나님을 경외하고 계명을 순종하는 의인들이 많아져야 한다. 하나님께서는 거룩하고 흠이 없는 교회를 원하신다(엡 5:26-27).

의인이 많아지면 백성이 즐거워하는 것은 거기에 불의와 불법이 없고 악과 거짓이 없고 싸움과 분열이 없고 서로 위하고 서로 사랑하고 서로 돕는 인격적 교제가 있기 때문일 것이다. 세속 사회에서는 그런 이상적 교제를 기대할 수 없다 할지라도, 적어도 교회들만큼은 그런 교제가 실현되어 사랑과 기쁨과 평안이 넘쳐야 할 것이다.

그러나 악인이 권세를 잡으면 백성이 탄식할 것이다. 악인은 하나님을 부정하고 무시하고 하나님의 계명을 거슬러 행하는 자이다. 그는 불경건하고 교만하고 거짓되며 탐욕적이다. 또 그는 다른 사람을 미워하고 시기 질투하며 남을 해친다. 이 세상에는 이런 사람들이 때때로 지도자들이 된다. 심지어 교회에서도 이런 자들이 직분을 얻고 교회를 다스리기도 한다. 예수님 당시 유대 지도자들이 그러하였다. 그들은 외식하며 탐욕적이었고 부정과 불법이 가득하였다(마 23:25, 28).

그러나 그런 때에 그 백성들은 탄식할 것이다. 경건과 도덕이 땅에 떨어지고 이성과 양심에 반대되는 일들이 많아지고 의인들이나 가난한 자들이 억울하게 고통을 당하기 때문에, 또 그들이 하나님의 진노가 임박하였다고 느끼기 때문에, 백성들은 탄식할 것이다.

**〔3절〕 지혜를 사모하는 자는 아비를 즐겁게 하여도 창기[창녀]를 사귀는 자는 재물을 없이하느니라.**

지혜를 사모하는 사람은 하나님을 경외하고 그의 계명에 순종하는 자이다. 하나님의 뜻은 우리가 경건하고 의롭고 선하고 진실하게 사는 것이며 그것이 지혜이다. 지혜를 사모하는 자녀는 아버지를 즐겁게 할 것이다. 경건한 아버지는 자기 자녀가 경건하게 살기를 원하고 또 그가 도덕적이기를 원한다. 그러므로 자녀가 경건하고 정직하고 착하고 진실하게 살면, 그것은 아버지의 기쁨이 될 것이다. 또 하나님의 계명에는 부모를 공경하라는 명령도 들어 있으므로 자녀가 계명대로 부모를 공경하면 그가 복될 것이므로 부모에게 기쁨이 될 것이다.

그러나 창녀를 사귀는 사람은 재물을 없이할 것이다. 창녀는 돈을 위해 자기의 몸을 파는 자이다. 그러므로 창녀를 사귀면 재산을 탕진할 것이다. 잠언 6:25-26은, "네 마음에 그 아름다운 색을 탐하지 말며 그 눈꺼풀에 홀리지 말라. 음녀로 인하여 사람이 한 조각 떡만 남게 됨이며 음란한 계집은 귀한 생명을 사냥함이니라"고 말하였다. 창녀를 사귀는 아들은 부모에게 근심을 끼치고 부모를 섬길 경제적 힘도 잃어버리고 때로는 부모의 재산까지도 탕진할 것이다.

성도들은 지혜를 얻어 자기 아내를 사랑하고 자기 아내로 만족하고 육신의 정욕을 따라 살지 않아야 한다. 데살로니가전서 4:3-5는, "하나님의 뜻은 이것이니 너희의 거룩함이라. 곧 음란을 버리고 각각 거룩함과 존귀함으로 자기의 아내 취할 줄을 알고 하나님을 모르는 이방인과 같이 색욕을 좇지 말라"고 말했고, 베드로전서 2:11은, "영혼을 거스려[거슬러] 싸우는 육체의 정욕을 제어하라"고 말했다.

**[4절] 왕은 공의로 나라를 견고케 하나 뇌물을 억지로 내게 하는 자**(이쉬 테루모스 אִישׁ תְּרוּמוֹת)[기부금을 강요하는 사람](BDB)**는 나라를 멸망시키느니라.**

나라를 다스리는 왕이 나라를 잘 다스리는 방법은 공의로 다스리는 것이다. 공의는 하나님의 계명대로 행하는 것이며, 그 계명의 내용은 하나님만 섬기며 부모를 공경하고 살인하지 말고 간음하지 말고 도적질하지 말고 거짓말하지 말고 남의 것을 탐내지 말라는 것 등이다.

왕이 나라를 공의로 다스리면 그 나라가 견고하게 될 것이다. 사람이 하나님을 경외함이 없고 교만하면 그의 계명을 거역하고 부모에게 불효하고 살인하고 간음하고 도적질하고 탐심을 가진다. 불의는 가정을 파괴하고 사회를 혼란시키고 하나님의 진노를 가져오고 결국 나라를 쇠약케 할 것이다. 그러나 왕이 불의한 자를 제거하고 공의를 세우면 나라가 잘될 것이다. 공의는 가정과 사회를 견고케 하여 서로 돕고 돌아보는 사랑과 평화가 있는 곳이 되게 할 것이다. 또 하나님께서는 그런 나라에 복을 주셔서 그 나라를 견고케 하실 것이다.

그러나 뇌물이나 기부금을 억지로 내게 하는 자는 나라를 멸망시킨다. 왕이 뇌물 받기를 좋아하면 신하들은 왕에게 뇌물 바치려고 자기들도 뇌물 받기를 좋아하게 되며, 그러면 그 나라는 뇌물 왕국이 되고 도덕적 해이가 심하고 부정부패가 많은 혼란한 사회가 되고 말 것이다. 또 그런 나라는 가난하고 어려운 자들을 돌아보는 일에는 인색하고 지도자들이나 백성이 사치하고 연락하는 나라가 될 것이다. 그런 나라는 하나님의 진노를 일으키고 마침내 멸망하고 말 것이다. 오늘날 합법을 빙자한 과도한 세금 징수도 바르고 선한 일이 아니라고 본다.

본문의 교훈을 정리해보자. 첫째로, 자주 책망을 받으면서도 목이 곧은 사람은 갑자기 패망을 당하고 만다. 우리는 자주 책망을 받을 때 그것을 하나님의 은혜로 알고 겸손히 달게 받고 힘써 회개하고 고쳐야 한다.

둘째로, 의인이 많아지면 백성이 즐거워하고 악인이 권세를 잡으면 백성이 탄식한다. 우리는 우리나라에 의로운 사람들과 우리 교회에 의로운 교인들과 직분자들이 많기를 기도해야 나라와 교회가 평안할 것이다.

셋째로, 지혜를 사모하는 자는 아버지를 즐겁게 하여도 창녀를 사귀는 자는 재물을 없이한다. 우리는 지혜를 사랑하고 하나님의 계명을 순종하고 결혼을 귀히 여기고 정욕을 따라 행치 말고 절제 있게 살아야 한다.

넷째로, 왕은 공의로 나라를 견고케 하나 뇌물을 억지로 내게 하는 자는 나라를 멸망시킨다. 우리는 우리나라의 지도적 인물들이 공의로 나라를 다스리도록 기도해야 한다. 그래야 우리나라가 평안할 것이다.

## 5-8절, 아첨, 악인의 범죄, 의인, 경멸

**〔5절〕 이웃에게 아첨하는**(칼라크 חָלַק)[부드러운 말을 하는, 아첨하는] **것은 그의 발 앞에 그물을 치는 것이니라.**

아첨은 남의 환심을 사거나 잘 보이려고 부정직하거나 지나친 칭찬으로 사람을 기쁘게 하는 것을 말한다. 이웃에게 아첨하는 것은 그의 발 앞에 그물을 치는 것 곧 그로 하여금 걸려 넘어지게 하는 것이다. 진실한 칭찬이라도 사람을 교만케 만들 수 있다. 그러므로 잠언 27:21은, "도가니로 은을, 풀무로 금을, 칭찬으로 사람을 시련하느니라"고 말하였다. 하물며, 부정직하고 지나친 아첨의 말은 상대방을 교만케 만들고 자신에 대해 과대평가하게 만들고 자신의 부족을 보지 못하고 착각에 빠지게 만들고 마침내 그로 하여금 넘어지게 만드는 것이다. 거짓된 입맞춤은 행동으로 하는 아첨이라고 말할 수 있다. 그러므로 잠언 27:6은 말하기를, "친구의 통책은 충성에서 말미암은 것이나 원수의 자주 입맞춤은 거짓에서 난 것이니라"고 했다.

우리는 물론 이웃에게 위로와 격려의 말을 해야 할 때가 있을 것이다. 그러나 그때도 아첨하는 말로 하지 말고 진실한 말로 해야 한다. 또 필요한 때는 충고와 책망도 해야 한다. 그것이 사랑이다. 잠언 28:23은, "사람을 경책하는 자는 혀로 아첨하는 자보다 나중에 더욱 사랑을 받느니라"고 말한다. 사도 바울은 데살로니가전서 5:11, 14에서, "피차 권면하고 피차 덕을 세우기를 너희가 하는 것같이 하라," "규모 없는 자들을 권계하며 마음이 약한 자들을 안위하고 힘이 없는 자들을 붙들어 주며 모든 사람을 대하여 오래 참으라"고 교훈했고, 히브리서 3:13은, "오직 오늘이라 일컫는 동안에 매일 피차 권면하여 너희 중에 누구든지 죄의 유혹으로 강퍅케 됨을 면하라"고 교훈하였다.

**〔6절〕 악인의 범죄하는 것은 스스로 올무가 되게 하는 것이나 의인은 노래하고 기뻐하느니라.**

악인은 악을 행하며 범죄하지만 그의 범죄하는 것은 자신에게 올무가 되게 하는 것이다. 올무나 덫은 새나 짐승을 잡는 도구이다. 올무가 된다는 것은 속박을 당하고 종이 되고 결국 죽는 것을 말한다. 악인의 범죄하는 것은 자신에게 올무가 되게 하는 것이다. 즉 그것은 스스로 죄의 종, 마귀의 종, 슬픔과 두려움의 종이 되게 하고, 사망의 종, 멸망의 종, 지옥의 종이 되게 하는 것이다. 주께서는 "죄를 범하는 자마다 죄의 종이라"고 말씀하셨다(요 8:34). 바울은 우리가 과거에 사망에 이르는 죄의 종이었다고 말했다(롬 6:16). 애굽 왕 바로는 강퍅한 마음으로 범죄하다가 장자까지 죽는 재앙을 당했고 나중에 홍해에서 죽었다고 보인다. 예수님을 판 가룟 유다는 목매어 창자가 터져 죽었다.

그러나 의인은 노래하고 기뻐한다. 의인은 범죄해도 즉시 회개하고 돌이킨다. 다윗은 선지자 나단의 지적과 책망을 들었을 때 즉시 회개했다. 베드로는 닭이 두 번째 울 때 예수님의 말씀이 기억나서 심히 통곡했다(막 14:72; 마 26:75). 회개한 의인은 또한 노래하고 기뻐한다. 의의 길에는 기쁨과 평안이 있다. 그것은 하나님께서 주시는 기쁨이며 성령의 열매이다(갈 5:22). 하나님의 나라는 성령 안에서 의와 평안과 기쁨이다(롬 14:17). 마게도냐 교인들은 환난의 많은 시련 가운데서도 넘치는 기쁨을 가졌다(고후 8:2). 사도 시대의 그리스도인들은 시련 중에서도 크게 기뻐하였다(벧전 1:6). 그러므로 사도 바울은 "주 안에서 항상 기뻐하라. 내가 다시 말하노니 기뻐하라"고 교훈하였다(빌 4:4).

**〔7절〕 의인은 가난한 자의 사정을 알아주나 악인은 알아줄 지식이 없느니라.**

의인은 하나님을 경외하고 그의 계명대로 사는 자이며, 하나님의 뜻은 이웃 사랑과 구제를 포함한다. 가난한 자들은 사람들에게 무시당하고 부당한 대우를 받고 억울한 사정이 많겠지만, 의인은 그들의 사정을 알아준다. 그는 어떤 사건을 판단할 때 편견과 선입견을 가지거나 사사로운 이익을 따라 하지 않고, 이성적, 양심적으로 공명정대하게 하며 가난한 자들의 고통을 동정하고 돕는 것이다.

의인 욥은 말하기를, "나는 소경의 눈도 되고 절뚝발이의 발도 되고 빈궁한 자의 아비도 되며 생소한 자의 일을 사실(査實)[변호]하여 주었다"고 했다(욥 29:15-16). 시편 37:26은, "[의인은] 종일토록 은혜를 베풀고 꾸어주니 그 자손이 복을 받는도다"라고 말하였다. 주께서는 마지막 날에 의인들이 주의 제자들 중 지극히 작은 자 하나가 굶주렸거나 헐벗었거나 나그네 되었거나 병들었거나 옥에 갇혔을 때 돌아보았다고 칭찬하시며 천국으로 영접하실 것을 말씀하셨다(마 25:35-40).

그러나 악인은 알아줄 지식이 없다. 악인은 하나님을 경외치 않고 무시하며 하나님의 뜻을 거슬러 자기 욕심을 따라 행하는 자이다. 그는 공의에 대한 관심이 없고 이웃 사랑과 구제에도 관심이 없다. 그는 교만과 욕심이 있고 남을 미워하고 속이고 해치며 파괴한다. 그러나 그 결말은 멸망이다. 잠언 28:27은 "[가난한 자를] 못 본 체하는 자에게는 저주가 많으리라"고 말했다. 주께서도 마태복음 25장에서 마지막 날에 악인들이 주의 제자들 중 지극히 작은 자 하나가 굶주렸거나 헐벗었거나 나그네 되었거나 병들었거나 옥에 갇혔을 때 돌아보지 않았다고 지적되며 지옥의 형벌이 선언될 것을 말씀하셨다(마 25:42-45).

**〔8절〕 모만(侮慢)한**(라촌 לָצוֹן)[경멸하는] **자는 성읍을 요란케 하여도 슬기로운 자는 노를 그치게 하느니라.**

경멸하는 자는 교만하여 남을 멸시하고 조롱하는 자들을 가리킨다. 경멸하는 자는 성읍을 요란케 한다. 그런 자는 명예심 즉 자기를 높이려는 욕심을 가진 자이다. 교만함에서는 다툼만 나온다. 잠언 13:10, "교만에서는 다툼만 일어날 뿐이라." 교회 안에도 교만한 자들이 있으면 다툼이 일어나고 무질서와 혼란이 생긴다. 제자들이 누가 더 크냐 하고 다투었을 때, 주께서는 그들에게 섬기는 자가 되라고 교훈하셨다(마 20:26). 빌립보서 2:3은 "아무 일에든지 다툼이나 허영으로 하지 말고 오직 겸손한 마음으로 각각 자기보다 남을 낫게 여기라"고 말했다.

슬기로운 자는 노를 그치게 한다. 슬기로운 자는 하나님을 경외하고 그의 계명을 따라 이웃을 사랑하고 이웃에게 선을 베풀고 결코 악을 행하지 않는 자이다. 그런 자는 온유하고 겸손하며 오래 참는다. 슬기롭고 온유 겸손하고 오래 참는 자는 노를 그치게 한다. 잠언 15:1은, "유순한 대답은 분노를 쉬게 하여도 과격한 말은 노를 격동하느니라"고 말했고, 잠언 15:18은, "분을 쉽게 내는 자는 다툼을 일으켜도 노하기를 더디하는 자는 시비를 그치게 하느니라"고 말했다.

우리는 어떤 일을 할 때 서로 다른 의견을 가질 수 있다. 그래서 우리는 회의를 하며 다수결 원칙을 택한다. 그것은 모두의 의견을 존중하고 소수가 다수의 의견에 따라줌으로 질서를 유지하며 일치와 단합을 지키는 방법이다. 거기에 겸손과 인내와 양보심이 필요하다. 이스라엘의 사사 시대에 에브라임 사람들이 기드온이 미디안과 전쟁할 때 자기들을 부르지 않았다고 크게 다투었을 때, 기드온은 그들의 역할을 인정하며 겸손히 대답함으로써 그들의 노를 풀었었다(삿 8:1-3).

본문의 교훈을 정리해보자. 첫째로, 이웃에게 부드러운 말을 하고 아첨하는 것은 그의 발 앞에 그물을 치는 것이다. 우리는 이웃에게 아첨하는 말을 하지 말고 진실한 말을 하고 필요한 때는 충고와 책망도 해야 한다.

둘째로, 악인의 범죄하는 것은 스스로 올무가 되게 하는 것이나 의인은 노래하고 기뻐한다. 우리는 모든 악을 버리고 주 예수님을 믿고 의의 길만 걸으며 성령께서 주시는 기쁨과 평안을 누리는 자가 되어야 한다.

셋째로, 의인은 가난한 자의 사정을 알아주나 악인은 알아줄 지식이 없다. 우리는 주 예수님을 믿고 하나님의 계명대로 순종함으로 의인으로 살고 특히 가난하고 어려운 자들의 사정을 알아주는 자가 되어야 한다.

넷째로, 경멸하는 자는 성읍을 요란케 해도 슬기로운 자는 노를 그치게 한다. 우리는 성읍을 어지럽히는 교만한 마음과 남을 경멸하는 마음을 가지지 말고 오직 온유와 겸손과 인내심을 가진 지혜자가 되어야 한다.

## 9-12절, 다툼, 피 흘림, 노함, 거짓말

**〔9절〕 지혜로운 자와 미련한 자가 다투면 지혜로운 자가 노하든지 웃든지 그 다툼이 그침이 없느니라.**

지혜로운 사람은 하나님을 경외하고 그의 계명대로 거룩하고 의롭고 선하고 진실하게 사는 자이지만, 미련한 사람은 하나님을 무시하고 교만하고 악하고 거짓되게 사는 자이다. 그는 불효하고 남을 미워하고 죽이고 간음하고 도적질하고 거짓말하고 남의 것을 탐낼 것이다.

"지혜로운 자가 노하든지 웃든지"라는 구절은 원문에 "그가 노하든지 웃든지"라고 되어 있다. 만일 여기의 '그가' 지혜로운 자를 가리킨다면, 이 구절은 "그가 노하여 미련한 자를 책망하든지 아니면 웃으며 말하든지"라는 뜻일 것이다. 그러나 미련한 자는 지혜로운 자를 무시하고 그의 말을 받아들이지 않을 것이기 때문에 그 다툼은 그침이 없을 것이다. 만일 여기의 '그가' 미련한 자를 가리킨다면(NASB, NIV), 이 구절은 "그가 감정을 드러내면서 노하든지 아니면 상대방을 비웃든지"라는 뜻일 것이다. 미련한 자는 여하튼 말로 변화되지 않기 때문에 그들의 다툼은 그침이 없을 것이다.

이와 같이, 지혜로운 자가 미련한 자와 다투면, 미련한 자가 변하여 미련함을 버리고 지혜를 얻기 전에는 그 다툼이 그치지 않을 것이다. 예수님 당시의 유대 지도자들은 미련한 자들이었다. 그들은 예수님을 십자가에 못박아 죽이도록 일을 계획했다. 그들은 거짓 증인들을 동원하였고 형식적인 재판을 하였다. 그들은 로마 총독 빌라도가 예수님의 무죄함을 알았음에도 불구하고 그를 압박하여 예수님을 정죄하게 했다. 그들은 옳고 그른 것을 판단하려 하지 않았다. 그들은 단지 예수님을 죽이려는 그들의 결심을 교묘하게 실행하려 할 뿐이었다.

**〔10절〕 피 흘리기를 좋아하는 자는 온전한 자를 미워하고 정직한 자의 생명을 찾느니라**[그러나 정직한 자들은 그의 생명을 염려하느니라](NASB).

'피 흘리기를 좋아하는 자'라는 원문은 '피의 사람들'이라는 말로서 다른 사람들의 피 흘리기를 좋아하는 사람들을 의미한다고 본다. 하나님께서는 십계명에 명시된 대로 살인하지 말라고 명하셨지만, 악인들은 하나님의 계명을 범하며 다른 사람들을 미워하고 죽이기도 한다. 온전한 자는 하나님의 계명을 성심으로 순종하는 성도를 가리킨다.

피 흘리기를 좋아하는 자들은 온전한 자를 미워한다. 왜냐하면 그의 생활이 자신들의 생활과 너무 다르고 그로 인해 자신들의 죄악됨이 더 드러나기 때문일 것이다. 그러나 미움은 마귀적 성품이다. 미움은 곧 살인이다. 요한일서 3:15는 "그 형제를 미워하는 자마다 살인하는 자"라고 말했다. 그러나 성도는 하나님의 공의로운 심판을 믿고 천국을 확신하기 때문에 육신의 죽음을 그렇게 두려워하지 않는다(마 10:28).

"정직한 자의 생명을 찾느니라"(NIV)는 구절은 "그러나 정직한 자들은 그의 생명을 염려하느니라"(NASB)고 번역하는 것이 더 나아 보인다. '정직한 자들'(원문)은 하나님의 계명대로 바르고 선하게 사는 자들이다. '그의 생명'은 '온전한 자의 생명'을 가리킨다고 본다. '찾는다'는 원어(바카쉬 בִּקֵּשׁ)는 죽이려고 찾는다는 뜻도 되지만, 본문에서는 그런 의미보다 보호하려고 애쓴다는 뜻이 더 나아 보인다. 경건한 요나단은 친구 다윗을 지키려고 애썼고(삼상 19-20장), 경건한 오바댜는 여호와의 선지자들을 굴에 숨겨 보호하였다(왕상 18:3-4). 브리스가와 아굴라는 사도 바울의 목숨을 지키려 애썼다(롬 16:4).

**〔11절〕 어리석은 자는 그 노를 다 드러내어도 지혜로운 자는 그 노를 억제하느니라.**

어리석은 자는 그 노를 다 드러낸다. '그 노를 다'라는 원문(콜 루코 כָּל־רוּחוֹ)은 '그의 모든 영(심령)'이라는 말이다. 원어에 '영'이라는 단어(루아크 רוּחַ)는 '심령, 의향, 기분, 감정, 노(怒)'라는 뜻도 있다(BDB). 영어성경들은 '생각'(mind)(KJV), '기분'(temper)(NASB), '노'(anger)(NIV) 등으로 다양하게 번역하였다.

사람이 자기의 심령을 다 드러내는 것은 좋지 않다. 그러나 어리석은 사람은 그 심령과 기분과 감정을 다 드러낸다. '다 드러낸다'는 말은 필요한 때가 아닌 때에 조심 없이 자기 감정을 다 드러낸다는 뜻이다. 사람의 감정이 항상 선한 것은 아니다. 어떤 때는 자신이 원치 않는 나쁜 감정, 남을 미워하는 감정, 괜히 짜증스러운 감정이 생길 수 있다. 이와 같이, 사람의 모든 감정이 다 유익한 것이 아니고 다 덕이 되는 것이 아니므로, 우리는 그것을 다 드러낼 필요가 없다.

특히 화가 났을 때 사람은 자기 감정을 억제하는 것이 필요하다. 그러므로 본문은 지혜로운 자는 자신의 노를 억제한다고 말한 것이다. 잠언 12:16도, "미련한 자는 분노를 당장에 나타내거니와 슬기로운 자는 수욕을 참느니라"고 말하였고, 잠언 16:32도, "노하기를 더디하는 자는 용사보다 낫고 자기의 마음을 다스리는 자는 성을 빼앗는 자보다 나으니라"고 말하였다. 지혜로운 사람은 자기의 마음과 생각, 의향과 기분, 감정, 특히 노한 감정을 억제한다. 그는 꼭 필요한 때에 그것을 나타낼 것이다. 그러므로 야고보서 1:19는, "내 사랑하는 형제들아, 너희가 알거니와 사람마다 듣기는 속히 하고 말하기는 더디하며 성내기도 더디하라"고 교훈하였다.

**〔12절〕 관원이 거짓말을 신청(信聽)하면 그 하인은 다 악하니라.**

통치자가 거짓말을 들어주면 그를 섬기는 측근들은 악을 포용하고 점점 악하게 될 것이다. 그러면 겉으로는 선한 척하지만, 실상 악한 일을 하는 자들이 많게 될 것이다. 그러므로 통치자는 사람들의 거짓말을 분별하고 거짓말에 대해서는 엄벌을 내려야 한다. 그래야 나라가 진실이 있는 나라, 도덕성을 중시하는 나라가 될 것이다.

유다 멸망기에 그 사회에는 거짓이 가득하였다. 하나님께서는 예레미야를 통해 말씀하셨다. "너희는 각기 이웃을 삼가며 아무 형제든지 믿지 말라. 형제마다 온전히 속이며 이웃마다 다니며 비방함이니라.

그들은 각기 이웃을 속이며 진실을 말하지 아니하며 그 혀로 거짓말하기를 가르치며 악을 행하기에 수고하거늘 네 처소는 궤휼[거짓] 가운데 있도다. 그들은 궤휼로 인하여 나 알기를 싫어하느니라"(렘 9:4-6).

그러나 거짓말은 마귀의 죄악이며(창 3장; 요 8:44) 제9계명에 정죄된 죄악이다. 하나님께서는 거짓을 미워하신다. 잠언 6:16-19, "여호와의 미워하시는 것 곧 그 마음에 싫어하시는 것이 6, 7가지니 곧 교만한 눈과 거짓된 혀와 무죄한 자의 피를 흘리는 손과 악한 계교를 꾀하는 마음과 빨리 악으로 달려가는 발과 거짓을 말하는 망령된 증인과 및 형제 사이를 이간하는 자니라." 거짓말은 지옥 갈 죄악이다(계 21:8).

윤리의 기본은 의와 사랑과 진실이며, 의와 사랑은 진실에 기초해서 권장되어야 한다. 진실이 존중되는 사회는 악을 제재하고 징벌할 수 있다. 사랑에는 거짓이 없어야 한다(롬 12:9). 사도 바울은 교훈하기를, "거짓을 버리고 각각 그 이웃으로 더불어 참된 것을 말하라. 이는 우리가 서로 지체가 됨이니라"고 말하였다(엡 4:25).

본문의 교훈을 정리해보자. 첫째로, 지혜로운 자와 미련한 자가 다투면 그 다툼이 그침이 없다. 우리는 미련한 자가 되지 말고 지혜자가 되어야 하고 또 미련한 자와의 다툼은 그침이 없는 줄 알고 다투지 말아야 한다.

둘째로, 피 흘리기를 좋아하는 자는 온전한 자를 미워하나 정직한 자는 그의 생명을 염려한다. 우리는 형제를 미워하고 해하려 하지 말고 그의 생명을 아끼고 지키고 보호하는 정직하고 온전한 자가 되어야 한다.

셋째로, 어리석은 자는 그 노를 다 드러내어도 지혜로운 자는 그 노를 억제한다. 우리는 자신의 기분과 감정, 특히 노한 감정을 통제하고 절제하며 다른 사람에게 유익을 끼칠 때만 나타내는 지혜자가 되어야 한다.

넷째로, 통치자가 거짓말을 들어주면 그의 신하들은 다 악하게 된다. 거짓말은 마귀의 죄악이다. 윤리의 기본은 의와 사랑과 진실이며, 의와 사랑은 진실에 기초해야 한다. 우리는 거짓말을 미워하고 멀리해야 한다.

## 13-16절, 가난한 자, 왕, 꾸지람, 악인

**[13절] 가난한 자와 포학**[국한문 성경, '포악'(暴惡)]**한 자**(테카킴 תְּכָכִים)[압제하는 자들](BDB, NASB, NIV)**가 섞여 살거니와**(니프가쇼 נִפְגָּשׁוּ)[서로 만나거니와](BDB) **여호와께서는 그들의 눈에 빛을 주시느니라.**

본문에서 압제하는 자들은 가난한 자들을 압제하는 부자들을 가리켰다고 본다. 세상에서는 가난한 자와 압제하는 포학한 부자가 섞여 살고 있고 서로 오며 가며 만난다. 세상에서는 인격과 도덕성과 재산 정도가 다양한 사람들이 섞여 살고 있고 서로 오며 가며 만난다.

세상을 만드신 창조자 하나님께서는 부자와 가난한 자를 다 만드셨다. 잠언 22:2는, "빈부가 섞여 살거니와 무릇 그들을 지으신 이는 여호와시니라"고 말하고, 또 욥기 31:15도, "나를 태 속에 만드신 자가 그도 만들지 아니하셨느냐? 우리를 뱃속에 지으신 자가 하나가 아니시냐?"고 말한다. 하나님께서는 그들의 눈에 빛을 주셨다. '빛'은 생명과 이성과 지식을 가리켰다고 본다. 산 사람은 눈에 빛이 있고 죽은 사람은 그 눈에 빛이 없다. 또 하나님께서는 사람에게 이성과 지식도 주셨다. 그는 선한 자와 악한 자를 구별치 않으시고 각양의 좋은 것들을 그들에게 주셨다(마 5:45; 약 1:17). 모든 좋은 것이 하나님께로부터 온다.

그러므로 부자나 권세자는 가난한 자를 멸시하고 학대하지 말아야 한다. 잠언 14:31은, "가난한 사람을 학대하는 자는 그를 지으신 이를 멸시하는 자요 궁핍한 사람을 불쌍히 여기는 자는 주를 존경하는 자니라"고 말했고, 잠언 17:5는, "가난한 자를 조롱하는 자는 이를 지으신 주를 멸시하는 자요 사람의 재앙을 기뻐하는 자는 형벌을 면치 못할 자니라"고 했다. 창조자 하나님의 뜻은 사람이 남을 멸시하거나 학대하지 않고 상대를 존중하고 그에게 선을 베풀며 사는 것이다.

**[14절] 왕이 가난한 자를 성실히**[진실히] **신원(伸寃)하면**(쇼페트 שׁוֹפֵט)[재판하면](KJV, NASB, NIV) **그 위(位)**[왕위]**가 영원히 견고하리라.**

옛날에 왕은 통치자이며 재판관이었다. 진리의 재판, 진실한 재판은 법과 이성과 양심에 따라 공의롭고 공정하게 재판하는 것을 말한다. 좋은 왕은 가난한 자를 진실하게 재판한다. 가난한 자는 사회적 약자이며 그는 때때로 부자나 권세자에게 억울한 일을 당한다. 물론 율법은 가난한 자의 송사라고 편벽되이 두호하지 말라고 말하는 것도 있지만(출 23:3), 가난한 자가 잘못이 없는데도 억울한 일과 해를 당하지 않도록, 왕은 바른 재판, 공의롭고 공정한 재판을 해야 하는 것이다.

본문은, 왕이 가난한 자를 진실하게, 공정하게 재판하면 그의 왕위가 영원히 견고하리라고 말한다. 이와 같이, 잠언 20:28은, "왕은 인자와 진리로 스스로 보호하고 그 위(位)도 인자함으로 말미암아 견고하니라"고 말하고, 잠언 29:4는, "왕은 공의로 나라를 견고케 하나 뇌물을 억지로 내게 하는 자는 나라를 멸망시키느니라"고 말한다.

어떻게 그의 왕위가 영원히 견고케 되는가? 왕이 법에 충실하면 그 나라는 질서 있는 나라가 되고 안정을 얻을 것이다. 또 백성들은 그 왕을 지지할 것이다. 사람들에게는 이성과 양심이 있기 때문에 왕이 이성과 양심에 맞게 공의롭게 재판하면 백성은 그것을 기뻐하고 그 왕을 지지하고 따를 것이다. 또 무엇보다, 하늘에 계신 공의의 재판장이신 하나님께서는 그런 왕과 그런 나라를 복 주실 것이다. 이스라엘의 역사가 그것을 증거한다. 왕이 의로우면 그 나라가 하나님의 복 주심으로 평안하였고, 왕이 악하면 반역과 사회적 혼란이 그치지 않았다.

**〔15절〕 채찍**(쉐벧 שֵׁבֶט)[매]**과 꾸지람이 지혜를 주거늘 임의로 하게 버려두면 그 자식은 어미를 욕되게 하느니라.**

본문은 자녀 교육의 방법에 대해 벌의 필요성을 말한 것이다. 자녀에게 벌이 필요한 이유는 사람의 본성이 어리석고 교만하고 이기적이고 악하기 때문이다. 창세기 8:21은 사람의 마음의 계획하는 바가 어려서부터 악하다고 말하였고, 예레미야 17:9는 만물보다 거짓되고 심히 부패한 것이 사람의 마음이라고 말하였다. 주 예수께서도 사람의 마음에서 각양의 죄악들이 나온다고 말씀하셨다(마 15:19-20).

그러므로 교훈이 필요하고 책망과 매도 필요한 것이다. 물론 어른에게도 책망의 교훈이 필요하고 징계의 고난이 필요하다. 시편 119:67은, "고난 당하기 전에는 내가 그릇 행하였더니 이제는 주의 말씀을 지키나이다"라고 말했다. 성경은 자녀 교육에 있어서 매의 필요성을 강조한다. 잠언 13:24는, "초달을 차마[매를 들지] 못하는 자는 그 자식을 미워함이라. 자식을 사랑하는 자는 근실히 징계하느니라"고 말하고, 잠언 22:15는, "아이의 마음에는 미련한 것이 얽혔으나 징계하는 채찍이 이를 멀리 쫓아내리라"고 했다. 또 잠언 23:13-14는, "아이를 훈계하지 아니치 말라. 채찍으로 그를 때릴지라도 죽지 아니하리라. 그를 채찍으로 때리면 그 영혼을 음부[지옥]에서 구원하리라"고 말하였다.

본문은 자식을 임의로 하게 버려두면 그 자식이 어미를 욕되게 한다고 말한다. 임의로 하게 버려둔다는 것은 타고난 본성대로 살게 내버려둔다는 뜻이다. 사람은 죄악된 기질을 가지고 태어나기 때문에 본성대로 살게 버려두면 범죄하게 된다. 그는 하나님의 복을 받지 못하고 도리어 벌을 받게 되며, 그것은 부모에게 고통과 수치가 될 것이다.

**[16절] 악인이 많아지면 죄도 많아지나니 의인은 그들의 망함을 보리라.**

천국은 의인만 있는 곳이며 지옥은 악인만 있는 곳이지만, 세상은 의인과 악인이 섞여 살고 있는 곳이다. 악인은 하나님을 두려워함이 없고 그를 무시하고 그의 계명을 거역하고 악을 행하는 자이다. 악인이 많아지면 죄도 많아진다. '죄'라는 원어(페솨 פֶּשַׁע)는 '법을 어기는 것'을 가리킨다. 악인이 많아지면, 부모를 거역하는 일이 많고, 살인, 간음, 도적질, 거짓말, 탐욕이 많은 사회가 될 것이다.

하나님을 경외하고 하나님의 법을 존중하고 잘 지키는 사회는 의와 도덕성이 있는 사회이지만, 하나님을 경외함과 그의 법을 지킴이 없는 사회는 의와 도덕성이 없는 사회이다. 노아 시대가 그러했다. 그때에 사람들은 음란했고(창 6:2) 강포했다(창 6:11, 13). 소돔과 고모라 시대도 그러했다. 그때에 사람들은 매우 음란했고(창 19:4-7) 또 교만했고 가난한 자를 돌아보지 않았다(겔 16:49-50). 이스라엘 백성이 가나안 땅에 들어갈 때 가나안 일곱 족속들도 그러했다. 그들은 매우 음란했다(레 18장). 하나님께서는 그런 시대들에 그 악한 자들에게 직접 개입하셔서 그들을 엄하게 심판하시고 징벌하셨다.

본문은 "의인은 그들의 망함을 보리라"고 말한다. 악인들은 망할 것이다. 시편 1:6, "악인의 길은 망하리로다." 의인들은 악인들의 멸망을 볼 것이다. 시편 37:34, "악인이 끊어질[죽을] 때에 네가 목도하리로다." 시편 58:10, "의인은 악인의 보복 당함을 보고 기뻐함이여." 시편 91:8, "오직 너는 목도하리니 악인의 보응이 네게 보이리로다." 하나님께서 악인의 망함을 성도에게 보이시는 까닭은, 성도에게 위로를 주시기 위해서와 하나님의 존재와 공의의 통치를 확신시키시기 위해서이며 또 다른 이들에게 하나님을 증거케 하시기 위해서일 것이다.

본문의 교훈을 정리해보자. 첫째로, 하나님께서는 가난한 자와 압제하는 자에게 생명과 지식을 주셨다. 하나님께서는 세상에 부자나 가난한 자나 다 만드셨다. 그러므로 부자는 가난한 자를 학대하지 말아야 한다.

둘째로, 가난한 자의 억울함을 풀어주는 왕의 왕위는 견고할 것이다. 세속 국가의 통치자들은 공의와 선으로 백성을 잘 다스려야 한다. 우리는 그 통치자들이 법과 이성과 양심에 따라 잘 통치하도록 기도해야 한다.

셋째로, 채찍과 꾸지람이 지혜를 주며 임의로 하게 버려두면 그 자식은 어머니를 욕되게 한다. 자녀 교육에는 교훈과 책망과 매가 필요하다. 우리는 자녀를 임의로 하게 버려두지 말고 책망하며 잘 교육해야 한다.

넷째로, 악인이 많아지면 죄도 많아지며 의인은 그들의 망함을 볼 것이다. 의와 도덕성이 없는 사회는 멸망할 사회이다. 악인들은 멸망할 것이다. 우리는 우리의 교회들이 의인들의 모임이 되도록 기도해야 한다.

## 17-20절, 자녀 징계, 이상(異像), 종, 말에 조급함

[17절] **네 자식을 징계하라**(얏세르 יַסֵּר)[징계하라, 바로 잡으라]. **그리하면 그가 너를 평안하게 하겠고 또 네 마음에 기쁨을 주리라.**

본문은 "네 자식을 징계하라"고 말한다. 부모는 자기 자녀를 교훈하고 책망하고 필요할 때는 매도 때리고 바로 잡아야 한다. 하나님께서는 잠언 성경을 통해 자녀 징계에 대해 많이 교훈하셨다.

잠언 12:24, "초달을 차마[매를 들지] 못하는 자는 그 자식을 미워함이라. 자식을 사랑하는 자는 근실히 징계하느니라." 잠언 22:15, "아이의 마음에는 미련한 것이 얽혔으나 징계하는 채찍이 이를 멀리 쫓아내리라." 잠언 23:13-14, "아이를 훈계하지 아니치 말라. 채찍으로 그를 때릴지라도 죽지 아니하리라. 그를 채찍으로 때리면 그 영혼을 음부[지옥]에서 구원하리라." 잠언 29:15, "채찍과 꾸지람이 지혜를 주거늘 임의로 하게 버려두면 그 자식은 어미를 욕되게 하느니라."

본문은 부모가 자녀를 징계하면 자녀가 부모를 평안하게 할 것이며 그들의 마음에 기쁨을 줄 것이라고 말한다. 자녀가 악하게 살면 부모에게 근심과 고통이 될 것이나, 자녀가 징계를 받고 바른 인격, 선한 인격이 되어 하나님의 복을 받으면 부모의 근심 걱정이 사라질 것이다. 징계를 통해 좋은 인격이 된 자녀는 부모의 마음에 평안과 기쁨을 줄 것이다. 자녀가 잘되지 못하면 부모에게 슬픔과 근심이 될 것이지만, 자녀가 잘되면 부모에게 평안과 기쁨이 될 것이다.

그러므로 잠언 10:1은, "지혜로운 아들은 아비로 기쁘게 하거니와 미련한 아들은 어미의 근심이니라"고 말했고, 잠언 23:24는, "의인의 아비는 크게 즐거울 것이요 지혜로운 자식을 낳은 자는 그를 인하여 즐거울 것이니라"고 말했고, 또 잠언 17:25는, "미련한 아들은 그 아비의 근심이 되고 그 어미의 고통이 되느니라"고 말하였다.

[18절] **묵시(默示)**(카존 חָזוֹן)[이상(異像, vision)]**가 없으면 백성이 방자히**

**행하거니와**[해이해지거니와] **율법을 지키는 자는 복이 있느니라.**

묵시(默示)란 하나님의 계시의 말씀을 가리킨다. 그것은 오늘날에 성경말씀이나 성경적 설교와 교훈을 가리킨다. 성경말씀이 없고 성경적 설교가 없으면, 백성이 방자히 행하게 될 것이다. 방자히 행한다는 말은 경건과 도덕성이 없고 해이해지고 하나님의 법을 지키지 않는 것을 뜻한다. 사사 시대가 그러하였다. 사사 시대에는 하나님의 말씀의 충실한 강론도, 실행도 없었다고 보인다. 사사 시대의 특징은 사람들이 각기 자기 소견에 좋은 대로 행한 것이다(삿 17:6; 21:25). 그 결과, 이스라엘 사회는 우상숭배와 음란의 풍조가 많았다(삿 17-19장).

사무엘이 어린 때에도 그러하였다. 사무엘상 3:1은, "아이 사무엘이 엘리 앞에서 여호와를 섬길 때에는 여호와의 말씀이 희귀하여 이상(異像, 카존 חָזוֹן)이 흔히 보이지 않았더라"고 말한다. 그때 제사장 엘리의 아들들은 회막문에서 수종드는 여인과 동침하였고 아버지의 교훈을 듣지 않았고 아버지 엘리도 그 아들들을 하나님보다 더 중히 여겼고 그들의 행위를 금하지 않았다(삼상 2:22, 25, 29; 3:13, 14).

하나님의 바른 말씀을 전하는 자가 있어도 배교적인 시대가 있었다. 엘리야나 미가야의 시대가 그러하였다. 그러나 하나님의 바른 말씀이 없고 성경적 설교가 없다면, 그 시대는 얼마나 더 어둡고 배교적일까!

그러나 율법을 지키는 자는 복되다. 율법은 우리의 행복을 위해 주신 법이다. 신명기 10:13, "내가 오늘날 네 행복을 위하여 네게 명하는 여호와의 명령과 규례를 지킬 것이 아니냐?" 그러므로 하나님의 율법을 주야로 묵상하고 행하는 자가 복이 있다(시 1:1-3; 시 119:1).

**〔19절〕 종은 말로만 하면 고치지 아니하나니 이는 그가 알고도 청종치 아니함이니라.**

종은 왜 말로만 하면 고치지 않는가? 그 까닭은 사람의 본성 속에 교만한 마음이 있기 때문이다. 그것은 주인을 무시하고 자기 생각을 주장하고 고집을 부리고 주인의 뜻을 거역하는 행위로 나타난다. 그러므로 본문은 종에게 적당한 책망과 벌이 필요함을 암시한다.

요나 같은 선지자는 니느웨로 가라는 하나님의 명령을 무조건 순종하지 않고 거역하고 니느웨로 가는 대신에 다시스로 도망하려고 배를 탔었다. 그러나 하나님께서는 거센 풍랑을 일으키셨고(욘 1:4) 요나는 제비에 뽑혀 바다에 던지웠다. 그것은 하나님의 벌이었다(욘 1:12).

종만 징계가 필요한 것이 아니다. 아이들도 그러하다. 아이들의 속에도 교만과 부모를 무시함과 제 생각과 고집이 있다. 그러므로 책망과 매가 필요하다. 잠언 22:15, "아이의 마음에는 미련한 것이 얽혔으나 징계하는 채찍이 이를 멀리 쫓아내리라." 잠언 29:15, "채찍과 꾸지람이 지혜를 주거늘 임의로 하게 버려두면 그 자식은 어미를 욕되게 하느니라." 사실, 하나님 앞에서 우리 모두가 그러하다. 우리는 본성이 교만하고 하나님을 무시하고 제 생각과 고집을 부린다. 그러므로 하나님의 매가 필요하다. 시편 119:67, 71, "고난 당하기 전에는 내가 그릇 행하였더니 이제는 주의 말씀을 지키나이다," "고난 당한 것이 내게 유익이라. 이로 인하여 내가 주의 율례를 배우게 되었나이다."

그러면 좋은 종은 어떤 자인가? 우선 겸손하고, 주인을 존중하고, 제 생각과 고집을 버리고, 어떤 좋은 생각이 있을 때는 기회를 보아 겸손히 제안하고, 주인의 뜻을 잘 이해하여 온전히 순종하고 죽도록 충성하는 자이다. 좋은 성도도 그러하다. 주 예수께서는 제자들에게 "아무든지 나를 따라 오려거든 자기를 부인하고 자기 십자가를 지고 나를 좇을 것이니라"고 말씀하셨다(마 16:24).

**〔20절〕 네가 언어에 조급한 사람을 보느냐? 그보다 미련한 자에게 오히려 바랄 것이 있느니라.**

언어는 마음의 표현이다. 언어의 조급함은 마음의 조급함을 나타낸다. 언어에 조급한 사람이 미련한 자보다 더 못한 까닭은 어떤 일에 대해 신중하게 생각하고 판단한 후에 말하지 않고 그런 생각과 판단을 하기 전에 말부터 먼저 나오므로 실수가 많기 때문일 것이다.

잠언 10:19는, "말이 많으면 허물을 면키 어려우나 그 입술을 제어하는 자는 지혜가 있느니라"고 말하고, 잠언 12:18은, "혹은 칼로 찌름같이 함부로 말하거니와 지혜로운 자의 혀는 양약 같으니라"고 말한다. 상대가 마음이 상할지 어떨지 생각하지 않고 함부로 말하는 것은 좋지 않다. 또 잠언 18:13은, "사연을 듣기 전에 대답하는 자는 미련하여 욕을 당하느니라"고 말하고, 잠언 19:2는, "지식 없는 소원은 선치 못하고 발이 급한 사람은 그릇하느니라"고 말한다. 또 잠언 15:28은, "의인의 마음은 대답할 말을 깊이 생각하여도 악인의 입은 악을 쏟느니라"고 말하고, 잠언 17:27은, "말을 아끼는 자는 지식이 있고 성품이 안존한 [심령이 침착한] 자는 명철하니라"고 말한다. 또 야고보서 1:19는, "너희가 알거니와 사람마다 듣기는 속히 하고 말하기는 더디하며 성내기도 더디하라"고 말한다. 우리는 말에 조급하지 말아야 한다.

본문의 교훈을 정리해보자. 첫째로, 부모가 자식을 징계하면 그가 부모를 평안케 하고 마음에 기쁨을 줄 것이다. 자녀를 성경말씀으로 바르게 교훈하고 징계하는 부모는 그 자녀로 인해 평안과 기쁨을 얻을 것이다.

둘째로, 말씀이 없으면 백성이 해이해지지만 율법을 지키는 자는 복이 있다. 우리는 성경말씀을 귀히 여기고 성경적 설교를 귀히 여기고 성경을 많이 읽고 듣고 배우고 묵상하고 지키는 복된 자가 되어야 한다.

셋째로, 종은 말로만 하면 고치지 않는다. 왜냐하면 그는 알고도 따르지 않기 때문이다. 하나님의 종이 된(롬 6:22) 우리는 매를 맞을 때 비로소 순종하지 말고 평소에 자기를 부정하고 자기의 생각과 고집을 버리고 겸손히 하나님의 말씀에 순종하며 충성하는 좋은 종이 되어야 한다.

넷째로, 언어에 조급한 사람보다 미련한 자에게 오히려 더 바랄 것이 있다. 우리는 언어에 조급한 사람이 되지 말고 범사에 성경말씀의 묵상과 기도 중에 한번 더, 깊이, 신중하게 생각하고 말하고 행동해야 한다.

## 21-24절, 종, 노, 교만, 도둑질

〔21절〕 **종을 어렸을 때부터 곱게 양육하면**(파나크 פָּנַק)[지나치게 떠받들면, 제멋대로 하게 하면(pamper)](BDB, NASB, NIV) **그가 나중에는 자식인 체 하리라**(이예 마논 יִהְיֶה מָנוֹן)[아들이 되리라(Langenscheidt, KJV, NASB), 감사하지 아니하리라](BDB)].

종은 주인을 섬기는 자이다. 그는 신분과 의무, 즉 종이라는 신분과 주인에게 복종해야 한다는 의무가 정해져 있다. 그런데 본문은 종을 어렸을 때부터 제멋대로 하게 버려두면 나중에는 자식인 체하고 감사치 않는 자가 될 것이라고 말한다. 그것은 그가 교만해져서 자기 신분과 의무를 잊어버리고 자기 위치를 벗어나서 주인에게 순종하지 않고 감사하지 않는다는 뜻일 것이다.

본문은 종을 다루는 방법을 알려준다. 종은 너무 잘해주거나 내버려두어서는 안 된다는 것이다. 물론, 종도 인격적으로 대하고 무시하는 말이나 무리한 지시나 부당한 책망을 하지 말아야 하며 필요한 경우 그를 배려하고 도와주어야 할 것이다. 그러나 일에 관한 한, 주인은 그를 엄격하게 다루어야 하며 주인은 그에게 무엇을 지시하고 점검하고 칭찬하고 격려하며 또는 책망도 해야 할 것이다.

우리는 다 하나님의 종들이다. 우리는 겸손히 하나님께 순종해야 한다. 우리는 우리의 신분과 위치를 알고 우리의 임무를 다해야 하고 다 한 후에도 우리가 해야 할 일을 한 것뿐이라고 겸손하게 말해야 한다(눅 17:10). 우리는 하나님께 범사에 감사하고 죽도록 충성해야 한다(계 2:10). 하나님께서는 우리를 적절히 훈련시키실 것이다. 우리에게 무엇을 명령하시고 칭찬과 격려도 하시지만, 징계도 하실 것이다.

〔22절〕 **노하는 자는 다툼을 일으키고 분하여 하는 자는 범죄함이 많으니라.**

잠언 14:17은 "노하기를 속히 하는 자는 어리석은 일을 행한다"고 말한다. 그 어리석은 일들 중의 하나가 다툼이다. 노하는 자는 다툼을 일으킬 것이다. 잠언 15:18도, “분을 쉽게 내는 자는 다툼을 일으킨다”고 말한다. 사람은 감정적 존재이므로 때때로 노하며 그럴 때 상대방이 그 노를 받아주지 않으면 쉽게 다툼이 될 것이다.

또 분내는 자는 범죄함이 많을 것이다. 사람이 분노하면 남을 욕하고 비방하기 쉽고 미워하고 살인까지 하게 될 것이다. 예수께서 고향 나사렛에 가셨을 때 회당에 있는 사람들이 그의 교훈을 듣고 다 분이 가득하여 일어나 그를 동네 밖으로 쫓아내어 산 낭떠러지로 끌고가서 밀쳐 내리치고자 했었다(눅 4:28-29). 주께서는 산상 설교에서 “형제에게 [까닭 없이](전통사본) 노하는 자마다 심판을 받게 되고 . . . 미련한 놈이라 하는 자는 지옥불에 들어가게 되리라”고 말씀하셨다(마 5:22). 갈라디아서 5:20은, 원수 맺는 것, 분쟁, 시기, 분냄을 하나님의 나라를 유업으로 받지 못할 자들의 죄악들의 목록 중에 두었다.

성경은 우리에게 노하기를 더디하고 서로 불쌍히 여기라고 교훈한다. 잠언 14:29는 “노하기를 더디하는 자는 크게 명철하다”고 말하고, 잠언 16:32는 “노하기를 더디하는 자는 용사보다 낫다”고 말하였다. 사도 바울은 에베소서 4:31-32에서, “너희는 모든 악독과 노함과 분냄과 떠드는 것과 훼방하는 것을 모든 악의와 함께 버리고 서로 인자하게 하며 불쌍히 여기라”고 교훈하였다. 또 야고보서 1:19-20은, “사람마다 듣기는 속히 하고 말하기는 더디하며 성내기도 더디하라. 사람의 성내는 것이 하나님의 의를 이루지 못함이니라”고 교훈했다.

**〔23절〕 사람이 교만하면 낮아지게 되겠고 마음이 겸손하면 영예를 얻으리라.**

사람은 교만하면 낮아지게 된다. 왜냐하면 하나님께서 그를 물리치시고 벌하시기 때문이다. 잠언 3:34는, “진실로 그[하나님께서]는 거만한 자를 비웃으신다”고 말한다. 잠언 11:2는 “교만이 오면 욕도 온다”고 말하고, 잠언 16:18과 18:12는 사람이 교만하면 멸망이 뒤따른다고 말한다. 시편 18:27은, “[주께서] 교만한 눈은 낮추시리이다”라고 말하고, 이사야 2:12는, “대저 만군의 여호와의 한 날이 모든 교만자와 거만자와 자고한 자에게 임하여 그들로 낮아지게 하리라”고 말한다. 이와 같이, 하나님께서는 교만한 자를 물리치시고 벌하실 것이며, 사람들도 교만한 자를 멀리하고 배척할 것이다.

그러나 사람이 겸손하면 영예를 얻을 것이다. 왜냐하면 하나님께서 은혜를 주심으로 그를 존귀케 하시기 때문이다. 잠언 3:34는, “진실로 그는 거만한 자를 비웃으시며 겸손한 자에게 은혜를 베푸시느니라”고 말한다. 또 잠언 15:33과 18:12는 겸손이 존귀의 앞잡이라고 말한다. 즉 사람이 겸손하면 존귀케 된다는 뜻이다. 베드로전서 5:6도, “하나님의 능하신 손 아래서 겸손하라. 때가 되면 너희를 높이시리라”고 말한다. 또 사람들도 겸손한 사람을 좋아할 것이다.

우리가 겸손해야 할 이유는 무엇인가? 첫째로, 우리는 피조물이기 때문이다. 우리는 그렇게 대단한 존재가 아니다. 우리의 가진 모든 것은 다 하나님께서 주신 것이다. 둘째로, 우리는 부족한 죄인이기 때문이다. 우리는 하나님과 사람들 앞에서 부족과 결점이 많은 자들임을 알아야 한다. 셋째로, 우리는 하나님의 크신 구원의 은혜를 받은 자이기 때문이다. 우리는 예수 그리스도의 핏값으로 사신 바된 자들이다.

**〔24절〕 도적**[도둑]**과 짝하는 자**(콜레크 חוֹלֵק)[함께 나누는 자, 함께 일하는 자]**는 자기의 영혼을 미워하는 자라. 그는 맹세함을 들어도 직고(直告)하지**(나가드 נָגַד)[말하지, 알리지] **아니하느니라.**

직접 도둑질하는 사람뿐 아니라, 도둑질을 돕는 사람도 같은 부류의 사람이며 같은 책임을 지고 같은 벌을 받아야 할 사람이다. 도둑질 뿐만 아니라, 다른 죄도 마찬가지이다. 어떤 사람의 죄를 돕는 것은 그 죄를 짓는 것과 같이 나쁜 일이다.

도둑과 짝하는 자, 도둑과 함께 도둑질한 물건을 나누는 자는 자기 영혼을 미워하는 자이다. 도둑질은 십계명의 제8계명을 범하는 죄악이다(출 20:15). 도둑질이나 도둑질을 도운 것은 동일하게 하나님 앞에서 정죄를 받고 벌을 받을 일이다. 죄의 대가는 죽음이다. 의를 행하는 것은 자기의 영혼을 이롭게 하지만, 죄를 짓는 것은 결국 자기의 영혼을 해롭게 한다. 불의한 돈은 자신에게 화가 된다. 그러므로 잠언 20:17은, "속이고 취한 식물은 맛이 좋은 듯하나 후에는 그 입에 모래[자갈]가 가득하게 되리라"고 말했다. 가난한 의인이 부요한 악인보다 낫다.

본문은, "그는 맹세함을 들어도 말하지 않는다"고 말한다. 맹세함을 듣는다는 것은 도둑에 대하여 아는 바를 고백하라고 맹세시키는 말을 듣거나, 도둑이나 그를 도운 자가 천벌을 받을 것이라는 말을 듣는 것일 것이다. 그러나 그는 그 도둑질한 자에 대해서나 자신이 그와 어떤 관계가 있는지에 대해 사실대로 고백하지 않는다. 그는 도둑이나 그와 관계된 자신의 죄행(罪行)에 대해 솔직하게 증언하지 않고 묵비권을 행사하든지, 혹은 "나는 모른다"고 거짓말한다. 그는 더러운 욕심 때문에 양심이 불량하고 더러워져 있고 무디어져 있다.

본문의 교훈을 정리해보자. 첫째로, 종을 어렸을 때부터 곱게 양육하면 그가 나중에는 자식인 체한다. 주인은 종을 너무 잘해주거나 내버려두어서는 안 될 것이다. 윗사람은 아랫사람을 지혜롭게 잘 다뤄야 한다. 또한 아랫사람은 자기의 위치를 잘 지키고 자기의 직무를 다해야 한다.

둘째로, 노하는 자는 다툼을 일으키고 분을 내는 자는 범죄함이 많다. 우리는 노하기를 더디하고 서로 인자하게 하며 불쌍히 여겨야 한다.

셋째로, 사람이 교만하면 낮아지게 되고 마음이 겸손하면 영예를 얻는다. 우리는 하나님과 사람들 앞에서 항상 겸손하게 처신해야 한다. 왜냐하면 모든 사람은 하나님의 피조물이기 때문이며 또 다 부족한 죄인이기 때문이며 또 성도는 하나님의 크신 구원의 은혜를 받은 자이기 때문이다.

넷째로, 우리는 도둑질하지 말고 도둑과 짝하지도 말고 항상 정직하게 일해야 한다. 정직하게 버는 적은 소득이 불의한 많은 소득보다 낫다.

## 25-27절, 사람을 두려워함, 참 주권자, 미움을 받음

**〔25절〕 사람을 두려워하면 올무에 걸리게 되거니와 여호와를 의지하는 자는 안전하리라.**

사람은 상대방의 기분 상함과 미움이 자기에게 신체적, 물질적 해가 되고 심지어 목숨의 위협이 될까봐 그를 두려워하고 겁낸다. 그러나 사람을 두려워하면 올무에 걸린다. 사람이 사람들을 두려워하지 않고 하나님만 두려워하고 그를 의지할 때 정직하게 살 수 있지만 사람을 두려워하면 범죄하고 타협하게 된다. 사울 왕은 아말렉을 다 멸하라는 하나님의 명령을 받았으나 백성을 두려워하여(삼상 15:24) 하나님의 말씀을 거역하고 하나님의 명령을 거역함으로써 하나님의 버림을 받았다(삼상 15:23). 요한계시록 21:8은, 두려워하는 자들과 믿지 않는 자들을 지옥에 던지울 자들 중에 포함시켰다. 예수께서는 "몸은 죽여도 영혼은 능히 죽이지 못하는 자들을 두려워하지 말고 오직 몸과 영혼을 능히 지옥에 멸하시는 자를 두려워하라"고 말씀하셨다(마 10:28).

사람을 두려워하면 올무에 걸리지만, 여호와를 의지하는 자는 담대함을 얻는다. 다윗은 시편 3:6에서 "천만인이 나를 둘러치려 하여도 나는 두려워 아니하리이다"라고 말하였다. 또 잠언 28:1은, "악인은 쫓아오는 자가 없어도 도망하나 의인은 사자같이 담대하니라"고 말한다.

또 하나님을 의지하는 자는 안전하다. 하나님께서는 그를 죄와 시험과 환난에서 안전하게 보호하신다. 다윗은 시편 23:4에서 "내가 사망의 음침한 골짜기로 다닐지라도 해를 두려워하지 않을 것은 주께서 나와 함께하심이라. 주의 지팡이와 막대기가 나를 안위하시나이다"라고 말하였다. 하나님께서는 우리를 도우시고 지켜주시는 선한 목자이시다. 또 다윗은 시편 25:15에서, "내 눈이 항상 여호와를 앙망함은 내 발을 그물에서 벗어나게 하실 것임이로다"라고 말했다. 잠언 18:10은, "여호와의 이름은 견고한 망대라. 의인은 그리로 달려가서 안전함을 얻느니라"고 말한다. 하나님 안에 안전함이 있다.

**〔26절〕 주권자에게 은혜를 구하는 자가 많으나 사람의 일의 작정**(미슈파트 이쉬 מִשְׁפַּט אִישׁ)[사람의 판단(KJV), 사람의 공의(NASB, NIV)]**은 여호와께로 말미암느니라.**

'주권자'는 통치 권력을 가진 왕이나 통치자를 가리킨다. 주권자가 무슨 일이든지 해줄 힘이 있다고 생각하기 때문에, 주권자에게 은혜를 구하는 자가 많고, 사람들은 그들에게 친근히 하려 한다. 오늘날에도 사람들은 대통령이나 장관들과 국회의원들이나 시장 등 권력자들에게 은혜를 구하며 그들을 친근히 하려 한다.

그러나 사람의 판단 혹은 공의는 여호와께로 말미암는다. '사람의 판단'이라는 말은 도움을 줄지 여부에 대한 주권자의 판단을 가리키며, '사람의 공의'라는 말은 간청한 사람의 사건에 대한 공의로운 처리를 가리킨다고 본다. 주권자가 그의 도움을 구하는 자에 대해 판단하고 도움을 주는 여부는 여호와께로 말미암는다는 뜻이다. 그것은 그에게 은혜를 구한 자의 일의 진행이 하나님의 섭리 안에 있다는 뜻이다.

이것이 성경 진리이다. 하나님께서는 우주 만물을 홀로 다스리시는 주권적 섭리자이시다. 참새 한 마리가 땅에 떨어지는 것도 하나님의 뜻 안에서 이루어진다(마 10:29). 그러므로 잠언 21:1은, "왕의 마음이 여호와의 손에 있음이 마치 보(洑)[수로]의 물과 같아서 그가 임의로 인도하시느니라"고 말하고, 또 잠언 16:1도, "마음의 경영은 사람에게 있어도 말의 응답은 여호와께로서 나느니라"고 말했다. 그러므로 에베소서 1:11은 하나님을 "모든 일을 그 마음의 원대로 역사하시는 하나님"이라고 표현했다. 또 그러므로 잠언 3:6은, "너는 범사에 그[하나님]를 인정하라. 그리하면 네 길을 지도하시리라"고 교훈한다.

**〔27절〕 불의한 자는 의인에게 미움을 받고 정직한 자는 악인에게 미움을 받느니라.**

불의한 자는 악인에게는 사랑을 받을지 모르지만, 의인에게는 미움을 받는다. 의인은 악을 미워하기 때문이다. 다윗은 시편 101편에서 “나는 비루한 것을 내 눈앞에 두지 아니할 것이요 배도자들의 행위를 미워하니 이것이 내게 붙접지 아니하리이다,” “눈이 높고 마음이 교만한 자를 내가 용납지 아니하리로다”고 말하였다(시 101:3, 5). 우리가 의인이라면 우리는 불의한 자를 인정하거나 돕지 말아야 한다.

그러나 반대로 정직한 자는 의인에게는 인정을 받고 존경과 사랑을 받지만, 악인에게는 미움을 받는다. 악인은 그를 미워하고 비방하고 해치려 한다. 가인은 의로운 동생 아벨을 미워하여 마침내 들에서 그를 쳐죽였다. 다니엘의 악한 동료들은 경건하고 의로운 다니엘을 미워하여 죽일 공모(共謀)를 하였다. 타락한 위선적 유대 지도자들은 예수 그리스도를 미워하고 십자가에 죽이기를 공모(共謀)하였다.

악인이 의인을 미워하는 이유는 무엇일까? 그것은 악인이 어두움을 좋아하고 빛을 두려워하고 싫어하기 때문이거나(요 3:20), 의인 때문에 자신의 악함이 드러나고 또한 사람들 앞에서 자신의 이름이나 체면이 떨어지기 때문일 것이다(요 7:7). 또는 의인이 하나님의 복 받는 것을 시기하기 때문이거나(마 27:18; 요 12:19) 사탄이 악한 자를 충동하여 의인을 미워하게 하고 또 의인을 낙망시키고 하나님을 의심하고 범죄하도록 활동하기 때문일 것이다(눅 22:3; 요 13:29). 그러나 의인들은 하나님의 은혜로 악인의 미움과 핍박과 시험을 이길 것이다.

본문의 교훈을 정리해보자. 첫째로, 사람을 두려워하면 올무에 걸리게 되나 여호와를 의지하는 자는 안전하다. 우리는 사람을 두려워하지 말고 우리를 죄와 시험과 환난으로부터 보호하시는 하나님만 의지해야 한다.

둘째로, 사람의 판단과 공의는 여호와께로 말미암는다. 우리는 섭리자 하나님을 인정하고 의지하며 하나님 앞에서 바르게만 살아야 한다.

셋째로, 불의한 자는 의인에게 미움을 받고 정직한 자는 악인에게 미움을 받는다. 우리는 모든 불의와 악을 버리고 의롭게만 살아야 한다.

# 30장: 아굴의 잠언

## 1-9절, 무지, 하나님의 말씀, 두 가지 소원

〔1-4절〕 **이 말씀은 야게의 아들 아굴의 잠언이니**[야게의 아들 아굴의 말, 곧 하나님의 말씀(함맛사 הַמַּשָּׂא)(the prophecy, the oracle)이니] **그가 이디엘과 우갈에게 이른 것이니라. 나는 다른 사람에게 비하면 짐승이라. 내게는 사람의 총명이 있지 아니하니라. 나는 지혜를 배우지 못하였고 또 거룩하신 자를 아는 지식이 없거니와 하늘에 올라갔다가 내려온 자가 누구인지, 바람을 그 장중(掌中)에**[손에] **모은 자가 누구인지, 물을 옷에 싼 자가 누구인지, 땅의 모든 끝을 정한**[세운] **자가 누구인지, 그 이름이 무엇인지, 그 아들의 이름이 무엇인지 너는 아느냐?**

아굴은 경건한 선지자이며 이디엘과 우갈은 그의 제자들이었다고 보인다. 성경은 인간 저자가 중요치 않고, 하나님의 영감된 말씀이라는 사실이 중요하다. 아굴은 자신이 짐승같이 무지하고 사람의 총명과 지혜가 없다고 말한다. 미련한 자는 자기 자신을 지혜롭게 여기지만(잠 26:12), 지혜로운 자는 자신의 무지와 어리석음을 깨닫는다. 아굴은 하나님의 거룩하심, 그가 하늘에 계심, 바람과 비를 주관하심, 온 땅을 건립하심, 또 하나님의 아들에 대하여 말한다. 우리는 아는 것보다 모르는 것이 훨씬 더 많은 신비한 세계에서 산다. 우리는 특히 하나님을 잘 알지 못한다. 예수께서는 "아들과 또 아들의 소원대로 계시를 받는 자 외에는 아버지를 아는 자가 없느니라"고 말씀하셨고(마 11:27), 사도 바울도 이 세상이 자기 지혜로 하나님을 알지 못한다고 말했다(고전 1:21). 우리는 오직 성경에 근거하여 하나님을 조금 알 뿐이다.

〔5-6절〕 **하나님의 말씀은 다 순전하며**(체루파 צְרוּפָה)[제련되었고, 순결하며] **하나님은 그를 의지하는 자의 방패시니라. 너는 그 말씀에 더하지 말라. 그가 너를 책망하시겠고 너는 거짓말하는 자가 될까 두려우니라.**

하나님의 말씀은 잘 제련된 금과 은같이 다 순결하다. 시편 12:6은, "여호와의 말씀은 순결함이여, 흙 도가니에 일곱 번 단련한 은 같도다"라고 말한다. 시편 18:30도, "하나님의 도는 완전하고 여호와의 말씀은 정미(精美)하니 저는 자기에게 피하는 모든 자의 방패시로다"라고 말한다. '정미(精美)하다'는 말은 '순전하다'고 번역된 바로 그 단어이다. 하나님의 말씀들은 하나도 버릴 것이 없고 하나도 잘못이 없다. 다윗은 시편 19:7-8에서 하나님의 율법과 증거 곧 성경이 완전하고 확실하고 정직하고 순결하다고 성경의 네 가지 성격을 말하였다.

하나님께서는 그를 의지하는 자의 방패이시다. 방패는 원수의 공격을 막는 도구이다. 하나님께서는 아브라함에게 자신이 그의 방패라고 말씀하셨다(창 15:1). 다윗은 하나님을 나의 방패라고 말했다(시 18:2). 하나님께서는 사탄과 죄, 불신앙과 의심, 낙심과 절망을 막아주신다.

그러므로 본문은 하나님의 말씀에 더하지 말라고 말한다. 하나님의 순수한 말씀에 사람의 생각과 말을 더해서는 안 된다. 만일 누구든지 성경에 무엇을 더하면, 사람의 말을 섞는 것이며 성경을 변질시키는 것이므로 하나님께서 그를 책망하실 것이다. 또 그는 하나님 말씀이 아닌 것을 하나님 말씀처럼 말하며 의와 진리가 아닌 것을 의와 진리인 것처럼 말하는 것이니, 거짓말하는 자가 되는 것이다. 우리는 성경에 아무것도 더하거나 빼지 말아야 한다. 하나님께서는 율법을 주실 때부터 "너희는 가감하지 말라"고 말씀하셨고(신 4:2; 12:32), 성경 맨 마지막 책인 요한계시록에도 그것을 엄히 말씀하셨다(계 22:18-19).

**[7-9절] 내가 두 가지 일을 주께 구하였사오니 나의 죽기 전에 주시옵소서.** 곧 **허탄과 거짓말을 내게서 멀리 하옵시며 나로 가난하게도 마옵시고 부하게도 마옵시고** 오직 **필요한 양식으로 내게 먹이시옵소서. 혹 내가 배불러서 하나님을 모른다 여호와가 누구냐 할까 하오며 혹 내가 가난하여 도적질하고 내 하나님의 이름을 욕되게 할까 두려워함이니이다.**

하나님의 사람 아굴은 자신이 요긴하다고 깨달은 두 가지를 하나님께서 그가 죽기 전에 주시기를 구하였다. 그 첫 번째 소원은 허탄과 거짓말을 자기에게서 멀리하게 해주시라는 것이다. 우상숭배이든지 거짓말이든지 하나님께서는 헛되고 거짓된 것을 다 미워하신다. 잠언 6:16-19는 하나님께서 미워하시는 것 6, 7가지 중 '거짓된 혀'와 '거짓을 말하는 망령된 증인'을 들었다. 사도 바울은 우리에게 "거짓을 버리고 각각 그 이웃으로 더불어 참된 것을 말하라"고 교훈했다(엡 4:25).

아굴의 두 번째 소원은 "나로 가난하게도 마옵시고 부하게도 마옵시고 오직 필요한 양식으로 내게 먹이시옵소서"라는 것이다. 사람은 부해질 때 마음이 교만해져서 하나님을 모른다고 하기 쉽다. 그러므로 신명기 8:12-14는, "네가 먹어서 배불리고 아름다운 집을 짓고 거하게 되며 또 네 우양이 번성하며 네 은금이 증식되며 네 소유가 다 풍부하게 될 때에 두렵건대 네 마음이 교만하여 네 하나님 여호와를 잊어버릴까 하노라"고 말했다. 그러나, 사람은 가난해도 도둑질하고 하나님의 이름을 욕되게 하기 쉽다. 그러므로 아굴은 "나로 가난하게도 마옵시고 부하게도 마옵시고 오직 필요한 양식을 주옵소서"라고 지혜롭게 기도한 것이다. 주께서는 제자들에게 "일용할 양식을 주옵소서"라는 기도를 하라고 가르쳐주셨고(마 6:11), 사도 바울은 디모데에게 "먹을 것과 입을 것이 있은즉 족한 줄로 알라"고 교훈하였다(딤전 6:8).

본문의 교훈을 정리해보자. 첫째로, 우리는 사람의 무지함, 특히 하나님께 대한 우리의 무지함을 깨닫고 겸손히 인정하고 하나님께서 주신 책인 신구약성경에 근거하여 하나님에 대하여 조금씩 알아가야 한다.

둘째로, 성경은 하나님의 순수한 말씀이며 하나님께서는 그를 의지하는 자들의 방패이시다. 우리는 성경을 가감하지 말고 주야로 읽고 믿고 행하기를 힘쓰고 하나님께서 우리의 방패 되심을 경험하기를 원한다.

셋째로, 우리는 두 가지 요긴한 소원, 즉 거짓을 멀리하고 진리와 진실의 사람이 되고, 또 일용할 양식으로 만족하며 살기를 늘 기도해야 한다.

## 10-12절, 비방, 부모 저주, 더러움

**〔10절〕 너는 종을 그 상전에게 훼방하지**(라솬 לָשַׁן)[거짓되이 비방하지] **말라. 그가 너를 저주하겠고 너는 죄책을 당할까 두려우니라.**

다른 사람을 거짓되이 비방하는 것은 나쁜 일이다. 다윗은 시편 15:3에서 하나님의 장막에 거할 자의 자격에 그 혀로 참소치 않고 그 이웃을 훼방치 않는 것을 포함하였고, 시편 101:5에서 "그 이웃을 그윽히 허는[은밀히 비난하는] 자를 내가 멸할 것"이라고 말했다. 주께서는, "비판을 받지 아니하려거든 비판하지 말라," "어찌하여 형제의 눈 속에 있는 티는 보고 네 눈 속에 있는 들보는 깨닫지 못하느냐?"고 교훈하셨다(마 7:1, 3). 우리는 남을 비판하는 일을 극히 조심해야 한다.

사도 바울은 로마서 1:29-30에서 죄악들의 목록에 수군수군하는 것과 비방하는 것을 포함했고, 에베소서 4:31에서 "너희는 모든 악독과 노함과 분냄과 떠드는 것과 훼방하는 것을 모든 악의와 함께 버리라"고 교훈했고, 디모데전서 3:11에서는 장로나 집사의 아내의 자격으로 참소하지 말 것을 말하였고, 디모데후서 3:2-3에서는 말세에 어려운 때의 풍조의 특징들 중에 훼방하며 참소하는 것을 포함하였다.

우리는 남에 대한 거짓된 비난은 말할 것도 없고 바른 비난도 다른 이에게 안 하는 것이 좋다. 특히 종에 대하여 그의 주인에게 그렇게 하는 것은 그를 매우 해치는 것이다. 우리는 실상 남의 형편과 상황을 정확히 잘 모른다. 또 모든 일을 판단하실 자는 오직 하나님뿐이시며(고전 4:4) 우리는 다 율법을 지키는 자들일 뿐이다(약 4:11).

종에게 어떤 잘못이 있으면 그에게 직접 충고하는 것이 좋다. 잠언 27:5-6은, "면책은 숨은 사랑보다 나으니라. 친구의 통책은 충성에서 말미암은 것이나 원수의 자주 입맞춤은 거짓에서 난 것이니라"고 말하였다. 사도 바울은 "피차 권면하고 피차 덕을 세우기를 너희가 하는 것 같이 하라," "규모 없는 자들을 권계하라"고 말했다(살전 5:11, 14).

**〔11절〕 아비를 저주하며 어미를 축복하지 아니하는 무리**(도르 דּוֹר)[세대, 한 부류의 사람들]**가 있느니라**

불효하는 세대가 있다. 사도 바울은 "말세에 어려운 때가 이르리니 사람들은 자기를 사랑하며 돈을 사랑하며 자긍하며 교만하며 훼방하며 부모를 거역하리라"고 말하였다(딤후 3:1-2). 자식이 부모를 공경하는 것은 자신을 낳으시고 기르신 은혜에 대한 당연한 보답이다. 혹 특별한 사정이 있어서 잘 기르지 못했다 할지라도 낳으셨다는 이유만으로도 공경해야 한다. 또 그것은 가정과 사회의 질서를 위해서이기도 하다. 부모 공경은 인간 윤리의 기본이며 사회 윤리의 기본이다.

무엇보다, 부모 공경은 하나님의 뜻이며 명령이다. 출애굽기 20:12, (제5계명) "네 부모를 공경하라. 그리하면 너의 하나님 나 여호와가 네게 준 땅에서 네 생명이 길리라." 레위기 19:3, "너희 각 사람은 부모를 경외하라." 에베소서 6:1-3, "자녀들아, 너희 부모를 주 안에서 순종하라. 이것이 옳으니라. 네 아버지와 어머니를 공경하라. 이것이 약속 있는 첫 계명이니 이는 네가 잘되고 땅에서 장수하리라."

부모를 저주하며 축복하지 않는 사람은 매우 악한 사람이다. 성경은 부모를 저주하는 것을 사형에 해당하는 큰 악으로 정죄한다. 출애굽기 21:17, "그 아비나 어미를 저주하는 자는 반드시 죽일지니라." 레위기 20:9, "무릇 그 아비나 어미를 저주하는 자는 반드시 죽일지니 그가 그 아비나 어미를 저주하였은즉 그 피가 자기에게로 돌아가리라." 잠언 20:20, "자기의 아비나 어미를 저주하는 자는 그 등불[기쁨과 행복]이 유암(幽暗)[어두움= 슬픔과 불행] 중에 꺼짐을 당하리라."

**〔12절〕 스스로 깨끗한 자로 여기면서 오히려 그 더러운 것을 씻지 아니하는 무리**(도르 דּוֹר)[세대, 한 부류의 사람들]**가 있느니라.**

모든 사람은 하나님 앞에서 거룩하고 깨끗해야 한다. 하나님께서는 레위기 11:45에서 "내가 거룩하니 너희도 거룩할지어다"라고 말씀하셨다. 사도 바울은 더러운 것은 그 이름이라도 부르지 말라고 말하였고(엡 5:3) 또 “[하나님의 뜻은] 너희의 거룩함이라”고 했다(살전 4:3).

그러나 세상에 아주 깨끗한 사람은 아무도 없다. 그러므로 하나님의 은혜를 받은 자는 자신의 부정(不淨)함을 깨달았다. 선지자 이사야는 “화로다 나여, 망하게 되었도다. 나는 입술이 부정한 사람이요 입술이 부정한 백성 중에 거하면서 만군의 여호와이신 왕을 뵈었음이로다”라고 고백했고(사 6:5), 또 “대저 우리는 다 부정한 자 같아서 우리의 의는 다 더러운 옷 같으며 우리는 다 쇠패함이 잎사귀 같으므로 우리의 죄악이 바람같이 우리를 몰아가나이다”라고 말했다(사 64:6). 선지자 예레미야는 “만물보다 거짓되고 심히 부패한 것은 마음이라. 누가 능히 이를 알리요”라고 말하였고(렘 17:9), 사도 베드로는 예수님 앞에 엎드려 “주여, 나를 떠나소서. 나는 죄인로소이다”라고 고백하였고(눅 5:8), 사도 바울은 “나는 죄인 중에 괴수라”고 고백했다(딤전 1:15).

사람은 자신의 죄와 더러움을 깨달을 때 하나님께 나아와 회개하고 죄씻음을 받는다. 그러나, 위선자는 그것을 깨닫지도 못하고 회개하고 씻음 받지도 못한다. 그는 구원 얻지 못한 영혼이 된다. 그러므로 예수께서는 바리새인들에 대해 잔과 대접의 겉은 깨끗이 하나 그 안에는 탐욕과 방탕으로 가득하며 또 회칠한 무덤과 같다고 말씀하셨다(마 23:25, 28). 사도 바울은 말세에 어려운 때가 올 것인데 사람들은 거룩하지 않고 경건의 모양만 있고 그 능력을 부인할 것이라고 말하였다(딤후 3:2, 5). 우리는 모든 형태의 악을 버려야 한다(살전 5:22).

본문의 교훈을 정리해보자. 첫째로, 우리는 남에 대해 다른 사람에게 거짓되이 비방하지 말고, 문제가 있으면 직접 그에게 충고해야 한다.

둘째로, 우리는 아버지를 저주하며 어머니를 축복하지 않는 자들을 본받지 말아야 한다. 우리는 부모 공경을 실천하고 또 가르쳐야 한다.

셋째로, 우리는 자신을 깨끗하게 여기면서 그 더러운 것을 씻지 않는 자가 되어서는 안 된다. 우리는 모든 형태의 더러움과 악을 버려야 한다.

## 13-16절, 교만, 착취, 탐욕

〔13절〕 **눈이 심히 높으며 그 눈꺼풀이 높이 들린 무리**(도르 דּוֹר)[세대, 한 부류의 사람들]**가 있느니라.**

'눈이 심히 높으며 그 눈꺼풀이 높이 들린 무리'는 교만한 사람들을 가리킨다. 다윗은 시편 101:5에서 눈이 높은 자들과 마음이 교만한 자들을 같은 부류에 두며 그들을 용납지 않겠다고 말하였다. 눈이 높고 교만한 세대가 있다. 디모데후서 3:2, 4에 예언된 말세에 올 어려운 때의 특징들 중에 자긍하며 교만하며 자고한 것이 포함되어 있다.

눈이 높고 마음이 교만한 것은 하나님 앞에서 죄악이다. 잠언 21:4, "눈이 높은 것과 마음이 교만한 것과 악인의 형통한 것은 다 죄니라." 하나님께서는 사람의 교만한 마음을 미워하신다. 잠언 6:17은 하나님께서 미워하시는 것들 중에 교만한 눈을 첫 번째로 들었다. 잠언 16:5도, "무릇 마음이 교만한 자를 여호와께서 미워하신다"고 말했다.

그러므로 하나님을 경외하며 예수 그리스도를 믿는 성도는 교만을 버려야 한다. 다윗은 시편 131:1에서, "여호와여, 내 마음이 교만치 아니하고 내 눈이 높지 아니하오며 내가 큰 일과 미치지 못할 기이한 일을 힘쓰지 아니하나이다"라고 고백하였다. 예수께서는 "나는 마음이 온유하고 겸손하니 나의 멍에를 메고 내게 배우라"고 말씀하셨고(마 11:29), 또 "너희 중에 누구든지 크고자 하는 자는 너희를 섬기는 자가 되고 너희 중에 누구든지 으뜸이 되고자 하는 자는 너희 종이 되어야 하리라"고 말씀하셨다(마 20:26-27). 사도 바울은 예수 그리스도께서 본래 하나님의 본체이시며 하나님과 동등됨을 탈취물로 여기지 않으셨으나(원문의 뜻) 자기를 비어 종의 형체를 가지셔서 사람과 같이 되셨고 자기를 낮추시고 죽기까지 복종하셨다고 말하면서 우리가 예수 그리스도의 겸손한 마음을 품어야 한다고 교훈하였다(빌 2:5-8).

〔14절〕 **앞니는 장검(長劍)**[긴 칼] **같고 어금니는 군도(軍刀)**[군인의 칼]

**같아서 가난한 자를 땅에서 삼키며 궁핍한 자를 사람 중에서 삼키는 무리**(도르 דּוֹר)[세대, 한 부류의 사람들]**가 있느니라.**

가난하고 궁핍한 자들을 삼키는 세대, 즉 그들을 짓밟고 착취하는 악한 세대가 있다. 노아의 시대는 사람들이 강포하였다(창 6:11, 13). 구약시대의 어떤 왕들과 방백들과 예수님 당시의 어떤 서기관들도 그러했다. 에스겔 22:27, "그 가운데 그 방백들은 식물을 삼키는 이리 같아서 불의의 이(利)를 취하려고 피를 흘려 영혼을 멸하거늘." 마가복음 12:40, "저희[서기관들]는 과부의 가산을 삼키며 외식으로 길게 기도하는 자니 그 받는 판결이 더욱 중하리라." 그들은 사랑도 인정도 동정심도 없었다. 디모데후서 3:2-3은 말세에 어려운 시대가 올 것이며 사람들은 이기적이고 돈을 사랑하고 무정하고 사나울 것이라고 예언했다. 우리는 말세에 노아 시대의 모습과, 구약시대나 예수님 당시의 타락한 사회의 모습을 다시 보게 될 것이다.

그러나 하나님의 뜻은 우리가 가난한 자를 동정하고 구제하는 것이다. 출애굽기 22:22, "너는 과부나 고아를 해롭게 하지 말라." 신명기 15:10, "너는 반드시 그에게[가난한 형제에게] 구제할 것이요." 이사야 1:17, "[너희는] 학대받는 자를 도와주며 고아를 위해 신원(伸冤)하라[원통함을 풀어주라]." 잠언 14:31, "가난한 사람을 학대하는 자는 그를 지으신 이를 멸시하는 자요 궁핍한 사람을 불쌍히 여기는 자는 주를 존경하는 자니라." 로마서 12:13, "성도들의 쓸 것을 공급하라." 에베소서 4:28, "도적질하는 자는 다시 도적질하지 말고 돌이켜 빈궁한 자에게 구제할 것이 있기 위하여 제 손으로 수고하여 선한 일을 하라."

**〔15-16절〕 거머리에게는 두 딸이 있어 다고 다고**[주세요 주세요] **하느니라. 족한 줄을 알지 못하여 족하다 하지 아니하는 것 서넛이 있나니 곧 음부(陰府)**[무덤, 지옥]**와 아이 배지 못하는 태와 물로 채울 수 없는 땅과 족하다 하지 아니하는 불이니라**

거머리는 사람의 피부에 딱 붙어서 끈질기게 피를 빨아먹으려 한다.

그것은 족한 줄을 알지 못한다. 다음 몇 가지도 이와 비슷하게 족한 줄을 알지 못하는 것들이다.

첫째로, 음부 즉 무덤 혹은 지옥이 그러하다. 무덤은 끝없이 사람들을 받아들이고 있고, 지옥도 바닥이 끝없이 깊은 무저갱(無底坑)이다.

둘째로, 아이 배지 못하는 태가 그러하다. 그는 자녀의 잉태와 출산을 사모하고(창 30:1) 아이를 낳기까지 만족이 없을 것이다.

셋째로, 물로 채울 수 없는 땅이 그러하다. 땅은 많은 물을 자기 속으로 스며들게 만든다. 그것은 끝없이 물을 받아들인다.

넷째로, 족하다 하지 않는 불이 그러하다. 불은 무엇이든지 다 태운다. 대형 산불은 온 산림과 산에 있는 사찰이나 집들을 다 태운다.

사람의 욕심과 탐심은 이와 비슷하다. 사람의 물질욕은 끝이 없고 정욕과 명예욕도 그러하다. 그러나 사도 바울은 절제와 극기와 자족의 삶을 하나님의 권위로 교훈한다. 갈라디아서 5:23-24, "[성령의 열매는] 온유와 절제니 이 같은 것을 금지할 법이 없느니라. 그리스도 예수의 사람들은 육체와 함께 그 정과 욕심을 십자가에 못박았느니라." 빌립보서 4:11-12, "어떠한 형편에든지 내가 자족하기를 배웠노니 내가 비천에 처할 줄도 알고 풍부에 처할 줄도 알아 모든 일에 배부르며 배고픔과 풍부와 궁핍에도 일체의 비결을 배웠노라." 디모데전서 6:8, "우리가 먹을 것과 입을 것이 있은즉 족한 줄로 알 것이니라."

본문의 교훈을 정리해보자. 첫째로, 눈이 심히 높은 것 곧 교만한 마음은 하나님께서 미워하시는 큰 죄악이다. 우리는, 자신을 낮추셔서 사람이 되신 하나님의 아들 예수 그리스도의 겸손한 마음을 본받아야 한다.

둘째로, 우리는 가난한 사람을 학대하고 착취하는 악한 사람이 되지 말아야 한다. 우리는 도리어 그를 불쌍히 여기고 돕고 구제해야 한다.

셋째로, 우리는 물질욕, 정욕, 명예욕 등 끝없는 욕심을 경계해야 한다. 우리는 범사에 절제하며 자신을 부정하고 자족하는 자가 되어야 한다.

## 17-23절, 부모 조롱, 은밀한 악, 부정 행위

**[17절] 아비를 조롱하며 어미 순종하기를 싫어하는 자의 눈은 골짜기의 까마귀에게 쪼이고 독수리 새끼에게 먹히리라.**

눈을 지목한 것은 눈이 마음의 거울이기 때문이다. 선한 자는 선한 눈을, 악한 자는 악한 눈을 가진다. 교만한 자는 교만한 눈을 가지며(잠 6:17) 음란한 자는 음란한 눈을 가진다(벧후 2:14). 부모를 멸시하고 조롱하는 자는 부모를 멸시하고 조롱하는 눈을 가진다.

부모를 조롱하며 순종하기를 싫어하는 자의 눈은 골짜기의 까마귀나 독수리 새끼에게 먹힐 것이다. 부모를 경멸하는 것은 사형에 해당하는 큰 죄악이며 저주받을 일이요 미련한 일이다. 신명기 27:16, "그 부모를 경홀히 여기는 자는 저주를 받을 것이라 할 것이요 모든 백성은 아멘 할지니라." 출애굽기 21:15, 17, "자기 아비나 어미를 치는 자는 반드시 죽일지니라," "그 아비나 어미를 저주하는 자는 반드시 죽일지니라." 잠언 15:20, "지혜로운 아들은 아비를 즐겁게 하여도 미련한 자는 어미를 업신여기느니라." 잠언 19:26, "아비를 구박하고 어미를 쫓아내는 자는 부끄러움을 끼치며 능욕을 부르는 자식이니라."

하나님의 뜻은 사람이 자기의 부모를 공경하고 순종하는 것이다. 또 그것은 복된 일이다. 출애굽기 20:12, "네 부모를 공경하라. 그리하면 너의 하나님 나 여호와가 네게 준 땅에서 네 생명이 길리라." 레위기 19:3, "너희 각 사람은 부모를 경외하라." 잠언 23:25, "네 부모를 즐겁게 하며 너 낳은 어미를 기쁘게 하라." 에베소서 6:1-3, "자녀들아, 너희 부모를 주 안에서 순종하라. 이것이 옳으니라. 네 아버지와 어머니를 공경하라. 이것이 약속 있는 첫 계명이니 이는 네가 잘되고 땅에서 장수하리라." 이것은 부모들도, 자녀들도 유념해야 할 진리이다.

**[18-20절] 내가 심히 기이히 여기고도 깨닫지 못하는 것** [즉 놀랍고 알지 못하는 것] **서넛이 있나니 곧 공중에 날아다니는 독수리의 자취와 반석**

**위로 기어다니는 뱀의 자취와 바다로 지나다니는 배의 자취와 남자가 여자와 함께한 자취며 음녀[창녀]의 자취도 그러하니라. 그가 먹고 그 입을 씻음 같이 말하기를 내가 악을 행치 아니하였다 하느니라.**

'자취'라고 번역된 원어(데레크 דֶּרֶךְ)는 '길'(KJV, NASB, NIV)이라는 단어이다. 기이하여 잘 알 수 없는 것 서넛은 공중에 날아다니는 독수리의 길, 반석 위로 기어다니는 뱀의 자취, 바다의 배의 길, 남자가 여자(알마 עַלְמָה)와 함께한 자취, 특히 창녀의 자취 등이다. 그것은 잠깐 있다가 지워지거나 없어지는 것이거나 혹은 감추어지고 드러나지 않는 것이며 그래서 그것을 알 수 없는 것이다. 본문은 특히 창녀의 자취에 대해 말하려고 하는 것 같다. 모든 죄가 대개 은밀하지만, 특히 음란죄가 그러하다. 그것은 감추어져 있고 잘 드러나지 않는다.

그러나 하나님께서는 사람이 은밀히 행하는 악을 징벌하신다. 전도서 12:14, "하나님은 모든 행위와 모든 은밀한 일을 선악간에 심판하시리라." 로마서 2:16, "곧 내 복음에 이른 바와 같이 하나님이 예수 그리스도로 말미암아 사람들의 은밀한 것을 심판하시는 그 날이라." 고린도전서 4:5, "그가 어두움에 감추인 것을 드러내고."

성도의 생활은 빛의 생활이다. 에베소서 5:8-9, 11, "너희가 전에는 어두움이더니 이제는 주 안에서 빛이라. 빛의 자녀들처럼 행하라. 빛[성령]의 열매는 모든 착함과 의로움과 진실함에 있느니라," "너희는 열매 없는 어두움의 일에 참여하지 말고 도리어 책망하라."

**〔21-23절〕 세상을 진동시키며 세상으로 견딜 수 없게 하는 것 서넛이 있나니 곧 종이 임금된 것과 미련한 자가 배부른 것과 꺼림을 받는 계집이 시집간 것과 계집종이 주모(主母)를 이은 것이니라.**

세상으로 깜짝 놀라 도무지 받아들이기 어렵게 하는 것 서넛이 있는데, 첫째는 종이 왕이 된 것이다. 종은 보통 지혜와 지식이 부족하고 덕과 통솔력이 부족할 것인데, 그가 왕이 되었으니 그것은 무자격자가 권력을 잡은 것과 같다. 그것은 정상적인 일이 아니다. 그는 아마 불의하고 부정한 방식으로 왕이 되었을 가능성이 많다. 그 경우는 나라의 장래가 매우 걱정될 것이다. 왜냐하면 그가 나라를 바르게 잘 다스릴 지혜와 힘이 없을 것이 분명하기 때문이다.

둘째는 미련한 자가 배부른 것이다. 미련한 자는 하나님을 두려워함이 없고 하나님의 계명에 복종치 않는 자이다. 그는 악하고 게으르며, 하나님의 복을 받지 못한다. 그런데 그런 자가 우연으로든지 불의하고 거짓된 방법으로든지 적잖은 소득을 얻고 배부르게 먹은 것이다. 사람들은 그런 일을 보고 그것은 합당치 않다고 생각할 것이다.

셋째는 꺼림을 받는 여자가 시집간 것이다. '꺼림을 받는다'는 원어(세누아 שְׂנוּאָה)는 '미움을 받는다'는 뜻이다. 외모가 나빠서나 성격이 나빠서나 도덕적 흠이 있어서 미움을 받아 결혼하지 못하던 여자가 어느 날 결혼을 한다고 할 때 사람들은 다 깜짝 놀랄 것이다.

넷째는 여종이 여주인을 이은 것 혹은 밀어낸 것이다. 그 여종은 여주인의 사랑을 많이 받았을 터인데, 아마 부정한 방법으로 여주인을 밀어내고 그 자리를 차지한 것일 것이다. 이것은 참으로 나쁜 일이다. 이것은 그 일을 듣는 사람들로 하여금 견딜 수 없게 만들 것이다.

본문의 교훈을 정리해보자. 첫째로, 아버지를 조롱하며 어머니 순종하기를 싫어하는 자의 눈은 골짜기의 까마귀에게 쪼이고 독수리 새끼에게 먹힐 것이다. 우리는 부모를 멸시하거나 대항하지 말고 부모를 공경하고 순종하고, 또 우리 자녀에게 부모 공경과 순종에 대해 가르쳐야 한다.

둘째로, 창녀의 죄는 드러나지 않고 은밀하지만, 하나님께서 그 악을 징벌하실 것이다. 우리는 은밀한 죄를 범하지 말고 도리어 책망하고, 오직 빛의 자녀, 성령의 자녀답게 의롭고 선하고 진실하게 행해야 한다.

셋째로, 세상에는 부정한 방법으로 권력과 지위를 얻는 일이 있다. 그러나 우리는 정당하지 않은 방법으로 권력을 잡으려 하거나 돈을 벌려 하거나 높아지려 하지 말고 심판자 하나님 앞에 바르게 살아야 한다.

## 24-33절, 지혜, 담대함, 교만

**〔24-28절〕 땅에 작고도 가장 지혜로운 것 넷이 있나니 곧 힘이 없는 종류로되 먹을 것을 여름에 예비하는 개미와 약한 종류로되 집을 바위 사이에 짓는 사반과 임군이 없으되 다 떼를 지어 나아가는 메뚜기와 손에 잡힐 만하여도 왕궁에 있는 도마뱀**(세마미스 שְׂמָמִית)(BDB, LXX, Targ, Vg, NASB)**이니라.**

잠언 저자는 성령의 감동으로 말하기를, 땅에 작지만 아주 지혜로운 것 넷이 있다고 한다. 그것은 개미, 사반, 메뚜기, 도마뱀 등이다.

개미는 힘이 없는 작은 곤충이지만, 여름에도 놀지 않고 게으르지 않고 부지런하게 일하며 추운 겨울을 대비하여 먹을 것을 준비한다.

사반이라는 원어(솨판 שָׁפָן)는 오소리나 바위 너구리(BDB; NASB) 또는 토끼(KB; KJV, NIV) 종류라고 한다. 그것은 작고 약한 짐승이지만, 바위 사이에 집을 짓는 어려운 일을 해내고 거기서 산다.

메뚜기는 임금이 없어도 떼를 지어 나아가며 단결심이 있고 질서를 지키며 분쟁과 다툼과 분열이 없는 작은 곤충이다.

도마뱀은 사람의 손에 잡힐 만한 약한 생물이지만, 아주 재빠르고 아무나 들어갈 수 없는 크고 좋은 왕궁에 거처한다.

개미, 오소리, 메뚜기, 도마뱀 등은 다 약하고 보잘것없는 생물이다. 그러나 그것들은 하나님께서 주신 본능적 지혜가 있다.

이와 같이, 성도는 육신적으로 약하고 세상적으로 천할지라도, 하나님의 지혜와 능력으로 살고 하나님의 선한 일을 받들 수 있다. 고린도전서 1:27-28, "하나님께서 세상의 미련한 것들을 택하사 지혜 있는 자들을 부끄럽게 하려 하시고 세상의 약한 것들을 택하사 강한 것들을 부끄럽게 하려 하시며 하나님께서 세상의 천한 것들과 멸시받는 것들과 없는 것들을 택하사 있는 것들을 폐하려 하시나니." 고린도후서 4:7, "우리가 이 보배를 질그릇에 가졌으니 이는 능력의 심히 큰 것이 하나님께 있고 우리에게 있지 아니함을 알게 하려 함이라."

**〔29-31절〕 잘 걸으며 위풍 있게 다니는 것 서넛이 있나니 곧 짐승 중에 가장 강하여 아무 짐승 앞에서도 물러가지 아니하는 사자와 사냥개**(자르지르 모스나임 זַרְזִיר מָתְנַיִם)[사냥개 혹은 전마(戰馬)](BDB)**와 숫염소와 및 당할 수 없는 왕**(멜레크 알쿰 암모 מֶלֶךְ אַלְקוּם עַמּוֹ)[군대를 거느린 왕](NASB, NIV)**이니라.**

잠언 저자는 성령의 감동으로 또 말하기를, 잘 걸으며 위풍 있게 다니는 것 넷이 있다고 한다. 그것은 사자, 사냥개, 숫염소, 왕 등이다.

사자는 짐승들 중에서 가장 강하며 동물들의 왕이라고 불린다. 특히 수사자는 위풍당당하며 아무 짐승 앞에서도 물러가지 않는다. 그것은 용기와 담대함의 표상이다. 잠언 28:1, "의인은 사자같이 담대하니라." 사냥개도 위엄 있고 당당하며 겁이 없다. 숫염소도 위풍 있고 당당하게 걷는다. 군대를 거느린 왕도 위풍당당하다.

위의 네 가지는, 낙심치 않고 물러서지 않는 용기와 담대함, 앞장서 문제를 파악하고 대처하는 투지 등 지도자와 봉사자의 덕을 교훈한다고 보인다. 이런 용기와 담대함과 선한 투지와 충성은 건전한 생각과 지식, 건전한 판단과 확신, 그리고 의로운 삶에서 나올 것이다.

여호수아 1:7, 9, "오직 너는 마음을 강하게 하고 극히 담대히 하여 나의 종 모세가 네게 명한 율법을 다 지켜 행하고 좌로나 우로나 치우치지 말라. 그리하면 어디로 가든지 형통하리니," "마음을 강하게 하고 담대히 하라. 두려워 말며 놀라지 말라." 고린도전서 15:58, "그러므로 내 사랑하는 형제들아, 견고하며 흔들리지 말며 항상 주의 일에 더욱 힘쓰는 자들이 되라. 이는 너희 수고가 주 안에서 헛되지 않은 줄을 앎이니라." 고린도전서 16:13, "깨어 믿음에 굳게 서서 남자답게 강건하여라." 성도들과 봉사자들은 용기와 담대함을 가져야 한다.

**〔32-33절〕 만일 네가 미련하여 스스로 높은 체하였거나 혹 악한 일을 도모하였거든 네 손으로 입을 막으라. 대저 젖을 저으면 뻐터가 되고 코를 비틀면 피가 나는 것같이 노를 격동하면 다툼이 남이니라.**

스스로 높은 체하는 것은 미련한 일이요 교만한 마음으로 행하는 것이다. 또 악한 일을 도모하는 것은 남에게 해가 되는 일을 계획하는 것, 즉 의도적인 악이며 아주 나쁜 것이다. 이런 일을 한 자는 그 손으로 입을 막아야 한다. 즉 그는 말하지 말고 잠잠해야 한다. 왜냐하면 교만하거나 악한 마음은 교만한 말이나 남을 비방하는 악한 말로 나타나기 때문일 것이다. 또 어떤 이가 이미 그런 말을 하였다면, 다시는 그런 말을 하지 말라는 뜻일 것이다.

교만하고 악한 마음과 말에서 다툼이 생긴다. 성도는 악한 마음과 말을 버리고 선한 말을 하고 서로 화목하여야 한다. 잠언 13:10, "교만에서는 다툼만 일어날 뿐이라." 잠언 15:1, "유순한 대답은 분노를 쉬게 하여도 과격한 말은 노를 격동하느니라." 에베소서 4:29, 31-32, "오직 덕을 세우는데 소용되는 대로 선한 말을 하라," "너희는 모든 악독과 노함과 분냄과 떠드는 것과 훼방하는 것을 모든 악의와 함께 버리고 서로 인자하게 하며 불쌍히 여기며 서로 용서하기를 하나님이 그리스도 안에서 너희를 용서하심과 같이 하라." 야고보서 3:16-18, "시기와 다툼이 있는 곳에는 요란과 모든 악한 일이 있음이니라. 오직 위로부터 난 지혜는 첫째 성결하고 다음에 화평하고 관용하고 양순하며 긍휼과 선한 열매가 가득하고 편벽과 거짓이 없나니."

본문의 교훈을 정리해보자. 첫째로, 우리는 비록 연약하고 천할지라도 낙심하지 말고 오직 하나님의 은혜를 감사하고 하나님의 지혜와 하나님의 능력을 구하며 지혜롭게 하나님의 선한 일을 잘 감당해야 한다.

둘째로, 우리는 가정이나 교회에서 용기와 담대함을 가지고 충성해야 한다. 이런 덕은 건전한 신앙 지식과 확신과 의로운 삶에서 나온다.

셋째로, 우리는 교만하고 악한 마음을 버리고 그런 말도 하지 말아야 다툼을 피할 수 있다. 우리는 온유하고 겸손한 마음을 가지고 상대방에게 선하고 덕스러운 말을 하고 다른 성도들과 이웃들과 화목해야 한다.

# 31장: 르무엘 왕의 잠언

## 1-9절, 절제, 술 취함, 공의

**〔1-3절〕 르무엘**('하나님께 속한 자'라는 뜻) **왕의 말씀한 바 곧 그 어머니가 그를 훈계한 잠언이라. 내 아들아,** 내가 **무엇을** 말할꼬. **내 태에서 난 아들아,** 내가 **무엇을** 말할꼬. **서원대로** 얻은 **아들아,** 내가 **무엇을** 말할꼬. **네 힘을 여자들에게 쓰지 말며 왕들을 멸망시키는 일을 행치 말지어다.**

르무엘 왕은 솔로몬이라는 추측이 있으나 확실히 알 수 없다. 그의 어머니는 서원 기도를 한 경건한 어머니이었고 하나님의 감동을 받은 자이었다. 그는 자기가 서원하여 낳은 아들을 하나님의 지혜와 교훈으로 교훈하였다. 사무엘의 어머니 한나(삼상 1:11)와 디모데의 어머니 유니게(딤후 1:5)처럼, 경건한 어머니에게서 경건한 아들이 나온다.

르무엘 왕의 어머니의 교훈 중 하나는, "네 힘을 여자들에게 쓰지 말며 왕들을 멸망시키는 일을 행치 말지어다"라는 것이었다. 정력을 여자들에게 다 소모하지 말고, 왕들을 멸망시키는 일 즉 남의 나라들을 정복하는 일에 힘쓰지 말라는 뜻이다. 신명기 17:17도, 왕이 말이나 아내를 많이 두지 말고 은금도 많이 쌓지 말라고 교훈하였다.

주께서는, "썩는 양식을 위해 일하지 말고 영생하도록 있는 양식을 위해 하라"고 말씀하셨고(요 6:27), 사도 요한도, "이 세상이나 세상에 있는 것들을 사랑치 말라," "이는 세상에 있는 모든 것이 육신의 정욕과 안목의 정욕과 이생의 자랑이기" 때문이라고 말했다(요일 2:15-16). 사도 바울은 "이기기를 다투는 자마다 모든 일에 절제한다"고 말했다(고전 9:25). 우리는 힘을 낭비하지 말고 선용해야 한다. 절제는 하나님께서 명하신 덕이며 성령께서 주시는 덕이다(갈 5:22-23).

**〔4-7절〕 르무엘아, 포도주를 마시는 것이 왕에게 마땅치 아니하고 왕에게 마땅치 아니하며 독주를 찾는 것이 주권자에게 마땅치 않도다. 술을 마시**

**다가 법을 잊어버리고 모든 간곤(艱困)한 백성에게 공의를 굽게 할까 두려우니라. 독주는 죽게 된 자에게, 포도주는 마음에 근심하는**[마음이 괴로운] **자에게 줄지어다. 그는 마시고 그 빈궁한 것을 잊어버리겠고 다시 그 고통을 기억지 아니하리라.**

포도주와 술은 왕에게 합당치 않다. 술이 왕에게 합당치 않은 까닭은 술을 마시다가 법을 잊어버리고 모든 간곤한 백성 즉 고통당하는 자들에게 공의를 굽게 할까 염려되기 때문이다. 왕의 직무들 중에는 재판의 직무가 있다. 술은 사람을 취하게 만들고 바른 판단을 하지 못하고 실수하게 만든다. 그러므로 왕은 고통당하는 자를 위해 공정한 재판을 하고 불공정한 재판을 하지 않도록 술을 조심해야 한다.

성경은 성도가 술을 멀리하라고 교훈한다. 잠언 23:31은, "포도주는 붉고 잔에서 번쩍이며 순하게 내려가나니 너는 그것을 보지도 말지어다"라고 말했고, 에베소서 5:18은, "술 취하지 말라. 이는 방탕한 것이니 오직 성령의 충만을 받으라"고 말했다. 또 성경은 교회 직분자들이 술을 즐기지 않는 자이어야 한다고 말했다. 디모데전서 3:3, "[감독은] 술을 즐기지 아니하며." 디모데전서 3:8, "[집사도] 술에 인 박이지 아니하고." 디도서 1:7, "감독은 하나님의 청지기로서 책망할 것이 없고 . . . 술을 즐기지 아니하며." 성경은 심지어 나이든 일반 여성도들도 "술의 종이 되지 말라"고 교훈하였다(딛 2:3). 술은 고통당하는 자들과 마음이 괴로운 자들에게 잠시 그 고통을 잊게 하는 유익은 있다.

**〔8-9절〕 너는 벙어리와 고독한 자**(<u>콜 베네 칼로프</u> כָּל־בְּנֵי חֲלוֹף)[모든 죽어가는 자(BDB), 불행한 자(NASB), 없는 자(NIV)]**의 송사를 위하여 입을 열지니라. 너는 입을 열어 공의로 재판하여 간곤한 자**(<u>아니</u> עָנִי)[고통당하는 자, 가난한 자]**와 궁핍한 자를 신원(伸冤)할**[억울함을 풀어줄]**지니라.**

본문은 세상적 조건들, 즉 사회적 신분, 재산 정도, 학력 등을 고려해 판결하지 말고 불의와 불법이 없게, 억울함이 없게, 법대로, 공의롭게, 공정하게 재판하라는 교훈이다. 그것이 왕과 재판관의 임무이다.

사람이 불법을 행하는 것은 자기 이익 때문이다. 그것은 물질주의, 육신주의이다. 그러나 하나님 앞에 사는 경건한 성도는 하나님의 계명대로 의롭게 살아야 하고 하나님의 공의의 심판과 내세를 바라보면서 살아야 한다. 성도는 권력자나 부자 앞에서 아부하지 말고 가난한 자를 무시하지도 말아야 한다. 우리가 의롭게 살면 우리는 현세에서도 마음의 평안과 몸의 건강과 물질적 여유를 얻을 것이다.

하나님께서는 율법에서 공의로운 삶을 이미 명령하셨다. 출애굽기 23:6-8, "너는 가난한 자의 송사라고 공평치 않게 하지 말며 . . . 무죄한 자와 의로운 자를 죽이지 말라. . . . 너는 뇌물을 받지 말라." 레위기 19:15, 35-36, "너희는 재판할 때에 불의를 행치 말며 가난한 자의 편을 들지 말며 세력 있는 자라고 두호하지 말고 공의로 사람을 재판할지며," "너희는 재판에든지 도량형에든지 불의를 행치 말고 공평한 저울과 공평한 추와 공평한 에바와 공평한 힌을 사용하라."

본문의 교훈을 정리해보자. 첫째로, 왕은 여자들에게 힘을 쓰지 말고 왕들을 멸망시키는 일을 하지 말아야 한다. 우리는 자녀들에게 바른 교훈을 주는 경건한 부모가 되어야 한다. 권력자들은 힘을 여자들에게 쓰지 말고 다른 사람들을 해치는 일을 하지 말아야 한다. 우리는 힘과 시간과 물질을 헛된 일을 위해 낭비하지 말고 범사에 절제하며 살아야 한다.

둘째로, 왕은 공정한 재판을 잘할 수 있도록 술을 마시는 일을 조심해야 한다. 술 취하면 실수하기 쉽기 때문이다. 성도는 하나님의 계명대로 바르게 살기 위해 술을 금하는 것이 좋다. 완전금주와 완전금연은 좋은 전통이다. 술취함은 천국가지 못할 큰 죄악이다(고전 6:10; 갈 5:21).

셋째로, 왕은 벙어리나 죽어가는 자나 궁핍한 자의 소송에서 공의를 세워야 한다. 우리는 하나님 중심, 진리 중심으로만 살고, 공의롭고 선한 삶을 살아야 한다. 우리는 우리가 할 수 있는 한 세상에서 가난하고 병약한 자가 공정한 재판을 받고 억울한 일을 당하지 않도록 노력해야 한다.

## 10-19절, 현숙한 여인 (1)

**〔10절〕 누가 현숙한 여인**(에쉣 카일 אֵשֶׁת חַיִל)[덕스러운 여인(virtuous woman)(KJV), 훌륭한 아내(excellent wife)(NASB), 고상한 인격의 아내(NIV)]**을 찾아 얻겠느냐? 그 값은 진주**(페니님 פְּנִינִים)[산호(coral)(BDB), 보석(NASB), 루비(홍옥)(KJV, NIV)]**보다 더하니라.**

잠언의 마지막 부분은 현숙한 여인이 되라는 교훈이다. 잠언은 이 말씀으로 마친다. '현숙한'이라고 번역된 히브리어(카일 חַיִל)는 구약 성경에 244회나 사용된 단어로서 주로 '힘'이라고 번역되었는데, 본문에서는 육신의 힘뿐 아니라, 내면적, 인격적 힘, 즉 지혜와 덕성, 사리 분별력, 판단력, 현실 대처 능력, 민첩함 등을 포함한다고 보인다.

산호나 보석은 길에서 흔히 볼 수 있는 돌이 아니고, 사람들이 가치 있게 여기는 귀한 것을 가리킨다. 현숙한 여인의 가치는 산호나 보석보다 더 낫다. 잠언 12:4는, "어진 여인(에쉣 카일 אֵשֶׁת חַיִל)[현숙한 여인]은 그 지아비[남편]의 면류관이나 욕을 끼치는 여인은 그 지아비[남편]로 뼈가 썩음 같게 하느니라"고 말하였다.

본문은 "누가 현숙한 여인을 찾아 얻겠느냐?"라고 말한다. 산호나 보석은 사람이 노력하면 찾을 수 있고 얻을 수 있을 것이다. 그러나 현숙한 여인은 사람의 노력으로 얻을 수 없다. 그 기준은 외모나 돈이나 가문에 있지 않고 사람의 내면성, 인격성, 경건과 지혜와 도덕성에 있다. 물론 사람도 그것을 얻으려고 노력해야겠지만, 무엇보다 하나님께서 주셔야 발견할 수 있고 또 하나님께서 허락하셔야 자기 아내로 맞을 수 있다. 그러므로 잠언 19:14는, "집과 재물은 조상에게서 상속하거니와 슬기로운 아내는 여호와께로서 말미암느니라"고 말했다.

**〔11-12절〕 그런 자의 남편의 마음은 그를 믿나니 산업**(솰랄 שָׁלָל)[소득]**이 핍절치**[부족치] **아니하겠으며 그런 자는 살아 있는 동안에 그 남편에게 선을 행하고 악을 행치 아니하느니라.**

현숙한 여인은 몸도 건강한 여자이겠지만, 무엇보다 내면적 지혜와 덕성이 있는 여자를 가리킨다. 현숙한 여인은 경건과 지혜와 덕성을 갖춘 유능한 여자이다. 본문은 그의 특별한 점들을 몇 가지 말한다.

첫째로, 그의 남편의 마음이 그를 믿는다. 그의 남편은 그를 신뢰하고 믿는다. 그는 남편에게 인정을 받고 신임을 받는 아내이다. 남편은 아내의 인격을 신뢰하고 의심치 않고 그의 지혜와 그의 능력을 인정한다. 모든 아내들이 다 그렇게 되면 좋겠다.

둘째로, 그의 남편의 소득이 부족하지 않을 것이다. 그 남편이 돈을 얼마나 벌어오든지 간에 그 아내가 돈을 절약해 쓰고 낭비하지 않으므로 그의 집에 돈이 떨어지지 않을 것이며 그 남편은 돈에 신경 쓸 필요가 없고 또 직장에서 부정한 돈에 유혹을 받을 필요도 없을 것이다.

셋째로, 그는 남편에게 선을 행한다. 그런 자는 살아 있는 동안, 즉 평생토록 그 남편에게 선을 행하고 악을 행치 않는다. 그는 남편에게 유익을 주는 자, 좋은 내조자(內助者), 좋은 돕는 배필이 되는 것이다. 하나님께서 여자를 만드신 목적은, 그의 남편을 돕는 자가 되게 하시기 위함이었다(창 2:18). 사도 바울은 디도서 2:4-5에서, "저들[나이든 여자들]로 젊은 여자들을 교훈하되 그 남편과 자녀를 사랑하며 근신하며 순전하며 집안 일을 하며 선하며 자기 남편에게 복종하게 하라. 이는 하나님의 말씀이 훼방을 받지 않게 하려 함이니라"고 말했다.

**〔13-19절〕 그는 양털과 삼을 구하여 부지런히**(베케페츠 בְּחֵפֶץ)[즐거이] **손으로 일하며 상고**[상인]**의 배와 같아서 먼데서 양식을 가져오며 밤이 새기 전에 일어나서 그 집 사람에게 식물을 나눠주며 여종에게 일을 정하여 맡기며 밭을 간품하여**[살피며] **사며 그 손으로 번 것을** 가지고 **포도원을 심으며 힘으로 허리를 묶으며 그 팔을 강하게 하며 자기의 무역하는 것이 이로운 줄을 깨닫고 밤에 등불을 끄지 아니하고 손으로 솜뭉치**[섬유를 붙드는 막대]**를 들고 손가락으로 가락**[물렛가락]**을 잡으며.**

현숙한 여인은 양털과 삼을 구하여 즐거이, 부지런히 일하는 자이다. 옛날부터 여성들은 천을 짜고 실을 만들고 옷을 만드는 일을 많이 했다. 또 그는 상인의 배와 같아서 먼데서 양식을 가져온다. 그는 부지런해서 값싸고 좋은, 신선한 음식재료들을 멀리 가서 가져온다. 그것은 여성들이 큰 시장에 가서 값싸고 신선한 음식재료를 사오는 것과 같다. 또 그는 밤이 새기 전에 일어나서 그 집 사람들에게 식물을 나눠 주며 여종들에게 일을 정하여 맡긴다. 그는 새벽에 일어나며 새벽밥을 지으며 하루의 일과를 미리 계획하며 충실하게 산다.

또 그는 땅이나 밭을 구입할 때 먼저 잘 살피고 사며 또 남의 신세를 지거나 빚을 지지 않고 자기 힘으로, 자기가 저축한 것으로 포도원도 만든다. 또 그는 힘으로 허리를 묶으며 그의 팔을 강하게 한다. 그는 직접 자기 손으로 일하는 자이다. 그는 일을 많이 해서 허리가 튼튼하고 팔도 강한 여자이다. 또 그는 자기의 장사하는 것이 이로운 줄을 깨닫고 밤에 등불을 끄지 아니하고 손을 실 감는 막대(물렛가락, 방추, 굴대)에 두고 손으로 섬유 붙드는 막대를 잡는다. 그는 편안하게 생활하는 자가 아니고 밤늦게까지 직접 자기 손으로 일하여 천을 짜고 실을 만들고 부지런하게 장사할 물건을 준비하고 확인한다.

본문의 교훈을 정리해보자. 첫째로, 현숙한 여인은 보석보다 귀하다. 현숙한 여인은 경건과 지혜와 덕성, 사리분별력, 판단력, 현실 대처 능력, 민첩함 등을 갖춘 유능한 여자이다. 우리는 참된 경건과 지혜와 덕성을 갖춘 좋은 사람이 되려고 기도하고 노력해야 하고, 특히 여성도들이 그러해야 하고, 또 우리는 우리 자녀의 배우자를 위해서도 기도해야 한다.

둘째로, 우리는 서로에게 선을 베풀고 유익을 주는 좋은 남편과 좋은 아내가 되어야 한다. 사랑은 남에게 선을 베풀고 악을 행치 않는 것이다. 로마서 12:9, "사랑엔 거짓이 없나니 악을 미워하고 선에 속하라."

셋째로, 우리는 엿새 동안 얼굴에 땀을 흘리며 힘써 우리의 일을 해야 한다. 근면과 노동은 건강에도, 경제에도, 신앙생활에도 좋고 유익하다.

## 20-25절, 현숙한 여인 (2)

**〔20-22절〕 그는 간곤한**[가난한] **자에게 손을 펴며 궁핍한 자를 위하여 손을 내밀며 그 집 사람들**[집안 사람들]**은 다 홍색 옷을 입었으므로 눈이 와도 그는 집 사람**[집안 사람들]**을 위하여 두려워하지 아니하며 그는 자기를 위하여 아름다운 방석**(마르밧딤 מַרְבַדִּים)[침대보들, 덮개들]**을 지으며 세마포와 자색 옷을 입으며.**

현숙한 여인은 가난한 자에게 손을 펴며 궁핍한 자를 위하여 손을 내민다. 그는 이기적이지 않고 선하며 가난하고 어려운 이웃을 돌아보고 구제한다. 그는 창조주 하나님을 경외하는 자이다. 잠언 14:31은, "가난한 사람을 학대하는 자는 그를 지으신 이를 멸시하는 자요 궁핍한 사람을 불쌍히 여기는 자는 주를 존경하는 자니라"고 말했다.

또 그는 그 집안 사람들에게 다 홍색 옷, 아마 따뜻한 겨울옷을 입게 하였으므로 겨울에 눈이 와도 그들을 위해 두려워하지 않는다. 그는 그의 집안 사람들, 즉 그의 가족들과 집 일꾼들을 위해 미리 준비하고 보살피는 자이다. 그는 춥고 눈이 오는 겨울철을 위해서 잘 대비한다. 오늘날도 부지런한 주부들은 가족들을 위해 따뜻한 겨울옷들을 미리 준비할 것이다. 또 선한 사람들은 자기 집안 일을 하는 일꾼들도 돌아보며 그들도 추운 겨울을 잘 지내도록 배려할 것이다.

또 그는 자기를 위해 침대보들이나 덮개들을 지으며 세마포와 자색 옷을 입는다. 그는 남을 돌아보고 배려할 뿐 아니라, 또한 자기 자신을 위해서도 일한다. 자색옷은 아름다운 옷을 가리킬 것이다. 게으른 자는 대체로 그의 주위 환경이 지저분하고 어수선하다. 그러나 부지런한 자는 그의 주위 환경을 깨끗하고 아름답게 할 것이다.

사도 바울은 자기 손으로 일함으로 그와 그 동행하는 자들의 쓸 것을 감당하였고(행 20:34), 또 빈궁한 자에게 구제할 것이 있기 위해 제 손으로 수고하여 선한 일을 하라고 성도들에게 교훈하였다(엡 4:28).

**〔23절〕 그 남편은 그 땅의 장로로 더불어 성문에 앉으며 사람의 아는 바가 되며.**

장로들과 함께 성문에 앉는 것은 성읍의 문제를 의논하거나 사람들의 재판사건을 평결하는 데 참여한다는 뜻이다. 옛 시대에 성문 앞의 광장은 사람들이 모여 토론하고 재판하는 장소이었다. 신명기 21:19에 보면, 불순종하는 아들은 성문에서 성읍 장로들에게 벌을 받아야 했다. 현숙한 아내는 남편이 사회 활동을 원만하게 하도록 돕는다.

성경에 계시된 하나님의 뜻에 의하면, 남편은 직장의 일이나 사회 활동 등 바깥일들을 주로 하고, 아내는 자녀 출산과 양육, 집안 살림 등 안의 일들을 주로 한다. 잠언 24:27, "네 일을 밖에서 다스리며 밭에서 예비하고 그 후에 네 집을 세울지니라." 시편 128:3, "네 집 내실에 있는 네 아내." 디도서 2:5, "[젊은 여자들은] 집안 일을 하며 선하며 자기 남편에게 복종하게 하라."

아내가 집안 일을 잘하지 못하면 남편이 집안 일에 시간과 마음을 빼앗겨 바깥일 즉 직장의 일이나 사회 활동에 부족이 생기기 쉽다. 그러나 아내가 집안 일을 잘하면 남편을 위한 좋은 내조자가 되어 남편이 바깥일에 전념하여 자기의 일을 잘할 수 있을 것이다. 남편의 일이 무엇이든지, 무슨 직업, 무슨 직장이든지 비슷할 것이다.

교역자의 경우도 그렇다. 어떤 사모는 건강한데도 시장 본 후 남편에게 차로 데리러 오라고 부르는 이가 있고, 동창회 끝난 후 남편에게 데리러 오라고 하는 이도 있고, 남편을 잘 챙기지 않고 밖으로 바쁘게 나돌아다니다가 남편이 병에 걸린 경우도 보았다. 그러나 좋은 사모는 남편의 건강과 사역에 지장이 될까봐 범사에 조심할 것이다.

**〔24-25절〕 그는 베로 옷을 지어 팔며 띠를 만들어 상고에게 맡기며 능력과 존귀로 옷을 삼고 후일을 웃으며.**

현숙한 여인은 베로 옷을 지어 팔며 띠를 만들어 상인에게 맡긴다. 그는 손으로 일해 이익을 얻는다. 사람이 근면하고 절약하면 가난을 면하고 돈의 여유를 가질 것이다. 잠언 10:4는 손을 게으르게 놀리는 자는 가난하게 되고 손이 부지런한 자는 부하게 된다고 말한다.

또 그는 능력과 존귀로 옷을 삼는다. 그는 힘이 있는 자이다. 그는 몸의 힘도 있지만, 또한 지혜와 덕성, 또 생활의 능력이 있다. 또 그는 인격의 품위가 있어 사람들의 칭찬을 받는 자이다. 그는 인격과 삶에 있어서 사람들에게 본이 되며 존경을 받는다. 룻기 3:11에 보면, 베들레헴 성읍 백성은 모압에서 돌아온 모압 여인 룻이 경건하고 착하고 현숙한 여자인 줄 다 알았다.

현숙한 여인은 또 후일에 웃는다. 이 세상에는 현재 웃지만 후일에 우는 자가 있고, 현재 수고하지만 후일에 웃는 자가 있다. 노후를 준비하는 사람은 지혜로운 사람이다. 개미는 여름 동안에 먹을 것을 예비한다(잠 6:8). 잠언 10:5는 여름에 거두는 자는 지혜로운 아들이나 추수 때에 자는 자는 부끄러움을 끼치는 아들이라고 말하였다.

특히 경건하고 지혜로운 사람은 영생의 복을 준비한다. 하나님 앞에는 영원한 생명과 기쁨과 즐거움이 있다(시 16:11). 잠언 14:32는 "의인은 그 죽음에도 소망이 있다"고 말했다. 사도 바울은 우리가 헛된 재물에 소망을 두지 말고 오직 모든 것을 후히 주시는 하나님께 두며 선한 일을 행하고 나눠주기를 좋아하면 장래에 자기를 위해 좋은 터를 쌓아 참된 생명을 취하는 것이라고 말하였다(딤전 6:17-19).

본문의 교훈을 정리해보자. 첫째로, 현숙한 여인은 가난한 자들을 돌아보며 부지런히 집안 일들을 한다. 우리는 가난한 사람들을 돌아보며 자기 집안 사람들도 돌아보고 자기의 일들에 충실하고 부지런해야 한다.

둘째로, 현숙한 여인은 자기 남편의 사회 활동들을 위해 잘 내조한다. 남편은 남편으로서, 아내는 아내로서 각자 맡은 일에 충실해야 한다.

셋째로, 현숙한 여인은 생활에 지혜와 능력이 있고 사람들의 칭찬도 받고 후일을 잘 준비한다. 우리는 검소 절약하며 후일을 준비해야 한다.

## 26-31절, 현숙한 여인 (3)

**〔26절〕 입을 열어 지혜를 베풀며 그 혀로 인애의 법을 말하며.**

현숙한 여인은 다른 이에게 지혜의 말을 한다. 말은 사람의 생각과 마음과 인격의 표현이다. 지혜로운 자는 지혜의 말을 하고 미련한 자는 미련한 말을 하며, 선한 자는 선한 말을 하고 악한 자는 악한 말을 한다. 주 예수께서는 사람이 마음에 가득한 것을 입으로 말하며 선한 사람은 그 쌓은 선에서 선한 것을, 악한 사람은 그 쌓은 악에서 악한 것을 낸다고 말씀하셨다(마 12:34-35). 잠언이 증거하는 대로, 지혜로운 자는 하나님을 경외하고 하나님의 뜻을 알고 행하는 자이다. 현숙한 여인은 지혜로운 자이며 그의 말은 다른 이에게 지혜를 준다.

현숙한 여인은 또 인애의 법을 말한다. 20절도 "그는 간곤한 자에게 손을 펴며 궁핍한 자를 위하여 손을 내민다"고 말했다. 하나님의 뜻은 인애와 사랑이다. 하나님께서는 율법에서 "이웃 사랑하기를 네 몸과 같이 하라"고 말씀하셨고(레 19:18), "나는 인애를 원하고 제사를 원치 아니하며 번제보다 하나님을 아는 것을 원하노라"고 하셨다(호 6:6). 미가 6:8은 "사람아, 주께서 선한 것이 무엇임을 네게 보이셨나니 여호와께서 네게 구하시는 것이 오직 공의를 행하며 인자(仁慈)를 사랑하며 겸손히 네 하나님과 함께 행하는 것이 아니냐?"라고 말했다.

주 예수께서도 율법의 핵심이 하나님을 사랑하며 이웃을 사랑하라는 것이라고 말씀하셨다(마 22:35-40). 사도 요한도 "[하나님의] 계명은 이것이니 곧 그 아들 예수 그리스도의 이름을 믿고 그가 우리에게 주신 계명대로 서로 사랑할 것이니라"고 말했다(요일 3:23). 그는 믿음과 서로 사랑함이 하나님의 계명의 핵심임을 말한 것이다.

**〔27절〕 그 집안 일을 보살피고 게을리** 얻은 **양식을 먹지 아니하나니.**

또 현숙한 여인은 집안 일들을 잘 보살피는 자이다. 13-14절은 그가 양털과 삼을 구하여 부지런히 손으로 일하며 먼데서 양식을 가져온다고 말했고, 15절도 그가 밤이 새기 전에 일어나서 그 집안 사람들에게 먹을 것을 나눠주며 여종에게 일을 정하여 맡긴다고 말했다. 18절도 그는 밤에 등불을 끄지 않는다고 말했고, 24절도 그가 베로 옷을 지어 팔며 띠를 만들어 상인들에게 맡긴다고 말하였다. 그는 집안 일들을 부지런히 하는 여자이다. 디도서 2:4-5는 젊은 여자들이 가족을 사랑하고 집안 일을 하라고 말했다. 잠언 18:9는 "자기의 일을 게을리하는 자는 패가하는 자의 형제니라"고 말하였고, 데살로니가후서 3:10은 "누구든지 일하기 싫어하거든 먹지도 말게 하라"고 말하였다.

〔28-29절〕 **그 자식들은 일어나 사례하며**(와예앗쉐루하 וַיְאַשְּׁרוּהָ)[그를 복되다고 부르며] **그 남편은 칭찬하기를 덕행 있는**(아사 카일 עָשָׂה חָיִל)[능력 있게 행하는, 덕스럽게 행하는] **여자가 많으나 그대는 여러 여자보다 뛰어난다 하느니라.**

현숙한 여인은 가족들에 대한 주부로서의 책임을 다하고 가족들에게 인정을 받고 칭찬을 듣는다. 사람의 인격의 좋고 나쁨은 그의 가족들이 제일 잘 안다. 식구들이 인정하고 칭찬하는 사람은 확실히 좋은 인격자일 것이다. 성도는 가정에서부터 인정받는 자이어야 한다. 사도 바울은 자기 가족들을 돌아보지 않는 자는 믿음을 배반한 자요 불신자보다 더 악한 자라고 말했다(딤전 5:8). 또 사도 베드로는 여성도들이 믿지 않는 남편에게도 순복함으로 그 남편이 자기 아내의 두려워하며 정결한 행위를 보고 구원을 얻게 해야 한다고 교훈했다(벧전 3:1-2).

〔30절〕 **고운 것**(켄 חֵן)[우아함(elegance)](BDB)**도 거짓되고 아름다운 것도 헛되나 오직 여호와를 경외하는 여자는 칭찬을 받을 것이라.**

본문은 여성의 외적인 우아함과 아름다움이 헛되고 거짓되다고 말한다. 왜냐하면 사람의 가치는 그의 외모에 있지 않고, 그의 인격 즉 그의 경건과 도덕성에 있기 때문이다. 그러므로 잠언 11:22는 "아름다운 여인이 삼가지 아니하는 것은 마치 돼지코에 금고리 같으니라"고 말했고, 잠언 12:4는, "어진 여인은 그 지아비의 면류관이나 욕을 끼치는 여인은 그 지아비로 뼈가 썩음 같게 하느니라"고 말하였다. 사람은 여호와를 경외할 때 선한 인격이 되고 하나님과 사람들에게 칭찬 듣는 자가 된다. 잠언 16:6은, "여호와를 경외함으로 인하여 악에서 떠나게 되느니라"고 말한다. 잠언 15:16-17은, "가산(家産)이 적어도 여호와를 경외하는 것이 크게 부(富)하고 번뇌하는 것보다 나으니라. 여간[보통] 채소를 먹으며 서로 사랑하는 것이 살진 소를 먹으며 서로 미워하는 것보다 나으니라"고 말하였고, 잠언 16:8은, "적은 소득이 의를 겸하면 많은 소득이 불의를 겸한 것보다 나으니라"고 말하였다.

**〔31절〕 그 손의 열매가 그에게로 돌아갈 것이요 그 행한 일을 인하여 성문에서 칭찬을 받으리라.**

그 손의 열매, 즉 사람이 하나님을 경외하며 선하고 인자하며 부지런하게 행한 결과는 복으로 그에게 돌아올 것이다. 그는 건강과 평안과 물질적 여유를 가질 것이다. 시편 128:1-2는 "여호와를 경외하며 그 도에 행하는 자마다 복이 있도다. 네가 네 손이 수고한 대로 먹을 것이라. 네가 복되고 형통하리로다"고 말했다. 그런 사람은 교회의 교우들과 그를 아는 이웃 사람들에게서도 칭찬을 들을 것이다.

본문의 교훈을 정리해보자. 첫째로, 현숙한 여인은 입을 열어 지혜와 인애의 법을 말한다. 우리는 남에게 지혜롭고 선한 말을 해야 한다.

둘째로, 현숙한 여인은 그 집안 일을 보살피고 게으르게 얻은 양식을 먹지 않으며 남편과 자녀들에게 칭찬을 듣는다. 우리는 남자든지 여자든지 부지런해야 하며 또 가족들에게서부터 인정받는 자가 되어야 한다.

셋째로, 고운 것도 거짓되고 아름다운 것도 헛되나 여호와를 경외하는 여자는 칭찬을 받을 것이다. 우리는 사람의 외모를 너무 중시하는 시대의 풍조를 반대하고 오직 경건하게 살고 의와 선을 행하기를 힘써야 한다.

넷째로, 현숙한 여인의 손의 열매는 그에게로 돌아가며 그는 그 행한 일을 인해 성문에서 칭찬을 받을 것이다. 현숙한 여인의 삶은 복되다.

**저자 소개**

연세대학교 문과대학 철학과 졸업 (B.A.).
총신대학 신학연구원[신학대학원] 졸업 (M.Div. equiv.).
미국, Faith Theological Seminary 졸업 (Th.M. in N.T.).
미국, Bob Jones University 대학원 졸업 (Ph.D. in Theology).
계약신학대학원 교수 역임, 합정동교회 담임목사.
〔**역서**〕 J. 그레셤 메이천, 신약개론, 신앙이란 무엇인가? 등 다수.
〔**저서**〕 구약성경강해 1, 2, 신약성경강해, 조직신학, 기독교교리개요, 기독교 윤리, 현대교회문제, 자유주의 신학의 이단성, 에큐메니칼운동 비평, 복음주의 비평, 현대교회문제자료집, 천주교회비평 등.

**잠언 강해**

2010년 4월 9일 1판
2017년 6월 16일 2판
2022년 5월 31일 3판

**저 자** **김 효 성**

**발 행 처** **옛신앙 출판사**
**Old-time Faith Press**
**www.oldfaith.net**

서울 마포구 독막로 26 (합정동)
**합정동교회** 내
02-334-8291, 9874
oldfaith@hjdc.net

등록번호: 제10-1225호

ISBN 978-89-98821-72-2 03230

옛신앙출판사는 이익을 추구하지 않으며 출판권은 저자에게 있습니다.

♣ **'옛신앙'**이란, 옛부터 하나님의 선지자들과 주 예수 그리스도의 사도들이 가졌던 신앙, 오직 정확 무오(正確無誤)한 하나님 말씀인 신구약 성경에만 근거한 신앙, 오늘날 배교(背敎)와 타협의 풍조에 물들지 않는 신앙을 의미합니다.

"여호와께서 이같이 말씀하시되 '너희는 길에 서서 보며 **옛적 길** 곧 **선한 길**이 어디인지 알아보고 그리로 행하라. 너희 심령이 평강을 얻으리라' 하나, 그들의 대답이 '우리는 그리로 행치 않겠노라' 하였으며"(렘 6:16).

# 옛신앙 출판사 서적 안내

1. 김효성, **현대교회문제**. [6판]. 204쪽. 4,000원.
2. 김효성, **자유주의 신학의 이단성**. [2판]. 170쪽. 4,000원.
3. 김효성, **에큐메니칼운동 비평**. 158쪽. 6,000원.
4. 김효성, **복음주의 비평**. 193쪽. 6,000원.
5. 김효성, **천주교회 비평**. [2판]. 97쪽. 3,000원.
6. 김효성, **이단종파들**. [6판]. 70쪽. 700원.
7. 김효성, **공산주의 비평**. [6판]. 44쪽. 2,000원.
8. 김효성, **조직신학**. [2판]. 627쪽. 6,000원.
9. 김효성, **기독교 교리개요**. [10판]. 96쪽. 2,500원.
10. 김효성, **기독교 윤리**. [6판]. 240쪽. 4,500원.
11. 김효성, **신약성경 전통본문 옹호**. 166쪽. 4,000원.
12. 김효성, **기독교 신앙입문**. [10판]. 34쪽. 600원.
14. 김효성, **창세기 강해**. [3판]. 359쪽. 6,000원.
15. 김효성, **출애굽기 강해**. [2판]. 204쪽. 4,000원.
16. 김효성, **레위기 강해**. [3판]. 164쪽. 4,000원.
17. 김효성, **민수기 강해**. [2판]. 182쪽. 4,000원.
18. 김효성, **신명기 강해**. [2판]. 184쪽. 4,000원.
19. 김효성, **여호수아 사사기 룻기 강해**. [3판]. 216쪽. 4,000원.
20. 김효성, **사무엘서 강해**. [2판]. 233쪽. 4,000원.
21. 김효성, **열왕기 강해**. [2판]. 217쪽. 4,000원.
22. 김효성, **역대기 강해**. [2판]. 256쪽. 5,000원.
23. 김효성, **에스라 느헤미야 에스더 강해**. [2판]. 129쪽. 3,000원.
24. 김효성, **욥기 강해**. [2판]. 195쪽. 4,000원.
25. 김효성, **시편 강해**. [3판]. 703쪽. 10,000원.
26. 김효성, **잠언 강해**. [3판]. 623쪽. 10,000원.
27. 김효성, **전도서 강해**. [3판]. 84쪽. 3,000원.
28. 김효성, **아가서 강해**. [3판]. 88쪽. 3,000원.
29. 김효성, **이사야 강해**. [2판]. 398쪽. 6,000원.
30. 김효성, **예레미야 및 애가 강해**. [2판]. 359쪽. 6,000원.
31. 김효성, **에스겔 다니엘 강해**. [2판]. 293쪽. 6,000원.
32. 김효성, **소선지서 강해**. [2판]. 318쪽. 6,000원.
33. 김효성, **마태복음 강해**. [2판]. 340쪽. 6,000원.
34. 김효성, **마가복음 강해**. [3판]. 223쪽. 5,000원.
35. 김효성, **누가복음 강해**. [2판]. 373쪽. 6,000원.
36. 김효성, **요한복음 강해**. [3판]. 281쪽. 5,000원.
37. 김효성, **사도행전 강해**. [3판]. 236쪽. 4,000원.
38. 김효성, **로마서 강해**. [3판]. 145쪽. 4,000원.
39. 김효성, **고린도전서 강해**. [2판]. 122쪽. 3,000원.
40. 김효성, **고린도후서 강해**. [2판]. 100쪽. 3,000원.
41. 김효성, **갈라디아서 에베소서 강해**. [2판]. 169쪽. 4,000원.
42. 김효성, **빌립보서 골로새서 강해**. [2판]. 143쪽. 4,000원.
43. 김효성, **데살로니가전후서 빌레몬서 강해**. [2판]. 92쪽. 3,000원.
44. 김효성, **디모데전후서 디도서 강해**. [2판]. 164쪽. 4,000원.
45. 김효성, **히브리서 강해**. [3판]. 109쪽. 3,000원.
46. 김효성, **야고보서 베드로전후서 강해**. [2판]. 145쪽. 4,000원.
47. 김효성, **요한1,2,3서 유다서 강해**. [2판]. 104쪽. 3,000원.
48. 김효성, **요한계시록 강해**. [2판]. 173쪽. 4,000원.

☆ **주문: oldfaith.net/07books.htm 전화: 02-334-8291**
☆ **계좌: 우리은행 1005-604-140217 합정동교회**